नवयुग
हिंदी व्याकरण तथा रचना
(कोर्स 'ए')
नवीं व दसवीं

- ★ नई प्रणाली के 24 अभ्यास प्रश्न-पत्रों सहित
- ★ नए संशोधित अपठित गद्यांशों तथा काव्यांशों से युक्त
- ★ कथन-कारण और कॉलम 1-2 में सुमेल से संबंधित प्रश्नों का विपुल भंडार
- ★ अनेक अति लघूत्तरात्मक, लघूत्तरात्मक एवं बहुविकल्पी प्रश्नों से सुसज्जित

WIN A CASH AWARD OF ₹ 1000.00

It has come to our notice that some booksellers are fraudulently **selling fake/duplicate copies** of some of our fast selling titles.

In our sincere efforts to provide you with our genuine books and to protect you against these counterfeit books, Laxmi Publications (LP) has put a Hologram on the cover of **some of its fast selling** titles. The Hologram displays a unique **3D Litho, multi-level, multi-colour** effect from different angles. It has the following **eleven levels of flat graphics** merged together. The **3D Depth** artwork seems to be 'under' or 'behind' the Hologram and gives the illusion of depth unlike the fake Hologram on the fake/duplicate books.

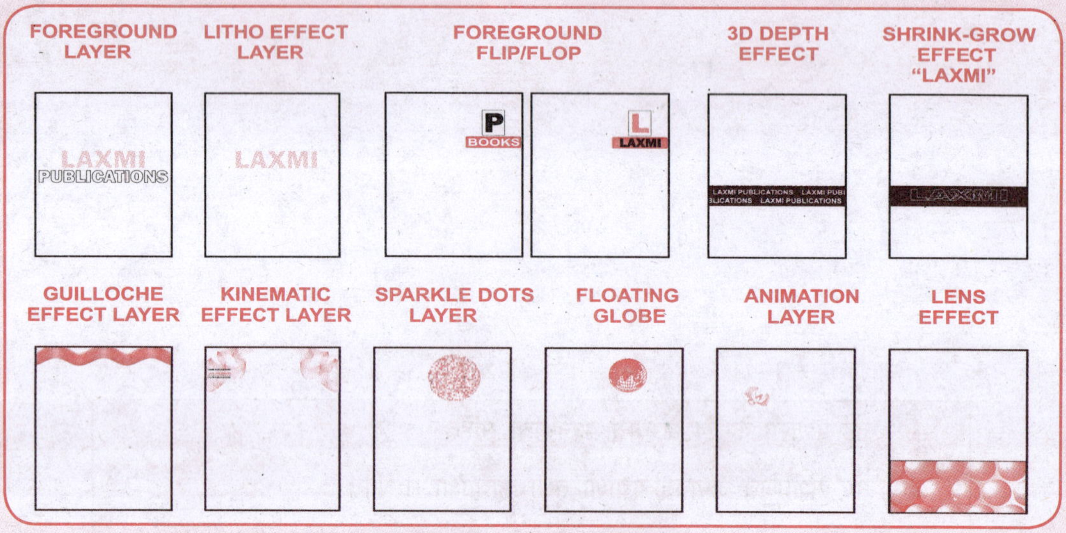

Presently, only some titles have got the Holograms. In this case, **Navyug Hindi Vyakaran and Rachna for Class IX and X** has got the Hologram.

If you or any of your friends finds anywhere in India/abroad any book of this Edition without the LP Hologram, he/she is requested to write to us at **M/s LAXMI PUBLICATIONS PVT. LTD., 113, Golden House, Gurudwara Road, Daryaganj, New Delhi-110002,** giving the name and address of the bookseller from where he/she purchased this book, together with the photocopy of the cover and the 4th page on which the name of the printer is printed, he/she will be sent a **cash award of ₹ 1000.00**.

How to decide if the book is genuine or fake?

1. The above information may or may not be printed.
2. The counterfeit edition of the book may have no LP Hologram or if it has, it will be without the illusionary depth as described above.

What is the harm in purchasing duplicate books?

— Poor quality of paper and printing which affects your eyes.

— No royalty to authors who are scholars and have put their hard labour in writing the book, thus depriving them of their intellectual rights.

Warning : Selling or buying pirated books is an offence. Legal action shall be taken against the bookseller(s) and student(s) or whoever found guilty of such an offence in any way.

केंद्रीय माध्यमिक शिक्षा परिषद् द्वारा निर्धारित नवीनतम पाठ्यक्रम के अनुसार

नवयुग

हिंदी व्याकरण

तथा

रचना

[नवीं तथा दसवीं कक्षा (कोर्स 'ए') के विद्यार्थियों के लिए]

लेखक :

डॉ. अशोक बत्रा

पूर्व प्राचार्य

हिंदू कॉलेज, सोनीपत

तथा

श्री लालनाथ हिंदू कॉलेज, रोहतक

प्रकाशक

लक्ष्मी पब्लिकेशंज़ (प्रा०) लिमिटेड

(An ISO 9001:2015 Company)

कोच्चि • कोलकाता • गुवाहाटी • चेन्नई

बेंगलुरु • राँची • लखनऊ • हैदराबाद

नई दिल्ली

नवयुग हिंदी व्याकरण तथा रचना–IX व X

भारत में मुद्रित और जिल्दबंद
टाइपसैट : एक्सिलेंट ग्राफिक्स, दिल्ली
नवीनतम संस्करण
ISBN : 978-81-318-0811-5

शाखाएँ

✆ कोच्चि	0484-405 13 03
✆ कोलकाता	033-40 04 77 79
✆ गुवाहाटी	0361-254 36 69
✆ चेन्नई	044-24 34 47 26
✆ बेंगलुरु	080-26 75 69 30
✆ राँची	0651-224 24 64
✆ लखनऊ	0522-430 36 13
✆ हैदराबाद	040-27 55 53 83

भारत में प्रकाशित, द्वारा–

लक्ष्मी पब्लिकेशंज़ (प्रा०) लिमिटेड
(An ISO 9001:2015 Company)
113, गोल्डन हाउस, गुरुद्वारा रोड, दरियागंज,
नई दिल्ली-110002, इंडिया
फोन : 91-11-4353 2500, 4353 2501
www.laxmipublications.com
info@laxmipublications.com

C—00702/024/011
मुद्रक : अजीत प्रिंटिंग प्रेस, दिल्ली

नवीनतम परिवर्तनों से सुसज्जित पुस्तक

सम्माननीय अध्यापकवृंद एवं प्रिय विद्यार्थी गण!

नवयुग हिंदी व्याकरण नए परिवर्तनों को अपने में समाकर आपके लिए तैयार है। मुझे हर्ष है कि इसमें न केवल **नई तरह के प्रश्न** आ गए हैं, बोर्ड द्वारा भेजे गए प्रतिदर्श प्रश्नपत्रों (Sample Question Papers) का समावेश हो गया है, अपितु परीक्षा में पूछे जाने वाले नए पैटर्न के प्रश्नोत्तर बड़ी संख्या में आ गए हैं।

नई तरह के प्रश्न

- अपठित गद्यांश और काव्यांश में 3 बहुविकल्पी प्रश्नों के अतिरिक्त 2-2 अंकों के दो-दो लघूत्तरात्मक प्रश्न भी पूछे जाएँगे।
- व्याकरण भाग से सभी प्रश्न बहुविकल्पी न होकर लघूत्तरात्मक होंगे।

नवयुग हिंदी व्याकरण में इन परिवर्तनों के अनुसार सारी सामग्री को संशोधित और परिवर्द्धित कर दिया गया है।

- विद्यार्थियों की सुविधा के लिए बड़ी संख्या में अभ्यास-प्रश्न दिए गए हैं।
- साथ ही नवीं तथा दसवीं कक्षा के व्याकरण अंश के 12-12 अभ्यास प्रश्न-पत्र भी दिए गए हैं।
- सी.बी.एस.ई. द्वारा भेजे गए सैंपल पेपर 2024-25 के अनुसार सारी सामग्री को संशोधित किया गया है। सैंपल पेपर के सभी प्रश्न यथास्थान दे दिए गए हैं।

इस प्रकार **नवयुग हिंदी व्याकरण** नवीनतम परिवर्तनों का समावेश करते सचमुच नवयुग हो गई है।

आशा है, इसे आपका पहले की तरह पूर्ण समर्थन और विश्वास मिलेगा। गहन साधना से लिखी गई यह पुस्तक आपको कुछ दे पाई तो यह हमारा सौभाग्य होगा।

लेखक

–डॉ. अशोक बत्रा

विषय-सूची

खंड-घ
रचना-भाग
(257–421)

खंड-ङ

रचनात्मक परीक्षण–IX एवं X

(*423–434*)

बहुविकल्पी प्रश्नों के उत्तर

(435–437)

CBSE प्रतिदर्श प्रश्नपत्र 2024–25

(S–1—S–5)

अंक योजना CBSE प्रतिदर्श प्रश्नपत्र 2024–25

(S–6—S–9)

SYLLABUS
Issued by CBSE

हिंदी पाठ्यक्रम – अ (कोड सं. – 002)
कक्षा 9वीं हिंदी-अ परीक्षा हेतु पाठ्यक्रम विनिर्देशन 2024-25

खंड		भारांक
(क)	अपठित बोध	14
(ख)	व्यावहारिक व्याकरण	16
(ग)	पाठ्यपुस्तक एवं पूरक पाठ्यपुस्तक	30
(घ)	रचनात्मक लेखन	20

- भारांक- {80 (वार्षिक बोर्ड परीक्षा) + 20 (आंतरिक परीक्षा)}

निर्धारित समय : 3 घंटे **भारांक : 80**

वार्षिक बोर्ड परीक्षा हेतु भार विभाजन			
खंड–क (अपठित बोध)			
	विषयवस्तु	**उपभार**	**कुल भार**
1.	**अपठित गद्यांश व काव्यांश पर बोध, चिंतन, विश्लेषण, सराहना आदि पर बहुविकल्पीय, अतिलघूत्तरात्मक एवं लघूत्तरात्मक प्रश्न**		14
	(अ) एक अपठित गद्यांश लगभग 250 शब्दों का, इसके आधार पर एक अंकीय तीन बहुविकल्पी प्रश्न $(1 \times 3 = 3)$, अतिलघूत्तरात्मक एवं लघूत्तरात्मक प्रश्न $(2 \times 2 = 4)$ पूछे जाएँगे	7	
	(ब) एक अपठित काव्यांश लगभग 120 शब्दों का, इसके आधार पर एक अंकीय तीन बहुविकल्पी प्रश्न $(1 \times 3 = 3)$, अतिलघूत्तरात्मक एवं लघूत्तरात्मक प्रश्न $(2 \times 2 = 4)$ पूछे जाएँगे	7	
2.	**व्याकरण के लिए निर्धारित विषयों पर विषयवस्तु का बोध, भाषिक बिंदु/संरचना आदि पर अतिलघूत्तरात्मक प्रश्न।** (1×16) (कुल 20 प्रश्न पूछे जाएँगे, जिनमें से केवल 16 प्रश्नों के उत्तर देने होंगे)		

	खंड-ख (व्यावहारिक व्याकरण)		
	(अ) शब्द निर्माण उपसर्ग – 2 अंक, प्रत्यय – 2 अंक, समास – 4 अंक उपसर्ग-प्रत्यय (5 में से 4 प्रश्न करने होंगे), समास (5 में से 4 प्रश्न करने होंगे)	8	**16**
	(ब) अर्थ की दृष्टि से वाक्य भेद – 4 अंक (5 में से 4 प्रश्न करने होंगे)	4	
	(स) अलंकार – 4 अंक (शब्दालंकार : अनुप्रास, यमक, श्लेष) (5 में से 4 प्रश्न करने होंगे)	4	
	खंड–घ (रचनात्मक लेखन)		
4.	**लेखन**		
	(क) विभिन्न विषयों और संदर्भों पर विद्यार्थियों के तर्कसंगत विचार प्रकट करने की क्षमता को परखने के लिए संकेत-बिंदुओं पर आधारित समसामयिक एवं व्यावहारिक जीवन से जुड़े हुए तीन विषयों में से किसी एक विषय पर लगभग 120 शब्दों में अनुच्छेद लेखन। (6 × 1)	6	**20**
	(ख) अभिव्यक्ति की क्षमता पर केंद्रित औपचारिक अथवा अनौपचारिक विषयों में लगभग 100 शब्दों में किसी एक विषय पर पत्र। (5 × 1)	5	
	(ग) विविध विषयों पर आधारित लगभग 100 शब्दों में ई-मेल लेखन। *अथवा* दिए गए विषय/शीर्षक आदि के आधार पर लगभग 100 शब्दों में लघुकथा लेखन। (5 × 1)	5	
	(घ) दिए गए विषय/परिस्थिति के आधार पर लगभग 80 शब्दों में संवाद लेखन। (4 × 1) *अथवा* व्यावहारिक जीवन से संबंधित विषयों पर आधारित लगभग 80 शब्दों में सूचना लेखन। (4 × 1)	4	
	कुल		**80**
	आंतरिक मूल्यांकन		20
	(अ) सामयिक आकलन	5	
	(ब) बहुविध आकलन	5	
	(स) पोर्टफ़ोलियो	5	
	(द) श्रवण एवं वाचन	5	
	कुल		**100**

☞ **नोट :** *3. खंड-ग पाठ्यपुस्तक व पूरक पाठ्यपुस्तक के लिए 30 अंक निर्धारित हैं।*

हिंदी पाठ्यक्रम – अ (कोड सं. – 002)
कक्षा 10वीं हिंदी-अ परीक्षा हेतु पाठ्यक्रम विनिर्देशन 2024-25

खंड		भारांक
(क)	अपठित बोध	14
(ख)	व्यावहारिक व्याकरण	16
(ग)	पाठ्यपुस्तक एवं पूरक पाठ्यपुस्तक	30
(घ)	रचनात्मक लेखन	20

- भारांक-{80 (वार्षिक बोर्ड परीक्षा) + 20 (आंतरिक परीक्षा)}

निर्धारित समय : 3 घंटे **भारांक : 80**

वार्षिक बोर्ड परीक्षा हेतु भार विभाजन			
खंड–क (अपठित बोध)			
	विषयवस्तु	**उपभार**	**कुल भार**
1.	**अपठित गद्यांश व काव्यांश पर बोध, चिंतन, विश्लेषण, सराहना आदि पर बहुविकल्पीय, अतिलघूत्तरात्मक एवं लघूत्तरात्मक प्रश्न**		**14**
	(अ) एक अपठित गद्यांश लगभग 250 शब्दों का, इसके आधार पर एक अंकीय तीन बहुविकल्पी प्रश्न (1 × 3 = 3), अतिलघूत्तरात्मक एवं लघूत्तरात्मक प्रश्न (2 × 2 = 4) पूछे जाएँगे	7	
	(ब) एक अपठित काव्यांश लगभग 120 शब्दों का, इसके आधार पर एक अंकीय तीन बहुविकल्पी प्रश्न (1 × 3 = 3), अतिलघूत्तरात्मक एवं लघूत्तरात्मक प्रश्न (2 × 2 = 4) पूछे जाएँगे	7	
	खंड-ख (व्यावहारिक व्याकरण)		
2.	**व्याकरण के लिए निर्धारित विषयों पर विषयवस्तु का बोध, भाषिक बिंदु/संरचना आदि पर अतिलघूत्तरात्मक प्रश्न।** (1 × 16) (कुल 20 प्रश्न पूछे जाएँगे, जिनमें से केवल 16 प्रश्नों के उत्तर देने होंगे)		**16**
	1. रचना के आधार पर वाक्य भेद (1 × 4 = 4) (5 में से 4 प्रश्न करने होंगे)	4	
	2. वाच्य (1 × 4 = 4) (5 में से 4 प्रश्न करने होंगे)	4	
	3. पद परिचय (1 × 4 = 4) (5 में से 4 प्रश्न करने होंगे)	4	
	4. अलंकार– (अर्थालंकार : उपमा, रूपक, उत्प्रेक्षा, अतिशयोक्ति, मानवीकरण) (1 × 4 = 4) (5 में से 4 प्रश्न करने होंगे)	4	

	खंड–घ (रचनात्मक लेखन)		
4.	**लेखन**		
	(*i*) विभिन्न विषयों और संदर्भों पर विद्यार्थियों के तर्कसंगत विचार प्रकट करने की क्षमता को परखने के लिए संकेत-बिंदुओं पर आधारित समसामयिक एवं व्यावहारिक जीवन से जुड़े हुए तीन विषयों में से किसी एक विषय पर लगभग 120 शब्दों में अनुच्छेद लेखन। (6 × 1 = 6)	6	
	(*ii*) अभिव्यक्ति की क्षमता पर केंद्रित औपचारिक अथवा अनौपचारिक विषयों में से किसी एक विषय पर लगभग 100 शब्दों में पत्र। (5 × 1 = 5)	5	**20**
	(*iii*) रोजगार से संबंधित रिक्तियों के लिए लगभग 80 शब्दों में स्ववृत्त लेखन। (5 × 1 = 5) *अथवा* विविध विषयों पर आधारित लगभग 80 शब्दों में ई-मेल लेखन। (5 × 1 = 5)	5	
	(*iv*) विषय से संबंधित लगभग 40 शब्दों के अंतर्गत विज्ञापन लेखन। (4 × 1 = 4) *अथवा* संदेश लेखन लगभग 40 शब्दों में (शुभकामना, पर्व-त्योहारों एवं विशेष अवसरों पर दिए जाने वाले संदेश) (4 × 1 = 4)	4	
	कुल		**80**
	आंतरिक मूल्यांकन	अंक	20
	(अ) सामयिक आकलन	5	
	(ब) बहुविध आकलन	5	
	(स) पोर्टफ़ोलियो	5	
	(द) श्रवण एवं वाचन	5	
	कुल		**100**

☞ **नोट :** *3. खंड-ग पाठ्यपुस्तक व पूरक पाठ्यपुस्तक के लिए 30 अंक निर्धारित हैं।*

खंड-क

अपठित गद्यांश एवं काव्यांश

14 अंक

पाठ्यक्रम

अपठित गद्यांश व काव्यांश पर बोध, चिंतन, विश्लेषण, सराहना आदि पर बहुविकल्पी, अतिलघूत्तरात्मक एवं लघूत्तरात्मक प्रश्न

(अ) एक अपठित गद्यांश लगभग 250 शब्दों का। इसके आधार पर एक अंकीय तीन बहुविकल्पी प्रश्न $(1 \times 3 = 3)$, अतिलघूत्तरात्मक एवं लघूत्तरात्मक प्रश्न $(2 \times 2 = 4)$ पूछे जाएँगे। $(1 \times 3 + 2 \times 2 = 7)$

(ब) एक अपठित काव्यांश अधिकतम 120 शब्दों का। इसके आधार पर एक अंकीय तीन बहुविकल्पी प्रश्न $(1 \times 3 = 3)$, अतिलघूत्तरात्मक एवं लघूत्तरात्मक प्रश्न $(2 \times 2 = 4)$ पूछे जाएँगे। $(1 \times 3 + 2 \times 2 = 7)$

I. अपठित गद्यांश

☞ परीक्षा में एक गद्यांश पूछा जाएगा जिसमें तीन बहुविकल्पी ($1 \times 3 = 3$) प्रश्न, अतिलघूत्तरात्मक एवं लघूत्तरात्मक ($2 \times 2 = 4$) प्रश्न होंगे। विद्यार्थी को गद्यांश के आधार पर उत्तर देना होगा।

नवीनतम शैली के प्रश्न

- 2024-25 के प्रतिदर्श प्रश्नपत्र में प्रत्येक गव्यांश में से दो-दो प्रश्न दो-दो अंकों के होंगे जो बहुविकल्पी न होकर लघूत्तरात्मक होंगे।
- 2024-25 के प्रतिदर्श प्रश्नपत्र में 'कथन' और 'कारण' संबंधित नए प्रश्न पूछे गए हैं।
- कुछ नए प्रश्न एकाधिक ठीक उत्तरों को लेकर हैं।
- कुछ प्रश्न विविध उत्तरों को उनके प्रश्नों के साथ मिलान को लेकर हैं।

☞ हमने 'नवयुग हिंदी व्याकरण' में इन सभी नए प्रश्नों को यथास्थान स्थान दिया है। हमें विश्वास है कि इससे आपका आत्मबल और विश्वास बढ़ेगा।

प्रश्न-अभ्यास

(उत्तर सहित)

निम्नलिखित गद्यांशों को ध्यानपूर्वक पढ़कर उस पर आधारित पूछे गए प्रश्नों के उत्तर लिखिए–

1 आज विश्व के कई देशों में अदरक वाली भारतीय चाय का चस्का लोगों को ऐसा लग गया है कि वहाँ हर कोई भारतीय चाय का शौकीन हो गया है। इसके अलावा भारत में कुल्हड़ वाली चाय भी काफी लोकप्रिय है। मिट्टी के कुल्हड़ में परोसी गई चाय का अपना विशेष महत्त्व है क्योंकि इसकी सौंधी खुशबू और लाजवाब स्वाद को इसके बिना अनुभव नहीं कर सकते हैं। भारत की सिफारिश पर संयुक्त राष्ट्र महासभा ने 21 मई को अंतर्राष्ट्रीय चाय दिवस घोषित किया है। भारत ने मिलान में हुई अंतर्राष्ट्रीय खाद्य और कृषि संगठन की बैठक में यह प्रस्ताव पेश किया था। संयुक्त राष्ट्र महासभा ने अपनी अधिसूचना में कहा कि हम विश्व की ग्रामीण अर्थव्यवस्था में चाय के योगदान को लेकर दुनिया को जागरूक करना चाहते हैं, ताकि वर्ष 2030 के सतत विकास से जुड़े लक्ष्यों को पूरा किया जा सके। संयुक्त राष्ट्र को विश्वास है कि 21 मई को अंतर्राष्ट्रीय चाय दिवस घोषित करने से इसके उत्पादन और खपत बढ़ाने में मदद मिलेगी। अंतर्राष्ट्रीय चाय दिवस का उद्देश्य दुनिया भर में चाय के लंबे इतिहास और गहरे सांस्कृतिक और आर्थिक महत्त्व के बारे में जागरूकता बढ़ाना है। इस दिन का लक्ष्य चाय के स्थायी उत्पादन और खपत के पक्ष में गतिविधियों को लागू करने के लिए सामूहिक कार्यों को बढ़ावा देना और भूख और गरीबी से लड़ने में इसके महत्त्व के बारे में जागरूकता बढ़ाना है। साथ ही संयुक्त राष्ट्र महासभा ने चाय के औषधीय गुणों के साथ सांस्कृतिक महत्त्व को भी मान्यता दी है।

विश्व में चाय के प्रमुख उत्पादकों में एशिया, अफ्रीका, दक्षिणी अमेरिका शामिल हैं। जबकि विश्व के चार बड़े उत्पादक देशों में क्रमशः चीन, भारत, कीनिया और श्रीलंका शामिल हैं। विश्व के कुल चाय उत्पादन में इन देशों की हिस्सेदारी 75 प्रतिशत है। भारत विश्व में चाय उत्पादन का एक बड़ा केंद्र है। भारत में चाय का उत्पादन करने वाले राज्यों में असम, पश्चिमी बंगाल, केरल, कर्नाटक और तमिलनाडु शामिल हैं। असम भारत का सर्वाधिक चाय उत्पादन करने वाला राज्य है। भारत में लगभग 13 हज़ार चाय बागान हैं, जो 60 लाख से अधिक श्रमिकों की आजीविका का प्रमुख साधन भी हैं। चाय एक श्रम आधारित उद्योग है इसलिए भारत जैसे देश में इसके विकास की अपार संभावनाएँ हैं। चाय की चुनाई के लिए अधिक मात्रा

में श्रमिकों की आवश्यकता पड़ती है, क्योंकि चाय की पत्तियाँ एक-एक कर तोड़ी जाती हैं, जिनसे कोमल पत्तियाँ नष्ट न हों। अपनी कोमल अंगुलियों के कारण ही चाय के उद्यानों में स्त्री मज़दूर द्वारा पत्तियाँ तोड़ी जाती हैं। चाय की पत्ती तोड़ने के काम के लिए श्रमिकों को पूरे दिन खड़े रहना पड़ता है– चाहे वह चिलचिलाती धूप में हो या बारिश में। वे आम तौर पर उस हिस्से तक पहुँचने के लिए चार से पाँच किलोमीटर पैदल चलते हैं जहाँ वे चाय की पत्तियाँ चुनते हैं।

–460 शब्द [*CBSE प्रतिदर्श प्रश्नपत्र 2024-25*]

प्रश्न– 1. **कथन (A) और कारण (R) को पढ़कर उपयुक्त विकल्प चुनिए–**

कथन (A) – संयुक्त राष्ट्र महासभा ने 21 मई को 'अंतर्राष्ट्रीय चाय दिवस' घोषित किया है।

कारण (R) – विश्व की ग्रामीण अर्थव्यवस्था को मजबूत बनाने में चाय की अहमियत को समझाना।

(क) कथन (A) गलत है, किंतु कारण (R) सही है।
(ख) कथन (A) और कारण (R) दोनों ही गलत हैं।
(ग) कथन (A) सही है और कारण (R) कथन (A) की सही व्याख्या है।
(घ) कथन (A) सही है किंतु कारण (R) कथन (A) की सही व्याख्या नहीं है।

2. *भारत में कुल्हड़ वाली चाय काफी लोकप्रिय है क्योंकि–*

कथन के लिए उचित विकल्प का चयन कीजिए–

I. सौंधी खुशबू होती है। II. लाजवाब स्वाद होता है।
III. बहुत मँहगी होती है। IV. आसानी से उपलब्ध है।

विकल्प–

(क) कथन I और II सही हैं। (ख) कथन I, III और IV सही हैं।
(ग) केवल कथन III सही है। (घ) कथन I, II और IV सही हैं।

3. **नीचे दिए हुए कॉलम 1 को कॉलम 2 से सुमेलित कर सही विकल्प का चयन कीजिए–**

कॉलम 1	कॉलम 2
I. विश्व में चाय का सबसे बड़ा उत्पादक देश	1 – भारत
II. भारत में चाय का सबसे बड़ा उत्पादक राज्य	2 – चीन
III. विश्व में चाय का दूसरा बड़ा उत्पादक देश	3 – असम

(क) I. – (1), II. – (2), III. – (3) (ख) I. – (2), II. – (3), III. – (1)
(ग) I. – (3), II. – (1), III. – (2) (घ) I. – (1), II. – (3), III. – (2)

4. **चाय के उत्पादन और खपत बढ़ाने में 'अंतर्राष्ट्रीय चाय दिवस' की क्या भूमिका है ?**

5. **चाय एक श्रम आधारित उद्योग है– कैसे ?**

उत्तर–1. (ग) 2. (क) 3. (ख)

4. करोड़ों लोग चाय के व्यापार से जुड़े हुए हैं। उनके हितों की रक्षा और जागरूकता जरूरी है। इसी के चलते चायपत्ती की खपत और माँग बढ़ाने पर जोर डालने में 'अंतर्राष्ट्रीय चाय दिवस' की महत्त्वपूर्ण भूमिका है।

5. चाय एक श्रम आधारित उद्योग है। इसमें अधिक मात्रा में श्रमिकों की आवश्यकता पड़ती है, बहुत सावधानी से चाय की पत्तियाँ एक-एक कर तोड़ी जाती हैं। श्रमिकों को पूरे दिन खड़े रहना पड़ता है। अतः यह श्रमसाध्य कार्य है।

2 हमारे देश में हिंदी फ़िल्मों के गीत अपने आरंभ से ही आम दर्शक के सुख-दुख के साथी रहे हैं। वर्तमान समय में हिंदी फ़िल्मों के गीतों ने आम जन के हृदय में लोकगीतों-सी आत्मीय जगह बना ली है। जिस तरह से एक जमाने में लोकगीत जनमानस के सुख-दुख, आकांक्षा, उल्लास और उम्मीद को स्वर देते थे, आज फ़िल्मी गीत उसी भूमिका को निभा रहे हैं। इतना ही नहीं देश की विविधता को एकता के सूत्र में बाँधने में हिंदी फ़िल्मों का योगदान सभी स्वीकार करते हैं। हिंदी भाषा की शब्द-संपदा को समृद्ध करने का जो काम राजभाषा विभाग तत्सम शब्दों की सहायता से कर रहा है, वही कार्य फ़िल्मी गीत और डायलॉग लिखने वाले विविध क्षेत्रीय भाषाओं के मेल से करते हुए दिखाई पड़ रहे हैं। ये गाने जन-जन के गीत इसी कारण बन सके क्योंकि इनमें

राजनीति के उतार-चढ़ाव की अनुगूँजों के साथ देहाती, कस्बायी और नए बने शहरों का देशज जीवन-दर्शन भी आत्मसात किया जाता रहा है। भारत की जिस गंगा-जमुनी संस्कृति का महिमामंडन बहुधा होता है उसकी गूँज भी इन गीतों में मिलती है। आज़ादी की लड़ाई के दौरान लिखे प्रदीप के गीत हों या स्वाधीनता-प्राप्ति के साथ ही होने वाले देश के विभाजन की विभीषिका– सभी को भी इन गीतों में बहुत संवेदनशील रूप से व्यक्त किया गया है।

हिंदी फ़िल्मी गीतों के इस संसार में हिंदी-उर्दू का 'झगड़ा' भी कभी पनप नहीं सका। प्रदीप, नीरज जैसे शानदार हिंदी कवियों, इंदीवर तथा शैलेंद्र जैसे श्रेष्ठ गीतकारों और साहिर, कैफी, मजरूह जैसे मशहूर शायरों को हिंदी सिनेमा में हमेशा एक ही बिरादरी का माना जाता रहा है। यह सिनेमा की इस दुनिया की ही ख़ासियत है कि एक तरफ गीतकार साहिर ने 'कहाँ है, कहाँ है/मुहाफिज़ खुदी के/जिन्हें नाज है हिंद पर/वो कहाँ है' लिखा; तो दूसरी तरफ उन्होंने ही 'संसार से भागे फिरते हो/भगवान को तुम क्या पाओगे!/ये भोग भी एक तपस्या है/तुम प्यार के मारे क्या जानोगे/अपमान रचयिता का होगा/रचना को अगर ठुकराओगे!' जैसी पंक्तियाँ भी रची हैं। परवर्तियों में गुलजार ऐसे गीतकार हैं जिन्होंने उर्दू, हिंदी, पंजाबी, राजस्थानी के साथ पुरबिया बोलियों में मन को मोह लेने वाले गीतों की रचना की है। बंदिनी के 'मोरा गोरा अंग लइले, मोहे श्याम रंग दइदे', 'कजरारे-कजरारे तेरे कारे-कारे नयना!', 'यारा सिली सिली रात का ढलना' और 'चप्पा चप्पा चरखा चले' जैसे गीतों को रचकर उन्होंने भारत की साझा संस्कृति को मूर्तिमान कर दिया है। वस्तुतः भारत में बनने वाली फ़िल्मों में आने वाले गीत उसे विश्व-सिनेमा में एक अलग पहचान देते हैं। ये गीत सही मायने में भारतीय संस्कृति की खूबसूरती को अभिव्यक्त करते हैं। *–438 शब्द* [*CBSE प्रतिदर्श प्रश्नपत्र 2023-24*]

अतिलघूत्तरात्मक/लघूत्तरात्मक प्रश्नोत्तर

प्रश्न–
1. **हिंदी फिल्मी गीतों ने देश की एकता को बनाए रखा है–कैसे ?**
2. **फिल्मी गीतों की हिंदी भाषा की क्या विशेषता रही है ?**
3. **हिंदी की राजभाषा विभाग हिंदी को कैसे समृद्ध कर रहा है ?**
4. **हिंदी फिल्मी गीतों ने हिंदी-उर्दू का झगड़ा किस प्रकार पनपने नहीं दिया ?**
5. ***'साझा संस्कृति'* से क्या आशय है ? हिंदी फिल्मी गीतों ने इस संस्कृति को किस प्रकार प्रोत्साहित किया ?**

उत्तर–
1. हिंदी फिल्मी गीतों ने केवल एक प्रदेश के नहीं, अपितु सभी देशवासियों के दुख-दर्द को, ह्रास-उल्लास को व्यक्त किया है। इस प्रकार उन्होंने पूरे देश की एकता को बनाए रखा है।
2. फिल्मी गीतों की हिंदी भाषा में अधिक-से-अधिक क्षेत्रीय भाषाओं के शब्द आए हैं। इसलिए वे गीत जन-मन के अधिक करीब हैं।
3. हिंदी का राजभाषा विभाग संस्कृत के तत्सम शब्दों का अधिकाधिक प्रयोग करके हिंदी को समृद्ध कर रहा है।
4. हिंदी के प्रसिद्ध फिल्मी गीतकारों ने उर्दू-हिंदी का भेदभाव छोड़कर भारत के हर भावपूर्ण शब्द का खुलकर प्रयोग किया। चाहे प्रदीप, नीरज, इंदीवर या शैलेंद्र हों या साहिर, कैफी और मजरूह–सबने मिली-जुली हिंदी का प्रयोग किया।
5. 'साझा संस्कृति' का आशय है–हिंदू-मुसलमान; उत्तर-दक्षिण या शहरी-ग्रामीण के भेदभाव से रहित सबको समान रूप से अपनाने वाली जीवन-शैली तथा भाषा-शैली का प्रयोग।

बहुविकल्पी प्रश्नोत्तर

प्रश्न– 1. **हिंदी फ़िल्मी गीतों और लोकगीतों में क्या समानता है ?**

(क) ये लोगों के रीति-रिवाजों, उनकी लालसाओं, उनकी सोच और कल्पनाओं को स्वर देते हैं।

(ख) ये लोगों के जीवन के अनुभवों, आमोद-प्रमोद, विचारों और दर्शन को स्वर देते हैं।

(ग) ये लोगों के आनंद, उनके शोक, उनके हर्ष और उनकी आशाओं को स्वर देते हैं।

(घ) ये लोगों के जीवन के यथार्थ और कठोरताओं में ज़िंदा रहने की चाह को स्वर देते हैं।

2. हिंदी भाषा की शब्द-संपदा को समृद्ध करने का काम फ़िल्मी गीतों ने किस प्रकार किया ?

(क) राजभाषा विभाग से प्रेरणा पाकर

(ख) विभिन्न क्षेत्रीय भाषाओं के मेल से

(ग) क्षेत्रीय भाषाओं की फ़िल्मों को प्रोत्साहित करके

(घ) विदेशी भाषाओं की फ़िल्मों को हतोत्साहित करके

3. कथन (A) और कारण (R) को पढ़कर उपयुक्त विकल्प चुनिए–

कथन (A) – हिंदी फ़िल्मों के गाने जन जन के गीत बन गए हैं।

कारण (R) – इन गीतों में राजनीति की अनुगूँजों के साथ, देहाती, कस्बायी और नए बने शहरों का जीवन दर्शन भी आत्मसात किया जाता रहा है।

(क) कथन (A) गलत है, किंतु कारण (R) सही है।

(ख) कथन (A) और कारण (R) दोनों ही गलत हैं।

(ग) कथन (A) सही है और कारण (R) कथन (A) की सही व्याख्या है।

(घ) कथन (A) सही है, किंतु कारण (R) कथन (A) की सही व्याख्या नहीं है।

4. *'हिंदी फ़िल्मी गीतों के इस संसार में हिंदी-उर्दू का 'झगड़ा' भी कभी पनप नहीं सका।'* **उपर्युक्त कथन के पक्ष में निम्नलिखित तर्कों पर विचार कीजिए।**

1. यहाँ सभी गीतकारों को एक ही बंधुत्व वर्ग का माना जाता है।
2. ये गीतकार सभी भाषाओं में समान रूप से गीत लिखते हैं।
3. इन गीतकारों में वैमनस्य व प्रतिस्पर्धा का भाव नहीं है।

(क) 1 सही है। (ख) 2 सही है।

(ग) 3 सही है। (घ) 1 और 2 सही हैं।

5. उपर्युक्त गद्यांश में हिंदी फ़िल्मी गीतों की किस विशेषता पर सर्वाधिक बल दिया गया है ?

(क) ये गीत कलात्मक श्रेष्ठता व सर्वधर्म समभाव को अभिव्यक्त करते हैं।

(ख) ये गीत सांप्रदायिक सद्भाव को अभिव्यक्त करते हैं।

(ग) ये गीत पारस्परिक प्रेम व सद्भाव को अभिव्यक्त करते हैं।

(घ) ये गीत हमारी तहज़ीब की खूबसूरती को अभिव्यक्त करते हैं।

उत्तर–1. (ग) 2. (ख) 3. (ग) 4. (क) 5. (घ)

3 'घर' जैसा छोटा-सा शब्द भावात्मक दृष्टि से बहुत विशाल होता है। इस आधार पर मकान, भवन, फ़्लैट, कमरा, कोठी, बंगला आदि इसके समानार्थी बिलकुल भी नहीं लगते हैं क्योंकि इनका सामान्य संबंध दीवारों, छतों और बाहरी व आंतरिक साज-सज्जा तक सीमित होता है, जबकि घर प्यार-भरोसे और रिश्तों की मिठास से बनता है। एक आदर्श घर वही है, जिसमें प्रेम व भरोसे की दीवारें, आपसी तालमेल की छतें, रिश्तों की मधुरता के खिले-खिले रंग; स्नेह, सम्मान व संवेदनाओं की सज्जा हो। घर में भावात्मकता है; वह भावात्मकता, जो संबंधों को महकाकर परिवार को जोड़े रखती है। यह बात हमें अच्छी तरह याद रखनी चाहिए कि जब रिश्ते महकते हैं, तो घर महकता है, प्यार अठखेलियाँ करता है, तो घर अठखेलियाँ करता है, रिश्तों का उल्लास घर का उल्लास होता है; इसलिए रिश्ते हैं, तो घर है और रिश्तों के बीच बहता प्रेम घर की नींव है। यह नींव जितनी मज़बूत होगी, घर उतना ही मज़बूत होगा। न जाने क्यों, आज का मनुष्य संवेदनाओं से दूर होता जा रहा है, उसके मन की कोमलता, कठोरता में बदल रही है; दिन-रात कार्य में व्यस्त रहने और धनोपार्जन की अति तीव्र लालसा से उसके अंदर मशीनियत बढ़ रही है, इसलिए उसके लिए घर के मायने बदल रहे हैं; उसकी अहमियत बदल रही है, इसी कारण आज परिवार में आपसी कलह, द्वंद्व आदि बढ़ रहे हैं। आज की पीढ़ी प्राइवेसी (वैयक्तिकता) के नाम पर एकाकीपन में सुख खोज रही है। उसकी सोच 'मेरा कमरा, मेरी दुनिया' तक सिमट गई है। एक छत के नीचे रहते हुए भी हम एकाकी होते जा रहे हैं। काश, सब घर की अहमियत समझें और अपना अहं हटाकर घर को घर बनाए रखने का प्रयास करें। *–281 शब्द* [*CBSE प्रतिदर्श प्रश्नपत्र 2022-23*]

अतिलघूत्तरात्मक/लघूत्तरात्मक प्रश्नोत्तर

प्रश्न– 1. घर और मकान में क्या अंतर होता है ?

2. घर की असली नींव क्या होती है ?

3. आज संबंधों में दूरी क्यों होती जा रही है ?

4. प्राइवेसी (वैयक्तिकता) घर के लिए उपयोगी है या अनुपयोगी ?

5. इस अनुच्छेद का उचित शीर्षक दें।

6. इसका मुख्य संदेश क्या है ?

उत्तर– 1. मकान का संबंध दीवारों, कमरों और छतों से है। वह भौतिक ढाँचा है। घर का संबंध पारिवारिक स्नेह और आपसी रिश्तों से है।

2. घर की अपनी नींव है–आपसी स्नेह-संबंध।

3. आज संबंधों की दूरी बढ़ने का मूल कारण है–धन-कमाने की अंतहीन लालसा, दिन-रात का व्यस्त रहना और अकेले रहने का मोह।

4. निजता पारिवारिक स्नेह-संबंधों के लिए बाधक है। इससे घर का विश्वास और स्नेह कम होता है।

5. घर होने का अर्थ।

6. इसका मुख्य संदेश है–घर-परिवार की स्नेह-वृद्धि के लिए अपने अहंकार को तजो तथा आपसी मेलजोल को बढ़ाओ।

बहुविकल्पी प्रश्नोत्तर

प्रश्न– 1. भावात्मक दृष्टि से घर जैसे छोटे-से शब्द की '*विशालता*' में निहित हैं–
कथन पढ़कर सही विकल्प का चयन कीजिए–

कथन

(*i*) प्रेम, विश्वास, नातों का माधुर्य व संवेदनाएँ
(*ii*) आकर्षक बनावट, सुंदर लोग, वैभव व संपन्नता
(*iii*) सुंदर रंग संयोजन, आंतरिक सजावट एवं हरियाली
(*iv*) स्नेह, सम्मान, सरसता, संवेदनाएँ संपन्नता व साज-सज्जा

विकल्प–

(क) कथन (*i*) सही है। (ख) कथन (*i*) व (*ii*) सही हैं।
(ग) कथन (*ii*) व (*iii*) सही हैं। (घ) कथन (*iii*) व (*iv*) सही हैं।

2. सामान्य रूप में मकान, भवन, फ़्लैट, कमरा, कोठी आदि शब्दों का संबंध किससे होता है ?

(क) हृदय की भावनाओं से (ख) वैभव और समृद्धि से
(ग) स्थानीय सुविधाओं से (घ) बनावट व सजावट से

3. आज की पीढ़ी को सुख किसमें दिखाई दे रहा है ?

(क) निजी जीवन व एकांतिकता में (ख) पारिवारिक भावात्मक संबंधों में
(ग) बिना मेहनत सब कुछ मिल जाने में (घ) धन कमाने के लिए जी तोड़ मेहनत करने में

4. गद्यांश में प्रेम को घर का क्या बताया गया है ?

(क) आभूषण (ख) आधार
(ग) भरोसा (घ) उल्लास

5. कथन (A) और कारण (R) को पढ़कर उपयुक्त विकल्प चुनिए–

कथन (A) – आदमी के अंदर संवेदनाओं की जगह मशीनियत बढ़ती जा रही है।

कारण (R) – व्यस्तता और अर्थोपार्जन की अति महत्वाकांक्षा ने उसे यहाँ तक पहुँचा दिया है।

विकल्प–

(क) कथन (A) गलत है, किंतु कारण (R) सही है।

(ख) कथन (A) और कारण (R) दोनों ही गलत हैं।

(ग) कथन (A) सही है और कारण (R) कथन (A) की सही व्याख्या है।

(घ) कथन (A) सही है, किंतु कारण (R) कथन (A) की सही व्याख्या नहीं है।

उत्तर–1. (क) 2. (घ) 3. (क) 4. (ख) 5. (ग)

4 अंतर्राष्ट्रीय श्रम संगठन के अनुसार, बाल-श्रम को इस प्रकार परिभाषित किया गया है: *"वह काम जो बच्चों को उनके बचपन, उनकी क्षमता और उनकी गरिमा से वंचित करता है और जो शारीरिक और मानसिक विकास के लिए हानिकारक है।"*

एक सामाजिक बुराई के रूप में संदर्भित, भारत में बाल-श्रम एक अनिवार्य मुद्दा है जिससे देश वर्षों से निपट रहा है। लोगों का मानना है कि बाल-श्रम जैसी सामाजिक कुरीति को समाप्त करने का दायित्व सिर्फ सरकार का है। यदि सरकार चाहे तो कानून का पालन न करने वालों एवं कानून भंग करने वालों को सजा देकर बाल-श्रम को समाप्त कर सकती है, किंतु वास्तव में यह केवल सरकार की जिम्मेदारी नहीं है; बल्कि इसे सभी सामाजिक संगठनों, मालिकों और अभिभावकों द्वारा भी समाधित करना चाहिए।

हमारे घरों में, ढाबों में, होटलों में, खानों, कारखानों में अनेक बाल-श्रमिक मिल जाएँगे, जो कड़ाके की ठंड और तपती धूप की परवाह किए बिना काम करते हैं। विकासशील देशों में गरीबी और उच्च स्तर की बेरोजगारी बाल-श्रम का मुख्य कारण है। बाल-मजदूरी इंसानियत के लिए अपराध है जो समाज के लिए शाप बनती जा रही है तथा जो देश की वृद्धि और विकास में बाधक के रूप में बड़ा मुद्दा है। हमें सोचना होगा कि सभ्य समाज में यह अभिशाप क्यों मौजूद है? जिस उम्र में बच्चों को सही शिक्षा मिलनी चाहिए, खेल-कूद के माध्यम से अपने मस्तिष्क का विकास करना चाहिए, उस उम्र में बच्चों से काम करवाने से बच्चों का शारीरिक, मानसिक, बौद्धिक और सामाजिक विकास रुक जाता है। शिक्षा का अधिकार मूल अधिकार होता है। शिक्षा से किसी भी बच्चे को वंचित रखना अपराध माना जाता है।

आज आवश्यकता इस बात की है कि सरकारी स्तर से लेकर व्यक्तिगत स्तर तक सभी लोग इसके प्रति सजग रहें और बाल-श्रम के कारण बच्चों का बचपन न छिन जाए, इसके लिए कुछ सार्थक पहल करें। आम आदमी को भी बाल-मजदूरी के विषय में जागरूक होना चाहिए और अपने समाज में इसे होने से रोकना चाहिए। बाल-श्रम को खत्म करना केवल सरकार का ही कर्तव्य नहीं है। हमारा भी कर्तव्य है कि हम इस अभियान में सरकार का पूरा साथ दें। *–357 शब्द* [**CBSE** *प्रतिदर्श प्रश्नपत्र 2021-22*]

अतिलघूत्तरात्मक/लघूत्तरात्मक प्रश्नोत्तर

प्रश्न– **1. इस अनुच्छेद का उचित शीर्षक लिखिए।**

2. बाल-श्रम एक अपराध क्यों है ?

3. बाल-श्रम को रोकना किसका दायित्व है ?

4. विकासशील देशों में बाल-श्रम क्यों दिखाई देता है ?

5. बाल-अवस्था में बच्चे को कौन-सी सुविधा मिलनी चाहिए ?

उत्तर– 1. बाल-श्रम का उन्मूलन।

2. बाल-श्रम इसलिए अपराध है क्योंकि इसके कारण बच्चा शिक्षा के मूलभूत अधिकार से वंचित रह जाता है।

3. बाल-श्रम को रोकना सरकार का, सामाजिक संगठनों का और अभिभावकों का–सभी का कर्तव्य है।

4. विकासशील देशों में गरीबी और बेरोजगारी वे मूल कारण हैं जिनके कारण बाल-श्रम की बुराई पैदा होती है।

5. बाल-अवस्था में बच्चे को शिक्षा और खेल-कूद के पर्याप्त अवसर मिलने चाहिए।

बहुविकल्पी प्रश्नोत्तर

प्रश्न– **1. गद्यांश के आधार पर बताइए कि बाल-श्रम जैसी सामाजिक कुरीति को समाप्त करने के लिए लोगों की सोच कैसी है ?**

(क) बाल-श्रम को समाप्त करना केवल समाजसेवी संस्थाओं का दायित्व है।
(ख) बाल-श्रम को समाप्त करना केवल जनता का दायित्व है।
(ग) बाल-श्रम को समाप्त करना केवल सरकार का दायित्व है।
(घ) बाल-श्रम को समाप्त करना केवल अभिभावकों का दायित्व है।

2. घरों में, ढाबों में, होटलों में, खानों, कारखानों में अनेक बाल-श्रमिकों को काम करता देखकर भी हम उदासीन क्यों बने रहते हैं ?

(क) हम सिर्फ अपने बारे में ही सोचते हैं। (ख) हम जागरूक बनना नहीं चाहते।
(ग) हम उनकी सहायता करना नहीं चाहते। (घ) हम संवेदनाशून्य हो चुके हैं।

3. गद्यांश के आधार पर बताइए कि बाल-श्रम को रोकने के लिए सार्थक प्रयास क्यों किए जाने चाहिए ?

(क) बाल-श्रम के कारण बच्चों का बचपन छिन जाता है।
(ख) बाल-श्रम के कारण वे जल्दी बड़े हो जाते हैं।
(ग) बाल-श्रम के कारण बच्चों को घर पर ही रहना पड़ता है।
(घ) बाल-श्रम के कारण बच्चों को विद्यालय आना नहीं पड़ता।

4. बच्चों को बाल-श्रम के लिए क्यों विवश किया जाता है ?

(क) जागरूकता का अभाव। (ख) निर्धनता और भुखमरी।
(ग) शिक्षा का अभाव। (घ) लोगों की मनोवृत्ति।

5. बाल-श्रम जैसे सामाजिक अभिशाप से देश को क्या नुकसान होता है ?

(क) बाल-श्रम एक बच्चे को बचपन के सभी लाभों से दूर रखता है।
(ख) लाखों बच्चे उचित शिक्षा से वंचित हो जाते हैं।
(ग) बच्चों का शारीरिक, मानसिक और सामाजिक विकास अवरुद्ध हो जाता है।
(घ) बाल-श्रम से देश का आने वाला कल अंधकार की ओर जाने लगता है।

नवीनतम शैली का प्रश्न

6. कथन (A) और कारण (R) को पढ़कर उपयुक्त विकल्प चुनिए–

कथन (A) – बाल-श्रम को रोकना सबका कर्तव्य है।
कारण (R) – यह अकेले सरकार के बूते पर करना संभव नहीं है।

विकल्प–

(क) कथन (A) गलत है, किंतु कारण (R) सही है।
(ख) कथन (A) गलत है और कारण (R) भी गलत है।
(ग) कथन (A) सही है और कारण (R) भी सही है।
(घ) कथन (A) सही है, किंतु कारण (R) सही नहीं है।

उत्तर–1. (ग) 2. (घ) 3. (क) 4. (ख) 5. (ग) 6. (ग)

5 निस्संदेह सहजता से हर एक दिन भिन्न-भिन्न भूमिकाएँ जीते हुए, महिलाएँ किसी भी समाज का स्तंभ हैं। लेकिन आज भी दुनिया के कई हिस्सों में समाज उनकी भूमिका को नज़रअंदाज़ करता है। इसके चलते महिलाओं को बड़े पैमाने पर असमानता, उत्पीड़न, वित्तीय निर्भरता और अन्य सामाजिक बुराइयों का खामियाजा सहन करना पड़ता है।

भारत में महिला सशक्तीकरण की आवश्यकता के बहुत-से कारण सामने आते हैं। प्राचीन काल की अपेक्षा मध्य काल में भारतीय महिलाओं के सम्मान स्तर में काफी कमी आई। जितना सम्मान उन्हें प्राचीन काल में दिया जाता था, मध्य काल में वह सम्मान घटने लगा था।

आधुनिक युग में कई भारतीय महिलाएँ कई सारे महत्त्वपूर्ण राजनैतिक तथा प्रशासनिक पदों पर पदस्थ हैं, फिर भी सामान्य ग्रामीण महिलाएँ आज भी अपने घरों में रहने के लिए बाध्य हैं और उन्हें सामान्य स्वास्थ्य-सुविधा और शिक्षा जैसी सुविधाएँ भी उपलब्ध नहीं हैं। ग्रामीण महिलाएँ सदियों से घर तथा खेतों में पुरुषों के बराबर ही काम करती आई हैं, लेकिन वहाँ उन्हें सामंती सोच के कारण दूसरे दर्जे का नागरिक ही माना जाता रहा है। अब ग्रामीण समाज की सोच बदलने का वक्त आ गया है। सामाजिक असमानता, पारिवारिक हिंसा, अत्याचार और आर्थिक अनिर्भरता–इन सभी से महिलाओं को छुटकारा पाना है तो जरूरत है महिला सशक्तीकरण की।

महिला सशक्तीकरण से महिलाएँ आत्मनिर्भर और शक्तिशाली बनती हैं, जिससे वे अपने जीवन से जुड़े हर फैसले स्वयं ले सकती हैं और परिवार और समाज में अपना स्थान बनाती हैं। समाज में उनके वास्तविक अधिकार को प्राप्त करने के लिए उन्हें सक्षम बनाना महिला सशक्तीकरण है। महिला सशक्तीकरण का अर्थ है–महिलाओं को राजनीतिक, सामाजिक, शैक्षणिक और आर्थिक क्षेत्रों में बराबर का भागीदार बनाया जाए। भारतीय महिलाओं का सशक्तीकरण बहुत हद तक भौगोलिक (शहरी और ग्रामीण), शैक्षणिक योग्यता और सामाजिक एकता के ऊपर निर्भर करता है।

महिला सशक्तीकरण से महिलाएँ केवल आर्थिक रूप से सुदृढ़ ही नहीं हुई हैं, अपितु परिवार और समाज की सोच में भी सकारात्मक परिवर्तन दिखाई देने लगे हैं। वर्तमान समय में लोग बेटियों को बोझ समझकर दुनिया में आने से पहले ही मारें नहीं, इसलिए विकास की मुख्य धारा में महिलाओं को लाने के लिए भारत सरकार के द्वारा कई योजनाएँ चलाई गई हैं।

–358 शब्द [**CBSE** *प्रतिदर्श प्रश्नपत्र 2021-22*]

अतिलघूत्तरात्मक/लघूत्तरात्मक प्रश्नोत्तर

प्रश्न– 1. **इस अनुच्छेद का उचित शीर्षक दीजिए।**

2. **महिलाओं की अनदेखी करने के कारण उन्हें कौन-कौन-से संकट सहने पड़ते हैं ?**
3. **महिला सशक्तीकरण की आवश्यकता क्यों बनी हुई है ?**
4. **महिला सशक्तीकरण से महिलाओं को क्या लाभ मिलेगा ?**
5. **बेटियों को गर्भ में मारने से रोकने के लिए सरकार क्या कर रही है ?**

उत्तर– 1. महिला सशक्तीकरण की आवश्यकता।

2. समाज में महिलाओं का मूल्य कम आँकने के कारण उन्हें असमानता, उत्पीड़न, वित्तीय निर्भरता और सामाजिक बुराइयों का सामना करना पड़ता है। उन्हें पुरुष की तुलना में हीन माना जाता है।
3. आज भी ग्रामीण महिलाएँ स्वास्थ्य और शिक्षा की सुविधाओं से वंचित हैं और अपने घरों में सीमित हैं। इस कारण उनको सशक्त बनाने की आवश्यकता बनी हुई है।
4. महिला सशक्तीकरण से उन्हें सामाजिक असमानता, पारिवारिक हिंसा, अत्याचार और निर्भरता से मुक्ति मिलेगी। वे पुरुषों के समान सम्माननीय जीवन जी सकेंगी। वे अपने जीवन के फैसले स्वयं कर सकेंगी।
5. गर्भ में आते ही बच्चियों को मारने से बचाने के लिए भारत सरकार अनेक योजनाएँ चला रही हैं। इससे कन्याएँ आर्थिक दृष्टि से सशक्त बनी हैं।

बहुविकल्पी प्रश्नोत्तर

प्रश्न–1. **गद्यांश के आधार पर बताइए कि महिला सशक्तीकरण की आवश्यकता क्यों महसूस की गई ?**

(क) समाज में महिलाओं की स्थिति निर्बल थी।
(ख) वे आत्मनिर्भर थीं।
(ग) वे अपने निर्णय लेने में सक्षम थीं।
(घ) वे शिक्षित थीं।

2. **ग्रामीण सोच में परिवर्तन लाने के लिए क्या किया जा सकता है ?**

(क) गाँवों में सुविधाएँ उपलब्ध कराना। (ख) सड़कें बनवाना।
(ग) अंधविश्वास और रूढ़ियों का विरोध। (घ) शिक्षा का प्रचार-प्रसार।

3. *अब लोग बेटियों को बोझ नहीं समझते,* **यह समाज की किस सोच का परिणाम है ?**

(क) पुरातन। (ख) सकारात्मक।
(ग) नकारात्मक। (घ) संकीर्ण।

4. महिला सशक्तीकरण से परिवार की आर्थिक स्थिति पर क्या प्रभाव दिखाई दिया ?

(क) वित्तीय निर्भरता समाप्त। (ख) आर्थिक स्थिति में दुर्बलता।
(ग) आर्थिक स्थिति में सुदृढ़ता। (घ) वित्तीय ऋण से मुक्ति।

5. क्या महिलाओं के सशक्तीकरण का पक्ष मात्र आर्थिक रूप से सशक्त होना ही है ?

(क) हाँ, इससे वे आत्मनिर्भर हो जाती हैं।
(ख) नहीं, इससे उन्हें दोहरी जिम्मेदारियाँ निभानी पड़ती हैं।
(ग) हाँ, इससे वे शक्तिशाली बनती हैं।
(घ) नहीं, उनका भयमुक्त, प्रतिबंधों से मुक्त होना भी आवश्यक है।

नवीनतम शैली का प्रश्न

6. कथन (A) – महिला सशक्तीकरण आवश्यक है
कारण (R) – (*i*) पुरुषों की बराबरी के लिए
(*ii*) अपने निर्णय स्वयं लेने के लिए
(*iii*) पुरुषों को शक्ति प्रदान करने के लिए
(*iv*) असमानता, हिंसा और निर्भरता के दोषों से बचने के लिए

विकल्प–

(क) (*i*), (*ii*) ठीक हैं। (ख) (*ii*), (*iii*) ठीक हैं।
(ग) (*iii*), (*iv*) ठीक हैं। (घ) (*ii*), (*iv*) ठीक हैं।

उत्तर–1. (क) 2. (घ) 3. (ख) 4. (ग) 5. (घ) 6. (घ)

6 एशिया के उच्च पर्वतीय क्षेत्र को सेंट्रल एशियन माउंटेन रीजन भी कहा जाता है। इसमें हिमालयन, कराकोरम और हिंदुकुश पर्वत शृंखलाएँ आती हैं जो चीन से लेकर अफगानिस्तान तक फैली हैं। इस क्षेत्र में करीब 55 हजार हिमनद हैं, जिनमें पेयजल का जितना भंडार है उतना उत्तरी और दक्षिणी ध्रुवों के अतिरिक्त पृथ्वी पर एक साथ पेयजल कहीं नहीं है। इन हिमनदों से पिघला हुआ जल एशिया की दस सबसे बड़ी नदियों को जीवन देता है, जिन पर करीब दो करोड़ लोगों की आबादी निर्भर रहती है।

बढ़ते तापमान की वजह से इन सभी पर खतरा मँडरा रहा है। संयुक्त राष्ट्र विकास कार्यक्रम यानी यूएनडीपी के मुताबिक शेष दुनिया के मुकाबले हिमालयी क्षेत्र में तापमान करीब दोगुनी रफ़्तार से बढ़ रहा है जिसकी वजह से पर्वतों पर जमी बर्फ पिघल रही है और बर्फबारी हो रही है। यदि समय रहते वैश्विक तापमान में लगभग 1.5 फीसदी की कमी नहीं की गई तो इस शताब्दी के अंत तक दक्षिण एशिया के पहाड़ों पर जो बर्फ जमा है, उसका आधा या फिर दो-तिहाई हिस्सा गायब हो जाएगा।

पिघलते हिमनदों की वजह से बिजली आपूर्ति भी प्रभावित हो रही है। पिछले साल भारत ने गंगा नदी पर नए पनबिजली, संयंत्रों के निर्माण पर रोक लगा दी थी, ताकि निचले इलाकों में नदियों के पानी के बहाव को बनाए रखा जा सके और नदियाँ सूखने न पाएँ। ग्लेशियरों के पिघलने की दर को कम करने के तरीके ढूँढ़ने के बावजूद तमाम वैज्ञानिक भविष्य को लेकर बहुत चिंतित हैं। जीवाश्म-ईंधनों के जरिए लोग उन गैसों को वायुमंडल में छोड़ते हैं जो पृथ्वी के चारों ओर ग्रीनहाउस की तरह काम करती हैं और धरती गर्म होने लगती है। कोयला, तेल और गैस जलाने पर कालिख और पार्टिकुलेट मैटर छोड़ते हैं। हवा के जरिए ये प्रदूषक बर्फ पर जम जाते हैं और बर्फ तेजी से गर्म होकर पिघलने लगती है। *–305 शब्द* [*CBSE 2023*]

अतिलघूत्तरात्मक/लघूत्तरात्मक प्रश्नोत्तर

प्रश्न– 1. हिमनद से क्या आशय है ?

2. बढ़ते तापमान से क्या दुष्परिणाम हो रहे हैं ?

3. गंगा नदी पर पनबिजली बनाने की योजनाएँ क्यों रोकी गईं ?

4. **हिम-ग्लेशियर निरंतर पिघल क्यों रहे हैं ?**
5. **कोयला, तेल और गैस जलाने से ग्लेशियरों पर क्या असर पड़ता है ?**

उत्तर– 1. हिमनद हिमखंडों से बहने वाली वे नदियाँ हैं जो पिघल-पिघल कर वर्ष-भर धरती को जल से सींचती हैं।
2. वातावरण में बढ़ते तापमान से हिमालय तथा अन्य पर्वतों पर जमी बर्फ पिघल रही है और निरंतर बर्फबारी हो रही है।
3. गंगा नदी पर नए पनबिजली संयंत्र लगाने पर रोक लगा दी गई है। कारण यह है कि इनके कारण भारत के निचले प्रदेशों में नदी का जल-बहाव सूखने लगा था।
4. हिम-ग्लेशियरों के निरंतर पिघलने का मूल कारण है–वायुमंडल में निरंतर तापमान का बढ़ना।
5. कोयला, गैस और तेल जलाने से कालिख और पार्टिकुलेट मैटर बर्फ पर जम जाते हैं। इससे बर्फ पिघलने की गति बढ़ जाती है।

बहुविकल्पी प्रश्नोत्तर

प्रश्न– 1. **सेंट्रल एशियन माउंटेन रीजन कहाँ है ?**
(क) ऑस्ट्रेलिया में (ख) अफ्रीका में
(ग) साऊथ अमेरिका में (घ) एशिया में

2. **विश्व में सर्वाधिक पीने योग्य जल का भंडार कहाँ उपलब्ध है ?**
(क) नदियों में (ख) दोनों ध्रुवों पर
(ग) हिमालय पर (घ) हिंदुकुश पर्वत पर

3. **जीवनदायिनी नदियों में ख़तरे के बादल क्यों मँडरा रहे हैं ?**
(क) तापमान में वृद्धि के कारण (ख) जनसंख्या वृद्धि के कारण
(ग) अज्ञानता के कारण (घ) वैमनस्यता के कारण

4. **गंगा नदी पर नए पनबिजली संयंत्रों के निर्माण पर प्रतिबंध क्यों लगाना पड़ा ?**
(क) नदियाँ प्रदूषित न हों (ख) वर्षा समय पर हो
(ग) बाढ़ को रोका जा सके (घ) नदियों का प्रवाह बना रहे

5. **गद्यांश के आधार पर ग्लेशियरों को पिघलने से कैसे रोका जा सकता है ?**
(क) जल प्रदूषण में कमी लाकर (ख) जीवाश्म ईंधनों का सीमित प्रयोग कर
(ग) प्लास्टिक पर रोक लगाकर (घ) विकास कार्यों पर लगाम लगाकर

उत्तर– 1. (घ) 2. (ख) 3. (क) 4. (घ) 5. (ख)

7 भारत एक विशाल देश है। यहाँ के विभिन्न राज्यों की अपनी क्षेत्रीय भाषाएँ हैं। स्वतंत्रता के पश्चात से मातृभाषा को प्रोत्साहित करने की बातें चर्चा में रही हैं। परंतु इनके विकास के लिए कोई ठोस उपाय नहीं किए गए। इसके कारण प्रत्येक क्षेत्र में विदेशी भाषा अंग्रेजी का वर्चस्व स्थापित हो गया। नेल्सन मंडेला ने कहा था कि किसी भी व्यक्ति के सोचने की प्रक्रिया अपनी मातृभाषा में होती है। अगर किसी व्यक्ति से उसकी मातृभाषा में बात करें तो वह बात दिल तक पहुँचती है।

यह सर्वविदित है कि मातृभाषा में शिक्षा प्राप्त करना अत्यंत सहज एवं सुगम होता है। अपनी मातृभाषा में विद्यार्थी किसी भी विषय को सरलता से समझ लेता है जबकि अन्य भाषाओं में उसे कठिनाई का सामना करना पड़ता है। विश्वभर के शिक्षाविदों ने मातृभाषा में शिक्षा प्रदान किए जाने को महत्त्व दिया है। विश्व स्थास्थ्य संगठन की एक रिपोर्ट के अनुसार अपनी मातृभाषा में चिकित्सा की पढ़ाई करवाने वाले देशों में चिकित्सा एवं स्वास्थ्य व्यवस्था की स्थिति अन्य देशों की तुलना में अच्छी है। चीन, रूस, जर्मनी, फ्रांस और जापान सहित अनेक देश अपनी मातृभाषा में शिक्षा प्रदान कर रहे हैं। सर्वविदित है कि ये देश लगभग प्रत्येक क्षेत्र में अग्रणी हैं। इन देशों ने अपनी मातृभाषा में शिक्षा प्रदान करके ही उन्नति प्राप्त की है। यदि स्वतंत्रता के पश्चात भारत में भी मातृभाषा में चिकित्सा एवं तकनीकी शिक्षा प्रदान की जाती तो हम आज विश्व में और अधिक बेहतर स्थिति में होते। वर्तमान में इस दिशा में ठोस और क्रांतिकारी कदम उठाए जाने की आवश्यकता है। *–253 शब्द*

[CBSE 2024]

***अतिलघूत्तरात्मक/लघूत्तरात्मक प्रश्नोत्तर**

प्रश्न– 1. भारत में मातृभाषा की जगह अंग्रेजी भाषा का वर्चस्व क्यों बना रहा ?

2. मातृभाषा के बारे में नेल्सन मंडेला क्या कहते हैं ?

3. *मातृभाषा से किसी विषय को समझना सरल होता है*–**किस-किसने इस बात का समर्थन किया ?**

4. अंग्रेजी देशों ने अपनी उन्नति किस भाषा के माध्यम से की हैं ?

5. आज भारत की बेहतरी के लिए कौन-सा कदम उठाना जरूरी है ?

उत्तर–1. भारतवर्ष में मातृभाषा को बढ़ावा देने की बातें बहुत की गईं, किंतु किसी ने उसके लिए प्रयत्न नहीं किया। इस कारण अंग्रेजी भाषा का वर्चस्व बढ़ता चला गया।

2. नेल्सन मंडेला कहते हैं– प्रत्येक व्यक्ति अपनी मातृभाषा में ही सोचता है। इसलिए उससे मातृभाषा में बात की जाए तो वह सीधे दिल में उतरती है।

3. नेल्सन मंडेला, विश्व-भर के शिक्षाविद् तथा विश्व स्वास्थ्य संगठन की रिपोर्ट मानती है कि मातृभाषा में किसी विषय को समझना सरल होता है।

4. चीन, जर्मनी, रूस, फ्रांस और जापान जैसे उन्नत देशों ने अपनी-अपनी मातृभाषा में ही उन्नति की है।

5. आज भारत की बेहतरी के लिए शिक्षा, चिकित्सा और तकनीक को मातृभाषा में सिखाना बहुत जरूरी है।

बहुविकल्पी प्रश्नोत्तर

प्रश्न– 1. किसी भी देश के आधारभूत विकास के लिए आवश्यक है–

(क) तकनीकी शिक्षा का विस्तार होना (ख) चिकित्सीय शिक्षा का विस्तार होना
(ग) किसी भी भाषा में शिक्षा देना (घ) मातृभाषा में शिक्षा का विस्तार होना

2. स्वास्थ्य और चिकित्सा की दृष्टि से कौन-से देश अच्छी स्थिति में हैं ?

(क) मातृभाषा में चिकित्सीय शिक्षा देने वाले देश
(ख) अपनी राष्ट्रभाषा को मातृभाषा बनाने वाले देश
(ग) राष्ट्रभाषा और मातृभाषा को समान मानने वाले देश
(घ) अंग्रेजी भाषा से दूरी बनाने वाले देश

3. भारत में क्षेत्रीय भाषाओं के अपेक्षाकृत कम विकसित होने के क्या कारण हैं ?

(क) हिंदी भाषा का वर्चस्व (ख) अंग्रेजी भाषा का वर्चस्व
(ग) उपयुक्त प्रयासों का अभाव (घ) स्थानीय इच्छाशक्ति का अभाव

4. '*मातृभाषा में शिक्षा प्राप्त करना आसान होता है।*' **इस कथन के पक्ष में निम्नलिखित में से कौन-सा/कौन-से तर्क सही है/हैं ?**

(क) मातृभाषा में प्राप्त ज्ञान को समझना सरल है।
(ख) मातृभाषा में प्राप्त ज्ञान को समझना जटिल है।
(ग) मातृभाषा अन्य भाषाओं से सरल-स्वरूप होती है।
(घ) मातृभाषा और दूसरी भाषाओं में कोई अंतर नहीं है।

विकल्प–

(क) 1 सही है। (ख) 3 सही है।
(ग) 1 और 2 सही हैं। (घ) 1 और 4 सही हैं।

5. कथन (A) और कारण (R) को पढ़कर उपयुक्त विकल्प चुनकर लिखिए–

कथन (A) – भारत में शिक्षा के माध्यम में बदलाव वर्तमान की आवश्यकता है।

कारण (R) – शिक्षा के माध्यम के प्रति दृष्टिकोण समाज में क्रांतिकारी परिवर्तन ला सकता है।

***लघूत्तरात्मक प्रश्नोत्तर** *इस वर्ष से पाठ्यक्रम में सम्मिलित हुए हैं। इसलिए छात्रों की सुविधा के लिए हमने यहाँ अपनी ओर से लघूत्तरात्मक प्रश्नोत्तर बनाए हैं। ये 2024 की वार्षिक परीक्षा में नहीं पूछे गए थे।*

(क) कथन गलत है, किंतु कारण सही है।

(ख) कथन और कारण दोनों ही गलत हैं।

(ग) कथन सही है और कारण, कथन की सही व्याख्या है।

(घ) कथन सही है किंतु कारण, कथन की सही व्याख्या नहीं है।

उत्तर–1. (घ) 2. (क) 3. (ग) 4. (क) 5. (ग)

8 भाषा अभिव्यक्ति का माध्यम है। यह भाषा की शायद सबसे पुरानी और सहज परिभाषा है। इसके साथ संस्कृति की पहचान को भी जोड़ा जाता है। भाषा व्यक्तियों के एक पूरे समाज को, एक समूची सभ्यता को परिभाषित करती है। भाषा इस बात का दस्तावेज़ीकरण भी है कि मनुष्य कैसे जिया था और कैसे जी रहा है। इस दृष्टि से देखें तो भाषा हमारा पूरा इतिहास है, जो हमें देखे गए और देखे जाने वाले सपनों, अच्छे और बुरे दोनों से परिचित करवाती है। यह सब समझने के बाद जब यह पता चलता है कि भाषा मरती भी है, तो एक झटका-सा लगना स्वाभाविक है। जब यह अहसास होता है कि अपनी किसी भाषा के मरने में हमारा भी योगदान होता है, तो झटका बिजली के करंट जैसा हो जाता है। एक भाषा के मरने का अर्थ है एक इतिहास का मिटना, या फिर ऐसा कहें कि मिटना नहीं, मिटाना।

हमारे देश में कई भाषाएँ और बोलियाँ हैं। इतनी भाषाएँ होने से इस बात का पता ही नहीं चलता कि कब और कहाँ हमारी ही कोई भाषा मर रही है। भारतीय भाषाओं के केंद्रीय संस्थान के एक आकलन के अनुसार, लगभग 200 भारतीय भाषाएँ ख़तरे में हैं। भाषाओं के ख़तरे में होने का अर्थ है कि कभी ऐसी भी स्थिति आ सकती है कि किसी भाषा को बोलने वाला कोई बचे ही नहीं। यह स्थिति दो तरीकों से आती है। एक तो यह कि प्राकृतिक कारणों से कोई भाषा बोलने वाला समाज विलुप्त हो जाए। दूसरा यह कि कोई समाज स्वयं अपनी भाषा (मातृभाषा) के प्रति उदासीन हो जाए, किसी और भाषा को बेहतर मानकर उसे स्वीकार कर ले। ख़तरा तो दोनों तरीकों से है। पर यह दूसरा तरीका अधिक ख़तरनाक प्रतीत होता है। इसका मतलब होता है अपनी भाषा, अर्थात अपनी सभ्यता और संस्कृति की अवमानना। यह अपनी पहचान के प्रति आपराधिक उदासीनता है। जब स्थिति ऐसी आ जाए कि अपनी भाषा बोलना अपमानजनक लगने लगे, अथवा दूसरी भाषा में बोलने की क्षमता शान की बात मानी जाए, तो भाषा धीरे-धीरे मरने लगती है। बल्कि यह कह सकते हैं हम उसे मार देते हैं। इससे त्रासद स्थिति और क्या हो सकती है ?

– 354 शब्द [CBSE अभ्यास प्रश्नपत्र, 2022]

अतिलघूत्तरात्मक/लघूत्तरात्मक प्रश्नोत्तर

प्रश्न– **1. इस गद्यांश का उचित शीर्षक दीजिए।**

2. भाषा अभिव्यक्ति के साथ-साथ और कौन-सा महत्त्वपूर्ण कार्य करती है ?

3. भाषा के मरने का क्या तात्पर्य है ?

4. भाषा किन दो तरीकों से मरती है ?

5. वे कौन लोग हैं जो अपनी भाषा को जानबूझकर मारने के दोषी हैं ?

6. आज भारत की कितनी भाषाएँ मौत के कगार पर हैं ?

7. भाषा के मरने के साथ समाज का कौन-सी क्षमता मर जाती है ?

उत्तर– 1. भाषा की मृत्यु–एक विडंबना।

2. भाषा हमारे मन को अभिव्यक्त करने के साथ-साथ समाज की सभ्यता और संस्कृति को भी सुरक्षित रखती है।

3. भाषा के मरने का अर्थ है–उस भाषा का प्रयोग करने वालों का न रहना। जब किसी भाषा को बोलने वाले नहीं बचते तो वह भाषा का प्रयोग से बाहर हो जाती है, अर्थात् मर जाती है।

4. भाषा दो तरीकों से मरती है–

(*i*) किसी प्राकृतिक कारण से उस भाषा को बोलने वालों का नष्ट होना।

(*ii*) जानबूझकर उस भाषा को बोलने के प्रति उदासीनता होना तथा किसी अन्य भाषा को श्रेठ मानकर उसे प्रयोग करना।

5. जो लोग किसी अन्य भाषा को श्रेठ मानकर उसका प्रयोग करने लगते हैं और अपनी भाषा का प्रयोग करना छोड़ देते हैं, वे उस भाषा की हत्या के दोषी हैं।
6. आज भारत की लगभग 200 भाषाएँ मृत्यु के कारण पर खड़ी हैं।
7. भाषा के मरते ही उस समाज की सामाजिक विशेषताएँ—सभ्यता, संस्कृति और पहचान नष्ट हो जाती है।

बहुविकल्पी प्रश्नोत्तर

प्रश्न–1. हमारी भाषा कब मरने लगती है ?

(क) जब हम अपनी भाषा का प्रयोग सोच-समझकर नहीं करते
(ख) जब हम अपनी भाषा को सीखने में ज़्यादा समय लगाते हैं
(ग) जब हम अन्य भाषाओं में बोलना सीख जाते हैं
(घ) जब हम अन्य भाषा को बेहतर मानने लगते हैं

2. भाषा हमें किसके बारे में बताती है ?

(क) हमारी सभ्यता के भूत और वर्तमान काल के बारे में
(ख) हमारे जीवन में अच्छे सपनों के महत्त्व के बारे में
(ग) हमारी संस्कृति को नई पहचान देने के बारे में
(घ) हमारे समाज पर आने वाले ख़तरों के बारे में

3. लेखक के अनुसार कौन-सी बात हमें धक्का पहुँचा सकती है ?

(क) कि भाषा हमारी संस्कृति की पहचान है
(ख) कि भाषा हमारे कारण ख़त्म हो सकती है
(ग) कि भाषा के मरने से मानव जाति ख़त्म हो सकती है
(घ) कि मातृभाषा बोलना अपमानजनक भी लग सकता है।

4. गद्यांश के अनुसार, भाषा के स्वयं मिटने और उसे मिटा देने में क्या अंतर है ?

(क) भाषा प्राकृतिक कारणों से मिट सकती है, परंतु उसका मिटाया जाना मानवीय कारणों से होता है।
(ख) बहुत-सी भाषाएँ रोज़ मिटती रहती हैं, पर उन्हें मिटाना एक दीर्घकालिक प्रक्रिया है।
(ग) भाषा के स्वयं मिटने से कोई ख़तरा नहीं है पर उसे मिटाना बहुत ख़तरनाक है।
(घ) ऐसे किसी अंतर के बारे में कोई जानकारी नहीं दी गई है।

5. पहले अनुच्छेद में मुख्य रूप से क्या बताया गया है ?

(क) भाषा का संपूर्ण इतिहास (ख) दैनिक जीवन में भाषा का प्रयोग
(ग) मनुष्य और भाषा का अनोखा संबंध (घ) भाषा के भविष्य को सुधारने के सुझाव

नवीनतम शैली का प्रश्न

6. कथन (A) – भारत की 200 से अधिक भाषाएँ खतरे में हैं।

कारण (R) – (*i*) क्योंकि उसे बोलने वाले नहीं रहे।
(*ii*) क्योंकि सरकार ने उन पर प्रतिबंध लगा दिया।
(*iii*) क्योंकि हमने स्वयं उनसे किनारा कर लिया।
(*iv*) क्योंकि हमने अन्य किसी भाषा को महान मान लिया।

विकल्प–

(क) (*i*), (*ii*) ठीक हैं। (ख) (*i*), (*ii*), (*iii*) ठीक हैं।
(ग) (*ii*), (*iii*), (*iv*) ठीक हैं। (घ) (*iii*), (*iv*) ठीक हैं।

7. कथन (A) – हम अपनी भाषा को मार देते हैं।

कारण (R) – हम उससे उदासीन हो जाते हैं।

विकल्प–

(क) कथन ठीक है परंतु कारण गलत है।

(ख) कथन ठीक है और कारण भी ठीक है।

(ग) कथन गलत है और कारण ठीक है।

(घ) कथन गलत है और कारण भी गलत है।

उत्तर–1. (घ) 2. (क) 3. (ख) 4. (ग) 5. (ग)
6. (घ) 7. (ख)

9 वन प्रकृति की अमूल्य संपदा है। मानव-जीवन इससे अभिन्न रूप से जुड़ा हुआ है। इसका सभ्यता एवं संस्कृति से भी अटूट संबंध है। आदिमानव का जन्म व उसकी सभ्यता-संस्कृति का विकास इन्हीं वनों में हुआ है। उसकी खाद्य-सामग्री और आवास की समस्या भी इन्होंने ही सुलझाई थी। मानव की और अन्य वन्य जीव-जंतुओं के जीवन की रक्षा में भी इन्हीं का हाथ रहा है। हमारे ग्रंथ, उपनिषद और आरण्यक आदि वनों में रचे गए। महाकवि वाल्मीकि द्वारा रचित ग्रंथ रामायण भी तपोवन में ही रूपाकार पा सकता था। औषधियाँ भी हमें वनों से ही मिलती हैं। विश्व की कोई सभ्यता एवं संस्कृति नहीं है, जिसने वनों के मूल्य को न आँका हो, उनकी महत्ता को न समझा हो। इसलिए वन-संरक्षण की आवश्यकता है। कागज़ बनाने तथा मकान के लिए लकड़ी वनों से ही प्राप्त होती है। पेड़-पौधे वर्षा का कारण बन कर पर्यावरण की रक्षा तो करते ही हैं, इनमें कार्बन-डाइऑक्साइड को शोषित करने की शक्ति भी होती है। सिंचाई और पेयजल की समस्या का समाधान भी वनों के संरक्षण से ही संभव है। वन हैं तो नदियाँ भी अपने भीतर जल की अमृतधारा संजोकर प्रवाहित कर रही हैं। समाप्त होने से धरती बंजर व रेगिस्तान बन जाएगी।

–205 शब्द [के.वि.सं., जम्मू, 2021]

अतिलघूत्तरात्मक/लघूत्तरात्मक प्रश्नोत्तर

प्रश्न– 1. **इस अनुच्छेद का एक उपयुक्त शीर्षक दीजिए।**

2. **वनों का हमारी सभ्यता-संस्कृति से किस प्रकार का नाता है ?**

3. **हमारे शास्त्रों और ग्रंथों के लेखन में वनों की क्या भूमिका है ?**

4. **वन हमारे पर्यावरण को किस प्रकार संरक्षित करते हैं ?**

5. **वनों के समाप्त होने पर धरती पर कौन-सा खतरा मँडराने लगेगा ?**

उत्तर– 1. वन-हमारी अमूल्य संपदा।

2. वनों में ही हमारी सभ्यता-संस्कृति का विकास हुआ है। इन्हीं से भोजन और आवास मिला है। इन्हीं की कोख में रामायण आदि ग्रंथ उपजे हैं।

3. हमारे शास्त्र और साहित्यिक ग्रंथ–रामायण, उपनिषद्, अरण्यक आदि वनों में ही रचे गए हैं। अतः वन हमारी संस्कृति के आधार हैं।

4. वन ही वर्षा को बुलाते हैं तथा कार्बन-डाइ-आक्साइड को नष्ट करके हमारे पर्यावरण को शुद्ध बनाते हैं।

5. वनों के समाप्त होने पर पर्यावरण नष्ट होगा, जल धाराएँ सूखेंगी और सारी धरती बंजर तथा रेगिस्तान बन जाएगी।

बहुविकल्पी प्रश्नोत्तर

प्रश्न–1. **वनों ने आदिमानव की किस प्रकार मदद की ?**

(क) खाद्य सामग्री उपलब्ध कराकर

(ख) आवास की सुविधा उपलब्ध कराकर

(ग) खाद्य और आवास दोनों की सुविधा उपलब्ध कराकर

(घ) इनमें से कोई नहीं

2. वन प्रकृति की संपदा है क्योंकि–

(क) वनों के कारण जीव-जंतुओं को आवास मिलता है।

(ख) जीव-जंतुओं को भोजन मिलता है।

(ग) मानव जीवन इससे अभिन्न रूप से जुड़ा हुआ है।

(घ) इनमें से कोई नहीं।

3. निम्नलिखित में से कौन-सी वस्तु वनों से प्राप्त नहीं होती ?

(क) औषधियाँ (ख) कागज बनाने के लिए लकड़ी

(ग) मकान बनाने के लिए लकड़ी (घ) प्लास्टिक

4. पेड़-पौधे पर्यावरण की रक्षा किस प्रकार करते हैं ?

(क) वायु से कार्बन-डाइऑक्साइड को शोषित कर

(ख) घनी छाया प्रदान कर

(ग) जीव जंतुओं को संरक्षण प्रदान कर

(घ) उपर्युक्त सभी

5. औषधियाँ शब्द में कौन-सा प्रत्यय है ?

(क) इयाँ (ख) आँ

(ग) याँ (घ) ईया

नवीनतम शैली का प्रश्न

6. कथन (A) – वन प्रकृति की अमूल्य संपदा है।

कारण (R) – (*i*) ये हमारी आवास और भोजन-समस्या को सुलझाते हैं।

(*ii*) ये हमें कागज़ और लकड़ी देते हैं।

(*iii*) ये हमें पेयजल और सिंचाई के साधन देते हैं।

(*iv*) ये हमें छाया प्रदान करते हैं।

विकल्प–

(क) (*i*), (*ii*) (*iii*) ठीक हैं। (ख) (*ii*), (*iii*), (*iv*) ठीक हैं।

(ग) सभी ठीक हैं। (घ) (*ii*), (*iv*) ठीक हैं।

उत्तर–1. (ग) 2. (ग) 3. (घ) 4. (घ) 5. (क) 6.(क)

10 बहुत से विद्वानों और चिंतकों ने इस बात को लेकर चिंता प्रकट की है कि भारतीय समाज आधुनिकता से बहुत दूर है और भारत के लोग अपने आप को आधुनिक बनाने की कोशिश भी नहीं कर रहे हैं।

नैतिकता, सौंदर्यबोध और अध्यात्म के समान आधुनिकता कोई शाश्वत मूल्य नहीं है। वह कई चीजों का एक सम्मिलित नाम है। औद्योगीकरण आधुनिकता की पहचान है। साक्षरता का सर्वव्यापी प्रसार आधुनिकता की सूचना देता है। नगर-सभ्यता का प्राधान्य आधुनिकता का गुण है। सीधी-सादी अर्थव्यवस्था मध्यकालीनता का लक्षण है। आधुनिक देश वह है, जिसकी अर्थव्यवस्था जटिल और प्रसरणशील हो और जो 'टेक-ऑफ' की स्थिति को पार कर चुकी हो।

आधुनिक समाज मुक्त और मध्यकालीन समाज बंद होता है। बंद समाज वह है जो अन्य समाजों से प्रभाव ग्रहण नहीं करता, जो अपने सदस्यों को भी धन या संस्कृति की दीर्घा में ऊपर उठने की खुली छूट नहीं देता, जो जाति-प्रथा और गोत्रवाद से पीड़ित है, जो अंधविश्वासी, गतानुगतिक और संकीर्ण है।

आधुनिक समाज में उन्मुक्तता होती है। उस समाज के लोग अन्य समाजों के लोगों से मिलने-जुलने में नहीं घबराते, न वे उन्नति का मार्ग खास जातियों और खास गोत्रों के लिए सीमित रखते हैं। आधुनिक समाज सामरिक दृष्टि से भी बलवान समाज होता है। जो देश अपनी रक्षा के लिए भी लड़ने में असमर्थ है, उसे आधुनिक कहलाने का कोई अधिकार नहीं है। आधुनिक समाज के लोग आलसी और निकम्मे नहीं होते। आधुनिक समाज का एक लक्षण यह भी है कि उसकी हर आदमी के पीछे होने वाली आय अधिक होती है, उसके हर आदमी के पास कोई धंधा या काम होता है और अवकाश की शिकायत प्रायः हर एक को रहती है।

–275 शब्द **[*CBSE 2021*]**

अतिलघूत्तरात्मक/लघूत्तरात्मक प्रश्नोत्तर

प्रश्न– 1. इस गद्यांश का उपयुक्त शीर्षक दीजिए।

2. भारतीय समाज के बारे में विद्वानों की क्या चिंता है ?

3. मध्यकालीन समाज और आधुनिक समाज में मूलतः क्या अंतर है ?

4. आधुनिक समाज के कोई दो लक्षण लिखिए।

5. आधुनिक समाज की शक्ति के दो कारण बताइए।

उत्तर– 1. आधुनिक समाज की पहचान।

2. विद्वानों को यह चिंता है कि भारतीय समाज आधुनिकता से बहुत दूर है और आधुनिक बनने की कोशिश भी नहीं कर रहा।

3. मध्यकालीन समाज बंद और रूढ़िग्रस्त होता है। वह जातियों में बँटा हुआ होता है। इसके विपरीत आधुनिक समाज खुला होता है। वह जाति-बंधन से दूर होकर सबके विकास और श्रम की बात करता है।

4. आधुनिक समाज का पहला लक्षण यह है कि वह किसी सीमा में नहीं बँधता। दूसरे, वह सामरिक दृष्टि से बलवान होता है तथा उसके लोग परिश्रमी और कमाऊ होते हैं।

5. आधुनिक समाज की शक्ति के दो कारण हैं–

- सामाजिक दृष्टि से बलवान होना।
- परिश्रम द्वारा अच्छी आय प्राप्त करना।

बहुविकल्पी प्रश्नोत्तर

प्रश्न–1. गद्यांश के आधार पर सही तथ्य को चुनिए–

(क) आधुनिक समाज मुक्त तथा मध्यकालीन समाज खुला होता है।
(ख) आधुनिक समाज बंद तथा मध्यकालीन समाज मुक्त होता है।
(ग) आधुनिक समाज मुक्त तथा मध्यकालीन समाज बंद होता है।
(घ) आधुनिक समाज उन्मुक्त तथा मध्यकालीन समाज जड़ होता है।

2. शाश्वत मूल्यों में शामिल हैं–

(क) नैतिकता, सौंदर्यबोध और अध्यात्म (ख) नैतिकता, सौंदर्यबोध और आधुनिकता
(ग) नैतिकता, अध्यात्म और आधुनिकता (घ) सौंदर्यबोध, अध्यात्म और आधुनिकता

3. विद्वानों और चिंतकों ने किस बात के ऊपर चिंता व्यक्त की है ?

(क) भारतीय समाज से आधुनिकता अभी बहुत दूर है।
(ख) भारतीय समाज से न सिर्फ आधुनिकता दूर है बल्कि उसको लाने के प्रयास भी नहीं हो रहे।
(ग) भारतीय समाज एक पारंपरिक समाज है जिसमें आधुनिकता अभी नहीं आ सकेगी।
(घ) वैसे तो भारतीय समाज से आधुनिकता दूर है पर उसे लाने के प्रयास अवश्य हो रहे हैं।

4. आधुनिक समाज की विशिष्टताओं में शामिल है–

(क) उन्मुक्तता (ख) सामरिक बल
(ग) आलस्य

उपरोक्त विकल्पों के आधार पर निम्नलिखित विकल्पों में सही विकल्प का चयन कीजिए–

(क) (क), (ख) और (ग) तीनों (ख) (क) और (ग)
(ग) (ख) और (ग) (घ) (ख) और (क)

5. एक बंद समाज की विशेषताओं में किसे नहीं रखा जाएगा ?

(क) अन्य समाजों से प्रभाव ग्रहण नहीं करना।
(ख) जाति-प्रथा और गोत्रवाद से पीड़ित रहना।

(ग) धन या संस्कृति के क्षेत्र में खुली छूट देना।

(घ) अंधविश्वासी, पिछड़ा और संकीर्ण होना।

नवीनतम शैली का प्रश्न

6. कॉलम 1 तथा कॉलम 2 के सुमेलित युग्मों को छाँटिए–

कॉलम 1	कॉलम 2
1. वह आधुनिक समाज है। **2.** वह मध्यकालीन समाज है।	(*i*) जिसमें उन्मुक्तता होती है। (*ii*) जिसमें सामाजिक बंधन होते हैं। (*iii*) जिसकी प्रति व्यक्ति आय अधिक होती है। (*iv*) जो अपनी रक्षा करने में समर्थ होते हैं। (*v*) जो जातिवाद को महत्त्व देते हैं।

विकल्प–

(क) 1-(*i*), (*ii*), (*iii*) 2-(*iv*), (*v*) **(ख) 1-(*i*), (*iii*), (*iv*) 2-(*ii*), (*v*)**

(ग) 1-(*ii*), (*v*) 2-(*i*), (*iv*), (*v*) (घ) 1-(*i*), (*iii*), (*iv*) 2-(*iv*), (*v*)

उत्तर–1. (ग) 2. (क) 3. (ख) 4. (घ) 5. (ग) 6. (ख)

11 बंगाल की शस्य-श्यामला धरती का सौंदर्य अविस्मरणीय है। इसके मनोहर और उन्मुक्त सौंदर्य को प्रतिभाशाली रचनाकार अपने गीतों, निबंधों और कविताओं में बाँधने की कोशिश करते रहते हैं लेकिन इसके मायावी और लोकोत्तर आकर्षण का रंच मात्र ही वे रूपायित करने में सफल हो पाए हैं। अविभाजित बंगाल का सौंदर्य किसी भी संवेदनशील मस्तिष्क के भीतर हलचल पैदा कर सकता है। चाँदी-सी चमकती मीलों लंबी नहरों और नदियों के बीच पन्नों की तरह चमकते हरे-भरे खेतों के चित्र संवेदनशील मन को अपूर्व आनंद से भर देते हैं। हरे-भरे खेतों में पके दानों की लहलहाती सुनहरी फसल, हवा में फुसफुसाते लंबे ताड़ के वृक्ष और साल की पत्तियों की बहती हुई मंद-मंद हवा, कंचनजंघा के उत्तुंग शिखर, सुंदरवन के घने जंगल, दीघा के सुंदर रेतीले समुद्र तट और उत्तर बंगाल के हरे-भरे चाय के बागान आँखों में रचे बसे रहते हैं। प्राकृतिक छटाओं से भरी-पूरी यह धरती युगों से महान लेखकों, कवियों और कलाकारों को प्रेरित करती रही है। इस अनोखे वरदान के केवल वही पात्र हैं जिन्हें इस धरती पर पैदा होने का सौभाग्य मिला है अथवा वे हैं जो अविभाजित बंगाल में रह चुके हैं। *–193 शब्द* [*CBSE 2021*]

अतिलघूत्तरात्मक/लघूत्तरात्मक प्रश्नोत्तर

प्रश्न– **1. इस गद्यांश का उपयुक्त शीर्षक लिखिए।**

2. अविभाजित बंगाल से क्या तात्पर्य है ?

3. बंगाल के यशस्वी लेखक बंगाल के सौंदर्य को व्यक्त करने में पूरी तरह सफल क्यों नहीं हुए ?

4. बंगाल की प्राकृतिक सुंदरता किसे प्रेरित करती रही है ?

5. बंगाल के वरदान को कौन लोग पा सके हैं और क्यों ?

उत्तर– 1. बंगाल का अनुपम सौंदर्य।

2. अविभाजित बंगाल से आशय है–1947 से पहले का बंगाल जिसमें आज का बांग्लादेश भी आ जाता है।

3. बंग-भूमि का सौंदर्य और उसका अलौकिक प्रभाव इतना अधिक है कि कोई भी रचनाकार उसके एक लघु अंश का ही वर्णन कर पाता है। बंगाल के पूरे सौंदर्य को प्रकट करने की शक्ति किसी रचनाकार में नहीं है।

4. बंगाल की प्राकृतिक सुंदरता महान कवियों, लेखकों और कलाकारों को प्रेरित करती रही है।

5. बंगाल का सौंदर्य-वरदान केवल वही पा सके हैं जो इस धरती पर पैदा हुए हैं या जो अविभाजित बंगाल में रह चुके हैं।

क्यों–बंगाल के सौंदर्य का अनुभव बिना प्रत्यक्ष देखे और बिना वहाँ जिए नहीं हो सकता।

बहुविकल्पी प्रश्नोत्तर

प्रश्न–1. किसी संवेदनशील मन को अपूर्व आनंद से भर देते हैं–

(क) नदियों, नहरों और खेतों के चित्र (ख) नदियों, समुद्रों और हीरे-पन्ने के दृश्य

(ग) चाँदी की चमक और पन्नों की हरियाली (घ) फसलों और पेड़ों के मिले-जुले दृश्य

2. लेखक की दृष्टि में बंगाल की शस्य-श्यामला धरती का सौंदर्य कैसा नहीं है ?

(क) अविस्मरणीय (ख) मायावी

(ग) आकर्षक (घ) असामान्य

3. निम्नलिखित में से कौन-सा युग्म गद्यांश के आधार पर सही है ?

(क) फसल : घनी (ख) समुद्र तट : रेतीले

(ग) कंचनजंघा : मंद हवा (घ) चाय बागान : सुनहरे

4. बंगाल की भूमि के विषय में कथन और कारण की सत्यता परखिए–

कथन (A) – यह धरती युगों से महान लेखकों, कवियों और कलाकारों को प्रेरित करती रही है।

कारण (R) – यह धरती युगों से प्राकृतिक छटाओं से भरपूर है।

(क) कथन और कारण दोनों असत्य हैं। (ख) कथन और कारण दोनों सत्य हैं।

(ग) कथन सत्य पर कारण असत्य है। (घ) कथन असत्य है पर कारण सत्य है।

5. इस गद्यांश का केंद्रीय विषय है–

(क) बंगाल के जादू को बताना (ख) अविभाजित बंगाल की धरती का सौंदर्य

(ग) बंगाल में बिताए दिनों की याद (घ) प्रकृति का मनुष्य के ऊपर पड़ने वाला प्रभाव

नवीनतम शैली का प्रश्न

6. कथन (A) – बंगाल की शस्य-श्यामल धरती का आनंद केवल यहाँ की संतानें ले सकती हैं या अविभाजित बंगाल में रहने वाले।

कारण (R) – धरती के सौंदर्य का अनुभव केवल मातृभूमि के मोह के कारण होता है।

विकल्प–

(क) कथन सही है और उसकी व्याख्या भी सही है।

(ख) कथन गलत है किंतु उसकी व्याख्या सही है।

(ग) कथन गलत है और उसकी व्याख्या भी गलत है।

(घ) कथन सही है किंतु उसकी व्याख्या गलत है।

उत्तर–1. (क) 2. (घ) 3. (ख) 4. (ख) 5. (ख) 6. (घ)

12 चंद्रयान-3 की सफल लैंडिंग ने भारत को उन्नत राष्ट्रों की श्रेणी में लाकर खड़ा कर दिया है। जिस काम को अमरीका, रूस, चीन जैसे शक्तिशाली राष्ट्र न कर सके, उसे भारतीय विज्ञानियों ने बड़ी सहजता से, बहुत सस्ते में करके दिखा दिया। सन 2019 में हमारा चंद्रयान-2 लैंडिंग करते वक्त असफल हो गया था। उस समय देश चाहता तो वैज्ञानिकों को कोस सकता था, उनका उपहास उड़ा सकता था, उन्हें नीचा दिखा सकता था। देश के शत्रुओं ने ऐसा किया भी। किंतु भारत के प्रधानमंत्री ने बड़े दिल से इसरो के तत्कालीन चेयरमैन श्री के. सिवन को ढाढ़स बँधाया, उनके आँसू पोंछे। उन्हें फिर-से प्रयास करने की प्रेरणा दी। उन्होंने न केवल शब्द दिए, बल्कि धन-साधन भी उपलब्ध कराए। परिणाम यह हुआ कि इसरो के उत्साहित विज्ञानविदों ने पुरानी गलतियों को सुधार कर दो-तीन वर्षों में चंद्रयान-3 को तैयार किया। इस बार इसरो के चेयरमैन श्री एस. सोमनाथ विश्वास से इतने लबरेज थे कि उन्हें चंद्रमा की सतह पर लैंड करने की पूरी आशा थी। 23 अगस्त, 2023 की शाम को 6 बजकर 4 मिनट पर विक्रम लैंडर को चाँद की सतह पर उतरना था। चार दिन पहले रूस का चंद्रयान लूना-25 चाँद से टकराकर ध्वस्त हो चुका था। फिर भी हमारे

अंतरिक्ष-विज्ञानियों के माथे पर बल नहीं थे। वे धीर और शांत थे। उन्होंने विक्रम लैंडर में ऐसे सोचने-समझने और स्वयं निर्णय लेने वाले यंत्र लगाए थे कि उनका सफल होना निश्चित था। यही कारण था कि इस बार पूरे भारत ने क्रिकेट मैच की तरह चंद्रयान-3 की लैंडिंग को देखा। जैसे ही चंद्रयान ने लैंड किया, भारत मानो कई फुट ऊँचा उड़कर आसमान से बातें करने लगा। यह भारत के अंतरिक्ष-विज्ञानियों की जीत थी, भारतीय शुभचिंतकों की जीत थी, भारतीय सरकार और शासन की दृढ़ इच्छा की जीत थी और भारत के शत्रुओं के गालों पर तमाचा था। चंद्रमा के जिस दक्षिणी ध्रुव पर कोई नहीं पहुँच सका था, उस पर भारत ने तिरंगा फहरा दिया। जय भारत, जय विज्ञान। *– 329 शब्द*

अतिलघूत्तरात्मक/लघूत्तरात्मक प्रश्नोत्तर

प्रश्न– **1. इस अनुच्छेद का उपयुक्त शीर्षक लिखिए।**

2. चंद्रयान-3 की सफल लैंडिंग का क्या अर्थ है ?

3. भारत ने चंद्रयान–2 की असफलता को सफलता में कैसे बदला ?

4. रूस के चंद्रयान लूना-25 के ध्वस्त होने पर भी भारतीय वैज्ञानिक विश्वास से लबरेज क्यों थे ?

5. क्या आप चंद्रयान-3 की सफल लैंडिंग का कुछ श्रेय भारत के प्रधानमंत्री को देना चाहेंगे? क्यों ?

6. यहाँ भारत का शत्रु किन्हें कहा गया है ? उन्होंने कौन-सा देशविरोधी काम किया ?

उत्तर– 1. चंद्रयान-3 की सफल लैंडिंग।

2. इसका अर्थ है–भारत द्वारा छोड़े गए चंद्रयान-3 का चाँद की दक्षिणी सतह पर सफलतापूर्वक उतरना।

3. भारत चंद्रयान–2 असफल लैंडिंग से निराश नहीं हुआ। भारत के प्रधानमंत्री ने असफल वैज्ञानिकों को ढाढ़स बँधाया। उनके आँसू पोंछे तथा धन–साधन भी उपलब्ध करवाए।

4. चंद्रयान-3 के लैंड होने से कुछ दिन पहले रूस का चंद्रयान लूना–25 ध्वस्त हो गया था। इससे भारतवासी डरे किंतु हमारे वैज्ञानिक विश्वास से भरपूर थे। इसका कारण यह था कि इस बार उन्होंने पुरानी गलतियों को पूरी तरह सुधार लिया था।

5. हाँ, भारत के प्रधानमंत्री ने चंद्रयान–2 के असफल वैज्ञानिकों को डाँटने–कोसने की बजाय उन्हें ढाढ़स बँधाया। उनके आँसू पोंछे। उन्हें फिर–से कोशिश करने की प्रेरणा दी। इसलिए चंद्रयान–3 की सफल लैंडिंग का श्रेय प्रधानमंत्री को भी जाता है।

6. यहाँ भारत के शत्रु उन्हें कहा गया है, जो मन–ही–मन भारत को नीचा दिखाते हैं, उसकी असफलता पर खुश होते हैं और उसका मनोबल गिराते हैं।

बहुविकल्पी प्रश्नोत्तर

प्रश्न– **1. निम्नलिखित कथन (A) और कारण (R) को पढ़कर संबंधित प्रश्नों का सही उत्तर दीजिए–**

कथन (A) – चंद्रमा के दक्षिणी ध्रुव पर पहुँचने वाला पहला देश भारत है।

कारण (R) – भारत विश्व-गुरु बन चुका है।

विकल्प–

(क) कथन (A) सत्य है और कारण (R) भी सत्य है।

(ख) कथन (A) सत्य है किंतु कारण (R) भ्रामक है।

(ग) कथन (A) असत्य है किंतु कारण (R) सत्य है।

(घ) कथन (A) असत्य है और कारण (R) भी असत्य है।

2. भारत के चंद्रयान-2 की असफलता पर किन्होंने खिल्ली उड़ाई ?

(क) भारत के विरोधियों ने (ख) भारत के विरोधी-दलों ने

(ग) भारत के हितैषियों ने (घ) भारत के सामान्य लोगों ने

3. निराश विज्ञानियों के साथ देश के प्रधानमंत्री ने कैसा व्यवहार किया ?

(क) सहानुभूतिपूर्ण (ख) निराशापूर्ण

(ग) प्रेरणादायक (घ) कठोर

4. रूस के चंद्रयान लूना-25 के ध्वस्त होने पर भारत के विज्ञानियों के मन में क्या था ?

(क) डर (ख) निराशा

(ग) विश्वास (घ) जोश

5. लैंडर विक्रम को कौन संचालित कर रहा था ?

(क) नासा के वैज्ञानिक (ख) इसरो के वैज्ञानिक

(ग) प्रधानमंत्री मोदी (घ) विक्रम में लगे यंत्र

उत्तर—1. (ख) 2. (क) 3. (ग) 4. (ग) 5. (घ)

13 लाखों वर्षों से मधुमक्खी जिस तरह छत्ता बनाती आई है वैसे ही बनाती है। उसमें फेर-बदल करना उसके लिए संभव नहीं है। छत्ता तो त्रुटिहीन बनता है लेकिन मधुमक्खी अपने अभ्यास के दायरे में आबद्ध रहती है। इस तरह सभी प्राणियों के संबंध में प्रकृति के व्यवहार में साहस का अभाव दिखाई पड़ता है। ऐसा लगता है कि प्रकृति ने उन्हें अपने आँचल में सुरक्षित रखा है, उन्हें विपत्तियों से बचाने के लिए उनकी आंतरिक गतिशीलता को ही प्रकृति ने घटा दिया है।

लेकिन सृष्टिकर्ता ने मनुष्य की रचना करने में अद्‌भुत साहस का परिचय दिया है। उसने मानव के अंतःकरण को बाधाहीन बनाया है। हालाँकि बाह्य रूप से उसे विवस्त्र, निरस्त्र और दुर्बल बनाकर उसके चित्त को स्वच्छंदता प्रदान की है। इस मुक्ति से आनंदित होकर मनुष्य कहता है—"*हम असाध्य को संभव बनाएँगे।*" अर्थात जो सदा से होता आया है और होता रहेगा, हम उससे संतुष्ट नहीं रहेंगे। जो कभी नहीं हुआ, वह हमारे द्वारा होगा। इसीलिए मनुष्य ने अपने इतिहास के प्रथम युग में जब प्रचंडकाय प्राणियों के भीषण नखदंतों का सामना किया तो उसने हिरण की तरह पलायन करना नहीं चाहा, न कछुए की तरह छिपना चाहा। उसने असाध्य लगने वाले कार्य को सिद्ध किया—पत्थरों को काटकर भीषणतर नखदंतों का निर्माण किया। प्राणियों के नखदंत की उन्नति केवल प्राकृतिक कारणों पर निर्भर होती है। लेकिन मनुष्य के ये नखदंत उसकी अपनी सृष्टि क्रिया से निर्मित थे। इसलिए आगे चलकर उसने पत्थरों को छोड़कर लोहे के हथियार बनाए। इससे यह प्रमाणित होता है कि मानवीय अंतःकरण संधानशील है। उसके चारों ओर जो कुछ है उस पर ही वह आसक्त नहीं हो जाता। जो उसके हाथ में नहीं है उस पर अधिकार जमाना चाहता है। पत्थर उसके सामने रखा है पर वह उससे संतुष्ट नहीं। लोहा धरती के नीचे है, मानव उसे वहाँ से बाहर निकालता है। पत्थर को घिसकर हथियार बनाना आसान है लेकिन वह लोहे को गलाकर, साँचे में डाल ढालकर, हथौड़े से पीटकर, सब बाधाओं को पार करके उसे अपने अधीन बनाता है। मनुष्य के अंतःकरण का धर्म यही है कि वह परिश्रम से केवल सफलता ही नहीं बल्कि आनंद भी प्राप्त करता है।

—351 शब्द [CBSE 2020]

अतिलघूत्तरात्मक/लघूत्तरात्मक प्रश्नोत्तर

प्रश्न— **1. इस अनुच्छेद का शीर्षक लिखिए।**

2. प्रकृति ने मनुष्य और अन्य प्राणियों में क्या अंतर किया है ?

3. अन्य प्राणी अपना निर्माण किसके सहारे करते हैं ?

4. मनुष्य नव-निर्माण किस शक्ति के बल पर करता है ?

5. मनुष्य ने तीखे नाखूनों की जगह क्या बनाया ?

6. मनुष्य को आनंद किसमें मिलता है ?

उत्तर— 1. अनुसंधान-प्रेमी मनुष्य।

2. प्रकृति ने अन्य प्राणियों को नया सोचने की शक्ति नहीं दी, जबकि मनुष्य नया निर्माण कर सकता है। प्रकृति ने मनुष्य के निर्माण में साहस दिखाया है।

3. अन्य प्राणी केवल अभ्यास के सहारे अपने घोंसले को निर्माण करते हैं।
4. मनुष्य नया निर्माण अपने मन की स्वच्छंद वृत्ति और शक्ति के कारण करता है। प्रकृति ने उसे नया निर्माण करने की शक्ति दी है।
5. मनुष्य ने अपने तीखे नाखूनों और दाँतों की जगह पत्थरों को घिसकर पैना किया। उससे पत्थर के हथियार बनाए।
6. मनुष्य को परिश्रम करके नया निर्माण करने में आनंद प्राप्त होता है।

बहुविकल्पी प्रश्नोत्तर

प्रश्न–1. प्रकृति ने मनुष्य को किस प्रकार से बनाया है ?

(क) बाहर से दुर्बल, अंदर से कठोर (ख) अंदर-बाहर दोनों से कमज़ोर
(ग) बाहर से दुर्बल, अंदर से स्वच्छंद (घ) अंदर-बाहर दोनों से बलवान

2. पशु मानव की तुलना में कहाँ कम हैं ?

(क) वे सोच नहीं सकते (ख) वे दयावान नहीं हैं
(ग) वे क्रूर हैं (घ) वे अपनी सीमाओं में बँधे हैं

3. *'असाध्य'* का क्या अर्थ है ?

(क) साधनहीन (ख) जिसे साधा न जा सके
(ग) जो धनहीन हो (घ) कठिन

4. मनुष्य ने अपना विकास कैसे किया है ?

(क) शांत रहकर (ख) संतुष्ट रहकर
(ग) असंतोष से (घ) लोभ से

5. इस गद्यांश का शीर्षक दीजिए।

(क) पशु और मानव (ख) विकासगाथा
(ग) प्रगतिशील मानव (घ) असंतुष्ट मानव

नवीनतम शैली का प्रश्न

6. **कथन (A)** – मनुष्य के विकास का वास्तविक रहस्य उसके अंतर्मन की स्वतंत्रता है।
कारण (R) – स्वतंत्रता से असंभव को भी संभव बनाया जा सकता है।
विकल्प–
(क) कथन सत्य है किंतु व्याख्या असंगत है। (ख) कथन सत्य है और व्याख्या भी सत्य है।
(ग) कथन असत्य है किंतु व्याख्या ठीक है। (घ) कथन और कारण दोनों ठीक हैं।

उत्तर–1. (ग) 2. (घ) 3. (ख) 4. (ग) 5. (ग) 6. (ख)

14 आत्मनिर्भर भारत का सपना कारगर होने लगा है। भारत न केवल हथियारों के उत्पादन में आत्मनिर्भर होता जा रहा है, अपितु तकनीक के क्षेत्र में भी भारत ने झंडे गाड़ दिए हैं। अगस्त, 2023 में भारत ने स्वदेशी तकनीक से चाँद के दक्षिणी ध्रुव पर पहला चंद्रयान उतार दिया। अमरीका, चीन और रूस देखते रह गए। न उन्होंने तकनीक दी न क्रायोजनिक इंजन। भारत ने अपने घर में, अपने साधनों से, अपने तकनीशियनों की सहायता से चंद्रयान-3 का निर्माण किया। केवल 600 करोड़ की राशि में चंद्रमा की सतह पर पहुँचना एक चमत्कार ही है, जिसे अन्य उन्नत देश हताश नज़रों से निहार रहे हैं। जब चंद्रयान-3 चंद्र की यात्रा पर था, तब रूस का लूना-25 भी उड़ान पर था। उसके भेजने में रूस के लगभग 1500 करोड़ खर्च हुए। विपुल मात्रा में ईंधन खर्च हुआ। तब भी वह लक्ष्य भेदने में असमर्थ रहा। भारत के अंतरिक्ष वैज्ञानिक अपनी तकनीक के बारे में बहुत आश्वस्त थे। अब पूरा विश्व अंतरिक्ष-तकनीक में भारत की ओर निहार रहा है। बहुत सस्ती और विश्वसनीय तकनीक होने के कारण विश्व-भर के देश भारत से तकनीक का आयात करेंगे। इससे भारत पुनः सोने की चिड़िया बनेगा। इन दिनों भारत ने दूर तक मार करने वाले

अति-उन्नत शस्त्रास्त्रों का भी निर्माण भारत में करना शुरू कर दिया है। पैट्रोल-डीजल की बजाय सौर-ऊर्जा का द्रुत विकास किया है। यहाँ तक कि विश्व-व्यापार अमरीकी डालर में न होकर भारतीय रुपए में होने लगे– इस दिशा में भी ठोस कदम उठाए हैं। सचमुच भारत द्रुत गति से आत्मनिर्भर होता जा रहा है। *–262 शब्द*

अतिलघूत्तरात्मक/लघूत्तरात्मक प्रश्नोत्तर

प्रश्न– 1. इस अनुच्छेद का उचित शीर्षक लिखिए।

2. भारत किस-किस क्षेत्र में आत्मनिर्भर होता जा रहा है ?

3. भारत ने अमरीका, रूस और चीन को किस क्षेत्र में पछाड़ दिया ?

4. भारत ने अपना चंद्रयान बनाने में क्या सफलता पाई ?

5. चंद्रयान-3 के बाद भारत की प्रगति के मार्ग खुल गए हैं–कैसे ?

6. 'सोने की चिड़िया' का क्या आशय है ?

7. भारत की उन्नति के कोई तीन कारण लिखिए।

उत्तर– 1. आत्मनिर्भर भारत।

2. भारत हथियार-उत्पाद और अंतरिक्ष-विज्ञान के क्षेत्र में आत्मनिर्भर होता जा रहा है।

3. भारत ने चंद्रमा के दक्षिणी ध्रुव पर चंद्रयान-3 उतारकर अमरीका, रूस और चीन को पीछे छोड़ दिया। ये देश तब तक वहाँ नहीं पहुँच पाए थे।

4. भारत ने अपनी चंद्रयान शुद्ध रूप से स्वदेशी तकनीक द्वारा बहुत सस्ते में बनाया।

5. चंद्रयान-3 जिसने विश्वास के साथ, और बहुत कम पैसे खर्च करके सफल हुआ है–इसे देखते हुए अन्य देश भारत से यह उन्नत तकनीक खरीदेंगे। परिणामस्वरूप भारत की उन्नति के द्वार खुलेंगे।

6. समृद्ध।

7. भारत की उन्नति के तीन कारण निम्नलिखित हैं–

- हथियारों के निर्माण में विश्वस्तरीय उत्पादन करना।
- अंतरिक्ष-यान भेजने में सस्ती और विश्वसनीय तकनीक बनाना।
- सौर-ऊर्जा का प्रयोग करके पैट्रोल-डीजल पर निर्भरता कम करना।

बहुविकल्पी प्रश्नोत्तर

प्रश्न–1. कथन (A) और कारण (R) को पढ़कर उचित उत्तर दीजिए–

कथन (A) – भारत पूरी तरह आत्मनिर्भर हो गया है।

कारण (R) – भारत अब क़िसी भी देश की सहायता नहीं लेता।

विकल्प–

(क) कथन (A) ठीक है और कारण (R) भी उसकी सही व्याख्या करता है।

(ख) कथन (A) गलत है और कारण (R) भी गलत है।

(ग) कथन (A) गलत है किंतु कारण (R) सही है।

(घ) कथन (A) सही है किंतु कारण (R) गलत है।

2. झंडा गाड़ने का अर्थ है–

(क) तिरंगा फहराना (ख) सबको हराना

(ग) विजय पा लेना (घ) खुश होना

3. विश्व-भर के देश भारत से तकनीक क्यों आयात करेंगे ?

(क) भारत उनका साथी है (ख) उन्हें भारत पर भरोसा है

(ग) भारत की तकनीक विश्वसनीय है (घ) भारतीय तकनीक विश्वसनीय और सस्ती है।

4. भारत ने पैट्रोल-डीजल की कमी का समाधान कैसे निकाला ?

(क) पैट्रोल महँगा करके (ख) पैट्रोल पर प्रतिबंध लगाकर

(ग) सौर-ऊर्जा का विकास करके (घ) इलैक्ट्रिक यान चलाकर

5. पूरे विश्व में व्यापार किस मुद्रा में हुआ करता है ?

(क) अमरीकी डालर में (ख) यूरोपीय मुद्रा में

(ग) भारतीय रुपए में (घ) अपनी-अपनी मुद्रा में

उत्तर–1. (ख) 2. (ग) 3. (घ) 4. (ग) 5. (क)

15 महात्मा गाँधी ने कोई 12 साल पहले कहा था–

मैं बुराई करने वालों को सजा देने का उपाय ढूँढ़ने लगूँ तो मेरा काम होगा उनसे प्यार करना और धैर्य तथा नम्रता के साथ उन्हें समझाकर सही रास्ते पर ले आना। इसलिए असहयोग या सत्याग्रह घृणा का गीत नहीं है। असहयोग का मतलब बुराई करने वाले से नहीं, बल्कि बुराई से असहयोग करना है।

आपके असहयोग का उद्देश्य बुराई को बढ़ावा देना नहीं है। अगर दुनिया बुराई को बढ़ावा देना बंद कर दे तो बुराई अपने लिए आवश्यक पोषण के अभाव में अपने-आप मर जाए। अगर हम यह देखने की कोशिश करें कि आज समाज में जो बुराई है, उसके लिए खुद हम कितने ज़िम्मेदार हैं तो हम देखेंगे कि समाज से बुराई कितनी जल्दी दूर हो जाती है। लेकिन हम प्रेम की एक झूठी भावना में पड़कर इसे सहन करते हैं। मैं उस प्रेम की बात नहीं करता, जिसे पिता अपने गलत रास्ते पर चल रहे पुत्र पर मोहांध होकर बरसाता चला जाता है, उसकी पीठ थपथपाता है; और न मैं उस पुत्र की बात कर रहा हूँ जो झूठी पितृ-भक्ति के कारण अपने पिता के दोषों को सहन करता है। मैं उस प्रेम की चर्चा नहीं कर रहा हूँ। मैं तो उस प्रेम की बात कर रहा हूँ, जो विवेकयुक्त है और जो बुद्धियुक्त है और जो एक भी गलती की ओर से आँख बंद नहीं करता। यह सुधारने वाला प्रेम है।

–235 शब्द **[CBSE 2018]**

अतिलघूत्तरात्मक/लघूत्तरात्मक प्रश्नोत्तर

प्रश्न– **1. गाँधी जी बुराई करने वालों को किस प्रकार सुधारना चाहते हैं ?**

2. बुराई को कैसे समाप्त किया जा सकता है ?

3. प्रेम के बारे में गाँधी जी के विचार स्पष्ट कीजिए।

4. असहयोग से क्या तात्पर्य है ?

5. उपर्युक्त गद्यांश के लिए उपयुक्त शीर्षक दीजिए।

उत्तर– 1. गाँधी जी बुराई करने वालों को प्यार, धैर्य और नम्रता से समझाकर सही रास्ते पर लाना चाहते हैं।

2. बुराई को समाप्त करने पर सर्वोत्तम उपाय है–उसे विनम्रतापूर्वक रोकना। उसे बढ़ावा देने में असहयोग करना। इस प्रकार सहयोग के अभाव में बुराई अपने-आप समाप्त हो जाएगी।

3. गाँधी जी अंधे मोह, अंधी ममता और अंधी शक्ति को प्रेम नहीं मानते। वे विवेक, बुद्धिमत्ता और सावधानी से किए जाने वाले सुधार को सच्चा प्रेम कहते हैं।

4. 'असहयोग' का अर्थ है–बढ़ावा न देना।

5. गांधी जी का असहयोग-दर्शन।

बहुविकल्पी प्रश्नोत्तर

प्रश्न–**1. गाँधी जी बुराई करने वालों को किस प्रकार सुधारना चाहते हैं ?**

(क) दंड द्वारा (ख) समझा-बुझा कर

(ग) प्यार और धैर्य से (घ) उपेक्षा द्वारा

2. गाँधी जी किसके साथ असहयोग करना चाहते थे ?

(क) अत्याचारी के साथ (ख) बुरे व्यक्ति के साथ

(ग) बुराई करने वाले के साथ (घ) बुराई के साथ

3. पिता का सच्चा प्रेम तभी सिद्ध होगा, जब वह–

(क) बुराई के बावजूद पुत्र को उत्साह देगा। (ख) पुत्र को बुराई करने पर रोकेगा।
(ग) पुत्र को स्वतंत्र छोड़ेगा। (घ) पुत्र की बुराइयों की अनदेखी करेगा।

4. समाज से बुराई जल्दी तभी दूर होगी जब–

(क) हम बुराई का विरोध करेंगे। (ख) हम अपनी बुराई को स्वयं ठीक करेंगे।
(ग) हम बुराई की बातें करना बंद करेंगे। (घ) हम बुराई से प्रभावित नहीं होंगे।

5. प्रेम में क्या होना चाहिए ?

(क) अपनत्व (ख) मोह
(ग) विवेक (घ) क्षमा

नवीनतम शैली का प्रश्न

6. कथन (A) – असहयोग घृणा का गीत नहीं है।
कारण (R) – यह असहयोग बुराई करने वाले से है।
विकल्प–
(क) कथन ठीक है, परंतु व्याख्या गलत है।
(ख) कथन और व्याख्या–दोनों ठीक हैं।
(ग) कथन गलत है किंतु व्याख्या ठीक है।
(घ) कथन और व्याख्या दोनों गलत हैं।

उत्तर–1. (ग) 2. (घ) 3. (ख) 4. (ख) 5. (ग) 6. (क)

16 एशिया के सबसे बड़े मसाला बाजारों में से एक, पुरानी दिल्ली के खारी बावली बाजार की सैर किसी भी रसोइए के लिए आनंददायक हो सकती है। खारी का अर्थ नमकीन या खारा होता है, और बावली का अर्थ सीढ़ीनुमा कुआँ होता है। हालाँकि यहाँ बावली की मूल संरचना का कोई अवशेष नहीं मिलता है, फिर भी यह पूरा इलाका बहुत पुराना जान पड़ता है। यह थोक और खुदरा व्यापार का केंद्र है। इस विशाल परिसर में दुकानें और गोदाम हैं जिनकी सबसे ऊपरी मंजिलों में लोगों के घर हैं। खारी बावली में विभिन्न प्रकार के मसाले मिलते हैं, जिनमें स्थानीय और विदेशी दोनों प्रकार के मसाले शामिल हैं। यहाँ मसालों की उपलब्धता को देखकर भारत को मसालों की भूमि कहे जाने के पीछे का कारण आसानी से समझ आ सकता है। लाल मिर्च, हल्दी और तेज पत्ते से लेकर आसानी से ना मिलने वाले मसालों तक, ये सभी इस बाजार में उपलब्ध हैं। हर एक मसाले की कई किस्में भी यहाँ उपलब्ध हैं। हाल ही में, यह अंतरराष्ट्रीय और घरेलू यात्रियों, विरासत प्रेमियों और फोटोग्राफरों के लिए एक जाना-माना गंतव्य बन गया है, जहाँ उन्हें पुरातन पृष्ठभूमि के विपरीत आधुनिकता का अनुभव करने और देखने को मिलता है।

–199 शब्द **[*CASE 2022-23*]**

अतिलघूत्तरात्मक/लघूत्तरात्मक प्रश्नोत्तर

प्रश्न– **1. इस अनुच्छेद का उचित शीर्षक लिखिए।**
2. खारी बावली का बाज़ार किसी रसोइए के लिए आनंददायक क्यों है ?
3. खारी बावली किसलिए प्रसिद्ध है ?
4. भारत को मसालों की भूमि क्यों कहा जाता है ?
5. अंतरराष्ट्रीय घुमक्कड़ों को खारी बावली जाने पर कैसा अनुभव मिलता है ?

उत्तर– 1. खारी बावली–मसालों का बाज़ार।
2. खारी बावली का बाज़ार किसी भी रसोइए के लिए आनंददायक इसलिए है क्योंकि यहाँ सभी देशी और विदेशी मसाले मिल जाते हैं।
3. खारी बावली संसार-भर के मसालों का बाज़ार है।

4. भारत को मसालों की भूमि कहने का अर्थ है–भारत में हर प्रकार के मसाले उपलब्ध हैं। यहाँ के लोग मसालों का उत्पादन और उपयोग दोनों करते हैं।
5. अंतरराष्ट्रीय घुमक्कड़ों को खारी बावली जाकर पुराने भारत के साथ-साथ आधुनिक भारत का भी अनुभव मिल जाता है।

बहुविकल्पी प्रश्नोत्तर

प्रश्न–1. **खारी बावली अपनी खास विशेषता के लिए जानी जाती है–**
कथन पढ़कर सही विकल्प का चयन कीजिए–
कथन– (*i*) अपनी प्राचीनता के लिए (*ii*) अपनी लोकप्रियता के लिए
(*iii*) अपने मसालों के लिए (*iv*) सीढ़ीनुमा कुओं के लिए

विकल्प–
(क) कथन (*i*) सही है। (ख) कथन (*i*) व (*ii*) सही हैं।
(ग) कथन (*iii*) सही है। (घ) कथन (*iii*) व (*iv*) सही हैं।

2. **भारत को मसालों की भूमि कहे जाने के पीछे मुख्य कारण है–**
(क) यहाँ मसालों की खपत अत्यधिक होती है
(ख) यहाँ मसालों का उत्पादन अधिक होता है
(ग) यहाँ पर मसालों का आयात होता है
(घ) यहाँ मसालों का निर्यात किया जाता है

3. **खारी बावली की अंतर्राष्ट्रीय पहचान बनने का मूल कारण क्या है ?**
(क) यहाँ आकर प्राचीनता देखने को मिलती है
(ख) यहाँ के बाजार बड़े लुभावने हैं
(ग) चटपटे व्यंजन आकर्षित करते हैं
(घ) यहाँ प्राचीनता में नवीनता देखने को मिलती है

4. **इस अनुच्छेद में स्थानीय एवं विदेशी शब्दों से क्या अभिप्राय है–**
(क) भारतीय एवं विदेशी मसाले (ख) भारतीय एवं विदेशी शब्द
(ग) भारतीय एवं विदेशी नागरिक (घ) भारतीय एवं विदेशी खाना

5. **कथन (A) और कारण (R) को पढ़कर उपयुक्त विकल्प चुनिए–**
कथन (A) – भारत मसालों की भूमि कही जाती है।
कारण (R) – सारे मसालों का उत्पादन भारत में ही होता आया है।
(क) कथन (A) गलत किंतु कारण (R) सही है।
(ख) कथन (A) कारण (R) दोनों ही गलत हैं।
(ग) कथन (A) सही और कारण (R) कथन (A) की सही व्याख्या है।
(घ) कथन (A) सही है, किंतु कारण (R) कथन (A) की सही व्याख्या नहीं है।

उत्तर–1. (ग) 2. (ख) 3. (घ) 4. (क) 5. (घ)

प्रश्न-अभ्यास
(उत्तर रहित)

निम्नलिखित गद्यांशों पर आधारित बहुविकल्पी/वस्तुपरक प्रश्नों के उत्तर सर्वाधिक उपयुक्त विकल्प चुनकर लिखिए–

17 हाल तक गुरु से मार खाकर लड़के जब घर रोते-रोते पहुँचते थे तो माता-पिता यही कहते थे, "जो गुरु से मार खाते हैं उनका भविष्य उज्ज्वल होगा ही।" मगर आज गुरु किसी बच्चे को पीटे तो उन पर अभिभावक मुकदमा चला देगा। आज के गुरु भी सिर्फ़ सेवा लेने में ही चतुर हैं, देने में नहीं। उपनिषदों में आचार्यों ने कहा, "सेवा देने की चीज़ है, लेने की नहीं।" सेवा लेने

के अधिकारी बच्चे, रोगी, असहाय और वृद्ध हैं। बच्चों को परमेश्वर का ही मूर्त रूप समझ सेवा रूपी पूजा से उनकी शक्ति को प्रज्वलित करने की क्षमता और सहृदयता रखने वाले ज्ञानी और तपस्वी पुरोहित आजकल के गुरु नहीं रह गए हैं। किसी भी देव-मंदिर की मूर्ति की शक्ति उतनी मात्रा तक ही संभव है जितनी मात्रा तक उसके पुजारी की भाव-पूजा में नैवेद्य-भावना भरी रहती है। मूर्ति में स्वयं कुछ भी नहीं है। पुजारी की शक्ति ही मूर्ति में विकसित होने लगती है। काश, भारतीय संस्कृति का यह रहस्य भारतीय समझ पाते। इसका ज्ञान न होना ही तो आज हमारे सारे दुखों का कारण है। *–182 शब्द* [*CBSE 2016*]

अतिलघूत्तरात्मक/लघूत्तरात्मक प्रश्न

प्रश्न– 1. पुराने और आज के गुरुओं में क्या अंतर है ?

2. गुण शब्द में उपसर्ग लगाकर विलोम बनाइए।

3. भारतीय संस्कृति का कौन-सा रहस्य लोग भूल चुके हैं ?

4. देवमंदिर की मूर्ति की शक्ति किस बात पर निर्भर है ?

5. गद्यांश का उचित शीर्षक दीजिए।

बहुविकल्पी प्रश्न

प्रश्न–1. उचित शीर्षक दीजिए–

(क) भारत में गुरु-शिष्य संबंध (ख) भारत की शिष्य-परंपरा

(ग) भारत की गुरु-परंपरा (घ) गुरु-परंपरा–कल और आज।

2. '*गुण*' शब्द में उपसर्ग लगाकर विलोम बनाइए–

(क) औगुण (ख) अवगुण (ग) अगुण (घ) अपगुण।

3. आज के गुरु पहले की तुलना में हीन हैं, क्योंकि–

(क) उनमें शिष्य को सिखाने की इच्छा नहीं

(ख) वे शिष्य को सेवा देते नहीं, उनसे सेवा लेते हैं

(ग) वे शिष्य से लंबी-चौड़ी धनराशि लेते हैं

(घ) वे शिष्यों के प्रति आस्थावान नहीं हैं।

4. '*उज्ज्वल*' में कौन-सा उपसर्ग है ?

(क) उज् (ख) उ (ग) उत (घ) उत्।

5. भारतीय संस्कृति का कौन-सा रहस्य आज लोग भूल चुके हैं ?

(क) गुरु सेवा देता है, लेता नहीं

(ख) सेवा देने की चीज़ है लेने की नहीं

(ग) पुजारी की भावना ही मूर्ति में शक्ति का संचार करती है

(घ) मूर्ति के प्रति श्रद्धा रखने से ही पुजारी महिमावान बनता है।

नवीनतम शैली का प्रश्न

6. कथन (A) – आजकल सच्चे गुरु नहीं रह गए हैं।

कारण (R) – (*i*) आजकल के गुरु सेवा लेने में चतुर हैं, देने में नहीं।

(*ii*) आजकल के गुरु मुकदमे के डर से शिष्यों को पीटते नहीं।

(*iii*) आज के गुरु ज्ञानी और तपस्वी नहीं हैं।

(*iv*) आज के गुरु पुरोहित समान हैं।

विकल्प–

(क) (*i*) और (*ii*) ठीक हैं। (ख) (*i*), (*iii*), (*iv*) ठीक हैं।

(ग) (*i*), (*iii*) ठीक हैं। (घ) (*i*), (*iv*) ठीक हैं।

18 साहस की ज़िंदगी सबसे बड़ी ज़िंदगी होती है। ऐसी ज़िंदगी की सबसे बड़ी पहचान यह है कि वह बिल्कुल निडर, बिल्कुल बेख़ौफ होती है। साहसी मनुष्य की पहली पहचान यह है कि वह इस बात की चिंता नहीं करता कि तमाशा देखने वाले लोग उसके बारे में क्या सोच रहे हैं। जनमत की उपेक्षा करके जीनेवाला आदमी दुनिया की असली ताकत होता है और मनुष्यता को प्रकाश भी उसी आदमी से मिलता है। अड़ोस-पड़ोस को देखकर चलना, यह साधारण जीव का काम है। क्रांति करने वाले लोग अपने उद्देश्य की तुलना न तो पड़ोसी के उद्देश्य से करते हैं और न अपनी चाल देखकर मद्धिम बनाते हैं। साहसी मनुष्य सपने उधार नहीं लेता, वह अपने विचारों में रमा हुआ अपनी ही किताब पढ़ता है। झुंड में चरना यह भैंस और भेड़ का काम है। सिंह तो बिल्कुल अकेला होने पर मग्न ही रहता है। *–144 शब्द* [*CBSE 2015*; *के.वि.सं., जम्मू 2021*]

अतिलघूत्तरात्मक/लघूत्तरात्मक प्रश्न

प्रश्न– **1. साहस की ज़िंदगी की सबसे बड़ी पहचान क्या होती है ?**

2. दुनिया की असली ताकत कैसा आदमी होता है ?

3. साधारण जीव क्या करता है ?

4. सिंह की असली पहचान क्या है ?

5. इस गद्यांश का उपयुक्त शीर्षक क्या है ?

बहुविकल्पी प्रश्न

प्रश्न–**1. साहस की ज़िंदगी की सबसे बड़ी पहचान क्या होती है ?**

(क) मस्त और स्वार्थी होना (ख) परोपकारी और भला होना

(ग) निडर और बेख़ौफ होना (घ) चालाक और चतुर होना।

2. दुनिया की असली ताकत कैसा आदमी होता है ?

(क) दूसरों की परवाह न करने वाला (ख) अनुशासनहीन जीवन जीने वाला

(ग) अपने हिसाब से जीने वाला (घ) जनमत की उपेक्षा करके जीने वाला।

3. साधारण जीव क्या करता है ?

(क) अड़ोस-पड़ोस को देखकर चलता है (ख) दूसरों की नकल करता है

(ग) आँख मूँदकर चलता है (घ) सोच-समझकर चलता है।

4. सिंह की असली पहचान क्या है ?

(क) वह बेधड़क और निडर होता है (ख) वह हिंसक और आक्रामक है

(ग) वह जंगल का राजा है (घ) वह अकेला होने पर भी मग्न रहता है।

5. इस गद्यांश का उपयुक्त शीर्षक क्या है ?

(क) मस्त ज़िंदगी (ख) लापरवाह ज़िंदगी

(ग) बेखबर ज़िंदगी (घ) साहस भरी ज़िंदगी।

नवीनतम शैली का प्रश्न

6. कथन (A) – साहसी व्यक्ति दुनिया की असली ताकत होता है।

कारण (R) – (*i*) वह किसी की परवाह न करके मनमानी करता है।

(*ii*) वह अपने ही उद्देश्य की पूर्ति में मग्न रहता है।

(*iii*) वह एकदम निडर होता है।

(*iv*) उसी से सबको प्रेरणा मिलती है।

विकल्प–

(क) (*ii*), (*iii*), (*iv*) ठीक हैं। (ख) (*i*), (*ii*), (*iii*) ठीक हैं।

(ग) (*iv*) ठीक है। (घ) (*i*), (*iv*) ठीक हैं।

19 वैज्ञानिक उन्नति के कारण मानव-सभ्यता की दीवार इतनी ऊँची हो गई है कि अब वह अपने बोझ से ही लड़खड़ाने लगी है। भौतिक उन्नति ने मनुष्य के भौतिक अस्तित्व पर ही प्रश्न-चिह्न लगा दिया है। यद्यपि विज्ञान की सहायता से मनुष्य वैभवपूर्ण जीवन व्यतीत कर रहा है, सुख-समृद्धि के सभी उपाय उसके अधीन हो गए हैं, पर वह स्वयं भी स्वतंत्र नहीं रहा। सवारी को ही लीजिए– आपके पास कार है, जहाँ चाहे, पहुँच जाएँगे। परंतु यदि कार खराब हो गई, तो बुलाइए मैकेनिक को। हैं न आप उसके अधीन ? बिजली से कमरा ठंडा कर लिया है। दिल्ली में ही शिमला का आनंद ले रहे हैं, परंतु बिजली फेल हो गई, तो आपका जीवन नरक बन गया न ! दूसरी ओर आज शहरों में साँस लेना दूभर हो गया है। हर जगह शोर, गंदगी और बीमारियों का साम्राज्य-सा फैल गया है। कृत्रिम खादों, दवाइयों के कारण भूमि से उत्पन्न अन्न-फल तक दूषित हो गए हैं। *–156 शब्द* [*सरस्वती विद्या मंदिर* (*IX*) *2023-24*]

1. भौतिक उन्नति ने किस पर प्रश्नचिह्न लगा दिया है ?

(क) मनुष्य के आध्यात्मिक अस्तित्व पर (ख) मनुष्य के भौतिक अस्तित्व पर

(ग) मनुष्य के बौद्धिक अस्तित्व पर (घ) मनुष्य के सांस्कृतिक अस्तित्व पर

2. वैभवपूर्ण जीवन होते हुए भी मनुष्य स्वतंत्र क्यों नहीं रहा ?

(क) पर निर्भरता के कारण (ख) उपायों के अधीन होने के कारण

(ग) अपनी मूर्खता के कारण (घ) अति भावुकता के कारण

3. आज शहरों में साँस लेना क्यों दूभर हो गया है ?

(क) जनसंख्या की अधिकता के कारण। (ख) शोर, गंदगी और बीमारियों के कारण

(ग) महँगाई के कारण। (घ) आवास व्यवस्था के कारण

4. भौतिक शब्द में कौन-सा प्रत्यय है ?

(क) इक (ख) अक

(ग) ईक (घ) उक

5. उपर्युक्त अवतरण का उपयुक्त शीर्षक दीजिए ?

(क) आर्थिक उन्नति (ख) सामाजिक उन्नति

(ग) शैक्षिक उन्नति (घ) वैज्ञानिक उन्नति

20 महात्मा गाँधी से जुड़ा यह प्रसंग सातवीं कक्षा का है जिसका वर्णन उन्होंने अपनी आत्मकथा 'सत्य के साथ मेरे प्रयोग' में किया है। उस समय दोराबजी एदलजी गीमी उनके हेडमास्टर थे। वे विद्यार्थी-प्रेमी थे, क्योंकि वे नियमों का पालन करवाते, व्यवस्थित रीति से काम करवाते और लेते थे तथा अच्छी तरह पढ़ाते थे। उन्होंने उच्च कक्षा के विद्यार्थियों के लिए कसरत-क्रिकेट अनिवार्य कर दिया था। इनके अनिवार्य किए जाने से पहले, गाँधी जी कभी कसरत व क्रिकेट या फुटबॉल में नहीं गए थे। न जाने में उनका शर्मीला स्वभाव ही एकमात्र कारण था। वे स्वीकार करते हैं कि वह अरुचि उनकी भूल थी। उस समय उनका यह मानना था कि शिक्षा के साथ कसरत का कोई संबंध नहीं है।

अरुचि का दूसरा कारण था – पिताजी की सेवा करने की तीव्र इच्छा। स्कूल की छुट्टी होते ही वे सीधा घर पहुँचते और उनकी सेवा में लग जाते। जब कसरत अनिवार्य हुई तो सेवा में बाधा पड़ी। उन्होंने विनती की कि पिताजी की सेवा के लिए उन्हें कसरत से छुट्टी दी जाए। पर गीमी साहब छुट्टी क्यों देने लगे? एक शनिवार के दिन सुबह का स्कूल था। शाम को चार बजे कसरत के लिए जाना था। उनके पास घड़ी नहीं थी। आसमान बादलों से घिरा था, इसलिए समय का कोई अंदाजा नहीं रहा, वे बादलों से धोखा खा गए। जब कसरत के लिए पहुँचे तब सब जा चुके थे। दूसरे दिन गीमी साहब ने हाज़िरी देखी तो गाँधी जी गैर हाज़िर पाए गए। उनसे कारण पूछा गया। उन्होंने सही-सही कारण बता दिया। गीमी साहब ने गाँधी जी के कारण को सच नहीं माना और उन पर एक या दो आने का जुर्माना किया। बाद में गाँधी जी के पिताजी ने हेडमास्टर को पत्र लिखा कि स्कूल के समय के बाद वे गाँधी जी की उपस्थिति का उपयोग अपनी सेवा के लिए चाहते हैं। इस तरह गाँधी जी ने कसरत करने की अनिवार्यता से मुक्ति प्राप्त की। *–217 शब्द* [*Comman Exam* (*IX*) *2023-24*]

1. दोराबजी एदलजी गीमी नियमों को लेकर–

(क) कमजोर थे (ख) लापरवाह थे

(ग) कठोर थे (घ) कोमल थे

2. दोराबजी एदलजी गीमी ने उच्च कक्षा के विद्यार्थियों के लिए .... को अनिवार्य कर दिया था।

(क) प्रार्थना-सभा (ख) चित्रकला

(ग) गणित शिक्षा (घ) खेल-कूद

3. कथन (A) एवं कारण (R) को पढ़कर उपयुक्त विकल्प चुनिए–

कथन (A) – गाँधी जी कभी कसरत व क्रिकेट या फुटबॉल में नहीं गए थे।

कारण (R) – शर्मीले स्वभाव के कारण गाँधी जी कसरत व खेलों के लिए जाने से बचते थे।

(क) कथन (A) गलत किंतु कारण (R) सही है।

(ख) कथन (A) और कारण (R) दोनों ही गलत हैं।

(ग) कथन (A) सही और कारण (R) कथन (A) की सही व्याख्या है।

(घ) कथन (A) सही है, किंतु कारण (R) कथन (A) की सही व्याख्या नहीं है।

4. *"दूसरे दिन गीमी साहब ने हाज़िरी देखी तो गाँधी जी गैर हाज़िर पाए गए।"* **गद्यांश में आए इस कथन के पक्ष में निम्नलिखित में से कौन-सा/कौन-से तर्क सही हैं ?**

(क) घड़ी न होने के कारण समय का अंदाज़ा नहीं हुआ इसलिए गाँधी जी स्कूल नहीं पहुँच पाए।

(ख) स्कूल में उस दिन हाज़िरी नहीं ली गई थी।

(ग) मूसलाधार बारिश के कारण गाँधी जी स्कूल नहीं पहुँच पाए।

(क) 1 सही (ख) 2 सही

(ग) 3 सही (घ) 1 और 3 सही

5. पिताजी गाँधी जी की सेवा कब चाहते थे ?

(क) स्कूल के बाद (ख) स्कूल के दौरान

(ग) स्कूल से पहले (घ) सोने से पहले

21 एक अंग्रेज डॉक्टर कहता है कि किसी नगर में दवाई लदे हुए बीस गधे ले जाने से एक हँसोड़ आदमी को ले जाना अधिक लाभकारी है। हँसी शरीर के स्वास्थ्य का शुभ संवाद देने वाली है। वह एक साथ ही शरीर और मन को प्रसन्न करती है। पाचन-शक्ति बढ़ाती है, रक्त को चलाती और अधिक पसीना लाती है। हँसी एक शक्तिशाली दवा है। एक डॉक्टर कहता है कि वह जीवन की मीठी मदिरा है। डॉक्टर ह्यूंड कहता है कि आनंद से बढ़कर बहुमूल्य वस्तु मनुष्य के पास और नहीं है। कारलाइल एक राजकुमार था। संसार-त्यागी हो गया था। वह कहता है कि जो जी से हँसता है, वह कभी बुरा नहीं होता। जी से हँसो, तुम्हें अच्छा लगेगा। अपने मित्र को हँसाओ, वह अधिक प्रसन्न होगा। शत्रु को हँसाओ, तुम से कम घृणा करेगा। एक अनजान को हँसाओ, तुम पर भरोसा करेगा। उदास को हँसाओ, उसका दुख घटेगा। निराश को हँसाओ, उसकी आशा बढ़ेगी। एक बूढ़े को हँसाओ, वह अपने को जवान समझने लगेगा। एक बालक को हँसाओ, उसके स्वास्थ्य में वृद्धि होगी। वह प्रसन्न और प्यारा बालक बनेगा। पर हमारे जीवन का उद्देश्य केवल हँसी ही नहीं है, हमको बहुत काम करने हैं। तथापि उन कामों में, कष्टों में और चिंताओं में एक सुंदर आंतरिक हँसी, बड़ी प्यारी वस्तु भगवान ने दी है। *–216 शब्द*

अतिलघूत्तरात्मक/लघूत्तरात्मक प्रश्न

प्रश्न– 1. इस गद्यांश का उपयुक्त शीर्षक दीजिए।

2. एक हँसोड़ आदमी दवाई से लदे बीस गधों से अधिक महत्त्वपूर्ण क्यों है ?

3. हँसी को एक शक्तिशाली दवा क्यों कहा गया है ? उसका शरीर पर क्या प्रभाव पड़ता है ?

4. कारलाइल कौन था ? उसके विचारों का सार समझाइए।

5. हँसी का मित्र शत्रु, बूढ़े-बच्चे पर क्या प्रभाव पड़ता है ?

6. कौन व्यक्ति कभी बुरा नहीं होता ?

बहुविकल्पी प्रश्न

प्रश्न–1. अंग्रेज़ डॉक्टर ने दवाइयों से लदे बीस गधों की बजाय एक हँसोड़ को ले जाना अच्छा क्यों माना है ?

(क) दवाइयाँ महँगी पड़ती हैं

(ख) गधे बहुत परेशान करते हैं

(ग) हँसोड़ व्यक्ति बीमारियों को हँसी से भगा देता है

(घ) हँसोड़ गधों से कम नहीं होते।

2. कारलाइल के अनुसार हँसी से शत्रु–

(क) का दिल द्वेष से भर जाता है (ख) की घृणा बढ़ जाती है

(ग) की घृणा कम हो जाती है (घ) वार करना भूल जाता है।

3. हँसी शरीर के लिए कैसे लाभदायक है ?

(क) वह पाचन-शक्ति बढ़ाती है (ख) वह रक्त का प्रवाह तीव्र करती है

(ग) वह अधिक पसीना लाती है (घ) उपर्युक्त तीनों।

4. '*पाचन-शक्ति*' का विग्रह कीजिए–

(क) पाचन से शक्ति (ख) पाचन की शक्ति (ग) पाचन में शक्ति (घ) पाचन और शक्ति।

5. निषेधात्मक वाक्य छाँटिए–

(क) हँसी शरीर के स्वास्थ्य का शुभ संवाद देने वाली है

(ख) जी से हँसो, तुम्हें अच्छा लगेगा

(ग) शत्रु को हँसाओ, तुमसे कम घृणा करेगा

(घ) आनंद से बढ़कर बहुमूल्य वस्तु मनुष्य के पास और नहीं है।

नवीनतम शैली का प्रश्न

6. कथन (A) – किसी नगर में दवाई लदे हुए बीस गधे ले जाने से एक हँसोड़ आदमी ले जाना अधिक लाभकारी है।

कारण (R) – (*i*) हँसोड़ स्वयं गधों जैसी हरकतें करता है।

(*ii*) हँसोड़ आदमी हँसते-हँसते बीस गधों जितना काम कर देता है।

(*iii*) हँसोड़ आदमी बिना दवा के लोगों के रोग दूर कर देता है।

(*iv*) हँसोड़ आदमी दवाइयों से लदे बीस गधों के बराबर होता है।

विकल्प–

(क) (*iii*) तथा (*iv*) ठीक हैं। (ख) (*ii*), (*iii*), (*iv*) ठीक हैं।

(ग) (*iii*), (*iv*) ठीक हैं। (घ) (*iii*) ठीक है।

22 संसार के सभी देशों में शिक्षित व्यक्ति की सबसे पहली पहचान यह होती है कि वह अपनी मातृभाषा में दक्षता से काम कर सकता है। केवल भारत ही एक देश है जिसमें शिक्षित व्यक्ति वह समझा जाता है जो अपनी मातृभाषा में दक्ष हो या नहीं, किंतु अंग्रेज़ी में जिसकी दक्षता असंदिग्ध हो। संसार के अन्य देशों में सुसंस्कृत व्यक्ति वह समझा जाता है जिसके घर में अपनी भाषा की पुस्तकों का संग्रह हो और जिसे बराबर यह पता रहे कि उसकी भाषा के अच्छे लेखक और कवि कौन हैं तथा समय-समय पर उनकी कौन-सी कृतियाँ प्रकाशित हो रही हैं। भारत में स्थिति दूसरी है। यहाँ प्रायः घर में साज-सज्जा के आधुनिक उपकरण तो होते हैं किंतु अपनी भाषा की कोई पुस्तक या पत्रिका दिखाई नहीं पड़ती। यह दुरवस्था भले ही किसी ऐतिहासिक प्रक्रिया का परिणाम है, किंतु वह सुदशा नहीं, दुरवस्था ही है और जब तक यह दुरवस्था कायम है, हमें अपने-आप को, सही अर्थों में शिक्षित और सुसंस्कृत मानने का ठीक-ठीक न्यायसंगत अधिकार नहीं है। *–226 शब्द*

अतिलघूत्तरात्मक/लघूत्तरात्मक प्रश्न

प्रश्न– 1. शिक्षित व्यक्ति की सबसे पहली पहचान क्या होती है ?

2. भारतवासी अन्य देशों के शिक्षितों से किस बात में भिन्न हैं ?

3. **विश्व के अन्य देशों में सुसंस्कृत व्यक्ति की पहचान क्या है ?**
4. **भारत के सुशिक्षित लोगों में कौन-सी कमी है जो चिंतनीय है ?**
5. **हम स्वयं को कब तक सुसंस्कृत और शिक्षित नहीं कह सकते ?**
6. **ऐतिहासिक शब्द का विच्छेद करके मूल शब्द तथा प्रत्यय अलग कीजिए।**

बहुविकल्पी प्रश्न

प्रश्न–1. **उपयुक्त शीर्षक लिखिए–**

(क) शिक्षित व्यक्ति की पहचान (ख) भारतीय शिक्षित की पहचान
(ग) मातृभाषा का तिरस्कार (घ) भारतीय शिक्षितों का अंग्रेजी-मोह।

2. **'*दुरवस्था*' में कौन-सा उपसर्ग है ?**

(क) दु (ख) दुर् (ग) दुर (घ) आ।

3. **यहाँ किस ऐतिहासिक प्रक्रिया की ओर संकेत है ?**

(क) भारत में बढ़ते भौतिकवाद की ओर (ख) भारत में मुसलमानों के आक्रमण की ओर
(ग) भारत में अंग्रेज़ों की गुलामी की ओर (घ) भारत के लोगों की स्वार्थपरता की ओर।

4. **भारत में शिक्षित व्यक्ति किसे माना जाता है ?**

(क) जिसे हिंदी आती हो (ख) जिसे मातृभाषा आती हो
(ग) जिसे अंग्रेज़ी आती हो (घ) जिसने अंग्रेज़ी में पढ़ाई की हो।

5. **संसार के अन्य देशों में सुसंस्कृत व्यक्ति किसे मानते हैं ?**

(क) जो संस्कृत जानता हो
(ख) जो स्वभाषा जानता हो
(ग) जिसके घर में स्वभाषा की पुस्तकें हों
(घ) जिसे स्वभाषा, स्वसाहित्य और लेखकों से गहरा जुड़ाव हो।

नवीनतम शैली का प्रश्न

6. **कथन (A)** – भारतीयों को स्वयं को सुशिक्षित और सुसंस्कृत नहीं कहना चाहिए।
कारण (R) – वे मातृभाषा में दक्ष नहीं है।
विकल्प–
(क) कथन सही है किंतु व्याख्या भ्रामक है।
(ख) कथन सही है और व्याख्या भी सही है।
(ग) कथन गलत है और व्याख्या भी गलत है।
(घ) कथन गलत है किंतु कारण सही है।

23 भारत भयंकर अंग्रेज़ी-मोह की दुरवस्था से गुज़र रहा है। इस दुरवस्था का एक भयानक दुष्परिणाम यह है कि भारतीय भाषाओं के समकालीन साहित्य पर उन लोगों की दृष्टि नहीं पड़ती जो विश्वविद्यालयों के प्रायः सर्वोत्तम छात्र थे और अब शासन-तंत्र में ऊँचे ओहदों पर काम कर रहे हैं। इस दृष्टि से भारतीय भाषाओं के लेखक केवल यूरोपीय और अमेरिकी लेखकों से ही हीन नहीं हैं, बल्कि उनकी किस्मत मिस्र, बर्मा, इंडोनेशिया, चीन और जापान के लेखकों की किस्मत से भी खराब है क्योंकि इन सभी देशों के लेखकों की कृतियाँ वहाँ के अत्यंत सुशिक्षित लोग भी पढ़ते हैं। केवल हम ही हैं जिनकी पुस्तकों पर यहाँ के तथाकथित शिक्षित समुदाय की दृष्टि प्रायः नहीं पड़ती। हमारा तथाकथित उच्च शिक्षित समुदाय जो कुछ पढ़ना चाहता है, उसे अंग्रेज़ी में ही पढ़ लेता है, यहाँ तक कि उसकी कविता और उपन्यास पढ़ने की तृष्णा भी अंग्रेज़ी की कविता और उपन्यास पढ़कर ही समाप्त हो जाती है और उसे यह जानने की इच्छा ही नहीं होती कि शरीर से वह जिस समाज का सदस्य है उसके मनोभाव उपन्यास और काव्य में किस अदा से व्यक्त हो रहे हैं।
–187 शब्द

अतिलघूत्तरात्मक/लघूत्तरात्मक प्रश्न

प्रश्न– 1. **इस गद्यांश का उचित शीर्षक लिखिए ?**
2. **भारतीय सुशिक्षित छात्र किससे वंचित रह जाते हैं ?**

3. **भारतीय लेखकों की किस्मत खराब क्यों है ?**
4. **मिस्र, बर्मा, इंडोनेशिया, चीन, जापान के लेखक भारतीय लेखकों से अधिक भाग्यशाली क्यों हैं ?**
5. **भारतीय भाषाओं के विकास में कौन-से भारतीय दोषी हैं ?**

बहुविकल्पी प्रश्न

प्रश्न–1. उपयुक्त शीर्षक दीजिए–

(क) भारत की दुरवस्था (ख) भारतीय शिक्षितों की दुरवस्था
(ग) भारतीय शिक्षितों का अंग्रेज़ी-मोह (घ) भारतीय लेखकों की दुर्दशा।

2. भारतीय लेखकों की किस्मत खराब है क्योंकि–

(क) वे अपनी भाषा में लिख नहीं सकते
(ख) वे अपनी भाषा के साहित्य को पढ़कर अपने समाज का हाल-चाल नहीं जान सकते
(ग) वे अपनी बात भारतीय शिक्षित पाठकों तक पहुँचा नहीं पाते
(घ) उनकी पुस्तकों को यहाँ के नागरिक गर्व-योग्य नहीं मानते।

3. भारतीय भाषाओं के लेखक अमरीकी, यूरोपीय तथा चीन, बर्मा, जापान के लेखकों से भी हीन हैं, क्योंकि–

(क) उनमें स्वभाषा के प्रति गौरव नहीं है
(ख) वे अंग्रेजी के मोह से ग्रस्त हैं
(ग) उनके साहित्य को भारत में नहीं पढ़ा जाता
(घ) उनके साहित्य को भारत के सुशिक्षित लोग नहीं पढ़ते।

4. भारत का सुशिक्षित समाज कौन-सा साहित्य पढ़कर संतुष्ट हो जाता है ?

(क) हिंदी (ख) अंग्रेजी (ग) देशी (घ) भारतीय।

5. भारतीय भाषाओं के साहित्य के प्रति समाज के किस वर्ग में अरुचि की भावना है ?

(क) उच्च (ख) सुशिक्षित (ग) अनपढ़ (घ) नगरवासी।

नवीनतम शैली का प्रश्न

6. कथन (A) – भारतीय भाषाओं के लेखकों की किस्मत अमरीका, चीन, जापान आदि देशों के लेखकों से अधिक खराब है।

कारण (R) – (*i*) उन्हें भारतीय लोग नहीं पढ़ते।
(*ii*) उन्हें भारतीय शिक्षित लोग नहीं पढ़ते।
(*iii*) उनकी पुस्तकें नहीं बिकतीं।
(*iv*) उन्हें सम्मान नहीं मिलता।

विकल्प–

(क) (*ii*) ठीक है। (ख) (*ii*), (*iii*), (*iv*) ठीक हैं।
(ग) (*i*), (*ii*) ठीक हैं। (घ) (*iii*), (*iv*) ठीक हैं।

24 गाँधी जी ने अपने हर कार्य को गरिमामय मानते हुए किया। वे अपने सहयोगियों को श्रम की गरिमा की सीख दिया करते थे। दक्षिण अफ्रीका में भारतीय लोगों के लिए संघर्ष करते हुए उन्होंने सफाई करने जैसे कार्य को भी कभी नीचा नहीं समझा और इसी कारण स्वयं उनकी पत्नी कस्तूरबा से भी उनके मतभेद हो गए थे।

बाबा आमटे ने समाज द्वारा तिरस्कृत कुष्ठ रोगियों की सेवा में अपना समस्त जीवन समर्पित कर दिया। सुंदरलाल बहुगुणा ने अपने प्रसिद्ध 'चिपको आंदोलन' के माध्यम से पेड़ों को संरक्षण प्रदान किया। फ़ादर डेमियन ऑफ मोलोकाई, मार्टिन लूथर किंग और मदर टेरेसा जैसी महान आत्माओं ने इसी सत्य को ग्रहण किया। इनमें से किसी ने भी कोई सत्ता प्राप्त नहीं की, बल्कि अपने जनकल्याणकारी कार्यों से लोगों के दिलों पर शासन किया। गाँधीजी का स्वतंत्रता के लिए संघर्ष उनके जीवन का एक पहलू है, किंतु उनका मानसिक क्षितिज वास्तव में एक राष्ट्र की सीमाओं में बँधा हुआ नहीं था। उन्होंने सभी लोगों में ईश्वर के दर्शन किए।

यही कारण था कि कभी किसी पंचायत तक के सदस्य नहीं बनने वाले गाँधीजी की जब मृत्यु हुई तो अमेरिका का राष्ट्रध्वज भी झुका दिया गया था। *–192 शब्द*

अतिलघूत्तरात्मक/लघूत्तरात्मक प्रश्न

प्रश्न–1. इस गद्यांश का उचित शीर्षक लिखिए।

2. गाँधी जी श्रम के बारे में क्या सोच रखते थे ?

3. गाँधी जी के कस्तूरबा से किस बात पर मतभेद हो गए थे ?

4. बाबा आमटे, मार्टिन लूथर और महात्मा गाँधी के बारे में कौन-सी बात सच है ?

5. गाँधी जी की मृत्यु पर अमरीका का राष्ट्रध्वज क्यों झुकाया गया ?

बहुविकल्पी प्रश्न

प्रश्न–1. उपयुक्त शीर्षक दीजिए–

(क) गाँधी जी (ख) महापुरुषों का जीवन (ग) सेवाभावी व्यक्तित्व (घ) श्रम की महिमा।

2. सभी महान आत्माओं ने किस सत्य को ग्रहण किया ?

(क) श्रम करो (ख) सेवा करके मेवा खाओ

(ग) जनसेवा के लिए जियो (घ) लोगों पर शासन करो।

3. *गाँधी जी का मानसिक क्षितिज एक राष्ट्र की सीमाओं में बँधा हुआ नहीं था*–**आशय स्पष्ट कीजिए।**

(क) गाँधी जी का हृदय राष्ट्रीय सीमाओं तक फैला हुआ था

(ख) गाँधी जी एक राष्ट्र तक बँधे हुए नहीं थे

(ग) गाँधी जी का हृदय राष्ट्र के साथ-साथ अन्य लोगों के बारे में भी सोचता था

(घ) गाँधी जी का मन किसी प्रकार के बंधनों को नहीं मानता था।

4. गाँधी जी की मृत्यु पर अमेरिका का राष्ट्रध्वज झुका दिया गया क्योंकि अमेरिकावासी गाँधी जी को–

(क) अपना प्रिय नेता मानते थे

(ख) जनकल्याणकारी विश्व-नेता मानते थे

(ग) राष्ट्रीय सीमाओं से ऊपर उठा हुआ महान कल्याणकारी नेता मानते थे

(घ) भारत का स्वतंत्रता-सेनानी मानते थे।

5. '*स्वतंत्रता*' का विलोम लिखिए–

(क) परतंत्रता (ख) गणतंत्र (ग) स्वाधीनता (घ) जनतंत्र।

नवीनतम शैली का प्रश्न

6. कथन (A) – गाँधी जी की मृत्यु पर अमेरिका का राष्ट्रध्वज भी झुका दिया गया था।

कारण (R) – (*i*) वे भारत का सम्मान करते थे।

(*ii*) अमेरिका भारत का मित्र था।

(*iii*) गाँधी जी ने भारत की आज़ादी के लिए संघर्ष किया।

(*iv*) गाँधी जी विश्व के सभी लोगों में ईश्वर के दर्शन करते थे।

विकल्प–

(क) (*ii*), (*iii*), (*iv*) ठीक हैं। (ख) (*iii*), (*iv*) ठीक हैं।

(ग) (*iv*) ठीक है। (घ) (*i*) तथा (*ii*) ठीक हैं।

25 यदि हमारे वृक्ष स्वस्थ हैं तो निश्चित मानिए हम भी स्वस्थ हैं। हमें तो प्राणवायु उन्हीं से मिलती है। हम कार्बन डाई ऑक्साइड छोड़ते हैं या उन्हें देते हैं और वे बदले में ऑक्सीजन देते हैं, जो हमारे जीवन की हर गतिविधि के लिए आवश्यक है। हमारे स्वास्थ्य का हर बिंदु ऑक्सीजन की उपलब्धता से अनुप्राणित है। भले ही यह बात हमें कल्पना लोक की लगती हो, लेकिन यह वैज्ञानिक प्रामाणिकता भी रखती है, इसमें रत्ती भर भी संदेह करने की गुंजाइश नहीं है। हम यदि अपने आस-पास खड़े वृक्षों की रक्षा का जिम्मा अपने कंधों पर उठा लें तो निश्चित मानिए हमने अपने स्वास्थ्य को लंबे समय तक स्वस्थ रखने की गारंटी प्राप्त कर ली है। वृक्षों की रक्षा में ही हमारे जीवन की सुरक्षा का राज छिपा है। कहा जाता है *"एक स्वस्थ मन हजारों सोने के सिंहासनों*

से कहीं अधिक मूल्यवान होता है क्योंकि स्वस्थ मन ही समाज और स्वस्थ देश की रचना करने में समर्थ है। कुत्सित विचारों वाले लोग अपना जीवन तो चला सकते हैं, लेकिन समाज और देश को नहीं चला सकते। करोड़ों परिवारों के सुनहरे भविष्य के बारे में वही चिंतन, मनन और सृजन कर सकता है, जो व्यर्थ के लालच, लोभ और षड्यंत्रों से मुक्त हो और जिस पर किसी भी प्रकार का कोई अनुचित दबाव न हो।"

—216 शब्द

अतिलघूत्तरात्मक/लघूत्तरात्मक प्रश्न

प्रश्न— 1. इस गद्यांश का उचित शीर्षक लिखिए।

2. हमारा स्वास्थ्य किसके स्वस्थ होने पर निर्भर है और क्यों ?

3. वृक्ष किस प्रकार मनुष्य-जीवन को प्रभावित करते हैं ?

4. हमें अपना स्वास्थ्य बनाए रखने के लिए क्या करना चाहिए ?

5. समाज और देश को चलाने के लिए क्या आवश्यक है ?

बहुविकल्पी प्रश्न

प्रश्न—1. हमारा स्वास्थ्य वृक्षों पर निर्भर क्यों है ?

(क) पेड़ हरियाली देते हैं। (ख) पेड़ फल देते हैं।

(ग) पेड़ प्राणवायु, ऑक्सीजन देते हैं। (घ) पेड़ छाया देते हैं।

2. स्वस्थ रहने की गारंटी क्या है ?

(क) लालच व लोभ से दूर रहना। (ख) कुत्सित विचारों से दूर रहना।

(ग) दुनिया के समस्त पेड़ों की रक्षा। (घ) अपने आस-पास के पेड़ों की रक्षा।

3. गद्यांश में किस बात की वैज्ञानिक प्रामाणिकता की बात की गई है ?

(क) वृक्षों की रक्षा के जिम्मे की। (ख) ऑक्सीजन पेड़ से नहीं निकलता।

(ग) पेड़ ऑक्सीजन छोड़ते हैं। (घ) स्वस्थ मन ही स्वस्थ देश का निर्माण करता है।

4. स्वस्थ मन सोने के सिंहासन से अधिक मूल्यवान है, क्योंकि—

(क) स्वस्थ मन स्वस्थ समाज व देश का निर्माण करता है।

(ख) स्वस्थ मन में अधिक आत्मविश्वास होता है।

(ग) स्वस्थ मन से सोना खरीदा जा सकता है।

(घ) स्वस्थ मन देश को नहीं चला सकता।

5. कौन जीवन को चला सकता है, पर समाज व देश को नहीं—

(क) कुत्सित विचारों वाला। (ख) चिंतन, मनन और सृजन करने वाला।

(ग) जिस पर अनुचित दबाव न हो। (घ) जो वृक्ष की छाया में रहता हो।

नवीनतम शैली का प्रश्न

6. कथन (A) — वृक्षों की सुरक्षा में ही हमारे जीवन की सुरक्षा है

कारण (R) — (*i*) वृक्ष ही हमें जीवन देते हैं।

(*ii*) वृक्ष ही हमारे जीवन को स्वस्थ रखते हैं।

विकल्प—

(क) कथन सत्य है किंतु व्याख्या (*ii*) ठीक है।

(ख) कथन सत्य है और दोनों व्याख्याएँ ठीक हैं।

(ग) कथन सत्य है किंतु व्याख्या (*i*) ठीक है।

(घ) कथन सत्य है किंतु दोनों व्याख्याएँ गलत हैं।

26 पड़ोस सामाजिक जीवन के ताने-बाने का महत्त्वपूर्ण आधार है। दरअसल पड़ोस जितना स्वाभाविक है, हमारी सामाजिक सुरक्षा के लिए तथा सामाजिक जीवन की समस्त आनंदपूर्ण गतिविधियों के लिए वह उतना ही आवश्यक भी है। यह सच है कि पड़ोसी का चुनाव हमारे हाथ में नहीं होता, इसलिए पड़ोसी के साथ कुछ-न-कुछ सामंजस्य तो बिठाना ही पड़ता है। हमारा पड़ोसी अमीर हो या गरीब, उसके साथ संबंध रखना सदैव हमारे हित में ही होता है। पड़ोसी से परहेज़ करना अथवा उससे कटे-कटे रहने में अपनी ही हानि है, क्योंकि किसी भी आकस्मिक आपदा अथवा आवश्यकता के समय अपने रिश्तेदारों तथा परिवारवालों

को बुलाने में समय लगता है। यदि टेलिफोन की सुविधा भी है तो भी कोई निश्चित नहीं कि उनसे समय पर सहायता मिल ही जाएगी। ऐसे में पड़ोसी ही सबसे अधिक विश्वस्त सहायक हो सकता है। पड़ोसी चाहे कैसा भी हो, उससे अच्छे संबंध रखने चाहिए। जो अपने पड़ोसी से प्यार नहीं कर सकता तथा उससे सहानुभूति नहीं रख सकता उसके साथ सुख-दुख का आदान-प्रदान नहीं कर सकता, उसके शोक और आनंद के क्षणों में शामिल नहीं हो सकता है, वह भला अपने समाज अथवा देश के साथ क्या खाक भावनात्मक रूप में जुड़ेगा। विश्वबंधुत्व की बात भी तभी मायने रखती है, जब हम अपने पड़ोसी से निभाना सीखें।

प्रायः जब भी पड़ोसी से खटपट होती है तो इसलिए कि हम आवश्यकता से अधिक पड़ोसी के व्यक्तिगत अथवा पारिवारिक जीवन में हस्तक्षेप करने लगते हैं। हम भूल जाते हैं कि किसी को भी अपने व्यक्तिगत जीवन में किसी की रोक-टोक और हस्तक्षेप अच्छा नहीं लगता। पड़ोसी के साथ कभी-कभी तब भी अवरोध पैदा हो जाते हैं जब हम आवश्यकता से अधिक उससे अपेक्षा करने लगते हैं।

—285 शब्द

अतिलघूत्तरात्मक/लघूत्तरात्मक प्रश्न

प्रश्न— 1. इस गद्यांश का उचित शीर्षक लिखिए ?

2. पड़ोस से बनाकर रखना क्यों आवश्यक है ?

3. पड़ोसियों से खटपट कब होती है ?

4. पड़ोस सुख-दुख में सबसे पहले साथ देने आता है, क्यों ?

5. देशप्रेम वही कर सकता है, जो पड़ोस से बनाकर रखता है—कैसे ?

बहुविकल्पी प्रश्न

प्रश्न—1. पड़ोस का सामाजिक जीवन में क्या महत्त्व है ?

(क) सामाजिक सुरक्षा के लिए।
(ख) आकस्मिक आपदा अथवा आवश्यकता के समय सहायता पाने के लिए।
(ग) सुख-दुख बाँटने के लिए।
(घ) उपर्युक्त सभी।

2. पड़ोसी से खटपट के क्या कारण होते हैं ?

(क) आवश्यकता से अधिक व्यक्तिगत और पारिवारिक जीवन में दखल देना।
(ख) आवश्यकता से अधिक बातचीत करना।
(ग) पड़ोसी से बात न करना।
(घ) बहुत धन दौलत होना।

3. पड़ोस के साथ सामंजस्य बिठाना हमारे हित में क्यों है ?

(क) समय-यापन करने के लिए। (ख) किसी वस्तु का आदान-प्रदान करने के लिए।
(ग) खुशी के समय काम आने के लिए। (घ) आकस्मिक आपदा में सहायता के लिए।

4. '*पारिवारिक*' शब्द में मूल शब्द है—

(क) ईक (ख) इक (ग) परिवार (घ) परि

5. '*सामाजिक*' शब्द में प्रत्यय जुड़ा है—

(क) समाज (ख) ईक (ग) इक (घ) क

नवीनतम शैली का प्रश्न

6. कथन (A) — हमारी पड़ोस से खटपट होती है।

कारण (R) — (*i*) जब पड़ोसी उद्दंड हो।
(*ii*) जब पड़ोसी तालमेल न रखे।
(*iii*) जब हम पड़ोसी के जीवन में अधिक दखल देते हैं।
(*iv*) जब हम पड़ोसी से अधिक अपेक्षा रखते हैं।

विकल्प—

(क) (*i*), (*ii*) ठीक हैं। (ख) (*iii*), (*iv*) ठीक हैं।
(ग) (*i*), (*ii*), (*iii*) ठीक हैं। (घ) (*ii*) तथा (*iv*) ठीक हैं।

II. अपठित काव्यांश

☞ परीक्षा में एक काव्यांश पूछा जाएगा जिसमें तीन बहुविकल्पी (1 × 3) प्रश्न तथा अतिलघूत्तरात्मक/लघूत्तरात्मक प्रश्न (2 × 2 = 4) पूछे जाएँगे। यहाँ इस प्रकार के काव्यांश विपुल मात्रा में संकलित हैं।

☞ प्रिय विद्यार्थी गण!

CBSE हर वर्ष परीक्षा की विधि बदल देती है। इस बार **'कथन-कारण विश्लेषण'** और **'समूहों के मिलान'** संबंधी नए प्रश्न व अतिलघूत्तरात्मक एवं लघूत्तरात्मक प्रश्न जोड़े गए हैं। हमने यहाँ नवीनतम प्रणाली के प्रश्न विपुल संख्या में दिए हैं।

प्रश्न-अभ्यास
(उत्तर सहित)

निम्नलिखित काव्यांशों को ध्यानपूर्वक पढ़कर उस पर आधारित पूछे गए प्रश्नों के उत्तर लिखिए–

1 अर्जुन ! देखो, किस तरह कर्ण सारी सेना पर टूट रहा,
किस तरह पांडवों का पौरुष होकर अशंक वह लूट रहा,
देखो जिस तरफ़, उधर उसके ही बाण दिखायी पड़ते हैं,
बस, जिधर सुनो, केवल उसके हुंकार सुनायी पड़ते हैं।

कैसी करालता ! क्या लाघव ! कितना पौरुष ! कैसा प्रहार !
किस गौरव से यह वीर द्विरद कर रहा समर-वन में विहार !
व्यूहों पर व्यूह फटे जाते, संग्राम उजड़ता जाता है,
ऐसी तो नहीं कमल वन में भी कुंजर धूम मचाता है।

इस पुरुष-सिंह का समर देख मेरे तो हुए निहाल नयन,
कुछ बुरा न मानो, कहता हूँ, मैं आज एक चिर-गूढ़ वचन।
कर्ण के साथ तेरा बल भी मैं खूब जानता आया हूँ,
मन-ही-मन तुझसे बड़ा वीर, पर इसे मानता आया हूँ।

"औ" देख चरम वीरता आज तो यही सोचता हूँ मन में,
है भी कोई, जो जीत सके, इस अतुल धनुर्धर को रण में ?

–रामधारी सिंह दिनकर (रश्मिरथी सप्तम सर्ग भाग-3)
–154 शब्द [*CBSE* प्रतिदर्श प्रश्नपत्र *2024–25*]

प्रश्न– **1. इस काव्यांश में कौन किसकी प्रशंसा कर रहा है ?**

(क) कृष्ण अर्जुन की। (ख) कृष्ण कर्ण की।
(ग) कर्ण कृष्ण की। (घ) अर्जुन कर्ण की।

2. कवि ने कर्ण के युद्ध-कौशल की प्रशंसा में क्या कहा है ? उचित विकल्प का चयन कीजिए–

I. पांडव सेना के पुरुषार्थ को चुनौती दे रहा था।
II. पांडव सेना ने उसे चारों ओर से घेर लिया था।

III. समर क्षेत्र में केवल उसके बाण दिखाई दे रहे थे।

IV. समर क्षेत्र में केवल उसकी हुंकार सुनाई दे रही थी।

विकल्प–

(क) कथन I और II सही हैं। (ख) कथन I, II और IV सही हैं।

(ग) केवल कथन III सही है। (घ) कथन I, III और IV सही हैं।

3. कथन (A) और कारण (R) को पढ़कर उपयुक्त विकल्प चुनिए–

कथन (A) – कर्ण की गर्जना से पांडव सेना में भगदड़ मच गई।

कारण (R) – कर्ण ने पांडवों की सेना पर भीषण आक्रमण कर दिया था।

(क) कथन (A) गलत है, किंतु कारण (R) सही है।

(ख) कथन (A) और कारण (R) दोनों ही गलत हैं।

(ग) कथन (A) सही है और कारण (R) कथन (A) की सही व्याख्या है।

(घ) कथन (A) सही है किंतु कारण (R) कथन (A) की सही व्याख्या नहीं है।

4. श्रीकृष्ण ने अर्जुन को कौन-सा गूढ़ वचन बताया ?

5. कर्ण के युद्ध-कौशल को देखकर कृष्ण उसके बारे में क्या सोच रहे थे ?

उत्तर–1. (ख) 2. (घ) 3. (ग)

4. श्रीकृष्ण ने अर्जुन को यह गूढ़ वचन बताया कि वे अर्जुन तथा कर्ण दोनों की वीरता को जानते हैं। वे दोनों के बल से परिचित हैं परंतु मन ही मन वे कर्ण को अर्जुन से भी बड़ा वीर मानते रहे हैं।

5. कृष्ण सोच रहे थे कि संसार में क्या कोई और ऐसा वीर है जो कर्ण की बराबरी कर सके ? उसे युद्ध में पराजित कर सके ?

2 हम धरती के बेटे बड़े कमेरे हैं।
भरी थकन में सोते फिर भी–
उठते बड़े सवेरे हैं।।

धरती की सेवा करते हैं
कभी न मेहनत से डरते हैं
लू हो चाहे ठंड सयानी
चाहे झर-झर बरसे पानी
ये तो मौसम हैं हमने
तूफ़ानों के मुँह फेरे हैं।

खेत लगे हैं अपने घर से
हमको गरज नहीं दफ़्तर से
दूर शहर से रहने वाले
सीधे-सादे, भोले-भाले
रखवाले अपने खेतों के
जिनमें बीज बिखेरे हैं।

हाथों में लेकर हल-हँसिया
गाते नई फ़सल के रसिया
धरती को साड़ी पहनाते
दूर-दूर तक भूख मिटाते
मुट्ठी पर दानों को रखकर
कहते हैं बहुतेरे हैं

हम धरती के बेटे बड़े कमेरे हैं।
भरी थकन में सोते फिर भी–
उठते बड़े सवेरे हैं।। *–120 शब्द*

[CBSE प्रतिदर्श प्रश्नपत्र 2023-24]

अतिलघूत्तरात्मक/लघूत्तरात्मक प्रश्नोत्तर

प्रश्न–1. इस कविता का उचित शीर्षक लिखिए।

2. किसे कमेरा कहा गया है और क्यों ?

3. तूफ़ानों का मुँह कैसे फेरा जा सकता है ?

4. 'नई फ़सल के रसिया' का क्या आशय है ?

5. किसान मुट्ठी भर अन्न से क्यों संतुष्ट हो जाते हैं ?

उत्तर–1. हम किसान।

2. भारत के किसान को कमेरा कहा गया है।

क्यों–वह पसीना बहाकर कमाई करता है।

3. बड़े-बड़े कष्ट–ओला, आँधी, तूफ़ान, सूखा, बाढ़ भी किसान की मेहतन के सामने हार जाते हैं।

4. किसान नई फ़सल को उगाने में रुचि लेता है।

5. किसान अपने लिए कम, औरों की भूख शांत करने के लिए अन्न उपजाता है। इसलिए वह स्वयं तो मुट्ठी भर अन्न से ही संतुष्ट हो जाता है।

बहुविकल्पी प्रश्नोत्तर

प्रश्न–1. *'हम धरती के बेटे बड़े कमेरे हैं!'* **में कमेरे से आशय है–**

(क) परिश्रमी (ख) काम के

(ग) किसान (घ) मज़दूर

2. कवि ने किसानों को *'फसलों का रसिया'* **कहा है क्योंकि वे–**

(क) फसलों को उगाते हैं। (ख) फसलों को काटते हैं।

(ग) फसलों से प्रेम करते हैं। (घ) फसलों को बेचते हैं।

3. किसान 'धरती की सेवा' .... करते हैं।

(क) खेतों में फ़सल उगाकर (ख) सर्दी, गर्मी, बरसात सहकर

(ग) बिना विश्राम परिश्रम कर (घ) खेतों के पास घर बनाकर

4. कथन (A) और कारण (R) पर विचार करते हुए सही विकल्प चुनिए–

कथन (A) – हमारे घर खेतों के पास स्थित होते हैं।

कारण (R) – हमारे घर शहरों से दूर होते हैं।

(क) कथन (A) सही है, किंतु कारण (R) गलत है।

(ख) कथन (A) गलत है, किंतु कारण (R) सही है।

(ग) कथन (A) व कारण (R) सही हैं और कथन (A), कारण (R) की सही व्याख्या है।

(घ) कथन (A) व कारण (R) सही हैं और कथन (A), कारण (R) की सही व्याख्या नहीं है।

5. *'हम किसानों ने धरती को फ़सलों के आवरण से ढक दिया है।'* **निम्नलिखित किस पंक्ति का यह आशय है–**

(क) तूफ़ानों के मुँह फेरे हैं (ख) रखवाले अपने खेतों के

(ग) धरती को साड़ी पहनाते (घ) दूर-दूर तक भूख मिटाते

उत्तर–1. (क) 2. (ग) 3. (क) 4. (घ) 5. (ग)

3 सच हम नहीं, सच तुम नहीं, सच है महज़ संघर्ष ही।।
संघर्ष से हटकर जिए जो क्या जिए हम या कि तुम
जो नत हुआ, वह मृत हुआ, ज्यों वृंत से झरकर कुसुम
जो पंथ भूल रुका नहीं
जो हार देख झुका नहीं
जिसने मरण को भी लिया हो जीत, है जीवन वही।। सच हम नहीं...

ऐसा करो जिससे न प्राणों में कहीं जड़ता रहे।
जो है जहाँ चुपचाप अपने आप से लड़ता रहे।
जो भी परिस्थितियाँ मिलें
काँटे चुभें, कलियाँ खिलें
टूटे नहीं इनसान, बस संदेश यौवन का यही।। सच हम नहीं...

अपने हृदय का सत्य अपने आप हमको खोजना।
अपने नयन का नीर अपने आप हमको पोंछना
आकाश सुख देगा नहीं
धरती पसीजी है कहीं!
हर एक राही को भटककर ही दिशा मिलती रही।। सच हम नहीं...
–जगदीश गुप्त

–129 शब्द [**CBSE** *प्रतिदर्श प्रश्नपत्र 2022-23*]

अतिलघूत्तरात्मक/लघूत्तरात्मक प्रश्नोत्तर

प्रश्न– 1. इस कविता का उचित शीर्षक लिखिए।

2. आशय स्पष्ट कीजिए–

जो नत हुआ वो मृत हुआ।

3. प्राणों में जड़ता से क्या आशय है ? उसे कैसे तोड़ा जा सकता है ?

4. अपने आप से लड़ने का क्या अर्थ है ?

5. आकाश सुख देगा नहीं से कवि का क्या अभिप्राय है ?

उत्तर– 1. संघर्ष ही सच है।

2. जो संघर्ष में झुक गया, हार गया, वह नष्ट हो गया।

3. प्राणों में जड़ता का आशय है–ठहराव, गतिहीनता या संघर्ष से हार मानना।

4. अपने मन को विजयी बनाए रखना, अपने दोषों से लड़कर पवित्र बनना।

5. भगवान या कोई बाहरी शक्ति हमें सुख-चैन नहीं देगी। सुख के लिए हमें स्वयं ही संघर्ष करना होगा।

बहुविकल्पी प्रश्नोत्तर

प्रश्न–1. इस कविता के केंद्रीय भाव हेतु दिए गए कथनों को पढ़कर सबसे सही विकल्प चुनिए–

कथन

(i) प्रतिकूल के विरुद्ध जूझते हुए बढ़ना ही जीवन की सच्चाई है।

(ii) परिस्थितियों से समझौता करके जोखिमों से बचना ही उचित है।

(iii) लक्ष्य-संधान हेतु मार्ग में भटक जाने का भय त्याग देना चाहिए।

(iv) जीवन में 'अपने छाले, खुद सहलाने' का दर्शन अपनाना चाहिए।

विकल्प–

(क) कथन (*ii*) सही है। (ख) कथन (*i*) व (*ii*) सही हैं।

(ग) कथन (*i*), (*iii*) व (*iv*) सही हैं। (घ) कथन (*i*), (*ii*), (*iii*) व (*iv*) सही हैं।

2. मरण अर्थात मृत्यु को जीतने का आशय है–

(क) साधुता व साधना से अमरत्व प्राप्त करना

(ख) योगाभ्यास व जिजीविषा से दीर्घायु हो जाना

(ग) अर्थ, बल व दृढ़ इच्छाशक्ति से जीवन को कष्टमुक्त करना

(घ) जीवन व जीवन के बाद भी आदर्श रूप में स्मरण किया जाना

3. *'आकाश सुख देगा नहीं, धरती पसीजी है कहीं...'* **का अर्थ है कि–**

(क) आकाश और धरती दोनों में संवेदनशीलता नहीं है।

(ख) ईश्वर उदार है, अतः वही सुख देता है, वही पसीजता है।

(ग) जुझारू बनकर स्वयं ही जीवन के दुख दूर किए जा सकते हैं।

(घ) सामूहिक प्रयत्नों से ही संकट की स्थिति से निकला जा सकता है।

4. अपने आप से लड़ने का अर्थ है–

(क) अपनी अच्छाइयों व बुराइयों से भलीभाँति परिचित होना

(ख) किसी मुद्दे पर दिल और दिमाग़ का अलग-अलग सोचना

(ग) अपने किसी ग़लत निर्णय के लिए स्वयं को संतुष्ट कर लेना

(घ) अपनी दुर्बलताओं की अनदेखी न करके उन्हें दृढ़ता से दूर करना

5. युवावस्था हमें सिखाती है कि–

कथन पढ़कर सही विकल्प का चयन कीजिए–

कथन

(*i*) स्वयं को चैतन्य, गतिशील, आत्मआलोचक व आशावादी बनाए रखें।

(*ii*) सजग रहें; जीवन में कभी कठिन परिस्थितियाँ उत्पन्न ही न होने दें।

(*iii*) सुख-दुख, उतार-चढ़ाव को भाग्यवादी बनकर स्वीकार करना सीखें।

(*iv*) प्रतिकूल परिस्थितियों के आगे घुटने न टेकें।

विकल्प–

(क) कथन (*i*) व (*ii*) सही हैं। (ख) कथन (*i*) व (*iv*) सही हैं।

(ग) कथन (*ii*) व (*iii*) सही हैं। (घ) कथन (*iii*) व (*iv*) सही हैं।

उत्तर–1. (ग) 2. (घ) 3. (ग) 4. (घ) 5. (ख)

4 'फ़सल' किसान के कच्चे-अधपके
सपनों की लहलहाती आस है
यह उसके हृदय की गहराइयों में
अंकुरित एक विश्वास है
यह विश्वास है–
ढही हुई दीवार की चिनाई का
अट्ठारह पार कर चुकी बेटी की सगाई का
परचूनिए की उधारी चुकाने का
मन के सपनों को नए परिधान पहनाने का

इसी विश्वास की सलामती के लिए
वह मूँदता है आँखें
दिन में न जाने कितनी बार...
और दुआएँ प्रेषित करता है ऊपर तक
भरोसे और आशंका की रस्साकशी में
न जाने कितनी बार वह जागता है नींद से
और जगा देना चाहता है उस परमात्मा को भी
जिसके बारे में सुनता आया है कि सभी कुछ उसके ही हाथ है...
और इसीलिए जब फ़सल सौंधियाती है
असल में, किसान के सपने सौंधियाते हैं
और फ़सल घर आ जाने पर, सपने पक जाते हैं...
–डॉ. विनोद 'प्रसून'

–133 शब्द [*CBSE प्रतिदर्श प्रश्नपत्र 2022-23*]

अतिलघूत्तरात्मक/लघूत्तरात्मक प्रश्नोत्तर

प्रश्न– 1. इस काव्यांश का शीर्षक लिखिए।
2. फ़सल में किसान को क्या दीखता है ?
3. किसान अपनी आँखें क्यों मूँदता है ?
4. किसान नींद से क्यों जाग उठता है ?
5. किसान फ़सल को किसके हाथ में मानता है ?

उत्तर– 1. फ़सल–किसान के लिए सर्वस्व।
2. किसान को फ़सल में ही सपने सारे सपने पूरे होते दीखते हैं।
3. किसान आँख मूँदकर भगवान को प्रार्थना करता है कि उसकी फ़सलें फलें-फूलें।
4. किसान फसलों की चिंता में ही रात को सोते-से जाग पड़ता है।
5. किसान मानता है कि फ़सलें भगवान के हाथों में हैं।

बहुविकल्पी प्रश्नोत्तर

प्रश्न–1. फ़सल को किसानों के कच्चे-अधपके सपनों की लहलहाती आस कहने का कारण है– कथन पढ़कर सही विकल्प का चयन कीजिए–
कथन
(*i*) फ़सल देखकर बैंकों से रास्ते ब्याज पर ऋण सरलता से मिल जाना
(*ii*) फ़सल से किसान के स्वप्नों की संबद्धता और भावात्मक लगाव होना
(*iii*) फ़सल से जुड़े निराई, सिंचाई, कटाई, गहाई, भंडारण आदि के सपने देखना
(*iv*) फ़सल से ही जीवन की जरूरी इच्छाओं के साकार होने की संभावना जुड़ी होना
विकल्प–
(क) कथन (*i*) व (*ii*) सही हैं। (ख) कथन (*ii*) व (*iii*) सही हैं।
(ग) कथन (*ii*) व (*iv*) सही हैं। (घ) कथन (*iii*) व (*iv*) सही हैं।

2. किसान के हृदय की गहराइयों में अंकुरित हुए विश्वास की परिधि में आते हैं–
(क) कुछ पाकर सामाजिक कार्य करने की इच्छाएँ
(ख) अति आवश्यक कार्य एवं मन के भावात्मक सपने

(ग) आधुनिक कृषि यंत्र आदि जुटा लेने की अभिलाषाएँ
(घ) कठिन समय के लिए कुछ बचाकर रखने की योजनाएँ

3. *'दुआएँ प्रेषित करता है ऊपर तक'* **का आशय है–**
(क) ईश्वर को प्रसन्न करने के लिए व्रत-उपवास रखना
(ख) सामूहिक यज्ञ करके फ़सल की कुशलता की कामना करना
(ग) फ़सल की कुशलता हेतु मन ही मन ईश्वर से प्रार्थना करना
(घ) निवेदन को ग्राम्य विकास से जुड़े अधिकारियों तक पहुँचाना

4. *'भरोसे और आशंका की रस्साकशी में'* **पंक्ति के आधार पर किसान की मनोदशा से जुड़ा सही विकल्प है–**
(क) ईश्वर पर अटूट विश्वास कि वे फ़सल को कोई हानि नहीं होने देंगे
(ख) ईश्वर पर विश्वास, किंतु फ़सल की कुशलता को लेकर मन आशंकित रहना
(ग) परिश्रम पर पूर्ण विश्वास, किंतु 'भाग्य में क्या लिखा है' इससे सदा आशंकित रहना
(घ) स्वयं पर भरोसा करना, किंतु प्राकृतिक आपदाओं की आशंका से सदैव भयभीत बने रहना

5. **कथन (A) और कारण (R) को पढ़कर उपयुक्त विकल्प चुनिए–**
कथन (A) – किसान अपनी फ़सल के साथ भावात्मक रूप से जुड़ा होता है।
कारण (R) – व्यवसाय और व्यवसायी के बीच ऐसे संबंध स्वाभाविक है।
विकल्प–
(क) कथन (A) गलत है, किंतु कारण (R) सही है।
(ख) कथन (A) और कारण (R) दोनों ही गलत हैं।
(ग) कथन (A) सही है और कारण (R) कथन (A) की सही व्याख्या है।
(घ) कथन (A) सही है किंतु कारण (R) कथन (A) की सही व्याख्या नहीं है।

उत्तर–1. (ग) 2. (ख) 3. (ग) 4. (ख) 5. (घ)

5 क्या रोकेगी मुझे विषमता, क्या झंझाओं के नर्तन।
मुझ पथिक को कब रोक सके हैं, जीवन के उत्थान-पतन।
मैं गति का हूँ राजा
मेरे रुके आज तक नहीं चरण।
शूलों के बदले फूलों का
किया न मैंने कभी चयन।
मैं विपदाओं में मुसकाता नव आशा के दीप लिए
फिर मुझको क्या रोक सकेंगे, ये तूफ़ानों के गर्जन।।
मुझे झुलाता आया युग से
लहरों का भीषण कंपन।
मेरी श्वास छिपाए फिरती
ज्वालामुखियों की धड़कन।
मैं बढ़ता अविराम निरंतर, चाहों का उन्माद लिए
फिर मुझको क्या रोक सकेंगे, कटु बाधाओं के बंधन।।
मैं अटका कब, कब भटका मैं
सतत डगर मेरा संबल।
बाँध सकी पगले कब मुझको
यह युग की प्राचीर निबल।

आँधी हो, ओले-वर्षा हो, राह सुपरिचित है मेरी
फिर मुझको क्या डरा सकेंगे, ये विद्युत-कंपन नर्तन।।
मैं चिंतित कब, कब कंपित मैं
देख विषमता का संगम।
चिर प्रवाह का नूतन गायक
युग-युग का उन्मुख सरगम।
देख चुका हूँ मैं कितने ही, भू-कंपों के सकल निपात
फिर मुझको क्या रोक सकेंगे, ये जग के खंडन-मंडन।।

–*168 शब्द* [CBSE 2023]

अतिलघूत्तरात्मक/लघूत्तरात्मक प्रश्नोत्तर

प्रश्न– 1. इस काव्यांश का उचित शीर्षक लिखिए।

2. किसके जीवन का वर्णन किया गया है ?

3. कोई भी विपदा राही को क्यों नहीं रोक पाती ?

4. राही किन परिस्थितियों में पला-बढ़ा है ?

5. जग के खंडन-मंडन का क्या आशय है ? पथिक इससे कैसे बचता है ?

उत्तर– 1. अविराम पथिक।

2. इसमें निरंतर लक्ष्य-पथ पर चलने वाले अविराम पथिक का वर्णन है।

3. पथिक की साँसों में निरंतर चलने की चाह है और कठोरतम परिस्थितियों में जीने का अनुभव है।

4. राही तूफ़ानों की लहरों के बीच अर्थात कठिन परिस्थितियों के थपेड़ों के बीच पला-बढ़ा है।

5. संसार पथिक का कभी गुणगान करता है, कभी निंदा अविराम पथिक दोनों से अप्रभावित रहकर निरंत चलता रहता है।

बहुविकल्पी प्रश्नोत्तर

प्रश्न–1. जीवन के उतार-चढ़ाव किसके बाधक नहीं बन सकते ?

(क) पथिक (ख) विद्यार्थी
(ग) राजा (घ) नागरिक

2. आँधी-तूफ़ान-विपदाएँ आगे बढ़ने वाले को रोकने में सफल नहीं हो सकती, क्योंकि–

(क) वह आँधी-तूफ़ान से ज्यादा सक्षम है।
(ख) आँधी-तूफ़ान-विपदाएँ दिखावटी हैं।
(ग) वह आशा के दीप लिए मुस्कुराता रहता है।
(घ) उसे आँधी-तूफ़ान झेलने की आदत हो गई है।

3. *'शूलों के बदले फूलों का*
किया न मैंने कभी चयन।'
उपर्युक्त पंक्तियों का भाव है–

(क) वह तो निरंतर आगे बढ़ने में विश्वास रखता है।
(ख) उसे कँटीले मार्ग पर चलकर आगे बढ़ना पसंद है।
(ग) उसने कठिन बाधाओं के बंधन तोड़ना सीखा है।
(घ) वह तूफ़ानों के बीच चलकर आगे बढ़ता है।

4. *'मैं चिंतित कब, कब कंपित मैं,*
देख विषमता का संगम।'

पंक्तियों के संदर्भ में लिखिए कि कवि किनसे चिंतित नहीं होता ?

(क) हारने की आशंका से (ख) विपरीत परिस्थितियों से

(ग) रोड़े-पत्थरों से (घ) अपरिचित राहों से

5. **दिए गए कथनों को पढ़कर इस प्रश्न के लिए सही विकल्प का चयन कीजिए–**

पथिक की राह में कौन-कौन रोड़े हैं?

(*i*) तूफ़ानों के चक्रवात (*ii*) कठोर बाधाएँ

(*iii*) बिजलियों का कंपन (*iv*) बर्फ़ीली हवाएँ

विकल्प–

(क) (*i*), (*ii*), (*iv*) (ख) (*i*), (*ii*), (*iii*)

(ग) (*i*), (*iii*), (*iv*) (घ) (*ii*), (*iii*), (*iv*)

उत्तर– 1. (क) 2. (क) 3. (ख) 4. (ख) 5. (ख)

6

हाथ हैं दोनों सधे-से
गीत प्राणों के रुँधे-से
और उसकी मूठ में
विश्वास जीवन के बँधे-से

धकधकाती धरणि थर थर
उगलता अंगार अंबर
भुन रहे तलुवे, तपस्वी-सा
खड़ा वह आज तन कर

शून्य-सा मन, चूर है तन
पर न जाता वार खाली
चल रही उसकी कुदाली।

वह सुखाता खून पर-हित
वाह रे साहस अपरिमित
युगयुगों से वह खड़ा है
विश्व-वैभव से अपरिचित

जल रहा संसार धू-धू
कर रहा वह वार कह 'हूँ'
साथ में समवेदना के
स्वेद-कण पड़ते कभी चू

कौन-सा लालच ? धरा की
शुष्क छाती फाड़ डाली
चल रही उसकी कुदाली।

भूमि से रण ठन गया है
वक्ष उसका तन गया है
सोचता मैं, देव अथवा
यंत्र मानव बन गया है

शक्ति पर सोचो ज़रा तो
खोदता सारी धरा जो
बाहुबल से कर रहा है
इस धरणि को उर्वरा जो।

–140 शब्द [CBSE 2023]

अतिलघूत्तरात्मक/लघूत्तरात्मक प्रश्नोत्तर

प्रश्न– 1. **इस काव्यांश का उचित शीर्षक लिखिए।**

2. **इस काव्यांश में किसका वर्णन है ?**
3. **किसान को तपस्वी-सा क्यों कहा गया है ?**
4. **किसान किसके लिए परिश्रम करता है ?**
5. **किसान अपनी भूमि से रण क्यों ठान बैठा है ?**

उत्तर– 1. तपस्वी किसान।

2. इस काव्यांश में निस्वार्थ परिश्रम करने वाले किसान का वर्णन है।
3. किसान को तपस्वी इसलिए कहा गया है क्योंकि वह स्वयं वैभव का जीवन जीना नहीं चाहता, अपितु लोगों का पेट भरने के लिए घोर परिश्रम करता है।
4. किसान जन-जन का पेट भरने के लिए परिश्रम करता है।
5. किसान अपनी भूमि से अन्न उपजाने के लिए उस पर घोर परिश्रम कर रहा है। उसे खोद रहा है, जोत रहा है और फ़सलें उगा रहा है। यह एक प्रकार का रण ही है।

बहुविकल्पी प्रश्नोत्तर

प्रश्न–1. *और उसकी मूठ में, विश्वास* **– इस वाक्य में** *'उसकी'* **संबोधन किसके लिए आया है ?**

(क) संपन्न वर्ग (ख) शोषक वर्ग
(ग) युवा वर्ग (घ) श्रमजीवी वर्ग

2. किसान-मज़दूर को तपस्वी-सा क्यों कहा है ?

(क) उनके शरीर धूल-मिट्टी से लथपथ होने के कारण
(ख) विपरीत परिस्थितियों में भी तन कर खड़ा होने के कारण
(ग) धूप में पसीना बहाने के लिए प्रेरित होने के कारण
(घ) हिमालय के पहाड़ों पर तपस्या में लीन होने के कारण

3. कवि ने किसान-मज़दूर के साहस को अपरिमित क्यों कहा है ?

(क) विश्व-वैभव से अपरिचित होने के कारण
(ख) दूसरों के लिए अपना सर्वस्व लुटाने के कारण
(ग) निरंतर कुदाली चलाने के कारण
(घ) युगयुगों से खड़ा होने के कारण

4. किसान-मज़दूरों ने धरती को उपजाऊ कैसे बनाया ?

(क) आधुनिक तकनीक द्वारा (ख) रासायनिक उर्वरक डालकर
(ग) पूरी शक्ति से खुदाई करके (घ) जैविक खाद का प्रयोग करके

5. कथन (A) और कारण (R) को पढ़कर उपयुक्त विकल्प चुनिए–

कथन (A) – किसान-मज़दूर देवता या मशीनी-मानव तुल्य है।

कारण (R) – अग्नि-से जलते धरती-अंबर के बीच वह सीना तान युगयुगों से परिश्रम कर रहा है।

विकल्प–

(क) कथन (A) गलत है, किंतु कारण (R) सही है।
(ख) कथन (A) और कारण (R) दोनों ही गलत हैं।
(ग) कथन (A) सही है और कारण (R) कथन (A) की सही व्याख्या है।
(घ) कथन (A) सही है और कारण (R) कथन (A) की सही व्याख्या नहीं है।

उत्तर–1. (घ) 2. (ख) 3. (ख) 4. (ग) 5. (ग)

7

सँभलो कि सुयोग न जाय चला
कब व्यर्थ हुआ सदुपाय भला
समझो जग को न निरा सपना
पथ आप प्रशस्त करो अपना
अखिलेश्वर है अवलंबन को
नर हो, न निराश करो मन को।

जब प्राप्त तुम्हें सब तत्त्व यहाँ
फिर जा सकता वह सत्त्व कहाँ
तुम स्वत्त्व सुधारस पान करो
उठके अमरत्व विधान करो
दवरूप रहो भव कानन को
नर हो न निराश करो मन को।

निज गौरव का नित ज्ञान रहे
हम भी कुछ हैं यह ध्यान रहे
मरणोत्तर गुंजित गान रहे
सब जाय अभी पर मान रहे
कुछ हो न तजो निज साधन को
नर हो, न निराश करो मन को।

प्रभु ने तुमको कर दान किए
सब वांछित वस्तु विधान किए
तुम प्राप्त करो उनको न अहो
फिर है यह किसका दोष कहो
समझो न अलभ्य किसी धन को
नर हो, न निराश करो मन को।

–139 शब्द **[CBSE 2023]**

अतिलघूत्तरात्मक/लघूत्तरात्मक प्रश्नोत्तर

प्रश्न– **1. इस काव्यांश का उचित शीर्षक लिखिए।**

2. आशय स्पष्ट कीजिए–

समझो जग को न निरा सपना

पथ आप प्रशस्त करो अपना

3. 'दवरूप रहो भव-कानन में'–के माध्यम से कवि क्या प्रेरणा देना चाहता है ?

4. प्रभु ने मनुष्य को कर किसलिए दिए हैं ?

5. कवि के लिए इस जीवन में मूल्यवान क्या है ? आत्मसम्मान या सांसारिक सुख ?

उत्तर– 1. नर हो, न निराश करो मन को।

2. यह संसार मिथ्या नहीं है। इसलिए सांसारिक वैभव की ओर बढ़ना हमारा ध्येय होना चाहिए।

3. कवि कहता है–यदि यह संसार एक वन है तो तुम जंगल की आग के समान जियो। कवि विध्वंस नहीं, ऊर्जा चाहता है–निर्माण की ऊर्जा।

4. प्रभु ने मनुष्य को हाथ इसलिए दिए हैं ताकि वह परिश्रम और कर्म द्वारा उन्नति कर सके।

5. कवि के लिए आत्मसम्मान का मूल्य जीवन के क्षणिक सुखों से अधिक है। मनुष्य का मान इतना होना चाहिए कि लोग मृत्यु के बाद भी उसे याद करें।

बहुविकल्पी प्रश्नोत्तर

प्रश्न–1. प्रस्तुत पद्यांश में मनुष्य को किस हेतु प्रेरित किया गया है ?

(क) मन को एकाग्र करने हेतु (ख) शरीर को स्वस्थ रखने हेतु

(ग) मन को आशान्वित रखने हेतु (घ) ईश्वर के शरण में जाने हेतु

2. *'पथ आप प्रशस्त करो अपना'* **का आशय है–**

(क) जीवन का मार्ग ईश्वर दिखाएँ (ख) जीवन का मार्ग माता-पिता सुझाएँ

(ग) जीवन का मार्ग स्वयं बनाएँ (घ) जीवन का मार्ग मित्र बताएँ

3. पद्यांश में *'मृत्यु के उपरांत भी कीर्ति बनी रहे'*

इस भाव को व्यक्त करने वाली पंक्ति है–

(क) निज गौरव का नित ज्ञान रहे (ख) सब जाय अभी पर मान रहे

(ग) हम भी कुछ हैं यह ध्यान रहे (घ) मरणोत्तर गुंजित गान रहे

4. पद्यांश में किन चीज़ों को प्राप्त नहीं करने के लिए मनुष्य को दोषी माना गया है ?

(क) प्रकृति से उपलब्ध सुविधाओं को (ख) भाग्य से प्राप्त वरदानों को

(ग) मनोवांछित वस्तुओं को (घ) अलभ्य, परिश्रम से प्राप्त वस्तुओं को

5. *'प्रभु ने तुमको कर दान किए'* **पंक्ति के द्वारा कवि क्या प्रेरणा देता है ?**

(क) आलसी बने रहने के लिए (ख) परिश्रम करने के लिए

(ग) भाग्य पर आश्रित रहने के लिए (घ) चलने-फिरने के लिए

उत्तर–1. (ग) 2. (ग) 3. (घ) 4. (घ) 5. (ख)

8 इतनी साधारण चीज़ें वहाँ थीं जिन्हें कभी का भुला दिया गया था
चिड़िया के आकार की वह सीटी वहाँ थी
जिसमें आधा पानी भरकर बजाओ तो बुलबुल की तरह बोलती थी
कॉलेज के दिनों में मैं पेड़ों के झुरमुट में छिपकर उसे बजाता था।

बचपन की एक फोटो में मैं जिस तीन पहिए की साइकिल पर बैठा था
वो साइकिल वहाँ पड़ी थी धूल से अटी हुई
उसका एक पहिया निकल गया था और रंग उखड़ गया था जगह-जगह से
घिस-घिसकर इतनी छोटी हो चुकी पेंसिलें थीं कि जिन्हें
और अधिक छीला जाना संभव नहीं था
वहाँ बचपन की ड्राइंग कॉपियाँ थीं जिनके हर चित्र में
पेड़ हरे थे और उगता हुआ सूरज था
तब शायद हमने नहीं सोचा था कि हमारी दुनिया में
इतना अँधेरा भी होगा कभी

बरसों पहले खो चुके खिलौने थे
पतंगें थीं, उनकी घिर्रियाँ थीं माँझे और डोर से भरी हुई
वहाँ कुछ पुरानी घड़ियाँ थीं जिनके बारे में कहा जाता था
कि वे चोरी चली गई थीं
उनमें वो समय अभी तक ठहरा हुआ था

–173 शब्द [CBSE 2023]

अतिलघूत्तरात्मक/लघूत्तरात्मक प्रश्नोत्तर

प्रश्न– **1. इस काव्यांश का उचित शीर्षक लिखिए।**

2. बचपन की चित्रावली देखकर आपके मन में क्या विचार आते हैं ?

3. कौन-सी रुचि देखकर आपको लगता है कि लेखक लड़का है, लड़की नहीं ?

4. कैसे पता चलता है कि लेखक को बचपन से पढ़ने-लिखने का शौक था ?

5. *लेखक अपनी जवानी में भी चुलबुला था*–**कैसे ?**

उत्तर– 1. बचपन की यादें।

2. यही कि हर बच्चे में बचपन में सीटी बजाना, साइकिल चलाना, लिखना, चित्रकारी करना, पतंग उड़ाना और घड़ियों जैसा सामान इकट्ठा करने का शौक होता है।

3. पतंग उड़ाना और डोर-माँझा इकट्ठा करना।

4. वह पैंसिलें संभाल कर रखता है।

5. वह कॉलेज के दिनों में भी पेड़ों के झुरमुट में बैठकर सीटी बजाता था और उसमें से बुलबुल जैसा स्वर निकालता था।

बहुविकल्पी प्रश्नोत्तर

प्रश्न–1. प्रस्तुत पद्यांश किस विषय पर केंद्रित है ?

(क) बचपन (ख) स्मृतियों
(ग) साधारण वस्तुओं (घ) इतिहास

2. वहाँ मौजूद वस्तुओं को *'साधारण'* **क्यों कहा जा रहा था ?**

(*i*) वे सारी पुरानी और अनुपयोगी थीं।
(*ii*) उन्हें आसानी से विस्मृत कर दिया गया।
(*iii*) वे सभी बेहद कम मूल्य की थीं।

उपर्युक्त विकल्पों में से सही विकल्प चुनकर लिखिए–

(क) केवल (*i*) (ख) केवल (*ii*)
(ग) (*i*) और (*ii*) (घ) (*ii*) और (*iii*)

3. *"तब शायद हमने नहीं सोचा था कि हमारी दुनिया में इतना अँधेरा भी होगा कभी"*

इन पंक्तियों में अँधेरे से आशय है–

(क) निराशा (ख) अन्याय

(ग) बुराई (घ) रात

4. **कथन (A) और कारण (R) को पढ़कर उपयुक्त विकल्प चुनिए–**

कथन (A) – वहाँ कुछ पुरानी घड़ियाँ थीं जिनमें समय अभी तक ठहरा हुआ था।

कारण (R) – घड़ियाँ चोरी चली गई थीं।

(क) कथन (A) सही है, परंतु कारण (R) गलत है।

(ख) कथन (A) गलत है, परंतु कारण (R) सही है।

(ग) कथन (A) और कारण (R) दोनों गलत हैं।

(घ) कथन (A) और कारण (R) दोनों सही हैं।

5. **घड़ियों में समय अभी तक ठहरा हुआ है क्योंकि :**

(क) घड़ियों की बैटरी खराब हो गई है, समय रुक गया है।

(ख) अतीत के उस कालखंड की स्मृतियाँ ठहरी हुई हैं।

(ग) घड़ियाँ चोरी होकर कवि के भावात्मक दायरे से बाहर हो गईं।

(घ) घड़ियाँ पुरानी हैं, बदलते वक्त में उनका महत्त्व है।

उत्तर–1. (क) 2. (घ) 3. (क) 4. (क) 5. (ख)

9 सच से हट कर जिए तो क्या जिए हम या कि तुम।
जो नत हुआ वह मृत हुआ ज्यों वृंत से झर कर कुसुम।
जो लक्ष्य भूल रुका नहीं, जो हार देख झुका नहीं।
जिसने प्रणय पाथेय माना, जीत उसकी ही रही।
सच हम नहीं सच तुम नहीं, सच है महज संघर्ष ही।
ऐसा करो जिससे न प्राणों में कहीं जड़ता रहे।
जो है जहाँ चुपचाप, अपने-आप से लड़ता रहे।
जो भी परिस्थितियाँ मिलें, काँटे चुभें कलियाँ खिलें।
हारे नहीं इंसान, है संदेश जीवन का यही।
सच हम नहीं सच तुम नहीं, सच है महज संघर्ष ही।
हमने रचा आओ हमीं अब तोड़ दें इस प्यार को।
वह क्या मिलन, मिलना वही जो मोड़ दे मँझधार को। *–118 शब्द [CBSE 2024]*

*अतिलघूत्तरात्मक/लघूत्तरात्मक प्रश्नोत्तर

प्रश्न– 1. **इस अनुच्छेद का मूल संदेश क्या है ?**

2. **कवि के अनुसार, अंत में जीत किसकी होती है ?**

3. **प्राणों में जड़ता से आप क्या समझते हैं ? उससे कैसे बचा जा सकता है ?**

---

*इस वर्ष से अपठित काव्यांश में लघूत्तरात्मक तथा अतिलघूत्तरात्मक प्रश्न भी पूछे जाएँगे। गत वर्ष की परीक्षा में ये प्रश्न नहीं पूछे गए थे। इसलिए छात्रों के अभ्यास के लिए हमने अपनी ओर से ये प्रश्नोत्तर जोड़े हैं ताकि परीक्षा की तैयारी में सहायता मिले।

☞ ध्यान रहे– • वार्षिक परीक्षा में 2-2 अंकों के दो अतिलघूत्तरात्मक/लघूत्तरात्मक प्रश्न और 1-1 अंक के तीन बहुविकल्पी प्रश्न पूछे जाएँगे। कुल अनुच्छेद सात अंकों का होगा।

• प्रश्नपत्र की ठीक-ठीक जानकारी के लिए अंत में CBSE प्रतिदर्श प्रश्नपत्र देखें।

4. अपने आप से लड़ने का आशय स्पष्ट कीजिए।

5. कवि कैसे मिलन को सही मिलन मानता है ?

उत्तर–1. जीवन में निरंतर संघर्ष करो। जब तक लक्ष्य न मिल जाए, थक कर मत बैठो। निरंतर संघर्ष से एक दिन मंजिल अवश्य मिल जाएगी।

2. कवि के अनुसार जो व्यक्ति अपने प्रेम को मंजिल का रास्ता मानता है और कभी रुकता-थकता नहीं है, वही जीत प्राप्त कर सकता है।

3. प्राणों में जड़ता का अर्थ है- थकावट, रुकावट, आलस और कमज़ोरी। उससे बचने का एकमात्र तरीका यही है कि लक्ष्य-पथ पर निरंतर संघर्ष करते रहा जाए।

4. अपने मन की कमज़ोरियों और दुविधाओं से खुद ही जूझना और उन पर विजय प्राप्त करना।

5. कवि ऐसे मिलन को सच्चा मिलन मानता है जो कहीं ठहरे नहीं अपितु अपने प्रेमी के साथ मिलकर जीवन की दिशा को संघर्ष के पथ पर मोड़ दे।

बहुविकल्पी प्रश्नोत्तर

1. 'अपने-आप से' लड़ने का क्या अभिप्राय है ?

(क) अपने भीतर उठे अंतर्द्वंद्व से लड़ना (ख) अपने भीतर की कमजोरियों से लड़ना

(ग) अपनी शारीरिक कमजोरियों से लड़ना (घ) अपनी मानसिक व्याधियों से लड़ना

2. '*जो नत हुआ वह मृत हुआ*' क्यों कहा गया है ?

(क) झुकना घमंड का परिचायक है (ख) झुकना विनम्रता का परिचायक है

(ग) झुकने वाला मृतक के समान है (घ) स्वाभिमान-रहित जीवन मृतक के समान है

3. काव्यांश का संदेश है :

(क) हर प्रकार की परिस्थिति से समझौता कर स्वयं को ढालने का।

(ख) जीत की संभावना वाले मार्ग पर ही आगे बढ़ने का।

(ग) कैसी भी कठिन परिस्थिति हो उससे हार न मानने का।

(घ) हार की संभावना होने पर नवीन लक्ष्य के निर्माण का।

4. '*काँटे*' और '*कलियाँ*' किसके प्रतीक हैं ?

(क) सुख और दुख के (ख) दुख और सुख के

(ग) समृद्धि और उत्कर्ष के (घ) निर्माण और पतन के

5. कथन और कारण पर विचार करते हुए सही विकल्प चुनकर लिखिए :

कथन – मानव मात्र का जीवन संघर्षपूर्ण है।

कारण – मानव मात्र को अपने जीवन की सम-विषम हर तरह की परिस्थितियों का डटकर सामना करना चाहिए।

(क) कथन गलत है और कारण सही है।

(ख) कथन और कारण दोनों ही गलत हैं।

(ग) कथन सही है और कारण, कथन की सही व्याख्या है।

(घ) कथन और कारण दोनों सही हैं लेकिन कारण कथन की सही व्याख्या नहीं करता है।

उत्तर–1. (ख) 2. (घ) 3. (ग) 4. (ख) 5. (ग)

10 रात यों कहने लगा मुझसे गगन का चाँद
आदमी भी क्या अनोखा जीव होता है।
उलझनें अपनी बनाकर आप ही फँसता,
और फिर बेचैन हो जगता, न सोता है।
आदमी का स्वप्न ? है वह बुलबुला जल का
आज उठता और कल फिर फूट जाता है।
किंतु फिर भी धन्य, ठहरा आदमी ही तो
बुलबुलों से खेलता, कविता बनाता है।
मैं न बोला किंतु मेरी रागिनी बोली,
देख फिर-से चाँद। मुझको जानता है तू ?
स्वप्न मेरे बुलबुले हैं ? है यही पानी ?
आग को भी नहीं पहचानता है तू ?
मैं न वह, जो स्वप्न पर केवल सही करते
आग में उसको गला लोहा बनाती हूँ
और उस पर नींव रखती हूँ नए घर की
इस तरह दीवार फौलादी उठाती हूँ।

–119 शब्द [*सरस्वती विद्या मंदिर (IX) 2023-24*]

1. चाँद ने कवि को क्या कहा ?
(क) आदमी हिंसक जीव है (ख) आदमी स्वार्थी जीव है
(ग) आदमी अनोखा जीव है (घ) आदमी सर्वश्रेष्ठ जीव है

2. आदमी क्यों बेचैन हो जाता है ?
(क) वह भाग्य के सामने विवश है
(ख) वह समस्याओं से घिरा रहता है
(ग) वह समस्याओं से हार जाता है
(घ) उसे अनेक प्रकार की कठिनाइयों का सामना करना पड़ता है

3. आदमी धन्य है–
(क) वह बुलबुलों से खेलता है, कविता बनाता है
(ख) वह अनेक प्रकार की विपत्तियों को सहकर भी जीवन-यापन करता है
(ग) वह पुरुषार्थ के बल पर अनेक प्रकार की उपलब्धियाँ प्राप्त करता है
(घ) वह भाग्य के सामने घुटने नहीं टेकता

4. कवि के अनुसार आज के मनुष्य की क्या विशेषता है ?
(क) वह केवल कल्पना ही नहीं करता, उसे साकार भी करता है
(ख) वह भाग्य पर विश्वास करता है
(ग) वह नई-नई कल्पनाएँ करता है
(घ) वह भाग्य पर विश्वास नहीं करता

5. '*आग को भी नहीं पहचानता है तू*' – से कवि का आशय है–
(क) व्यक्ति की उपलब्धियाँ (ख) व्यक्ति की कविता
(ग) व्यक्ति की कल्पना (घ) व्यक्ति की शक्ति और सामर्थ्य

उत्तर–1. (ग) 2. (ख) 3. (क) 4. (क) 5. (घ)

11 इसी जन्म में
इस जीवन में
हमको तुमको मान मिलेगा
गीतों की खेती करने को
पूरा हिंदुस्तान मिलेगा।
क्लेश जहाँ है
फूल खिलेगा
हमको तुमको त्राण मिलेगा।
फूलों की खेती करने को
पूरा हिंदुस्तान मिलेगा।।
दीप बुझे हैं,
जिन आँखों के;
इन आँखों को ज्ञान मिलेगा।
विद्या की खेती करने को
पूरा हिंदुस्तान मिलेगा।।
मैं कहता हूँ
फिर कहता हूँ;
हमको तुमको प्राण मिलेगा।
मोरों-सा नर्तन करने को
पूरा हिंदुस्तान मिलेगा।।

–72 शब्द [*Common Exam (IX) 2023-24*]

1. कवि इसी जन्म और इसी जीवन में क्या पाने का अभिलाषी है ?

(क) धन (ख) शिक्षा

(ग) अधिकार (घ) मान

2. कवि किस स्थान पर फूल खिलने की बात कर रहा है ?

(क) जहाँ बंजर जमीन हो। (ख) जहाँ लड़ाई-झगड़े हों।

(ग) जहाँ कोई उत्सव हो। (घ) जहाँ सुगंध न हो।

3. कथन (A) एवं कारण (R) को पढ़कर उपयुक्त विकल्प चुनिए–

कथन (A) – विद्या की खेती करने को, पूरा हिंदुस्तान मिलेगा।

कारण (R) – कवि को स्वतंत्रता मिलने के बाद जन-जन में शिक्षा का प्रचार-प्रसार होने का विश्वास है।

(क) कथन (A) गलत किंतु कारण (R) सही है।

(ख) कथन (A) कारण (R) दोनों ही गलत हैं।

(ग) कथन (A) सही और कारण (R) कथन (A) की सही व्याख्या है।

(घ) कथन (A) सही है, किंतु कारण (R) कथन (A) की सही व्याख्या नहीं है।

4. '*भारतीयों को उनका देश पूरी तरह वापिस मिलेगा।*' कविता की पंक्ति .... का आशय है।

(क) इन आँखों को ज्ञान मिलेगा (ख) हमको तुमको प्राण मिलेगा

(ग) मोरों-सा नर्तन करने को (घ) पूरा हिंदुस्तान मिलेगा

5. प्रस्तुत कविता किस भाव से ओत-प्रोत है ?

(क) प्रकृति प्रेम (ख) देश प्रेम

(ग) मातृ प्रेम (घ) ईश्वर भक्ति।

उत्तर–1. (घ) 2. (ख) 3. (ग) 4. (घ) 5. (ख)

12 देश के आज़ाद होने पर बिता लंबी अवधि
अब असह्य इस दर्द से हैं धमनियाँ फटने लगीं
व्यर्थ सीढ़ीदार खेतों में कड़ी मेहनत किए
हो गया हूँ और जर्जर, बोझ ढोकर थक गया
अब मरूँगा तो जलाने के लिए मुझको
अरे! दो लकड़ियाँ भी नहीं होंगी सुलभ इन जंगलों से।
वन कहाँ हैं? जब कुल्हाड़ों की तृषा है बढ़ रही
काट डाले जा रहे हैं मानवों के बंधु तरुवर
फूल से, फल से, दलों से, मूल से, तरु-छाल से
सर्वस्व देकर जो मनुज को लाभ पहुँचाते सदा
कट रहे हैं ये सभी वन
पर्वतों की दिव्य शोभा हैं निरंतर हो रही विद्रूप
ऋतुएँ रो रहीं गगनचुम्बी वन सदा जिनके हृदय से
फूटते झरने, नदी बहती सुशीतल नीर की
हर पहर नित चहकते हैं कूकते रहते विहग
फूल पृथ्वी का सहज श्रृंगार करते हैं जहाँ।

–135 शब्द [**CBSE** *प्रतिदर्श प्रश्नपत्र 2021-22*]

बहुविकल्पी प्रश्नोत्तर

प्रश्न–1. घर में किस प्रकार की गंध पसरी हुई थी ?

(क) बासी खाद्य पदार्थों की (ख) निर्जनता और बंद हवा की
(ग) किताबों और धूल की (घ) अंकुरित चने की

2. पोटली में बँधे चनों के अंकुरित होने का क्या अर्थ है ?

(क) जीवन के बच जाने का (ख) उर्वरता और नव-जीवन का
(ग) संभावनाओं के विस्तार का (घ) फसल बोने का समय हो गया

3. *मकान जड़ और एक स्थान पर स्थिर होने के बाद भी कवि की यात्राओं की गतिशीलता में सहयात्री है*–**यह भाव किस पंक्ति में है ?**

(क) निर्जन घर में जीवन की जड़ों को पोसते रहे हैं ये अंकुर
(ख) अज़ीब गंध है घर में किताबों, कपड़ों और निर्जन हवा की
(ग) तट की तरह स्थिर पर गतियों से भरा
(घ) पूरे घर को जल भरी तसली-सा हिलाती

***4. काव्यांश की शैली किस प्रकार की है ?**

(*i*) चित्रात्मक (*ii*) विवरणात्मक
(*iii*) कथात्मक (*iv*) छंदमुक्त

विकल्प–

(क) (*i*), (*iii*) तथा (*iv*) ठीक हैं। (ख) (*i*) तथा (*ii*) ठीक हैं।
(ग) (*i*) तथा (*iii*) ठीक हैं। (घ) (*ii*) तथा (*iv*) ठीक हैं।

5. कवि के दो दिनों के बाद घर में लौटने पर घर की जो स्थिति है उससे कौन-सी बात स्पष्ट रूप से कही जा सकती है ?

(क) कवि का घर किसी निर्जन स्थान पर है।
(ख) कवि के घर में बहुत बेतरतीबी फैली रहती है।
(ग) कवि की अनुपस्थिति में किसी ने घर की सफाई नहीं की।
(घ) कवि अपने घर में अकेला है और उसके न होने पर घर निर्जन था।

उत्तर–1. (ग) 2. (ख) 3. (ग) 4. (क) 5. (क)

18 मैं तो मात्र मृत्तिका हूँ–
जब तुम
मुझे पैरों से रौंदते हो
तथा हल के फाल से विदीर्ण करते हो
तब मैं–
धन-धान्य बनकर मातृरूपा हो जाती हूँ।
जब तुम
मुझे हाथों से स्पर्श करते हो
तथा चाक पर चढ़ाकर घुमाने लगते हो
तब मैं–
कुंभ और कलश बनकर

* ये प्रश्न नवीनतम शैली के हैं।

जल लाती तुम्हारी अंतरंग प्रिया हो जाती हूँ।
जब तुम मुझे मेले में मेरे खिलौने रूप पर
आकर्षित होकर मचलने लगते हो
तब मैं–
तुम्हारे शिशु हाथों में पहुँच प्रजारूपा हो जाती हूँ।
पर जब भी तुम
अपने पुरुषार्थ-पराजित स्वत्व से मुझे पुकारते हो
तब मैं –
अपने ग्राम्य देवत्व के साथ चिन्मयी शक्ति हो जाती हूँ
(प्रतिमा बन तुम्हारी आराध्या हो जाती हूँ)
विश्वास करो
यह सबसे बड़ा देवत्व है, कि–
तुम पुरुषार्थ करते मनुष्य हो
और मैं स्वरूप पाती मृत्तिका।

–132 शब्द **[CBSE 2019]**

अतिलघूत्तरात्मक/लघूत्तरात्मक प्रश्नोत्तर

प्रश्न– **1. मिट्टी मातृरूपा बनने से पहले क्या-क्या कष्ट उठाती है ?**
2. मिट्टी का प्रिया रूप किन्हें माना है ? इनमें कौन माध्यम बनता है ?
3. सबसे बड़ा देवत्व किसे माना गया है ?
4. मिट्टी किन हाथों में पहुँच कर प्रजारूपा हो जाती है ?
5. उपर्युक्त काव्यांश के लिए उपयुक्त शीर्षक लिखिए।

उत्तर– 1. मातृरूपा बनने से पहले मिट्टी पैरों से रौंदी जाती है, खेतों में हल की सहायता से कुचली जाती है। तभी वह धन-धान्य पैदा करने में समर्थ बन पाती है।
2. कुंभ और कलश का रूप धारण करना मिट्टी का प्रिया रूप है। कोई कुम्हार ही अपने कोमल हाथों का स्पर्श देकर और उसे चाक पर चढ़ाकर प्रिया रूप में गढ़ता है।
3. परिश्रम करना सबसे बड़ा देवत्व है।
4. बच्चों के हाथों में खिलौनों के रूप में पहुँचकर मिट्टी प्रजारूप बन जाती है।
5. मिट्टी की महिमा।

बहुविकल्पी प्रश्नोत्तर

प्रश्न–**1. मृत्तिका मातृरूपा कब हो जाती है ?**
(क) धन-धान्य बनकर (ख) पैरों से रौंद कर
(ग) हल चलाकर (घ) वह स्वयं ही हो जाती है।

2. मृत्तिका को चाक पर चढ़ाकर क्या रूप दिया जाता है ?
(क) कुंभ और कलश का (ख) फूल-पत्ते का
(ग) हल के फाल से जोत कर उर्वरा-रूप (घ) धन-धान्य का रूप।

3. मृत्तिका प्रजा-रूप कब हो जाती है ?
(क) शिशु के हाथों में पहुँचकर (ख) किसान के हाथों में जाकर
(ग) कुम्हार के हाथों में जाकर (घ) स्वयं अपने हाथों में रहकर।

4. **चिन्मयीशक्ति मृत्तिका कब हो जाती है ?**

(क) ग्राम्य-देवत्व का रूप लेकर (ख) पराजित स्वत्व के साथ

(ग) शिशु हाथों में पहुँचकर (घ) लोगों के साथ मिलकर।

5. **जब मृत्तिका की प्रतिमा बन जाती है तब वह होती है–**

(क) मातृरूपा (ख) प्रजारूपा (ग) प्रियारूपा (घ) आराध्या।

नवीनतम शैली का प्रश्न

6. **कथन (A)** – सबसे बड़ा देवत्व मनुष्य द्वारा किया गया घोर परिश्रम है।

कारण (R) – उसी के कारण मिट्टी में फसलें पैदा होती हैं।

विकल्प–

(क) कथन ठीक है किंतु व्याख्या अपूर्ण है।

(ख) कथन ठीक है किंतु व्याख्या गलत है।

(ग) कथन ठीक है और कारण भी ठीक है।

(घ) कथन और कारण दोनों गलत हैं।

उत्तर–1. (क) 2. (क) 3. (क) 4. (क) 5. (घ) 6. (क)

19 दिल्ली में चलकर क्या लोगी
तुम यहीं रहो तो अच्छा है
घर बड़े-बड़े दिल छोटे हैं
जो अजगर मोटे-मोटे हैं।
पहचान न तुम कर पाओगी
चेहरों पर चढ़े मुखौटे हैं।
सब बात वहाँ पर नकली हैं
सब गात वहाँ पर नकली हैं
सबके घड़ियाली आँसू हैं
जज़्बात वहाँ पर नकली हैं
इस शर्मो-हया के परदे को
तुम कितना और हटा लोगी ?
हर रात वहाँ जगना होगा।
अपने को ही ठगना होगा।
हर छोटी-बड़ी ज़रूरत को
बस लाइन में लगना होगा।
तुम भीड़ देख डर जाओगी
कैसे बस में चढ़ पाओगी
धक्का-मुक्की में चढ़ी अगर तो
अंदर घुटकर मर जाओगी।
इस दिन भर भागा-दौड़ी में
कहीं गिरकर टाँग तुड़ा लोगी।

–*115 शब्द* **[CBSE 2017]**

अतिलघूत्तरात्मक/लघूत्तरात्मक प्रश्नोत्तर

प्रश्न– 1. **कवि दिल्ली के लोगों की किस दुर्भावना से चिंतित है ?**

2. **मोटे-मोटे अजगर किन्हें कहा गया है और क्यों ?**

3. **कवि शर्मो-हया के परदे के बारे में क्या कहना चाहता है ?**

4. **दिल्ली में क्या चीज नकली है ?**

5. **दिल्ली के जनजीवन की कठिनाइयाँ क्या हैं ?**

6. **'हर रात वहाँ जगना होगा' में कौन-कौन से कष्ट व्यक्त हुए हैं ?**

उत्तर– 1. कवि दिल्ली के लोगों के महास्वार्थ, ठगी, शोषण, सद्भावना-शून्यता और संवेदनशून्यता को देखकर चिंतित है।

2. दूसरों का शोषण कर-करके धनी बने लोगों को अजगर कहा गया है।
क्यों–वे शोषक हर व्यक्ति का शोषण करके अपना पेट भरना चाहते हैं।

3. दिल्ली से बाहर ग्रामीण परिवेश में रहने वाली स्त्रियों में शर्म-हया और लोकलाज होती है। वे अपने तन-मन को ढँककर मर्यादा से जीती है। परंतु दिल्ली में रहकर उन्हें अपनी यह लोकलाज त्यागनी पड़ेगी।
4. दिल्ली में आपसी संबंध दिखावटी और नकली हैं। यहाँ सभी अपने-अपने स्वार्थ में लिप्त हैं। कोई किसी के दुःख से दुखी नहीं है। उनकी प्यार-भरी मीठी बातें भी ठगी के सिवा कुछ नहीं है।
5. दिल्ली के जनजीवन की बड़ी कठिनाइयाँ हैं–भीड़भाड़ और आवागमन की परेशानियाँ। बसों के अंदर और बाहर मारामारी और धक्का-मुक्की का बोलबाला है।
6. दिल्ली में हर रात चिंता में कटती है। कल क्या होगा, हम कैसे सुरक्षित जिएँगे–यही चिंता नींद नहीं आने देती।

बहुविकल्पी प्रश्नोत्तर

नवीनतम शैली का प्रश्न

1. **कथन (A)** – कवि अपनी पत्नी को दिल्ली नहीं ले चलना चाहता।
कारण (R) – (*i*) वह पत्नी के साथ रहना झंझट मानता है।
(*ii*) वह दिल्ली की नकली दुनिया में पत्नी को असुरक्षित समझता है।
(*iii*) वह बसों की भीड़ और धक्कामुक्की से डरता है।
(*iv*) वह पत्नी को डराकर गाँव में ही रखना चाहता है।

विकल्प–
(क) (*i*) तथा (*ii*) ठीक हैं। (ख) (*ii*) तथा (*iv*) ठीक हैं।
(ग) (*ii*) तथा (*iii*) ठीक हैं। (घ) (*i*), (*ii*), (*iii*) ठीक हैं।

2. '*सब गात वहाँ पर नकली हैं*' **का आशय है–**
(क) सब पत्थर की मूर्तियाँ हैं। (ख) सबके चेहरे रंगे-पुते हैं।
(ग) सब लोग नकली हैं। (घ) सब लोग प्रदर्शन के लिए दिखावा करते हैं।

3. **दिल्ली के परिवहन में क्या परेशानी है** ?
(क) बसें कम हैं। (ख) छीनाझपटी है।
(ग) भीड़ और धक्का मुक्की है (घ) लूटपाट है।

4. '*घड़ियाली आँसू*' **का तात्पर्य है–**
(क) बड़े-बड़े आँसू (ख) नकली आँसू
(ग) रुला देने वाले आँसू (घ) सच्चे आँसू

5. *जो अजगर मोटे-मोटे हैं*– **से क्या आशय है** ?
(क) मोटे-मोटे पशु (ख) मोटे-मोटे दैत्य
(ग) मोटे-मोटे अत्याचारी लोग (घ) मोटापा ही जिनकी बीमारी है।

उत्तर–1. (ग) 2. (घ) 3. (ग) 4. (ख) 5. (ग)

20

सामने कुहरा घना है
और मैं सूरज नहीं हूँ
क्या इसी अहसास में जिऊँ
या जैसा भी हूँ नन्हा-सा
इक दीया तो हूँ
क्यों न उसी की उजास में जिऊँ?
हर आने वाला क्षण
मुझे यही कहता है–
अरे भई, तुम सूरज तो नहीं हो!

और मैं कहता हूँ–
न सही सूरज
एक नन्हा दीया तो हूँ
जितनी भी है लौ मुझमें
उसे लेकर जिया तो हूँ।
कम-से-कम मैं उनमें तो नहीं
जो चाँद दिल के बुझाए बैठे हैं
हर रात को अमावस बनाए बैठे हैं
उड़ते फिर रहे थे जो जुगनू उनके आँगन में
उन्हें भी मुट्ठियों में दबाए बैठे हैं।

–105 शब्द **[CBSE 2016]**

अतिलघूत्तरात्मक/लघूत्तरात्मक प्रश्नोत्तर

प्रश्न– 1. कविता में प्रयुक्त 'कुहरा' किसका प्रतीक है ?

2. 'मैं सूरज नहीं हूँ' के माध्यम से कवि क्या कहता है ?

3. इस कविता का मूल-भाव क्या है ?

4. 'हर रात को अमावस बनाए बैठे हैं' का भाव स्पष्ट करें।

5. 'जुगनू को मुट्ठी में दबाने' का क्या आशय है ?

उत्तर– 1. कविता में प्रयुक्त 'कुहरा' बाधाओं और कष्टों का प्रतीक है।

2. कवि कहता है कि वह परम शक्तिवान नहीं है। उसके पास कोई ईश्वरीय शक्ति नहीं है।

3. इस कविता का मूल-भाव है कि लघुता के बावजूद अपनी सामर्थ्य के अनुसार सतत प्रयासरत रहो। अपनी निर्बलता का रोना रोकर अच्छे कर्मों से बचो मत।

4. प्रस्तुत पंक्ति का भाव है कि मनुष्य ने अपनी शक्तियों को जानबूझकर बेकार कर डाला है। अपने वरदानों का ठीक से उपयोग नहीं किया है।

5. प्रस्तुत पंक्ति का आशय है–अपनी सीमित-सी शक्तियों को भी दबाकर नष्ट करना।

बहुविकल्पी प्रश्नोत्तर

प्रश्न–1. इस कविता का मूल भाव क्या है ?

(क) तुम छोटे हो इसलिए अपनी सीमाओं में रहो।

(ख) अपनी लघुता को पहचानो।

(ग) अपनी लघुता के बावजूद शक्ति के साथ जियो।

(घ) अपनी शक्तियों को बढ़ाओ।

2. *'कुहरा'* **किसका प्रतीक है ?**

(क) निराशा (ख) खुशी (ग) उत्साह (घ) आशा

3. *'दीया'* **किसका प्रतीक नहीं है ?**

(क) संभावना (ख) आशा (ग) उत्साह (घ) जलन

4. *'जो चाँद दिल के बुझाए बैठे हैं'* **का क्या आशय है ?**

(क) निराश-हताश व्यक्ति (ख) शांत व्यक्ति

(ग) आलसी-निकम्मे व्यक्ति (घ) संयमी व्यक्ति

5. *'आँगन में उड़ते हुए जुगनू'* **से क्या आशय है ?**

(क) प्रतिभा (ख) आशा (ग) जीव-जंतु (घ) प्रदूषित वातावरण

6. जुगनू को मुट्ठी में दबाने का आशय है–

(क) दमन करना (ख) शोषण करना (ग) वंचित करना (घ) मार डालना

नवीनतम शैली का प्रश्न

7. कथन (A) – कुछ लोग जुगनुओं को भी मुट्ठियों में दबाए बैठे हैं।

कारण (R) – (*i*) वे नहीं चाहते कि कहीं प्रकाश हो।

(*ii*) वे जुगनुओं के प्रकाश से भयभीत हैं।

(*iii*) वे जुगनुओं की तरह टिमटिमाना पसंद नहीं करते।

(*iv*) वे निराशा के कारण नकारात्मक हो गए हैं।

विकल्प–

(क) (*iii*), (*iv*) ठीक हैं। (ख) (*iv*) ठीक है।

(ग) (*i*), (*iii*) ठीक हैं। (घ) (*i*), (*ii*), (*iii*) ठीक हैं।

उत्तर–1. (ग) 2. (क) 3. (घ) 4. (क) 5. (ख)
6. (क) 7. (ख)

अभ्यास के लिए प्रश्न
(उत्तर रहित)

निम्नलिखित पद्यांशों को पढ़कर उनसे संबंधित प्रश्नों के उत्तर दीजिए–

21 जिस-जिससे पथ पर स्नेह मिला
उस-उस राही को धन्यवाद !

जीवन अस्थिर, अनजाने ही
हो जाता पथ पर मेल कहीं
सीमित पग-डग, लंबी मंजिल
तय कर लेना कुछ खेल नहीं।
दाएँ-बाएँ सुख-दुःख चलते
सम्मुख चलता पथ का प्रसाद
जिस-जिससे पथ पर स्नेह मिला
उस-उस राही को धन्यवाद !
अवलंबित काया
जब चलते-चलते चूर हुई।
दो स्नेह शब्द मिल गए, मिली–
नवस्फूर्ति, थकावट दूर हुई।
पथ के पहचाने छूट गए
पर साथ-साथ चल रही याद !
जिस-जिससे पथ पर स्नेह मिला
उस-उस राही को धन्यवाद !

–92 शब्द [CBSE 2016]

अतिलघूत्तरात्मक/लघूत्तरात्मक प्रश्न

प्रश्न–1. कवि किसे धन्यवाद देता है ?
2. जीवन को अस्थिर क्यों बताया गया है ?
3. कवि को नव-स्फूर्ति कैसे मिली ?
4. 'राही' का पर्यायवाची शब्द लिखिए।
5. इस अंश का उपयुक्त शीर्षक लिखिए।

बहुविकल्पी प्रश्न

प्रश्न–1. *'दाएँ बाएँ सुख-दुख चलते'* **में कौन-सा अलंकार है ?**
(क) रूपक (ख) मानवीकरण (ग) उत्प्रेक्षा (घ) उपमा

2. *'राही'* **का पर्यायवाची बताइए–**
(क) घुमक्कड़ (ख) पर्यटक (ग) पथिक (घ) यात्री

3. कवि किसे धन्यवाद देता है ?
(क) जीवन-मार्ग में जिस-जिससे स्नेह मिला
(ख) सभी राहगीरों को
(ग) अनजान व्यक्तियों को
(घ) अस्थिर स्वभाव के लोगों को

4. कवि ने पथ के बारे में क्या कहा है ?
(क) सीमित पथ है छोटी मंजिल है (ख) पथ पर नव स्फूर्ति है
(ग) सीमित पथ है लंबी मंजिल है (घ) असीमित पथ है लंबी मंजिल है

5. कवि किस बात को महत्त्व देता है ?
(क) नव-स्फूर्ति (ख) जीवन मार्ग में स्नेह को
(ग) 'क' और 'ख' (घ) पथ

नवीनतम शैली का प्रश्न

6. कथन (A) – कवि पथ के साथियों को धन्यवाद देता है।

कारण (R) – (*i*) सबने उसे स्नेह दिया।

(*ii*) सबने उसे नवस्फूर्ति दी।

(*iii*) सबकी यादें उसके लिए संबल हैं।

(*iv*) जिन्होंने अपना स्नेह देकर कवि को स्फूर्ति दी।

विकल्प–

(क) (*i*), (*ii*), (*iii*) ठीक हैं। (ख) (*i*), (*ii*) ठीक हैं।

(ग) (*iv*) ठीक है। (घ) (*ii*), (*iii*) ठीक हैं।

22 हम जंग न होने देंगे।
विश्व शांति के हम साधक हैं, जंग न होने देंगे।
कभी न खेतों में फिर खूनी खाद डलेगी
खलिहानों में नहीं मौत की फसल खिलेगी
आसमान फिर कभी न अँगारे उगलेगा
एटम से नागासाकी फिर नहीं जलेगी
युद्धविहीन विश्व का सपना भंग न होने देंगे।
जंग न होने देंगे।
हथियारों के ढेरों पर जिनका है डेरा
मुँह में शांति, बगल में बम, धोखे का फेरा
कफ़न बेचनेवालों से कह दो चिल्लाकर
दुनिया जान गई है उनका असली चेहरा
कामयाब हों उनकी चालें–ढंग न होने देंगे।
जंग न होने देंगे।

–95 शब्द [CBSE 2012]

अतिलघूत्तरात्मक/लघूत्तरात्मक प्रश्न

प्रश्न– **1. कवि जंग नहीं होने देना चाहता है–क्यों ?**

2. '*खूनी खाद*' से कवि का क्या आशय है ?

3. '*अंगारे उगलना*' से क्या तात्पर्य है ?

4. '*मुँह में शांति, बगल में बम*' किस मुहावरे का दूसरा रूप है ?

5. '*कफ़न बेचनेवालों*' का आशय स्पष्ट करें।

बहुविकल्पी प्रश्न

प्रश्न–**1. कवि जंग नहीं होने देना चाहता है क्योंकि–**

(क) युद्ध विनाशकारी होता है (ख) कवि शांति का साधक है

(ग) युद्ध से खून खराबा होता है (घ) युद्ध से भयानक रोग फैलते हैं।

2. '*खूनी खाद*' से कवि का क्या आशय है ?

(क) खून वाली खाद

(ख) पशुओं के खून वाली खाद

(ग) युद्ध के कारण भूमि या खेतों में खून खराबा होना

(घ) युद्ध वाली खेती।

3. *'अंगारे उगलना'* **से क्या तात्पर्य है ?**

(क) क्रोध करना (ख) खरी-खोटी सुनाना

(ग) घातक हथियारों द्वारा आग बरसाना (घ) बमबारी।

4. *'मुँह में शांति, बगल में बम'* **किस मुहावरे का दूसरा रूप है ?**

(क) मुँह पर शांति, बगल में भ्रांति (ख) मुँह में राम, बगल में छुरी

(ग) मुँह में राम-राम (घ) मुँह से बक-बक करना।

5. *'कफ़न बेचनेवालों'* **शब्द का आशय है–**

(क) जिनकी दुकान पर मुर्दों के लिए कफ़न मिलता है

(ख) जो गाँव-गाँव घूमकर कफ़न बेचने का काम करते हैं

(ग) जो कफ़न के लिए कपड़ा बुनते हैं और बेचते हैं

(घ) युद्ध करके अशांति फैलाने वाले देश या लोग।

नवीनतम शैली का प्रश्न

6. **कथन (A) –** कवि जंग नहीं होने देगा।

कारण (R) – (*i*) इसमें नरसंहार का भय है।

(*ii*) इसमें परमाणु बम का भय है।

(*iii*) इसमें अपनी हार का भय है।

(*iv*) कवि विश्व-भर में शांति चाहता है।

विकल्प–

(क) (*i*), (*ii*), (*iii*) ठीक हैं। (ख) (*ii*), (*iii*) ठीक हैं।

(ग) (*iv*) ठीक है। (घ) (*i*), (*ii*), (*iv*) ठीक हैं।

23 दिन-दिन बढ़ती आबादी ने, पैदा कर दी विपदाएँ
बँटते-बँटते घटी घरों में, सभी तरह की सुविधाएँ
दूध-भात की बातें बीतीं, रोटी-दाल न खाने को
तन ढकने को वस्त्र न पूरे, चादर नहीं बिछाने को
एक जून का भी भोजन, जन जुटा रहे कठिनाई से।
बेटे को माँ, माँ को बेटे, भार बने महँगाई से।
पाटी-पोथी बिना पढ़ाई, हो न रही पर बच्चों की।
पैरों तले जमीन खिसकती, देखो अच्छे-अच्छों की।

–76 शब्द

अतिलघूत्तरात्मक/लघूत्तरात्मक प्रश्न

प्रश्न– 1. प्रतिदिन विपदाएँ क्यों पैदा हो रही हैं ?

2. लोगों के घरों में सुविधाएँ क्यों कम हो रही हैं ?

3. महँगाई के कारण मानव-व्यवहार में क्या अंतर आया है ?

4. इस काव्यांश का मुख्य संदेश क्या है ?

5. *'पैरों तले जमीन खिसकना'* **का आशय स्पष्ट कीजिए।**

बहुविकल्पी प्रश्न

प्रश्न– 1. विपदाएँ पैदा हो रही हैं, क्योंकि–

(क) राशन-पानी कम है। (ख) आबादी बढ़ गई है।

(ग) फ़िज़ूल खर्ची बढ़ गई है। (घ) लोग काम नहीं करते।

2. **व्यक्ति की सभी तरह की सुविधाएँ कम हो गईं–**

(क) घरों के बँटवारे से (ख) आबादी बढ़ने से

(ग) काम के बँटवारे से (घ) भोजन के बँटवारे से

3. **महँगाई के कारण संबंधों में बदलाव आया है कि–**

(क) सब एक-दूसरे को दुश्मन समझ रहे हैं। (ख) धोखा दे रहे हैं।

(ग) एक-दूसरे को भार समझ रहे हैं। (घ) प्यार दिखाते हैं।

4. **पैरों तले ज़मीन खिसकने का आशय है–**

(क) कठिनाइयाँ झेलना (ख) विपत्ति पड़ना

(ग) क्रोधित हो जाना (घ) पागल हो जाना

5. **काव्यांश के माध्यम से कवि संदेश देना चाहते हैं–**

(क) आबादी बढ़ाने का (ख) आबादी को रोज़गार जुटाने का

(ग) आबादी बढ़ने से रोकने का (घ) दो जून का भोजन जुटाने का

नवीनतम शैली का प्रश्न

6. **कथन (A) –** अच्छे-अच्छों के पाँवों तले से जमीन सरक रही है।

कारण (R) – (*i*) महँगाई बढ़ रही है।

(*ii*) आबादी बढ़ रही है।

(*iii*) भोजन कम हो गया है।

(*iv*) बच्चे माँ पर बोझ बन गए हैं।

विकल्प–

(क) (*i*), (*ii*) ठीक हैं। (ख) (*i*), (*ii*), (*iii*) ठीक हैं।

(ग) (*iii*), (*iv*) ठीक हैं। (घ) (*i*), (*ii*), (*iii*), (*iv*) ठीक हैं।

24 तन समर्पित, मन समर्पित
और यह जीवन समर्पित
चाहता हूँ देश की धरती तुझे कुछ और भी दूँ।
माँ, तुम्हारा ऋण बहुत है, मैं अकिंचन,
किंतु इतना कर रहा फिर भी निवेदन।
थाल में लाऊँ सजाकर भाल जब भी,
कर दया स्वीकार लेना वह समर्पण।
गान अर्पित, प्राण अर्पित,
रक्त का कण-कण समर्पित।
चाहता हूँ, देश की धरती, तुझे कुछ और भी दूँ।
कर रहा आराधना मैं आज तेरी
एक बिनती तो करो स्वीकार मेरी।
भाल पर मल दो चरण की धूल थोड़ी
शीश पर आशीष की छाया घनेरी।
स्वप्न अर्पित, प्रश्न अर्पित
आयु का क्षण-क्षण समर्पित
चाहता हूँ, देश की धरती, तुझे कुछ और भी दूँ।

–109 शब्द

अतिलघूत्तरात्मक/लघूत्तरात्मक प्रश्न

प्रश्न– 1. इस काव्यांश का उचित शीर्षक लिखिए।

2. कवि किस माँ की बात कर रहा है ?

3. *'अकिंचन'* का क्या अर्थ है ?

4. कवि अपने मस्तक और शीश पर क्या चाहता है ?

5. सिद्ध कीजिए कि कवि देशभक्त है।

बहुविकल्पी प्रश्न

प्रश्न–1. इस कविता का उचित शीर्षक होगा–

(क) तन समर्पण। (ख) मन समर्पण। (ग) धन समर्पण। (घ) सर्वस्व समर्पण।

2. *'माँ, तुम्हारा ऋण बहुत है।'* **कथन में** *'माँ'* **से तात्पर्य है–**

(क) माता (ख) विमाता (ग) मातृभूमि (घ) देवी

3. कवि मातृभूमि से क्या निवेदन कर रहा है ?

(क) मेरा दान स्वीकार करना। (ख) मेरा बलिदान स्वीकार करना।
(ग) मेरा आग्रह स्वीकार करना। (घ) मेरी पूजा स्वीकार करना।

4. कविता किसे संबोधित है–

(क) युवकों को। (ख) कवियों को। (ग) माँ को। (घ) मातृभूमि को।

5. किस कथन से लगता है कि कवि को बड़े-से-बड़ा दान भी अपर्याप्त लगता है ?

(क) जीवन समर्पित (ख) कुछ और भी दूँ।
(ग) थाल में भाल सजाकर लाऊँ (घ) आयु का क्षण-क्षण समर्पित।

नवीनतम शैली का प्रश्न

6. कथन (A) – कवि अपना तन-मन अर्पित करना चाहता है।
कारण (R) – तभी उसे देश से कुछ लाभ और यश मिलेगा

विकल्प–

(क) कथन सत्य है किंतु कारण गलत है।
(ख) कथन सत्य है और कारण भी सत्य है।
(ग) कथन गलत है और कारण भी गलत है।
(घ) कथन गलत है किंतु कारण ठीक है।

25 मेरे दो गुरु हैं–
एक चींटी और दूसरी चिड़िया।
चींटी दिन निकलते ही काम करना शुरू कर देती है।
अपने से ज्यादा वजन के दाने को
मुँह में दबाए-धकेलते बिल में घसीट ले जाती है।
अकेले से बात नहीं बनती तो
वह सहायता के लिए औरों से कहती है।
फिर तो आनन-फानन में सब काम में जुट जाती है
उसे पूरा करके ही मानती है।
एक का काम सबका है, वे यह जानती है।
परिश्रम, धीरज, और सहयोग यह चींटी से सीखता रहा हूँ,
पर अफ़सोस कि अभी उसके पैरों की धूलि भी नहीं हो पाया हूँ

सूर्य का दर्शन करने, भगवान को धन्यवाद देने
चिड़िया भोर होते ही प्रभाती गाने लगती है
चींटी की तरह चिड़िया संग्रह नहीं करती
वह नित कुआँ खोदकर पानी पीती है
आज जिसने दिया, कल भी वही देगा
ऐसा विश्वास, ऐसी आस्था चिड़िया में ही है
वह गाती है, काम करती है, प्रसन्न रहती है
उसमें असीम विश्वास हैं, अपने पर भरोसा है।

–161 शब्द

अतिलघूत्तरात्मक/लघूत्तरात्मक प्रश्न

प्रश्न– 1. कवि ने चिड़िया को अपना गुरू क्यों माना है ?

2. सामूहिक परिश्रम का भाव किससे सीखा जा सकता है ?

3. *परिश्रम और भक्ति–दोनों सफलता के आधार हैं*–**सिद्ध कीजिए।**

4. कवि चींटी के पाँवों की धूल भी क्यों नहीं हो पाया ?

5. आप चींटी बनना चाहेंगे या चिड़िया–तर्क सहित उत्तर दीजिए।

बहुविकल्पी प्रश्न

प्रश्न–1. सहयोग की भावना किसमें ज़्यादा दिखाई पड़ती है ?

(क) चींटी (ख) चिड़िया (ग) मनुष्य (घ) इनमें से कोई नहीं

2. *'अपने से ज़्यादा वजन का दाना ले जाना'* **चींटी की किस प्रवृत्ति की ओर संकेत करता है ?**

(क) लालच करना (ख) भयभीत होना
(ग) क्षमता से अधिक परिश्रम करना (घ) स्वार्थी होना

3. कवि को किस बात का अफ़सोस है ?

(क) चिड़िया के गुणों को न अपनाने का।
(ख) चिड़िया की तरह प्रसन्न न रहने का।
(ग) कोशिश के बाद भी चींटी के गुणों को पूरी तरह न अपना पाने का
(घ) चींटी के गुणों को अपनाने का।

4. चिड़िया में कौन-सी प्रवृत्ति नहीं पाई जाती है ?

(क) संग्रह न करने की (ख) संग्रह करने की
(ग) गाने की (घ) अपने पर विश्वास की

5. *'आज जिसने दिया कल भी वही देगा'* **पंक्ति में** *'वही'* **से तात्पर्य है–**

(क) भाग्य (ख) ईश्वर (ग) सूर्य (घ) परिश्रम

नवीनतम शैली का प्रश्न

6. कथन (A) – 1. चींटी का जीवन धन्य है।
2. चिड़िया का जीवन सफल है।

कारण (R) – (*i*) चींटी अपने श्रम-बल से जीती है।
(*ii*) चिड़िया प्रकृति पर भरोसा रखती है।

विकल्प–

(क) कथन 1-2 सत्य हैं किंतु कारण (*i*) ही ठीक है।
(ख) कथन 1-2 सत्य हैं और कारण भी दोनों सत्य हैं।
(ग) कथन 1-2 सत्य हैं किंतु कारण (*ii*) ही ठीक है।
(घ) कथन 1-2 सत्य हैं किंतु कारण गलत हैं।

26 जून का महीना झुलसते दिन रात, और उधर मसूरी में रिमझिम बरसात !
मैं व्यंग्य से मुस्कराया और पास बैठे बेटे को समझाया
बेटा ! तू भी मसूरी-सा बन, जलते रेगिस्तान में नंदनवन-सा तन !
लोगों की आहों से एक फव्वारा बना और उसमें खूब नहा !
पानी के खेल खेल, झरने बहा, घर सजा, शृंगार कर
झुलसने दे अभागों को, तू अपना घर भर !
सुनकर यह व्यंग्य की बोली, मसूरी चीखकर बोली–
सुन ! न तो मैं आग बरसाती हूँ, न किसी को तपाती हूँ
ये तो तुम्हारी ही आहें हैं, जो किसी बड़े का कंधा खोजती हैं
जिस पर सर रखकर वे रो सकें !
और मैं ! जिसे तुम अपनी आहों का शोषक कहते हो
मैं तुम्हारी आहों को आँखों में बसाती हूँ
उनमें डूबती हूँ छटपटाती हूँ
उनमें बसे आँसुओं को अपनी आँखों में लिए बरस जाती हूँ।
फिर भी तुम मेरे वक्ष पर मँडराते मेघों को कहते हो मेरा शृंगार।
दरअसल जब भी कोई किसी के दुख दर्द को गले लगाता है
बहुत प्यारा हो जाता है, उसके नयनों का पोर-पोर उज्ज्वल हो जाता है।
और फिर मैं तुम्हारे जल को खुद कहाँ पीती हूँ
पूरा का पूरा झर जाती हूँ, तुम्हारे लिए एक नदी बनाती हूँ
झरने बहाती हूँ, पेड़, पत्तियाँ और फूल उगाती हूँ
फिर भी अपनी महिमा कहाँ गाती हूँ ! *–214 शब्द* [*CBSE 2016*]

अतिलघूत्तरात्मक/लघूत्तरात्मक प्रश्न

प्रश्न– 1. **कवि मसूरी के किस दृश्य को देखकर क्या व्यंग्य करता है ?**

2. **मसूरी अपने ऊपर लगे आरोपों से कैसे बचाव करती है ?**

3. **मनुष्य प्रिय कब हो जाता है ?**

4. *मसूरी स्वयं को श्रेष्ठ मानती है*–**क्यों ?**

5. **उपर्युक्त काव्यांश का उचित शीर्षक बताइए।**

बहुविकल्पी प्रश्न

प्रश्न– 1. **कवि व्यंग्य से क्यों मुस्कराया** ?

(क) चारों ओर गर्मी है फिर भी पहाड़ पर वर्षा है।
(ख) बड़े लोग सदा मस्त और सुखी रहते हैं।
(ग) पहाड़ों पर सदा हरियाली रहती है।
(घ) लोग दुखी हैं, तब भी बड़े लोग आनंद-मौज करते हैं।

2. **कवि बेटे को मसूरी-सा बनने के लिए क्यों कहता है** ?

(क) हमेशा मस्त रहने के लिए (ख) ऊँचा बनने के लिए
(ग) दुखों से बचकर रहने के लिए (घ) शोषण के बीच सुखी रहने के लिए।

3. *'लोगों की आहों से फव्वारा बनाने'* **का आशय स्पष्ट कीजिए–**

(क) दुखियों का शोषण करके मौज-मस्ती करना।

(ख) लोगों के दुखों को सुखों में बदल देना।

(ग) लोगों को दुखों के बीच मस्त रहने का संदेश देना।

(घ) दुखों की परवाह किए बिना मौज में रहना।

4. *'मसूरी'* **लोगों की आहों के साथ कैसा व्यवहार करती है ?**

(क) वह उन्हें उल्लास के रूप में प्रकट कर देती है।

(ख) वह उनकी आहों से द्रवित होकर स्वयं हरी-भरी हो जाती है।

(ग) वह उनके अश्रुजल का शोषण करती है।

(घ) वह उनके दुखों से द्रवित होकर उनके लिए शीतल जलधारा बहाती है।

5. कवि के अनुसार, बड़ा आदमी वह है जो–

(क) चुपचाप करुणा-जल बरसाकर लोगों का कष्ट हरे।

(ख) जो दुखों की परवाह किए बिना मौज में रहे।

(ग) जो हर हाल में प्रसन्न रहे।

(घ) जो दुखियों का शोषण करे।

नवीनतम शैली का प्रश्न

6. कथन (A) – मसूरी प्रकृति की शोषक है।

कारण (R) – वह दुख में भी स्वयं सुख लेती है।

विकल्प–

(क) कथन सत्य है किंतु कारण गलत है। (ख) कथन और कारण दोनों सत्य हैं।

(ग) कथन गलत है किंतु कारण सत्य है। (घ) कथन और कारण दोनों गलत हैं।

27

हिरणी के बिन जंगल सूना
हिरणी जैसा दौड़े कौन ?
पर भूखे बाघों के आगे
अपनी हिरणी छोड़े कौन ?

बिन मछली के नदिया सूनी
पर हिम्मत दिखलाए कौन ?
मगरमच्छ से भरी नदी में
अपनी मछली लाए कौन ?

बिन कुलवधुओं के कुल सूना
घर-आँगन महकाए कौन ?
पर अंधों के राजमहल में
द्रुपदसुता को लाए कौन ?

बिन गैया वृंदावन सूना
गो बिन वंशी बजाए कौन ?
पर बूचड़खानों के भय से
अपनी गैया लाए कौन ?

–72 शब्द

–डॉ. अशोक बत्रा

अतिलघूत्तरात्मक/लघूत्तरात्मक प्रश्न

प्रश्न– 1. इस कविता का केंद्रीय भाव स्पष्ट कीजिए।

2. हिरणी किसकी प्रतीक है ? स्पष्ट कीजिए।

3. मछली के माध्यम से कवि ने क्या आशंका प्रकट की है ?

4. भारत में गायों की दुर्दशा का क्या कारण है ?

5. *'अंधों के राजमहल'* में कौन-सा गहरा व्यंग्य है ?

6. यदि यह कविता नारी-जीवन पर हो तो आप इससे क्या समझे हैं ?

बहुविकल्पी प्रश्न

1. हिरणी के बिना जंगल सूना क्यों है ?

(क) फिर शिकार नहीं होता।
(ख) फिर जंगल की चहल-पहल नहीं रहती।
(ग) जंगल सुंदर नहीं लगते।
(घ) हिरण ही शेर के शिकार हैं।

2. हिरणी किसकी प्रतीक है ?

(क) कोमल प्राणियों की
(ख) स्त्रियों की
(ग) कमज़ोरों की
(घ) पशुओं की

3. कुलवधुओं का काम क्या है ?

(क) घर की इज्जत बचाना
(ख) घर में संस्कार बचाना
(ग) घर-भर की रौनक बनाए रखना
(घ) घर में गृह-कलह बढ़ाना।

4. वृंदावन में वंशीवादन किस कारण संभव है ?

(क) हिरणों के कारण
(ख) मछलियों के कारण
(ग) राधा के कारण
(घ) गौओं के कारण

5. कथन (A) – लोग गाय पालने से डरते हैं।

कारण (R) – (*i*) पालने के भय से
(*ii*) गोबर के भय से
(*iii*) पालने के श्रम से
(*iv*) बूचड़खानों के भय से

विकल्प–

(क) (*i*), (*ii*) ठीक हैं।
(ख) (*i*), (*ii*), (*iii*) ठीक हैं।
(ग) (*iv*) ठीक है।
(घ) (*iii*), (*iv*) ठीक हैं।

खंड-ख

नवयुग हिंदी व्याकरण–IX

पाठ्यक्रम	अंक
• शब्द-निर्माण –उपसर्ग-प्रत्यय (5 में से 4 प्रश्न करने होंगे)	4
• समास (5 में से 4 प्रश्न करने होंगे)	4
• अर्थ की दृष्टि से वाक्य-भेद (5 में से 4 प्रश्न करने होंगे)	4
• अलंकार (शब्दालंकार : अनुप्रास, यमक, श्लेष) (5 में से 4 प्रश्न करने होंगे)	4

☞ प्रमुख विशेषताएँ

- विषय का सरल किंतु विस्तृत विवेचन।
- विपुल संख्या में उदाहरणों का समावेश।
- हर अध्याय में विविध प्रकार के अधिकाधिक अतिलघूत्तरात्मक/लघूत्तरात्मक, बहुविकल्पी व सुमेलित करने से संबंधित प्रश्नों का समावेश।
- अभ्यास के लिए 12 प्रश्न-पत्रों का संकलन
- आवश्यक स्थलों पर ध्यान खींचने के लिए गाढ़े, टेढ़े, रंगीन या रेखांकित शब्दों का प्रयोग।
- CBSE परीक्षाओं में पूछे गए प्रश्नों के उत्तर।

1. शब्द-निर्माण

(उपसर्ग और प्रत्यय)

पाठ्यक्रम–शब्द-निर्माण (उपसर्ग-प्रत्यय)

I. उपसर्ग

उपसर्ग वे शब्दांश हैं जो किसी शब्द से पूर्व लगकर उस शब्द का अर्थ बदल देते हैं या उसमें नई विशेषता उत्पन्न कर देते हैं। *जैसे*– कु + पुत्र = कुपुत्र। यहाँ 'कु' शब्दांश 'पुत्र' शब्द के साथ बैठकर नया शब्द गढ़ देता है। ध्यान रहे, 'कु' शब्दांश है, शब्द नहीं। शब्द वाक्य में स्वतंत्र रूप से प्रयुक्त हो सकता है, शब्दांश नहीं। शब्दांश तो किसी शब्द के साथ जुड़कर ही नए अर्थ की रचना में सहायक होता है। जो शब्दांश शब्द से पूर्व लगता है, उसे 'उपसर्ग' कहते हैं।

- हिंदी भाषा में संस्कृत, हिंदी तथा उर्दू शब्दों की प्रधानता है। इसलिए इनके उपसर्ग भी भाषानुसार भिन्न हैं।
- शब्द जिस स्रोत का होता है, उपसर्ग भी उसी स्रोत-भाषा का लगता है।

1. तत्सम (संस्कृत) उपसर्ग

हिंदी में संस्कृत भाषा के निम्नलिखित उपसर्ग हैं जो संस्कृत शब्दों में ही लगते हैं–

अति– (बहुत अधिक)– अति + अंत = अत्यंत

अन्य शब्द– अत्याचार अतिरिक्त अतिप्राचीन अत्यधिक अत्युत्तम

अधि– (ऊँचा या श्रेष्ठ)– अधि + वक्ता = अधिवक्ता

अन्य शब्द– अधिकार अध्यादेश अधिपति अधिकरण अधिशुल्क

अनु– (पीछे, गौण)– अनु + रूप = अनुरूप

अन्य शब्द– अनुभव अनुरोध अनुशासन अनुराग अनुचर
अनुमान अनुसार अनुकूल अनुवाद अनुकरण

अप– (अनुचित या बुरा)– अप + यश = अपयश

अन्य शब्द– अपकार अपमान अपवाद अपशब्द अपकीर्ति

अभि– (सामने, चारों ओर)– अभि + मान = अभिमान

अन्य शब्द– अभ्यागत अभिभाषण अभिमुख अभिनय अभिनव
अभिप्राय अभीष्ट अभ्यास अभियान अभिरक्षा
अभियोग अभिज्ञान अभिशाप

अव– (बुरा, हीन)– अव + गुण = अवगुण

अन्य शब्द– अवमूल्यन अवनति अवतरण अवशेष अवचेतन

आ– (तक, समेत)– आ + कंठ = आकंठ

अन्य शब्द– आकर्षण आगमन आजन्म आदान आरक्षण
आक्रमण आचरण आजीवन आमरण आबालवृद्ध

उत्– (ऊँचा, श्रेष्ठ)– उत् + लंघन = उल्लंघन

अन्य शब्द– उत्कर्ष उत्तम उद्‌गम उन्नति उन्नयन
उद्धार उच्छ्वास उत्थान उद्योग उन्नायक

उप– (निकट, समान या गौण)– उप + वन = उपवन

अन्य शब्द– उपकृत, उपग्रह, उपनाम, उपनगर, उपमंत्री, उपयोग, उपकूल, उपचार, उपभेद, उपसंहार

दुस्/दुर्– (बुरा और कठिन)– दुर् + भाग्य = दुर्भाग्य

अन्य शब्द– दुराचार, दुर्घटना, दुर्दिन, दुस्साध्य, दुष्कर्म, दुर्गति, दुर्गुण, दुर्दशा, दुर्बल, दुस्साहस

नि– (निषेध, निपुणता या अधिकता)– नि + वास = निवास

अन्य शब्द– नियम, निबंध, नियोग, निवारण, निरोग

निस्/निर्– (रहित, निषेध या बिना)– निर् + धन = निर्धन

अन्य शब्द– निरपराध, निरादर, निर्गुण, निर्विघ्न, निश्छल, निस्संकोच, निष्काम, निर्जीव, निष्कपट, निर्भय, निरभिमानी, निराशा, निर्जन, निर्मल

परा– (विपरीत)– परा + जय = पराजय

अन्य शब्द– पराक्रम, पराभव

परि– (चारों ओर)– परि + कल्पना = परिकल्पना

अन्य शब्द– परीक्षा, परिपूर्ण, परिवर्तन, परिचालक, परिपक्व

प्र– (अधिक या आगे)– प्र + गति = प्रगति

अन्य शब्द– प्रकृति, प्रक्रिया, प्रभार, प्रसिद्धि, प्राध्यापक, प्राचार्य, प्रस्थान, प्रख्यात, प्रबल, प्रयत्न

प्रति– (हर एक, विरुद्ध या सामने)– प्रति + एक = प्रत्येक

अन्य शब्द– प्रतिध्वनि, प्रतिनियुक्ति, प्रतिक्षण, प्रत्यक्ष, प्रतिहिंसा

वि– (विशेषता, भिन्नता या अभाव)– वि + जय = विजय

अन्य शब्द– विनाश, विदेश, विपथ, विपक्ष, विभाग, विक्रय, वियोग, विवाद, विशुद्ध, विलक्षण

सम् *(सं)*– (अच्छा/संयोग/सहित)– सम् + गति = संगति

अन्य शब्द– संकल्प, संजय, संतुलन, संन्यासी, संभव, संरक्षण, संसाधन, संयम, सम्मेलन, संगम

सु– (शुभ या सहज)– सु + गम = सुगम

अन्य शब्द– सुदूर, सुपथ, सुफल, सुयोग, सुव्यवस्थित, सुशील, सुकर्म, सुतीक्ष्ण, सुनयन, सुपुत्र

संस्कृत के कुछ शब्द/शब्दांश, जो समास के पूर्व-भाग में प्रयुक्त होते थे, अत्यधिक प्रचलन के कारण उपसर्ग के समान प्रयुक्त होने लगे हैं। ऐसे उपसर्ग निम्नलिखित हैं–

अंतः/अंतर्– *(भीतर के अर्थ में)*– अंतः + जातीय = अंतर्जातीय

अन्य शब्द– अंतःकरण, अंतर्मन, अंतरात्मा, अंतःपुर, अंतर्धान, अंतर्मुखी, अंतर्राष्ट्रीय, अंतर्देशीय

अ– *(अभाव के अर्थ में)*– अ + धर्म = अधर्म

अन्य शब्द– अकाल, अचर, अभाव, अहिंसा, असाध्य, अगम्य, अन्याय, असुंदर, अज्ञान, अशुद्ध

अधः– *(नीचे के अर्थ में)*– अधः + पतन = अधःपतन

अन्य शब्द– अधोमुखी अधोगति अधोलिखित

अन्– *(अभाव के अर्थ में)*– अन् + इच्छा = अनिच्छा

अन्य शब्द– अनंत अनाचार अनागत अनुचित अनधिकार
अनर्थ अनायास अनादि अनेक अनुपम

अलम्– *(बहुत के अर्थ में)*– अलम् + कार = अलंकार

अन्य शब्द– अलंकरण

कु– *(बुरे के अर्थ में)*– कु + कर्म = कुकर्म

अन्य शब्द– कुकृत्य कुख्यात कुपुत्र कुरूप कुपात्र

चिर– *(बहुत लंबे समय के अर्थ में)*– चिर + स्थायी = चिरस्थायी

अन्य शब्द– चिरकुमार चिरकाल चिरजीवी चिरायु चिरपरिचित

तिरस्/तिरः– *(निषेध के अर्थ में)*– तिरस् + कार = तिरस्कार

अन्य शब्द–तिरोहित तिरोभाव

पर– *(अन्य के अर्थ में)*– पर + देश = परदेश

अन्य शब्द– परलोक पराधीन परमुखापेक्षी

पुनर्– *('फिर' के अर्थ में)*– पुनर् + जन्म = पुनर्जन्म

अन्य शब्द– पुनरुत्थान पुनर्निर्माण पुनर्मिलन पुनरागमन पुनर्जागरण

पुरस्– *(सामने)*– पुरस् + कार = पुरस्कार

अन्य शब्द– पुरस्कृत पुरस्सर

पुरा– *(पहले)*– पुरा + काल = पुराकाल

अन्य शब्द– पुरातत्व पुरातन पुरावृत्त

प्राक्/प्राग– *(पहले)*– प्राक् + कथन = प्राक्कथन

अन्य शब्द– प्राग्वैदिक प्रागैतिहासिक

प्रादुर्– *(प्रकट होना)*– प्रादुर् + भाव = प्रादुर्भाव

अन्य शब्द– प्रादुर्भूत

बहिस्/बहिर्– *(बाहर)*– बहिस् + कार = बहिष्कार

अन्य शब्द– बहिर्मुखी बहिर्गमन बहिरंग

सत्– *(सच्चा)*– सत् + जन = सज्जन

अन्य शब्द– सदाचार सद्गति सत्पुरुष

सम– *(समान)*– सम + कालीन = समकालीन

अन्य शब्द– समकोण समकालिक

सह– *(साथ)*– सह + पाठी = सहपाठी

अन्य शब्द– सहकारिता सहचर सहगान सहोदर सहमति

स्व– *(अपना)*– स्व + राज्य = स्वराज्य

अन्य शब्द– स्वजन स्वचालित स्वतंत्र स्वदेश स्वावलंबन

स्वयं– *(अपना)*– स्वयं + चालित = स्वयंचालित

अन्य शब्द– स्वयंसेवक स्वयंवर स्वयंपाठी

2. हिंदी के उपसर्ग

अ– *(अभाव, निषेध)*– अ + छूत = अछूत

अन्य शब्द– अलग, अथाह, अजर, अभागा, अमर, अजान, अपढ़, अमोल, अटल

अध– *(आधा)*– आधा (अध) + खिला = अधखिला

अन्य शब्द– अधमरा, अधकचरा, अधखाया, अधपचा, अधबीच, अधसेरा, अधजला, अधपका

अन– *(निषेध, अभाव)*– अन + जान = अनजान

अन्य शब्द– अनपढ़, अनमोल, अनबोला, अनदेखी, अनबन, अनमना, अनमेल, अनकहा, अनसुनी, अनहोनी

उन– *(एक कम)*– उन + तीस = उनतीस

अन्य शब्द– उन्नीस, उनतालिस, उनचास, उनसठ

क/कु– *(बुरा)*– क + पूत = कपूत

अन्य शब्द– कुपूत, कुटेव, कुढंग, कुचक्र, कुचाल

चौ– *(चार)*– चौ + मासा = चौमासा

अन्य शब्द– चौकन्ना, चौपाई, चौपाया, चौराहा

दु– *(कम)*– दु + बला = दुबला

अन्य शब्द– दुसाध्य

नि– *(रहित)*– नि + डर = निडर

अन्य शब्द– निकम्मा, निगोड़ा, निहत्था, निठल्ला, निधड़क

पर– *(दूसरी पीढ़ी का)*– पर + दादा = परदादा

अन्य शब्द– परपोता, परनाना

बिन– *(रहित)*– बिन + ब्याहा = बिनब्याहा

अन्य शब्द– बिनखाया, बिनमाँगा, बिनबात

भर– *(भरा हुआ)*– भर + पेट = भरपेट

अन्य शब्द– भरसक, भरमार, भरपूर

स/सु– *(सहित, अच्छा)*– स + हित = सहित

अन्य शब्द– सुडौल, सुजान, सुघड़, सुकन्या, सुफल

3. उर्दू-फ़ारसी के उपसर्ग

ऐन– *(ठीक, पूरा)*

उदाहरण– ऐनवक्त, ऐनमौका

कम– *(थोड़ा, हीन)*

उदाहरण– कमज़ोर, कमक़ीमत, कमअक्ल, कमसिन, कमबख्त

खुश– *(अच्छा)*

उदाहरण– खुशदिल, खुशबू, खुशख़बरी, खुशनसीब, खुशमिज़ाज

ग़ैर– *(भिन्न)*

उदाहरण– ग़ैरहाज़िर ग़ैरसरकारी ग़ैरकानूनी ग़ैरज़िम्मेदारी

दर– *(में)*

उदाहरण– दरहकीकत दरअसल

ना– *(नहीं)*

उदाहरण– नालायक नापसंद नासमझ नाबालिग नामाकूल
नाउम्मीद नाराज़ नापसंद नाकारा नादान

ब– *(साथ)*

उदाहरण– बनाम बदौलत बगैर बखूबी

बद– *(बुरा)*

उदाहरण– बदनाम बदसूरत बदकिस्मत बदबू बददुआ

बा– *(सहित)*

उदाहरण– बाइज़्ज़त बाकायदा बाअदब बावजूद

बिला– *(बिना)*

उदाहरण– बिलावजह बिलानागा

बे– *(अभाव)*

उदाहरण– बेवजह बेअदब बेअक्ल बेदाग़ बेकसूर
बेइज़्ज़त बेबुनियाद बेवफा

ला– *(बिना)*

उदाहरण– लावारिस लाज़वाब लापरवाह लाइलाज लापता

सर– *(मुख्य)*

उदाहरण– सरताज सरपंच सरहद

हम– *(साथ)*

उदाहरण– हमसफ़र हमजोली हमदम हमउम्र हमवतन

हर– *(प्रत्येक)*

उदाहरण– हरमाह हरसाल हरदिल हरदम

प्रश्न-अभ्यास

1. उपसर्ग की परिभाषा देते हुए दो उदाहरणों द्वारा अपनी बात स्पष्ट कीजिए।
2. शब्द-रचना में उपसर्ग की भूमिका स्पष्ट कीजिए।
3. ऐसे चार शब्द लिखिए जिनमें दो उपसर्गों का एक-साथ प्रयोग हुआ हो।
4. *नीचे दिए गए शब्दों से उपसर्ग व मूल शब्द छाँटिए*–

अधिनायक	अभिशाप	अपमान	आचरण	दुर्घटना	उपसंहार	उद्घाटन
दुस्साहस	निश्चल	प्रताप	प्राध्यापक	विकल	अंतरात्मा	कुकर्म
चिरकाल	अज्ञान	अनेक	अनमेल	तिरस्कार	प्राक्कथन	बहिर्मुखी
चौमासा	सुडौल	दुबला	परदादा	गैरज़िम्मेदार	बेअक्ल	बिलावजह
परतंत्र	पराजय	परीक्षा	प्रत्युपकार	प्रतिदिन	परोपकार	

5. *निम्नलिखित उपसर्गों से दो-दो नए शब्द बनाइए–*

अति	अधि	परि	सु	आ	परि	नि	बे
उप	परा	उत्	पुनर्	अनु	अन	अन्	आ
अप	अ	प्र	पर				

6. *निम्नलिखित शब्दों से उपसर्गों को अलग करके खाली स्थान में लिखें।*

व्यायाम = ... चौकन्ना = ... अनेक = ...
अत्यल्प = ... सहकारी = ... अवनति = ...

7. *निम्नलिखित उपसर्गों से दो-दो शब्द बनाइए–*

अव .... आविर् ....
अ .... प्रति ....

8. *निम्नलिखित शब्दों के सामने दिए गए मूल शब्द में जुड़े उपसर्ग के विकल्पों में से सही विकल्प चुनिए–* [*A.I. CBSE 2010*]

1. **बेगुनाह**
(क) बेगु + नाह (ख) बेगुः + नाह (ग) बे + गुनाह (घ) बे + गुनाः
2. **आकंठ**
(क) आ + कंठ (ख) आकं + ठ (ग) अ + कंठ (घ) कंठ + आ
3. **संरक्षण**
(क) सं + रक्षण (ख) सम् + रक्षण (ग) स + रक्षण (घ) संर + क्षण

बोर्ड की परीक्षाओं में पूछे गए प्रश्नोत्तर

1. *निम्नलिखित में से मूल शब्द और उपसर्ग अलग कीजिए–*

CBSE 2015

शब्द	उपसर्ग	मूल शब्द	शब्द	उपसर्ग	मूल शब्द
अधिकार	अधि	कार	विशेष	वि	शेष
अत्यधिक	अति	अधिक	अपकीर्ति	अप	कीर्ति

CBSE 2016

विभाग	वि	भाग	अनुचर	अनु	चर
ऐनवक्त	ऐन	वक्त	आजीवन	आ	जीवन
संवेदन	सम्	वेदन	अभिवादन	अभि	वादन
प्रतिवेदन	प्रति	वेदन	अध्यादेश	अधि	आदेश
दुराचार	दुर	आचार	अपव्यय	अप	व्यय
आगमन	आ	गमन			

CBSE 2017

सुपात्र	सु + पात्र	निर्मल	निर् + मल
अपकीर्ति	अप + कीर्ति	उपहार	उप + हार
सजग	स + जग		

CBSE 2018

प्रत्येक	प्रति + एक	उपवन	उप + वन
अन्याय	अ + न्याय	अपमान	अप + मान
प्रत्यक्ष	प्रति + अक्ष	दुर्जन	दुर् + जन
अत्यधिक	अति + अधिक		

CBSE 2019

प्रखर	प्र + खर	असमान	अ + समान
विभाग	वि + भाग		

केंद्रीय विद्यालय, जम्मू 2021

निम्नलिखित शब्द से मूल शब्द और उपसर्ग अलग कीजिए–

1. बेपरवाह

(क) अ + परवाह (ख) बे + परवाह (ग) बेप + परवाह (घ) इनमें से कोई नहीं

उत्तर– 1. (ख)

2. *निम्नलिखित उपसर्गों से दो-दो नए शब्द बनाइए–*

CBSE 2015

अनु	अनुभूति, अनुदान	बे	बेशर्म, बेअदब
सम्	सम्मान, संवेदना	निर्	निर्दोष, निर्बल

CBSE 2016

अति	अत्याचार, अत्यधिक	उप	उपयोग, उपभोग
पर	परलोक, परनिंदा	बिन	बिनब्याहा, बिनमाँगा
अन	अनभिज्ञ, अनचाहा	हम	हमदम, हमनिवाला
अव	अवदान, अवगुण	अभि	अभ्यागत, अभिवादन
वि	विशेष, विशुद्ध	निर्	निर्दोष, निर्मल
ला	लाइलाज, लाजवाब	यथा	यथाशक्ति, यथावसर

CBSE 2017

प्रति	प्रत्येक, प्रतिदिन	बे	बेअसर, बेअदब
अति	अतिरिक्त, अत्यधिक	अनु	अनुभव, अन्वेषण

CBSE 2018

अभि	अभ्यागत, अभिमान	अधि	अध्यक्ष, अधिकार
अनु	अनुमान, अनुभव		

CBSE 2019

अधि	अध्यादेश, अधिपति	अप	अपशब्द, अपकार
नि	निगम, निधन		

3. *निम्नलिखित में से उपसर्ग अलग करके लिखिए–*

CBSE 2015

स्वाधीन	स्व

CBSE 2016

निर्जल	निर्

केंद्रीय विद्यालय, जम्मू 2021

4. *निम्नलिखित शब्द में प्रयुक्त उपसर्ग बताइए–*

1. अत्यधिक

(क) अति (ख) अत (ग) आ (घ) इनमें से कोई नहीं

2. कौन-से शब्द में 'वि' उपसर्ग नहीं है ?

(क) विजय (ख) विनाश (ग) विदेश (घ) अवशेष

उत्तर– 1. (क) 2. (घ)

CASE 2022-23

5. 1. 'सज्जन' शब्द में उपसर्ग है–

(क) सत् (ख) स (ग) सद (घ) सज

CBSE 2016

2. कौन-सा शब्द 'सम' उपसर्ग से नहीं बना है ?

(क) संबंध (ख) संबोधन (ग) सुदिन (घ) संवाद

उत्तर– 1. (क) 2. (ग)

6. *'उपसर्गों' पर आधारित निम्नलिखित प्रश्नों के उत्तर दीजिए–* *[सरस्वती विद्या मंदिर 2023-24]*

1. '*स्वागत*' शब्द में किस उपसर्ग का प्रयोग है ?

(क) सु (ख) स्वा (ग) सम् (घ) इनमें से कोई नहीं

2. '*दुष्कर*' शब्द में किस उपसर्ग का प्रयोग है ?

(क) दुष्क (ख) दुस् (ग) दु (घ) दुष्

3. '*प्रतिशोध*' शब्द में किस उपसर्ग का प्रयोग है ?

(क) प्र (ख) प्रत्य (ग) प्रति (घ) इनमें से कोई नहीं

4. '*अत्यंत*' शब्द में किस उपसर्ग का प्रयोग हुआ है ?

(क) अति (ख) अ (ग) अत् (घ) अत्य

उत्तर– 1. (क) 2. (ख) 3. (ग) 4. (क)

स्वयं अभ्यास कीजिए

1. *निम्नलिखित में से मूल शब्द और उपसर्ग अलग कीजिए–* *[CBSE 2012]*

सज्जन	दुर्दिन	दुर्घटना	स्वागत
अनिच्छा	अत्यधिक	संपूर्ण	उत्तम
औगुन	निष्कपट	सदाचार	अधिनायक
परिप्रश्न	उनसठ	अवनत	परिवर्तन
सदाचारी	निर्भयता	संबोधन	सुचालित
संवेदना	पुरातत्व	अलविदा	निरालस

2. *निम्नलिखित उपसर्गों से दो-दो नए शब्द बनाइए–* *[CBSE 2012]*

स	उप	अभि	अन
आ	प्रति	सह	अधि
परि	पर	नि	अधः

II. प्रत्यय

परिभाषा– जो शब्दांश धातुरूप या शब्दों के अंत में लगकर नए शब्दों का निर्माण करते हैं, उन्हें प्रत्यय कहते हैं। *जैसे*– महान + ता = 'महानता' में 'ता' प्रत्यय है। प्रत्यय मुख्यतः दो प्रकार के होते हैं–

(1) कृत प्रत्यय

जो प्रत्यय क्रिया के मूल धातुरूप के साथ लगकर संज्ञा और विशेषणों का निर्माण करते हैं, वे कृत प्रत्यय कहलाते हैं। *जैसे*– पढ़ाई = पढ़ + आई। इसमें 'आई' प्रत्यय है। कुछ अन्य *उदाहरण*–

शब्द	धातुरूप	+	प्रत्यय
होनहार	हो	+	ना + हार
सजावट	सज	+	आवट
पठनीय	पठ	+	अनीय
गवैया	गा	+	वैया
रट्टू	रट	+	ऊ
लेनदार	ले	+	न + दार
पढ़नेवाला	पढ़	+	ने + वाला
पाठक	पठ	+	अक
त्यागी	त्याग	+	ई
भुलक्कड़	भूल	+	अक्कड़
चलाऊ	चल	+	आऊ
झगड़ालू	झगड़	+	आलू
खिलौना	खेल	+	औना
सुमरनी	सुमर	+	नी
झाड़न	झाड़	+	न
बुलावा	बोल	+	आवा
प्यास	पी	+	आस
सनसनाहट	सनसन	+	आहट
बहाव	बह	+	आव
मिलाप	मिल	+	आप
बनवाई	बन	+	वाई
बचत	बच	+	त
क्रीड़ा	क्रीड़	+	आ
डूबता	डूब	+	ता
खोया	खो	+	या
भूला	भूल	+	आ
जाता हुआ	जा	+	ता हुआ
दौड़ना	दौड़	+	ना
हँसते	हँस	+	ते
लिखकर	लिख	+	कर

☞**छात्र ध्यान करें**– परीक्षा में प्रत्यय से शब्द बनाने के लिए कहा जाता है या शब्दों में से प्रत्यय अलग करने के लिए कहा जाता है। इसलिए आप अभ्यास द्वारा जानें कि कौन-से शब्द में कौन-सा प्रत्यय लगा हुआ है। सुविधा के लिए हमने कुछ प्रत्यय शब्दों से अलग करके दिखा दिए हैं।

हिंदी के कृत प्रत्यय

हिंदी में प्रचलित कृत प्रत्यय तथा उनसे निर्मित कुछ शब्द इस प्रकार हैं–

प्रत्यय	निर्मित शब्द
1. अंत	रट + अंत = रटंत; *इसी प्रकार* गढ़ंत।
2. अक्कड़	घूम + अक्कड़ = घुमक्कड़; *इसी प्रकार* पियक्कड़, रुअक्कड़, भुलक्कड़।
3. अन	ढक + अन = ढक्कन; *इसी प्रकार* मनन, चिंतन, मरण, झाड़न।
4. आ	भूल + आ = भूला; *इसी प्रकार* भटका, देखा, सोचा, समझा, लिखा, पढ़ा।
5. आई	लिख + आई = लिखाई; *इसी प्रकार* पढ़ाई, कमाई, पिटाई, लड़ाई, चढ़ाई, भलाई।
6. आऊ	कमा + आऊ = कमाऊ; *इसी प्रकार* टिकाऊ, बिकाऊ, चलाऊ।
7. आक	तैर + आक = तैराक; *इसी प्रकार* चालाक।
8. आका	लड़ + आका = लड़ाका।
9. आकू	लड़ + आकू = लड़ाकू; *इसी प्रकार* पढ़ाकू, उड़ाकू।

प्रत्यय	निर्मित शब्द
10. आन	मिल + आन = मिलान; *इसी प्रकार* लगान, उड़ान, चालान, उठान, कटान।
11. आव	बह + आव = बहाव; *इसी प्रकार* कटाव, बचाव, खिंचाव।
12. आवट	लिख + आवट = लिखावट; *इसी प्रकार* बनावट, थकावट, मिलावट, सजावट।
13. आवना	डर + आवना = डरावना; *इसी प्रकार* लुभावना, सुहावना।
14. आवा	पहन + आवा = पहनावा; *इसी प्रकार* बुलावा, दिखावा, भुलावा।
15. आलू	झगड़ + आलू = झगड़ालू।
16. आस	पी + आस = प्यास; *इसी प्रकार* छपास, निकास।
17. आहट	चिल्ला + आहट = चिल्लाहट; *इसी प्रकार* घबराहट, मुसकराहट।
18. इयल	मर + इयल = मरियल; *इसी प्रकार* सड़ियल, दड़ियल।
19. इया	बढ़ + इया = बढ़िया; *इसी प्रकार* घटिया, जड़िया।
20. ई	हँस + ई = हँसी; *इसी प्रकार* झिड़की, बोली, घुड़की, धमकी, बुहारी।
21. ऊ	खा + ऊ = खाऊ; *इसी प्रकार* चालू, रट्टू, उतारू, उड़ाऊ, झाड़ू।
22. एरा	लूट + एरा = लुटेरा; *इसी प्रकार* कमेरा।
23. ऐत	लड़ + ऐत = लड़ैत; *इसी प्रकार* लठैत।
24. ऐया	खे + ऐया = खिवैया; *इसी प्रकार* गवैया, पढ़ैया, रखैया।
25. ऐल	रख + ऐल = रखैल।
26. औती	मान + औती = मनौती; *इसी प्रकार* फिरौती।
27. औना	बिछ + औना = बिछौना; *इसी प्रकार* खिलौना।
28. कर	लिख + कर = लिखकर; *इसी प्रकार* जाकर, गिनकर, सोकर।
29. त	बच + त = बचत; *इसी प्रकार* खपत, लिखत, पढ़त।
30. ता	डूब + ता = डूबता; *इसी प्रकार* जाता, रमता, बहता, पीटता, मारता।
31. ती	गिन + ती = गिनती; *इसी प्रकार* घटती, बढ़ती, चलती, फिरती।
32. न	चल + न = चलन; *इसी प्रकार* पान, खान, लेन, देन, बेलन।
33. ना	टहल + ना = टहलना; *इसी प्रकार* खाना, पीना, जाना, बैठना, सोना, लिखना।
34. नी	कर + नी = करनी; *इसी प्रकार* भरनी, ओढ़नी, जननी, चटनी, मथनी, धौंकनी, सूँघनी।
35. या	खो + या = खोया; *इसी प्रकार* पाया, जाया, सोया, बोया।
36. वाई	सुन + वाई = सुनवाई; *इसी प्रकार* कटवाई, चिरवाई, तुलवाई, लगवाई।

संस्कृत के कृत प्रत्यय

1. अक	सेवक, पाठक, गायक, चालक, कारक।
2. अन	गमन, भवन, जलन, चलन, श्रवण, करण।
3. अना	भावना, वंदना, प्रार्थना, कामना।
4. अनीय	गोपनीय, करणीय, पठनीय।
5. आ	पूजा, इच्छा, विद्या।
6. ई	त्यागी, उपकारी।
7. उक	भिक्षुक, भावुक।
8. ऐया	शय्या।
9. ता	दाता, कर्ता, वक्ता, नेता, विक्रेता, अभिनेता।
10. ति	गति, मति, नीति, शक्ति।
11. य	देय, पेय, गेय।

12. र	नम्र, हिंस्र।
13. व्य	कर्तव्य, मंतव्य, गंतव्य।
14. स्थ	गृहस्थ, स्वस्थ, दूरस्थ।

(2) तद्धित प्रत्यय

जो प्रत्यय क्रिया के धातु-रूपों को छोड़कर अन्य शब्दों—जैसे संज्ञा, विशेषण, सर्वनाम आदि के साथ लगकर नए शब्द बनाते हैं, वे तद्धित प्रत्यय कहलाते हैं। *उदाहरणतया*—बंगाल + ई = बंगाली। यहाँ 'ई' तद्धित प्रत्यय है, क्योंकि यह बंगाल नामक संज्ञा के साथ मिलकर नया शब्द बना रहा है। हिंदी के तद्धित प्रत्यय तथा उनसे बनने वाले कुछ शब्द निम्नलिखित हैं—

हिंदी के तद्धित प्रत्यय

प्रत्यय	निर्मित शब्द
1. आ	भूख + आ = भूखा; *इसी प्रकार* प्यासा, मैला, प्यारा, ठंडा, घना।
2. आई	बुरा + आई = बुराई; *इसी प्रकार* मिठाई, चतुराई, ठकुराई, पंडिताई, अच्छाई, भलाई।
3. आऊ	पंडित + आऊ = पंडिताऊ; *इसी प्रकार* उपजाऊ।
4. आना	घर + आना = घराना; *इसी प्रकार* सालाना, जुर्माना, रोज़ाना।
5. आनी	जेठ + आनी = जेठानी; *इसी प्रकार* देवरानी, पंडितानी, मेहतरानी।
6. आर	सोना + आर = सुनार; *इसी प्रकार* लुहार, चमार।
7. आरी	भीख + आरी = भिखारी; *इसी प्रकार* जुआरी, पुजारी।
8. आस	मीठा + आस = मिठास; *इसी प्रकार* खटास, भड़ास।
9. आहट	कड़वा + आहट = कड़वाहट; *इसी प्रकार* गरमाहट, चिकनाहट।
10. इक	समाज + इक = सामाजिक; *इसी प्रकार* दैनिक, नैतिक, वैदिक, साहित्यिक, धार्मिक।
11. इन	लुहार + इन = लुहारिन; *इसी प्रकार* पुजारिन, कहारिन, सुनारिन।
12. इया	दुखी + इया = दुखिया; *इसी प्रकार* चुटिया, रसोइया, आढ़तिया, बिटिया, बंबइया, डिबिया, खटिया, लठिया।
13. ई	धन + ई = धनी; *इसी प्रकार* लालची, चाची, घंटी, पहाड़ी, रस्सी, गरीबी, बुद्धिमानी, ऊनी, खेती, अमीरी।
14. ईन	नमक + ईन = नमकीन; *इसी प्रकार* रंगीन, शौकीन।
15. ईला	चमक + ईला = चमकीला; *इसी प्रकार* नुकीला, सुरीला, रसीला, बर्फ़ीला, जहरीला।
16. ऊ	पेट + ऊ = पेटू; *इसी प्रकार* चालू, बाज़ारू, ढालू।
17. एँ	सड़क + एँ = सड़कें; *इसी प्रकार* बोतलें, पुस्तकें।
18. एरा	साँप + एरा = सपेरा; *इसी प्रकार* अँधेरा, चितेरा, चचेरा, ममेरा, मौसेरा, फुफेरा।
19. एलू	घर + एलू = घरेलू।
20. ऐल	गुस्सा + ऐल = गुस्सैल।
21. कार	कथा + कार = कथाकार; *इसी प्रकार* नाटककार, चित्रकार, स्वर्णकार, कलाकार, पत्रकार, साहित्यकार।
22. गुना	सौ + गुना = सौगुना; *इसी प्रकार* चौगुना, दुगुना, तिगुना।
23. ड़ा	मुख + ड़ा = मुखड़ा; *इसी प्रकार* दुखड़ा, बछड़ा।
24. ड़ी	पंख + ड़ी = पंखुड़ी; *इसी प्रकार* गठड़ी।
25. त	रंग + त = रंगत; *इसी प्रकार* संगत।
26. तया	सामान्य + तया = सामान्यतया; *इसी प्रकार* विशेषतया, मुख्यतया।
27. दार	ज़मीं + दार = ज़मींदार; *इसी प्रकार* दुकानदार, ईमानदार, चौकीदार, लेनदार, देनदार, किराएदार।
28. पन	बच्चा + पन = बचपन; *इसी प्रकार* कालापन, लड़कपन, बड़प्पन।

प्रत्यय	निर्मित शब्द
29. पा	बूढ़ा + पा = बुढ़ापा; *इसी प्रकार* पुजापा, मोटापा।
30. याँ	बेटी + याँ = बेटियाँ; *इसी प्रकार* चूड़ियाँ, चुहियाँ, डिबियाँ।
31. री	कोठी + री = कोठरी; *इसी प्रकार* छतरी, बाँसुरी।
32. ला	पीछे + ला = पिछला; *इसी प्रकार* अगला, लाड़ला।
33. वाँ	पाँच + वाँ = पाँचवाँ; *इसी प्रकार* दसवाँ, सातवाँ, आठवाँ।
34. वान	गाड़ी + वान = गाड़ीवान; *इसी प्रकार* कोचवान।
35. वाला	रिक्शा + वाला = रिक्शावाला; *इसी प्रकार* टाँगेवाला, चायवाला, इक्केवाला।
36. सरा	दो + सरा = दूसरा; *इसी प्रकार* तीसरा।
37. सार	मिलन + सार = मिलनसार।
38. हरा	इक + हरा = इकहरा; *इसी प्रकार* दुहरा, तिहरा।
39. हार	होनी + हार = होनहार।
40. हारा	लकड़ी + हारा = लकड़हारा; *इसी प्रकार* सर्वहारा।

संस्कृत के तद्धित प्रत्यय

1. अ	बौद्ध, शैव, शाक्त।
2. आलु	दयालु, लज्जालु, कृपालु।
3. इक	धार्मिक, सामाजिक, नैतिक।
4. इत	हर्षित, पुष्पित, आनंदित, अंकित, पल्लवित, शोभित, तरंगित।
5. इमा	कालिमा, महिमा, नीलिमा, लालिमा।
6. इल	पंकिल, धूमिल, जटिल।
7. ईय	स्वर्गीय, भारतीय, शासकीय।
8. तः	स्वतः, मूलतः, तत्त्वतः।
9. तम	श्रेष्ठतम, निकृष्टतम, घोरतम, उच्चतम।
10. ता	महानता, लघुता, एकता, मानवता, प्रभुता।
11. त्व	सतीत्व, कवित्व, अमरत्व, स्त्रीत्व, मनुष्यत्व, लघुत्व, अपनत्व, प्रभुत्व।
12. नीय	दर्शनीय, गोपनीय, आदरणीय।
13. मान	गतिमान, श्रीमान।
14. य	साम्राज्य, काव्य, धैर्य।
15. व	लाघव, शैशव, गौरव, वैष्णव।
16. वान	गुणवान, बलवान, धनवान, दयावान।

उर्दू प्रत्यय

1. अंदाज	तीरंदाज, गोलंदाज़।
2. आना	सालाना, मेहनताना, शुकराना।
3. इंदा	जिंदा, आइंदा।
4. इश	फरमाइश, कोशिश, आजमाइश।
5. ई	आमदनी।
6. ईना	कमीना, महीना।
7. खोर	घूस + खोर = घूसखोर; *इसी प्रकार* सूदखोर, हरामखोर।
8. गर	जादू + गर = जादूगर; *इसी प्रकार* सौदागर, कारीगर, बाजीगर।
9. ची	अफीम + ची = अफीमची; *इसी प्रकार* तोपची, खजांची।
10. दान	कलमदान, पीकदान, इत्रदान।
11. मंद	अक्लमंद, दौलतमंद, जरूरतमंद।
12. बाज	चालबाज, धोखेबाज, पतंगबाज।

कुछ रोचक तथ्य

- प्रायः एक भाषा के उपसर्ग और प्रत्यय उसी भाषा के शब्दों के साथ ही लगते हैं, अन्य भाषा के शब्दों के साथ नहीं। उदाहरणतया–

  'योग्य' के साथ संस्कृत का 'अ' उपसर्ग लग सकता है, उर्दू का 'ना' नहीं।

  'लायक' के साथ उर्दू का 'ना' उपसर्ग लग सकता है संस्कृत का 'अ' नहीं।
- एक ही भाषा में एक ही अर्थ को प्रकट करने के लिए एक-से अधिक उपसर्ग या प्रत्यय होते हैं किंतु उनका प्रयोग परंपरा के अनुसार होता है, अर्थानुसार नहीं। उदाहरणतया स्त्रीलिंग बनाने के लिए ई, इया, आ, आनी, इनी आदि प्रत्ययों का प्रयोग होता है। परंतु एक शब्द के साथ प्रायः एक ही प्रत्यय का प्रयोग होता है। उदाहरणतया–

  'बंदर' का स्त्रीलिंग 'बंदरिया' होगा (बंदरी, बंदरानी, बंदराइन, बंदरा, बंदरिनी नहीं)।
- अत्यधिक प्रयोग और प्रचलन के कारण कई बार विदेशी शब्दों के साथ हिंदी-संस्कृत के उपसर्ग-प्रत्यय भी लग जाते हैं। जैसे–स्कूलों, कॉलेजों, फिल्मीकरण, बेरोकटोक आदि।

प्रश्न-अभ्यास

1. प्रत्यय किसे कहते हैं ? उदाहरण-सहित समझाइए।
2. शब्द-निर्माण में प्रत्ययों की भूमिका स्पष्ट कीजिए।
3. उपसर्ग और प्रत्यय का अंतर सोदाहरण स्पष्ट कीजिए।
4. *निम्नलिखित प्रत्ययों के संयोग से दो-दो नए शब्दों का निर्माण कीजिए–*

नी	....	....	आई	....	....
आहट	....	....	ई	....	....
ना	....	....	पन	....	....
त्व	....	....	अन	....	....
वान	....	....	वती	....	....
कार	....	....	हार	....	....
आलू	....	....	एलू	....	....
ऐल	....	....	इयल	....	....
आऊ	....	....	आस	....	....

5. *निम्नलिखित शब्दों में प्रत्यय लगाकर नए शब्द बनाइए–*

   पढ़ना मथना बिछाना अच्छा बुरा महान स्त्री लड़का
6. *निम्नलिखित शब्दों में प्रयुक्त प्रत्यय तथा मूल शब्द अलग कीजिए–*

भिक्षुक	भुलक्कड़	त्यागी	गवैया	अभिनेता	होनहार	खाऊ	बलवान
पीड़ित	श्रीमान	लिखावट	प्रफुल्लता	झाड़न	हर्षित	स्वर्णकार	नागरिक
सामाजिक	पाठक	अध्ययनशील	चमकीला	दढ़ियल	बदचलनी	गुणवान	

7. *निम्नलिखित शब्दों से प्रत्यय अलग करके लिखिए–*

धार्मिक	....	पंडिताइन	....	बिकाऊ	....
बाज़ारू	....	जहरीला	....	दुखड़ा	....

8. *निम्नलिखित शब्दों में से उपसर्ग और प्रत्यय पृथक् करके लिखिए–*

अलौकिकता	=	अ	+	लोक	+	इक	+	ता
परिपूर्णता	=	....	+	....	+	....	+	....
अनुदारता	=	....	+	....	+	....	+	....
अपमानित	=	....	+	....	+	....	+	....

9. *निम्नलिखित शब्दों के सामने दिए गए मूल शब्द में जुड़े प्रत्यय के विकल्पों में से सही चुनिए–* [*A.I. CBSE 2010*]

1. **उड़ान**

(क) उ + ड़ान (ख) उड़ा + अन (ग) उड़ + आन (घ) उड़ा + आन

2. **यजमान**

(क) यज + वान (ख) य + जमान (ग) यज + मान (घ) यज + अमान

3. **अमानवीय**

(क) अमानव + ईयता (ख) अ + मानव + ईय (ग) अमानवीय + ता (घ) अ + मानवीयता

बोर्ड की परीक्षाओं में पूछे गए प्रश्नोत्तर

1. *निम्नलिखित में से मूल शब्द और प्रत्यय अलग कीजिए–*

CBSE 2015

जेठानी	जेठ	आनी	कृपालु	कृपा	आलु
धनवान	धन	वान			

CBSE 2016

दैनिक	दिन	इक	महानता	महान	ता
लड़कपन	लड़का	पन	लघुता	लघु	ता
आधिकारिक	अधिकार	इक	भारतीय	भारत	ईय
वैकल्पिक	विकल्प	इक	अपनापन	अपना	पन
प्रस्तावित	प्रस्ताव	इत	घुमक्कड़	घूम	अक्कड़
भ्रांतिमान	भ्रांति	मान	सामाजिक	समाज	इक
जुर्माना	जुर्म	आना			

CBSE 2017

मेला	मेल + आ	घटिया	घट + इया
घरेलू	घर + ऐलू	धनवान	धन + वान
मज़हबी	मज़हब + ई		

CBSE 2018

धनवान	धन + वान	मिलावट	मिल + आवट
सम्मानित	सम्मान + इत	देवत्व	देव + त्व
दैहिक	देह + इक	लेखनी	लेखन + ई
कृपालु	कृपा + आलु	सामाजिक	समाज + इक

CBSE 2019

ऐतिहासिक	इतिहास + इक	प्रभावित	प्रभाव + इत
सामाजिक	समाज + इक	वीरता	वीर + ता
चलाऊ	चल + आऊ		

2. *निम्नलिखित प्रत्यय से दो शब्द बनाइए–*

CBSE 2015

आहट	–	जगमगाहट, लड़खड़ाहट	एरा	–	लुटेरा, कमेरा
अंतर	–	मध्यांतर, विषयांतर	आना	–	घुमाना, चलाना

CBSE 2016

ईय	–	कथनीय, वर्णनीय	इयल	–	दढ़ियल, मरियल
स्थ	–	तटस्थ, मंचस्थ	वादी	–	आतंकवादी, समझौतावादी
मान	–	बुद्धिमान, श्रीमान	आवट	–	खिलावट, मिलावट
कार	–	चित्रकार, स्वर्णकार			

CBSE 2017

औना	बिछौना, खिलौना	अक्कड़	घुमक्कड़, रुअक्कड़
आहट	घबड़ाहट, टकराहट	आना	चलाना, पहनाना
आई	मिठाई, खटाई		

CBSE 2018

इत	हर्षित, उत्साहित	मय	मंगलमय, आनंदमय
ई	धनी, दुखी		

CBSE 2019

ईला	रंगीला, रसीला	ता	लघुता, महत्ता

3. *निम्नलिखित प्रत्यय से एक शब्द बनाइए–*

CBSE 2018

ई	–	धनी	इत	–	उत्साहित

CBSE 2019

पन	–	बचपन

केंद्रीय विद्यालय, जम्मू 2021

4. *निम्नलिखित प्रत्यय से बना हुआ शब्द छाँटिए–*

1. 'उक'

(क) ममेरा (ख) सुनवाई (ग) भावुक (घ) बचत

उत्तर– 1. (ग)

CASE 2022-23

1. 'पारिवारिक' शब्द में प्रत्यय है–

(क) वारिक (ख) इक (ग) रिक (घ) ईक

2. 'डिबिया' शब्द उदाहरण है–

(क) उपसर्ग का (ख) प्रत्यय का (ग) प्रत्यय और उपसर्ग का (घ) मूल शब्द का

3. कॉलम 1 को कॉलम 2 के साथ सुमेलित कीजिए और सही विकल्प चुनकर लिखिए–

कॉलम 1	*कॉलम 2*
1. महानता	(*i*) उपसर्ग और प्रत्यय
2. निर्जल	(*ii*) प्रत्यय
3. अपमानित	(*iii*) उपसर्ग

विकल्प– (क) 1. – (*iii*), 2. – (*ii*), 3. – (*i*) (ख) 1. – (*ii*), 2. – (*i*), 3. – (*iii*)
(ग) 1. – (*iii*), 2. – (*i*), 3. – (*ii*) (घ) 1. – (*ii*), 2. – (*iii*), 3. – (*i*)

उत्तर– 1. (ख) 2. (ख) 3. (घ)

5. *निर्देशानुसार उपसर्ग और प्रत्यय पर आधारित प्रश्नों के उत्तर दीजिए–* [*Common Exam 2023-24*]

1. *'प्रतिभावान'* में प्रत्यय बताइए–
(क) प्र (ख) प्रति (ग) वान (घ) न
2. *'असंख्य'* में कौन-सा उपसर्ग है ?
(क) अ (ख) अस (ग) संख्य (घ) य
3. *'पहाड़ी'* शब्द से मूलशब्द और प्रत्यय अलग कीजिए–
(क) पहाड़ + ई (ख) पहा + ड़ी (ग) प + हाड़ी (घ) पह + अड़ी
4. *'कुमार्गी'* शब्द से उपसर्ग और प्रत्यय अलग कीजिए–
(क) कु, मार्गी (ख) कुम, ई (ग) कु, ई (घ) कु, र्गी
5. कॉलम 1 और कॉलम 2 को सुमेलित कीजिए और सही विकल्प का चयन कीजिए–

कॉलम 1	*कॉलम 2*
1. लड़कपन	(*i*) पन
2. भुलक्कड़	(*ii*) ता
3. मनुष्यता	(*iii*) अक्कड़

विकल्प– (क) 1. – (*ii*), 2. – (*i*), 3. – (*iii*) (ख) 1. – (*ii*), 2. – (*iii*), 3. – (*i*)
(ग) 1. – (*i*), 2. – (*ii*), 3. – (*iii*) (घ) 1. – (*i*), 2. – (*iii*), 3. – (*ii*)

उत्तर– 1. (ग) 2. (क) 3. (क) 4. (ग) 5. (घ)

केंद्रीय विद्यालय, जम्मू 2021

6. *निम्नलिखित शब्द में कौन-सा प्रत्यय है ?*

1. लिखाई
(क) ई (ख) आई (ग) वाई (घ) इनमें से कोई नहीं

उत्तर– 1. (ख)

CBSE 2022-23

7. *'मानवता' में मूल शब्द और प्रत्यय है–*

(क) मान + वता (ख) मा + नवता (ग) मन + ता (घ) मानव + ता

उत्तर– (घ) मानव + ता

स्वयं अभ्यास कीजिए

1. *निम्नलिखित में से मूल शब्द और प्रत्यय अलग कीजिए–*

CBSE 2012

कुलीन	बसेरा	बंगाली	भूखा
बपौती	बेकारी	गौरवशाली	घबराहट
पुजारी	स्वाधीनता	पुस्तकीय	प्रभुत्व
सावधानी	आवश्यकता	मज़दूरी	अपनापन
लाड़ला	बिकाऊ	भुलावा	पराक्रमी
गुणवान	बिछौना	साहित्यिक	सामाजिक

2. *निम्नलिखित प्रत्यय से दो शब्द बनाइए–*

धर	ता	आकू	हार
ईय	मान	आर	वर
तम	अक्कड़	उक	ला
आपा	एरा	दार	आई
अक			

3. *निम्नलिखित में से उपसर्ग और प्रत्यय अलग-अलग कीजिए–*

पन	परा	प्रति	ता	त्व	ऐल	ईय
अ	अन	आ	एलू	वि	आनी	अधः
दार	अक	सम्	सत्	अव	अनु	अक्कड़
आकू	इनी	बहिर्	पर	कु	अन्	
उक	बिन	आलू	अप	आल	ईन	

4. *निम्नलिखित में से उपसर्ग और शब्द अलग कीजिए–*

अनाचार	अलंकार	परदुख	तिरस्कार	पुनर्जन्म
अनुचित	निरादर	कुपुत्र	कपूत	सपुत्र
सुपुत्र	सपूत	सादर	प्रत्यक्ष	अनादि
परिचय	प्राचार्य	विदेश	संरक्षण	अकाल
अन्याय	उपयोग	उपसंहार	दुराचार	निषेध
अत्युत्तम	अधिकार	अभिमान	अवमूल्यन	आकंठ
उद्धार	आमरण	उद्‌गम	अनुवाद	अपवाद

5. *निम्नलिखित उपसर्गों से दो-दो शब्द बनाइए–*

उत्	अधि	दुर्	निस्	प्र	प्रति
सु	स	सम्	वि	अंतः	अ
अन्	अन	अनु	अधः	चिर	कु
क	प्राक्	पुनर्	स्व	चौ	दु
नि	बिन	भर	सम्	खुश	कम
दर	बिला	सर	हर	बद	बा
ला	ना	गैर	उन	दु	नि

6. *निम्नलिखित में से संस्कृत, हिंदी और उर्दू के उपसर्ग पृथक कीजिए–*

अन	अ	अनु	अधि	क	कु	बिन
आ	पर	परि	प्र	दु	दुर्	अधः
अध	ऐन	कम	अव	चिर	ला	दर
ना	ब	बा	बद	बिला	सु	नि
निर्	परा	प्रति	उप	अप	स	उत्
बे						

7. *निम्नलिखित में से संस्कृत, हिंदी और उर्दू के प्रत्यय पृथक कीजिए–*

एलू	त्व	ईन	आ	ईन	ता
अक्कड़	अक	इया	आकू	ईला	या
अना	ऐत	ती	अनीय	आस	ऐया
औना	आव	आई	अंदाज़	इश	आवा
नी	गर	आन	इयल	खोर	आऊ
दान	मंद	इमा	इल	वान	

बहुविकल्पी प्रश्न

I. उपसर्ग

1. निम्नलिखित शब्दों में कौन-सा उपसर्ग प्रयुक्त हुआ है ?

1. *दुराचार*
(क) दु (ख) दुः (ग) दुरा (घ) दुर
2. *संकल्प*
(क) स (ख) सम् (ग) सङ् (घ) सन्
3. *निरपराध*
(क) नि (ख) निर् (ग) निर (घ) निरा
4. *सद्गति*
(क) स (ख) सद (ग) सत् (घ) सम
5. *अधिपति*
(क) अ (ख) अध् (ग) अध (घ) अधि
6. *संवेदना*
(क) स (ख) सम (ग) सम् (घ) सन्
7. *अवनति*
(क) अ (ख) अव (ग) आ (घ) ओ
8. *अध्यक्ष*
(क) अ (ख) अति (ग) अधि (घ) अध
9. *उद्घाटन*
(क) उद् (ख) उत् (ग) उ (घ) उत
10. *प्रज्वलित*
(क) प्र (ख) प्रज् (ग) प्रति (घ) प्रत्
11. *अत्यंत*
(क) अ (ख) अति (ग) अत् (घ) आ
12. *दुस्साहस*
(क) दु (ख) दुस् (ग) दुर् (घ) दू
13. *कपूत*
(क) क (ख) कु (ग) कपि (घ) कत्
14. *अनुभव*
(क) अ (ख) अन् (ग) अनु (घ) अन
15. *उल्लंघन*
(क) उ (ख) उल् (ग) उत (घ) उत्

2. वह शब्द चुनिए जिसमें निम्नलिखित उपसर्ग का प्रयोग हुआ है–

1. *अ*
(क) अनुराग (ख) अनबन (ग) अन्याय (घ) अनाचार

2. *अन*

(क) अनार (ख) अनर्थ (ग) अनजान (घ) अनाहार

3. *अनु*

(क) अनुत्तीर्ण (ख) अनुचित (ग) अनुपम (घ) अनुराग

4. *प्र*

(क) प्रतिकूल (ख) प्रादुर्भाव (ग) प्राक्कथन (घ) प्राध्यापक

5. *अप*

(क) अपमान (ख) अपार (ग) अपच (घ) अपेय

3. रिक्त-स्थानों की पूर्ति कीजिए–

1. *उपसर्ग मूल रूप से .... होते हैं।*

(क) शब्द (ख) शब्दांश (ग) पद (घ) पद्यांश

2. *उपसर्ग शब्दों के .... लगकर नए शब्दों का निर्माण करते हैं।*

(क) पहले (ख) बाद में (ग) बीच में (घ) साथ

3. *उपसर्ग .... होते हैं।*

(क) सार्थक (ख) निरर्थक (ग) अर्थयुक्त (घ) अर्थवान

4. *उपसर्गों के प्रयोग से ....*

(क) शब्द के अर्थ में वृद्धि होती है। (ख) शब्द के अर्थ में न्यूनता आती है।
(ग) शब्दों के अर्थ में परिवर्तन आता है। (घ) शब्दों का अर्थ अपरिवर्तित रहता है।

4. वह शब्द चुनिए जिसमें निम्नलिखित उपसर्ग का प्रयोग नहीं हुआ है–

1. *अप*

(क) अपरिपक्व (ख) अपमान (ग) अपवाद (घ) अपकार

2. *परा*

(क) पराजय (ख) पराग (ग) पराभव (घ) पराक्रम

3. *कु*

(क) कुमार (ख) कुपूत (ग) कुमार्ग (घ) कुकर्म

4. *स्व*

(क) स्वागत (ख) स्वजन (ग) स्वार्थ (घ) स्वधर्म

5. *वि*

(क) विधायक (ख) विधर्मी (ग) व्यायाम (घ) विशुद्ध

5. निम्नलिखित उपसर्ग से कौन-सा शब्द निर्मित हुआ है ?

1. *अ*

(क) आहार (ख) अवगुण (ग) अनाचार (घ) अपार

2. *अव*

(क) अवन्य (ख) अवरेण्य (ग) अवशेष (घ) अवाम

3. *अन*

(क) अनजान (ख) अनपेक्षित (ग) अनादर (घ) अनुमान

4. *प्र*

(क) प्रणाम (ख) प्रत्यक्ष (ग) प्रादुर्भाव (घ) प्रातःकाल

5. *स*

(क) साकार (ख) सम्यक् (ग) संन्यासी (घ) समय

6. *सु*

(क) स्वागत (ख) सुआ (ग) स्वयमेव (घ) स्वाद

6. निम्नलिखित शब्द के साथ कौन-सा उपसर्ग लगाकर नया शब्द बनता है ?

1. *हार*

(क) नि (ख) स (ग) अन् (घ) पर

2. *मान*

(क) नि (ख) सु (ग) प्रादुर् (घ) प्र

3. *अधीन*

(क) प्र (ख) पुरा (ग) पर (घ) आ

4. *कूल*

(क) उप (ख) बा (ग) ला (घ) अन

5. *चल*

(क) स (ख) अन (ग) उत् (घ) उप

6. *ज्वलित*

(क) आ (ख) पर (ग) प्र (घ) पुरा

7. निम्नलिखित वाक्यों में प्रयुक्त रेखांकित पद के स्थान पर कोई उपसर्ग-युक्त शब्द लिखिए–

1. *ये रसगुल्ले रस से हीन हैं।*

(क) निरस (ख) नीरस (ग) सरस (घ) रसमय

2. *उसमें बुरा गुण यह है कि वह बोलता अधिक है।*

(क) अवगुण (ख) अगुण (ग) अपगुण (घ) निर्गुण

3. *शर्मा जी पुत्र के साथ आए हैं।*

(क) सपुत्र (ख) सत्पुत्र (ग) सुपुत्र (घ) स्वपुत्र

4. *वह स्वभाव से उदार नहीं है।*

(क) अनुदार (ख) अनदार (ग) प्रत्युदार (घ) अवदार

8. नवीनतम शैली के प्रश्न-उत्तर

1. **कॉलम 1 और कॉलम 2 के सुमेलित युग्म छाँटिए और सही विकल्प चुनिए–**

कॉलम 1	कॉलम 2
1. *अ उपसर्ग*	*अपार*
2. *अन उपसर्ग*	*अन्याय*
3. *अन् उपसर्ग*	*अनादर*
4. *अनु उपसर्ग*	*अनुत्तरित*

विकल्प–

(क) 1, 3, 4 ठीक हैं। (ख) 2, 3, 4 ठीक हैं। (ग) 1, 3 ठीक हैं। (घ) 1, 2, 3, 4 ठीक हैं।

2. **कथन**– *'अप' उपसर्ग से निर्मित शब्द–*

1. अपार 2. अपच 3. अपमान 4. अपाहिज

विकल्प–

(क) 1, 2, 3 ठीक हैं। (ख) 3 ठीक है। (ग) 1, 4 गलत हैं। (घ) 2, 3 ठीक हैं।

3.

कॉलम 1	कॉलम 2
1. *'प्र' उपसर्ग*	(*i*) *प्रहार*
2. *प्रति उपसर्ग*	(*ii*) *प्रत्याहार*
3. *परि उपसर्ग*	(*iii*) *परीक्षा*

विकल्प–

(क) 1–(*ii*), 2–(*ii*), 3–(*iii*) (ख) 1–(*i*), 2–(*ii*), 3–(*iii*)

(ग) 1–(*iii*), 2–(*ii*), 3–(*i*) (घ) 1–(*i, ii*), 2–(×), 3–(*iii*)

4.

कॉलम 1	कॉलम 2
1. *'स' उपसर्ग*	(*i*) *ससुर*
2. *'स्व' उपसर्ग*	(*ii*) *स्वागत*
3. *'सम्' उपसर्ग*	(*iii*) *समाचार*

विकल्प–

(क) 1–(*iii*), 2–(*ii*), 3–(*iii*) (ख) 1–(×), 2–(*iii*), 3–(*i*)

(ग) 1–(*i*), 2–(×), 3–(*iii*) (घ) 1–(×), 2–(×), 3–(*iii*)

5. **कथन A–** 1. *उपसर्ग भी शब्द होते हैं।*

2. *उपसर्ग शब्द नहीं शब्दांश होते हैं।*

3. *उपसर्गों का स्वतंत्र प्रयोग नहीं होता।*

4. *उपसर्ग निरर्थक होते हैं।*

विकल्प–

(क) 1, 2, 3 ठीक हैं। (ख) 2, 3 ठीक है। (ग) 2, 3, 4 ठीक हैं। (घ) 2, 4 ठीक हैं।

II. प्रत्यय

1. निम्नलिखित शब्दों में कौन-सा स्त्रीवाची प्रत्यय लगेगा ?

1. *जाट*

(क) इन (ख) इनी (ग) अनी (घ) नी

2. *सुनार*

(क) इन (ख) ई (ग) नी (घ) अन

3. *गायक*

(क) ई (ख) इन (ग) आ (घ) इका

4. *हाथी*

(क) इन (ख) इनी (ग) आइन (घ) नी

5. *कुत्ता*
(क) इया (ख) इनी (ग) इन (घ) ई
6. *यशस्वी*
(क) इन (ख) आइन (ग) इनी (घ) इका
7. *ठाकुर*
(क) नी (ख) आइन (ग) इनी (घ) आनी
8. *पुस्तक*
(क) ई (ख) नी (ग) आ (घ) इका
9. *खरगोश*
(क) ई (ख) नी (ग) मादा (घ) आनी
10. *नौकर*
(क) नी (ख) आनी (ग) आइन (घ) ई
11. *देवर*
(क) नी (ख) अनी (ग) आनी (घ) आयन
12. *ओझा*
(क) इन (ख) आइन (ग) ई (घ) आनी
13. *पाठक*
(क) आ (ख) ई (ग) इका (घ) का
14. *नाई*
(क) न (ख) इन (ग) आइन (घ) इका
15. *हंस*
(क) नी (ख) अनी (ग) इनी (घ) ई
16. *बंदर*
(क) ई (ख) इया (ग) या (घ) ईया
17. *पहाड़*
(क) इन (ख) नी (ग) ई (घ) अन
18. *शिव*
(क) ई (ख) इन (ग) आनी (घ) आ
19. *बूढ़ा*
(क) ई (ख) इन (ग) अनी (घ) आइन
20. *हलवाई*
(क) आइन (ख) इन (ग) न (घ) ईन

2. निम्नलिखित शब्दों में कौन-सा प्रत्यय प्रयुक्त हुआ है ?

1. *झगड़ालू*
(क) ऊ (ख) आलू (ग) आलु (घ) लू
2. *बचत*
(क) त (ख) अत (ग) चत (घ) तू

3. *खिलौना*

(क) ना (ख) औना (ग) ओना (घ) आ

4. *चालाक*

(क) क (ख) अक (ग) लाक (घ) आक

5. *प्यास*

(क) स (ख) यास (ग) आस (घ) अस

6. *धार्मिक*

(क) इक (ख) क (ग) अक (घ) इका

7. *विषैला*

(क) ला (ख) आ (ग) ऐला (घ) एला

8. *पुजारी*

(क) आरी (ख) री (ग) ई (घ) अरी

9. *पत्रकार*

(क) आर (ख) कर (ग) कार (घ) र

10. *खिलाड़ी*

(क) ड़ी (ख) री (ग) ई (घ) आड़ी

3. निम्नलिखित रिक्त स्थानों की पूर्ति उपयुक्त शब्दों से कीजिए–

1. *प्रत्यय मूल रूप से .... होते हैं।*

(क) शब्द (ख) शब्दांश (ग) पद (घ) पद्यांश

2. *प्रत्यय शब्दों के .... लगकर नए शब्दों का निर्माण करते हैं।*

(क) पहले (ख) बाद में (ग) मध्य में (घ) साथ

3. *प्रत्यय .... होते हैं।*

(क) सार्थक (ख) निरर्थक (ग) अर्थयुक्त (घ) अर्थवान

4. *प्रत्ययों के प्रयोग से ....*

(क) नए शब्दों का निर्माण नहीं होता है। (ख) शब्दों को नया रूप मिलता है।

(ग) शब्दों का अर्थ परिवर्तित नहीं होता। (घ) शब्दों की सज्जा में परिवर्तन होता है।

5. *कृत प्रत्यय वे होते हैं ....*

(क) जो क्रिया के बाद लगते हैं।

(ख) जो क्रिया की मूल धातु के साथ लगते हैं।

(ग) जो क्रिया के अतिरिक्त अन्य शब्दों के साथ लगते हैं।

(घ) जो क्रिया शब्दों का विस्तार करते हैं।

6. *तद्धित प्रत्यय वे होते हैं ....*

(क) जो क्रिया शब्दों का विस्तार करते हैं।

(ख) जो क्रिया के अतिरिक्त अन्य शब्दों का निर्माण करते हैं।

(ग) जो क्रिया के धातु रूपों को छोड़कर अन्य शब्दों के साथ लगते हैं।

(घ) जो शब्दों का हित-निर्माण करते हैं।

4. **निम्नलिखित वाक्यों में प्रयुक्त रेखांकित पदों के स्थान पर एक प्रत्यय-युक्त शब्द प्रयुक्त कीजिए—**

1. *वह स्त्री बहुत झगड़ा करती है।*

(क) झगड़ू (ख) झगड़ालू (ग) झगड़ैल (घ) झगड़िया

2. *यह समाज की समस्या है।*

(क) समाजी (ख) सामाजिक (ग) समाजिक (घ) समाजीय

3. *यहाँ से अभी एक दाढ़ी वाला आदमी गुजरा है।*

(क) दाढ़ीयुक्त (ख) दाढ़ू (ग) दढ़ियल (घ) दढ़ैल

4. *वह मूछों वाला चौकीदार अभी आएगा।*

(क) मुच्छैल (ख) मुछियल (ग) मुच्छल (घ) मुच्छू

5. *धर्म के कामों में सहयोग करना चाहिए।*

(क) धर्मी (ख) धर्मीय (ग) धर्मवान (घ) धार्मिक

6. *वह स्वभाव से घूमने वाला है।*

(क) घुमंतू (ख) घुमक्कड़ (ग) घुमैया (घ) घूमू

5. **नवीनतम शैली के प्रश्न-उत्तर**

1. **कथन (A)**— 1. *प्रत्यय शब्दांश होते हैं।* 2. *प्रत्यय सार्थक होते हैं।* 3. *प्रत्यय स्वतंत्र रूप से प्रयुक्त नहीं हो सकते।* 4. *प्रत्यय शब्द के पीछे लगते हैं।*

विकल्प—

(क) 1, 2, 3 ठीक हैं। (ख) 1, 2, 3, 4 ठीक हैं। (ग) 1, 3, 4 ठीक हैं। (घ) 3, 4 ठीक हैं।

2. **कॉलम 1 और कॉलम 2 के आधार पर उत्तर दीजिए कि किस शब्द के साथ कौन-सा प्रत्यय लगेगा ?**

कॉलम 1	कॉलम 2
1. *बंदर*	1. *आइन*
2. *सुनार*	2. *इया*
3. *पंडित*	3. *इन*

विकल्प—

(क) 1–2, 2–1, 3–3 (ख) 1–2, 2–3, 3–1 (ग) 1–1, 2–2, 3–3 (घ) 1–3, 2–1, 3–2

3.

कॉलम 1	कॉलम 2
1. *घर*	(*i*) *ऐल*
2. *गुस्सा*	(*ii*) *ऐलू*
3. *रंग*	(*iii*) *ईला*

विकल्प—

(क) 1–(*ii*), 2–(*i*), 3–(*iii*) (ख) 1–(*i*), 2–(*ii*), 3–(*iii*)

(ग) 1–(*iii*), 2–(*iii*), 3–(*i*) (घ) 1–(*ii*), 2–(*iii*), 3–(*i*)

2. समास

पाठ्यक्रम–समास

परिभाषा–दो या दो से अधिक शब्दों के मेल से नए शब्द बनाने की क्रिया को *समास* कहते हैं। इस विधि से बने शब्दों को *समस्त-पद* कहते हैं। **जब समस्तपदों को वापस पृथक्-पृथक् किया जाता है तो उसे समास-विग्रह कहते हैं।** *उदाहरणतया–*

'गंगा का जल' पद में दो पद हैं–(1) गंगा (2) जल।

समास होने पर बनेगा–'गंगाजल'।

यदि 'गंगाजल' का विग्रह करना हो तो पुनः हम लिखेंगे–'गंगा का जल'।

संक्षेप में–(1) समास के लिए कम से कम दो पद होने चाहिए। पहले पद को *पूर्वपद* तथा दूसरे पद को *उत्तरपद* कहते हैं।

(2) समास होने पर दोनों पद या अन्य अधिक पद मिलकर एक संक्षिप्त रूप धारण कर लेते हैं।

(3) समास-प्रक्रिया में बीच की विभक्तियों का लोप हो जाता है।

(4) समास होने पर जहाँ संधि संभव होती है, वहाँ नियमों के अनुसार संधि भी हो जाती है।

समास के प्रकार–

समास के प्रमुख प्रकार हैं–

(1) तत्पुरुष समास

(2) कर्मधारय समास

(3) द्विगु समास

(4) बहुव्रीहि समास

(5) द्वंद्व समास

(6) अव्ययीभाव समास।

1. तत्पुरुष समास

तत्पुरुष समास में उत्तरपद प्रधान होता है तथा पूर्वपद गौण होता है। प्रायः उत्तरपद विशेष्य और पूर्वपद विशेषण होता है। *उदाहरणतया*–'रसोई के लिए घर'। यहाँ 'घर' विशेष्य है और 'रसोई के लिए' विशेषण है।

समास-प्रक्रिया में बीच की विभक्तियों का लोप तो होता ही है, कभी-कभी बीच में आने वाले अनेक पदों का भी लोप हो जाता है। *जैसे*–'दहीबड़ा' का विग्रह है–'दही में डूबा हुआ बड़ा'। समास होने पर 'में डूबा हुआ' तीनों पद लुप्त हो गए हैं।

तत्पुरुष के भेद–तत्पुरुष समास के निम्नलिखित भेद हैं–

***(i)* कर्म तत्पुरुष**–जहाँ पूर्वपद में कर्मकारक की विभक्ति का लोप हो, वहाँ 'कर्म तत्पुरुष' होता है। *उदाहरणतया–*

समस्तपद	विग्रह	समस्तपद	विग्रह
ग्रामगत	ग्राम को गया हुआ	मरणासन्न	मरण को पहुँचा हुआ
गृहागत	गृह को आया हुआ	यशप्राप्त	यश को प्राप्त

***(ii)* करण तत्पुरुष**–जहाँ पूर्वपद में करण कारक की विभक्ति का लोप हो, वहाँ 'करण तत्पुरुष' होता है। *उदाहरणतया–*

समस्तपद	विग्रह	समस्तपद	विग्रह
अकालपीड़ित	अकाल से पीड़ित	भुखमरा	भूख से मरा
अनुभवजन्य	अनुभव से जन्य	मदमस्त	मद से मस्त
ईश्वरप्रदत्त	ईश्वर द्वारा प्रदत्त	मनगढ़ंत	मन से गढ़ा हुआ
कष्टसाध्य	कष्ट से साध्य	मनमाना	मन से माना
गुणयुक्त	गुण से युक्त	शोकाकुल	शोक से आकुल
तुलसीकृत	तुलसी द्वारा कृत	सूररचित	सूर द्वारा रचित
प्रेमातुर	प्रेम से आतुर	हस्तलिखित	हस्त से लिखित

***(iii)* संप्रदान तत्पुरुष**—जहाँ समास के पूर्वपद में संप्रदान की विभक्ति अर्थात् *'के लिए'* का लोप होता है, वहाँ संप्रदान तत्पुरुष समास होता है। *जैसे*–

समस्तपद	विग्रह	समस्तपद	विग्रह
आरामकुर्सी	आराम के लिए कुर्सी	युद्धक्षेत्र	युद्ध के लिए क्षेत्र
क्रीड़ाक्षेत्र	क्रीड़ा के लिए क्षेत्र	रसोईघर	रसोई के लिए घर
गौशाला	गौ के लिए शाला	राहखर्च	राह के लिए खर्च
गुरुदक्षिणा	गुरु के लिए दक्षिणा	विद्यालय	विद्या के लिए आलय
देशभक्ति	देश के लिए भक्ति	सत्याग्रह	सत्य के लिए आग्रह
पाठशाला	पाठ के लिए शाला	हथकड़ी	हाथ के लिए कड़ी
प्रयोगशाला	प्रयोग के लिए शाला	हथघड़ी	हाथ के लिए घड़ी
यज्ञशाला	यज्ञ के लिए शाला	हवनसामग्री	हवन के लिए सामग्री

***(iv)* अपादान तत्पुरुष**—जहाँ समास के पूर्वपद में अपादान की विभक्ति अर्थात् *'से* (विलग)' का भाव हो, वहाँ अपादान तत्पुरुष समास होता है। *जैसे*–

समस्तपद	विग्रह	समस्तपद	विग्रह
ऋणमुक्त	ऋण से मुक्त	धनहीन	धन से हीन
गुणहीन	गुणों से हीन	पथभ्रष्ट	पथ से भ्रष्ट
जन्मांध	जन्म से अंधा	भयभीत	भय से भीत
देशनिकाला	देश से निकाला	रोगमुक्त	रोग से मुक्त

***(v)* संबंध तत्पुरुष**—जहाँ समास के पूर्वपद में संबंध तत्पुरुष की विभक्ति अर्थात् *का, के, की* का लोप हो, वहाँ संबंध तत्पुरुष समास होता है। *जैसे*–

समस्तपद	विग्रह	समस्तपद	विग्रह
अछूतोद्धार	अछूतों का उद्धार	देशरक्षा	देश की रक्षा
अमृतधारा	अमृत की धारा	देशवासी	देश का वासी
आज्ञानुसार	आज्ञा के अनुसार	परनिंदा	पर की निंदा
उद्योगपति	उद्योग का पति	पूँजीपति	पूँजी का पति
गंगातट	गंगा का तट	पुस्तकालय	पुस्तक का आलय
गृहस्वामी	गृह का स्वामी	प्रेमसागर	प्रेम का सागर
घुड़दौड़	घोड़ों की दौड़	भारतरत्न	भारत का रत्न
जलधारा	जल की धारा	भ्रातृस्नेह	भ्रातृ का स्नेह
जलप्रवाह	जल का प्रवाह	मृत्युदंड	मृत्यु का दंड

समस्तपद	विग्रह	समस्तपद	विग्रह
राजपुरुष	राजा का पुरुष	राजकुमार	राजा का कुमार
राजभक्ति	राजा की भक्ति	लखपति	लाखों का पति
राजमाता	राजा की माता	लोकसभा	लोक की सभा
राजसभा	राजा की सभा	विद्याभंडार	विद्या का भंडार

(vi) अधिकरण तत्पुरुष—जहाँ अधिकरण कारक की विभक्ति अर्थात् *'में'*, *'पर'* का लोप होता है, वहाँ 'अधिकरण तत्पुरुष' समास होता है। *जैसे—*

समस्तपद	विग्रह	समस्तपद	विग्रह
आत्मविश्वास	आत्म पर विश्वास	घुड़सवार	घोड़े पर सवार
आनंदमग्न	आनंद में मग्न	ध्यानमग्न	ध्यान में मग्न
आपबीती	आप पर बीती	नीतिनिपुण	नीति में निपुण
कलानिपुण	कला में निपुण	पुरुषोत्तम	पुरुषों में उत्तम
कार्यकुशल	कार्य में कुशल	युद्धवीर	युद्ध में वीर
गृहप्रवेश	गृह में प्रवेश	व्यवहारकुशल	व्यवहार में कुशल
ग्रामवास	ग्राम में वास	शरणागत	शरण में आगत

(vii) नञ् तत्पुरुष—जिस समस्तपद में पहला पद नकारात्मक (अभावात्मक) हो, उसे नञ् तत्पुरुष कहते हैं। *जैसे—*

समस्तपद	विग्रह	समस्तपद	विग्रह
अकर्मण्य	न कर्मण्य	अनादि	न आदि
अजर	न जर	अनिच्छा	न इच्छा
अधीर	न धीर	अन्याय	न न्याय
अधर्म	न धर्म	अपुत्र	न पुत्र
अनचाही	न चाही	अब्राह्मण	न ब्राह्मण
अनदेखी	न देखी	अमर	न मर
अनंत	न अंत	अयोग्य	न योग्य

2. कर्मधारय समास

कर्मधारय समास में पहला पद विशेषण तथा दूसरा पद विशेष्य होता है; अथवा एक पद उपमान और दूसरा पद उपमेय होता है। *जैसे—*

(क) विशेषण-विशेष्य कर्मधारय

समस्तपद	विग्रह	समस्तपद	विग्रह
अंधकूप	अंधा है जो कूप	नीलांबर	नीला है जो अंबर
कापुरुष	कायर है जो पुरुष	नीलकंठ	नीला है जो कंठ
कुबुद्धि	बुरी है जो बुद्धि	नीलगगन	नीला है जो गगन
कृष्णसर्प	कृष्ण है जो सर्प	पनचक्की	पानी से चलने वाली चक्की
दहीबड़ा	दही में डूबा हुआ बड़ा	पीतांबर	पीत है जो अंबर
दुरात्मा	बुरी है जो आत्मा	पर्णकुटी	पर्ण से बनी कुटी
दुश्चरित्र	बुरा है जो चरित्र	प्रधानाध्यापक	प्रधान है जो अध्यापक
नीलकमल	नीला है जो कमल	बैलगाड़ी	बैलों से खींची जाने वाली गाड़ी

समस्तपद	विग्रह	समस्तपद	विग्रह
मधुमक्खी	मधु का संचय करने वाली मक्खी	महापुरुष	महान है जो पुरुष
महाजन	महान है जो जन	महाराजा	महान है जो राजा
महात्मा	महान है जो आत्मा	मालगाड़ी	माल को ढोने वाली गाड़ी
महादेव	महान है जो देव	वनमानुष	वन में रहने वाला मनुष्य

(ख) उपमेयोपमान कर्मधारय समास–

समस्तपद	विग्रह	समस्तपद	विग्रह
कमलनयन	कमल के समान नयन	घनश्याम	घन के समान श्याम
करकमल	कमल के समान कर	चरणकमल	कमल के समान चरण
कुसुमकोमल	कुसुम-सा कोमल	प्राणप्रिय	प्राणों के समान प्रिय
क्रोधाग्नि	क्रोध रूपी अग्नि	विद्याधन	विद्या रूपी धन
ग्रंथरत्न	ग्रंथ रूपी रत्न		

3. द्विगु समास

जहाँ समस्तपद के पूर्वपद में संख्यावाचक विशेषण होता है, वहाँ द्विगु समास होता है। *उदाहरणतया–*

समस्तपद	विग्रह	समस्तपद	विग्रह
चवन्नी	चार आनों का समाहार	द्विगु	दो गौओं का समाहार
चारपाई	चार पायों का समाहार	नवग्रह	नव ग्रहों का समाहार
चौमासा	चार मासों का समाहार	नवनिधि	नव निधियों का समाहार
चौराहा	चार राहों का समाहार	नवरत्न	नव रत्नों का समाहार
तिरंगा	तीन रंगों का समाहार	पंचतंत्र	पंच तंत्रों का समाहार
त्रिफला	तीन फलों का समाहार	पंचवटी	पंच वटों का समाहार
त्रिभुवन	तीन भुवनों का समाहार	पंजाब	पाँच आबों का समाहार
त्रिलोक	तीन लोकों का समाहार	शताब्दी	शत अब्दों का समाहार
त्रिवेणी	तीन वेणियों का समाहार	सतसई	सात सौ का समाहार
दुराहा	दो राहों का समाहार	सप्ताह	सात दिनों का समाहार
दोपहर	दो पहरों का समाहार		

4. बहुव्रीहि समास

जहाँ पहला पद और दूसरा पद मिलकर किसी तीसरे पद की ओर संकेत करते हैं, वहाँ बहुव्रीहि समास होता है। *जैसे*–'एकदंत' अर्थात् एक दाँत वाला है जो–गणेश। यहाँ 'एक' और 'दंत' में से कोई पद प्रधान या गौण नहीं है ; बल्कि ये दोनों पद मिलकर तीसरे पद 'गणेशजी' के लिए प्रयुक्त हो रहे हैं। अतः बहुव्रीहि समास में पहला या दूसरा–कोई भी पद प्रधान नहीं होता।

समस्तपद	विग्रह	समस्तपद	विग्रह
कनफटा	कान है फटा जिसका (फकीर)	गिरिधर	गिरि को धारण करने वाला (कृष्ण)
कमलनयन	कमल जैसे नयनों वाला (राम)	गिरीश	पर्वतों का राजा (हिमालय)
गजानन	गज जैसे आनन वाला (गणेश)	चंद्रमुखी	चंद्र के समान मुख वाली
गोपाल	गो का पालन करने वाला (कृष्ण)	चक्रधर	चक्र धारण करने वाला (कृष्ण)

समस्तपद	विग्रह	समस्तपद	विग्रह
चक्रपाणि	चक्र है हाथ में जिसके (कृष्ण)	नीलकंठ	नीला कंठ है जिसका (शिव)
चतुर्भुज	चार हैं भुजाएँ जिसकी (विष्णु)	पतझड़	झड़ जाते हैं पत्ते जिस ऋतु में
चतुर्मुख	चार हैं मुख जिसके (ब्रह्मा)	पीतांबर	पीले वस्त्रों वाला (कृष्ण)
जितेंद्रिय	जीत लिया है इंद्रियों को जिसने	पंचानन	पाँच आनन हैं जिसके (शिव)
तीव्रबुद्धि	तीव्र बुद्धि वाला	बारहसिंगा	बारह सींगों वाला (एक पशु विशेष)
त्रिभुज	तीन भुजाओं वाली आकृति	मक्खीचूस	मक्खी को भी चूसता है जो (कंजूस)
त्रिलोचन	तीन आँखों वाला (शिव)	महात्मा	महान आत्मा है जिसकी
त्रिवेणी	तीन नदियों का संगम-स्थल (प्रयागराज)	मुरलीधर	मुरली धारण करने वाला (कृष्ण)
दशानन/दशमुख	दस आनन/मुख हैं जिसके (रावण)	मृगनयनी	मृग जैसे नयनों वाली
दिगंबर	दिशाएँ हैं वस्त्र जिसके लिए (नग्न)	लंबोदर	लंबा उदर है जिसका (गणेश)
निशाचर	निशा में विचरण करने वाला (राक्षस)	षडानन	षट् (छः) आननों वाला (कार्तिकेय)

बहुव्रीहि और कर्मधारय में अंतर

कर्मधारय समास में दूसरा पद प्रधान (विशेष्य) होता है तथा पहला पद उस विशेष्य के विशेषण का कार्य करता है। *उदाहरणतया*—महावीर = महान है जो वीर। यहाँ 'वीर' (विशेष्य) का विशेषण है 'महान'। बहुव्रीहि समास में दोनों पद मिलकर किसी तीसरे पद की ओर संकेत करते हैं। *जैसे*—'महान वीर है जो' अर्थात् हनुमान। कुछ अन्य उदाहरण देखिए—

1. कमलनयन – कमल जैसे नयन (कर्मधारय)
   कमल जैसे नयनों वाला अर्थात् कृष्ण (बहुव्रीहि)
2. महात्मा – महान जो आत्मा (कर्मधारय)
   महान आत्मा है जिसकी (बहुव्रीहि)

आशय यह है कि विग्रह के अंतर से कर्मधारय और बहुव्रीहि में अंतर हो जाता है।

बहुव्रीहि और द्विगु में अंतर

जहाँ पहला पद दूसरे पद (विशेष्य) की विशेषता संख्या में बताता है, वहाँ द्विगु समास होता है। जहाँ संख्यावाची पहला पद और दूसरा पद मिलकर किसी तीसरे पद की ओर संकेत करते हैं, वहाँ बहुव्रीहि समास होता है। *उदाहरणतया*—

1. पंचकोण – पाँच कोणों का समाहार (द्विगु)
2. पंचानन – पाँच आननों वाला अर्थात् शिव (बहुव्रीहि)

5. द्वंद्व समास

परिभाषा—जिस समस्तपद में दोनों पद समान हों, वहाँ द्वंद्व समास होता है। इसमें दोनों पदों को मिलाते समय मध्य-स्थित योजक लुप्त हो जाता है। *जैसे*—'भाई और बहन' का समस्तपद होगा—'भाई-बहन'। यहाँ दोनों पद समान हैं। समास करते समय मध्य-स्थित 'और' का लोप हो गया है। अन्य *उदाहरण*—

समस्तपद	विग्रह	समस्तपद	विग्रह
अन्न-जल	अन्न और जल	ऊँच-नीच	ऊँच और नीच
अपना-पराया	अपना और पराया	खट्टा-मीठा	खट्टा और मीठा
अमीर-गरीब	अमीर और गरीब	गंगा-यमुना	गंगा और यमुना
आशा-निराशा	आशा और निराशा	घी-शक्कर	घी और शक्कर
उलटा-सीधा	उलटा और सीधा	जन्म-मरण	जन्म और मरण

समस्तपद	विग्रह	समस्तपद	विग्रह
दाल-रोटी	दाल और रोटी	यश-अपयश	यश और अपयश
देश-विदेश	देश और विदेश	रात-दिन	रात और दिन (रात या दिन)
नर-नारी	नर और नारी	राम-लक्ष्मण	राम और लक्ष्मण
पाप-पुण्य	पाप और पुण्य	रुपया-पैसा	रुपया और पैसा
भला-बुरा	भला और बुरा	सुख-दुख	सुख और दुख (सुख या दुख)
भाई-बहन	भाई और बहन	स्त्री-पुरुष	स्त्री और पुरुष (स्त्री या पुरुष)
भूख-प्यास	भूख और प्यास	हानि-लाभ	हानि और लाभ (हानि या लाभ)
माता-पिता	माता और पिता		

6. अव्ययीभाव समास

परिभाषा–जिस समास में पहला पद अव्यय हो, उसे 'अव्ययीभाव समास' कहते हैं। इसका पहला पद प्रधान होता है। इस प्रक्रिया से बना समस्तपद भी अव्यय की भाँति कार्य करता है। *जैसे*–प्रति + दिन = प्रतिदिन। यहाँ 'प्रति' अव्यय है। 'प्रतिदिन' समस्तपद भी अव्यय की भाँति कार्य करता है। अन्य *उदाहरण*–

समस्तपद	विग्रह	समस्तपद	विग्रह
आजन्म	जन्म से लेकर	प्रतिवर्ष	प्रत्येक वर्ष/वर्ष-वर्ष
आजीवन	जीवन-पर्यंत/जीवन भर	भरपेट	पेट भर के
आमरण	मरण तक	यथानियम	नियम के अनुसार
आसमुद्र	समुद्र तक	यथामति	मति के अनुसार
गली-गली	प्रत्येक गली	यथाविधि	विधि के अनुसार
गाँव-गाँव	प्रत्येक गाँव	यथाशक्ति	शक्ति के अनुसार
घर-घर	प्रत्येक घर	यथासमय	समय के अनुसार
दिनोंदिन	दिन ही दिन में	रातोंरात	रात ही रात में
निडर	डर रहित	साफ-साफ	बिल्कुल साफ
निस्संदेह	संदेह रहित	हरघड़ी	घड़ी-घड़ी
प्रतिदिन	दिन-दिन	हाथोंहाथ	हाथ ही हाथ में

संधि और समास में अंतर

संधि और समास में मुख्य रूप से अंतर यह है कि संधि दो वर्णों (अ, आ, इ, क्, च् आदि) में होती है, जबकि समास दो या दो से अधिक शब्दों में होता है। संधिस्थ शब्दों को तोड़ने की क्रिया को 'विच्छेद' कहते हैं और समस्तपदों को तोड़ने की क्रिया को 'विग्रह' कहते हैं।

प्रश्न-अभ्यास

1. समास किसे कहते हैं ?
2. संधि और समास का अंतर स्पष्ट कीजिए।
3. समास के कितने भेद हैं ? उदाहरण सहित समझाइए।
4. बहुव्रीहि तथा कर्मधारय समास का अंतर स्पष्ट कीजिए।
5. द्विगु और बहुव्रीहि समास का अंतर सोदाहरण स्पष्ट कीजिए।

6. *निम्नलिखित समस्तपदों का विग्रह कीजिए तथा समास का नाम लिखिए–*

समस्तपद	विग्रह	समास का नाम
राजदूत	....	....
तुलसीकृत	....	....
गृहस्वामी	....	....
उद्योगपति	....	....
चतुर्भुज	....	....
राजा-प्रजा	....	....
नकटा	....	....
धूपदीप	....	....
प्रसंगानुकूल	....	....
मधुमक्खी	....	....
रसोईघर	....	....
चौमासा	....	....
पथभ्रष्ट	....	....

7. *निम्नलिखित विग्रहों के समस्तपद बनाकर समास का नाम लिखिए–*

विग्रह-रूप	समस्तपद	समास का नाम
काठ की पुतली	....	....
तीन मंजिलवाला	....	....
हिम का आलय	....	....
मन का योग	....	....

8. *निम्नलिखित वाक्यों में प्रयुक्त रेखांकित पदों की जगह उपयुक्त समस्तपद प्रयुक्त कीजिए–*

1. रमेश के *माता और पिता* आए हैं।
2. मैं उस *चक्र धारण करने वाले* को नमस्कार करता हूँ।
3. आप *जो भी समय हो, उसके अनुसार* आ जाएँ।

9. *निम्नलिखित समस्तपदों का विग्रह करके समास का भेद लिखिए–* *[CBSE]*

लंबोदर, देश-विदेश, यथामति, नवरात्र

सी.बी.एस.ई. द्वारा जारी प्रश्नपत्रों के प्रश्नोत्तर

1. *निम्नलिखित समस्तपदों के विग्रह करके समास के भेद लिखिए–* *[CBSE 2012]*

समस्तपद	विग्रह	समास
1. नीतिनिपुण	नीति में निपुण	तत्पुरुष
2. गिरधर	गिरि को धारण किया जिसने (कृष्ण)	बहुव्रीहि
3. पंच परमेश्वर	पंच रूपी परमेश्वर	कर्मधारय
4. प्रति व्यक्ति	प्रत्येक व्यक्ति	अव्ययीभाव
5. भरपेट	पेट भरकर	अव्ययीभाव

समस्तपद	विग्रह	समास	
6. गगनचुंबी	गंगन को चूमने वाला (बहुत ऊँचा)	बहुव्रीहि	
7. नवरत्न	नौ रत्नों का समाहार	द्विगु	
8. कृष्णसर्प	काला साँप	कर्मधारय	
9. कलम-दवात	कलम और दवात	द्वंद्व	
10. मृगनयनी	मृग जैसे नयनों वाली (सुंदर स्त्री)	बहुव्रीहि	
11. पंचामृत	पाँच अमृतों का समूह	द्विगु	*[CBSE 2018]*
12. चाँद-सूरज	चाँद और सूरज	द्वंद्व	
13. चतुरानन	चार आननों वाला (ब्रह्मा)	बहुव्रीहि	
14. बेखटके	बिना खटके	नञ् तत्पुरुष	
15. धनहीन	धन से हीन	तत्पुरुष	
16. अंशुमाली	किरणों का स्वामी (सूरज)	बहुव्रीहि	
17. कनकलता	सोने जैसी लता	कर्मधारय	
18. दशानन	दश आननों वाला (रावण)	बहुव्रीहि	*[CBSE 2014, 16]*
19. यथाक्रम	क्रम के अनुसार	अव्ययीभाव	
20. पंचतत्व	पाँच तत्वों का समाहार	द्विगु	
21. षट्रस	छः रसों का समाहार	द्विगु	
22. दशमुख	दश मुख वाला (रावण)	बहुव्रीहि	
23. घनश्याम	घन के समान श्याम है जो (कृष्ण)	बहुव्रीहि	
24. माता-पिता	माता और पिता	द्वंद्व	*[CBSE 2014, 16]*
25. तिरंगा	तीन रंगों वाला (राष्ट्र ध्वज)	बहुव्रीहि	*[CBSE 2015]*
26. वचनामृत	वचन रूपी अमृत	कर्मधारय	
27. दिगंबर	दिशा ही हैं वस्त्र जिसके (महावीर)	बहुव्रीहि	
28. आनंदमग्न	आनंद में मग्न	तत्पुरुष	
29. त्रिवेणी	तीन नदियों का संगम (प्रयागराज)	बहुव्रीहि	
30. पूर्व-पश्चिम	पूर्व और पश्चिम	द्वंद्व	
31. मेघनाद	मेघ के समान नाद करने वाला (रावण का पुत्र)	बहुव्रीहि	*[CBSE 2018]*
32. देशाटन	देश में अटन	तत्पुरुष	
33. कमलनयन	कमल के समान नयनों वाला (राम)	बहुव्रीहि	*[CBSE 2016]*
34. चक्रधर	चक्र को धारण करने वाला (कृष्ण)	बहुव्रीहि	*[CBSE 2015]*
35. प्रतिवर्ष	प्रत्येक वर्ष	अव्ययीभाव	*[CBSE 2017]*
36. गंगा-यमुना	गंगा और यमुना	द्वंद्व	*[CBSE 2017, 18]*
37. पंचवटी	पंच वटियों का समाहार	द्विगु	
38. यशप्राप्त	यश को प्राप्त	तत्पुरुष	

CBSE 2014

समस्तपद	विग्रह	समास	
प्रतिदिन	प्रत्येक दिन	अव्ययीभाव	*[CBSE 2017]*
चौमासा	चार मासों का समूह	द्विगु	
भरपेट	पेट भर कर	अव्ययीभाव	

समस्तपद	विग्रह	समास	
चौराहा	चार राहों का समाहार	द्विगु	[*CBSE 2017, 19*]
दहीबड़ा	दही में डूबा हुआ बड़ा	तत्पुरुष	
राजपुत्र	राजा का पुत्र	तत्पुरुष	
चंद्रशेखर	चंद्र है शिखर पर जिसके (शिव)	बहुव्रीहि	

CBSE 2015

पराधीन	पर के अधीन	तत्पुरुष	
घनश्याम	घन के समान श्याम (कृष्ण)	बहुव्रीहि	
निशाचर	निशा में विचरण करने वाला (राक्षस)	बहुव्रीहि	
यथाशक्ति	शक्ति के अनुसार	अव्ययीभाव	[*CBSE 2016, 2019*]
देशभक्ति	देश के लिए भक्ति	तत्पुरुष	
तुलसीकृत	तुलसी द्वारा कृत	तत्पुरुष	
नीलांबर	नीला अंबर	कर्मधारय	[*CBSE 2016, 17*]
सत्याग्रह	सत्य के लिए आग्रह	तत्पुरुष	[*CBSE 2017*]

CBSE 2016

मुरलीधर	मुरली धारण किए हैं जो (कृष्ण)	बहुव्रीहि	
आपबीती	अपने पर बीती	तत्पुरुष	
माखनचोर	माखन का चोर है जो (कृष्ण)	बहुव्रीहि	
क्रोधाग्नि	क्रोध रूपी अग्नि	कर्मधारय	
पंसेरी	पाँच सेर अन्न खाने वाला	बहुव्रीहि	
गुणहीन	गुण से हीन	तत्पुरुष	
मयूरवाहन	मयूर है वाहन जिसका (कार्तिकेय)	बहुव्रीहि	
शुभागमन	शुभ जो आगमन	कर्मधारय	[*CBSE 2018*]
अश्वारोही	अश्व पर आरोहण करने वाला	तत्पुरुष	
राजा-रंक	राजा और रंक	द्वंद्व	
रसोईघर	रसोई के लिए घर	तत्पुरुष	[*CBSE 2018*]
शिवालय	शिव का आलय	तत्पुरुष	
परमेश्वर	परम ईश्वर	कर्मधारय	
अन्न-जल	अन्न और जल	द्वंद्व	
सप्ताह	सात दिनों का समाहार	द्विगु	
यथाविधि	विधि के अनुसार	अव्ययीभाव	
विद्याधन	विद्या रूपी धन	कर्मधारय	[*CBSE 2019*]
मालगोदाम	माल के लिए गोदाम	तत्पुरुष	
गजानन	गज के समान आनन है जिसका, गणेश	बहुव्रीहि	[*CBSE 2019*]
सुख-दुख	सुख और दुख	द्वंद्व	[*CBSE 2018*]

CBSE 2017

पुस्तकालय	पुस्तकों का आलय	तत्पुरुष	
राष्ट्रभक्त	राष्ट्र का भक्त	तत्पुरुष	

राजीवलोचन	राजीव जैसे नेत्रों वाला अर्थात् राम	बहुव्रीहि
तुलसीकृत	तुलसी द्वारा कृत	तत्पुरुष
आज्ञानुसार	आज्ञा के अनुसार	तत्पुरुष
तीव्रबुद्धि	तीव्र बुद्धि वाला	बहुव्रीहि
चक्रपाणि	जिसके पाणि (हाथ) में चक्र है, श्रीकृष्ण	बहुव्रीहि

2. *निम्न समास का विग्रह कीजिए–*

CBSE 2018

पत्रोत्तर	पत्र का उत्तर
दोराहा	दो राहों का समाहार
राजमहल	राजा का महल
सप्तऋषि	सात ऋषियों का मंडल
मातृभक्ति	माता के लिए भक्ति
घुड़दौड़	घोड़ों की दौड़
यथासामर्थ्य	सामर्थ्य के अनुसार
लंबोदर	लंबा है जिसका उदर, गणेश
नीलकमल	नीला कमल
आजीवन	जीवन भर
शरणागत	शरण में आया हुआ
महाजन	महान जन
यथोचित	औचित्य के अनुसार

CBSE 2019

राजकुमार	राजा का कुमार
पीतांबर	पीत हैं अंबर जिसके, कृष्ण
देवासुर	देव और असुर
भयातुर	भय से आतुर

केंद्रीय विद्यालय, जम्मू 2021

3. 1. 'यशप्राप्त' का समास-विग्रह है–

(क) यश में प्राप्त (ख) यश को प्राप्त (ग) यश पर प्राप्त (घ) इनमें से कोई नहीं

2. 'यथानियम' में समास का नाम बताओ–

(क) कर्मधारय समास (ख) अव्ययीभाव समास (ग) द्विगु समास (घ) इनमें से कोई नहीं

3. 'पथभ्रष्ट' में समास का नाम बताओ–

(क) संबंध तत्पुरुष समास (ख) संप्रदान तत्पुरुष समास (ग) अपादान तत्पुरुष समास (घ) अधिकरण तत्पुरुष समास

4. 'तिरंगा' समस्त पद में समास होगा–

(क) कर्मधारय समास (ख) अधिकरण तत्पुरुष समास (ग) द्विगु समास (घ) इनमें से कोई नहीं

उत्तर– 1. (ख) 2. (ख) 3. (ग) 4. (ग)

CASE 2022-23

4. *निर्देशानुसार समास पर आधारित प्रश्नों के उत्तर दीजिए–*

1. कॉलम 1 को कॉलम 2 के साथ सुमेलित कीजिए और सही विकल्प चुनकर लिखिए–

कॉलम 1	*कॉलम 2*
1. दिनोंदिन	I. द्वंद्व समास
2. राजकुमार	II. अव्ययीभाव
3. आशा-निराशा	III. तत्पुरुष समास

विकल्प– (क) 1. – III, 2. – I, 3. – II (ख) 1. – III, 2. – II, 3. – I
(ग) 1. – II, 2. – I, 3. – III (घ) 1. – II, 2. – III, 3. – I

2. 'उर्दू-फारसी' में समास है–
(क) तत्पुरुष समास (ख) द्वंद्व समास (ग) कर्मधारय समास (घ) बहुव्रीहि समास

3. 'तीन है लोचन जिसके अर्थात शिव' विग्रह में प्रयुक्त समास है–
(क) तत्पुरुष समास (ख) कर्मधारय समास (ग) बहुव्रीहि समास (घ) अव्ययीभाव समास

4. 'राह के लिए खर्च' समासविग्रह के लिए सामासिक पद है–
(क) राहखर्ची (ख) राह में खर्च (ग) रास्ते का खर्च (घ) राहखर्च

5. 'चारपाई' शब्द में समास है–
(क) द्विगु समास (ख) कर्मधारय समास (ग) बहुव्रीहि समास (घ) अव्ययीभाव समास

उत्तर– 1. (घ) 2. (ख) 3. (ग) 4. (घ) 5. (क)

5. *निम्नलिखित पद-समूह से एक समस्तपद बनाइए और समास का नाम लिखिए–*

CBSE 2012

पद-समूह	*समस्तपद*
1. अश्रु लाने वाली गैस	अश्रुगैस
2. मरण तक	आमरण
3. तीन गुणों का समूह	त्रिगुण
4. मन का योग	मनोयोग
5. कामना पूरी करने वाली धेनु	कामधेनु

CBSE 2016

6. राम और लक्ष्मण	राम-लक्ष्मण
7. त्रिफला	तीन फलों का समाहार

CBSE 2017

8. सात दिनों का समाहार	सप्ताह
9. नीला है कंठ जिसका	नीलकंठ

CBSE 2018

10. दिक् है अंबर जिसका	दिगंबर

केंद्रीय विद्यालय, जम्मू 2021

11. जिस समास में पहला पद अव्यय हो उसे कहते हैं–
(क) द्वंद्व समास (ख) कर्मधारय समास (ग) बहुव्रीहि समास (घ) अव्ययीभाव समास

उत्तर– (घ)

Common Exam 2023-24

6. *निर्देशानुसार 'समास' पर आधारित के उत्तर दीजिए*

1. *'गुण-दोष'* समस्तपद का समास-विग्रह होगा–

(क) गुण के लिए दोष (ख) गुण और दोष (ग) गुण से ज्यादा दोष (घ) न गुण न दोष

2. *'शताब्दी'* समस्तपद में समास होगा–

(क) कर्मधारय समास (ख) तत्पुरुष समास (ग) द्विगु समास (घ) अव्ययीभाव समास

3. जिस समस्तपद में पहला पद संख्यावाचक विशेषण हो, उसे कहते हैं–

(क) द्वंद्व समास (ख) कर्मधारय समास (ग) बहुव्रीहि समास (घ) द्विगु समास

4. निम्नलिखित समासों में कर्मधारय समास के उदाहरण हैं–

1. राजा-रंक 2. चंद्रमुखी 3. नीलकंठ 4. त्रिवेणी

(क) 1 और 4 सही है। (ख) 2 और 3 सही है। (ग) 2 और 1 सही है। (घ) 2 और 4 सही है।

5. कॉलम 1 और कॉलम 2 को सुमेलित कीजिए और सही विकल्प का चयन कीजिए–

कॉलम 1	*कॉलम 2*
1. तिपहिया	(*i*) बहुव्रीहि समास
2. चक्रपाणि (विष्णु)	(*ii*) अव्ययीभाव समास
3. प्रतिदिन	(*iii*) द्विगु समास

विकल्प– (क) 1. – (*iii*), 2. – (*i*), 3. – (*ii*) (ख) 1. – (*ii*), 2. – (*iii*), 3. – (*i*)

(ग) 1. – (*iii*), 2. – (*ii*), 3. – (*i*) (घ) 1. – (*i*), 2. – (*ii*), 3. – (*iii*)

उत्तर– 1. (ख) 2. (ग) 3. (घ) 4. (ख) 5. (क)

सरस्वती विद्या मंदिर 2023-24

7. *'समास' पर आधारित निम्नलिखित प्रश्नों के उत्तर उचित विकल्प छाँटकर दीजिए–*

1. अव्ययीभाव समास का उदाहरण है–

(क) पूजाघर (ख) देशप्रेम (ग) विरहाकुल (घ) बातोंबात

2. तत्पुरुष समास का उदाहरण है–

(क) गंगाजल (ख) निर्भय (ग) कमलनयन (घ) इनमें से कोई नहीं

3. द्विगु समास का उदाहरण है–

(क) दादा-दादी (ख) शताब्दी (ग) गिरिधर (घ) इनमें से कोई नहीं

4. बहुव्रीहि समास का उदाहरण है–

(क) लक्ष्मीपति (ख) अनदेखा (ग) घुड़सवार (घ) इनमें से कोई नहीं

उत्तर– 1. (घ) 2. (क) 3. (ख) 4. (क)

स्वयं अभ्यास कीजिए

4. *निम्नलिखित समस्तपदों के विग्रह करके समास के भेद लिखिए–* [*CBSE 2012*]

दाल-चावल	पापमुक्त	चूल्हा-चौका	अन्न-जल
राज-पुत्र	नवग्रह	पाठशाला	राम-श्याम
पंचरत्न	साफ-साफ	दोपहर	वाद-विवाद
परीक्षा-भवन	गुरुदक्षिणा	चरित्रहीन	पति-पत्नी
चौमासा	घी शक्कर	घुड़दौड़	पूँजीपति

आपबीती घुड़सवार आमरण कमलनयन
हानि-लाभ चंद्रमुखी हथकड़ी सुख-दुख
यथाशक्ति त्रिफला देश-विदेश राजा-प्रजा
विद्यालय त्रिलोचन मनोभाव यथोचित
मार्गव्यय रोगग्रस्त सप्ताह यथासंभव
राजा-रंक भयभीत रसोई घर लंबोदर
गुण-दोष पीतांबर देशभक्ति लाभ-हानि
जीवन-मरण शरणागत देशभक्त त्रिभुवन
नीलगगन महादेव शताब्दी

5. *निम्नलिखित पद-समूह से एक समस्तपद बनाइए और समास का नाम लिखिए–* [CBSE 2012]

अंधा है जो विश्वास, शक्ति के अनुसार, सत्य के लिए आग्रह, प्रसंग के अनुकूल
जितना शीघ्र हो सके, चंद्र जैसा मुख, तीन लोचन है जिसके, महान है जो काव्य
हाथ के लिए कड़ी, घोड़े पर सवार

6. *दिए गए वाक्यों में रेखांकित समस्तपदों का विग्रह कीजिए और समास का नाम भी बताइए :*

1. मनुष्यता पर धनी-निर्धन सभी का समान अधिकार है।
2. वह बड़ा चौराहा हमारे घर के ठीक सामने है।
3. वह सारा क्षेत्र त्रिभुज जैसा लग रहा था।
4. वह रात-दिन परिश्रम कर रहा है।
5. चारपाई पर बैठकर उसने मुझसे बातचीत की।
6. उनका रसोईघर बहुत बड़ा है।

7. *निम्नलिखित में समास-विग्रह कीजिए और समास का नाम भी लिखिए :*

रातोंरात, चक्रधर, ऋणमुक्त, यथाशक्ति, त्रिलोचन, यथानियम, कठपुतली, प्रतिदिन

बहुविकल्पी प्रश्न

1. निम्नलिखित समस्तपदों का सही विग्रह क्या है ?

1. *रसोईघर*
(क) रसोई का घर (ख) रसोई के लिए घर (ग) रसोई और घर (घ) रसोई में घर
2. *हस्तलिखित*
(क) हाथ पर लिखित (ख) हाथ का लिखित (ग) हाथ से लिखित (घ) हाथ के लिए लिखित
3. *भारत-रत्न*
(क) भारत का रत्न (ख) भारत के लिए रत्न (ग) भारत में रत्न (घ) भारत से रत्न
4. *पीतांबर*
(क) पीत और अंबर (ख) पीत अंबर वाला (ग) पीत अंबर में (घ) पीला है अंबर
5. *दहीबड़ा*
(क) दही में बड़ा (ख) दही और बड़ा (ग) दही के लिए बड़ा (घ) दही का बड़ा
6. *चरणकमल*
(क) चरण जो कमल (ख) चरण और कमल (ग) चरण पर कमल (घ) चरण में कमल

2. निम्नलिखित समस्तपद में प्रयुक्त समास का नाम लिखिए–

1. *यथाशक्ति*

(क) अव्ययीभाव (ख) तत्पुरुष (ग) द्वंद्व (घ) बहुव्रीहि

2. *राजकुमार*

(क) अव्ययीभाव (ख) तत्पुरुष (ग) द्वंद्व (घ) बहुव्रीहि

3. *दिनोंदिन*

(क) अव्ययीभाव (ख) तत्पुरुष (ग) द्वंद्व (घ) बहुव्रीहि

4. *आशा-निराशा*

(क) अव्ययीभाव (ख) तत्पुरुष (ग) द्वंद्व (घ) बहुव्रीहि

5. *सत्याग्रह*

(क) अव्ययीभाव (ख) तत्पुरुष (ग) द्वंद्व (घ) बहुव्रीहि

6. *करकमल*

(क) अव्ययीभाव (ख) कर्मधारय (ग) द्वंद्व (घ) बहुव्रीहि

7. *नीलकमल*

(क) अव्ययीभाव (ख) कर्मधारय (ग) द्वंद्व (घ) बहुव्रीहि

8. *चक्रपाणि*

(क) अव्ययीभाव (ख) तत्पुरुष (ग) द्वंद्व (घ) बहुव्रीहि

9. *नीलकंठ*

(क) अव्ययीभाव (ख) तत्पुरुष (ग) द्वंद्व (घ) बहुव्रीहि

10. *अयोग्य*

(क) अव्ययीभाव (ख) नञ् तत्पुरुष (ग) द्वंद्व (घ) बहुव्रीहि

3. निम्नलिखित वाक्यों में रेखांकित समस्तपद में कौन-सा समास है ?

1. *यह साधना अत्यंत कष्टसाध्य है।*

(क) कर्म तत्पुरुष (ख) संप्रदान तत्पुरुष (ग) करण तत्पुरुष (घ) अपादान तत्पुरुष

2. *आज मेरे माता-पिता आएँगे।*

(क) द्वंद्व (ख) अव्ययीभाव (ग) कर्मधारय (घ) द्विगु

3. *मैं उस वंशीधर का भक्त हूँ।*

(क) अव्ययीभाव (ख) कर्मधारय (ग) द्विगु (घ) बहुव्रीहि

4. नवीनतम शैली के प्रश्न

1. **कथन (A)–** (*i*) *समास में दो वाक्यों का मेल होता है*

(*ii*) *समास में दो शब्दों का मेल होता है*

(*iii*) *समास में दो वर्णों का मेल होता है*

(*iv*) *समास में दो अक्षरों का मेल होता है*

विकल्प–

(क) (*iii*), (*iv*) ठीक हैं। (ख) (*i*), (*ii*) ठीक हैं।

(ग) (*ii*) ठीक है। (घ) (*ii*), (*iii*), (*iv*) ठीक हैं।

2. **कथन (A)–** (*i*) *कर्मधारय समास में दोनों पदों में विशेषण-विशेष्य या उपमेय-उपमान का संबंध होता है।*

(*ii*) *कर्मधारय समास में पूर्व-पद विशेषण या उपमेय होता है तथा उत्तर पद विशेष्य अथवा उपमान होता है।*

(*iii*) *कर्मधारय समास में पूर्व-पद विशेषण या उपमान होता है तथा उत्तर पद विशेष्य अथवा उपमेय होता है।*
(*iv*) *कर्मधारय समास में पूर्व-पद और उत्तर-पद मिलकर किसी तीसरे पद की ओर संकेत करते हैं।*

विकल्प–

(क) (*i*) और (*iii*) ठीक हैं। (ख) (*iv*) ठीक है।
(ग) (*ii*) और (*iii*) ठीक हैं। (घ) (*ii*) और (*iv*) ठीक हैं।

3. **कथन (A)–** *'तिरंगा' में बहुव्रीहि समास है।*

कारण (R)– *यह भारतीय राष्ट्रीय ध्वज की ओर संकेत करता है।*

विकल्प–

(क) *कथन ठीक है, कारण भी ठीक है।*
(ख) *कथन ठीक है, कारण ठीक नहीं है।*
(ग) *कथन पूरी तरह ठीक नहीं है, कारण भी अधूरा ठीक है।*
(घ) *कथन ठीक नहीं है, कारण भी ठीक नहीं है।*

4. **कॉलम 1 और कॉलम 2 के सुमेलित युग्म पहचानिए–**

कॉलम 1	कॉलम 2
1. *आजन्म*	(*i*) *बहुव्रीहि*
2. *रसोईघर*	(*ii*) *अव्ययीभाव*
3. *गोपाल*	(*iii*) *तत्पुरुष*

विकल्प–

(क) 1–(*i*), 2–(*ii*), 3–(*iii*) (ख) 1–(*ii*), 2–(*iii*), 3–(*i*)
(ग) 1–(*iii*), 2–(*i*), 3–(*ii*) (घ) 1–(*ii*), 2–(*i*), 3–(*iii*)

5.

कॉलम 1	कॉलम 2
1. *कमलनयन*	(*i*) *द्वंद्व*
2. *अनंत*	(*ii*) *बहुव्रीहि*
3. *रात-दिन*	(*iii*) *नञ् तत्पुरुष*

विकल्प–

(क) 1–(*ii*), 2–(*iii*), 3–(*i*) (ख) 1–(*i*), 2–(*ii*), 3–(*iii*)
(ग) 1–(*iii*), 2–(*ii*), 3–(*i*) (घ) 1–(*ii*), 2–(*i*), 3–(*iii*)

6.

कॉलम 1	कॉलम 2
1. *त्रिकोण*	(*i*) *तत्पुरुष*
2. *नीलकुसुम*	(*ii*) *द्विगु*
3. *दहीबड़ा*	(*iii*) *कर्मधारय*

विकल्प–

(क) 1–(*i*), 2–(*ii*), 3–(*iii*) (ख) 1–(*iii*), 2–(*ii*), 3–(*i*)
(ग) 1–(*i*), 2–(*iii*), 3–(*ii*) (घ) 1–(*ii*), 2–(*iii*), 3–(*i*)

7.

कॉलम 1	कॉलम 2
1. *वनवास*	(*i*) *ततपुरुष*
2. *यथासंभव*	(*ii*) *अव्ययीभाव*
3. *हानि-लाभ*	(*iii*) *द्वंद्व*

विकल्प–

(क) 1–(*i*), 2–(*ii*), 3–(*iii*)
(ख) 1–(*iii*), 2–(*ii*), 3–(*i*)
(ग) 1–(*ii*), 2–(*iii*), 3–(*i*)
(घ) 1–(*i*), 2–(*iii*), 3–(*ii*)

8.

कॉलम 1	कॉलम 2
1. *राजकुमार*	(*i*) *कर्मधारय*
2. *नीलगगन*	(*ii*) *बहुव्रीहि*
3. *दशानन*	(*iii*) *ततपुरुष*

विकल्प–

(क) 1–(*i*), 2–(*ii*), 3–(*iii*)
(ख) 1–(*ii*), 2–(*iii*), 3–(*i*)
(ग) 1–(*iii*), 2–(*i*), 3–(*ii*)
(घ) 1–(*iii*), 2–(*ii*), 3–(*i*)

9.

कॉलम 1	कॉलम 2
1. *पराधीन*	(*i*) *ततपुरुष*
2. *सप्ताह*	(*ii*) *द्वंद्व*
3. *सुख-दुख*	(*iii*) *द्विगु*

विकल्प–

(क) 1–(*i*), 2–(*ii*), 3–(*iii*)
(ख) 1–(*ii*), 2–(*iii*), 3–(*i*)
(ग) 1–(*iii*), 2–(*i*), 3–(*ii*)
(घ) 1–(*i*), 2–(*iii*), 3–(*ii*)

10.

कॉलम 1	कॉलम 2
1. *पीतांबर*	(*i*) *ततपुरुष*
2. *आज्ञानुसार*	(*ii*) *अव्ययीभाव*
3. *यथाविधि*	(*iii*) *बहुव्रीहि*

विकल्प–

(क) 1–(*i*), 2–(*ii*), 3–(*iii*)
(ख) 1–(*ii*), 2–(*iii*), 3–(*i*)
(ग) 1–(*iii*), 2–(*ii*), 3–(*i*)
(घ) 1–(*iii*), 2–(*i*), 3–(*ii*)

3. अर्थ की दृष्टि से वाक्य भेद

पाठ्यक्रम—अर्थ की दृष्टि से वाक्य भेद

अर्थ के आधार पर वाक्य के भेद

अर्थ के आधार पर वाक्यों के निम्नलिखित आठ भेद होते हैं—

1. विधानवाचक वाक्य (Imperative Sentence)—जिन वाक्यों से किसी क्रिया के करने या होने की सामान्य सूचना मिलती है, उन्हें विधानवाचक वाक्य कहते हैं। किसी के अस्तित्व का बोध भी इस प्रकार के वाक्यों से होता है। *जैसे*—

सूर्य पश्चिम में अस्त होता है।
जनता ने नेताजी का स्वागत किया।
मैं कल दिल्ली गया था।
हम स्नान कर चुके।

2. निषेधवाचक वाक्य (Negative Sentence)—जिन वाक्यों से किसी कार्य के निषेध (न होने) का बोध होता हो, उन्हें निषेधवाचक वाक्य कहते हैं। इन्हें नकारात्मक वाक्य भी कहते हैं। *जैसे*—

मैं आज नहीं पढ़ूँगा।
माला नहीं नाचेगी।
आज गणित के अध्यापक ने कक्षा नहीं ली।

3. प्रश्नवाचक वाक्य (Interrogative Sentence)—जिन वाक्यों में प्रश्न किया जाए अर्थात् किसी से कोई बात पूछी जाए, उन्हें प्रश्नवाचक वाक्य कहते हैं। *जैसे*—

क्या तुम खेलोगे ?
तुम पढ़ने कब जाओगे ?
तुम्हारा क्या नाम है ?
तुम खेलोगे ?

4. विस्मयादिवाचक वाक्य (Interjective Sentence)—जिन वाक्यों से आश्चर्य (विस्मय), हर्ष, शोक, घृणा आदि के भाव व्यक्त हों, उन्हें विस्मयादिवाचक वाक्य कहते हैं। *जैसे*—

अरे ! इतनी लंबी रेलगाड़ी।
ओह ! बड़ा ज़ुल्म हो गया।
अहा ! कैसा सुंदर दृश्य है।
अच्छा ! तुमने भी स्नान कर लिया।

5. आज्ञावाचक वाक्य (Sentence—Denoting Order)—जिन वाक्यों से आज्ञा या अनुमति देने का बोध हो, उन्हें आज्ञावाचक वाक्य कहते हैं। *जैसे*—

आज चुप रहिए।
यहाँ से चले जाइए।
अपना-अपना काम करो।
आप जा सकते हैं।

6. इच्छावाचक वाक्य (Sentence—Denoting Desire)—वक्ता की इच्छा, आशा या आशीर्वाद को व्यक्त करने वाले वाक्य इच्छावाचक वाक्य कहलाते हैं। *जैसे*—

ईश्वर तुम्हें चिरायु करे।
नववर्ष मंगलमय हो।
भगवान करे, सब कुशल लौटें।

7. संदेहवाचक वाक्य (Doubtful Sentence)–जिन वाक्यों में कार्य के होने में संदेह अथवा संभावना का बोध हो, उन्हें संदेहवाचक वाक्य कहते हैं। *जैसे*–

संभवतः वह सुधर जाए।
शायद मैं बाहर चला जाऊँ।
वह शायद आए।

8. संकेतवाचक वाक्य (Indicative Sentence)–जिन वाक्यों से एक क्रिया के दूसरी क्रिया पर निर्भर होने का बोध हो, उन्हें संकेतवाचक वाक्य कहते हैं। इन्हें हेतुवाचक वाक्य भी कहते हैं। इनसे कारण, शर्त आदि का बोध होता है। *जैसे*–

वर्षा होती, तो फसल अच्छी होती।
आप आते, तो इतनी मुसीबत न आती।
यदि छुट्टियाँ हुईं, तो हम कश्मीर अवश्य जाएँगे।

वाक्य-परिवर्तन/रूपांतरण

एक विशेष अर्थ वाले वाक्य को अन्य किसी अर्थ वाले वाक्य में बदलना वाक्य-परिवर्तन कहलाता है। उदाहरण के लिए एक वाक्य के विभिन्न अर्थों में रूपांतरण देखिए–

विधानवाचक	–	मनीषा दसवीं में पढ़ती है।
निषेधवाचक	–	मनीषा दसवीं में नहीं पढ़ती।
प्रश्नवाचक	–	क्या मनीषा दसवीं में पढ़ती है ?
आज्ञावाचक	–	मनीषा ! तुम दसवीं में पढ़ो।
विस्मयवाचक	–	अरे, मनीषा दसवीं पढ़ने लगी !
इच्छावाचक	–	काश ! मनीषा दसवीं पढ़ती।
संदेहवाचक	–	मनीषा दसवीं में पढ़ती होगी। (शायद मनीषा दसवीं में पढ़ती है।)
संकेतवाचक	–	यदि अनुमति मिले तो मनीषा दसवीं पढ़े।

- ***विधानवाचक से आज्ञार्थक में परिवर्तन–***

1.	*विधानवाचक*	–	शीला रोज़ पढ़ने जाती है।
	आज्ञार्थक	–	शीला ! तुम रोज़ पढ़ने जाया करो।
2.	*विधानवाचक*	–	रमेश को खेलने से रोका जाता है।
	आज्ञार्थक	–	रमेश को खेलने से रोको।

- ***विधानवाचक से प्रश्नवाचक और निषेधवाचक में परिवर्तन–***

1.	*विधानवाचक*	–	वह जी खोलकर दान देता है।
	प्रश्नवाचक	–	क्या वह जी खोलकर दान देता है ?
	निषेधवाचक	–	वह जी खोलकर दान नहीं देता।
2.	*विधानवाचक*	–	पुलिस को देखते ही चोर भाग गए।
	प्रश्नवाचक	–	क्या पुलिस को देखते ही चोर भाग गए ?
	निषेधवाचक	–	पुलिस को देखते ही चोर नहीं भागे।

3. *विधानवाचक* – राम स्कूल जाएगा।
प्रश्नवाचक – क्या राम स्कूल जाएगा ?
निषेधवाचक – राम स्कूल नहीं जाएगा।

4. *विधानवाचक* – रमेश आज विद्यालय गया है।
प्रश्नवाचक – क्या रमेश आज विद्यालय गया है ?
निषेधवाचक – रमेश आज विद्यालय नहीं गया।

5. *विधानवाचक* – सुरेश ने यह पुस्तक पढ़ी है।
प्रश्नवाचक – क्या सुरेश ने यह पुस्तक पढ़ी है ?
निषेधवाचक – रमेश ने आज यह पुस्तक नहीं पढ़ी।

- ***विधानवाचक से विस्मयवाचक में परिवर्तन–***

विधानवाचक – तुम आ गए हो !
विस्मयवाचक – अरे, तुम आ गए हो !
विधानवाचक – यह बहुत ही सुंदर दृश्य है।
विस्मयवाचक – वाह ! कितना सुंदर दृश्य है।

- ***इच्छावाचक वाक्य से प्रश्नवाचक और निषेधवाचक वाक्य–***

इच्छावाचक – संसार में सब सुखी हो जाएँ।
प्रश्नवाचक – क्या संसार में सब सुखी हो जाएँ ?
निषेधवाचक – संसार में सभी सुखी न हों।

- ***विस्मयवाचक वाक्य से प्रश्नवाचक और निषेधवाचक वाक्य–***

विस्मयवाचक – वाह ! तुमने तो कमाल कर दिया।
प्रश्नवाचक – तुमने कौन-सा कमाल कर दिया ?
निषेधवाचक – तुमने कोई कमाल नहीं किया।

- ***प्रश्नवाचक से विस्मयवाचक और निषेधवाचक में परिवर्तन–***

प्रश्नवाचक – क्या वह इतना मूर्ख है ?
विस्मयवाचक – बाप रे, वह तो बड़ा मूर्ख है !
निषेधवाचक – वह इतना मूर्ख नहीं है।

- ***प्रश्नवाचक से विधानवाचक में परिवर्तन–***

प्रश्नवाचक – गाँधी जी का नाम किसने नहीं सुना ?
विधानवाचक – गाँधी जी का नाम सबने सुना है।

- ***निषेधवाचक से प्रश्नवाचक में परिवर्तन–***

निषेधवाचक – सुरेश ने यह पुस्तक नहीं पढ़ी है।
प्रश्नवाचक – क्या सुरेश ने यह पुस्तक पढ़ी है ?

अथवा

क्या सुरेश ने यह पुस्तक नहीं पढ़ी है ?

- ***निषेधवाचक से विधानवाचक में परिवर्तन–***

निषेधवाचक – उसने कोई उपाय नहीं छोड़ा।
विधानवाचक – उसने सब उपाय छोड़ दिए।

गत परीक्षाओं में पूछे गए प्रश्नोत्तर

1. *अर्थ की दृष्टि से निम्नलिखित वाक्यों के भेद बताएँ–*

CBSE 2014

1. अशोक कलिंग के राजा थे। (विधानवाचक)
2. अरे! आज कुमार नहीं आए। (विस्मयवाचक)
3. रेखा दसवीं में पढ़ती है। (विधानवाचक)

CBSE 2015

4. संजय अजमेर नहीं जाएगा। (निषेधवाचक)
5. ईश्वर आपको सुख और शांति दे। (इच्छावाचक)
6. आपका घर कहाँ है ? (प्रश्नवाचक)

CBSE 2016

7. यदि बचपन में गलती न की होती तो जीवन कुछ और ही होता। (संकेतवाचक)
8. कृपया इधर से जाएँ। (आज्ञावाचक)
9. तुम्हारी किताबें कहाँ हैं ? (प्रश्नवाचक)

CBSE 2017

10. चार दिन से वर्षा नहीं हो रही है। (निषेधवाचक)
11. आपकी यात्रा शुभ हो। (इच्छावाचक)
12. आप क्या काम करते हैं ? (प्रश्नवाचक)

CBSE 2018

13. आपका विवाहित जीवन सुखपूर्वक बीते। (इच्छावाचक)
14. यदि तुम समय पर आ जाते तो फिल्म देखने चलते। (संकेतवाचक)
15. शायद वह सुधर जाए। (संदेहवाचक)

CBSE 2019

16. हो सकता है आज धूप न निकले। (संदेहवाचक)
17. अहा! कितना सुंदर फूल है। (विस्मयवाचक)
18. आपकी यात्रा मंगलमय हो। (इच्छावाचक)

परीक्षाओं में पूछे गए बहुविकल्पी प्रश्नोत्तर

केंद्रीय विद्यालय, जम्मू 2021

2. *नीचे दिए गए वाक्यों का प्रकार बताओ–*

1. *'मैं आज विद्यालय नहीं जाऊँगा'।*

   (क) विधानवाचक वाक्य (ख) आज्ञावाचक वाक्य (ग) प्रश्नवाचक वाक्य (घ) निषेधवाचक वाक्य

2. *'अरे! इतनी ऊँची इमारत'।*

   (क) इच्छावाचक वाक्य (ख) विधानवाचक वाक्य (ग) विस्मयादिबोधक वाक्य (घ) संकेतवाचक वाक्य

3. *'ईश्वर सभी को खुश रखे'।*

   (क) प्रश्नवाचक वाक्य (ख) इच्छावाचक वाक्य (ग) संकेतवाचक वाक्य (घ) आज्ञावाचक वाक्य

4. *'मैं कल मुंबई गया था'*।

(क) इच्छावाचक वाक्य (ख) आज्ञावाचक वाक्य (ग) विधानवाचक वाक्य (घ) निषेधवाचक वाक्य

5. *'शोर मत करो'*।

(क) निषेधवाचक वाक्य (ख) संकेतवाचक वाक्य (ग) संदेहवाचक वाक्य (घ) आज्ञावाचक वाक्य

उत्तर– 1. (घ) 2. (ग) 3. (ख) 4. (ग) 5. (घ)

CASE 2022-23

3. 1. *'मैं तुम्हारी रक्षा का प्रयत्न करूँगा।'* अर्थ के आधार पर वाक्य भेद है–

(क) विधानवाचक (ख) इच्छावाचक (ग) संदेहवाचक (घ) आज्ञावाचक

2. *'आज वर्षा नहीं होगी।'* इस वाक्य का विधानवाचक वाक्य होगा–

(क) क्या आज वर्षा होगी (ख) वर्षा कब होगी (ग) आज वर्षा होगी (घ) शायद वर्षा होगी

3. *'यह काम कर दीजिए'* इस वाक्य का निषेधवाचक वाक्य है–

(क) यह काम अभी कीजिए (ख) यह काम देर से कीजिए

(ग) यह काम कम कीजिए (घ) यह काम मत कीजिए

4. *'शायद आज मेहमान आ जाएँ।'* अर्थ के आधार पर वाक्य भेद है–

(क) विधानवाचक (ख) इच्छावाचक (ग) संदेहवाचक (घ) आज्ञावाचक

5. *'वर्षा के कारण अनाज पैदा होता है'* इस वाक्य का संकेतवाचक वाक्य होगा–

(क) वर्षा से अनाज पैदा होता है (ख) वर्षा के कारण अनाज पैदा नहीं होता

(ग) यदि वर्षा होती है तो अनाज पैदा होता है (घ) वर्षा नहीं होने के कारण अनाज पैदा होता है।

उत्तर– 1. (क) 2. (ग) 3. (घ) 4. (ग) 5. (ग)

Common Exam 2023-24

4. *निर्देशानुसार 'अर्थ की दृष्टि से वाक्य भेद' पर आधारित प्रश्नों के उत्तर दीजिए–*

1. वाक्य का प्रकार बताइए– *'क्या तुम सोने-से पहले ब्रश करते हो ?*

(क) विधानवाचक वाक्य (ख) आज्ञावाचक वाक्य (ग) प्रश्नवाचक वाक्य (घ) निषेधवाचक वाक्य

2. वाक्य का प्रकार बताइए– *'बारिश रुकती तो मैं घर जाता।'*

(क) इच्छावाचक वाक्य (ख) विधानवाचक वाक्य (ग) विस्मयवाचक वाक्य (घ) संकेतवाचक वाक्य

3. *'गीले कपड़े धूप में सुखा दो।'* इस वाक्य को निषेधवाचक वाक्य में लिखा जाएगा–

(क) धूप होती तो गीले कपड़े सुखाता। (ख) गीले कपड़े धूप में सुखाने चाहिए।

(ग) क्या गीले कपड़े धूप मे सुखा दिए ? (घ) गीले कपड़े धूप में मत सुखाओ।

4. जिन वाक्यों में इच्छा, कामना या आशीर्वाद आदि का बोध हो, वहाँ अर्थ की दृष्टि से कौन-सा वाक्य भेद होता है ?

(क) संदेहवाचक वाक्य (ख) इच्छावाचक वाक्य (ग) आज्ञावाचक वाक्य (घ) प्रश्नवाचक वाक्य

5. संदेहवाचक वाक्य का उदाहरण है–

(क) शायद आज पुस्तकालय बंद हो। (ख) क्या तुम्हें गौरेया दिखाई दे रही है ?

(ग) छोटे भाई को तंग मत करो। (घ) ठंड में जूते पहनने चाहिए।

उत्तर– 1. (ग) 2. (घ) 3. (घ) 4. (ख) 5. (क)

सरस्वती विद्या मंदिर 2023-24

5. *अर्थ के आधार पर वाक्य-भेद पर आधारित निम्नलिखित प्रश्नों के उत्तर निर्देशानुसार दीजिए–*

1. 'सुमेर राजस्थान से नहीं लौटा'–

(क) निषेधवाचक (ख) विधानवाचक (ग) विस्मयवाचक (घ) इनमें से कोई नहीं

2. 'सावधान ! सड़क निर्माण-कार्य चल रहा है'–

(क) विधानवाचक (ख) निषेधवाचक (ग) विस्मयवाचक (घ) इनमें से कोई नहीं

3. 'पिताज़ी के साथ संभवतः नीरज भी आए'–

(क) संकेतवाचक (ख) संदेहवाचक (ग) आज्ञावाचक (घ) इच्छावाचक

4. 'यदि परिश्रम किया होता तो सफलता अवश्य मिलती'–

(क) प्रश्नवाचक (ख) इच्छावाचक (ग) संकेतवाचक (घ) इनमें से कोई नहीं

उत्तर– 1. (क) 2. (ग) 3. (ख) 4. (ग)

6. *निर्देशानुसार वाक्य-परिवर्तन कीजिए–*

CBSE 2016

1. क्यों अमेरिका में उन्हें घुसने नहीं दिया जाता। (विधानवाचक वाक्य लिखें)
2. बुद्धिमान व्यक्ति झगड़ा करते हैं। (निषेधवाचक वाक्य में)
3. वह आया है। (संदेहवाचक में)
4. तुम्हें पिकनिक पर नहीं जाना है। (आज्ञावाचक में)

CBSE 2017

5. स्त्रियों का सम्मान होता है। (निषेधवाचक)
6. आजकल भ्रूण-हत्या हो रही है। (प्रश्नवाचक)
7. उसने काम कर लिया। (निषेधवाचक)
8. यह पत्र वहाँ पहुँचाना है। (आज्ञावाचक)

CBSE 2018

9. बच्चा कल स्कूल नहीं गया था। (प्रश्नवाचक में)
10. क्या मंत्री जी आ गए हैं ? (संदेहवाचक में)
11. ट्रेन समय पर आएगी। (संदेहवाचक में)
12. सत्य की सदा विजय होती है। (प्रश्नवाचक में)

CBSE 2019

13. बारिश से अच्छी फसल होती है। (संकेतवाचक में)
14. गीता खाना पकाती है। (निषेधवाचक में)
15. उसने पत्र लिख दिया। (प्रश्नवाचक में)
16. तुम अवश्य सफल हो जाओगे। (आज्ञावाचक में)

उत्तर–

1. उन्हें अमेरिका में घुसने दिया जाता है।
2. बुद्धिमान व्यक्ति झगड़ा नहीं करते।
3. शायद वह आया है।
4. तुम पिकनिक पर जाओ।
5. स्त्रियों का सम्मान नहीं होता।
6. क्या आजकल भ्रूण हत्या हो रही है ?
7. उसने काम नहीं किया।
8. यह पत्र वहाँ पहुँचाओ।
9. क्या बच्चा कल स्कूल नहीं गया था ?
10. शायद मंत्री जी आ गए हैं।
11. शायद ट्रेन समय पर आएगी।

12. क्या सत्य की सदा विजय होती है ?

13. यदि बारिश होती है तो फसल अच्छी होती है।

14. गीता खाना नहीं पकाती है।

15. क्या उसने पत्र लिख दिया ?

16. तुम अवश्य सफलता प्राप्त करो।

7. *उद्देश्य तथा विधेय अलग-अलग कीजिए–*

(क) कवि मंच पर कविता सुना रहा है।

(ख) छात्र देश के भविष्य हैं।

उत्तर– (क) उद्देश्य – कवि

विधेय – मंच पर कविता सुना रहा है।

(ख) उद्देश्य – छात्र

विधेय – देश के भविष्य हैं।

8. *प्रश्नवाचक वाक्य की परिभाषा लिखें।*

9. *इच्छावाचक वाक्य का एक उदाहरण लिखिए।*

10. *रचना के आधार पर वाक्य के कितने अंग हैं ? उदाहरण-सहित स्पष्ट कीजिए।*

प्रश्न-अभ्यास

1. *निम्नलिखित वाक्यों को संकेत-अनुसार बदलिए–*

(क) यह उपन्यास मुंशी प्रेमचंद ने लिखा है। (प्रश्नवाचक)

(ख) कृपया पत्र लिख दीजिए। (आज्ञावाचक)

(ग) वह चल सकता है। (निषेधवाचक)

(घ) वाह ! क्या सुंदर दृश्य है। (विधानवाचक)

(ङ) सीता गा रही है। (विस्मयादिवाचक)

(च) मेरा पत्र आया है। (प्रश्नवाचक)

(छ) क्या आज स्कूल में छुट्टी है। (विधानवाचक)

(ज) रोगी चल-फिर सकता है। (निषेधवाचक)

(झ) गरीब मेहनत करते हैं, पर उन्हें भर पेट रोटी नहीं मिलती। (निषेधवाचक)

(ञ) मेरा पत्र आया है। (प्रश्नवाचक)

(ट) मेरी पुस्तक यहाँ है। (प्रश्नवाचक)

2. *निर्देशानुसार वाक्य-परिवर्तन कीजिए–*

(क) प्रेम ने उसका काम नहीं किया। (संदेहवाचक बनाइए)

(ख) सुरेश ने पत्र लिखा है। (प्रश्नवाचक बनाइए)

(ग) हर्ष गीत गा रहा है। (विस्मयवाचक बनाइए)

(घ) अरे, सुरेश स्कूल जाएगा। (निषेधवाचक बनाइए)

(ङ) तुमने अपना काम पूरा कर लिया। (प्रश्नवाचक बनाइए)

(च) शायद आज पिताजी आएँगे। (प्रश्नवाचक बनाइए)

(छ) राम आज चलचित्र देखेगा। (संदेहवाचक बनाइए)

(ज) अनिल पुस्तक पढ़ेगा। (विस्मयवाचक बनाइए)

(झ) विवेक बाज़ार जाएगा। (आज्ञावाचक बनाइए)

(ञ) राम आज चलचित्र देखेगा। (इच्छावाचक बनाइए)

(ट) विवेक बाज़ार जाएगा। (विस्मयवाचक बनाइए)

(ठ) रवींद्र आजकल दिनभर पढ़ता रहता है। (प्रश्नवाचक बनाइए)

(ड) क्या इस बार हमारे विद्यालय में बहुत बड़े-बड़े आदमी नहीं आ रहे हैं ? (निषेधार्थक बनाइए)

(ढ) शायद वह सामान खरीदने के लिए बाज़ार गया है। (निषेधार्थक बनाइए)

(ण) क्या राम और श्याम अब साथ-साथ रहते हैं ? (विधानार्थक रूप में बदलिए)

3. *अर्थ के आधार पर निम्नलिखित वाक्यों के भेद बताइए–*

(क) यदि वह आ जाता, तो मैं घर पर ही मिलती।
(ख) वाह ! कितनी सुंदर घटाएँ छा गई हैं।
(ग) भगवान आपका भला करे।
(घ) कितने बजे हैं ?
(ङ) अब तुम चले जाओ।
(च) काश ! मैं दिल्ली पहुँच जाता।
(छ) सूर्य प्रतिदिन उदय और अस्त होता है।

बहुविकल्पी प्रश्न

1. अर्थ की दृष्टि से वाक्य का प्रकार बताइए–

1. *उसने भोजन नहीं किया।*
   (क) विधानवाचक (ख) इच्छावाचक (ग) निषेधवाचक (घ) विस्मयादिवाचक
2. *कितना सुहावना दृश्य है !*
   (क) विधानवाचक (ख) इच्छावाचक (ग) निषेधवाचक (घ) विस्मयादिवाचक
3. *क्या सुंदर स्थान है !*
   (क) विधानवाचक (ख) इच्छावाचक (ग) निषेधवाचक (घ) विस्मयादिवाचक
4. *यहाँ से चले जाओ।*
   (क) विधानवाचक (ख) इच्छावाचक (ग) आज्ञावाचक (घ) विस्मयादिवाचक
5. *कल कौन आ रहा है ?*
   (क) प्रश्नवाचक (ख) इच्छावाचक (ग) आज्ञावाचक (घ) विस्मयादिवाचक
6. *अब बैठकर पढ़ो।*
   (क) प्रश्नवाचक (ख) इच्छावाचक (ग) आज्ञावाचक (घ) विस्मयादिवाचक
7. *यदि वह तुमसे मिल लेता तो उसका काम हो जाता।*
   (क) संकेतवाचक (ख) इच्छावाचक (ग) विधानवाचक (घ) निषेधवाचक
8. *अगर वह आया तो मैं चला जाऊँगा।*
   (क) संकेतवाचक (ख) इच्छावाचक (ग) विधानवाचक (घ) निषेधवाचक
9. *जाओ बाज़ार से सबजी ले आओ।*
   (क) संकेतवाचक (ख) इच्छावाचक (ग) आज्ञावाचक (घ) विधानवाचक
10. *अच्छी वर्षा से अच्छी फसल होती है।*
    (क) संकेतवाचक (ख) इच्छावाचक (ग) आज्ञावाचक (घ) विधानवाचक

2. निर्देशानुसार वाक्य बनाइए–

1. *राम अच्छा लड़का है।*

–निषेधवाचक बनाइए।

(क) नहीं, राम अच्छा लड़का है।
(ख) क्या राम अच्छा लड़का है।
(ग) राम अच्छा लड़का कहाँ है ?
(घ) राम अच्छा लड़का नहीं है।

2. *शीला रोज पढ़ने जाती है।*

–संदेहवाचक बनाइए।

(क) क्या शीला रोज पढ़ने जाती है ?
(ख) शीला रोज पढ़ने नहीं जाती।
(ग) शीला शायद रोज पढ़ने जाती है।
(घ) शायद शीला पढ़ने नहीं जाती है।

3. *गाँधी जी का नाम किसने सुना है ?*

–विधानवाचक बनाइए।

(क) गाँधी जी का नाम किसी ने नहीं सुना है।
(ख) गाँधी जी का नाम सबने सुना है।
(ग) गाँधी जी का नाम हमने सुना है।
(घ) गाँधी जी का नाम मत सुनो।

4. *उसने कोई उपाय नहीं छोड़ा।*

–विधानवाचक बनाइए।

(क) उसने सब उपाय किए।
(ख) उसने कुछ उपाय छोड़ दिए।
(ग) क्या उसने कोई उपाय किया।
(घ) उसने सब उपाय छोड़े।

3. नवीनतम शैली के प्रश्न

कॉलम 1 को कॉलम 2 से सुमेलित करके उचित विकल्प पर ✓ लगाइए–

1.

कॉलम 1	कॉलम 2
1. *वाह ! तुमने तो कमाल कर दिया।*	(*i*) प्रश्नवाचक
2. *मल्लिका को दिल्ली नहीं आना।*	(*ii*) विस्मयादिबोधक
3. *क्या तुम अब गुड़गाँव जाओगे ?*	(*iii*) निषेधवाचक

विकल्प–

(क) 1–(*ii*), 2–(*iii*), 3–(*i*)
(ख) 1–(*i*), 2–(*ii*), 3–(*iii*)
(ग) 1–(*iii*), 2–(*ii*), 3–(*i*)
(घ) 1–(*ii*), 2–(*i*), 3–(*iii*)

2.

कॉलम 1	कॉलम 2
1. *यदि बारिश हुई तो चलेंगे।*	(*i*) निषेधवाचक
2. *आज सूर्य नहीं निकला।*	(*ii*) आज्ञावाचक
3. *बच्चो ! उधर जाकर खेलो।*	(*iii*) संकेतवाचक

विकल्प–

(क) 1–(*i*), 2–(*ii*), 3–(*iii*)
(ख) 1–(*ii*), 2–(*iii*), 3–(*i*)
(ग) 1–(*iii*), 2–(*i*), 3–(*ii*)
(घ) 1–(*iii*), 2–(*ii*), 3–(*i*)

3.

कॉलम 1	कॉलम 2
1. *क्या वह पागल है ?*	(*i*) *विस्मयादिबोधक*
2. *बाप रे ! वह तो पागल है।*	(*ii*) *निषेधवाचक*
3. *अरे, वह पागल नहीं है।*	(*iii*) *प्रश्नवाचक*

विकल्प–

(क) 1–(*i*), 2–(*ii*), 3–(*iii*) (ख) 1–(*iii*), 2–(*ii*), 3–(*i*)

(ग) 1–(*ii*), 2–(*iii*), 3–(*i*) (घ) 1–(*iii*), 2–(*i*), 3–(*ii*)

4.

कॉलम 1	कॉलम 2
1. *भगवान करे, तुम सफल हो।*	(*i*) *संदेहवाचक*
2. *तू जाकर पढ़।*	(*ii*) *इच्छावाचक*
3. *शायद आज बारिश हो।*	(*iii*) *आज्ञावाचक*

विकल्प–

(क) 1–(*i*), 2–(*ii*), 3–(*iii*) (ख) 1–(*ii*), 2–(*iii*), 3–(*i*)

(ग) 1–(*ii*), 2–(*i*), 3–(*iii*) (घ) 1–(*iii*), 2–(*ii*), 3–(*i*)

5.

कॉलम 1	कॉलम 2
1. *संभवतः वह आ जाए।*	(*i*) *इच्छावाचक*
2. *भगवान भला करे।*	(*ii*) *विधानवाचक*
3. *बगीचा खिला हुआ है।*	(*iii*) *संदेहवाचक*

विकल्प–

(क) 1–(*i*), 2–(*ii*), 3–(*iii*) (ख) 1–(*iii*), 2–(*i*), 3–(*ii*)

(ग) 1–(*iii*), 2–(*ii*), 3–(*i*) (घ) 1–(*ii*), 2–(*iii*), 3–(*i*)

6. **कार्य–** *महेश कुशलतापूर्वक कार्य करता है।*
(संदेहवाचक में बदलो)

विकल्प–

(*i*) महेश शायद कुशलतापूर्वक कार्य करे। (*ii*) महेश शायद कुशलतापूर्वक कार्य करता है।

(*iii*) महेश शायद कुशलतापूर्वक कार्य नहीं करता है। (*iv*) महेश कुशलतापूर्वक कार्य न करे शायद।

उत्तर–

(क) (*i*) या (*ii*) (ख) (*ii*) या (*iii*) (ग) (*i*) या (*iv*) (घ) (*ii*)

7. **कार्य–** *वाह ! तुमने तो गज़ब ढा दिया।*
–प्रश्नवाचक बनाइए।

विकल्प–

(*i*) वाह ! तुमने कौन-सा गज़ब ढा दिया ? (*ii*) वाह ! तुमने कौन-सा गज़ब नहीं ढाया ?

(*iii*) तुमने कौन-सा गज़ब ढा दिया ? (*iv*) तुमने क्या गज़ब ढाया ?

उत्तर–

(क) (*i*) या (*ii*) (ख) (*iii*) या (*iv*) (ग) (*i*) (घ) (*iii*)

8. **कार्य–** *अटल जी का नाम किसने नहीं सुना ?*

–विधानवाचक बनाइए।

विकल्प–

(*i*) अटल जी का नाम किसी ने नहीं सुना। (*ii*) अटल जी का नाम सबने सुना है।

(*iii*) अटल जी का नाम हमने सुना है। (*iv*) कोई अटल जी का नाम नहीं जानता।

उत्तर–

(क) (*i*) या (*ii*) (ख) (*ii*) या (*iii*) (ग) (*ii*) (घ) (*i*)

9. **कार्य–** *राम बेईमानी नहीं कर सकता।*

–संदेहवाचक में बदलिए।

विकल्प–

(*i*) राम बेईमानी तो नहीं कर सकता। (*ii*) शायद राम बेईमानी नहीं कर सकता।

(*iii*) शायद राम बेईमानी कर सकता है। (*iv*) राम बेईमानी ही कर सकता है।

उत्तर–

(क) (*ii*) (ख) (*ii*) अथवा (*iii*) (ग) (*iii*) (घ) (*i*) अथवा (*iv*)

10. **कार्य–** *शीला रोज विद्यालय जाती है।*

–आज्ञावाचक में बदलिए।

विकल्प–

(*i*) शीला रोज विद्यालय जाया करे। (*ii*) शीला ! विद्यालय रोज जाया कर।

(*iii*) शीला ! रोज विद्यालय जाया जाता है। (*iv*) शीला को रोज विद्यालय जाना है।

उत्तर–

(क) (*i*) अथवा (*ii*) (ख) (*ii*) (ग) (*iii*) (घ) (*iv*)

4. अलंकार

पाठ्यक्रम–शब्दालंकार (अनुप्रास, यमक, श्लेष)

अर्थ–अलंकार का अर्थ है–आभूषण या शृंगार। काव्य के आभूषण अर्थात् सौंदर्य-वर्द्धक गुण अलंकार कहलाते हैं। अलंकार स्वयं सौंदर्य नहीं होते, वे काव्य के सौंदर्य को बढ़ाने वाले सहायक तत्व होते हैं। अलंकारों के योग से काव्य मनोहारी बन जाता है।

अलंकार के भेद

काव्य में शब्द और अर्थ–दोनों की बराबर सत्ता रहती है। अतः कहीं शब्द-प्रयोग के कारण काव्य में सौंदर्य उत्पन्न होता है तो कहीं अर्थ-चमत्कार के कारण। जहाँ शब्द के कारण चमत्कार उत्पन्न होता है, वहाँ **शब्दालंकार** होते हैं। इसके विपरीत, जहाँ अर्थ के कारण काव्य में आकर्षण आता है, वहाँ **अर्थालंकार** होते हैं। *उदाहरणतया*–

1. तरनि तनूजा तट तमाल तरुवर बहु छाए।
2. काली घटा का घमंड घटा।

इन दोनों उदाहरणों में विशेष व्यंजनों के प्रयोग से काव्य में सौंदर्य उत्पन्न हुआ है। यदि पहले उदाहरण में 'तरनि' की बजाय उसका पर्यायवाची 'सूर्य'; 'तनूजा' की बजाय उसका पर्यायवाची 'पुत्री'; 'तट' की जगह उसका पर्यायवाची 'किनारा' रख दें तो काव्य का सारा चमत्कार जाता रहेगा। इसी भाँति दूसरे उदाहरण में 'घटा' की पुनरावृत्ति से ही काव्य में सौंदर्य है। यदि इनकी जगह इसका कोई अन्य पर्यायवाची रख दिया जाए तो सौंदर्य समाप्त हो जाएगा। आशय यह है कि दोनों उदाहरणों में शब्दों के कारण सौंदर्य है। अतः इनमें शब्दालंकार है। अब अन्य *उदाहरण* देखिए–

1. तब तो बहता समय शिला-सा जम जाएगा।
2. सिंधु-सा विस्तृत और अथाह।

इन दोनों उदाहरणों में 'शिला-सा' तथा 'सिंधु-सा' के अर्थ के कारण चमत्कार उत्पन्न हुआ है। यदि इनके स्थान पर क्रमशः 'चट्टान' तथा 'सागर' शब्द रख दिए जाएँ तो भी अर्थ में अधिक अंतर नहीं आएगा। इसलिए यहाँ अर्थालंकारों का प्रयोग हुआ है।

शब्दालंकार

शब्दों में पाए जाने वाले अलंकार अनेक हैं। उनमें से कुछ प्रमुख अलंकार इस प्रकार हैं–

1. अनुप्रास

जहाँ व्यंजनों की आवृत्ति के कारण काव्य में चमत्कार उत्पन्न होता है, वहाँ अनुप्रास अलंकार होता है। *उदाहरणतया*–

1. तरनि तनूजा तट तमाल तरुवर बहु छाए। (**त** की आवृत्ति)
2. चारु चंद्र की चंचल किरणें खेल रही हैं जल-थल में। (**च** और **ल** की आवृत्ति)
3. लट लटकनि मनो मत्त मधुप गन मादक मधुहि पियें। (**ल, म** की आवृत्ति)

ध्यातव्य है कि व्यंजनों की आवृत्ति में भी कोई नियम होना चाहिए। या तो वे शब्द के आरंभ में आवृत्ति करें, या मध्य में, या अंत में। कुछ अन्य उदाहरण देखिए–

- कल कानन कुंडल मोरपखा उर पै बनमाल बिराजति है।
- कंकन किंकिनि नूपुर धुनि सुनि।
  कहत लखन सन राम हृदय गुनि।।
- संसार की समर-स्थली में धीरता धारण करो।
- नभ पर चम-चम चपला चमकी।
- निपट निरंकुस निठुर निसंकू।
  जेहि ससि कीन्ह सरुज सकलंकू।।
- कुटिल, कुचाल, कुकर्म छोड़ दे।
- भुज भुजगेस की बैं संगिनी भुजंगिनी-सी
  खेदि खेदि खाती दीह दारुन दलन के।
- विमल वाणी ने वीणा ली।
- मुदित महीपति मंदिर आए।
  सेवक सचिव सुमंत बुलाए।।
- कायर क्रूर कपूत कुचाली यों ही मर जाते हैं।
- मधुर-मधुर मुसकान मनोहर, मनुज वेश का उजियाला।
- जग जाँचिअ कोउ न जाँचिए जौ, जिये जाँचिए जानकी जानही रे।
- भग्न-मग्न रत्नाकर में वह राह।
- बरषत बारिद बूँद। *[CBSE 2017]*
- गोपी पद-पंकज पावन की रज जामैं सिर भीजै।
- सुरभित सुंदर सुखद सुमन तुझ पर खिलते हैं।
- कूकै लगी कोइलें कदंबन पे बैठि फेरि।
- मिटा मोदु मन भए मलीने।
- नाथ सकल सुख साथ तुम्हारे।

2. यमक

"वहै शब्द पुनि-पुनि परै अर्थ भिन्न-ही भिन्न।"

अर्थात् **जहाँ एक शब्द बार-बार आए किंतु उसका अर्थ बदल जाए, वहाँ यमक अलंकार होता है** *उदाहरणतया–*

(1) काली **घटा** का घमंड **घटा**।

यहाँ 'घटा' शब्द दोनों बार भिन्न-भिन्न अर्थ में प्रयुक्त हुआ है। पहली बार 'बादलों के जमघट' के लिए तथा दूसरी बार 'कम हुआ' के लिए। अतः यहाँ यमक अलंकार है।

(2) **कनक कनक** ते सौ गुनी, मादकता अधिकाय।
वा खाय बौराए जग, या पाए बौराए।। *[CBSE 2009]*

यहाँ पहले 'कनक' का अर्थ सोना और दूसरे 'कनक' का अर्थ धतूरा है। कनक शब्द की आवृत्ति होने के कारण यहाँ यमक अलंकार है।

(3) माला फेरत जुग भया, गया न मन का फेर।
कर का **मनका** डारि के, **मन का मनका** फेर।।

यहाँ 'फेर' तथा 'मनका' शब्दों का भिन्न-भिन्न अर्थों में प्रयोग द्रष्टव्य है। (मनका = माला का दाना, मन का = हृदय का ; फेर = चक्कर, घुमा।)

(4) तौं पर वारौं **उरबसी**, सुन राधिके सुजान।
तू मोहन के **उर बसी** हृवै **उरबसी** समान।।

(उर बसी = हृदय में बसी, उरबसी = एक अप्सरा)

(5) तीन बेर खाती थीं वे **तीन बेर** खाती हैं।

(तीन बेर = तीन बार, बेर के तीन दाने)

(6) जेते तुम **तारे** तेते नभ में न तारे हैं।

(तारे = उद्धार किया, सितारे)

(7) कहै कवि **बेनी बेनी** ब्याल की चुराई लीनी।

(बेनी = कवि का नाम, चोटी)

(8) पच्छी **परछीने** ऐसे परे **पर छीने** बीर।
तेरी **बरछी ने बर छीने** हैं खलन के।।

(9) **चाँद** पर फिराके हाथ, बोला–हाय मेरी **चाँद** !
तेरे होते चक्कर लगाऊँ मैं क्यूँ **चाँद** के।

शब्दालंकार

शब्दों में पाए जाने वाले अलंकार अनेक हैं। उनमें से कुछ प्रमुख अलंकार इस प्रकार हैं–
अनुप्रास, यमक, श्लेष।

1. श्लेष

श्लेष का अर्थ है–'चिपकना'। अतः जहाँ एक शब्द के एक से अधिक अर्थ निकलें, वहाँ श्लेष अलंकार होता है।

उदाहरणतया–

(1) जो रहीम गति दीप की, कुल कपूत गति सोय।
बारे उजियारो करै, **बढ़े** अँधेरो होय।।

यहाँ 'बारे' के दो अर्थ हैं–'जलाने पर' तथा 'बचपन में'। 'बढ़े' के दो अर्थ हैं–'बड़ा होने पर' तथा 'बुझने पर'।

(2) मि. जगदीश ! आप चाहे कुछ भी कहें, मैं तो इसे जगदीश की ही कृपा मानता हूँ।

(यहाँ जगदीश के दो अर्थ हैं–'जगदीश नामक व्यक्ति' तथा 'ईश्वर')

(3) मेरी भव-बाधा हरौ राधा नागरि सोय।
जा तन की झाँई परै **स्यामु हरित दुति** होय।।

(स्यामु = पाप, कालिमा, कृष्ण; हरित दुति = हर लिए जाते हैं, शोभा नष्ट हो जाती है; हरे-भरे; प्रसन्न, हरे रंग के)

(4) चिरजीवौ जोरी जुरे, क्यों न सनेह गंभीर।
को घटि या **वृषभानुजा,** वे **हलधर** के वीर।। [*CBSE 2017*]

वृषभानु + जा = राधा, वृषभ + अनुजा = बैल की बहिन–गाय। हलधर = एक शस्त्र (हथियार), बलराम।

(5) **सुबरन** को ढूँढ़त फिरत कवि, व्यभिचारी, चोर।

(सुबरन = अच्छे वर्णवृत (छंद) या अक्षर, सुंदर स्त्री, सोना)

(6) मधुबन की छाती को देखो।
सूखी कितनी इसकी कलियाँ।।

(कलियाँ–फूल का अविकसित रूप, यौवन से पूर्व की अवस्था)

प्रश्न-अभ्यास

1. श्लेष अलंकार की परिभाषा देते हुए पूर्णोपमा और लुप्तोपमा का अंतर स्पष्ट कीजिए।
2. *निम्नलिखित पद्यांशों में प्रयुक्त अलंकार बताइए–*
   (1) चिरजीवौ जोरी जुरै, क्यों न सनेह गंभीर।
   को घटि ये वृषभानुजा, वे हलधर के बीर।
   (2) कहै कबीर गुरु ग्यान थैं एक-आध उबरंत।
   (3) लाजनि लपेटी चितवन भेद भाय भरी
   लसित ललित लोल चख तिरछानि मैं।
   (4) सेस, गनेस, दिनेस, महेस सुरेसहुँ जाँहि निरंतर ध्यावैं।
   (5) डाल-डाल अलि पिक के गायन का बँधा समाँ।
   (6) चँवर सदृश डोल रहे सरसों से सर अनंत।
3. *निम्नलिखित काव्यांशों में प्रयुक्त अलंकार का नाम लिखिए–*
   1. कभी अचानक भूतों का-सा, प्रकटा विकट महा आकार।
   2. सुनहू सखा कह कृपा निधाना।
   3. रघुपति राघव राजा राम।
   4. मृदु मंद-मंद मंथर मंथर।
   5. लागि लागि आगि भागि भागि चले जहाँ तहाँ।
   6. सदा सोहागिनि होहु तुम।
   7. कबीर सोई पीर है, जो जाने पर पीर।
   8. लट लटकनि मनो मत्त मधुप गन मादक मधुहिं पिये।
   9. आवत जात कुंज की गलियन रूप-सुधा रस पीजै।
   10. सकुची सीय मन महुँ मुसकानी।
   11. एक रम्य उपवन था, नंदन वन-सा सुंदर।
   12. विकसे संत-सरोज सब।

गत परीक्षाओं में पूछे गए प्रश्नोत्तर

1. *निम्नलिखित पंक्तियों में अलंकार बताइए–*
   (1) बढ़त-बढ़त संपत्ति सलिल, मन-सरोज बढ़ जाइ। *[CBSE]*
   (2) सुरभित सुंदर सुखद सुमन तुझ पर खिलते हैं। *[CBSE]*
   (3) काली घटा का घमंड घटा। *[CBSE 2010, 2017]*
   (4) तरनि तनूजा तट तमाल तरुवर बहु छाए। *[CBSE 2015]*
   (5) कालिंदी कूल कदंब की डारन। *[CBSE 2010]*
   (6) कूकै लगीं कोइलें कदंबन पै बैठि फेरि। *[CBSE]*
   (7) वह बाँसुरी की धुनि **कानि परै कुल कानि** हियो तजि भाजति है। *[CBSE]*
   (8) **पीपर पात सरिस मन** डोला। *[CBSE 2014, 2017, 2018, 2019]*
   (9) तू मोहन के **उर बसी ह्वै उरबसी** समान। *[CBSE]*
   (10) रावनु रथी विरथी रघुवीरा। *[CBSE]*
   (11) नभ पर चमचम चपला चमकी। *[CBSE 2017]*

(12) मुदित महीपति मंदिर आए। [CBSE 2016]

(13) जितने तुमने तारे उतने नहीं गगन में तारे हैं। [CBSE 2016, 2018]

(14) सूर समर करनी करहिं। [CBSE]

(15) सत्य सनेह सील सुख सागर। [CBSE]

(16) बालकु बोलि बधौं नहिं तोही। [CBSE 2017]

(17) मधुर मृदु मंजुल मुख मुस्कान। [CBSE 2010]

(18) घेर घेर घोर गगन, धराधर ओ। [CBSE]

(19) बालक बोलि बहुत मैं बाँचा। [CBSE 2019]

CBSE 2014

(20) तीन बेर खाती थी सो तीन बेर खाती थी। [CBSE 2016, 19]

(21) काली घटा का घमंड घटा। [CBSE 2017]

(22) हरि मुख मानो मधुर मयंक।

CBSE 2016

(23) सहज सुभाग सुभग तन गोरे।
नाम लखन लघु देवर मोरे।।

(24) विमल वाणी ने वीणा ली। [CBSE 2017]

(25) नाथ सकल सुख साथ तुम्हारे।

(26) मेरी बरछी ने बर छीने हैं खलन के।

CBSE 2017

(27) आवत जात कुंज की गलियन रूप सुधा नित पीजै।

CBSE 2018

(28) मेघमय आसमान से उतर रही
संध्या सुंदरी परी-सी धीरे-धीरे

(29) हरिपद कोमल कमल-से

(30) या मुरली मुरलीधर की अधरान धरी अधरा न धरौंगी।

CBSE 2019

(31) कूकि कूकि केकी कलित कुंजन करत कलोल।

उत्तर–			
1. अनुप्रास	2. अनुप्रास	3. यमक	4. अनुप्रास
5. अनुप्रास	6. अनुप्रास	7. अनुप्रास	8. अनुप्रास
9. यमक	10. अनुप्रास	11. अनुप्रास	12. अनुप्रास
13. यमक	14. अनुप्रास	15. अनुप्रास	16. अनुप्रास
17. अनुप्रास	18. अनुप्रास	19. अनुप्रास	20. यमक
21. यमक	22. अनुप्रास	23. अनुप्रास	24. अनुप्रास
25. अनुप्रास	26. यमक	27. अनुप्रास	28. अनुप्रास
29. अनुप्रास	30. यमक	31. अनुप्रास	

2. अनुप्रास अलंकार का एक उदाहरण दीजिए। [CBSE]

3. श्लेष अलंकार का एक उदाहरण दीजिए। [CBSE]

4. यमक अलंकार का एक उदाहरण दीजिए। [CBSE 2016]

5. अनुप्रास अथवा श्लेष अलंकार की परिभाषा उदाहरण-सहित लिखिए। [CBSE 2015]

6. यमक अलंकार किसे कहते हैं ? उदाहरण सहित लिखिए। [*CBSE 2016*]

7. श्लेष अलंकार किसे कहते हैं ? उदाहरण सहित लिखिए। [*CBSE 2016*]

8. अलंकार किसे कहते हैं ? उनके कितने भेद हैं ? [*CBSE 2015*]

गत परीक्षाओं में पूछे गए बहुविकल्पी प्रश्नोत्तर

केंद्रीय विद्यालय, जम्मू 2021

1. निम्नलिखित पंक्ति में अलंकार पहचान कर लिखिए—

1. *कल कानन कुंडल मोर पखा, उर पै बनमाल बिराजति है।*

(क) यमक अलंकार (ख) अनुप्रास अलंकार (ग) उत्प्रेक्षा अलंकार (घ) अतिशयोक्ति अलंकार

2. *जहाँ पर एक ही वर्ण की आवृत्ति बार-बार होती है वहाँ होता है—*

(क) यमक अलंकार (ख) रूपक अलंकार (ग) उत्प्रेक्षा अलंकार (घ) अनुप्रास अलंकार

3. *जब एक ही शब्द बार-बार आए और उसके अर्थ भिन्न-भिन्न हों तो वहाँ कौन-सा अलंकार होता है ?*

(क) उपमा अलंकार (ख) रूपक अलंकार (ग) उत्प्रेक्षा अलंकार (घ) यमक अलंकार

4. दी गई पंक्ति में अलंकार पहचान कर लिखो—

'काली घटा का घमंड घटा'

(क) अनुप्रास अलंकार (ख) यमक अलंकार (ग) उपमा अलंकार (घ) उत्प्रेक्षा अलंकार

उत्तर— 1. (ख) 2. (घ) 3. (घ) 4. (ख)

CASE 2022-23

1. *'गोधन ग्वारनि संग फिरौंगी'* प्रस्तुत पंक्ति में अलंकार है—

(क) अनुप्रास अलंकार (ख) यमक अलंकार (ग) रूपक अलंकार (घ) उपमा अलंकार

2. *'अधरान धरी अधरा न धरौंगी'*— प्रस्तुत पंक्ति में अलंकार है—

(क) उपमा अलंकार (ख) रूपक अलंकार (ग) अनुप्रास अलंकार (घ) यमक अलंकार

3. निम्नलिखित में से यमक अलंकार का उदाहरण है—

(क) मनका मनका फेर (ख) करत-करत अभ्यास के

(ग) जग कर सजकर रजनी बोले (घ) तनकर भाला यो बोल उठा

उत्तर— 1. (क) 2. (घ) 3. (क)

Common Exam 2023-24

2. निर्देशानुसार 'अलंकार' पर आधारित प्रश्नों के उत्तर दीजिए—

1. निम्नलिखित पंक्तियों में अलंकार पहचानिए—

'मेरी काल कोठरी काली।'

(क) यमक अलंकार (ख) अनुप्रास अलंकार (ग) उपमा अलंकार (घ) मानवीकरण अलंकार

2. दी गई पंक्ति में अलंकार पहचानिए—

'क्षितिज अटारी गहराई दामिनी दमकी!'

(क) यमक अलंकार (ख) श्लेष अलंकार (ग) उपमा अलंकार (घ) रूपक अलंकार

3. दी गई पंक्ति में अलंकार पहचानिए—

'या मुरली मुरलीधर की अधरान धरी अधरान धरौंगी।'

(क) यमक अलंकार (ख) मानवीकरण अलंकार (ग) उपमा अलंकार (घ) रूपक अलंकार

4. निम्न में से उपमा अलंकार का उदाहरण पहचानिए–

(क) शशि-मुख पर घूँघट डाले। (ख) कोमल कोयल कूकती थी।

(ग) चमक गई चपला चम-चम। (घ) रोमांचित-सी लगती वसुधा।

5. किन्हीं दो वस्तुओं के गुण, आकृति, स्वभाव आदि में समानता दिखाई जाए या दो वस्तुओं की तुलना की जाए, तो **कौन-सा** अलंकार होता है ?

(क) यमक अलंकार (ख) अनुप्रास अलंकार (ग) उपमा अलंकार (घ) रूपक अलंकार

उत्तर– 1. (ख) 2. (घ) 3. (क) 4. (घ) 5. (ग)

सरस्वती विद्या मंदिर 2023-24

3. 'अलंकार' आधारित निम्नलिखित प्रश्नों के उत्तर उचित विकल्प चुनकर लिखिए–

1. '*जन रंजन-मंजन दनुज, मनुज रूप सुर भूप*' में अलंकार है–

(क) अनुप्रास (ख) यमक (ग) उपमा (घ) इनमें से कोई नहीं

2. '*प्रकृति का अनुराग-अंचल हिल रहा*' में कौन-सा अलंकार प्रयुक्त हुआ है ?

(क) अनुप्रास (ख) यमक (ग) उपमा (घ) रूपक

3. '*वेदना बोझ वाली-सी*' में अलंकार है–

(क) उपमा (ख) अनुप्रास (ग) रूपक (घ) इनमें से कोई नहीं

4. '*वह दीपशिखा-सी शांत भाव में लीन।*' उदाहरण में किस अलंकार का प्रयोग हुआ है ?

(क) अनुप्रास (ख) यमक (ग) उपमा (घ) इनमें से कोई नहीं

उत्तर– 1. (क) 2. (घ) 3. (क) 4. (ग)

बहुविकल्पी प्रश्न

1. **निम्नलिखित काव्य-पंक्तियों में कौन-सा अलंकार है ?**

1. *विमल वाणी ने वीणा ली।*

(क) उपमा (ख) रूपक (ग) अनुप्रास (घ) यमक

2. *कनक-कनक ते सौ गुनी मादकता अधिकाय।*

(क) अनुप्रास (ख) यमक (ग) उपमा (घ) रूपक

2. *यमक ढूँढ़िए–*

(क) जरा-से लाल केसर से कि जैसे धुल गई हो। (ख) तरनि तनूजा तट तमाल तरुवर बहु छाए।

(ग) सुरभित सुंदर सुखद सुमन तुझ पर खिलते हैं। (घ) रती-रती सोभा सब रती के सरीर की।

3. *यमक ढूँढ़िए–*

(क) माया दीपक नर-पतंग, भ्रमि भ्रमि इवैं पड़ंत।

(ख) बढ़त-बढ़त संपत्ति सलिल, मन सरोज बढ़ जाइ।

(ग) काली घटा का घमंड घटा।

(घ) रहिमन पानी राखिए बिन पानी सब सून।
पानी गए न ऊबरै, मोती मानुस, चून।।

4. **निम्नलिखित काव्य-पंक्तियों में कौन-सा अलंकार प्रयुक्त हुआ है–**

1. *कायर कुपूत कुचाली यों ही मर जाते हैं।*

(क) अनुप्रास (ख) यमक (ग) उपमा (घ) रूपक

2. *बरसत बारिद बूँद।*

(क) अनुप्रास (ख) यमक (ग) उपमा (घ) श्लेष

3. *तीन बेर खाती थीं वे तीन बेर खाती हैं।*

(क) अनुप्रास (ख) रूपक (ग) यमक (घ) उपमा

4. *पुलक प्रकट करती है धरती*
हरित तृणों की नोकों से।

(क) उपमा (ख) रूपक (ग) अनुप्रास (घ) यमक

5. *चारु चंद्र की चंचल किरणें*
खेल रही हैं जल-थल में।

(क) उपमा (ख) रूपक (ग) अनुप्रास (घ) यमक

6. *हौले-हौले हवा चली तो*
घटा घटा का घोंप।

(क) उपमा (ख) रूपक (ग) अनुप्रास (घ) यमक

5. नवीनतम शैली के प्रश्न

1. **कथन (A)–** (*i*) *अलंकार कविता के अनिवार्य तत्त्व हैं।*
(*ii*) *अलंकार कविता के लिए अनिवार्य नहीं हैं।*
(*iii*) *अलंकार कविता के लिए ऐच्छिक हैं।*
(*iv*) *अलंकार कविता के लिए ऐच्छिक नहीं हैं।*

विकल्प–

(क) (*i*), (*iv*) ठीक हैं। (ख) (*ii*), (*iii*) ठीक हैं। (ग) (*i*), (*iii*) ठीक हैं। (घ) (*ii*), (*iv*) ठीक हैं।

2. **कथन (A)–** (*i*) *अनुप्रास में वर्णों की आवृत्ति से सौंदर्य आता है।*
(*ii*) *अनुप्रास में स्वरों की आवृत्ति से सौंदर्य आता है।*
(*iii*) *अनुप्रास में व्यंजनों की आवृत्ति से सौंदर्य आता है।*
(*iv*) *अनुप्रास में शब्दों की आवृत्ति से सौंदर्य आता है।*

विकल्प–

(क) (*i*) तथा (*iii*) ठीक हैं। (ख) (*i*) तथा (*ii*) ठीक हैं।
(ग) (*ii*) तथा (*iv*) ठीक हैं। (घ) (*ii*) ठीक है।

3. **कथन (A)–** (*i*) *जहाँ एक ही शब्द अनेक अर्थों में प्रयुक्त हो, वहाँ यमक अलंकार होता है।*
(*ii*) *जहाँ दो शब्द समान अर्थों में प्रयुक्त हों, वहाँ यमक अलंकार होता है।*
(*iii*) *जहाँ दो शब्द भिन्न-भिन्न अर्थों में प्रयुक्त हों, वहाँ यमक अलंकार होता है।*
(*iv*) *जहाँ एक शब्द भिन्न-भिन्न अर्थों में प्रयुक्त हों, वहाँ यमक अलंकार होता है।*

विकल्प–

(क) (*i*) या (*iv*) ठीक हैं। (ख) (*iv*) ठीक है।
(ग) (*ii*) ठीक है। (घ) (*ii*) और (*iii*) ठीक हैं।

4. **कथन (A)–** (*i*) *शब्दालंकार में अनुप्रास और उपमा आते हैं।*
(*ii*) *शब्दालंकार में अनुप्रास और यमक आते हैं।*
(*iii*) *अर्थालंकार में अनुप्रास और रूपक आते हैं।*
(*iv*) *अर्थालंकार में उपमा और यमक आते हैं।*

विकल्प–

(क) *(ii)* ठीक है। (ख) *(iii)* ठीक है।

(ग) *(iv)* ठीक है। (घ) *(i)* ठीक है।

5. **कथन (A)–** *विमल वाणी ने वीणा ली।*

–इसमें कौन-सा अलंकार है ?

(i) 'व' की आवृत्ति के कारण अनुप्रास अलंकार है।

(ii) वाणी का मानवीकरण है। मानवीकरण अलंकार है।

(iii) वाणी-वीणा में रूपक अलंकार है।

(iv) वाणी-वीणा में यमक अलंकार है।

विकल्प–

(क) *(i)* तथा *(ii)* ठीक हैं। (ख) *(iii)* तथा *(iv)* ठीक हैं।

(ग) *(i)* ही ठीक है। (घ) *(ii)* ही ठीक है।

6. कॉलम 1 और कॉलम 2 को सुमेलित कीजिए।

1.

कॉलम 1	कॉलम 2
1. *चरण-कमल बंदौ हरिराई*	*(i) उपमा*
2. *नीलकमल से सुंदर नयन*	*(ii) अनुप्रास*
3. *चारु चंद्र की चंचल किरणें खेल रही हैं जल-थल में*	*(iii) रूपक*

विकल्प–

(क) 1–*(i)*, 2–*(ii)*, 3–*(iii)* (ख) 1–*(iii)*, 2–*(i)*, 3–*(ii)*

(ग) 1–*(iii)*, 2–*(ii)*, 3–*(i)* (घ) 1–*(ii)*, 2–*(iii)*, 3–*(i)*

2.

कॉलम 1	कॉलम 2
1. *काली घटा का घमंड घटा*	*(i) उपमा*
2. *पड़ी थी बिजली-सी विकराल*	*(ii) रूपक*
3. *आए महंत बसंत*	*(iii) यमक*

विकल्प–

(क) 1–*(i)*, 2–*(ii)*, 3–*(iii)* (ख) 1–*(ii)*, 2–*(iii)*, 3–*(i)*

(ग) 1–*(iii)*, 2–*(ii)*, 3–*(i)* (घ) 1–*(iii)*, 2–*(i)*, 3–*(ii)*

3.

कॉलम 1	कॉलम 2
1. *मन का मनका फेर*	*(i) उपमा*
2. *राजनीति के चंदन-वन में साँप विषैले पनप रहे हैं।*	*(ii) यमक*
3. *चँवर सदृश डोल रहे।*	*(iii) रूपक*

विकल्प–

(क) 1–*(i)*, 2–*(ii)*, 3–*(iii)* (ख) 1–*(ii)*, 2–*(iii)*, 3–*(i)*

(ग) 1–*(iii)*, 2–*(ii)*, 3–*(i)* (घ) 1–*(ii)*, 2–*(i)*, 3–*(iii)*

व्याकरण–अभ्यास–कक्षा IX

प्रश्न-अभ्यास 1

1. निर्देशानुसार में से किन्हीं चार के उत्तर दीजिए– **1 × 4 = 4**

(*i*) 'दुराचार' में कौन-सा उपसर्ग है ?

(क) दु (ख) दुरा (ग) दुर् (घ) दुर

(*ii*) 'सद्भावना' में कौन-सा उपसर्ग है ?

(क) स (ख) सत् (ग) सद् (घ) सद

(*iii*) 'प्रति' से निर्मित शब्द छाँटिए–

(क) प्रताड़ना (ख) प्रातःकाल (ग) प्रदक्षिणा (घ) प्रत्येक

(*iv*) कॉलम 1 और कॉलम 2 को सुमेलित कीजिए तथा सही विकल्प पर ✓ लगाइए–

कॉलम 1	कॉलम 2
1. घर	(*i*) ऐल
2. कृपा	(*ii*) ऐलू
3. गुस्सा	(*iii*) आलु

विकल्प–

(क) 1–(*i*), 2–(*ii*), 3–(*iii*) (ख) 1–(*ii*), 2–(*iii*), 3–(*i*)

(ग) 1–(*iii*), 2–(*ii*), 3–(*i*) (घ) 1–(*ii*), 2–(*i*), 3–(*iii*)

(*v*) 'ता' प्रत्यय से एक शब्द बनाइए–

(क) छाता (ख) महानता (ग) कुरता (घ) इकलौता

2. निम्नलिखित में से किन्हीं चार के समास के नाम लिखिए– **1 × 4 = 4**

(*i*) नीलकमल

(क) कर्मधारय (ख) तत्पुरुष (ग) बहुव्रीहि (घ) अव्ययीभाव

(*ii*) दिन-रात

(क) द्विगु (ख) द्वंद्व (ग) तत्पुरुष (घ) अव्ययीभाव

(*iii*) आजीवन

(क) द्विगु (ख) तत्पुरुष (ग) कर्मधारय (घ) अव्ययीभाव

(*iv*) 'राजकुमार' का विग्रह है–

(क) राजा का कुमार (ख) राजा के लिए कुमार (ग) राज और कुमार (घ) राजा से कुमार

(*v*) **कथन (A)–** (*i*) गोपाल में तत्पुरुष समास है। विग्रह है–गो का पालक
(*ii*) गोपाल में बहुव्रीहि है। विग्रह है–गो पालने वाला अर्थात कृष्ण
(*iii*) गोपाल में कर्मधारय है। विग्रह है–'गो' + पालक।
(*iv*) गोपाल में अव्ययीभाव है।

विकल्प–

(क) (*i*) ठीक है। (ख) (*ii*) ठीक है।
(ग) (*iii*) ठीक है। (घ) (*iv*) ठीक है।

3. अर्थ की दृष्टि से किन्हीं चार वाक्यों के प्रकार बताइए– 1 × 4 = 4

(*i*) कॉलम 1 और कॉलम 2 को सुमेलित कीजिए तथा सही विकल्प पर ✓ लगाइए–

कॉलम 1	कॉलम 2
1. बाज़ार से सब्जी लाओ।	(*i*) विस्मयादिवाचक
2. बाज़ार खुला तो सब्जी लाऊँगा।	(*ii*) आज्ञावाचक
3. अरे वाह ! बाज़ार खुल गया।	(*iii*) संकेतवाचक

विकल्प–

(क) 1–(*i*), 2–(*ii*), 3–(*iii*) (ख) 1–(*ii*), 2–(*iii*), 3–(*i*)
(ग) 1–(*ii*), 2–(*i*), 3–(*iii*) (घ) 1–(*iii*), 2–(*ii*), 3–(*i*)

(*ii*) ओह ! कितनी गर्मी है।
(क) विधानवाचक (ख) विस्मयादिवाचक (ग) इच्छावाचक (घ) आज्ञावाचक

(*iii*) मैं भोजन नहीं करूँगा।
(क) विधानवाचक (ख) निषेधवाचक (ग) इच्छावाचक (घ) आज्ञावाचक

(*iv*) भगवान आपका भला करे।
(क) विधानवाचक (ख) विस्मयादिवाचक (ग) इच्छावाचक (घ) आज्ञावाचक

(*v*) मैं रोज व्यायाम करता हूँ।
(क) विधानवाचक (ख) विस्मयादिवाचक (ग) इच्छावाचक (घ) आज्ञावाचक

4. निम्नलिखित पंक्तियों में कौन-सा अलंकार है ? किन्हीं 4 के उत्तर दीजिए– 1 × 4 = 4

(*i*) काली घटा का घमंड घटा।
(क) उपमा (ख) यमक (ग) अनुप्रास (घ) श्लेष

(*ii*) रावनु रथी विरंथी रघुवीरा।
(क) उपमा (ख) अनुप्रास (ग) यमक (घ) श्लेष

(*iii*) सजना है मुझे सजना के लिए।
(क) उपमा (ख) यमक (ग) रूपक (घ) कोई नहीं

(*iv*) अनुप्रास अलंकार का उदाहरण छाँटिए–
(क) यह हिमालय-सा उठा
मस्तक न झुकने पाएगा।
(ख) हो जाओ तैयार साथियो
हो जाओ तैयार।
(ग) भीगे-से नयनों में तेरी सूरत बसती है। (घ) पल-पल प्रतिपल सजल विकल मन।

(*v*) **कथन (A)**– (*i*) 'लट लटकन मनो मत्त मधुप गन मादक मदहिं पिए' में 'ल' की आवृत्ति के कारण अनुप्रास है।

(*ii*) 'लट... पिए' में 'म' की आवृत्ति के कारण अनुप्रास है।

(*iii*) 'लट... पिए' में 'मनो' वाचक शब्द के कारण उपमा है।

(*iv*) 'लट... पिए' में मद पीने की कल्पना से मानवीकरण है।

विकल्प–

(क) (*i*), (*ii*) ठीक हैं। (ख) (*ii*), (*iii*) ठीक हैं।

(ग) (*iii*), (*iv*) ठीक हैं। (घ) चारों कथन ठीक हैं।

प्रश्न-अभ्यास 2

1. किन्हीं 4 के ठीक उत्तर छाँटिए–

निम्नलिखित के उपसर्ग तथा मूल शब्द अलग कीजिए– **1 × 4 = 4**

(*i*) कॉलम 1 और कॉलम 2 को सुमेलित कीजिए–

कॉलम 1	कॉलम 2
1. सद्भावना	(*i*) सम्
2. संभावना	(*ii*) सम
3. समकोण	(*iii*) सत्

विकल्प–

(क) 1–(*i*), 2–(*ii*), 3–(*iii*) (ख) 1–(*ii*), 2–(*iii*), 3–(*i*)

(ग) 1–(*iii*), 2–(*i*), 3–(*ii*) (घ) 1–(*iii*), 2–(*ii*), 3–(*i*)

(*ii*) प्रत्येक

(क) प्रत + एक (ख) प्रति + अक (ग) प्रति + येक (घ) प्रति + एक

(*iii*) 'अ' उपसर्ग से शब्द बनाइए–

(क) आराम (ख) अनार (ग) अन्याय (घ) अमचूर

(*iv*) महत्ता में कौन-सा प्रत्यय है ?

(क) ता (ख) त्ता (ग) आ (घ) इत

(*v*) कृपालु में प्रत्यय तथा मूल शब्द छाँटिए–

(क) कृप + आलू (ख) कृपा + आलू (ग) कृपा + आलु (घ) कृपया + लु

2. किन्हीं चार समस्तपदों में प्रयुक्त समास के नाम लिखिए– **1 × 4 = 4**

(*i*) **कथन (A)** – मृगनयनी में बहुव्रीहि समास है।

कारण (R) – मृगनयनी में मृग जैसे नयनों वाली एक विशेष प्रकार की नायिका की ओर संकेत है।

विकल्प–

(क) कथन ठीक है किंतु कारण भ्रामक है। (ख) कथन ठीक है और कारण भी ठीक है।

(ग) कथन गलत है और कारण भी गलत है। (घ) कथन गलत है किंतु कारण ठीक है।

(*ii*) त्रिभुज

(क) कर्मधारय (ख) बहुव्रीहि (ग) तत्पुरुष (घ) द्विगु

(*iii*) आमरण

(क) अव्ययीभाव (ख) बहुव्रीहि (ग) तत्पुरुष (घ) द्विगु

(*iv*) करकमल

(क) कर्मधारय (ख) बहुव्रीहि (ग) तत्पुरुष (घ) द्विगु

(*v*) रसोईघर

(क) कर्मधारय (ख) बहुव्रीहि (ग) तत्पुरुष (घ) अव्ययीभाव

3. **अर्थ की दृष्टि से किन्हीं चार वाक्यों के प्रकार लिखिए–** **1 × 4 = 4**

(*i*) उसे टिकट नहीं मिला।

(क) विधानवाचक (ख) निषेधवाचक (ग) संकेतवाचक (घ) प्रश्नवाचक

(*ii*) यदि वह कोशिश करता तो सफल हो जाता।

(क) विधानवाचक (ख) निषेधवाचक (ग) संकेतवाचक (घ) प्रश्नवाचक

(*iii*) शायद आज वर्षा हो।

(क) विधानवाचक (ख) संदेहवाचक (ग) संकेतवाचक (घ) प्रश्नवाचक

(*iv*) मैं घर जाना चाहता हूँ।

(क) विधानवाचक (ख) इच्छावाचक (ग) संकेतवाचक (घ) प्रश्नवाचक

(*v*) मुझे घर कौन छोड़ेगा ?

–विधानवाचक बनाइए–

(*i*) मुझे घर छोड़ेगा कोई। (*ii*) कोई मुझे घर छोड़ेगा।

(*iii*) कोई मुझे घर छोड़े। (*iv*) मुझे घर छोड़ना होगा।

विकल्प–

(क) (*i*) और (*ii*) ठीक हैं। (ख) (*ii*) और (*iii*) ठीक हैं।

(ग) (*iii*) और (*iv*) ठीक हैं। (घ) (*ii*) ठीक है।

4. **निम्न पंक्ति में कौन-सा अलंकार है ? किन्हीं 4 के उत्तर दीजिए।** **1 × 4 = 4**

(*i*) को घटि ये वृषभानुजा वे हलधर के वीर।

(क) श्लेष (ख) अनुप्रास (ग) यमक (घ) रूपक

(*ii*) तरनि तनूजा तट तमाल तरुवर बहु छाए।

(क) उपमा (ख) अनुप्रास (ग) यमक (घ) श्लेष

(*iii*) काली घटा का घमंड घटा।

(क) उपमा (ख) अनुप्रास (ग) यमक (घ) रूपक

(*iv*) चारु चंद्र की चंचल किरणें
खेल रही हैं जल थल में।

(क) उपमा (ख) अनुप्रास (ग) यमक (घ) रूपक

(*v*) कॉलम 1 और कॉलम 2 को सुमेलित कीजिए–

कॉलम 1	कॉलम 2
1. अनुप्रास	(*i*) उपमेय-उपमान की समानता
2. उपमा	(*ii*) जहाँ एक शब्द के एक से अधिक अर्थ निकले
3. श्लेष	(*iii*) वर्णों की आवृत्ति

विकल्प–

(क) 1–(*i*), 2–(*ii*), 3–(*iii*)   (ख) 1–(*ii*), 2–(*iii*), 3–(*i*)

(ग) 1–(*iii*), 2–(*ii*), 3–(*i*)   (घ) 1–(*iii*), 2–(*i*), 3–(*ii*)

प्रश्न-अभ्यास 3

1. निर्देशानुसार किन्हीं चार प्रश्नों के उत्तर दीजिए– **1 × 4 = 4**

(*i*) कॉलम 1 और कॉलम 2 को सुमेलित कीजिए–

कॉलम 1	कॉलम 2
1. अत्याचार	(*i*) अति
2. अपार	(*ii*) अप
3. अपमान	(*iii*) अ

विकल्प–

(क) 1–(*i*), 2–(*ii*), 3–(*iii*)   (ख) 1–(*ii*), 2–(*iii*), 3–(*i*)

(ग) 1–(*i*), 2–(*iii*), 3–(*ii*)   (घ) 1–(*iii*), 2–(*ii*), 3–(*i*)

(*ii*) अनुपम में कौन-सा उपसर्ग है ?

(क) अ   (ख) अन्   (ग) अन   (घ) अनु

(*iii*) 'परि' उपसर्ग से कौन-सा शब्द बना है ?

(क) परिंदा   (ख) प्रतिज्ञा   (ग) पारी   (घ) परिमल

(*iv*) 'लुटेरा' में कौन-सा प्रत्यय है ?

(क) रा   (ख) अरा   (ग) ऐरा   (घ) एरा

(*v*) 'एलू' प्रत्यय से शब्द बनाइए–

(क) पेलू   (ख) गोलू   (ग) घरेलू   (घ) घोलू

2. किन्हीं चार समस्तपदों के समास का नाम लिखिए– **1 × 4 = 4**

(*i*) रात-दिन

(क) अव्ययीभाव   (ख) बहुव्रीहि   (ग) द्वंद्व   (घ) तत्पुरुष

(*ii*) यथासंभव

(क) द्विगु   (ख) कर्मधारय   (ग) बहुव्रीहि   (घ) अव्ययीभाव

(*iii*) अन्याय

(क) द्विगु (ख) अव्ययीभाव (ग) बहुव्रीहि (घ) नञ् तत्पुरुष

(*iv*) रक्तकमल

(क) कर्मधारय (ख) बहुव्रीहि (ग) द्विगु (घ) अव्ययीभाव

(*v*) कॉलम 1 और कॉलम 2 को सुमेलित कीजिए–

कॉलम 1	कॉलम 2
1. अव्ययीभाव	(*i*) उत्तर पद प्रधान
2. तत्पुरुष	(*ii*) पूर्व पद प्रधान
3. द्वंद्व	(*iii*) दोनों पद प्रधान

विकल्प–

(क) 1–(*i*), 2–(*ii*), 3–(*iii*) (ख) 1–(*ii*), 2–(*iii*), 3–(*i*)

(ग) 1–(*ii*), 2–(*i*), 3–(*iii*) (घ) 1–(*iii*), 2–(*ii*), 3–(*i*)

3. **(क) निम्नलिखित में से किन्हीं दो वाक्यों को निर्देशानुसार बदलिए–** **1 × 2 = 2**

(*i*) मोहन आज स्कूल नहीं जाएगा। (प्रश्नवाचक में बदलिए)

(*i*) क्या मोहन आज स्कूल जाएगा ? (*ii*) क्या मोहन आज स्कूल नहीं जाएगा ?

(*iii*) क्या मोहन स्कूल नहीं जाएगा ? (*iv*) मोहन क्यों स्कूल जाएगा ?

विकल्प–

(क) (*i*) और (*iii*) ठीक हैं। (ख) (*iii*) ठीक है।

(ग) (*ii*) और (*iii*) ठीक हैं। (घ) (*ii*) ठीक है।

(*ii*) पिताजी दीर्घायु तक जिएँगे। (इच्छावाचक में)

(क) पिताजी दीर्घायु तक जियो। (ख) पिताजी अवश्य दीर्घायु तक जिएँगे।

(ग) मैं चाहता हूँ पिताजी दीर्घायु हों। (घ) पिताजी दीर्घायु तक जिएँ।

(*iii*) तुम स्कूल जाओगे। (आज्ञावाचक में)

(क) तुम स्कूल जाएँगे। (ख) तुम स्कूल जाओ।

(ग) तुम स्कूल जाया करो। (घ) तुम स्कूल गए थे।

(ख) अर्थ की दृष्टि से वाक्य-भेद लिखिए– **1 × 2 = 2**

(*i*) क्या सुंदर बगीचा है !

(क) प्रश्नवाचक (ख) विस्मयादिबोधक (ग) विधानवाचक (घ) संकेतवाचक

(*ii*) अगर वह आया तो मैं चला जाऊँगा।

(क) प्रश्नवाचक (ख) संकेतवाचक (ग) संदेहवाचक (घ) इच्छावाचक

4. **निम्न काव्यांश में कौन-सा अलंकार है ? (कोई चार कीजिए)** **1 × 4 = 4**

(*i*) कनक कनक से सौ गुनी मादकता अधिकाय।

(क) यमक (ख) उपमा (ग) रूपक (घ) अनुप्रास

(*ii*) तीन बेर खाती थीं वे तीन बेर खाती है।

(क) यमक (ख) उपमा (ग) श्लेष (घ) अनुप्रास

(*iii*) सुबरन को खोजत फिरैं, कवि, व्यभिचारी, चोर

(क) यमक (ख) श्लेष (ग) रूपक (घ) अनुप्रास

(*iv*) नभ पर चमचम चपला चमकी।

(क) यमक (ख) उपमा (ग) रूपक (घ) अनुप्रास

(*v*) **कथन (A)** – जेते तुम तारे तेते नभ में न तारे हैं।

– में यमक अलंकार है।

कारण (R) – (*i*) इसमें 'त' वर्ण की आवृत्ति हुई है।

(*ii*) इसमें 'तारे' के दो अर्थ हैं–सितारे और उद्धार किए।

(*iii*) इसमें पहले 'तारे' का अर्थ 'सितारे' है और दूसरे 'तारे' का अर्थ 'उद्धार किया' है।

(*iv*) इसमें पहले तारे का अर्थ 'उद्धार किया', दूसरे का अर्थ 'सितारे' है।

विकल्प–

(क) (*i*), (*ii*) ठीक हैं। (ख) (*ii*), (*iii*) ठीक हैं।

(ग) (*iii*) या (*iv*) ठीक हैं। (घ) (*iv*) ठीक है।

प्रश्न-अभ्यास 4

1. किन्हीं चार के निर्देशानुसार उत्तर दीजिए– **1 × 4 = 4**

(*i*) अभ्यागत में कौन-सा उपसर्ग है ?

(क) अ (ख) अभी (ग) अभ (घ) अभि

(*ii*) अधिकार में उपसर्ग तथा मूल शब्द अलग कीजिए–

(क) अ + धिकार (ख) अधि + कार (ग) अधी + कार (घ) अधिक + आर

(*iii*) 'नि' से एक शब्द बनाइए–

(क) निर्बल (ख) निर्मल (ग) निकाय (घ) निम्न

(*iv*) महत्त्व का मूल शब्द और प्रत्यय अलग कीजिए–

(क) म + हत्त्व (ख) महा + त्व (ग) महत + तव (घ) महत् + त्व

(*v*) कॉलम 1 और कॉलम 2 को सुमेलित कीजिए–

कॉलम 1	कॉलम 2
1. सामाजिक	(*i*) क
2. पाठक	(*ii*) अक
3. गायक	(*iii*) इक

विकल्प–

(क) 1–(*i*), 2–(*iii*), 3–(*ii*) (ख) 1–(*i*), 2–(*ii*), 3–(*iii*)

(ग) 1–(*iii*), 2–(*i*), 3–(*ii*) (घ) 1–(*iii*), 2–(*ii*), 3–(*i*)

2. किन्हीं चार समस्तपदों का विग्रह करके समास का नाम लिखिए– 1 × 4 = 4

(*i*) यथासंभव

(क) संभव नहीं, अव्ययीभाव (ख) संभावना के अनुसार, अव्ययीभाव

(ग) यथासंभावना, कर्मधारय (घ) संभावना के अनुसार, तत्पुरुष

(*ii*) पंजाब

(क) पाँच आब, बहुव्रीहि (ख) पाँच आबों का समाहार (कर्मधारय)

(ग) पाँच आब है जिसमें, वह प्रांत, बहुव्रीहि (घ) जिसका पंजा आब में डूबा हो (बहुव्रीहि)

(*iii*) पथभ्रष्ट

(क) पथ में भ्रष्ट, तत्पुरुष (ख) पथ से भ्रष्ट, तत्पुरुष

(ग) पथ पर भ्रष्ट, तत्पुरुष (घ) पथ के लिए भ्रष्ट, तत्पुरुष

(*iv*) लाभ-हानि

(क) लाभ की हानि, द्वंद्व (ख) लाभ और हानि, द्वंद्व

(ग) लाभ या हानि, तत्पुरुष (घ) लाभ और हानि, द्विगु

(*v*) कॉलम 1 और कॉलम 2 को सुमेलित कीजिए–

कॉलम 1	कॉलम 2
1. अव्ययीभाव समास	(*i*) उत्तर पद प्रधान
2. बहुव्रीहि समास	(*ii*) पूर्व पद प्रधान
3. तत्पुरुष समास	(*iii*) अन्य पद प्रधान

विकल्प–

(क) 1–(*i*), 2–(*iii*), 3–(*ii*) (ख) 1–(*i*), 2–(*ii*), 3–(*iii*)

(ग) 1–(*ii*), 2–(*iii*), 3–(*i*) (घ) 1–(*ii*), 2–(*i*), 3–(*iii*)

3. अर्थ की दृष्टि से किन्हीं चार वाक्यों के भेद लिखिए– 1 × 4 = 4

(*i*) यहाँ से चले जाओ।

(क) आज्ञावाचक (ख) संकेतवाचक (ग) इच्छावाचक (घ) निषेधवाचक

(*ii*) यदि इधर आओ तो अवश्य मिलना।

(क) आज्ञावाचक (ख) संकेतवाचक (ग) इच्छावाचक (घ) निषेधवाचक

(*iii*) भगवान करे तुम प्रथम आओ।

(क) आज्ञावाचक (ख) संकेतवाचक (ग) इच्छावाचक (घ) निषेधवाचक

(*iv*) नहीं, मैं प्रथम नहीं आ सकता।

(क) आज्ञावाचक (ख) संकेतवाचक (ग) इच्छावाचक (घ) निषेधवाचक

(*v*) कॉलम 1 और कॉलम 2 को सुमेलित कीजिए–

कॉलम 1	कॉलम 2
1. तुम्हें कौन नौकरी देगा ?	(*i*) प्रश्नवाचक
2. तुम्हें सभी नौकरी देंगे।	(*ii*) निषेधवाचक
3. तुम्हें कोई नौकरी नहीं देगा।	(*iii*) विधानवाचक

विकल्प–

(क) 1–(*i*), 2–(*ii*), 3–(*iii*) (ख) 1–(*i*), 2–(*iii*), 3–(*ii*)

(ग) 1–(*ii*), 2–(*i*), 3–(*iii*) (घ) 1–(*iii*), 2–(*ii*), 3–(*i*)

4. निम्न काव्यांश में कौन-सा अलंकार है ? **1 × 4 = 4**

(*i*) "सुबरन को ढूँढ़त फिरत कवि, व्यभिचारी, चोर।"

(क) श्लेष (ख) रूपक (ग) यमक (घ) अनुप्रास

(*ii*) सुरभित सुंदर सुखद सुमन तुझ पर खिलते हैं।

(क) उपमा (ख) श्लेष (ग) यमक (घ) अनुप्रास

(*iii*) रती रती सोभा सब रती के सरीर की।

(क) उपमा (ख) रूपक (ग) यमक (घ) अनुप्रास

(*iv*) कायर कूर कपूत कुचाली यों ही मर जाते हैं।

(क) अनुप्रास (ख) यमक (ग) उपमा (ग) रूपक

(*v*) **कथन (A)** – कहे कवि बेनी बेनी ब्याल की चुराई लीन्हीं।

कारण (R) – (*i*) 'क' की आवृत्ति के कारण अनुप्रास अलंकार है।

(*ii*) 'ब' की आवृत्ति के कारण अनुप्रास अलंकार है।

(*iii*) 'क' और 'ब' की आवृत्ति के कारण अनुप्रास अलंकार है।

(*iv*) बेनी के दो भिन्न-भिन्न अर्थों के कारण यमक अलंकार है।

विकल्प–

(क) (*i*) ठीक है। (ख) (*i*), (*ii*) ठीक हैं।

(ग) (*i*), (*ii*) (*iii*) ठीक हैं। (घ) (*i*), (*ii*), (*iii*), (*iv*) ठीक हैं।

प्रश्न-अभ्यास 5

1. किन्हीं चार के निर्देशानुसार उत्तर दीजिए– **1 × 4 = 4**

(*i*) अनुराग में कौन-सा उपसर्ग है ?

(क) अ (ख) अनु (ग) अन् (घ) अन

(*ii*) 'विषम' में से उपसर्ग और मूल शब्द अलग कीजिए–

(क) वि + सम (ख) वि + शम (ग) वि + षम (घ) विष + म

(*iii*) 'परा' से एक शब्द बनाइए–

(क) पराग (ख) पराली (ग) परात (घ) पराजय

(*iv*) कॉलम 1 और कॉलम 2 को सुमेलित कीजिए। शब्द में कौन-सा स्त्रीलिंग प्रत्यय लगेगा ?

कॉलम 1	कॉलम 2
1. पंडित	(*i*) इन
2. देवर	(*ii*) आनी
3. सुनार	(*iii*) आइन

विकल्प–

(क) 1–(*i*), 2–(*ii*), 3–(*iii*) (ख) 1–(*ii*), 2–(*iii*), 3–(*i*)

(ग) 1–(*iii*), 2–(*i*), 3–(*ii*) (घ) 1–(*iii*), 2–(*ii*), 3–(*i*)

(*v*) 'ईला' प्रत्यय से एक शब्द बनाइए–

(क) रंगीला (ख) गीला (ग) किला (घ) केला

2. **निम्नलिखित में से किन्हीं चार समस्तपदों का विग्रह कीजिए–** $1 \times 4 = 4$

(*i*) सुमेलित कीजिए–

कॉलम 1	कॉलम 2
1. नीलकमल	(*i*) कर्मधारय
2. कमलनयन	(*ii*) बहुव्रीहि
3. चरणकमल	(*iii*) तत्पुरुष

विकल्प–

(क) 1–(*i*), 2–(*ii*), 3–(*iii*) (ख) 1–(*i*), 2–(*ii*), 3–(*i*)

(ग) 1–(*ii*), 2–(*i*), 3–(*iii*) (घ) 1–(*iii*), 2–(*i*), 3–(*ii*)

(*ii*) नीलकमल

(क) नील और कमल (ख) नीले कमल

(ग) नील कमलों वाला (घ) नीले कमलों का समाहार

(*iii*) लाभालाभ

(क) लाभ और लाभ (ख) अधिक से अधिक लाभ

(ग) लाभ और अलाभ (घ) लाभ में अलाभ

(*iv*) चक्रधर

(क) चक्र धारण करना (ख) चक्र है धड़ पर

(ग) चक्र धारण करने वाला, कृष्ण (घ) धरा पर चक्र

(*v*) वनवास

(क) तत्पुरुष (ख) अव्ययीभाव (ग) कर्मधारय (घ) द्वंद्व

3. **किन्हीं चार वाक्यों को निर्देशानुसार बदलिए–** $1 \times 4 = 4$

(*i*) कुर्सी इधर रख दो। (विधानवाचक)

(क) कुर्सी रख दो। (ख) कुर्सी इधर रखनी है।

(ग) कुर्सी इधर रख दो। (घ) कुर्सी इधर से हटाओ।

(*ii*) मैं गा नहीं सकता। (प्रश्नवाचक)

(क) मैं क्यों नहीं गाता ? (ख) मैं कैसे गा सकता हूँ ?

(ग) मैं क्यों गा नहीं सकता ? (घ) मैं कब गा सकता हूँ ?

(*iii*) उसने भोजन नहीं किया। (संदेहवाचक)

(क) उसने सच में भोजन किया है। (ख) उसने भोजन नहीं किया क्या ?

(ग) उसने भोजन किया होगा। (घ) शायद उसने भोजन नहीं किया।

(*iv*) भगवान आपका भला करे। (निषेधवाचक)

(क) भगवान आपका बुरा करे। (ख) भगवान आपका भला न करे।

(ग) भगवान आपका कुछ न करे। (घ) भगवान आपका भला क्यों करे।

(*v*) **कथन (A)** – 'तुम्हें खेलना चाहिए' से आज्ञावाचक बनाइए।

कारण (R) – (*i*) तुम जाकर खेलो।

(*ii*) तुम खेलो।

(*iii*) तुम अवश्य खेलो।

(*iv*) तुम अभी खेलो।

विकल्प–

(क) (*i*), (*ii*) ठीक हैं। (ख) (*ii*) ठीक है।

(ग) (*iii*), (*iv*) ठीक हैं। (घ) सभी ठीक हैं।

4. **निम्न काव्य-पंक्ति में कौन-सा अलंकार है ? (कोई चार कीजिए)** **1 × 4 = 4**

(*i*) कहै कवि बेनी बेनी ब्याल की चुराई लीनी।

(क) अनुप्रास (ख) यमक (ग) उपमा (घ) श्लेष

(*ii*) कनक कनक ते सौ गुनी मादकता अधिकाइ।
वा खाए बौराय जग, वा पाए बौराइ।।

(क) अनुप्रास (ख) यमक (ग) उपमा (घ) रूपक

(*iii*) खग-कुल कुल-कुल-सा बोल रहा।

(क) अनुप्रास (ख) यमक (ग) उपमा (घ) रूपक

(*iv*) कालिंदी कूल कदंब की डारन

(क) अनुप्रास (ख) यमक (ग) उपमा (घ) रूपक

(*v*) सुमेलित कीजिए।

कॉलम 1	कॉलम 2
1. श्लेष	(*i*) चारु चंद्र की चंचल किरणें खेल रही हैं जल-थल में
2. यमक	(*ii*) कौ घटि ये वृषभानुजा वे हलधर के वीर
3. अनुप्रास	(*iii*) एक शब्द के भिन्न-भिन्न अर्थों में प्रयोग

विकल्प–

(क) 1–(*i*), 2–(*ii*), 3–(*iii*) (ख) 1–(*iii*), 2–(*ii*), 3–(*i*)

(ग) 1–(*ii*), 2–(*iii*), 3–(*i*) (घ) 1–(*ii*), 2–(*i*), 3–(*iii*)

प्रश्न-अभ्यास 6

1. **निर्देशानुसार किन्हीं चार प्रश्नों के उत्तर दीजिए**– **1 × 4 = 4**

(*i*) 'नि' उपसर्ग से दो शब्द बनाइए–

(क) निबल, निर्बल (ख) निर्बल, नियम (ग) निधन, नियम (घ) निर्माण, नयन

(*ii*) संन्यासी से उपसर्ग तथा मूल शब्द अलग कीजिए–

(क) सन् + न्यासी (ख) सम + न्यासी (ग) सम् + न्यासी (घ) सन् + यासी

(*iii*) उज्ज्वल में कौन-सा उपसर्ग तथा मूल शब्द है ?

(क) उत् + ज्वल (ख) उत + ज्वल (ग) उज + ज्वल (घ) उद् + ज्वल

(*iv*) 'इया' से कौन-सा शब्द निर्मित हुआ है ?

(क) बंदरिया (ख) किया (ग) दीया (घ) जिया

(*v*) सुमेलित कीजिए– कॉलम 1 के शब्दों के साथ कौन-से प्रत्यय (कॉलम-2) लग सकते हैं ?

कॉलम 1	कॉलम 2
1. लघु	(*i*) ता
2. महत्	(*ii*) त्व
3. गुरु	(*iii*) आ

विकल्प–

(क) 1–(*i*), 2–(*iii*), 3–(*ii*) (ख) 1–(*i/ii*), 2–(*i/ii*), 3–(*i/ii*)

(ग) 1–(*ii*), 2–(*iii*), 3–(*i*) (घ) 1–(*i*), 2–(*ii*), 3–(*iii*)

2. निम्नलिखित में से किन्हीं चार समस्तपदों का विग्रह करके समास का नाम लिखिए– **1 × 4 = 4**

(*i*) क्रीड़ाक्षेत्र

(क) क्रीड़ा और क्षेत्र, द्वंद्व (ख) क्रीड़ा का क्षेत्र, तत्पुरुष

(ग) क्रीड़ा के लिए क्षेत्र, तत्पुरुष (घ) क्रीड़ा हेतु क्षेत्र, कर्मधारय

(*ii*) आजीवन

(क) जीवन-रहित, अव्ययीभाव (ख) आजी नामक वन, कर्मधारय

(ग) जीवन-भर, अव्ययीभाव (घ) जीवन के लिए, अव्ययीभाव

(*iii*) कॉलम 1 में दिए गए समस्तपदों को कॉलम 2 में दिए गए समासों के साथ सुमेलित कीजिए।

कॉलम 1	कॉलम 2
1. मुरलीधर	(*i*) नञ तत्पुरुष
2. अनंत	(*ii*) द्वंद्व
3. सुख-दुख	(*iii*) बहुव्रीहि

विकल्प–

(क) 1–(*iii*), 2–(*ii*), 3–(*i*) (ख) 1–(*i*), 2–(*ii*), 3–(*iii*)

(ग) 1–(*ii*), 2–(*iii*), 3–(*i*) (घ) 1–(*iii*), 2–(*i*), 3–(*ii*)

(*iv*) सुख-दुख

(क) सुख या दुख, अव्ययीभाव (ख) सुख या दुख, द्वंद्व

(ग) सुख-दुख दोनों, तत्पुरुष (घ) न सुख, न दुख, द्वंद्व

(*v*) वनवास

(क) वन का वास, तत्पुरुष (ख) वन में वास, तत्पुरुष

(ग) वन के लिए आवास, तत्पुरुष (घ) वन में वास करने वाला, बहुव्रीहि

3. अर्थ की दृष्टि से किन्हीं चार वाक्यों के भेद लिखिए– **1 × 4 = 4**

(*i*) वह शायद ही जाए।

(क) संदेहवाचक (ख) विधानवाचक (ग) प्रश्नवाचक (घ) इच्छावाचक

(*ii*) तुम्हारा भला हो।

(क) संदेहवाचक (ख) विधानवाचक (ग) प्रश्नवाचक (घ) इच्छावाचक

(*iii*) **कथन (A) –** *'मैं परीक्षा नहीं दूँगा'*– **इसे इच्छावाचक में बदलिए–**

कारण (R) – (*i*) मेरी परीक्षा नहीं देने की इच्छा है।

(*ii*) शायद मैं परीक्षा न दूँ !

(*iii*) मेरी परीक्षा देने की इच्छा है।

(*iv*) मैं परीक्षा नहीं देना चाहता।

विकल्प–

(क) (*i*) या (*iii*) ठीक हैं। (ख) (*iv*) ठीक है।

(ग) (*iii*) या (*iv*) ठीक हैं। (घ) (*i*) ठीक है।

(*iv*) वहाँ कितने बच्चे थे ?

(क) संदेहवाचक (ख) विधानवाचक (ग) प्रश्नवाचक (घ) इच्छावाचक

(*v*) मैं बिल्कुल नहीं जाऊँगा।

(क) निषेधवाचक (ख) विधानवाचक (ग) प्रश्नवाचक (घ) इच्छावाचक

4. निम्न पंक्ति में कौन-सा अलंकार है ? **1 × 4 = 4**

(*i*) मधुबन की छाती को देखो।
सूखी कितनी इसकी कलियाँ।

(क) श्लेष (ख) रूपक (ग) अनुप्रास (घ) यमक

(*ii*) प्रियतम बतला दे, लाल मेरा कहाँ है ?

(क) उपमा (ख) श्लेष (ग) अनुप्रास (घ) यमक

(*iii*) जेते तुम तारे तेते नभ में न तारे हैं।

(क) उपमा (ख) श्लेष (ग) अनुप्रास (घ) यमक

(*iv*) काली काली कुहू-कुहू करती
जो है डाली-डाली फिरती

(क) यमक (ख) अनुप्रास (ग) रूपक (घ) उपमा

(*v*) गया गया जबसे गयाराम
हो गई सबकी नींद हराम।
–में यमक अलंकार है क्योंकि

कारण – (*i*) गया के तीन अर्थ हैं– व्यक्ति का नाम, एक शहर तथा जाने की क्रिया

(*ii*) गया के दो अर्थ हैं– व्यक्ति का नाम तथा शहर का नाम

(*iii*) शहर का नाम तथा क्रियापद

(*iv*) 'ग' वर्ण की आवृत्ति हुई है।

विकल्प–

(क) (*i*) ठीक है। (ख) (*ii*) ठीक है।

(ग) (*iii*) ठीक है। (घ) (*iv*) ठीक है।

प्रश्न-अभ्यास 7

1. निम्नलिखित में से किन्हीं चार प्रश्नों के उत्तर दीजिए– **1 × 4 = 4**

(*i*) उपसर्ग और उससे निर्मित शब्द को सुमेलित कीजिए–

कॉलम 1	कॉलम 2
1. अन	(*i*) अनाम
2. अन्	(*ii*) अनमोल
3. अ	(*iii*) अनादर

विकल्प–

(क) 1–(*ii*), 2–(*iii*), 3–(*i*) (ख) 1–(*i*), 2–(*ii*), 3–(*iii*)

(ग) 1–(*iii*), 2–(*ii*), 3–(*i*) (घ) 1–(*ii*), 2–(*i*), 3–(*iii*)

(*ii*) अभ्यागत का विग्रह कीजिए–

(क) अभ्य + आगत (ख) अभी + आगत (ग) अभि + आगत (घ) अभि + गत

(*iii*) 'महत्त्व' का विग्रह है–

(क) महा + तव (ख) महत् + त्व (ग) महा + तत्त्व (घ) महा + त्व

(*iv*) 'मेहतरानी' में प्रत्यय है–

(क) नी (ख) अनी (ग) ई (घ) आनी

(*v*) 'घुमक्कड़' का विग्रह है–

(क) घुम + अक्कड़ (ख) घूम + क्कड़ (ग) घूम + अक्कड़ (घ) घू + मक्कड़

2. किन्हीं चार का विग्रह करके समास का नाम लिखिए– **1 × 4 = 4**

(*i*) कुसुमकोमल

(क) कुसुम और कोमल, द्वंद्व (ख) कुसुम के समान कोमल, कर्मधारय

(ग) कुसुम सा कोमल, बहुव्रीहि (घ) कोमल-सा कुसुम, कर्मधारय

(*ii*) यथाविधि

(क) विधि समान, अव्ययीभाव (ख) विधि के अनुसार, अव्ययीभाव

(ग) विधि द्वारा, अव्ययीभाव (घ) यथा और विधि, तत्पुरुष

(*iii*) राजकुमार

(क) राजा का कुमार, तत्पुरुष (ख) राजा का कुमार, कर्मधारय

(ग) राजा का कुमार है जो, बहुव्रीहि (घ) राजा के लिए कुमार, तत्पुरुष

(*iv*) दोराहा

(क) दो राहों का समाहार, द्विगु (ख) दो राहें, द्विगु

(ग) जहाँ से दो राहें जाती हैं, बहुव्रीहि (घ) दो राहों का समाहार, कर्मधारय

(*v*) समस्त-पद (कॉलम-1) और समास (कॉलम-2) को सुमेलित कीजिए–

कॉलम 1	कॉलम 2
1. अन्न-जल	(*i*) अव्ययीभाव
2. आजीवन	(*ii*) बहुव्रीहि
3. एकदंत	(*iii*) द्वंद्व

विकल्प–

(क) 1–(*i*), 2–(*ii*), 3–(*iii*) (ख) 1–(*iii*), 2–(*i*), 3–(*ii*)

(ग) 1–(*i*), 2–(*iii*), 3–(*ii*) (घ) 1–(*iii*), 2–(*ii*), 3–(*i*)

3. अर्थ की दृष्टि से किन्हीं चार वाक्यों के भेद लिखिए– **1 × 4 = 4**

(*i*) कितने बजे हैं ?

(क) संकेतवाचक (ख) प्रश्नवाचक (ग) विधानवाचक (घ) आज्ञावाचक

(*ii*) **कथन (A)** – यदि धूप निकली तो कपड़े सूखेंगे। – इससे विधानवाचक बनाइए।

कारण (R) – (*i*) धूप नहीं निकली तो कपड़े नहीं सूखेंगे।

(*ii*) धूप निकलने पर कपड़े सूखेंगे।

(*iii*) धूप निकलते ही कपड़े सूखेंगे।

(*iv*) धूप निकली और कपड़े सूखेंगे।

विकल्प–

(क) (*ii*) ठीक है। (ख) (*iii*) ठीक है।

(ग) (*ii*) या (*iii*) ठीक हैं। (घ) (*i*) और (*iv*) ठीक हैं।

(*iii*) आप चुप रहिए।

(क) संकेतवाचक (ख) प्रश्नवाचक (ग) विधानवाचक (घ) आज्ञावाचक

(*iv*) मैं कल दिल्ली गया था।

(क) संकेतवाचक (ख) प्रश्नवाचक (ग) विधानवाचक (घ) आज्ञावाचक

(*v*) यदि वर्षा रुकी तो आऊँगा।

(क) संकेतवाचक (ख) प्रश्नवाचक (ग) विधानवाचक (घ) आज्ञावाचक

4. निम्नलिखित में प्रयुक्त अलंकार छाँटिए–(कोई चार) **1 × 4 = 4**

(*i*) कल कानन कुंडल मोरपखा उर पै बनमाल बिराजति है।

(क) अनुप्रास (ख) रूपक (ग) यमक (घ) उपमा

(*ii*) कनक-कनक ते सौगुनी मादकता अधिकाय।
या खाए बौरात जग, वा पाए बौराय।।

(क) अनुप्रास (ख) रूपक (ग) यमक (घ) उपमा

(*iii*) काली घटा का घमंड घटा।

(क) अनुप्रास (ख) श्लेष (ग) यमक (घ) उपमा

(*iv*) विमल वाणी ने वीणा ली।

(क) अनुप्रास (ख) श्लेष (ग) यमक (घ) उपमा

(*v*) अलंकार और उसके लक्षणों को कॉलम 1 और कॉलम 2 से सुमेलित कीजिए।

कॉलम 1	कॉलम 2
1. अनुप्रास	(*i*) पानी गए न ऊबरै मोती मानुष चून।
2. श्लेष	(*ii*) एक शब्द दो बार आना अनिवार्य है।
3. यमक	(*iii*) वर्णों की आवृत्ति अनिवार्य है।

विकल्प–

(क) 1–(*iii*), 2–(*i*), 3–(*ii*) (ख) 1–(*i*), 2–(*ii*), 3–(*iii*)

(ग) 1–(*ii*), 2–(*iii*), 3–(*i*) (घ) 1–(*iii*), 2–(*ii*), 3–(*i*)

प्रश्न-अभ्यास 8

1. निर्देशानुसार किन्हीं चार प्रश्नों के उत्तर दीजिए– **1 × 4 = 4**

(*i*) कॉलम 1 में दिए गए उपसर्गों का सुमेल कॉलम 2 में दिए गए शब्दों से कीजिए।

कॉलम 1	कॉलम 2
1. उत्	(*i*) अनमेल
2. अन्	(*ii*) उन्नति
3. अन	(*iii*) अनायास

विकल्प–

(क) 1–(*i*), 2–(*ii*), 3–(*iii*) (ख) 1–(*iii*), 2–(*ii*), 3–(*i*)

(ग) 1–(*ii*), 2–(*iii*), 3–(*i*) (घ) 1–(*ii*), 2–(*i*), 3–(*iii*)

(*ii*) 'अवनति' में कौन-सा उपसर्ग है ?

(क) अ (ख) अव (ग) अवन (घ) ति

(*iii*) 'महत्ता' में कौन-सा प्रत्यय है ?

(क) आ (ख) ता (ग) त्ता (घ) मही

(*iv*) 'अन्' उपसर्ग से एक शब्द बनाइए–

(क) अनानास (ख) अनायास (ग) अनार (घ) अनाड़ी

(*v*) 'रंगीन' में कौन-सा प्रत्यय है ?

(क) अन (ख) न (ग) इन (घ) ईन

2. निम्नलिखित में से किन्हीं चार के विग्रह कीजिए– **1 × 4 = 4**

(*i*) कापुरुष

(क) कायर पुरुष (ख) कायर पुरुष है जो (ग) कायर नहीं पुरुष (घ) पुरुषों में कायर

(*ii*) घुड़दौड़

(क) घोड़ों पर दौड़ (ख) घोड़ों की दौड़ (ग) घोड़ों में दौड़ (घ) दौड़ते घोड़े

(*iii*) गजानन

(क) गज जैसा आनन (ख) गज जैसा आनंद

(ग) गज का आनन (घ) गज जैसा आनन है जिसका, गणेश

(*iv*) 'अनजान' में कौन-सा समास है ?

(क) तत्पुरुष (ख) कर्मधारय (ग) द्विगु (घ) नञ् तत्पुरुष

(*v*) कॉलम 1 में दिए गए समास और कॉलम 2 में दिए गए समस्तपद को सुमेलित कीजिए।

कॉलम 1	कॉलम 2
1. सुनयना	(*i*) अव्ययीभाव
2. प्रतिदिन	(*ii*) बहुव्रीहि
3. दशानन	(*iii*) कर्मधारय

विकल्प–

(क) 1–(*iii*), 2–(*i*), 3–(*ii*) (ख) 1–(*i*), 2–(*ii*), 3–(*iii*)

(ग) 1–(*iii*), 2–(*ii*), 3–(*i*) (घ) 1–(*ii*), 2–(*iii*), 3–(*i*)

3. निर्देशानुसार किन्हीं चार के वाक्य-परिवर्तन कीजिए– **1 × 4 = 4**

(*i*) मैंने सोचा कि वह जरूर जाएगा। (निषेधवाचक)

(क) मैंने नहीं सोचा कि वह जरूर जाएगा। (ख) मैंने सोचा कि वह जाएगा नहीं।

(ग) मैंने नहीं सोचा कि वह जाएगा। (घ) मैंने नहीं सोचा कि वह नहीं जाएगा।

(*ii*) उसे शादी पर आना चाहिए। (आज्ञावाचक)

(क) वह शादी पर जाए। (ख) अरे, शादी पर जाओ।

(ग) वह शादी पर अवश्य जाएगा। (घ) उसे शादी पर जरूर जानी चाहिए।

(*iii*) बरसात हुई तो फसल होगी। (विधानवाचक)

(क) बरसात होते ही फसल होगी। (ख) बरसात होने पर फसल होगी।

(ग) बरसात होने के बाद फसल होगी। (घ) बरसात से फसल होगी।

(*iv*) इस बार धान उगेगा। (प्रश्नवाचक)

(क) इस बार धान उगेगा क्या ? (ख) उगेगा क्या इस बार धान ?

(ग) क्या इस बार धान उगेगा ? (घ) क्या इस बार धान ही उगेगा ?

(*v*) धूप पड़ने पर फसल सूख जाएगी। संकेतवाचक बनाइए–

विकल्प–

(*i*) धूप पड़ने पर फसल सूखने की आशंका है। (*ii*) यदि धूप पड़ी तो फसल सूख जाएगी।

(*iii*) धूप पड़ने पर फसल सूख सकती है। (*iv*) यदि फसल सूखी तो धूप पड़ेगी।

विकल्प–

(क) (*i*) या (*iv*) ठीक हैं। (ख) (*ii*) ठीक है।

(ग) (*i*) ठीक है। (घ) (*i*) या (*ii*) ठीक हैं।

4. (क) यमक अलंकार का एक उदाहरण दीजिए– **1**

(क) काली घटा का घमंड घटा (ख) पानी पानी हो गया बारिश में बाज़ार।

(ग) कनक में कनक की चमक ऐसी देखी। सूरज में सूरज की आभा हो जैसे। (घ) चंद्रमा में चंद्र जैसी उज्ज्वल छवि देखी।

(ख) किन्हीं तीन पंक्तियों में प्रयुक्त अलंकार बताइए– **1 × 3 = 3**

(*i*) कल कानन कुंडल मोर पखा, उर पै बनमाल बिराजति है।

(क) अनुप्रास (ख) यमक (ग) उपमा (घ) रूपक

(*ii*) फहरै पियरो पट बेनी इतै, उनकी चुनरी के झबा झहरै।

(क) अनुप्रास (ख) यमक (ग) उपमा (घ) रूपक

(*iii*) गोधन ग्वारनि संग फिरौंगी।

(क) अनुप्रास (ख) यमक (ग) उपमा (घ) रूपक

(*iv*) मनका मनका फेर

(क) श्लेष (ख) अनुप्रास (ग) यमक (घ) उपमा

प्रश्न-अभ्यास 9

1. **किन्हीं चार के निर्देशानुसार उत्तर दीजिए–** **1 × 4 = 4**
(क) 'अधि' अथवा 'परि' उपसर्ग से दो शब्दों का निर्माण कीजिए।
(ख) 'अनंत' अथवा 'सबल' में प्रयुक्त उपसर्ग तथा मूल शब्द अलग कीजिए।
(ग) 'छात्रा' अथवा 'मित्रता' में प्रयुक्त प्रत्यय तथा मूल शब्द अलग कीजिए।
(घ) 'इमा' अथवा 'इत' प्रत्यय से दो शब्दों का निर्माण कीजिए।
(ङ) 'घरेलू' में कौन-सा प्रत्यय है ?

2. **निम्नलिखित में से किन्हीं चार समस्तपदों के विग्रह करके समास के नाम भी लिखिए।** **1 × 4 = 4**
जलधारा, दशानन, आजन्म, चौराहा, बारहसिंगा

3. **अर्थ की दृष्टि से किन्हीं चार वाक्यों के भेद लिखिए–** **1 × 4 = 4**
(क) आज बहुत गर्मी है।
(ख) बाप रे ! कितनी ठंड है।
(ग) क्या तुझे स्वेटर चाहिए।
(घ) भगवान करे, मौसम सुहाना हो।
(ङ) तुम जाते क्यों नहीं।

4. **(क) अनुप्रास अलंकार का एक उदाहरण दीजिए।** **1**
(ख) निम्नलिखित पंक्तियों में से किन्हीं तीन में प्रयुक्त अलंकार बताइए– **1 × 3 = 3**
(*i*) तीन बेर खाती थीं वे तीन बेर खाती है।
(*ii*) नाथ सकल सुख साथ तुम्हारे।
(*iii*) बरषत बारिद बूँद।
(*iv*) खग-कुल कुल-कुल-सा बोल रहा।

प्रश्न-अभ्यास 10

1. **निर्देशानुसार किन्हीं चार प्रश्नों के उत्तर दीजिए–** **1 × 4 = 4**
(क) 'अव' अथवा 'निर्' उपसर्ग से दो शब्दों का निर्माण कीजिए।
(ख) 'अध्यक्ष' अथवा 'अभ्यागत' में प्रयुक्त उपसर्ग तथा मूल शब्द अलग कीजिए।
(ग) 'कुतिया' अथवा 'मेहतरानी' में प्रयुक्त प्रत्यय तथा मूल शब्द अलग कीजिए।
(घ) 'इत' अथवा 'इल' प्रत्यय से दो शब्दों का निर्माण कीजिए।
(ङ) 'अनागत' में कौन-सा उपसर्ग और मूल शब्द है ?

2. **निम्नलिखित में से किन्हीं चार समस्तपदों के विग्रह करके समास के नाम भी लिखिए–** **1 × 4 = 4**
चक्रपाणि, चारपाई, यथाशक्ति, अनंत, वनवास

3. **(क) अर्थ की दृष्टि से किन्हीं दो वाक्यों के भेद लिखिए–** **1 × 2 = 2**
(*i*) रवींद्र आजकल घूमता क्यों रहता है ?
(*ii*) वह स्कूल भी नहीं आता।
(*iii*) तुम घूमने अवश्य जाया करो।

(ख) निर्देशानुसार वाक्य-परिवर्तन कीजिए– **1 × 2 = 2**

(*i*) राम आज चलचित्र देखेगा। (आज्ञावाचक)

(*ii*) तुम खेलते क्यों नहीं ? (इच्छावाचक)

4. **(क) यमक अलंकार का एक उदाहरण दीजिए।** **1**

(ख) निम्नलिखित पंक्तियों में से किन्हीं तीन में प्रयुक्त अलंकार बताइए– **1 × 3 = 3**

(*i*) विमल वाणी ने वीणा ली कमल-कोमल कर में सप्रीत।

(*ii*) कुटिल, कुचाल, कुकर्म छोड़ दे।

(*iii*) कनक कनक ते सौगुनी, मादकता अधिकाय।
या खाए बौरात जग, वा पाए बौराय।।

(*iv*) प्रियतम बतला दे, लाल मेरा कहाँ है?

प्रश्न-अभ्यास 11

1. **(क) निर्देशानुसार उत्तर दीजिए–** **1 × 2 = 2**

(*i*) 'अभ्यागत' अथवा 'गैरहाजिर' में प्रयुक्त उपसर्ग एवं मूल शब्द बताइए।

(*ii*) 'अव' अथवा 'बद' उपसर्ग से दो शब्द बनाइए।

(ख) निर्देशानुसार किन्हीं दो के उत्तर दीजिए– **1 × 2 = 2**

(*i*) 'एकता' अथवा 'लघुत्व' में प्रयुक्त प्रत्यय एवं मूल शब्द लिखिए।

(*ii*) 'मती' अथवा 'मान' प्रत्यय से दो शब्द बनाइए।

(*iii*) 'स्मरणीय' में कौन-सा प्रत्यय है ?

2. **(क) निम्न सामासिक पदों के विग्रह कीजिए और समास का नाम भी लिखिए–** **1 × 3 = 3**

मीनाक्षी, नीलकमल, गोपाल

(ख) 'पीत है वस्त्र जिसके' से समस्तपद बनाइए। **1**

3. **अर्थ के आधार पर किन्हीं चार वाक्यों के भेद लिखिए–** **1 × 4 = 4**

(क) ओह ! तुम्हें तो खून आ रहा है।

(ख) दीवार पर मत लिखो।

(ग) हम दिल्ली कब जाएँगे ?

(घ) बच्चे खेलने नहीं जाते।

(ङ) हम सच बोल रहे हैं।

4. **(क) दी गई पंक्तियों में से किन्हीं तीन में प्रयुक्त अलंकार का नाम बताइए–** **1 × 3 = 3**

(*i*) करका मनका डारि दे, मन का मनका फेर।

(*ii*) सूर समर करनी करहिं।

(*iii*) सत्य सनेह सील सुख सागर

(*iv*) काली घटा का घमंड घटा

(ख) यमक अथवा श्लेष अलंकार का एक उदाहरण लिखिए। **1**

प्रश्न-अभ्यास 12

1. **निर्देशानुसार किन्हीं चार के उत्तर दीजिए–** $1 \times 4 = 4$

(*i*) 'आमरण' अथवा 'चिरस्थायी' में प्रयुक्त उपसर्ग एवं मूल शब्द लिखिए।

(*ii*) 'अति' अथवा 'अनु' उपसर्ग लगाकर एक शब्द बनाइए।

(*iii*) 'आत्मीय' अथवा 'चमकीला' में प्रयुक्त प्रत्यय एवं मूल शब्द लिखिए।

(*iv*) 'वाद' अथवा 'ईना' प्रत्यय लगाकर एक शब्द बनाइए।

(*v*) 'महत्त्व' में कौन-सा प्रत्यय है ?

2. **निम्नलिखित में से किन्हीं चार समस्तपदों का विग्रह करके समास का नाम लिखिए–** $1 \times 4 = 4$

(*i*) शिवालय (*ii*) परमेश्वर (*iii*) अन्न-जल (*iv*) रसोईघर (*v*) तिरंगा

3. **(क) अर्थ के आधार पर किन्हीं दो वाक्यों की पहचान करके उनके भेद लिखिए–** $1 \times 2 = 2$

(*i*) तुम उस जगह जाकर बैठो।

(*ii*) ओह! सर्वनाश हो गया।

(*iii*) मैं यह नहीं देख सकता।

(ख) निम्नलिखित वाक्यों को निर्देशानुसार बदलिए– $1 \times 2 = 2$

(*i*) यदि वह काम करता तो भूखा नहीं मरता। (प्रश्नवाचक में)

(*ii*) आज वर्षा होगी। (संदेहवाचक में)

4. **(क) निम्नलिखित पद्यांशों में से किन्हीं तीन में प्रयुक्त अलंकारों की पहचान कर उनके नाम लिखिए–** $1 \times 3 = 3$

(*i*) कूकै लगी कोइलें कदंबन पे बैठि फेरि।

(*ii*) नभ पर चम-चम चपला चमकी।

(*iii*) कनक कनक ते सौ गुनी
मादकता अधिकाय।

(*iv*) संसार की समर-स्थली में धीरता धारण करो।

(ख) यमक अलंकार का एक उदाहरण दीजिए। 1

खंड-ग

नवयुग हिंदी व्याकरण–X

पाठ्यक्रम	अंक
• रचना के आधार पर वाक्य-भेद	4
• वाच्य	4
• पद-परिचय	4
• अलंकार–अर्थालंकार : उपमा, रूपक, उत्प्रेक्षा, अतिशयोक्ति, मानवीकरण	4

☞ प्रमुख विशेषताएँ

- विषय का सरल किंतु विस्तृत विवेचन
- विपुल संख्या में उदाहरणों का समावेश
- हर अध्याय में विविध प्रकार के अधिकाधिक अतिलघूत्तरात्मक/लघूत्तरात्मक, बहुविकल्पी, कथन (A)–कारण (R) व सुमेलित करने से संबंधित प्रश्नों का समावेश
- अभ्यास के लिए 12 प्रश्न-पत्रों का संकलन
- आवश्यक स्थलों पर ध्यान खींचने के लिए गाढ़े, टेढ़े, रंगीन या रेखांकित शब्दों का प्रयोग
- CBSE परीक्षाओं में पूछे गए प्रश्नों के उत्तर

1. रचना के आधार पर वाक्य-भेद

पाठ्यक्रम—रचना के आधार पर वाक्य-भेद

परिभाषा—ऐसा सार्थक शब्द-समूह, जो व्यवस्थित हो तथा पूरा आशय प्रकट कर सके, वाक्य कहलाता है। अर्थात् जिस शब्द-समूह से वक्ता का आशय व्यक्त होता है, वह वाक्य कहलाता है। *उदाहरणतया—*

राम ने धर्म की स्थापना की।

यह शब्द-समूह सार्थक है ; व्याकरण के नियमों के अनुसार व्यवस्थित है तथा पूरा आशय प्रकट कर रहा है। अतः यह एक वाक्य है।

वाक्य के घटक (Components of Sentence)

जिन अवयवों को मिलाकर वाक्य की रचना होती है, उन्हें वाक्य के अंग या घटक कहते हैं। वाक्य के मूल एवं अनिवार्य घटक हैं—**कर्ता** एवं **क्रिया**। इनके बिना वाक्य की रचना संभव नहीं है। *उदाहरणतया* सबसे संक्षिप्त वाक्य इस प्रकार का हो सकता है—**सीता मिली। गीता गाएगी। तुम जाओ। तू आ। आप पढ़ें।** आदि।

उपर्युक्त सभी वाक्यों में एक कर्ता (सीता, गीता, तुम, तू, आप) है तथा एक क्रिया (मिली, गाएगी, जाओ, आ, पढ़ें) है। इनकी सहायता से वाक्य-रचना संभव है। अतः कर्ता और क्रिया वाक्य के अनिवार्य घटक हैं। इनके अतिरिक्त वाक्य के अन्य घटक भी होते हैं। *जैसे*—विशेषण, क्रियाविशेषण, कारक आदि। ये घटक आवश्यकतानुसार आते हैं। इन्हें ऐच्छिक घटक कहा जाता है।

उद्देश्य और विधेय

कर्ता और क्रिया-पक्ष के अनुसार वाक्य के दो पक्ष हो जाते हैं—उद्देश्य और विधेय।

उद्देश्य (Subject)—वाक्य में जिसके बारे में कुछ कहा गया हो, उसे उद्देश्य कहते हैं। इसके अंतर्गत कर्ता तथा कर्ता विस्तार (विशेषण, संबंधबोधक, भावबोधक आदि) आ जाते हैं।

विधेय (Predicate)—उद्देश्य के विषय में जो कुछ कहा जाए, उसे विधेय कहते हैं। इसके अंतर्गत क्रिया, क्रिया-विस्तार, कर्म, कर्म-विस्तार आदि आ जाते हैं। *उदाहरणतया—*

इस कक्षा का सर्वश्रेष्ठ धावक धर्मेंद्र प्रतियोगिता में भाग लेगा।

—इस वाक्य में उद्देश्य है—'इस कक्षा का सर्वश्रेष्ठ धावक धर्मेंद्र'। विधेय है—'प्रतियोगिता में भाग लेगा।'

कुछ अन्य उदाहरण—

उद्देश्य	**विधेय**
मोहन	बीमार है।
जगदीश ने	मोहन को अपना साथी चुना।

उद्देश्य, उद्देश्य-विस्तार, विधेय और विधेय-विस्तार को समझने के लिए निम्नलिखित तालिका देखिए—

(1)

वाक्य	उद्देश्य	उद्देश्य का विस्तार	विधेय
1. परिश्रमी व्यक्ति सफल रहता है।	व्यक्ति	परिश्रमी	सफल रहता है।
2. तेजस्वी चाणक्य मंत्री बनने में सफल रहा।	चाणक्य	तेजस्वी	मंत्री बनने में सफल रहा।
3. वीर हनुमान ने लंका में आग लगा दी।	हनुमान ने	वीर	लंका में आग लगा दी।
4. मोहन का लड़का बाज़ार गया है।	लड़का	मोहन का	बाज़ार गया है।

(2)

वाक्य	उद्देश्य	विधेय का विस्तार	विधेय
1. सीता पुस्तक लिखती है।	सीता	पुस्तक	लिखती है।
2. राधिका लिखकर ही उठेगी।	राधिका	लिखकर ही	उठेगी।
3. विद्यार्थी फुटबाल खेल रहे हैं।	विद्यार्थी	फुटबाल	खेल रहे हैं।
4. वह धीरे-धीरे खेलता है।	वह	धीरे-धीरे	खेलता है।

रचना की दृष्टि से वाक्य के तीन प्रकार होते हैं–

1. सरल वाक्य
2. संयुक्त वाक्य
3. मिश्र वाक्य।

सरल वाक्य

सरल वाक्य (Simple Sentence)–**जिन वाक्यों में एक मुख्य क्रिया हो, उन्हें सरल वाक्य कहते हैं।** *जैसे–*

पानी *बरस रहा है।*

बच्चे मैदान में *खेल रहे हैं।*

मोहन पुस्तकें खरीदकर घर से होता हुआ आपके पास *पहुँचेगा।*

ऊपर के सभी वाक्यों में मुख्य क्रिया एक ही है, जैसा कि टेढ़े छपे अंशों से स्पष्ट है। आकार में छोटे-बड़े होते हुए भी रचना की दृष्टि से ये सरल वाक्य हैं। इन्हें साधारण वाक्य भी कहा जाता है।

☞ ध्यान रहे कि क्रिया-पदों की संख्या एक भी हो सकती है, दो भी ; तीन, चार और पाँच भी। *उदाहरणतया–*

एक क्रिया-पद के उदाहरण–

वह साधु **है**।

वह फुटबाल **खेला**।

बच्चा **हँसा**।

दो क्रिया-पदों के उदाहरण–

वह विद्यालय **जाता है**।

बच्चा रोज **रोता था**।

लोग इस बात पर **हँसते होंगे**।

तीन क्रिया-पदों के उदाहरण–

वह **खाता जाता है**।

मोहन **जा रहा होगा**।

चार क्रिया-पदों के उदाहरण–

वह दूध **पिए जा रहा है।**

वह **भागता जा रहा था।**

डाकू **दौड़ता जा रहा होगा।**

पाँच क्रिया-पदों के उदाहरण–

वह **पढ़ता चला जा रहा था।**

मोहन भोजन **करता चला जा रहा था।**

वह अवश्य **डाँटता चला जा रहा होगा।**

उपर्युक्त सभी प्रकार के वाक्य सरल हैं। कारण यह है कि इनमें एक ही मुख्य क्रिया है।

मुख्य क्रिया के अतिरिक्त जो अन्य पद सहायक बनते हैं, उन्हें **सहायक क्रिया** कहते हैं। ये सहायक क्रियाएँ अनेक प्रकार की होती हैं। *यथा–*

1. समापिका क्रिया
2. रंजक क्रिया
3. पक्ष, वृत्ति (मूड) आदि बोधक क्रिया।

दो से अधिक क्रियाओं वाले सरल वाक्य

सरल वाक्य की शर्त यह है कि उसमें एक मुख्य क्रिया हो। परंतु क्रिया-पद एक-से अधिक हो सकते हैं। *जैसे–*

वह रोटी *खाकर* विद्यालय *जाता है।*

वह *नाच-नाचकर* गाएगा।

स्पष्टीकरण–इन दोनों वाक्यों में दो-दो क्रियाएँ हैं–

मुख्य क्रिया– *जाता है।*

गाएगा।

पूर्वकालिक क्रिया– *खाकर*

नाच-नाचकर

पूर्वकालिक क्रिया मुख्य वाक्य का अंग है। उसका अलग अस्तित्व नहीं है। उससे वाक्य को पूर्णता नहीं मिलती। इसलिए वह मुख्य क्रिया नहीं है।

कुछ वाक्यों में दो से भी अधिक क्रियाएँ होती हैं। *जैसे–*

वह *गाकर, हँसकर, रीझकर* और *मुसकराकर* सबका दिल *जीत लेता है।*

यहाँ *हँसकर, रीझकर, मुसकराकर*–तीन पूर्वकालिक क्रियाएँ हैं। '*जीत लेता है*' मुख्य क्रिया है। मुख्य क्रिया एक होने के कारण यह वाक्य सरल वाक्य है।

मुख्य क्रिया की पहचान–मुख्य क्रिया की पहचान यह है कि उससे वाक्य समाप्त होता है तथा अर्थ को पूर्णता मिलती है। उपर्युक्त वाक्य में जब तक 'जीत लेता है' क्रिया नहीं होगी, तब तक वाक्य पूर्ण नहीं हो सकता। इसलिए यह मुख्य क्रिया है। शेष क्रियाएँ वाक्य के लिए अनिवार्य नहीं, ऐच्छिक अंग हैं। इनके बिना भी वाक्य पूरा अर्थ दे सकता है।

संयुक्त वाक्य

संयुक्त वाक्य (Compound Sentence)–जहाँ दो या दो से अधिक उपवाक्य किसी समुच्चयबोधक (योजक) अव्यय शब्द से जुड़े होते हैं, वे संयुक्त वाक्य कहलाते हैं। *जैसे–*

हमने सुबह से शाम तक बाज़ार की खाक छानी, *किंतु* काम नहीं बना।

जल्दी चलिए *अन्यथा* बहुत देर हो जाएगी।

इधर अध्यापक पहुँचे *और* उधर छात्र एक-एक करके खिसकने लगे।

ऊपर लिखे उदाहरणों में टेढ़े छपे शब्दों 'किंतु', 'अन्यथा', 'और' अव्यय शब्दों से वाक्य जुड़े हुए हैं। यदि इन योजक अव्यय शब्दों को हटा दिया जाए, तो प्रत्येक में दो-दो स्वतंत्र वाक्य बनते हैं। योजकों की सहायता से जुड़े हुए होने के कारण इन्हें संयुक्त वाक्य कहते हैं।

'और' (तथा, एवं) से जुड़े संयुक्त वाक्य–

रात हुई *और* तारे निकले।

बरसात हुई *और* हम भागने लगे।

मैं उत्तेजित हुआ *और* उसे पीटने लगा।

'इसलिए' (अतः) से जुड़े संयुक्त वाक्य–

वह सोया रहा, *इसलिए* गाड़ी न पकड़ सका।

मुझे गाड़ी पकड़नी थी, *इसलिए* सुबह उठना पड़ा।

मोहन बीमार है, *इसलिए* आ नहीं सका।

'परंतु' (किंतु) से जुड़े संयुक्त वाक्य–

उसने तेज दौड़ लगाई *किंतु* गाड़ी न मिल सकी।

सोमेश आया था *किंतु* बिना बोले चला गया।

आज मैच जीतने के आसार थे *किंतु* बारिश हो गई।

उसने समझाया था *परंतु* मैं न समझ सका।

'या' से जुड़े संयुक्त वाक्य–

मैं स्कूल जाऊँगा *या* शादी पर जाऊँगा।

तू पढ़ ले *या* टी.वी. देख ले।

आप दूध पी लीजिए *या* खीर खा लीजिए।

वे सात सितंबर को आएँगे *या* नौ नवंबर को।

'नहीं तो', 'अन्यथा' या 'वरना' वाले संयुक्त वाक्य–

बरसात आ गई *वरना* मैं जीत जाता।

हवा चल पड़ी *वरना* जीना कठिन हो जाता।

तुम मान जाओ *अन्यथा* पिटोगे।

मिश्र वाक्य

जिन वाक्यों की रचना एक-से अधिक ऐसे उपवाक्यों से हुई हो, जिनमें एक उपवाक्य प्रधान और अन्य गौण हों, उन्हें **मिश्र वाक्य** कहते हैं। *जैसे–*

मालिक ने कहा *कि कल की छुट्टी रहेगी।*

श्यामलाल, *जो गाँधी गली में रहता है,* मेरा मित्र है।

हिरण ही एक ऐसा वन्य पशु है, *जो कुलाँचें भरता है।*

ऊपर लिखित उदाहरणों में टेढ़े छपे अंश गौण वाक्य हैं और दूसरे अंश प्रधान वाक्य। अतः ये सभी मिश्र वाक्यों के उदाहरण हैं।

★ **पहचान**–प्रायः मिश्र वाक्यों में 'कि', 'जो-वह', 'जिसे-उसे', 'ऐसा-जो', 'वही-जिसे', 'यदि-तो' जैसे व्यधिकरण योजक होते हैं।

उपवाक्य

प्रधान वाक्य और आश्रित उपवाक्य की पहचान

1. प्रधान उपवाक्य वह होता है जिसकी क्रिया मुख्य होती है।

2. आश्रित उपवाक्यों का आरंभ प्रायः 'कि', 'जो', 'जिसे', 'यदि', 'क्योंकि' आदि से होता है।

3. मिश्र वाक्य का एक सरल वाक्य में रूपांतरण कीजिए। जो क्रिया वाक्यांत में बनी रहेगी, वही उपवाक्य प्रधान उपवाक्य होगा। रूपांतरित होने वाली क्रिया वाला उपवाक्य आश्रित उपवाक्य होगा। *उदाहरणतया–*

'मोहन परिश्रम करता तो अवश्य सफल होता।'

इस वाक्य का सरल वाक्य इस प्रकार बनेगा–

'मोहन परिश्रम करने पर अवश्य सफल होता।'

ध्यान कीजिए, यहाँ 'परिश्रम करता' क्रिया रूपांतरित हो गई है। अतः यह आश्रित उपवाक्य है। दूसरी ओर, 'सफल होता' क्रिया ज्यों-की-त्यों विद्यमान रही। अतः यह प्रधान उपवाक्य है।

उपवाक्य के भेद

मिश्र वाक्य में प्रयुक्त होने वाले गौण उपवाक्य तीन प्रकार के होते हैं–

(क) संज्ञा उपवाक्य (Noun Clause)

(ख) विशेषण उपवाक्य (Adjective Clause)

(ग) क्रियाविशेषण उपवाक्य (Adverbial Clause)

(क) संज्ञा उपवाक्य

जो उपवाक्य प्रधान वाक्य की किसी संज्ञा या संज्ञा-पदबंध के स्थान पर प्रयुक्त हुआ हो, उसे संज्ञा उपवाक्य कहते हैं। *जैसे–*

राम ने कहा *कि हम लड़ाई नहीं चाहते।*

यहाँ 'हम लड़ाई नहीं चाहते' उपवाक्य 'राम ने कहा' उपवाक्य के कर्म के रूप में प्रयुक्त हुआ है। अतः यह संज्ञा उपवाक्य है। *अन्य उदाहरण–*

मैंने देखा कि *कुछ लोग मेरी ओर बढ़े आ रहे थे।*

मैंने निश्चय किया कि *मुझे विज्ञान-मेला देखने के लिए अवश्य जाना है।*

संदीप ने देखा कि *एक साँप रेंगता हुआ घास में छिप गया।*

★ **पहचान**–सामान्य रूप से संज्ञा उपवाक्य 'कि' से आरंभ होते हैं।

(ख) विशेषण उपवाक्य

जो आश्रित उपवाक्य प्रधान उपवाक्य की किसी संज्ञा या सर्वनाम की विशेषता बताता है, उसे विशेषण उपवाक्य कहते हैं। *जैसे–*

यह वही आदमी है, *जिसने कल चोरी की थी।*

जो मेहनत करता है, उसे अवश्य सफलता मिलती है।

उपर्युक्त वाक्यों में **'जिसने कल चोरी की थी'** और **'जो मेहनत करता है'** ऐसे आश्रित उपवाक्य हैं, जो क्रमशः 'आदमी' संज्ञा तथा 'उसे' सर्वनाम की विशेषताएँ बताते हैं।

विशेषण उपवाक्य का प्रारंभ सर्वनाम **'जो'** अथवा इसके किसी रूप (*यथा*–**जिसने, जिसे, जिससे, जिनको, जिनके लिए** आदि) से होता है।

अन्य उदाहरण–

ऐसा कोई नहीं है जो *कुश्ती में खली को जीत सके।*

जो विद्यार्थी समय गँवाते हैं, *वे एक दिन बहुत पछताते हैं।*

जो लोग दूसरों के साथ मीठा बोलते हैं, *उन्हें सब प्यार करते हैं।*

जो वीर और साहसी होते हैं, *वे अपने प्राणों की भी चिंता नहीं करते।*

(ग) क्रियाविशेषण उपवाक्य

जिस आश्रित उपवाक्य का प्रयोग क्रियाविशेषण की भाँति किया जाता है। अर्थात् जो आश्रित उपवाक्य प्रधान उपवाक्य की क्रिया की विशेषता बताता है, उसे क्रियाविशेषण उपवाक्य कहते हैं। *जैसे*–

जब तुम स्टेशन पर पहुँचे, तब मैं घर से चला।

यदि बोलना नहीं आता, तो चुप रहना चाहिए।

उपर्युक्त वाक्यों में (टेढ़े छपे) शब्द मुख्य उपवाक्यों की क्रियाओं (चलना और चुप रहना) की विशेषता (समय और शर्त) बता रहे हैं, अतः ये क्रियाविशेषण उपवाक्य हैं।

इसके पाँच भेद होते हैं–

(*i*) *कालसूचक उपवाक्य–*

जब प्रशांत मेरे पास आया, तब लगभग पाँच बजे थे।

जब मैं घर पहुँचा तब वर्षा हो रही थी।

ज्यों ही मैं स्कूल से बाहर आया, खेल आरंभ हो गया।

★ **पहचान**–*ज्यों ही, जब* आदि से आरंभ होने वाले वाक्य कालवाचक क्रियाविशेषण उपवाक्य होते हैं।

(*ii*) *स्थानवाचक उपवाक्य–*

वह लड़का जिस तरह चल रहा है, उस तरह किसी स्वस्थ व्यक्ति को नहीं चलना चाहिए।

वह गोरा लड़का जहाँ खड़ा है, वहाँ बड़ी धूप है।

वहाँ इस वर्ष अकाल पड़ सकता है, जहाँ वर्षा नहीं हुई।

★ **पहचान**–*जहाँ, जिधर, जिस जगह* आदि क्रियाविशेषणों वाले उपवाक्य आश्रित उपवाक्य होते हैं।

(*iii*) *रीतिवाचक उपवाक्य–*

वह ऐसे अटक-अटक कर बोल रहा है, *जैसे उसके मुँह में घाव है।*

आपको वैसे करना चाहिए *जैसे मैं कहता हूँ।*

बच्चे वैसे करते हैं *जैसे उन्हें सिखाया जाता है।*

★ **पहचान**–*जैसा, जिस तरह, जैसे* आदि क्रियाविशेषणों वाले उपवाक्य आश्रित उपवाक्य होते हैं।

(*iv*) *परिमाणवाचक उपवाक्य–*

वह *उतना ही थकेगा,* जितना अधिक दौड़ेगा।

उसने *जितना परिश्रम किया,* उतना ही अच्छा परिणाम मिला।

जैसे-जैसे गर्मी बढ़ेगी, वैसे-वैसे धूप में खड़ा रहना कठिन हो जाएगा।

★ **पहचान**–*जितना, जितनी, जैसे-जैसे* आदि क्रियाविशेषणों वाले उपवाक्य आश्रित उपवाक्य होते हैं।

(*v*) *परिणाम अथवा हेतुसूचक उपवाक्य–*

यदि वर्षा अच्छी होती, तो उपज बढ़ जाती।

वह जरूर परिश्रम करेगा *ताकि अच्छे अंक ले सके।*

वह इसलिए आएगा *ताकि आपसे बात कर सके।*

यद्यपि तू पहलवान है, तो भी मुझसे नहीं जीत सकता।

★ **पहचान**–*यदि, यद्यपि, ताकि* से आरंभ होने वाले उपवाक्य आश्रित उपवाक्य होते हैं।

वाक्य-रूपांतरण

एक प्रकार के वाक्य को दूसरे प्रकार के वाक्यों में बदलना वाक्य-परिवर्तन या वाक्य-रूपांतरण कहलाता है। रचना की दृष्टि से यह परिवर्तन निम्न प्रकार से हो सकता है–

1. सरल वाक्य से संयुक्त वाक्य–

सरल वाक्य	संयुक्त वाक्य
1. बालक रो-रोकर चुप हो गया।	1. बालक रोता रहा और चुप हो गया।
2. मुझसे मिलने के लिए प्रतीक्षा करनी पड़ेगी।	2. मुझसे मिल लेना परंतु प्रतीक्षा करनी पड़ेगी।
3. कठोर होकर भी सहृदय बनो।	3. कठोर बनो परंतु सहृदय रहो।
4. सूर्योदय होने पर पक्षी बोलने लगे।	4. सूर्योदय हुआ और पक्षी बोलने लगे।
5. वह फल खरीदने के लिए बाज़ार गया।	5. उसे फल खरीदने थे, इसलिए वह बाज़ार गया।
6. रात को आकाश में तारों का मेला लग गया।	6. रात हुई और आकाश में तारों का मेला लग गया।

2. सरल वाक्य से मिश्र वाक्य–

सरल वाक्य	मिश्र वाक्य
1. स्वावलंबी व्यक्ति सदा सुखी रहते हैं।	1. जो व्यक्ति स्वावलंबी होते हैं, वे सदा सुखी रहते हैं।
2. धनी व्यक्ति हर चीज़ खरीद सकता है।	2. जो व्यक्ति धनी है, वह हर चीज़ खरीद सकता है।
3. वह जूते खरीदने के लिए बाज़ार गया।	3. चूँकि उसे जूते खरीदने थे, इसलिए बाज़ार गया।
4. दंड क्षमा कराने के लिए प्रार्थना-पत्र लिखो।	4. एक ऐसा पत्र लिखो, जिसमें दंड क्षमा कराने के लिए प्रार्थना हो।
5. तुम गाड़ी रुकने के स्थान पर चले जाओ।	5. तुम वहाँ चले जाओ, जहाँ गाड़ी रुकती है।
6. परिश्रमी व्यक्ति अवश्य सफल होता है।	6. जो व्यक्ति परिश्रमी होता है, वह अवश्य सफल होता है।

3. संयुक्त वाक्य से सरल वाक्य–

संयुक्त वाक्य	सरल वाक्य
1. तुम बाहर गए और वह सो गया।	1. तुम्हारे बाहर जाते ही वह सो गया।
2. उसने झूठ बोला, इसलिए दंड पाया।	2. झूठ बोलने पर उसने दंड पाया।
3. माँ ने मारा, तो बालक रूठ गया।	3. माँ के मारने पर बालक रूठ गया।
4. शशि गा रही है और नाच रही है।	4. शशि गा और नाच रही है।
5. मज़दूर परिश्रम करता है लेकिन उसका लाभ उसे नहीं मिलता।	5. मज़दूर को अपनी मेहनत का लाभ नहीं मिलता।
6. वह बाज़ार गया और केले लाया।	6. वह बाज़ार जाकर केले लाया।

4. संयुक्त वाक्य से मिश्र वाक्य–

संयुक्त वाक्य	मिश्र वाक्य
1. नीरजा ने कहानी सुनाई और नमिता रो पड़ी।	1. नीरजा ने ऐसी कहानी सुनाई कि नमिता रो पड़ी।
2. तुम महान हो क्योंकि सच बोलते हो।	2. तुम इसलिए महान हो क्योंकि सच बोलते हो।
3. आपने कठिन परिश्रम किया और उत्तीर्ण हो गए।	3. आप इसलिए उत्तीर्ण हो गए क्योंकि आपने कठिन परिश्रम किया।

4. मेरे पाठ्यक्रम में गोदान उपन्यास है जिसके लेखक मुंशी प्रेमचंद हैं।	4. मेरे पाठ्यक्रम में गोदान नामक वह उपन्यास है जिसे मुंशी प्रेमचंद ने लिखा है।

5. मिश्र वाक्य से सरल वाक्य–

मिश्र वाक्य	सरल वाक्य
1. रोगी ने ज्यों ही दवाई पी, उसे उलटी हो गई।	1. रोगी को दवाई पीते ही उलटी हो गई।
2. मुझे बताओ कि तुम्हारे भाई का परीक्षा-परिणाम कैसा रहा ?	2. मुझे अपने भाई के परीक्षा-परिणाम के विषय में बताओ।
3. क्योंकि वह अँधेरे में पढ़ता रहा, इसलिए अपनी आँखें गँवा बैठा ?	3. अँधेरे में पढ़ते रहने के कारण वह अपनी आँखें गँवा बैठा।
4. वह मुझसे कहता है कि आओ।	4. वह मुझे आने के लिए कहता है।
5. यह वही बच्चा है, जिसे बैल ने मारा था।	5. यही बैल से आहत बच्चा है।
6. उसने कहा कि मैं परिश्रमी हूँ।	6. उसने स्वयं को परिश्रमी कहा।

6. मिश्र वाक्य से संयुक्त वाक्य–

मिश्र वाक्य	संयुक्त वाक्य
1. सुषमा इसलिए स्कूल नहीं गई क्योंकि वह बीमार है।	1. सुषमा बीमार है इसलिए स्कूल नहीं गई।
2. यदि आप उससे मिलना चाहते हैं तो द्वार पर प्रतीक्षा करें।	2. आप उससे मिलना चाहते हैं इसलिए द्वार पर प्रतीक्षा करें।
3. मेरे पिताजी वे हैं जो पलंग पर लेटे हैं।	3. वे मेरे पिताजी हैं और पलंग पर लेटे हैं।
4. जो विद्यार्थी परिश्रमी होता है, वह अवश्य सफल होता है।	4. विद्यार्थी परिश्रमी होता है तो अवश्य सफल होता है।

प्रश्न-अभ्यास

1. *निम्नलिखित उपवाक्यों का भेद कोष्ठक में लिखिए–*

(क) वह, जो सामने खड़ा है, मेरा बेटा है। ( )

(ख) जिसने तुम्हें मूर्ख बनाया है, वह यही है। ( )

2. *निम्नलिखित वाक्यों में से उद्देश्य और विधेय छाँटकर पृथक कीजिए–*

(क) हमने इस वर्ष दशहरे का उत्सव उत्साह से मनाया।

(ख) गोदान मुंशी प्रेमचंद की कालजयी रचना है।

3. *निम्नलिखित सरल वाक्यों को संयुक्त वाक्य में बदलिए–*

(क) भीड़-भाड़ के कारण मैंने आने का कार्यक्रम रद्द कर दिया।

(ख) सर्वोत्तम पुस्तक होने के कारण हम इसे ही पढ़ेंगे।

(ग) वह बीमार डॉक्टर के पास इलाज कराने गया है।

(घ) खराब ट्यूब जल न सकी।

4. *निम्नलिखित संयुक्त वाक्यों को सरल वाक्यों में बदलिए–*

(क) हाथ पर चोट लगी थी इसलिए खेल न सका।

(ख) वह गाय सुरेश की है और बहुत दुधारू है।

(ग) वह दुबला-पतला था इसलिए भारी-भरकम सामान न उठा सका।

5. *निम्नलिखित वाक्यों को मिश्र वाक्य में बदलिए–*

1. वहाँ एक छोटे से गाँव के चारों ओर जंगल था।

2. वह गाँव में जाकर बीमार हो गया।
3. वह दो दिन घर में रहा और सबका प्रिय बन गया।
4. खेत में चरने वाली भैंस घीसू की थी।
5. गली में शोर सुनकर सब बाहर आ गए।

सी.बी.एस.ई. द्वारा जारी प्रश्नपत्रों के प्रश्नोत्तर

1. *रचना के आधार पर वाक्य-भेद पहचानिए–*

CBSE 2014

1. मैंने एक कविता लिखी।
2. यहाँ पहले जंगल था, परंतु अब घनी बस्ती है।

CBSE 2015

3. सुधा पढ़ रही है इसलिए आपसे नहीं मिल सकेगी।
4. मेरे पिताजी वे हैं जो उधर पुस्तक पढ़ रहे हैं।
5. दंड क्षमा करवाने के लिए प्रार्थना-पत्र लिखें।
6. रमेश विद्यालय पहुँचकर फुटबाल खेलने लगा।
7. जो लोग ईमानदार होते हैं, उनका सर्वत्र आदर होता है।
8. आप बाहर बैठें और प्रतीक्षा करें।

CBSE 2016

9. एक तुमने ही इस जादू पर विजय प्राप्त की है।
10. उसे दफ्तर की नौकरी से घृणा थी।
11. सहसा भाई साहब से मेरी मुठभेड़ हो गई जो शायद बाज़ार से लौट रहे थे।

CBSE 2016 (F)

12. हमारा विद्यालय अपनी संस्कृति और कार्यशैली के लिए अपनी विशेष पहचान बनाए हुए है।
13. शिलांग में कलाम ने उस सैनिक को धन्यवाद दिया जो उनकी रक्षा के लिए प्रतिबद्ध था।

A.I. CBSE 2016

14. कुछ भी सीखना हो तो स्कूल जाना जरूरी नहीं।
15. अंग्रेज़ी शासकों को उम्मीद थी कि दांडी यात्रा खुद ही कमज़ोर पड़कर खत्म हो जाएगी।

CBSE 2020

16. मुड़कर देखा तो अवाक् रह गए।
17. मुहल्ले भर के ढेर सारे लड़कों की मंडली जल्द ही जुट जाती।
18. सब कुछ हो चुका था, सिर्फ नाक नहीं थी।
19. बालगोबिन भगत का यह संगीत है।

CBSE 2021

20. मूर्ति की आँखों पर एक चश्मा रखा था जो सरकंडे से बना था।
    (क) मिश्र वाक्य
    (ख) संयुक्त वाक्य
    (ग) सरल वाक्य
    (घ) कठिन वाक्य

CBSE प्रतिदर्श प्रश्नपत्र–2021

21. बादल घिर आए और वर्षा होने लगी।

CBSE प्रतिदर्श प्रश्नपत्र–2023-24

22. *सूची 1 को सूची 2 से सुमेलित कीजिए और सही विकल्प का चयन कीजिए–*

सूची 1	*सूची 2*
1. सुरेश के आ जाने से सब प्रसन्न हो गए।	(*i*) मिश्र वाक्य
2. मैं युवा थी और शीला अग्रवाल की जोशीली बातों ने रगों में बहते खून को लावे में बदल दिया था।	(*ii*) सरल वाक्य
3. कुछ लोग इसलिए दान करते हैं कि उनका नाम हो।	(*iii*) संयुक्त वाक्य

(क) 1. (*i*), 2. (*ii*), 3. (*iii*)
(ख) 1. (*ii*), 2. (*iii*), 3. (*i*)
(ग) 1. (*i*), 2. (*iii*), 3. (*ii*)
(घ) 1. (*ii*), 2. (*i*), 3. (*iii*)

CBSE 2023

23. *स्तंभ I और स्तंभ II को सुमेलित कर सही विकल्प चुनकर लिखिए –*

स्तंभ I	*स्तंभ II*
(अ) अमीरुद्दीन का जन्म एक संगीत प्रेमी परिवार में हुआ था।	(I) मिश्र वाक्य
(ब) अमीरुद्दीन सिर्फ छह साल का है और बड़ा भाई शम्सुद्दीन नौ साल का।	(II) सरल वाक्य
(स) बालाजी का जो मंदिर है, वहीं से दिन की शुरुआत होती है।	(III) संयुक्त वाक्य

विकल्प–

	(अ)	(ब)	(स)
(क)	(III)	(II)	(I)
(ख)	(I)	(II)	(III)
(ग)	(II)	(III)	(I)
(घ)	(II)	(I)	(III)

उत्तर–
1. सरल
2. संयुक्त
3. संयुक्त
4. मिश्र
5. सरल
6. सरल
7. मिश्र
8. संयुक्त
9. सरल
10. सरल
11. संयुक्त
12. सरल
13. मिश्र
14. मिश्र
15. मिश्र
16. संयुक्त
17. सरल
18. संयुक्त
19. सरल
20. संयुक्त
21. संयुक्त
22. (ख) 1. (*ii*), 2. (*iii*), 3. (*i*)
23. (ग) (अ) (II) (ब) (III) (स) (I)

CBSE 2012

2. *निम्नलिखित वाक्य में प्रधान उप-वाक्य छाँटिए–*

1. जो परिश्रम करते हैं, उन्हीं को सफलता मिलती है।
2. मैंने देखा कि विद्यालय में चहल-पहल है।
3. मैं जानती हूँ कि यह काम करना उसके लिए कठिन है।
4. वह, जो सामने खड़ा है, मेरा बेटा है।

उत्तर– 1. उन्हीं को सफलता मिलती है। 2. मैंने देखा 3. मैं जानती हूँ। 4. वह मेरा बेटा है।

3. *निम्नलिखित से मिश्र वाक्य बनाइए–*

CBSE 2019

1. मूर्ति की आँखों पर सरकंडे से बना छोटा-सा चश्मा रखा हुआ था।

CBSE 2020

2. काशी में संगीत आयोजन की एक प्राचीन एवं अद्‌भुत परंपरा है।
3. सवार का संतुलन बिगड़ा और वह गिर गया।
4. मन्नू जी की साहित्यिक उपलब्धियों के लिए उन्हें अनेक पुरस्कार प्राप्त हो चुके हैं।
5. हालदार साहब को उधर से गुजरते समय मूर्ति में कुछ अंतर दिखाई दिया।
6. वे रिश्ता बनाकर तोड़ते नहीं थे।
7. खीरे के स्वाद के आनंद में नवाब साहब की पलकें मुँद आईं।
8. अच्छी कविताएँ भविष्य के लिए कुछ संदेश भी देती हैं।

CBSE 2021

9. निम्नलिखित में मिश्र वाक्य का उदाहरण है–
   (क) उसने परिश्रम किया और उसे सफलता भी मिली।
   (ख) परिश्रम करने से सफलता अवश्य मिलती है।
   (ग) जिसने भी परिश्रम किया वह अवश्य सफल होगा।
   (घ) परिश्रम करने और सफल होने में सीधा संबंध है।

CBSE प्रतिदर्श प्रश्नपत्र 2021–22

10. निम्नलिखित में मिश्र वाक्य है–
    (क) अवनि आई और पढ़ने बैठ गई। (ख) बच्चे दूध पीकर सो गए।
    (ग) अध्यापक के सामने सब शांत रहते हैं। (घ) जो झूठ बोलते हैं, उन पर विश्वास मत करो।

CBSE प्रतिदर्श प्रश्नपत्र 2022–23

11. आपके आवाज़ उठाने पर सभी आपके साथ खड़े हो जाएँगे। इसका मिश्र वाक्य होगा–
    (क) आपके आवाज़ उठाते ही सभी आपके साथ खड़े हो जाएँगे।
    (ख) आप आवाज़ उठाएँगे, तो सभी आपके साथ खड़े हो जाएँगे।
    (ग) आप आवाज़ उठाएँगे और सभी आपके साथ खड़े हो जाएँगे।
    (घ) आप आवाज़ उठाएँगे इसलिए सभी आपके साथ खड़े हो जाएँगे।

CBSE प्रतिदर्श प्रश्नपत्र–2023-24

12. मिश्र वाक्य का उदाहरण है–
    (क) अजमेर से पहले पिता जी इंदौर में थे।
    (ख) हुड़दंग तो इतना मचाया कि कॉलेज वालों को थर्ड इयर भी खोलना पड़ा।
    (ग) हमने हुड़दंग मचाया और कॉलेज वालों ने थर्ड इयर खोल दिया।
    (घ) हमारे हुड़दंग मचाने के कारण कॉलेज वालों को थर्ड इयर भी खोलना पड़ा।

CBSE 2023

13. निम्नलिखित में मिश्र वाक्य कौन-सा है ?
    (क) इस कार्य की जमदाग्नि ने बहुत निंदा की और परशुराम को प्रायश्चित्त करने को कहा।
    (ख) चाँदनी रात की कांति दर्शाने के लिए देव दूध में फेन जैसे पारदर्शी बिंब काम में लेते हैं।
    (ग) कहना न होगा कि आज के समय में भी ऐसी परजीवी संस्कृति को देखा जा सकता है।
    (घ) बिना कथ्य के कहानी नहीं लिखी जा सकती परंतु एक स्वतंत्र रचना के रूप में इस रचना को पढ़ा जा सकता है।
14. निम्नलिखित में से मिश्र वाक्य का कौन-सा उदाहरण है ?
    (क) कविता यह भी रेखांकित करती है कि प्रकृति और मनुष्य के सहयोग से ही सृजन संभव है।
    (ख) नागार्जुन ने छंदों में काव्य-रचना की और मुक्तक में भी की।
    (ग) वे वास्तविक अर्थों में जनकवि हैं।
    (घ) वे व्यंग्य में माहिर हैं इसलिए उन्हें आधुनिक कबीर भी कहा जाता है।
15. 'खीरा लज़ीज़ होता है लेकिन होता है सकील' – इस वाक्य का मिश्र वाक्य होगा–
    (क) खीरा लज़ीज़ होने के साथ-साथ सकील भी होता है।
    (ख) खीरा लज़ीज़ होता है परंतु सकील भी होता है।
    (ग) वैसे तो खीरा लज़ीज़ होता है पर साथ ही सकील भी।
    (घ) खीरा लज़ीज़ और सकील दोनों होता है।
16. निम्नलिखित वाक्यों में मिश्र वाक्य पहचानकर नीचे दिए गए सबसे सही विकल्प को चुनिए–
    (*i*) कार्तिक आया नहीं कि बालगोबिन भगत की प्रभातियाँ शुरू हुईं।
    (*ii*) बालगोबिन भगत मँझोले कद के आदमी थे जो बहुत कम कपड़े पहनते थे।
    (*iii*) ज्यों ही श्राद्ध की अवधि पूरी हो गई, पतोहू के भाई को बुलाकर उसके साथ कर दिया।
    (*iv*) अब बुढ़ापा आ गया था, किंतु टेक वही जवानी वाली थी।

    विकल्प–
    (क) केवल कथन (*i*) सही है। (ख) कथन (*ii*) और (*iii*) सही हैं।
    (ग) कथन (*iii*) और (*iv*) सही हैं। (घ) कथन (*i*), (*ii*) और (*iii*) सही हैं।

उत्तर–
1. जहाँ मूर्ति की आँखें थीं, वहाँ सरकंडे से बना छोटा-सा चश्मा रखा हुआ था।
2. काशी में एक ऐसी संगीत-आयोजन की परंपरा है जो प्राचीन एवं अद्‌भुत है।
3. जैसे ही सवार का संतुलन बिगड़ा, वैसे ही वह गिर गया।
4. मन्नू जी की जितनी साहित्यिक उपलब्धियाँ हैं, उनके लिए उन्हें अनेक पुरस्कार प्राप्त हो चुके हैं।
5. जब हालदार साहब उधर से गुजरे तो मूर्ति में कुछ अंतर दिखाई दिया।
6. यदि वे रिश्ता बनाते थे तो तोड़ते नहीं थे।
7. खीरे के स्वाद में आनंद इतना था कि नवाब साहब की पलकें मुँद आईं।
8. जो कविताएँ अच्छी होती हैं वे भविष्य के लिए कुछ संदेश भी देती हैं।

9. (ग) जिसने भी परिश्रम किया वह अवश्य सफल होगा।
10. (घ) जो झूठ बोलते हैं, उन पर विश्वास मत करो।
11. (ख) आप आवाज़ उठाएँगे तो सभी आपके साथ खड़े हो जाएँगे।
12. (ख) हुड़दंग तो इतना मचाया कि कॉलेज वालों को थर्ड इयर भी खोलना पड़ा।
13. (ग) कहना न होगा कि आज के समय में भी ऐसी परजीवी संस्कृति को देखा जा सकता है।
14. (क) कविता यह भी रेखांकित करती है कि प्रकृति और मनुष्य के सहयोग से ही सृजन संभव है।
15. (ग) वैसे तो खीरा लज़ीज़ होता है पर साथ ही सकील भी।
16. (घ) कथन (*i*), (*ii*) और (*iii*) सही हैं।

CBSE 2024

4. *निर्देशानुसार रचना के आधार पर वाक्य-भेद पर आधारित बहुविकल्पी प्रश्नों के लिए उचित विकल्प चुनकर लिखिए–*

Set-I

1. '*यद्यपि जीप कस्बे से आगे बढ़ गई परंतु हालदार साहब मूर्ति के बारे में सोचते रहे।*' इस वाक्य का सरल वाक्य होगा–
   (क) जीप के कस्बे से आगे बढ़ जाने पर भी हालदार साहब मूर्ति के बारे में सोचते रहे।
   (ख) जीप कस्बे से आगे बढ़ गई और हालदार साहब मूर्ति के बारे में सोचते रहे।
   (ग) हालदार साहब मूर्ति के बारे में सोचते रहे और जीप कस्बे से आगे बढ़ गई।
   (घ) जब जीप कस्बे से आगे बढ़ गई तब हालदार साहब मूर्ति के बारे में सोचने लगे।
2. '*वे स्वयं पढ़ना-लिखना न जानते हुए भी दूसरों में दोष निकाला करते हैं।*'– इस वाक्य का संयुक्त वाक्य है–
   (क) वे स्वयं पढ़ना-लिखना नहीं जानते हैं परंतु दूसरों में दोष निकाला करते हैं।
   (ख) हालाँकि वे स्वयं पढ़ना-लिखना नहीं जानते परंतु दूसरों में दोष निकाला करते हैं।
   (ग) जो स्वयं पढ़ना-लिखना नहीं जानते वे भी दूसरों में दोष निकाला करते हैं।
   (घ) स्वयं पढ़ना-लिखना न जानने वाले भी अक्सर दूसरों में दोष निकाला करते हैं।
3. निम्नलिखित वाक्यों में से मिश्र वाक्य पहचान कर नीचे दिए गए विकल्पों में से सर्वाधिक उपयुक्त उत्तर वाला विकल्प चुनकर लिखिए–
   (क) बहुत-से उच्च शिक्षा प्राप्त लोग भी इस बात का खंडन ही करते हैं।
   (ख) बौद्धों का त्रिपिटक प्राकृत में रचा गया और यह महाभारत से भी बड़ा है।
   (ग) लेखक ने स्त्रियों के प्राकृत बोलने को उनके अनपढ़ होने का प्रमाण नहीं माना।
   (घ) यदि कोई शिक्षा-प्रणाली स्त्री-शिक्षा को अनर्थकारी बताए तो उसमें संशोधन होना चाहिए।

   विकल्प–

   (क) केवल (ख) सही   (ख) केवल (घ) सही
   (ग) (ख) और (घ) सही   (घ) (क) और (ग) सही
4. निम्नलिखित वाक्यों में सरल वाक्य का उदाहरण नहीं हैं–
   (क) मुख्य गायक की सफलता में उसका भी सम्मान छिपा है।
   (ख) संगतकार गायन के स्थायी का स्वर हमेशा पकड़कर रखता है।
   (ग) संगतकार के बिना मुख्य गायक की सफलता संदिग्ध बनी रहती है।
   (घ) जो मुख्य गायक है उसके बिना संगतकार का अस्तित्व नहीं है।

5. **स्तंभ 1 को स्तंभ 2 से सुमेलित कीजिए और सही विकल्प का चयन कर लिखिए–**

स्तंभ 1	स्तंभ 2
1. जो बात तथ्य आधारित है उसे तो बेझिझक मान लेना चाहिए।	(I) संयुक्त वाक्य
2. बरसात में बच्चे बाहर जाते हैं और माता-पिता डर जाते हैं।	(II) सरल वाक्य
3. आजकल माता-पिता अपने बच्चों का बहुत अधिक ध्यान रखते हैं।	(III) मिश्र वाक्य

विकल्प–

(क) 1. (III) 2. (I) 3. (II)

(ख) 1. (I) 2. (II) 3. (III)

(ग) 1. (III) 2. (II) 3. (I)

(घ) 1. (II) 2. (III) 3. (I)

उत्तर– 1. (क) 2. (क) 3. (ख) 4. (घ) 5. (क)

Set-II

1. *'जब बाबू जी रामायण का पाठ करते तब हम उनकी बगल में बैठे रहते।'*– इस वाक्य का संयुक्त वाक्य होगा–

(क) बाबूजी रामायण का पाठ करते और हम उनकी बगल में बैठे रहते।

(ख) जिस समय बाबूजी रामायण का पाठ करते उस समय हम उनकी बगल में बैठे रहते।

(ग) बाबूजी के रामायण का पाठ करते समय हम उनकी बगल में बैठे रहते।

(घ) जब बाबूजी द्वारा रामायण का पाठ किया जाता तब हम भी साथ ही बैठे रहते।

2. *'माँ थाली में दही-भात सानती और बनावटी नाम से कौर बनाकर खिलाती जाती।'*– इसे सरल वाक्य में बदला जाए तो वाक्य होगा–

(क) माँ जब भी थाली में दही-भात सानती तब बनावटी नाम से कौर बनाकर खिलाती जाती।

(ख) माँ थाली में दाल-भात सानती और छोटे-छोटे कौर बनाकर मुझे खिलाती जाती।

(ग) माँ थाली में दही-भात सानकर बनावटी नाम से कौर बनाकर खिलाती जाती।

(घ) माँ थाली में अपने लिए दही-भात सानती पर कौर बनाकर मुझे खिला देती।

3. निम्नलिखित वाक्यों में से मिश्र वाक्य पहचान कर नीचे दिए गए विकल्पों में से सर्वाधिक उपयुक्त उत्तर वाला विकल्प चुनकर लिखिए–

(क) जब दुलारी ने केश बाँध लिए तब उसने खिड़की खोल दी।

(ख) उसने सिर का पसीना सुखाया और वहीं खड़ी हो गई।

(ग) टुन्नू जब दरवाज़े पर खड़ा था तब उसके पास एक पोटली थी।

(घ) उसकी गृहस्थी बड़ी कठिनाई से चल रही थी फिर भी उसे चिंता नहीं थी।

विकल्प–

(क) (क), (ख) और (ग)

(ख) (ख), (ग) और (घ)

(ग) (ख) और (घ)

(घ) (क) और (ग)

4. निम्नलिखित वाक्यों में से सरल वाक्य का उदाहरण है–

(क) उसने बंडल निकाला और उसे पकड़ा दिया। (ख) वहाँ जल-संचय का उचित प्रबंध है।

(ग) तुम जाओ, मैं कल ही लौट जाऊँगा। (घ) जब बर्फ़ गिरती है तब मुश्किल होती है।

5. **स्तंभ 1 को स्तंभ 2 से सुमेलित कीजिए और सही विकल्प का चयन कर लिखिए–**

स्तंभ 1	स्तंभ 2
1. मूर्ति के आसपास का तालाब सुखाकर साफ़ किया गया।	(I) मिश्र वाक्य
2. उसकी रवाब निकाली गई और ताज़ा पानी डाला गया।	(II) संयुक्त वाक्य
3. जब बात हुक्कामों तक पहुँची तब बड़ी खलबली मची।	(III) सरल वाक्य

विकल्प–

(क) 1. (I) 2. (II) 3. (III)

(ख) 1. (III) 2. (II) 3. (I)

(ग) 1. (II) 2. (III) 3. (I)

(घ) 1. (III) 2. (I) 3. (II)

उत्तर– 1. (क) 2. (ग) 3. (घ) 4. (ख) 5. (ख)

Set-III

1. '*यद्यपि वह उनसे आग्रह करती रही लेकिन भगत का निर्णय अटल था।*' इस वाक्य का संयुक्त वाक्य है–

(क) वह उसके आग्रह को न मानकर अपने निर्णय पर अटल रहे।

(ख) हालाँकि उसने उनसे आग्रह किया परंतु भगत अपने निर्णय पर अटल रहे।

(ग) उसके उनसे आग्रह करते रहने पर भी भगत का निर्णय अटल ही रहा।

(घ) वह उनसे आग्रह करती रही लेकिन भगत का निर्णय अटल था।

2. '*जब एक रीड गीली हो जाती थी तब वे दूसरी रीड का इस्तेमाल करते थे।*' इसका सरल वाक्य होगा–

(क) एक रीड के गीली हो जाने पर वे दूसरी रीड का इस्तेमाल करते थे।

(ख) एक रीड गीली हो जाती थी इसलिए वे दूसरी रीड का इस्तेमाल करते थे।

(ग) वे एक नहीं, दो रीड का इस्तेमाल करते थे क्योंकि एक गीली हो जाती थी।

(घ) चूँकि एक रीड गीली हो जाती थी इसलिए वे दूसरी रीड का इस्तेमाल करते थे।

3. '*उन्होंने दोनों खीरों के सिर काटे और उन्हें गोदकर झाग निकाला।*' इस वाक्य का मिश्र वाक्य होगा–

(क) जब उन्होंने दोनों खीरों के सिर काटे तब उन्हें गोदकर झाग निकाला।

(ख) उन्होंने दोनों खीरों के सिर काटने के बाद उन्हें गोदकर झाग निकाला।

(ग) उन्होंने दोनों खीरों के सिर काटे और उन्हें गोदकर झाग निकाला।

(घ) दोनों खीरों को गोदकर झाग निकालने के लिए उन्होंने उनके सिर काटे।

4. निम्नलिखित वाक्यों में से संयुक्त वाक्य पहचान कर नीचे दिए गए विकल्पों में से सर्वाधिक उपयुक्त उत्तर वाला विकल्प चुनकर लिखिए–

(क) कोई भगत के संगीत को अपने कोलाहल में नहीं डुबो सकता।

(ख) उस समय मेरे कानों में एक स्वर-तरंग झंकार-सी कर उठी।

(ग) वे कबीर को मानते थे और उन्हीं के आदेशों पर चलते थे।

(घ) वे किसी से भी दो-टूक बात करने में संकोच नहीं करते थे।

विकल्प–

(क) (क) और (ख)
(ख) (ग) और (घ)
(ग) केवल (ग) सही
(घ) केवल (घ) सही

5. **स्तंभ 1 को स्तंभ 2 से सुमेलित कीजिए और सही विकल्प का चयन कर लिखिए–**

स्तंभ 1	स्तंभ 2
1. अब उनका बुढ़ापा आ गया था किंतु टेक वही जवानी वाली थी।	(I) मिश्र वाक्य
2. अभी थोड़ी देर पहले ही मूसलाधार वर्षा खत्म हुई है।	(II) संयुक्त वाक्य
3. वे जब इस बार लौटे तो तबीयत कुछ सुस्त थी।	(III) सरल वाक्य

विकल्प–

(क) 1. (I) 2. (II) 3. (III)
(ख) 1. (II) 2. (III) 3. (I)
(ग) 1. (III) 2. (II) 3. (I)
(घ) 1. (III) 2. (I) 3. (II)

उत्तर– 1. (घ) 2. (क) 3. (क) 4. (ग) 5. (ख)

5. *निम्नलिखित से संयुक्त वाक्य बनाइए–*

CBSE 2020

1. जैसे ही बत्ती हरी हुई वैसे ही सारे वाहन चल पड़े।
2. जादूगर का जादू देखकर दर्शक दंग रह गए।
3. फिल्म शुरू होते ही दर्शक शांत हो गए।
4. मैंने पुस्तकालय जाकर प्रेमचंद द्वारा लिखित 'गोदान' उपन्यास पढ़ा।
5. गौरैया ने तिनका-तिनका जोड़कर घर बनाया।
6. मिलने आए हुए लोगों को देखकर उन्होंने स्वागत किया।

CBSE 2021

7. प्रस्तुत वाक्य का रूपांतरित संयुक्त वाक्य होगा–
उन्होंने विश्वभर में प्रसिद्ध हिंदी-अंग्रेज़ी शब्दकोश तैयार किया।
(क) उन्होंने हिंदी-अंग्रेज़ी शब्दकोश तैयार किया जो विश्वभर में प्रसिद्ध है।
(ख) उन्होंने जो हिंदी-अंग्रेज़ी शब्दकोश तैयार किया वह विश्वभर में प्रसिद्ध हो गया।
(ग) जो विश्वभर में प्रसिद्ध है, उस हिंदी-अंग्रेज़ी शब्दकोश को उन्होंने तैयार किया।
(घ) उन्होंने हिंदी-अंग्रेज़ी शब्दकोश तैयार किया और वह विश्वभर में प्रसिद्ध हुआ।

CBSE प्रतिदर्श प्रश्नपत्र, 2021–22

8. आनंद चार दिन गाँव में रहा। वह सबका प्रिय हो गया।
इस वाक्य का संयुक्त वाक्य में रूपांतरण होगा–
(क) आनंद चार दिन गाँव में रहा और सबका प्रिय हो गया।
(ख) जब आनंद चार दिन गाँव में रहा, तब वह सबका प्रिय हो गया।
(ग) आनंद चार दिन गाँव में रहकर सबका प्रिय हो गया।
(घ) आनंद जब चार दिन गाँव में रहा तो वह सबका प्रिय हो गया।

CBSE अभ्यास प्रश्नपत्र 2022

9. निम्नलिखित में संयुक्त वाक्य है–
(क) वह खाना खाकर सो गया।
(ख) अध्यापिका ने कहा कि कल छुट्टी है।
(ग) गीता जिस घर में रहती है, वह बहुत सुंदर है।
(घ) मैंने आवाज़ सुनी और दौड़कर बाहर चली आई।

10. दिए गए वाक्यों को मिलाकर बनाए गए उचित संयुक्त वाक्य को चुनिए।
अभिनव घर गया। वह सो गया।
(क) अभिनव घर जाकर सो गया।
(ख) अभिनव घर जाते ही सो गया।
(ग) अभिनव घर गया और सो गया।
(घ) जब अभिनव घर गया, तब वह सो गया।

11. सरकार ने किसानों की माँग पूरी करने के लिए गेहूँ की कीमत बढ़ाने की घोषणा की।
इस वाक्य का अर्थ बदले बिना संयुक्त वाक्य में रूपांतरण किस प्रकार होगा ?
(क) जब सरकार ने किसानों की माँग पूरी की, तब गेहूँ की कीमत बढ़ गई।
(ख) जब सरकार ने गेहूँ की कीमत बढ़ाई, तब किसानों की माँग पूरी हो गई।
(ग) सरकार ने किसानों की माँग पूरी करते हुए गेहूँ की कीमत बढ़ाने की घोषणा की।
(घ) सरकार ने गेहूँ की कीमत बढ़ाने की घोषणा की, ताकि किसानों की माँग पूरी हो जाए।

CBSE प्रतिदर्श प्रश्नपत्र 2022–23

12. 'सूर्योदय होते ही प्रकृति का सौंदर्य खिल उठता है।' इसका संयुक्त वाक्य होगा–
(क) सूर्योदय होने पर प्रकृति का सौंदर्य खिल उठता है।
(ख) सूर्योदय होता है और प्रकृति का सौंदर्य खिल उठता है।
(ग) जब सूर्योदय होता है, तब प्रकृति का सौंदर्य खिल उठता है।
(घ) क्योंकि सूर्योदय होता है, इसलिए प्रकृति का सौंदर्य खिल उठता है।

CBSE प्रतिदर्श प्रश्नपत्र–2023-24

13. 'दूसरी बार जब हालदार साहब उधर से गुज़रे तो उन्हें मूर्ति में कुछ अंतर दिखाई दिया।' इस मिश्रित वाक्य को संयुक्त वाक्य में बदलिए।
(क) जैसे ही दूसरी बार हालदार साहब उधर से गुज़रे, उन्हें मूर्ति में कुछ अंतर दिखाई दिया।
(ख) दूसरी बार उधर से गुजरते समय हालदार साहब को मूर्ति में कुछ अंतर दिखाई दिया।
(ग) दूसरी बार हालदार साहब उधर से गुजरे और उनको मूर्ति में कुछ अंतर दिखाई दिया।
(घ) जब भी हालदार साहब उधर से गुजरते हैं मूर्ति में अंतर दिखायी देता है।

14. निम्नलिखित वाक्यों में संयुक्त वाक्य पहचानकर नीचे दिए गए विकल्पों में से सर्वाधिक सही विकल्प चुनिए–
(*i*) असफल होने पर शोक करना व्यर्थ है।
(*ii*) मैं एक दिन अमेरिका जाऊँगी तथा अपना शेष जीवन वहीं बिताऊँगी।
(*iii*) जैसे ही रमेश आया, वैसे ही मोहन चल दिया।
(*iv*) विद्यार्थी परिश्रमी है, तो अवश्य सफल होगा।
(क) (*i*) और (*ii*) सही है।
(ख) (*ii*) और (*iii*) सही है।
(ग) (*i*) और (*iv*) सही है।
(घ) (*ii*) और (*iv*) सही है।

CBSE 2023

15. निम्नलिखित वाक्यों में से कौन-सा वाक्य संयुक्त वाक्य है ?
(क) मुझे अपने बच्चे के मुँह में फादर का पहली बार अन्न डालना याद आता है।
(ख) इस संन्यासी ने कभी सोचा था या नहीं कि उसकी मृत्यु पर कोई रोएगा ?

(ग) सत्यप्रकाश जी ने उनको अंतिम प्रणाम किया और उनकी देह कब्र में उतार दी गई।

(घ) मेरी पत्नी और पुत्र की मृत्यु पर उनके कहे सांत्वना शब्दों ने मुझे दिलासा दी थी।

16. निम्नलिखित वाक्यों में संयुक्त वाक्य है–

(क) नागार्जुन का जन्म बिहार में हुआ।

(ख) अध्ययन के लिए वे बनारस और कलकत्ता गए।

(ग) 1936 में वे श्रीलंका गए और वहीं बौद्ध धर्म में दीक्षित हुए।

(घ) नागार्जुन ने अनेक बार संपूर्ण भारत की यात्रा की।

17. निम्नलिखित में से संयुक्त वाक्य कौन-सा है ?

(क) यशपाल सामंती वर्ग पर कटाक्ष करते हैं जो वास्तविकता से बेखबर एक बनावटी जीवन-शैली का आदी है।

(ख) यशपाल की रचनाओं में आम आदमी के सरोकारों की उपस्थिति है।

(ग) सामाजिक विषमता, राजनैतिक पाखंड और रूढ़ियों के खिलाफ़ उनकी रचनाएँ मुखर हैं।

(घ) काशी आज भी संगीत के स्वर पर जगती है और उसी की थापों पर सोती है।

उत्तर– 1. बत्ती हरी हुई और सारे वाहन चल पड़े।

2. जादूगर का जादू देखा तो सारे दर्शक दंग रह गए।

3. फ़िल्म शुरू हुई और दर्शक शांत हो गए।

4. मैं पुस्तकालय गया और प्रेमचंद द्वारा लिखित 'गोदान' उपन्यास पढ़ा।

5. गौरैया ने तिनका-तिनका जोड़ा और घर बनाया।

6. उन्होंने मिलने आए हुए लोगों को देखा और उनका स्वागत किया।

7. (घ) उन्होंने हिंदी-अंग्रेज़ी शब्दकोश तैयार किया और वह विश्वभर में प्रसिद्ध हुआ।

8. (क) आनंद चार दिन गाँव में रहा और सबका प्रिय हो गया।

9. (घ) मैंने आवाज़ सुनी और दौड़कर बाहर चली आई।

10. (ग) अभिनव घर गया और सो गया।

11. (घ) सरकार ने गेहूँ की कीमत बढ़ाने की घोषणा की, ताकि किसानों की माँग पूरी हो जाए।

12. (ख) सूर्योदय होता है और प्रकृति का सौंदर्य खिल उठता है।

13. (ग) दूसरी बार हालदार साहब उधर से गुजरे और उनको मूर्ति में कुछ अंतर दिखाई दिया।

14. (घ) (*ii*) और (*iv*) सही हैं।

15. (ग) सत्यप्रकाश जी ने उनको अंतिम प्रणाम किया और उनकी देह कब्र में उतार दी गई।

16. (ग) 1936 में वे श्रीलंका गए और वहीं बौद्ध धर्म में दीक्षित हुए।

17. (घ) काशी आज भी संगीत के स्वर पर जगती है और उसी की थापों पर सोती है।

6. *निम्नलिखित से सरल वाक्य बनाइए–*

CBSE 2020

1. जैसे ही बच्चे को खिलौना मिला वह चुप हो गया।
2. उन्होंने जेब से चाकू निकाला और खीरा काटने लगे।
3. वे दिल्ली में बीमार रहे और पता नहीं चला।
4. नवाब साहब ने तौलिया झाड़ा और सामने बिछा लिया।
5. जब मज़दूरों को बोनस नहीं मिला तो वे हड़ताल पर चले गए।
6. उसने हेलमेट नहीं लगाया था, इसलिए उसका चालान किया गया।
7. हमें फिल्म देखनी थी इसलिए सिनेमाघर गए।
8. मैं तो मुग्ध था उनके मधुर गान पर – जो सदा ही सुनने को मिलता।

CBSE 2021

9. निम्नलिखित में कौन-सा सरल वाक्य नहीं है ?
   (क) अंतरा अपने विद्यालय नहीं जाने के बारे में बता रही थी।
   (ख) अंतरा विद्यालय न जाने के कारण पर बात कर रही थी।
   (ग) अंतरा विद्यालय नहीं गई पर क्यों यह पता नहीं।
   (घ) अंतरा ने किसी को अपने विद्यालय न जाने के बारे में नहीं बताया।

CBSE प्रतिदर्श प्रश्नपत्र 2021–22

10. निम्नलिखित में सरल वाक्य है–
   (क) जैसे ही वर्षा हुई वैसे ही मोर नाचने लगे।
   (ख) वर्षा हुई और मोर नाचने लगे।
   (ग) वर्षा होते ही मोर नाचने लगे।
   (घ) जब वर्षा होती है तब मोर नाचते हैं।

CBSE अभ्यास प्रश्नपत्र, 2022

11. दिए गए वाक्यों में सरल वाक्य कौन-सा है ?
   (क) पिताजी चाहते हैं कि मैं सरकारी नौकरी करूँ।
   (ख) जब घर आओगे, तब आम के पेड़ पर आम लगे होंगे।
   (ग) मोहन के हाथ से काँच का गिलास छूटकर नीचे गिर गया।
   (घ) अभ्यास करोगे, तभी तो एकदम स्वादिष्ट खाना बनाना सीखोगे।
12. दिए गए मिश्रित वाक्य का अर्थ बदले बिना सरल वाक्य में परिवर्तन कैसे होगा ?
   जैसे ही मैंने चीख सुनी, मैं दौड़कर बाहर गई।
   (क) मुझे चीख सुनाई दी, इसलिए मैं दौड़कर बाहर गई।
   (ख) जब मैंने चीख सुनी, मैं दौड़कर बाहर गई।
   (ग) मैंने चीख सुनी और दौड़कर बाहर गई।
   (घ) चीख सुनते ही मैं दौड़कर बाहर गई।

CBSE प्रतिदर्श प्रश्नपत्र 2022–23

13. 'न तो तुम वहाँ जा सके, न ही मैं।' इसका सरल वाक्य होगा–
   (क) तुम और मैं दोनों ही वहाँ नहीं जा सके।
   (ख) तुम भी वहाँ नहीं जा सके और मैं भी वहाँ नहीं जा सका।
   (ग) यद्यपि तुम और मैं वहाँ जा सकते थे, फिर भी नहीं जा सके।
   (घ) चूँकि तुम वहाँ नहीं जा सके, इसलिए मैं भी वहाँ नहीं जा सका।

CBSE प्रतिदर्श प्रश्नपत्र–2023-24

14. 'रसूलन और बतूलन ने गाना गया क्योंकि इसी से अमीरुद्दीन को खुशी मिलती है।' सरल वाक्य में लिखिए–
   (क) रसूलन और बतूलन के गायन से अमीरुद्दीन को खुशी मिलती है।
   (ख) रसूलन और बतूलन जैसे ही गाती हैं अमीरुद्दीन को खुशी मिलती है।
   (ग) रसूलन और बतूलन गाती हैं और अमीरुद्दीन को खुशी मिलती है।
   (घ) रसूलन और बतूलन के गीतों से अमीरुद्दीन को खुशी मिलती है।

CBSE 2023

15. 'जब कालिदास लिख रहे थे तब मुख्य भाषा संस्कृत थी।' – इस वाक्य का सरल वाक्य होगा–
   (क) कालिदास के समय को देखने पर पता चलता है कि मुख्य भाषा संस्कृत थी।
   (ख) कालिदास लिख रहे थे और उनकी मुख्य भाषा संस्कृत थी।

(ग) मुख्य भाषा संस्कृत थी और कालिदास उसी में लिख रहे थे।

(घ) कालिदास के लिखते समय मुख्य भाषा संस्कृत थी।

16. निम्नलिखित वाक्य का सरल वाक्य क्या होगा ?

'जो नागार्जुन थे उन्होंने कविता के साथ-साथ अन्य गद्य विधाओं में भी लेखन किया।'

(क) नागार्जुन ने कविता के साथ-साथ अन्य गद्य विधाओं में भी लेखन किया।

(ख) नागार्जुन कविता लिखते थे और उसके साथ-साथ अन्य गद्य विधाओं में भी लेखन करते थे।

(ग) नागार्जुन कविता तो लिखते ही थे लेकिन उनके साथ-साथ अन्य गद्य विधाओं में भी लेखन करते थे।

(घ) नागार्जुन ऐसे लेखक थे जो कविता के साथ-साथ अन्य गद्य विधाओं में भी लेखन करते थे।

17. निम्नलिखित वाक्य का सरल वाक्य कौन-सा होगा ?

'जो हमारे नाना थे वे तो वहीं बालाजी के मंदिर में बड़े प्रतिष्ठित शहनाईवाज़ रह चुके हैं।'

(क) हमारे नाना जो थे वे तो वहीं बालाजी के मंदिर में बड़े प्रतिष्ठित शहनाईवाज़ रह चुके हैं।

(ख) हमारे नाना तो वहीं बालाजी के मंदिर में बड़े प्रतिष्ठित शहनाईवाज़ रह चुके हैं।

(ग) वे हमारे नाना ही तो हैं जो बालाजी के मंदिर में बड़े प्रतिष्ठित शहनाईवाज़ रह चुके हैं।

(घ) जो बालाजी का मंदिर है, उसमें रह चुके प्रतिष्ठित शहनाईवाज़ हमारे नाना ही तो हैं।

उत्तर– 1. खिलौना मिलने पर बच्चा चुप हो गया।

2. वे जेब से चाकू निकालकर खीरा काटने लगे।

3. दिल्ली में उनके बीमार रहने का पता नहीं चला।

4. नवाब साहब ने तौलिया झाड़कर सामने बिछा लिया।

5. मज़दूर बोनस न मिलने पर हड़ताल पर चले गए।

6. हेलमेट न लगाने पर उसका चालान किया गया।

7. हम फ़िल्म देखने के लिए सिनेमाघर गए।

8. मैं तो उनके सदा ही सुनने को मिलने वाले मधुर गान पर मुग्ध था।

9. (ग) अंतरा विद्यालय नहीं गई पर क्यों पता नहीं।

10. (ग) वर्षा होते ही मोर नाचने लगे।

11. (ग) मोहन के हाथ से काँच का गिलास छूटकर नीचे गिर गया।

12. (घ) चीख सुनते ही मैं दौड़कर बाहर गई।

13. (क) तुम और मैं दोनों ही वहाँ नहीं जा सके।

14. (क) रसूलन और बतूलन के गायन से अमीरुद्दीन को खुशी मिलती है।

15. (घ) कालिदास के लिखते समय मुख्य भाषा संस्कृत थी।

16. (क) नागार्जुन ने कविता के साथ-साथ अन्य गद्य विधाओं में भी लेखन किया।

17. (ख) हमारे नाना तो वहीं बालाजी के मंदिर में बड़े प्रतिष्ठित शहनाईवाज़ रह चुके हैं।

7. *रेखांकित उपवाक्य का भेद लिखिए–*

CBSE 2019

1. माँ ने कहा कि शाम को जल्दी घर आ जाना।
2. अध्यापिका ने छात्रों से कहा कि बिना पटाखों के दीपावली मनाएँ।

CBSE 2020

3. कभी-कभी लगता है कि वे संकल्प से संन्यासी नहीं थे।
4. पिताजी को अहसास नहीं था कि दोनों का रास्ता टकराहट का है।

CBSE प्रतिदर्श प्रश्नपत्र, 2021–22

5. वह पुस्तक कहाँ है, जो कल खरीदी थी ?
   (क) संज्ञा आश्रित उपवाक्य (ख) सर्वनाम आश्रित उपवाक्य
   (ग) क्रियाविशेषण आश्रित उपवाक्य (घ) विशेषण आश्रित उपवाक्य

CBSE 2021

6. जब बालगोबिन भगत खेतों में रोपाई कर रहे थे, तब लोग उन्हें कनखियों से देख रहे थे।
   (क) संज्ञा आश्रित उपवाक्य (ख) क्रियाविशेषण आश्रित उपवाक्य
   (ग) विशेषण आश्रित उपवाक्य (घ) क्रिया आश्रित विशेषण उपवाक्य

CBSE 2023

7. "वे जब उन यादों का जिक्र करते हैं तब उसी नैसर्गिक आनंद में आँखें चमक उठती हैं।"
   (क) संज्ञा आश्रित उपवाक्य (ख) प्रधान उपवाक्य
   (ग) विशेषण उपवाक्य (घ) क्रिया-विशेषण आश्रित उपवाक्य
8. "रोज़नामचे में बालाजी का मंदिर सबसे ऊपर आता है इसलिए हर दिन की शुरुआत वहीं ड्योढ़ी पर होती है।"
   (क) संज्ञा आश्रित उपवाक्य (ख) विशेषण आश्रित उपवाक्य
   (ग) प्रथम समानाधिकरण उपवाक्य (घ) द्वितीय समानाधिकरण उपवाक्य
9. वे लंबी दाढ़ी तो नहीं रखते थे किंतु हमेशा उनका चेहरा सफेद बालों से जगमग किए रहता।
   (क) संज्ञा आश्रित उपवाक्य (ख) द्वितीय समानाधिकरण उपवाक्य
   (ग) विशेषण आश्रित उपवाक्य (घ) क्रिया-विशेषण आश्रित उपवाक्य
10. इस सुंदरता की व्याप्ति ऐसी है कि कठोर से कठोर मन भी पिघल जाए।
   (क) प्रधान उपवाक्य (ख) द्वितीय समानाधिकरण उपवाक्य
   (ग) संज्ञा आश्रित उपवाक्य (घ) विशेषण आश्रित उपवाक्य

उत्तर– 1. संज्ञा उपवाक्य 2. संज्ञा उपवाक्य 3. संज्ञा उपवाक्य
4. संज्ञा उपवाक्य 5. (घ) विशेषण आश्रित उपवाक्य 6. (ख) क्रियाविशेषण आश्रित उपवाक्य
7. (घ) क्रियाविशेषण आश्रित उपवाक्य 8. (ग) प्रथम समानाधिकरण उपवाक्य
9. (ख) द्वितीय समानाधिकरण उपवाक्य 10. (ग) संज्ञा आश्रित उपवाक्य

8. *आश्रित उपवाक्य में भेद लिखिए–*

CBSE 2015

1. रामू ने मुझे बताया कि उसका भाई बीमार है।
2. रमेश ने कहा कि वह अच्छा चित्रकार है।

उत्तर– 1. संज्ञा उपवाक्य 2. संज्ञा उपवाक्य।

9. *आश्रित उपवाक्य छाँटकर भेद भी लिखिए–*

CBSE 2018

1. उनको पूरा-पूरा विश्वास था कि ठाकुर साहब मेंबर बन जाएँगे।
2. बालगोबिन जानते हैं कि अब बुढ़ापा आ गया।

CBSE 2019

3. कहा जा चुका है कि मूर्ति संगमरमर की थी।

CBSE 2020

4. एक चश्मेवाला है जिसका नाम कैप्टन है।
5. केवट ने कहा कि बिना पाँव धोए नाव पर नहीं चढ़ाऊँगा।
6. जो शांति बरसती थी वह चेहरे पर स्थिर थी।
7. बालगोबिन भगत जानते थे कि अब बुढ़ापा आ गया है।
8. शकुंतला ने जो कटु वाक्य दुष्यंत को कहे, वह इस पढ़ाई का ही दुष्परिणाम था।
9. मूर्ति की आँखों पर सरकंडे से बना छोटा-सा चश्मा रखा हुआ था, जैसा बच्चे बना लेते हैं।
10. कहा जा चुका है कि मूर्ति संगमरमर की थी।

उत्तर–
1. ठाकुर साहब मेंबर बन जाएँगे। (संज्ञा उपवाक्य)
2. अब बुढ़ापा आ गया। (संज्ञा उपवाक्य)
3. मूर्ति संगमरमर की थी। (संज्ञा उपवाक्य)
4. जिसका नाम कैप्टन है। (विशेषण उपवाक्य)
5. बिना पाँव धोए नाव पर नहीं चढ़ाऊँगा। (संज्ञा उपवाक्य)
6. जो शांति बरसती थी। (विशेषण उपवाक्य)
7. अब बुढ़ापा आ गया है। (संज्ञा उपवाक्य)
8. शकुंतला ने जो कटु वाक्य दुष्यंत को कहे। (विशेषण उपवाक्य)
9. जैसा बच्चे बना लेते हैं। (विशेषण उपवाक्य)
10. मूर्ति संगमरमर की थी। (संज्ञा उपवाक्य)

CBSE प्रतिदर्श प्रश्नपत्र 2024–25

10. *निर्देशानुसार 'रचना के आधार पर वाक्य भेद' पर आधारित पाँच प्रश्नों में से किन्हीं चार प्रश्नों के उत्तर लिखिए–*

1. हालदार साहब चौराहे पर रुकते थे और मूर्ति को देखते थे। (सरल वाक्य में बदलिए)
2. जब जाड़ा आता तब बालगोबिन भगत एक काली कमली ऊपर से ओढ़े रहते। (संयुक्त वाक्य में बदलिए)
3. रीड नरकट से बनाई जाती है जो डुमराँव में मुख्यतः सोन नदी के किनारों पर पाई जाती है।
(आश्रित उपवाक्य छाँटकर उसका भेद भी लिखिए)
5. खीरे के स्वाद के आनंद में नवाब साहब की पलकें मुँद गईं। (मिश्र वाक्य में बदलिए)
6. काशी आज भी संगीत के स्वर पर जगती है और उसी की थापों पर सोती है। (रचना की दृष्टि से वाक्य का भेद लिखिए)

उत्तर–
1. हालदार साहब चौराहे पर रुककर मूर्ति को देखते थे। (सरल वाक्य)
2. जाड़ा आता और बालगोबिन भगत एक काली कमली ऊपर से ओढ़े रहते। (संयुक्त वाक्य)
3. आश्रित उपवाक्य – जो डुमराँव में मुख्यतः सोन नदी के किनारों पर पाई जाती है।
आश्रित उपवाक्य का भेद – विशेषण आश्रित उपवाक्य
4. जैसे ही नवाब साहब ने खीरे का आनंद लिया वैसे ही उनकी पलकें मुँद गईं। (मिश्र वाक्य)
5. संयुक्त वाक्य

अभ्यास-प्रश्न

1. *निम्नलिखित वाक्यों में से उद्देश्य और विधेय पृथक कीजिए–*

1. सब नर-नारियों ने उस सुंदर कार्यक्रम को ध्यान से देखा।
2. श्रोता कवि-सम्मेलन में शांतिपूर्वक बैठे रहे।
3. भव्य समारोह देखकर मेरा मन खिल उठा।
4. सभी विद्यार्थियों ने शिक्षक-दिवस पर अनेक कार्यक्रम प्रस्तुत किए।
5. सभी लोगों ने वह सुंदर दृश्य देखा।

2. *रेखांकित उपवाक्य का नाम बताइए–*

(*i*) वह अध्यापक था, <u>जो कल यहाँ आया था</u>।

3. *निम्नलिखित वाक्यों में आश्रित उपवाक्य अलग करके बताइए कि वह किस प्रकार का है–*

1. महेश बोला कि मैं कल केरल जा रहा हूँ।
2. आपका वह लड़का कहाँ है, जो कल छत से गिर पड़ा था।
3. वे सैनिक कहाँ हैं जिन्होंने शत्रु के वायुयान गिराए थे।
4. अंग्रेज़ जान गए थे कि भारत को स्वतंत्रता देनी पड़ेगी।
5. रामदयाल ने कहा कि मैं विपत्ति में सदा आपका साथ दूँगा।

4. *प्रधान उपवाक्य छाँटकर लिखिए–*

1. मैंने उसे पुकारकर कहा कि अभी उधर मत जाओ।
2. इन्हें क्षमा करें क्योंकि इनसे अनजाने में भूल हुई है।

5. *रचना के आधार पर वाक्य-भेद बताइए–*

(क) मैंने पाठ पढ़ा था।

(ख) राधा पाठ पढ़कर सो गई।

6. *निम्नलिखित वाक्यों को सरल वाक्यों में बदलिए–*

(क) भगत सिंह, जो एक क्रांतिकारी देशभक्त था, स्वतंत्रता की वेदी पर बलि हो गया।

(ख) वह पुस्तकालय गया और वहाँ उसने महाभारत पढ़ी।

(ग) एक धमाका हुआ और चारों ओर चीख-पुकार मच गई।

(घ) उसने मेहनत तो की पर कोई अनुकूल परिणाम उसके हाथ नहीं लगा।

(ङ) बच्चे ने खाना खाया और सो गया।

7. *निम्नलिखित वाक्यों को मिश्र वाक्यों में बदलिए–*

(क) बुद्धिमान एवं दूरदर्शी मनुष्य के लिए संसार में कुछ भी दुर्लभ नहीं है।

(ख) वह उच्च शिक्षा प्राप्त करने के लिए विदेश गया।

(ग) साहसी व्यक्ति के लिए कोई भी कार्य दुष्कर नहीं होता।

(घ) मैंने एक बहुत अच्छा शब्दकोश देखा।

(ङ) घोड़े की सवारी करने वाला मैदान में गिर पड़ा।

8. *संयुक्त वाक्य में बदलिए–*

(क) यह विद्वान है। तुम नितांत मूर्ख हो।

(ख) मैं नई कार खरीदूँगा। मैं पुरानी कार नहीं खरीदूँगा।

(ग) पुलिस को देखते ही उसे पसीना छूट गया।

(घ) मैं प्लेटफार्म पर खड़ा रेलगाड़ी की प्रतीक्षा कर रहा था।

(ङ) टोपी वाला बाबू कहाँ गया।

बहुविकल्पी प्रश्न

1. *जिस वाक्य में एक मुख्य क्रिया होती है, उसे क्या कहते हैं–*

(क) साधारण वाक्य (ख) मिश्र वाक्य (ग) संयुक्त वाक्य (घ) जटिल वाक्य

2. *जिस वाक्य में दो समानाधिकरण उपवाक्य किसी योजक से जुड़े होते हैं, उसे क्या कहते हैं–*

(क) मिश्र वाक्य (ख) संयुक्त वाक्य (ग) जटिल वाक्य (घ) साधारण वाक्य

3. *जिस वाक्य में मुख्य और गौण दो उपवाक्य होते हैं, उसे क्या कहते हैं–*

(क) साधारण वाक्य (ख) मिश्र वाक्य (ग) सरल वाक्य (घ) संयुक्त वाक्य

4. निम्नलिखित में सरल वाक्य पहचानिए–

1. (क) वह, जो दो दिन गाँव में रहा, सबका प्रिय हो गया।
   (ख) वह काली भैंस, जो खेत में चर रही थी, आत्माराम की थी।
   (ग) गली में शोर हुआ और सब लोग बाहर आ गए।
   (घ) वहाँ स्थित एक छोटे-से गाँव के चारों ओर जंगल था।
2. (क) वहाँ एक छोटा-सा गाँव था जिसके चारों ओर जंगल था।
   (ख) मैंने एक व्यक्ति देखा जो बहुत दुबला-पतला था।
   (ग) वह लड़का गाँव में गया और बीमार हो गया।
   (घ) मैंने एक बहुत दुबले-पतले व्यक्ति को देखा।

5. निम्नलिखित में से संयुक्त वाक्य चुनिए–

1. (क) शेर दिखाई दिया और सब डर गए।
   (ख) खेत में चर रही गाय आत्माराम की थी।
   (ग) ज्यों ही शेर दिखाई दिया, सब डर गए।
   (घ) जब शेर दहाड़ रहा था, तब उसने हिरण पर हमला किया।
2. (क) गली में शोर होने पर सब लोग बाहर आ गए।
   (ख) मोहन कल यहाँ आया और सबसे बात करके चला गया।
   (ग) जब मैंने बालक को रोते हुए देखा तो उससे रोने का कारण पूछा।
   (घ) मेरा वह मित्र, जिसका नाम मोहनलाल है, उदार और सरल व्यक्ति है।

6. निम्नलिखित में से मिश्र वाक्य चुनिए–

1. (क) दहाड़ते शेर ने हिरण पर हमला किया।
   (ख) चूँकि उसने श्रम नहीं किया, इसलिए अनुत्तीर्ण हो गया।
   (ग) शेर दहाड़ रहा था और उसने हिरण पर हमला किया।
   (घ) उसने श्रम नहीं किया और परीक्षा में फेल हो गया।
2. (क) ज्यों ही पुलिस आई, चोर भाग गया।
   (ख) बालक को रोते देखकर मैंने उससे रोने का कारण पूछा।
   (ग) घंटी बजी और छात्र पुस्तकें उठाकर, कक्षा से निकलकर अपने घर चले गए।
   (घ) मोहन के खेत में गायें चर रही थीं और उसने उन्हें खेत से बाहर निकाल दिया।

7. निम्नलिखित वाक्य किस प्रकार का है–

1. *आकाश में उड़ते हुए बाज़ ने चिड़िया पकड़ी।*
   (क) सरल वाक्य (ख) संयुक्त वाक्य (ग) मिश्र वाक्य
2. *जिनकी आय कम है, उन्हें सोच-समझकर व्यय करना चाहिए।*
   (क) सरल वाक्य (ख) संयुक्त वाक्य (ग) मिश्र वाक्य
3. *मैंने उस बच्चे को देखा था, जो पतंग उड़ा रहा था।*
   (क) सरल वाक्य (ख) संयुक्त वाक्य (ग) मिश्र वाक्य

8. **निम्नलिखित दो सरल वाक्यों को एक सरल वाक्य में बदलिए–**

1. • *मैंने एक व्यक्ति देखा।*
   • *वह व्यक्ति बहुत लंबा था।*

(क) मैंने एक व्यक्ति देखा जो कि बहुत लंबा था। (ख) मैंने एक ऐसा व्यक्ति देखा जो कि बहुत लंबा था।
(ग) मैंने एक बहुत लंबे व्यक्ति को देखा।

2. • *छात्रों ने परिश्रम किया।*
   • *वे उत्तीर्ण हो गए।*

(क) छात्रों ने परिश्रम किया और उत्तीर्ण हो गए। (ख) चूँकि छात्रों ने परिश्रम किया, इसलिए उत्तीर्ण हो गए।
(ग) छात्र परिश्रम करके उत्तीर्ण हो गए।

9. **निम्नलिखित सरल वाक्यों को एक संयुक्त वाक्य में बदलिए–**

1. • *रास्ते में भीड़-भाड़ थी।*
   • *भीड़-भाड़ के कारण मैंने आने का कार्यक्रम रद्द कर दिया।*

(क) रास्ते में भीड़-भाड़ होने के कारण मैंने आने का कार्यक्रम रद्द कर दिया।
(ख) रास्ते में भीड़-भाड़ थी इसलिए मैंने आने का कार्यक्रम रद्द कर दिया।
(ग) चूँकि रास्ते में भीड़-भाड़ थी इसलिए मैंने आने का कार्यक्रम रद्द कर दिया।

2. • *वह अपने घर गया।*
   • *वह अपने काम में लग गया।*

(क) वह अपने घर गया और अपने काम में लग गया। (ख) वह अपने घर जाकर अपने काम में लग गया।
(ग) जैसे ही वह घर गया वह अपने काम में लग गया।

10. **निम्नलिखित वाक्यों से एक मिश्र वाक्य बनाइए–**

1. • *भारत शांतिप्रिय देश है।*
   • *इसमें अनेक संप्रदायों के लोग निवास करते हैं।*

(क) शांतिप्रिय भारत में अनेक संप्रदायों के लोग निवास करते हैं।
(ख) भारत शांतिप्रिय देश है और इसमें अनेक संप्रदायों के लोग निवास करते हैं।
(ग) भारत ऐसा शांतिप्रिय देश है जिसमें अनेक संप्रदायों के लोग निवास करते हैं।

2. • *चौकीदार आया।*
   • *वह डंडा फटकाकर चला गया।*

(क) चौकीदार आकर डंडा फटकाकर चला गया। (ख) चौकीदार आया और डंडा फटकाकर चला गया।
(ग) चौकीदार आया तो था किंतु वह डंडा फटकाकर चला गया।

11. **निम्नलिखित वाक्यों में रेखांकित उपवाक्य का नाम बताइए–**

1. *उसने कहा <u>कि मैं शादी पर अवश्य जाऊँगा</u>।*

(क) संज्ञा उपवाक्य (ख) विशेषण उपवाक्य (ग) क्रियाविशेषण उपवाक्य (घ) प्रधान उपवाक्य

2. *<u>मैं जब भी वहाँ जाता हूँ</u>, वह मेरा स्वागत करता है।*

(क) संज्ञा उपवाक्य (ख) विशेषण उपवाक्य (ग) क्रियाविशेषण उपवाक्य (घ) प्रधान उपवाक्य

12. **नवीनतम शैली के प्रश्न**

1. **निम्नलिखित वाक्यों में मिश्र वाक्य पहचानकर नीचे दिए गए सबसे सही विकल्प को चुनिए–**

[*CBSE प्रतिदर्श प्रश्नपत्र 2022–23*]

(*i*) *आप कह सकते थे कि यह गलती आपने नहीं की है।*

(*ii*) *यदि आप अपना पक्ष रखते, तो अवश्य ही निर्दोष सिद्ध होते।*

(*iii*) *जब आपने गलती की ही नहीं है, तो उसका दंड आपको क्यों मिलेगा ?*

(*iv*) *चूँकि दोषी कोई और है इसलिए आप यह दोष अपने ऊपर बिलकुल मत लीजिए।*

विकल्प–

(क) केवल कथन (*i*) सही है।
(ख) कथन (*ii*) व (*iii*) सही हैं।
(ग) कथन (*iii*) व (*iv*) सही हैं।
(घ) कथन (*i*), (*ii*), (*iii*) व (*iv*) सही हैं।

2. कॉलम 1 और कॉलम 2 के साथ सुमेलित कीजिए और सही विकल्प चुनकर लिखिए–

[*CBSE प्रतिदर्श प्रश्नपत्र 2022–23*]

कॉलम 1	कॉलम 2
1. *बिल्ली आई और दूध पी गई।*	(*i*) *सरल वाक्य*
2. *यदि दूध बाहर न रखा होता, तो बिल्ली ऐसा नहीं कर पाती।*	(*ii*) *संयुक्त वाक्य*
3. *हमें बिल्ली का जूठा दूध फेंकना पड़ा।*	(*iii*) *मिश्र वाक्य*

विकल्प–

(क) 1–(*iii*), 2–(*i*), 3–(*ii*)
(ख) 1–(*ii*), 2–(*iii*), 3–(*i*)
(ग) 1–(*ii*), 2–(*i*), 3–(*iii*)
(घ) 1–(*ii*), 2–(*i*), 3–(*iii*)

कुछ अन्य प्रश्न

3. **कथन (A) –** (*i*) *जिस वाक्य में एक प्रधान उपवाक्य तथा एक या अधिक गौण उपवाक्य होते हैं, उसे मिश्र वाक्य कहते हैं।*

(*ii*) *जिसमें एक प्रधान तथा एक गौण उपवाक्य होता है, उसे मिश्र वाक्य कहते हैं।*

(*iii*) *जिसमें दो सरल वाक्य किसी योजक की सहायता से जुड़े होते हैं, उसे संयुक्त वाक्य कहते हैं।*

(*iv*) *जिसमें एक मुख्य क्रिया होती है, उसे सरल वाक्य कहते हैं।*

विकल्प–

(क) (*i*), (*ii*), (*iii*), (*iv*) ठीक हैं।
(ख) (*i*), (*ii*), (*iii*) ठीक हैं।
(ग) (*i*), (*iii*), (*iv*) ठीक हैं।
(घ) (*ii*), (*iii*) ठीक हैं।

4. **कथन (A)–** *मिश्र वाक्य में न्यूनतम दो उपवाक्य होते हैं।*

कारण (R)– *एक उपवाक्य प्रधान होता है, दूसरा गौण उपवाक्य होता है।*

विकल्प–

(क) कथन ठीक है किंतु कारण गलत है।
(ख) कथन ठीक है और कारण भी ठीक है।
(ग) कथन गलत है और कारण भी गलत है।
(घ) कथन गलत है और कारण ठीक है।

5. **कथन (A)–** *वह परिश्रम करता है इसलिए सफल होता है।*

–यह संयुक्त वाक्य है, क्योंकि–

(*i*) इसमें दो सरल वाक्य हैं जो 'इसलिए' से जुड़े हैं।

(*ii*) इसमें पहला उपवाक्य है, दूसरा प्रधान उपवाक्य।

(*iii*) इसमें पहला उपवाक्य प्रधान है, दूसरा आश्रित।

(*iv*) इसमें पहला उपवाक्य आश्रित है, दूसरा प्रधान।

विकल्प–

(क) (*i*) ठीक हैं।
(ख) (*i*) तथा (*iv*) ठीक हैं।
(ग) कोई कथन ठीक नहीं
(घ) (*ii*) तथा (*iv*) ठीक हैं।

निम्नलिखित कॉलम 1 को कॉलम 2 से सुमेलित कीजिए–

6.

कॉलम 1	कॉलम 2
1. रात होने पर तारे चमके।	(i) सरल वाक्य
2. चूँकि रात थी इसलिए तारे चमके।	(ii) संयुक्त वाक्य
3. रात हुई और तारे चमके।	(iii) मिश्र वाक्य

विकल्प–

(क) 1–(i), 2–(ii), 3–(iii)
(ख) 1–(ii), 2–(iii), 3–(i)
(ग) 1–(iii), 2–(ii), 3–(i)
(घ) 1–(i), 2–(iii), 3–(ii)

7.

कॉलम 1	कॉलम 2
1. कुर्सी साफ़ और सुंदर थी।	(i) मिश्र वाक्य
2. कुर्सी साफ़ भी थी और सुंदर भी।	(ii) संयुक्त वाक्य
3. कुर्सी साफ़ तो थी किंतु सुंदर नहीं थी।	(iii) सरल वाक्य

विकल्प–

(क) 1–(i), 2–(ii), 3–(iii)
(ख) 1–(ii), 2–(iii), 3–(i)
(ग) 1–(iii), 2–(i), 3–(i)
(घ) 1–(iii), 2–(ii), 3–(i)

8.

कॉलम 1	कॉलम 2
1. बालगोबिन जानते हैं कि बेटा बीमार है।	(i) मिश्र वाक्य
2. फिल्म शुरू होते ही दर्शक बैठ गए।	(ii) संयुक्त वाक्य
3. उसने परिश्रम किया और सफल भी हुआ।	(iii) सरल वाक्य

विकल्प–

(क) 1–(i), 2–(ii), 3–(iii)
(ख) 1–(iii), 2–(ii), 3–(i)
(ग) 1–(iii), 2–(i), 3–(ii)
(घ) 1–(i), 2–(iii), 3–(ii)

9.

कॉलम 1	कॉलम 2
1. मेरा उद्देश्य कि मैं सेवा करूँ।	(i) संयुक्त वाक्य
2. कानाफूसी होने पर मूर्तिकार को अनुमति दे दी गई।	(ii) मिश्र वाक्य
3. रोशनी कम थी इसलिए दिखाई नहीं दिया।	(iii) सरल वाक्य

विकल्प–

(क) 1–(i), 2–(ii), 3–(iii)
(ख) 1–(ii), 2–(iii), 3–(i)
(ग) 1–(iii), 2–(ii), 3–(i)
(घ) 1–(ii), 2–(i), 3–(iii)

2. वाच्य

पाठ्यक्रम—वाच्य

वाच्य (Voice)

परिभाषा—वाच्य का अर्थ है—बोलने का विषय। **अतः क्रिया के जिस रूप से यह पता चले कि क्रिया का मुख्य विषय कर्ता है, कर्म है अथवा भाव, उसे 'वाच्य' कहते हैं।** *उदाहरणतया—*

सोनिया खेल रही है।

—इस वाक्य में खेलने का मुख्य विषय 'सोनिया' अर्थात् कर्ता है। इसलिए यह कर्तृवाच्य वाक्य है।

वाच्य के भेद

वाच्य के दो भेद हैं।

1. कर्तृवाच्य (Active voice)—इसमें कथन का केंद्र कर्ता होता है। कर्म गौण होता है। कर्तृवाच्य में क्रिया अकर्मक भी हो सकती है और सकर्मक भी। *जैसे—*

राजीव सोता है। (अकर्मक)
राजीव 'पुस्तक' पढ़ता है। (सकर्मक)

इन दोनों वाक्यों में कर्ता ही वाक्य का केंद्र-बिंदु है। अतः यह कर्तृवाच्य वाक्य है।

2. अकर्तृवाच्य—जिन वाक्यों में कर्ता गौण या लुप्त होता है, उसे अकर्तृवाच्य कहते हैं। अकर्तृवाच्य के दो भेद हैं—

(क) कर्मवाच्य (Passive voice)—जिस वाक्य में केंद्र-बिंदु कर्ता न होकर 'कर्म' हो, उसे कर्मवाच्य कहते हैं। कर्म की प्रधानता के कारण या तो कर्ता का लोप हो जाता है ; या कर्ता के बाद 'से' अथवा 'द्वारा' का प्रयोग होता है। *जैसे—*

सोनिया से गीत गाया गया। [कर्ता (सोनिया) के बाद 'से' का प्रयोग।]
पतंग उड़ रही है। (कर्ता का लोप)
रोगी को दवाई दे दी गई है। (कर्ता का लोप)

इन तीनों वाक्यों में क्रमशः 'गीत', 'पतंग' और 'दवाई' कर्म हैं। यही अपने-अपने वाक्यों के केंद्र-बिंदु भी हैं। अतः ये कर्मवाच्य वाक्य हैं।

कर्मवाच्य में कर्ता की असमर्थता सूचित करने वाले वाक्य भी होते हैं। इनमें कर्ता के साथ 'से' अथवा 'द्वारा' लगता है और क्रिया के साथ निषेधात्मक 'नहीं' का प्रयोग होता है। *जैसे—*

मुझसे यह दृश्य देखा नहीं जाएगा।
मोहिनी से भोजन न हो सका।

सकर्मक क्रिया से व्युत्पन्न अकर्मक क्रियाओं वाले वाक्य भी सकर्मक कहलाते हैं। *जैसे—*

दरवाजा **खुल गया।** (खोलना ⇒ खुलना)
गिलास **टूट गया।** (तोड़ना ⇒ टूटना)

(ख) भाववाच्य (Impersonal voice)—जिस वाक्य में कर्ता की प्रधानता न होकर अकर्मक क्रिया का भाव प्रमुख हो, उसे भाववाच्य कहते हैं। ऐसे वाक्यों में क्रिया सदा एकवचन, पुल्लिंग, अकर्मक तथा अन्य पुरुष में रहती है। *उदाहरणतया—*

सोहन से चला नहीं जाता।
अब मुझसे सहा नहीं जाता।

इनमें क्रमशः **'चला'** तथा **'सहा'** क्रियाएँ ही प्रमुख हैं। अतः ये भाववाच्य के उदाहरण हैं।

वाच्य-परिवर्तन
(Change of Voice)

कर्तृवाच्य से कर्मवाच्य बनाना

(*i*) पहले कर्तृवाच्य की मुख्य क्रिया को सामान्य भूतकाल में परिवर्तित कीजिए।

(*ii*) उस परिवर्तित क्रिया के साथ 'जाना' क्रिया का काल, पुरुष, वचन और लिंग के अनुसार जो रूप हो, उसे जोड़कर साधारण क्रिया को संयुक्त क्रिया में बदलिए।

(*iii*) कर्तृवाच्य के कर्ता के साथ यदि कोई विभक्ति लगी हो, तो उसे हटाकर **'से'** अथवा **'के द्वारा'** आदि जोड़िए।

(*iv*) यदि कर्म के साथ विभक्ति लगी हो, तो उसे हटा दीजिए।

कर्तृवाच्य	कर्मवाच्य
1. शिकारी शिकार करते हैं।	शिकारियों के द्वारा शिकार किया जाता है।
2. मैंने पत्र लिखा।	मुझसे पत्र लिखा गया।
3. क्या यह उपन्यास मुंशी प्रेमचंद ने लिखा है ?	क्या यह उपन्यास मुंशी प्रेमचंद द्वारा लिखा गया है ?
4. यह कविता उसने लिखी है।	यह कविता उसके द्वारा लिखी गई है।
5. भगवान हमारी रक्षा करता है।	भगवान द्वारा हमारी रक्षा की जाती है।
6. सुंदर ने मधुर गीत गाए।	सुंदर द्वारा मधुर गीत गाए गए।
7. वह दिन में दूध पीता है।	उसके द्वारा दिन में दूध पिया जाता है।
8. पक्षी आकाश में उड़ेंगे।	पक्षियों द्वारा आकाश में उड़ा जाएगा।
9. महात्मा गाँधी ने राष्ट्र को शांति और अहिंसा का संदेश दिया।	महात्मा गाँधी द्वारा राष्ट्र को शांति और अहिंसा का संदेश दिया गया।
10. महर्षि दयानंद ने आर्यसमाज की स्थापना की।	महर्षि दयानंद द्वारा आर्यसमाज की स्थापना की गई।
11. हम स्वामी दयानंद को नहीं भूल सकते।	हमसे स्वामी दयानंद नहीं भुलाए जा सकते।
12. रीमा चित्र बनाती है।	रीमा द्वारा चित्र बनाया जाता है।
13. कलाकार मूर्ति गढ़ता है।	कलाकार द्वारा मूर्ति गढ़ी जाती है।
14. करीम पतंग उड़ा रहा है।	करीम द्वारा पतंग उड़ाई जा रही है।
15. नानी कहानी सुनाएगी।	नानी द्वारा कहानी सुनाई जाएगी।
16. लड़का पत्र लिखता है।	लड़के द्वारा पत्र लिखा जाता है।

कर्तृवाच्य से भाववाच्य बनाना

कर्तृवाच्य से भाववाच्य में बदलने के लिए

(*i*) कर्ता के आगे **'से'** अथवा **'के द्वारा'** लगाएँ। *जैसे*–

बच्चे–बच्चों से, लड़की–लड़की के द्वारा।

(*ii*) मुख्य क्रिया को सामान्य भूतकाल की क्रिया के एकवचन में बदलकर उसके साथ **'जाना'** धातु के एकवचन, पुल्लिंग, अन्य पुरुष का वही काल लगा दें, जो कर्तृवाच्य की क्रिया का है। *जैसे*–

पढ़ेंगे–पढ़ा जाएगा।

खेल रही थी–खेला जा रहा था।

सोते हैं–सोया जाता है।

उदाहरण–

कर्तृवाच्य	भाववाच्य
1. मैं नहीं पढ़ता।	मुझसे पढ़ा नहीं जाता।
2. हिरण दौड़ता है।	हिरण से दौड़ा जाता है।
3. रमेश नहाया।	रमेश से नहाया गया।
4. मैं अब नहीं चल पाता।	मुझसे अब नहीं चला जाता।
5. क्या वे लिखेंगे ?	क्या उनसे लिखा जाएगा ?
6. हम इतना कष्ट नहीं सह सकते।	हमसे इतना कष्ट सहा नहीं जा सकता।
7. पक्षी रात को सोते हैं।	पक्षियों से रात को सोया जाता है।
8. हम इतने दुख नहीं सह सकते।	हमसे इतने दुख नहीं सहे जाते।
9. बच्चे शांत नहीं रह सकते।	बच्चों से शांत नहीं रहा जाता।
10. मैं उठ नहीं सकता।	मुझसे उठा नहीं जाता।
11. हम नहीं हँस सकते।	हमसे हँसा नहीं जाता।
12. सौम्या सुबह को नहीं उठ सकी।	सौम्या से सुबह नहीं उठा जा सका।
13. सास लड़ नहीं सकी।	सास से लड़ा नहीं जा सका।
14. हम इतनी दूर नहीं रह सकते।	हमसे इतनी दूर नहीं रहा जा सकता।

भाववाच्य और कर्मवाच्य से कर्तृवाच्य बनाना

कर्तृवाच्य बनाने की पद्धति उपर्युक्त विधियों के ठीक विपरीत है। इसमें पहले कर्ता को पहचानें ; 'के द्वारा' या 'से' को हटाएँ तथा क्रिया का कर्तृवाच्य में प्रयोग करें। कुछ उदाहरण देखें–

भाववाच्य/कर्मवाच्य	कर्तृवाच्य
1. मुझसे पत्र नहीं लिखा गया।	मैंने पत्र नहीं लिखा।
2. मीरा द्वारा कल पत्र लिखा जाएगा।	मीरा कल पत्र लिखेगी।
3. रीमा से पुस्तक पढ़ी जा रही है।	रीमा पुस्तक पढ़ रही है।
4. छात्रों द्वारा पत्र लिखा जाता है।	छात्र पत्र लिखते हैं।
5. सरकार द्वारा शिक्षा पर बहुत खर्च किया जाता है।	सरकार शिक्षा पर बहुत खर्च करती है।
6. लड़कों के द्वारा स्कूल साफ किया गया।	लड़कों ने स्कूल साफ किया।
7. नानी द्वारा कहानी सुनाई जाती है।	नानी कहानी सुनाती है।
8. लड़कों द्वारा हँसा नहीं जाता।	लड़के नहीं हँसते।
9. वेदव्यास द्वारा महाभारत लिखा गया।	वेदव्यास ने महाभारत लिखा।
10. बालकों द्वारा फुटबाल खेली गई।	बालकों ने फुटबाल खेली।
11. सुमित द्वारा कविता पढ़ी गई।	सुमित ने कविता पढ़ी।
12. राजा द्वारा प्रजा को कष्ट दिए गए।	राजा ने प्रजा को कष्ट दिए।
13. आज घूमने चला जाए।	आज घूमने चलें।

वाच्यों की पहचान

1. कर्तृवाच्य– (*i*) कर्ता बिना विभक्ति के होता है। (अथवा)

(*ii*) कर्ता के साथ 'ने' विभक्ति होती है।

2. कर्मवाच्य– (*i*) कर्ता के साथ 'से' या 'के द्वारा' विभक्ति होती है।

(*ii*) मुख्य क्रिया सकर्मक होती है और उसके साथ 'जाना' क्रिया का लिंग, वचन-कालानुसार रूप जुड़ा होता है।

(*iii*) 'जाना' के उपर्युक्त रूप से पहले क्रिया सामान्य भूतकाल में होती है।

3. भाववाच्य– (*i*) कर्ता के साथ 'से' या 'के द्वारा' कारक चिह्न होता है।

(*ii*) क्रिया अकर्मक होती है।

(*iii*) क्रिया सदा एकवचन पुल्लिंग में होती है।

हिंदी में वाच्यों का प्रयोग

हिंदी में अधिकतर कर्मवाच्य का ही प्रयोग होता है। जिन परिस्थितियों में कर्मवाच्य और भाववाच्य का प्रयोग होता है, वे इस प्रकार हैं–

कर्मवाच्य के प्रयोग-स्थल–

(क) *अधिकार, गर्व या दर्प जताने के लिए–*

(*i*) अपराधी को पेश किया जाए।

(*ii*) उन्हें दंड दिया जाए।

(*iii*) यह खाना हमसे नहीं खाया जाता।

(ख) *जब वाक्य में कर्ता को प्रकट करने की आवश्यकता न हो, या कर्ता अज्ञात हो–*

(*i*) धन पानी की तरह बहाया जा रहा है।

(*ii*) यहाँ किसी की बात नहीं सुनी जाती।

(*iii*) पत्र भेज दिया गया है।

(ग) *जब कर्ता कोई सभा, समाज या सरकार हो–*

(*i*) पंचवर्षीय योजनाओं पर सरकार द्वारा प्रतिवर्ष निर्धारित धन खर्चा जाता है।

(*ii*) आर्यसमाज द्वारा कई अंतर्जातीय विवाह कराए जाते हैं।

(घ) *कानून या कार्यालयों की भाषा में–*

(*i*) कार्य-कुशलता के लिए कर्मचारियों को सरकार द्वारा पुरस्कृत किया जाएगा।

(*ii*) आपके प्रार्थना-पत्र को निम्नलिखित कारणों से रद्द कर दिया गया है।

(*iii*) एक माह का अर्जित अवकाश स्वीकृत किया जाता है।

(ङ) *असमर्थता बताने के लिए–*

(*i*) आज देर तक नहीं बैठा जा सकेगा।

(*ii*) ग़रीब का दुख मुझसे नहीं देखा जाता।

भाववाच्य के प्रयोग-स्थल–

(क) **विवशता, असमर्थता व्यक्त करने के लिए या निषेधार्थ में भाववाच्य का प्रयोग होता है–**

(*i*) यहाँ तो खड़ा भी नहीं हुआ जाता।

(*ii*) आज मुझसे चला भी नहीं जा रहा है।

(ख) **अनुमति या आज्ञा प्राप्त करने के लिए–**

(*i*) अब थोड़ा आराम किया जाए।

(*ii*) अब चला जाए।

प्रश्न-अभ्यास

1. वाच्य किसे कहते हैं ? उसके भेदों के सोदाहरण परिचय दीजिए।

2. *निम्नलिखित वाक्यों में वाच्य-परिवर्तन कीजिए–*

	परिवर्तित वाक्य
(क) अध्यापक ने हमें आज नया पाठ पढ़ाया।	....
(ख) हम इस कष्ट को नहीं सह सकते।	....
(ग) भगवान हमारी रक्षा करता है।	....
(घ) सिपाही ने चोर पकड़ा।	....
(ङ) माता ने बच्चों को प्यार किया।	....
(च) मुझसे बैठा नहीं जाता।	....
(छ) वह हमें मूर्ख समझता है।	....
(ज) आज हमें व्याकरण पढ़ाया गया।	....
(झ) मैं बैठ नहीं सकता।	....
(ञ) आज अध्यापक ने नया पाठ पढ़ाया।	....

3. *निम्नलिखित में प्रयुक्त वाच्य का नाम बताइए–*

	नाम
(क) रात भर कैसे जागा जाएगा।	....
(ख) अब तो सेब नहीं खाया जाता।	....
(ग) मुझसे हँसा भी नहीं जाता।	....
(घ) मोहन पुस्तक पढ़ रहा है।	....
(ङ) अशोक ने संसार को शांति का संदेश दिया।	....
(च) एक व्यक्ति द्वारा ही समाज का सुधार संभव नहीं।	....
(छ) मुझसे आपका पत्र नहीं पढ़ा जाता।	....

4. *निम्नलिखित वाक्यों को कर्मवाच्य में बदलिए–*

	कर्मवाच्य-वाक्य
(क) अध्यापक ने विद्यार्थी को पढ़ाया।	....
(ख) अध्यापक विद्यालय में शिक्षा देते हैं।	....
(ग) हम व्याकरण पढ़ते हैं।	....

5. *भाववाच्य में बदलिए–*

	भाववाच्य-वाक्य
(क) रोगी से संतरा नहीं खाया जा रहा।	....
(ख) आपको सूचना देता हूँ।	....

6. *कर्तृवाच्य में बदलिए–*

	कर्तृवाच्य-वाक्य
(क) हमसे गाया नहीं गया।	....
(ख) प्राचार्य से पुस्तकें तक नहीं मँगाई जा सकी।	....

(ग) प्रश्न का हल केवल हमारी कक्षा से निकाला जा सका। ....

(घ) यह काम मुझसे नहीं हो सकता। ....

(ङ) हमारे विद्यालय से परिश्रम न हो सका। ....

7. *निर्देशानुसार वाच्य-परिवर्तन कीजिए–*

(क) महर्षि दयानंद ने आर्यसमाज की स्थापना की। (कर्मवाच्य)

(ख) मैं उठ नहीं सकता। (भाववाच्य)

(ग) छात्रों द्वारा पत्र लिखा जाता है। (कर्तृवाच्य)

(घ) हम नहीं हँस सकते। (भाववाच्य)

(ङ) सौम्या सुबह को नहीं उठ सकी। (भाववाच्य)

(च) सुमित द्वारा कविता पढ़ी गई। (कर्तृवाच्य)

(छ) रीमा चित्र बनाती है। (कर्मवाच्य)

सी.बी.एस.ई. द्वारा जारी प्रश्नपत्रों के प्रश्नोत्तर

1. *भाववाच्य बनाइए–*

CBSE 2020

1. हर्षिता पैदल चल नहीं सकती।
2. आओ, अब चलते हैं।
3. मच्छरों के कारण हम रातभर सो न सके।
4. बस की खिड़की से न झाँकें।
5. इस गंदगी में मैं नहीं रह सकता।
6. मन्नू घर की चारदीवारी के भीतर नहीं बैठ सकती थी।

CBSE 2021

7. राधा अब उठ-बैठ सकती है।

–इस वाक्य का भाववाच्य में रूपांतरण होगा–

(क) राधा से अब उठा-बैठा जाता है। (ख) राधा ने अब उठना-बैठना सीख लिया है।

(ग) राधा अब से उठ-बैठ सकती है। (घ) क्या राधा से उठा जा सकता है?

8. पक्षी बाग छोड़कर नहीं उड़े।

उपर्युक्त वाक्य को भाववाच्य में बदलिए।

(क) पक्षी बाग छोड़कर नहीं उड़ सके। (ख) पक्षियों से बाग छोड़कर उड़ा नहीं गया।

(ग) पक्षी बाग छोड़कर नहीं उड़ सकते। (घ) पक्षियों से बाग छोड़कर उड़ा नहीं जाता।

9. निम्नलिखित में से कौन-सा भाववाच्य का सही विकल्प है ?

(क) आओ, वहाँ बैठें। (ख) आओ वहाँ बैठा जाए।

(ग) अब वहाँ बैठते हैं। (घ) चलो, अब वहाँ बैठें।

CBSE प्रतिदर्श प्रश्नपत्र 2022–23

10. 'दादी जी पढ़ नहीं सकती।' इसका भाववाच्य होगा–

(क) दादी जी कुछ भी पढ़ नहीं पाएँगी। (ख) दादी जी से पढ़ा नहीं जा सकेगा।

(ग) दादी जी से पढ़ा नहीं जा सकता। (घ) दादी जी कुछ भी पढ़ नहीं पाती हैं।

CBSE प्रतिदर्श प्रश्नपत्र 2023–24

11. निम्नलिखित वाक्यों में भाववाच्य का उदाहरण है–
    (*i*) माता जी मिठाई बना सकती हैं।
    (*ii*) मुझसे बैठा नहीं जाता।
    (*iii*) भगवान द्वारा हमारी रक्षा की जाती है।
    (*iv*) गर्मियों में छत पर सोया जाता है।
    (क) (*i*) और (*ii*) सही है।
    (ख) (*ii*) और (*iii*) सही है।
    (ग) (*i*) और (*iv*) सही है।
    (घ) (*ii*) और (*iv*) सही है।
12. निम्नलिखित में से कौन-सा वाक्य भाववाच्य का उदाहरण नहीं है ?
    (क) बच्चों से किताब पढ़ी गई।
    (ख) राधिका से नहीं दौड़ा गया।
    (ग) मुझसे चला नहीं जाता।
    (घ) लड़कों से खूब सोया गया।
13. निम्नलिखित वाक्य में कौन-सा वाक्य भाववाच्य में है ?
    (क) उन पर विशेष प्रभाव डाला गया।
    (ख) अंग्रेज़ी का ज्ञान भी अर्जित किया गया।
    (ग) निराला रचनावली में संपूर्ण साहित्य प्रकाशित किया गया है।
    (घ) उनसे और नहीं सहा जाता।
14. निम्नलिखित वाक्यों में से कौन-सा वाक्य भाववाच्य का उदाहरण है ?
    (क) उससे कैसे दौड़ा जाएगा ?
    (ख) कवि ने कविता में अनेक बिंब प्रस्तुत किए।
    (ग) उनके द्वारा बाल मनोविज्ञान को बिंबों में उतारा गया।
    (घ) फ़सल कविता में सहयोग की भावना को चित्रित किया गया है।

उत्तर–
1. हर्षिता से पैदल नहीं चला जाता।
2. आओ, अब चला जाए।
3. मच्छरों के कारण हमसे रातभर सोया नहीं गया।
4. बस की खिड़की से न झाँका जाए।
5. इस गंदगी में मुझसे नहीं रहा जा सकता।
6. मन्नू से घर की चारदीवारी के भीतर बैठा नहीं जा सकता था।
7. (क) राधा से अब उठा-बैठा जाता है।
8. (ख) पक्षियों से बाग छोड़कर उड़ा नहीं गया।
9. (ख) आओ वहाँ बैठा जाए।
10. (ग) दादी जी से पढ़ा नहीं जा सकता।
11. (घ) (*ii*) और (*iv*) सही है।
12. (क) बच्चों से किताब पढ़ी गई।
13. (घ) उनसे और नहीं सहा जाता।
14. (क) उससे कैसे दौड़ा जाएगा ?

2. *निर्देशानुसार 'वाच्य' पर आधारित पाँच प्रश्नों में से किन्हीं चार प्रश्नों के उत्तर लिखिए–*

1. वह गिने-चुने फ्रेमों को नेताजी की मूर्ति पर फिट कर देता है। (कर्म वाच्य में बदलिए)
2. नवाब साहब द्वारा जेब से चाकू निकाला गया और खीरे छीलने शुरू कर दिए गए। (कर्तृवाच्य में बदलिए)
3. बिना सहारे दादाजी अब चल नहीं पाते हैं। (भाववाच्य में बदलिए)
4. स्वयं प्रकाश जी ने 'नेताजी का चश्मा' कहानी की रचना की। (वाच्य पहचानकर भेद बताइए)
5. कर्म की प्रधानता वाले वाक्य में कौन-सा वाच्य होता है?

उत्तर–
1. उसके द्वारा गिने-चुने फ्रेम नेताजी की मूर्ति पर फिट कर दिए जाते हैं। (कर्म वाच्य)
2. नवाब साहब ने जेब से चाकू निकाला और खीरे छीलने शुरू कर दिए। (कर्तृवाच्य)
3. बिना सहारे दादाजी से अब चला नहीं जाता है। (भाववाच्य)
4. कर्तृवाच्य
5. कर्मवाच्य

3. *कर्मवाच्य बनाइए–*

CBSE 2020

1. कितने कंबल बाँटें ?
2. मैं दीपावली पर मिट्टी के दीए जलाऊँगी।

3. वह कालीन बुनता है।
4. महात्मा गाँधी ने राष्ट्र को शांति और अहिंसा का संदेश दिया।
5. धर्मगुरु ने कामिल बुल्के की बात मान ली।
6. तुम पढ़ क्यों नहीं सकते ?

CBSE 2021

7. निम्नलिखित वाक्यों में कौन-सा कर्मवाच्य नहीं है ?
   (क) प्रश्न पूछा गया।
   (ख) सुंदर गीत लिखे हैं।
   (ग) फल खाए गए।
   (घ) पाठ पढ़ाया जाता है।
8. निम्नलिखित वाक्य का कर्मवाच्य रूप क्या होगा ?
   धोनी ने सबको पुरस्कार दिए।
   (क) धोनी द्वारा सबको पुरस्कार मिल गए।
   (ख) धोनी द्वारा सबको पुरस्कार दिए गए।
   (ग) धोनी सबको पुरस्कार दे रहा है।
   (घ) धोनी से सबको पुरस्कार मिले।
9. हालदार साहब ने पान खाया।
   उपर्युक्त वाक्य को कर्मवाच्य में बदलिए।
   (क) हालदार साहब द्वारा पान खाया जाता है।
   (ख) हालदार साहब से पान नहीं खाया जाता।
   (ग) हालदार साहब पान खा रहे हैं।
   (घ) हालदार साहब द्वारा पान खाया गया।

CBSE प्रतिदर्श प्रश्नपत्र 2022–23

10. इनमें कर्मवाच्य का उदाहरण है–
    (क) रवीना ग़ज़ल नहीं गा पाती है।
    (ख) रवीना से ग़ज़ल नहीं गाई जाती है।
    (ग) रवीना पैदल नहीं चल पाती है।
    (घ) रवीना से पैदल नहीं चला जाता है।

CBSE प्रतिदर्श प्रश्नपत्र 2023–24

11. बालगोबिन भगत कबीर को 'साहब' मानते थे। (कर्मवाच्य में बदलिए।)
    (क) बालगोबिन भगत द्वारा कबीर को 'साहब' माना जाता था।
    (ख) बालगोबिन भगत द्वारा कबीर को 'साहब' माना जाता है।
    (ग) बालगोबिन भगत कबीर को 'साहब' मानते हैं।
    (घ) बालगोबिन भगत से कबीर को 'साहब' माना जाता है।
12. 'ऋतुराज ने स्त्री-जीवन को अपनी कविताओं का केंद्र बनाया है।' – इसका कर्मवाच्य में रूप होगा–
    (क) ऋतुराज से स्त्री-जीवन की कविताएँ लिखी गईं।
    (ख) ऋतुराज द्वारा स्त्री-जीवन को अपनी कविताओं का केंद्र बनाया गया।
    (ग) ऋतुराज ने स्त्री-जीवन को अपनी कविताओं का केंद्र बनवाया।
    (घ) ऋतुराज स्त्री-जीवन के केंद्र में अपनी कविताओं की रचना करते थे।
13. "शीला अग्रवाल की जोशीली बातों ने रगों में बहते खून को लावे में बदल दिया था।" इस वाक्य का कर्मवाच्य में परिवर्तित रूप होगा–
    (क) शीला अग्रवाल की जोशीली बातों से रगों में बहता खून लावे में बदल रहा है।
    (ख) शीला अग्रवाल की जोशीली बातों से रगों में बहता खून लावे में बदला जाएगा।
    (ग) शीला अग्रवाल ने जोशीली बातें की और रगों में बहता खून लावे में बदल गया।
    (घ) शीला अग्रवाल की जोशीली बातों द्वारा रगों में बहता खून लावे में बदल दिया गया।

उत्तर– 1. कितने कंबल बाँटें जाएँ ?
2. मुझसे दीपावली पर मिट्टी के दीए जलाए जाएँगे।

3. उससे कालीन बुने जाते हैं।
4. महात्मा गाँधी द्वारा राष्ट्र को शांति और अहिंसा का संदेश दिया गया।
5. धर्मगुरु द्वारा कामिल बुल्के की बात मान ली गई।
6. तुमसे पढ़ा क्यों नहीं जा सकता।
7. (क) प्रश्न पूछा गया।
8. (ख) धोनी द्वारा सबको पुरस्कार दिए गए।
9. (घ) हालदार साहब द्वारा पान खाया गया।
10. (ख) रवीना से ग़ज़ल नहीं गाई जाती है।
11. (क) बालगोबिन भगत द्वारा कबीर को 'साहब' माना जाता था।
12. (ख) ऋतुराज द्वारा स्त्री-जीवन को अपनी कविताओं का केंद्र बनाया गया।7
13. (घ) शीला अग्रवाल की जोशीली बातों द्वारा रगों में बहता खून लावे में बदल दिया गया।

4. *कर्तृवाच्य बनाइए–*

CBSE 2020

1. विद्यार्थियों द्वारा परीक्षा दी गई।
2. तुमसे चुप नहीं रहा जाता।
3. माँ द्वारा भिखारी को भोजन दिया गया।
4. पुलिस के द्वारा चेतावनी दी गई।
5. दुकानदार द्वारा उचित मूल्य लिया गया।
6. गाइड द्वारा हमें सब कुछ समझा दिया गया।

CBSE 2021

7. हमसे इतनी तकलीफ सही नहीं जाती।
– कर्तृवाच्य में बदलने पर होगा–
(क) हमारे द्वारा इतनी तकलीफ सही नहीं जाती। (ख) हमसे इतनी तकलीफ कैसे सही जाएगी।
(ग) हम इतनी तकलीफ नहीं सह सकते। (घ) हमसे इतनी तकलीफ कैसे नहीं सही जाएगी।
8. निम्नलिखित में कौन-सा कर्तृवाच्य का उदाहरण है ?
(क) तुलसीदास के द्वारा रामचरितमानस की रचना की गई।
(ख) तुलसीदास से रामचरितमानस रचा गया।
(ग) तुलसीदास द्वारा रामचरितमानस रची गई।
(घ) तुलसीदास ने रामचरितमानस की रचना की।
9. निम्नलिखित वाक्य का कर्तृवाच्य में रूपांतरण किस प्रकार होगा ?
लड़कों द्वारा सेब के बगीचे ढूँढ़े जा रहे हैं।
(क) लड़के सेब के बगीचे ढूँढ़ सकते हैं। (ख) लड़कों ने सेब के बगीचे ढूँढ़ लिए।
(ग) लड़कों से सेब के बगीचे ढूँढ़े गए। (घ) लड़के सेब के बगीचे ढूँढ़ रहे हैं।
10. निम्नलिखित वाक्यों में से कर्तृवाच्य वाला वाक्य छाँटिए–
(क) छात्रों द्वारा सभी का स्वागत हुआ। (ख) छात्रों से सभी का स्वागत करवाया गया।
(ग) छात्रों ने सभी का स्वागत किया। (घ) छात्रों द्वारा सभी का स्वागत किया जाएगा।

CBSE प्रतिदर्श प्रश्नपत्र 2022–23

11. इनमें कर्तृवाच्य का उदाहरण है–
(क) चलो, अब घर चलें। (ख) चलो, अब घर चला जाए।
(ग) कैरम के बाद अब शतरंज खेली जाए। (घ) हमारे द्वारा शतरंज खेली जा सकती है।

12. 'बिना सहारे बूढ़ी माँ से अब चला नहीं जाता है।' इसका कर्तृवाच्य होगा–

(क) बिना सहारे बूढ़ी माँ अब चल नहीं सकेंगी। (ख) बिना सहारे बूढ़ी माँ अब चल नहीं पाती हैं।

(ग) बिना सहारे बूढ़ी माँ अब चल नहीं पाएँगी। (घ) बिना सहारे बूढ़ी माँ अब चल नहीं सकती हैं।

CBSE 2023

13. निम्नलिखित में से कौन-सा वाक्य कर्तृवाच्य का उदाहरण नहीं है ?

(क) बालगोबिन भगत अपने खेत में रोपनी कर रहे थे।

(ख) बालगोबिन भगत अपने खेत में रोपनी करवा रहा था।

(ग) बालगोबिन भगत ने अपने खेत में रोपनी की।

(घ) बालगोबिन भगत द्वारा अपने खेत में रोपनी की गई।

14. 'चलो, चला जाए।' – वाक्य का कर्तृवाच्य होगा–

(क) चलो, चलें (ख) चलो, चला गया।

(ग) चलते हैं। (घ) चलो, जाऊँ।

15. निम्नलिखित में से कर्तृवाच्य वाला वाक्य छाँटकर लिखिए–

(क) तुम वहाँ क्यों जाते हो ? (ख) उनसे गीत गाया न गया।

(ग) विपत्ति पड़ने पर उससे रोया नहीं जाता। (घ) विद्यार्थियों से दौड़ा नहीं जाता।

उत्तर– 1. विद्यार्थियों ने परीक्षा दी।

2. तुम चुप नहीं रह सकते।

3. माँ ने भिखारी को भोजन दिया।

4. पुलिस ने चेतावनी दी।

5. दुकानदार ने उचित मूल्य लिया।

6. गाइड ने हमें सब कुछ समझा दिया।

7. (ग) हम इतनी तकलीफ नहीं सह सकते।

8. (घ) तुलसीदास ने रामचरितमानस की रचना की।

9. (घ) लड़के सेब के बगीचे ढूँढ़ रहे हैं।

10. (ग) छात्रों ने सभी का स्वागत किया।

11. (क) चलो, अब घर चलें।

12. (ख) बिना सहारे बूढ़ी माँ अब चल नहीं पाती हैं।

(घ) बिना सहारे बूढ़ी माँ अब चल नहीं सकती हैं।

13. (घ) बालगोबिन भगत द्वारा अपने खेत में रोपनी की गई।

14. (क) चलो, चलें।

15. (क) तुम वहाँ क्यों जाते हो ?

CBSE 2021

1. **निम्नलिखित में प्रयुक्त वाच्य है–**

अध्यापक द्वारा कक्षा का जायज़ा लिया गया।

(क) कर्तृवाच्य (ख) कर्मवाच्य

(ग) भाववाच्य (घ) करणवाच्य

CBSE प्रतिदर्श प्रश्नपत्र 2021–22

2. पर्यटकों द्वारा तीर्थ-यात्रा की जाएगी।
   (क) कर्तृवाच्य (ख) भाववाच्य
   (ग) कर्मवाच्य (घ) करणवाच्य

3. **निम्नलिखित वाक्य में किसका/किनका प्रयोग कर्म के अनुसार हुआ है ?**
   मोहिनी द्वारा ये पत्र लिखे गए हैं।
   (क) केवल वचन (ख) केवल क्रिया
   (ग) केवल वचन और लिंग (घ) तीनों – क्रिया, वचन और लिंग

4. **निम्नलिखित वाक्य के लिए सही कथन चुनिए–**
   लड़कियों द्वारा तैरा जा रहा है।
   (क) यह कर्मवाच्य है क्योंकि इसमें कर्ता नहीं है। (ख) यह कर्तृवाच्य है क्योंकि इसमें कर्म प्रधान नहीं है।
   (ग) यह भाववाच्य है क्योंकि इसमें अकर्मक क्रिया है। (घ) यह कर्मवाच्य है क्योंकि इसमें अकर्मक क्रिया है।

CBSE 2023

5. भोर में लोगों से बालगोबिन भगत का गीत नहीं सुना गया। वाक्य में वाच्य है–
   (क) कर्मवाच्य (ख) भाववाच्य
   (ग) कर्तृवाच्य (घ) कर्तृ और कर्मवाच्य दोनों

6. 'धान के पानी-भरे खेतों में बच्चे उछल रहे हैं।' उदाहरण है–
   (क) भाववाच्य (ख) कर्तृवाच्य
   (ग) कर्मवाच्य (घ) विचारवाच्य

7. 'जमदग्नि ने अपनी कामधेनु गाय देने से मना कर दिया।' वाक्य किस वाच्य-भेद का उदाहरण है ?
   (क) भाववाच्य (ख) मुख्यवाच्य
   (ग) कर्तृवाच्य (घ) कर्मवाच्य

8. 'सहस्रबाहु द्वारा कामधेनु गाय का बलपूर्वक अपहरण कर लिया गया।' यह वाक्य किस वाच्य-भेद का उदाहरण है।
   (क) कर्तृवाच्य (ख) कर्मवाच्य
   (ग) भाववाच्य (घ) मुख्यवाच्य

9. 'अब बैठा जाए।' – वाक्य किस वाच्य-भेद का उदाहरण है?
   (क) कर्मवाच्य (ख) कर्तृवाच्य
   (ग) भाववाच्य (घ) मुख्यवाच्य

10. "अब उससे चला भी नहीं जाता।"
   (क) कर्मवाच्य (ख) कर्तृवाच्य
   (ग) भाववाच्य (घ) मुख्यवाच्य

11. "यह कविता हमें कृषि-संस्कृति के निकट ले जाती है।"
   (क) कर्मवाच्य (ख) कर्तृवाच्य
   (ग) भाववाच्य (घ) मुख्यवाच्य

12. "नागार्जुन द्वारा छंदों और मुक्त छंद में रचना की गई।" इस वाक्य में वाच्य-भेद है–
   (क) कर्तृवाच्य (ख) भाववाच्य
   (ग) मुख्यवाच्य (घ) कर्मवाच्य

13. सूची 1 को सूची 2 से सुमेलित कीजिए और सही विकल्प का चयन कीजिए ?

सूची 1	सूची 2
1. गर्मियों में लोग खूब नहाते हैं।	(*i*) भाववाच्य
2. गोपाल से पत्र लिखा जाता है।	(*ii*) कर्तृवाच्य
3. धूप में चला नहीं जाता।	(*iii*) कर्मवाच्य

(क) 1. (*i*), 2. (*ii*), 3. (*iii*)
(ख) 1. (*ii*), 2. (*iii*), 3. (*i*)
(ग) 1. (*i*), 2. (*iii*), 3. (*ii*)
(घ) 1. (*ii*), 2. (*i*), 3. (*iii*)

उत्तर– 1. (ख) कर्मवाच्य
2. (ग) कर्मवाच्य
3. (ख) केवल क्रिया
4. (ग) यह भाववाच्य है क्योंकि इसमें अकर्मक क्रिया है।
5. (क) कर्मवाच्य
6. (ख) कर्तृवाच्य
7. (ग) कर्तृवाच्य
8. (ख) कर्मवाच्य
9. (ग) भाववाच्य
10. (ग) भाववाच्य
11. (ख) कर्तृवाच्य
12. (घ) कर्मवाच्य
13. (ख) 1. (*ii*), 2. (*iii*), 3. (*i*)

5. *निर्देशानुसार 'वाच्य' पर आधारित प्रश्नों के सही उत्तर वाले विकल्प चुनकर लिखिए* [*CBSE 2024*]

1. *'लेखक ने अपने तर्कों से उनकी दलीलों का खंडन किया।'*– वाक्य में वाच्य है–
(क) कर्मवाच्य
(ख) भाववाच्य
(ग) कर्तृवाच्य
(घ) क्रियावाच्य

2. *'संगतकार द्वारा मुख्य गायक का उत्साह बढ़ाया गया।'* प्रस्तुत वाक्य का वाच्य पहचानिए–
(क) कर्तृवाच्य
(ख) अकर्मवाच्य
(ग) कर्मवाच्य
(घ) भाववाच्य

3. *'कवि ने श्रीकृष्ण के रूप-सौंदर्य का वर्णन किया है।'* इसका कर्मवाच्य होगा–
(क) कवि श्रीकृष्ण के रूप-सौंदर्य का वर्णन करते हैं।
(ख) कवि द्वारा श्रीकृष्ण के रूप-सौंदर्य का वर्णन किया गया है।
(ग) कवि श्रीकृष्ण के रूप-सौंदर्य का वर्णन कर पाते हैं।
(घ) कवि ने श्रीकृष्ण के रूप-सौंदर्य का वर्णन किया था।

4. निम्नलिखित वाक्यों में भाववाच्य का उदाहरण है/हैं–
(क) प्रधानाचार्य द्वारा निर्देश जारी किया गया।
(ख) उसकी दादी से खड़ा नहीं रहा जाता।
(ग) सज्जन अपने से बड़ों की सेवा करते हैं।
(घ) खिलाड़ी से अब दौड़ा नहीं जाता।

विकल्प–
(क) (क), (ग) और (घ)
(ख) (ख) और (घ)
(ग) (क) और (ग)
(घ) (ग) और (घ)

5. **कॉलम 1 को कॉलम 2 के साथ सुमेलित कीजिए और सही विकल्प चुनकर लिखिए–**

कॉलम 1	कॉलम 2
1. घायल पक्षी से उड़ा नहीं जा सका।	(*i*) कर्तृवाच्य
2. कवि बादल में क्रांति का स्वर सुनता है।	(*ii*) कर्मवाच्य
3. उससे वह गीत नहीं गाया गया।	(*iii*) भाववाच्य

विकल्प–

(क) 1. (*ii*) 2. (*iii*) 3. (*i*)

(ख) 1. (*iii*) 2. (*ii*) 3. (*i*)

(ग) 1. (*iii*) 2. (*i*) 3. (*ii*)

(घ) 1. (*i*) 2. (*ii*) 3. (*iii*)

उत्तर– 1. (ग) 2. (ग) 3. (ख) 4. (ख) 5. (ग)

अभ्यास प्रश्न

1. *भाववाच्य में बदलिए–*

(क) मैं इस गर्मी में नहीं सो सकता।

(ख) वे लोग शांत नहीं रह सकते।

2. *कर्मवाच्य में बदलिए–*

(क) पानवाले ने साफ बता दिया। [*CBSE*]

(ख) नेताजी द्वारा देश के लिए अपना सब कुछ त्याग दिया गया। [*CBSE 2016*]

(ग) इन बलिदानी महिलाओं को नहीं भूल सकते। [*CBSE*]

(घ) उनके द्वारा चिट्ठियाँ लिखवाई गईं। [*CBSE*]

(ङ) सुरेश बहुत मधुर गीत गाता है। [*CBSE 2015*]

(च) नेताजी ने देश के लिए अपना सब कुछ त्याग दिया। [*CBSE 2015*]

(छ) सुरेश खाना खाएगा। [*CBSE 2015*]

3. *कर्तृवाच्य में बदलिए–*

(क) अब मुझसे जबलपुर नहीं जाया जा सकेगा। [*CBSE 2015*]

(ख) संगीता द्वारा आज बहुत लंबी कविता सुनाई गई। [*CBSE 2015*]

(ग) माँ द्वारा कहानी सुनाई जा रही है। [*CBSE 2015*]

(घ) मालिक के द्वारा नौकर को डाँटा गया। [*CBSE 2015*]

(ङ) प्रार्थना सभा में घोषणा की गई। [*CBSE 2015*]

(च) राजा द्वारा प्रजा को कष्ट दिए गए। [*CBSE 2015*]

4. *निम्नलिखित का वाच्य बताइए–*

(क) पान वाला नया पान खा रहा है। [*CBSE 2015*]

(ख) संसद में विधेयक प्रस्तुत हुआ। [*CBSE 2015*]

(ग) मुझसे बैठा नहीं जाता। [*CBSE 2015*]

बहुविकल्पी प्रश्न

1. निम्नलिखित वाक्यों से कर्तृवाच्य वाक्य बनाइए—

1. *मुझसे पत्र नहीं लिखा गया।*

(क) मैंने पत्र नहीं लिखा। (ख) मैंने पत्र नहीं लिखा था।
(ग) मैं पत्र नहीं लिखता। (घ) मैं पत्र नहीं लिख सकता।

2. *सरकार द्वारा शिक्षा पर बहुत खर्च किया जाता है।*

(क) सरकार ने शिक्षा पर बहुत खर्च किया। (ख) सरकार शिक्षा पर बहुत खर्च किया करती है।
(ग) सरकार शिक्षा पर बहुत खर्च करती है। (घ) सरकार से शिक्षा पर बहुत खर्च किया गया है।

2. निम्नलिखित वाक्य से कर्मवाच्य बनाइए—

1. *मैं यह भाषा नहीं पढ़ सकूँगा।*

(क) मुझ द्वारा यह भाषा नहीं पढ़ी जाएगी। (ख) मुझ द्वारा इस भाषा को नहीं पढ़ा जा सकेगा।
(ग) मुझसे यह भाषा नहीं पढ़ी जा सकेगी। (घ) मुझसे यह भाषा नहीं पढ़ी जाएगी।

2. *अशोक पुस्तक पढ़ता है।*

(क) अशोक से पुस्तक पढ़ी जा रही है। (ख) अशोक से पुस्तक पढ़ी जाती है।
(ग) अशोक से पुस्तक पढ़ी जाएगी। (घ) अशोक ने पुस्तक पढ़ी है।

3. निम्नलिखित वाक्य से भाववाच्य वाक्य बनाइए—

1. *जाड़ों में गर्म पानी से नहाते हैं।*

(क) जाड़ों में गर्म पानी से नहाया जाएगा। (ख) जाड़ों में गर्म पानी से नहाया जाता है।
(ग) जाड़ों में गर्म पानी से नहाया जा रहा है। (घ) जाड़ों में गर्म पानी से नहाया जाता था।

2. *उमेश हँसा।*

(क) उमेश हँस नहीं सका। (ख) उमेश से हँसा नहीं गया।
(ग) उमेश से हँसा गया। (घ) उमेश से हँसा जाता है।

4. निम्नलिखित वाक्य का वाच्य बताइए—

1. *अशोक ने विश्व को शांति का संदेश दिया।*

(क) कर्तृवाच्य (ख) कर्मवाच्य (ग) भाववाच्य (घ) कोई नहीं

2. *एक व्यक्ति द्वारा समाज का सुधार संभव नहीं।*

(क) कर्तृवाच्य (ख) कर्मवाच्य (ग) भाववाच्य (घ) कोई नहीं

5. निम्नलिखित वाक्यों में से कर्तृवाच्य वाले वाक्य छाँटिए—

1. (क) मुझसे पत्र नहीं लिखा गया।
(ख) महात्मा गाँधी ने राष्ट्र को शांति और अहिंसा का संदेश दिया।
(ग) हमसे इतने दुख नहीं सहे जाते। (घ) मुझसे सोया नहीं गया।

2. (क) मैं कविता पढ़ सकता हूँ। (ख) मीरा द्वारा कल पत्र लिखा जाएगा।
(ग) बच्चों से शांत नहीं रहा जा सकता। (घ) हमसे चला नहीं जाता।

6. निम्नलिखित वाक्यों में से भाववाच्य वाले वाक्य छाँटिए—

1. (क) लड़कों के द्वारा खूब पढ़ा गया। (ख) मालती ने खाना खाया।
(ग) लड़की से सोया नहीं गया। (घ) इनमें से कोई नहीं

2. (क) महेश पतंग उड़ा रहा है। (ख) मुझसे पत्र नहीं लिखा गया।
(ग) बच्चों से शांत नहीं रहा जाता। (घ) मैं शांत हूँ।

7. निम्नलिखित वाक्यों में से कर्मवाच्य वाले वाक्य छाँटिए–

1. (क) सौम्या सुबह को नहीं उठ सकी। (ख) सुमित द्वारा कविता पढ़ी गई।
(ग) रीमा चित्र बनाती है। (घ) इनमें से कोई नहीं
2. (क) सास लड़ नहीं सकी। (ख) राजा द्वारा प्रजा को कष्ट दिए गए।
(ग) कलाकार मूर्ति गढ़ता है। (घ) हमसे सहा नहीं जाता।

8. नवीनतम शैली के प्रश्न–

कॉलम 1 को कॉलम 2 के साथ सुमेलित कीजिए और सही विकल्प चुनकर लिखिए–

[*CBSE प्रतिदर्श प्रश्नपत्र 2022-23*]

1.

कॉलम 1	कॉलम 2
1. *भारत द्वारा मैच जीत लिया गया।*	*(i) कर्तृवाच्य*
2. *गेंदबाजों ने मैच में बेहतरीन प्रदर्शन किया।*	*(ii) कर्मवाच्य*
3. *विपक्षी बल्लेबाज़ों से क्रीज़ पर रुका नहीं जा सका।*	*(iii) भाववाच्य*

विकल्प–

(क) 1–(*ii*), 2–(*i*), 3–(*iii*) (ख) 1–(*i*), 2–(*iii*), 3–(*ii*)
(ग) 1–(*ii*), 2–(*iii*), 3–(*i*) (घ) 1–(*i*), 2–(*ii*), 3–(*iii*)

2. **कथन–** (*i*) *कर्तृवाच्य में कर्ता ही वाक्य का मुख्य केंद्र होता है।*
(*ii*) *कर्मवाच्य में 'कर्म' पर बल होता है, कर्ता पर नहीं।*
(*iii*) *भाववाच्य में 'कर्म' नहीं होता, अतः बल 'भाव' या 'क्रिया' पर होता है।*
(*iv*) *कर्मवाच्य और भाववाच्य में कर्ता नहीं होता है।*

विकल्प–

(क) (*i*), (*ii*), (*iii*) ठीक हैं। (ख) (*i*), (*ii*), (*iii*), (*iv*) ठीक हैं।
(ग) (*i*), (*ii*) ठीक हैं। (घ) (*iii*), (*iv*) ठीक हैं।

3. **कथन–** (*i*) *कर्मवाच्य में कर्ता नहीं होता।*
(*ii*) *कर्मवाच्य में कर्ता गौण होता है।*
(*iii*) *कर्मवाच्य में कर्ता हो भी सकता है और नहीं भी।*
(*iv*) *कर्मवाच्य में क्रिया 'कर्म' के अनुसार होती है।*

विकल्प–

(क) (*i*), (*iii*) ठीक हैं। (ख) (*ii*), (*iii*), (*iv*) ठीक हैं।
(ग) (*iii*), (*iv*) ठीक हैं। (घ) (*iii*) ठीक है।

4. **कथन–** (*i*) *भाववाच्य में कर्म नहीं होता।*
(*ii*) *भाववाच्य में कर्म गौण होता है।*
(*iii*) *भाववाच्य में कर्म प्रमुख होता है।*
(*iv*) *भाववाच्य में क्रिया अकर्मक होती है।*

विकल्प–

(क) (*i*), (*ii*) ठीक हैं। (ख) (*iii*) ठीक है।
(ग) (*i*), (*iv*) ठीक हैं। (घ) (*iii*), (*iv*) ठीक हैं।

5.

कॉलम 1	कॉलम 2
1. कर्तृवाच्य	(i) माँ से सोया नहीं जाता।
2. कर्मवाच्य	(ii) मुकेश पैदल नहीं चल पाता।
3. भाववाच्य	(iii) फुटबॉल खेली जा रही है।

विकल्प–

(क) 1–(i), 2–(ii), 3–(iii) (ख) 1–(ii), 2–(iii), 3–(i)

(ग) 1–(iii), 2–(ii), 3–(i) (घ) 1–(ii), 2–(i), 3–(ii)

6.

कॉलम 1	कॉलम 2
1. बच्चों द्वारा विद्यालय सजाया जा रहा था।	(i) कर्तृवाच्य
2. मैं रुक नहीं सका।	(ii) भाववाच्य
3. हमसे तैरा नहीं गया।	(iii) कर्मवाच्य

विकल्प–

(क) 1–(i), 2–(ii), 3–(iii) (ख) 1–(iii), 2–(i), 3–(ii)

(ग) 1–(iii), 2–(ii), 3–(i) (घ) 1–(ii), 2–(iii), 3–(i)

7.

कॉलम 1	कॉलम 2
1. बुढ़ापे में देखा नहीं जाता।	(i) कर्तृवाच्य
2. बूढ़े सब कुछ देखते हैं।	(ii) कर्मवाच्य
3. बूढ़ों द्वारा बात-बात पर टोका जाता है।	(iii) भाववाच्य

विकल्प–

(क) 1–(i), 2–(ii), 3–(iii) (ख) 1–(iii), 2–(i), 3–(ii)

(ग) 1–(iii), 2–(ii), 3–(i) (घ) 1–(ii), 2–(iii), 3–(ii)

8.

कॉलम 1	कॉलम 2
1. लड़की के द्वारा खूब परिश्रम किया गया।	(i) कर्तृवाच्य
2. कलाकार मूर्ति गढ़ता है।	(ii) भाववाच्य
3. मुझसे खाया नहीं जाता।	(iii) कर्मवाच्य

विकल्प–

(क) 1–(iii), 2–(ii), 3–(i) (ख) 1–(ii), 2–(iii), 3–(i)

(ग) 1–(iii), 2–(i), 3–(ii) (घ) 1–(iii), 2–(ii), 3–(i)

3. पद-परिचय

पाठ्यक्रम—पद-परिचय

परिभाषा—वाक्यों में प्रयुक्त शब्द 'पद' कहलाते हैं। इन पदों का परिचय देना, अर्थात उनकी स्थिति बताना; उनका लिंग, वचन, कारक-भेद तथा अन्य पदों से संबंध बताना 'पद-परिचय' कहलाता है। दूसरे शब्दों में, वाक्य के अंतर्गत किसी शब्द की सभी भूमिकाओं का परिचय देना 'पद-परिचय' कहलाता है।

पद-परिचय के आवश्यक पहलू—

पद-परिचय के लिए पदों के निम्नलिखित पहलुओं की जानकारी देनी अपेक्षित होती है—

संज्ञा—संज्ञा के तीनों भेद, लिंग, वचन, कारक, क्रिया के साथ संबंध।

सर्वनाम—सर्वनाम के भेद, पुरुष, लिंग, वचन, कारक, क्रिया के साथ संबंध।

विशेषण—विशेषण के भेद, लिंग, वचन, विशेष्य, अवस्था (तर, तम आदि कोटियाँ), प्रविशेषण का उल्लेख।

क्रिया—अकर्मक, सकर्मक, लिंग, वचन, पुरुष, धातु, काल, वाच्य, प्रयोग, कर्ता और कर्म का संकेत।

क्रियाविशेषण—भेद, जिस क्रिया की विशेषता बताई गई हो उसके बारे में निर्देश।

समुच्चयबोधक—भेद, संयुक्त शब्दों, वाक्यांशों तथा वाक्यों का उल्लेख।

संबंधबोधक—भेद, पदों, पदबंधों, वाक्यांशों से संबंध का निर्देश।

विस्मयादिबोधक—भेद का नाम।

इस प्रकार 'पद-परिचय' के अंतर्गत किसी पद का पूर्ण व्याकरणिक परिचय दिया जाता है।

उदाहरण—

1. हम अपने देश पर मर मिटेंगे। [*CBSE 2015*]

हम—सर्वनाम, उत्तम पुरुष, बहुवचन, पुल्लिंग, कर्ता कारक।

अपने—सर्वनाम, निजवाचक, पुल्लिंग, एकवचन, संबंधकारक, 'देश' से संबंध।

देश पर—संज्ञा, जातिवाचक, पुल्लिंग, एकवचन, अधिकरण कारक। [*CBSE 2017*]

मर मिटेंगे—अकर्मक क्रिया, पुल्लिंग, बहुवचन, भविष्यत्‌काल, उत्तम पुरुष, अपूर्ण पक्ष, कर्तृवाच्य, 'हम' कर्ता की क्रिया।

2. रमेश वहाँ दसवीं कक्षा में बैठा है।

रमेश—संज्ञा, व्यक्तिवाचक, पुल्लिंग, एकवचन, कर्ता कारक, 'बैठा है' क्रिया का कर्ता।

वहाँ—स्थानवाचक क्रियाविशेषण, 'बैठा है' क्रिया का स्थान-निर्देश।

दसवीं—विशेषण, संख्यावाचक, क्रमसूचक, स्त्रीलिंग, एकवचन, 'कक्षा' विशेष्य का विशेषण।

कक्षा में—संज्ञा, जातिवाचक, स्त्रीलिंग, एकवचन, अधिकरण कारक, 'बैठा' क्रिया से संबंध।

बैठा है—अकर्मक क्रिया, पुल्लिंग, एकवचन, अन्य पुरुष, पूर्णपक्ष, कर्तृवाच्य, रमेश कर्ता।

3. वह पत्र लिखता है।

वह—अन्य पुरुष सर्वनाम, पुल्लिंग, एकवचन, कर्ता, 'लिखता है' क्रिया का कर्ता।

पत्र—जातिवाचक संज्ञा, पुल्लिंग, एकवचन, कर्मकारक, 'लिखता है' क्रिया का कर्म।

लिखता है—सकर्मक क्रिया, कर्तृवाच्य, पुल्लिंग, सामान्य वर्तमान काल, अन्य पुरुष, एकवचन, 'वह' सर्वनाम के अनुसार, कर्तरि प्रयोग, निश्चयार्थ।

4. वह किसे देखता है ?

वह—पुरुषवाचक सर्वनाम, अन्य पुरुष, एकवचन, पुल्लिंग, कर्ता कारक, 'देखता है' क्रिया का कर्ता।

किसे—प्रश्नवाचक सर्वनाम, पुल्लिंग (या स्त्रीलिंग भी), एकवचन, कर्म कारक, 'देखता है' क्रिया का कर्म।

देखता है—सकर्मक क्रिया, कर्तृवाच्य, पुल्लिंग, एकवचन, सामान्य वर्तमान काल, कर्ता 'वह' के अनुसार, कर्तरि प्रयोग, निश्चयार्थ।

5. यह छात्र बहुत चतुर है।

यह—सार्वनामिक विशेषण, पुल्लिंग, एकवचन, 'छात्र' विशेष्य का विशेषण।

छात्र—जातिवाचक संज्ञा, पुल्लिंग, एकवचन, कर्ता कारक, 'है' क्रिया का कर्ता।

बहुत—परिमाणवाचक विशेषण, 'चतुर' विशेषण का प्रविशेषण।

चतुर—गुणवाचक विशेषण, पुल्लिंग, एकवचन, 'लड़का' विशेष्य।

है—अपूर्ण अकर्मक, अस्तित्वबोधक, कर्तृवाच्य, 'लड़का' कर्ता की क्रिया।

6. मैं रोज़ सवेरे धीरे-धीरे चलता हूँ।

मैं—पुरुषवाचक सर्वनाम, उत्तम पुरुष, पुल्लिंग, एकवचन, कर्ता कारक, 'चलता हूँ' क्रिया का कर्ता।

रोज़ सवेरे—कालवाचक क्रियाविशेषण, 'चलता हूँ' क्रिया की विशेषता बताता है।

धीरे-धीरे—रीतिवाचक क्रियाविशेषण, 'चलता हूँ' क्रिया की विशेषता बताता है।

चलता हूँ—अकर्मक क्रिया, कर्तृवाच्य, पुल्लिंग, एकवचन, सामान्य वर्तमान काल, 'मैं' कर्ता की क्रिया।

7. हम बाग में गए, परंतु वहाँ कोई आम न मिला।

हम—पुरुषवाचक सर्वनाम, उत्तम पुरुष, पुल्लिंग, बहुवचन, 'कर्ता कारक', 'गए' क्रिया का कर्ता।

बाग में—जातिवाचक संज्ञा, पुल्लिंग, एकवचन, अधिकरण कारक।

गए—अकर्मक क्रिया, 'जा' धातु, पुल्लिंग, बहुवचन, भूतकाल, निश्चयार्थ, कर्तृवाच्य, कर्तरि प्रयोग, 'हम' सर्वनाम कर्ता की क्रिया।

परंतु—व्यधिकरण समुच्चयबोधक, दो वाक्यों को जोड़ता है।

वहाँ—स्थानवाचक क्रियाविशेषण, 'गए' क्रिया की विशेषता बताता है।

कोई—संख्यावाचक विशेषण, पुल्लिंग, एकवचन, 'आम' विशेष्य।

आम—जातिवाचक संज्ञा, पुल्लिंग, एकवचन, कर्ता कारक।

न—रीतिवाचक क्रियाविशेषण, निषेधात्मक, 'मिला' क्रिया की विशेषता बताता है।

मिला—सकर्मक क्रिया, पुल्लिंग, एकवचन, 'मिल' धातु, भूतकाल, निश्चयार्थ, कर्तृवाच्य, कर्तरि प्रयोग।

8. जो अपनी बात को नहीं रखता, वह विश्वास के योग्य नहीं है।

जो—संबंधवाचक सर्वनाम, अन्य पुरुष, पुल्लिंग, एकवचन, कर्ता कारक, 'रखता है' क्रिया का कर्ता।

अपनी—सार्वनामिक विशेषण, 'बात' संज्ञा की विशेषता बताता है, स्त्रीलिंग, एकवचन।

बात को—भाववाचक संज्ञा, स्त्रीलिंग, एकवचन, कर्म कारक, 'रखता' क्रिया का कर्म।

नहीं—निषेधात्मक क्रियाविशेषण, 'रखता' क्रिया की विशेषता बताता है।

रखता—सकर्मक क्रिया, कर्तृवाच्य, पुल्लिंग, एकवचन, वर्तमान काल, निश्चयार्थ प्रकार, 'जो' कर्ता और 'बात' इसका कर्म है, कर्तरि प्रयोग।

वह—निश्चयवाचक सर्वनाम, अन्य पुरुष, एकवचन, कर्ता कारक, 'है' क्रिया का कर्ता।

विश्वास के—भाववाचक संज्ञा, पुल्लिंग, एकवचन, संबंध कारक।

योग्य—गुणवाचक विशेषण, 'वह' विशेष्य।

नहीं—निषेधवाचक क्रियाविशेषण, 'है' क्रिया से संबद्ध है।

है—अपूर्ण क्रिया, पुल्लिंग, एकवचन, वर्तमान काल, कर्तृवाच्य, 'वह' कर्ता की क्रिया।

9. आह ! उपवन में सुंदर फूल खिले हैं।

आह—अव्यय, विस्मयादिबोधक, हर्षसूचक।

उपवन में—जातिवाचक संज्ञा, पुल्लिंग, एकवचन, अधिकरण कारक।

सुंदर—गुणवाचक विशेषण, पुल्लिंग, बहुवचन, 'फूल' विशेष्य।

फूल—जातिवाचक संज्ञा, पुल्लिंग, बहुवचन, कर्ताकारक, 'खिले हैं' क्रिया का कर्ता।

खिले हैं—अकर्मक क्रिया, बहुवचन, पुल्लिंग, कर्तृवाच्य, कर्तरि प्रयोग।

10. शीत ऋतु में हिमालय का क्षेत्र पूर्णतया बर्फ से ढक जाता है और वहाँ जनजीवन अस्त-व्यस्त हो जाता है।

शीत—गुणवाचक विशेषण, 'ऋतु' संज्ञा विशेष्य, स्त्रीलिंग, एकवचन।

ऋतु में—जातिवाचक संज्ञा, स्त्रीलिंग, एकवचन, अधिकरण कारक।

हिमालय का—व्यक्तिवाचक संज्ञा, पुल्लिंग, एकवचन, संबंध कारक। *[CBSE 2017]*

क्षेत्र—जातिवाचक संज्ञा, पुल्लिंग, एकवचन, कर्ता कारक, 'ढक जाता है' क्रिया का कर्ता।

पूर्णतया—रीतिवाचक क्रियाविशेषण, 'ढक जाता है' क्रियापद की विशेषता बताता है।

बर्फ से—जातिवाचक संज्ञा, स्त्रीलिंग, एकवचन, करण कारक।

ढक जाता है—अकर्मक क्रिया, पुल्लिंग, एकवचन, वर्तमान काल, निश्चयार्थ प्रकार, कर्तृवाच्य, कर्तरि प्रयोग, 'क्षेत्र' कर्ता की क्रिया।

और—समानाधिकरण, समुच्चयबोधक, दो वाक्यों को जोड़ता है।

वहाँ—स्थानवाचक क्रियाविशेषण, 'हो जाता है' क्रिया से संबद्ध।

जनजीवन—भाववाचक संज्ञा, पुल्लिंग, एकवचन, कर्ता कारक, 'हो जाता है' क्रिया का कर्ता।

अस्त-व्यस्त—रीतिवाचक क्रियाविशेषण, 'हो जाता है' क्रिया की विशेषता बताता है।

हो जाता है—अकर्मक क्रिया, पुल्लिंग, एकवचन, निश्चयार्थ, वर्तमान काल, कर्तृवाच्य, कर्तरि प्रयोग।

11. मैं पिछले साल उसे मुंबई में मिला था।

मैं—पुरुषवाचक सर्वनाम (उत्तम पुरुष), पुल्लिंग, एकवचन, कर्ताकारक, ('मिला था' क्रिया का कर्ता)

पिछले—विशेषण ('साल' विशेष्य), पुल्लिंग, एकवचन।

साल—जातिवाचक संज्ञा, पुल्लिंग, एकवचन, अधिकरण कारक।

उसे—पुरुषवाचक सर्वनाम, (अन्य पुरुष) पुल्लिग एवं स्त्रीलिंग दोनों में संभव, एकवचन, कर्म कारक।

मुंबई में—व्यक्तिवाचक संज्ञा, पुल्लिंग, एकवचन, अधिकरण कारक।

मिला था—सकर्मक क्रिया, पूर्ण भूतकाल, पुल्लिंग, एकवचन।

12. तुम्हारी पुस्तकें अस्त-व्यस्त हैं।

तुम्हारी—सार्वनामिक विशेषण (मध्यम पुरुष), स्त्रीलिंग, बहुवचन, 'पुस्तक' विशेष्य।

पुस्तकें—जातिवाचक संज्ञा, स्त्रीलिंग, बहुवचन, कर्ता कारक, 'है' क्रिया का कर्ता।

13. किसी प्रकार की दुष्टता उसे सत्य से विचलित नहीं कर सकी।

दुष्टता—भाववाचक संज्ञा, स्त्रीलिंग, एकवचन, कर्ता, 'विचलित' क्रिया का कर्ता।

विचलित—अकर्मक क्रिया, कर्तृवाच्य, 'दुष्टता' संज्ञा की क्रिया, पुल्लिंग, एकवचन, पूर्ण भूतकाल। 'कर सकी' सहायक क्रियाएँ हैं।

14. भागकर जाओ और बाज़ार से कुछ तो लाओ।

भागकर—पूर्वकालिक क्रिया, रीतिवाचक, क्रियाविशेषण।

जाओ—अकर्मक क्रिया, मध्यम पुरुष, 'जा' धातु, वर्तमान काल, कर्तृवाच्य, कर्ता का लोप, आज्ञार्थ।

बाज़ार—जातिवाचक संज्ञा, पुल्लिंग, एकवचन, अपादान कारक।

कुछ—अनिश्चयवाचक सर्वनाम, पुल्लिंग, एकवचन, कर्म कारक।

लाओ—सकर्मक क्रिया, मध्यम पुरुष, वर्तमान काल, कर्तृवाच्य, कर्ता का लोप, 'कुछ' कर्म।

तो—निपात।

और—समुच्चयबोधक अव्यय।

15. वह विश्वास के योग्य नहीं है।

वह—पुरुषवाचक सर्वनाम, अन्य पुरुष, एकवचन, उभयलिंगी, कर्ता कारक।

16. रेखांकित का पद-परिचय दीजिए।

- एवरेस्ट संसार का सबसे ऊँचा शिखर है।

  व्यक्तिवाचक संज्ञा, पुल्लिंग, एकवचन, कर्ता कारक, 'है' क्रिया का कर्ता।
- वह कक्षा में सो जाता है।

  पुरुषवाचक, सर्वनाम, अन्य पुरुष, एकवचन, पुल्लिंग, कर्ता कारक।
- विस्मय बाज़ार गया।

  व्यक्तिवाचक संज्ञा, एकवचन, पुल्लिंग, कर्ता, 'गया' क्रिया का कर्ता।
- भूषण वीर रस के कवि थे।

  संज्ञा, व्यक्तिवाचक, अन्य पुरुष, पुल्लिंग, एकवचन, (आदरार्थक बहुवचन), 'थे' क्रिया का कर्ता।
- वह कल आएगा।

  पुरुषवाचक सर्वनाम, अन्य पुरुष, एकवचन, पुल्लिंग, कर्ता, 'आएगा' क्रिया का कर्ता।
- मैं दसवीं कक्षा में पढ़ता हूँ।

  मैं—पुरुषवाचक सर्वनाम, उत्तम पुरुष, एकवचन, पुल्लिंग, कर्ता, 'पढ़ता हूँ' क्रिया का कर्ता।

  दसवीं—संख्यावाचक विशेषण, क्रमसूचक, स्त्रीलिंग, एकवचन, 'कक्षा' विशेष्य।

  पढ़ता हूँ—अकर्मक क्रिया, वर्तमान काल, पुल्लिंग, एकवचन, उत्तम पुरुष, 'पढ़' धातु, कर्तृवाच्य, 'मैं' कर्ता।
- वह अचानक दिखाई दिया।

  वह—पुरुषवाचक सर्वनाम, अन्य पुरुष, पुल्लिंग, एकवचन, 'दिखाई दिया' क्रिया का कर्ता, कर्तृवाच्य।

  अचानक—रीतिवाचक क्रियाविशेषण, 'दिखाई दिया' क्रिया।
- यह पुस्तक किसकी है ?

  सार्वनामिक विशेषण, एकवचन, स्त्रीलिंग, पुस्तक विशेष्य।
- सोहनी सातवीं कक्षा में पढ़ती है।

  संख्यावाचक विशेषण, क्रमसूचक, स्त्रीलिंग, एकवचन, 'कक्षा' विशेष्य।
- हम मनाली घूमने गए।

  पुरुषवाचक सर्वनाम, मध्यम पुरुष, बहुवचन, पुल्लिंग, 'घूमने गए' क्रिया का कर्ता।
- दिल्ली भारत की राजधानी है।

  व्यक्तिवाचक संज्ञा, स्त्रीलिंग, एकवचन।
- वह पुस्तक पढ़ेगा।

  सकर्मक क्रिया, एकवचन, पुल्लिंग, भविष्यत्काल, कर्तृवाच्य।
- शिवा दूध पी रहा है।

  जातिवाचक संज्ञा, एकवचन, पुल्लिंग, कर्मकारक।

प्रयोग की विशिष्टता के कारण पद-परिचय में भिन्नता

वह	–	**वह** आया है।	(सर्वनाम)
		वह आदमी मेरे साथ रहता है।	(विशेषण)
और	–	उधर **और** आ गए।	(संज्ञा)
		और बच्चे कहाँ हैं ?	(विशेषण)
		थोड़ा **और** दो।	(क्रियाविशेषण)
एक	–	**एक** भी योग्य नहीं है।	(संज्ञा)
		एक पुस्तक मुझे दो।	(विशेषण)
		मैं तेरे मुँह पर **एक** लगाऊँगा।	(क्रियाविशेषण)
कुछ	–	**कुछ** खाओ।	(सर्वनाम)
		कुछ लोग आ रहे हैं।	(विशेषण)
		वह बहुत **कुछ** बोल चुका है।	(क्रियाविशेषण)
अच्छा	–	**अच्छों** को कौन नहीं चाहता ?	(संज्ञा)
		वह **अच्छा** लड़का है।	(विशेषण)
		श्याम बहुत **अच्छा** गाता है।	(क्रियाविशेषण)
		अच्छा ! चोर वही है ?	(विस्मयादिबोधक)
कम	–	**कम** ही सफल हो पाते हैं।	(संज्ञा)
		आज मुझे **कम** रोटी खानी चाहिए।	(विशेषण)
		कम बोलो।	(क्रियाविशेषण)
बहुत	–	**बहुतों** से तो परिचय भी न हो सका।	(संज्ञा)
		बहुत फल खरीद लिए हैं।	(विशेषण)
		माला **बहुत** तेज भागती है।	(क्रियाविशेषण)
आप	–	**आप** जाएँ।	(मध्यमपुरुष सर्वनाम)
		गाँधी महान थे। **आपका** जन्म गुजरात में हुआ।	(अन्यपुरुष सर्वनाम)
		मैं **आप** वहाँ जाऊँगा।	(निजवाचक सर्वनाम)
कारण	–	मुझे इसका **कारण** नहीं पता।	(संज्ञा)
		मुझे दर्द के **कारण** नींद नहीं आई।	(संबंधबोधक अव्यय)
		मैं बीमार हूँ, इस **कारण** आ नहीं पाऊँगा।	(समुच्चयबोधक अव्यय)
क्या	–	तुम **क्या** करोगे ?	(क्रियाविशेषण)
		अब तुम **क्या** काम करोगे ?	(विशेषण)
		क्या ! उसने झूठ बोला।	(विस्मयादिबोधक अव्यय)
		क्या से क्या हो गया ?	(सर्वनाम)
डूबता	–	**डूबते** को कोई नहीं बचा पाया।	(संज्ञा)
		डूबते व्यक्ति को बचाना चाहिए।	(विशेषण)
		अधिक घमंडी अवश्य **डूबता** है।	(क्रिया)
जो	–	**जो** भी प्रथम आएगा, पुरस्कार पाएगा।	(सर्वनाम)
		जो व्यक्ति जीता, वही प्रसन्न हुआ।	(विशेषण)

	मैंने वही देखा, **जो** बताया है।	(क्रियाविशेषण)
	वह ऐसा गधा नहीं है **जो** तुम्हारी बात मान ले।	(समुच्चयबोधक अव्यय)
चाहे –	आपकी इच्छा है **चाहे** दिल्ली जाएँ या मुंबई।	(समुच्चयबोधक)
	मनुष्य **चाहे** तो सब कुछ कर सकता है।	(क्रिया)
भला –	**भलों** को सभी पूजते हैं।	(संज्ञा)
	वह **भला** आदमी है।	(विशेषण)
	आप आएँ **भले** न आएँ।	(क्रियाविशेषण)
बुरा –	**बुरों** की संगति से बचना कठिन है।	(संज्ञा)
	बुरा आदमी पाप ही करता है।	(विशेषण)
	उसने बहुत **बुरा** किया।	(क्रियाविशेषण)
साथ –	**साथ** अच्छा हो तो सब काम ठीक होते हैं।	(संज्ञा)
	वह मेरे **साथ** खेलेगा।	(संबंधवाचक अव्यय)
	उसे धमकाना तो जरूर **साथ** ही पीटना भी।	(समुच्चयबोधक अव्यय)
कौन –	**कौन** कहता है कि मनुष्य कमज़ोर है।	(सर्वनाम)
	वहाँ **कौन** जाएगा ?	(क्रियाविशेषण)
	कौन लड़का शरारत कर रहा था ?	(विशेषण)
जैसा –	**जैसा** चाहोगे, वैसा ही होगा।	(क्रियाविशेषण)
	उसने **जैसा** काम किया, वैसा परिणाम हुआ।	(विशेषण)
	तुम **जैसा** कोई नहीं मिला।	(सर्वनाम)
ठीक –	**ठीक** को कौन गलत कहता है ?	(संज्ञा)
	ठीक आदमी को कौन गलत कहता है ?	(विशेषण)
	तुमने बिल्कुल **ठीक** किया।	(क्रियाविशेषण)
	ठीक ! तुम्हारी बात बिल्कुल ठीक है।	(विस्मयादिबोधक)
ऐसा –	**ऐसों** को मैं चुटकी में ठीक कर सकता हूँ।	(सर्वनाम)
	ऐसा काम कोई दुष्ट ही कर सकता है।	(विशेषण)
	क्या तुमने **ऐसा** किया ?	(क्रियाविशेषण)
	ऐसा ! यह तो जादू हो गया।	(विस्मयादिबोधक)

प्रश्न-अभ्यास

1. 'पद-परिचय' किसे कहते हैं ?
2. संज्ञा, सर्वनाम, विशेषण और क्रिया के पद-परिचय में कौन-कौन सी व्याकरणिक इकाइयों का परिचय देना वांछित होता है ?
3. *निम्नलिखित वाक्यों में प्रयुक्त काले शब्दों का पद-परिचय दीजिए–*
   (1) **वहाँ कोई व्यक्ति आया है।**
   (2) **बागों में सुंदर** फूल खिले हैं।
   (3) **मुझे कोई मित्र** न मिला।
   (4) **राम ने श्याम को** बुरी तरह मारा।
   (5) **रमेश आठवीं कक्षा** में पढ़ता है।
   (6) **विद्वान** लोग सदैव समय का सदुपयोग करते हैं।
4. **शब्द** और **पद** का अंतर बताइए।

सी.बी.एस.ई. द्वारा जारी प्रश्नपत्रों के प्रश्नोत्तर

1. *निर्देशानुसार 'पद परिचय' पर आधारित पाँच प्रश्नों में से किन्हीं चार प्रश्नों के रेखांकित पदों का पद-परिचय लिखिए-*

[*CBSE प्रतिदर्श प्रश्नपत्र 2024-25*]

1. पानवाला नया पान खा रहा था।
2. वक्त काटने के लिए खीरे खरीदे होंगे।
3. विद्यालय के साथ ही एक डाकघर है।
4. वाह! भई खूब! क्या आइडिया है।
5. वे बहुत कोमल और संवेदनशील व्यक्ति थे।

उत्तर- 1. नया – विशेषण, गुणवाचक, पुल्लिंग, एकवचन, 'पान' विशेष्य।
2. खरीदे होंगे – क्रिया, सकर्मक, पुल्लिंग, बहुवचन, भूतकाल।
3. के साथ – संबंधबोधक अव्यय, विद्यालय के साथ संबंध दर्शा रहा है।
4. वाह! – विस्मयादिबोधक अव्यय, प्रशंसासूचक
5. वे – सर्वनाम, अन्यपुरुषवाचक सर्वनाम, आदरार्थक बहुवचन, कर्ता कारक।

2. *निम्नलिखित वाक्यों में रेखांकित पदों का परिचय दीजिए-*

CBSE 2019

1. शाबाश! तुमने बहुत अच्छा काम किया।
2. वहाँ दस छात्र बैठे हैं।
3. परिश्रम के बिना सफलता नहीं मिलती।
4. उस गमले में दो गुलाब खिले हैं।
5. सौम्या बगीचे के सामने बैठी है।
6. अविनाश दुकान से गर्म पूड़ियाँ लाया है।

CBSE 2020

7. आजकल प्रदूषण तेजी से फैल रहा है।
8. वक्त काटने के लिए खरीदे होंगे।
9. नवाब साहब थककर लेट गए।
10. मेदा भी मेरा कमज़ोर है।
11. सफेद घोड़ा तेज भागता है।
12. खीरा लज़ीज होता है।
13. यह भाषा किस क्षेत्र में बोली जाती है।
14. वह हमेशा सच बोलता है।
15. बाग में कुछ महिलाएँ बैठी थीं।
16. मुझे अपनी पत्नी और पुत्र की मृत्यु याद आ रही है।
17. एक शर्त रखी कि मैं भारत आऊँगा।
18. नहीं जानता, बस मन में यही था।
19. बच्चे की मुस्कान मनमोहक होती है।
20. प्रत्येक का अपना महत्त्व होता है।
21. चलते-चलते लड़खड़ाने पर सहयोगी उसे सँभालते हैं।
22. आशिमा दसवीं कक्षा में पढ़ती है।
23. वाह ! तुमने अच्छा काम किया।
24. शिक्षक के साथ एक शिष्य भी आता है।
25. तुम किस कक्षा में पढ़ते हो ?
26. पानवाला नया पान खा रहा है।
27. यह साइकिल मेरे बड़े भाई की है।
28. माँ की याद आती है।
29. मधुर गान तो सदा ही सुनने को मिलते।
30. हम पार्क में गए परंतु वहाँ कोई बच्चा न मिला।
31. हम जीवन में सोचते कुछ हैं, परंतु होता कुछ और है।
32. ये बच्चे सुबह-शाम पार्क में व्यायाम करते हैं।
33. कृष्ण की सुंदर आकृति सबको मोह लेती है।
34. लक्ष्मण ने अपनी वीरता प्रदर्शित की।
35. शिक्षिका प्रतिदिन समाचार पत्र पढ़ती है।
36. वे यहाँ नहीं रहते हैं।
37. हमारे देश में अनेक प्रतापी राजा हुए।
38. मूर्ति के चेहरे पर चश्मा न था।
39. धीरे से पानवाले ने पूछा।
40. पत्थर से पारदर्शी चश्मा कैसे बनता !

41. हमने उन्हें क्रोध में नहीं देखा।
42. मैं इस ओर से उदासीन हूँ।
43. मैं अर्थशास्त्र और नीतिशास्त्र में बहुत अधिक अंतर नहीं समझता।
44. मेरे देखने के बाद चोर और तेज भागने लगा।
45. भगत ने अपनी पतोहू को उसके भाई के साथ विदा किया।
46. उसने अपने-आप ही कहानी शुरू की।
47. मूर्तिकार हार मानने वाला कलाकार नहीं था।
48. यह सब मैंने केवल सुना।
49. मान लीजिए कि पुराने जमाने में एक भी स्त्री पढ़ी-लिखी न होती।
50. भोलानाथ बाकी सभी लड़कों के साथ खेलने लगा।
51. लेकिन आदत से मजबूर आँखें मूर्ति की तरफ उठ गईं।
52. जल्दी चलो, ट्रेन आने ही वाली है।
53. एक पद भगत गाते और सब सुनते।
54. धीरे-धीरे धुंध की चादर थोड़ी छँटी।

उत्तर–
1. **तुमने** – सर्वनाम, मध्यम पुरुष, उभयलिंगी, कर्ता कारक, 'काम करने' से संबंध।
2. **दस** – विशेषण, संख्यावाचक, 'छात्र' विशेष्य, बहुवचन, पुल्लिग।
3. **के बिना** – संबंधबोधक अव्यय।
4. **उस** – विशेषण, सार्वनामिक, 'गमले' विशेष्य, एकवचन, पुल्लिग।
5. **बगीचे** – संज्ञा, जातिवाचक, एकवचन, पुल्लिग, अधिकरण कारक।
6. **अविनाश** – संज्ञा, व्यक्तिवाचक, पुल्लिग, एकवचन, कर्ता कारक, 'लाया है' क्रिया का कर्ता।
7. **प्रदूषण** – भाववाचक संज्ञा, एकवचन, पुल्लिग, कर्ता कारक।
8. **खरीदे होंगे** – क्रिया, सकर्मक, भूतकाल, संयुक्त क्रिया, बहुवचन, स्त्रीलिंग।
9. **थककर** – क्रिया, पूर्वकालिक।
10. **मेरा** – सार्वनामिक विशेषण, 'मेदा' विशेष्य, पुल्लिग, एकवचन।
11. **सफ़ेद** – विशेषण, गुणवाचक, 'घोड़ा' विशेष्य।
12. **खीरा** – संज्ञा, जातिवाचक, एकवचन, पुल्लिग, कर्ता कारक।
13. **यह** – सार्वनामिक विशेषण, निश्चयवाचक, 'भाषा' विशेष्य।
14. **हमेशा** – क्रियाविशेषण, कालवाचक।
15. **बैठी थीं** – क्रिया, संयुक्त, अकर्मक, बहुवचन, स्त्रीलिंग, भूतकाल।
16. **अपनी** – सार्वनामिक विशेषण, निजवाचक, स्त्रीलिंग, एकवचन, 'पत्नी' विशेष्य।
17. **भारत** – संज्ञा, व्यक्तिवाचक, अधिकरण कारक, एकवचन, पुल्लिग।
18. **नहीं** – क्रियाविशेषण, नकारात्मक।
19. **मुस्कान** – संज्ञा, भाववाचक, स्त्रीलिंग, एकवचन।
20. **अपना** – सार्वनामिक विशेषण, 'महत्त्व' विशेष्य।
21. **चलते-चलते** – क्रियाविशेषण, रीतिवाचक, 'लड़खड़ाने पर' विशेष्य।
22. **आशिमा** – संज्ञा, व्यक्तिवाचक, स्त्रीलिंग, एकवचन, कर्ता कारक।
23. **वाह !** – विस्मयादिबोधक अव्यय, प्रशंसासूचक।
24. **एक** – विशेषण, 'शिष्य' विशेष्य, संख्यावाचक, एकवचन, पुल्लिग।
25. **तुम** – सर्वनाम, मध्यम पुरुष, पुल्लिग, कर्ता कारक।
26. **नया** – विशेषण, गुणवाचक, एकवचन, पुल्लिग, 'पान' विशेष्य।
27. **यह** – सार्वनामिक विशेषण, निश्चयवाचक, एकवचन, 'साइकिल' विशेष्य।
28. **माँ की** – संबंधबोधक, 'याद' से संबंध।
29. **सदा ही** – क्रियाविशेषण, कालवाचक।

30. **हम** – सर्वनाम, पुल्लिंग, बहुवचन, कर्ता कारक।

31. **परंतु** –समुच्चयबोधक, वाक्य-योजक।

32. **पार्क में** – संज्ञा, जातिवाचक, एकवचन, पुल्लिंग, अधिकरण कारक।

33. **सुंदर** – गुणवाचक विशेषण, 'आकृति' विशेष्य।

34. **लक्ष्मण** – संज्ञा, व्यक्तिवाचक, एकवचन, पुल्लिंग, कर्ता कारक।

35. **पढ़ती है** – क्रिया, सकर्मक, वर्तमान काल, एकवचन, स्त्रीलिंग।

36. **यहाँ** – क्रियाविशेषण, स्थानवाचक।

37. **अनेक** – विशेषण, संख्यावाचक, पुल्लिंग, बहुवचन, 'प्रतापी राजा' विशेष्य।

38. **मूर्ति** – संज्ञा, जातिवाचक, स्त्रीलिंग, एकवचन, कर्ता कारक।

39. **धीरे-से** – क्रियाविशेषण, रीतिवाचक।

40. **पत्थर से** – संज्ञा, जातिवाचक, एकवचन, पुल्लिंग, करण कारक।

41. **हमने** – सर्वनाम, उत्तम पुरुष, बहुवचन, उभयलिंगी, कर्ता कारक।

42. **मैं** – सर्वनाम, उत्तम पुरुष, एकवचन, कर्ता कारक।

43. **नहीं** – क्रियाविशेषण, रीतिवाचक।

44. **चोर** – संज्ञा, जातिवाचक, एकवचन, पुल्लिंग, कर्ता कारक।

45. **भाई के साथ** – संबंधबोधक।

46. **अपने-आप** – निजवाचक सर्वनाम, एकवचन।

47. **नहीं** – क्रियाविशेषण, रीतिवाचक।

48. **सुना** – क्रिया, सकर्मक, भूतकाल, एकवचन, पुल्लिंग।

49. **स्त्री** – संज्ञा, जातिवाचक, एकवचन, स्त्रीलिंग, कर्ता कारक।

50. **भोलानाथ** – संज्ञा, व्यक्तिवाचक, एकवचन, पुल्लिंग, कर्ताकारक।

51. **मूर्ति** – संज्ञा, जातिवाचक, एकवचन, स्त्रीलिंग।

52. **जल्दी** – क्रियाविशेषण, कालवाचक।

53. **और** – समुच्चयबोधक

54. **धीरे-धीरे** – क्रियाविशेषण, रीतिवाचक।

बहुविकल्पी प्रश्नोत्तर

CBSE 2021

2. *रेखांकित पद का परिचय है–*

55. यह मेरा पसंदीदा रेस्तरां है।

(क) सार्वनामिक विशेषण, पुल्लिंग, एकवचन; 'रेस्तरां' विशेष्य।

(ख) सर्वनाम, निश्चयवाचक, पुल्लिंग, एकवचन

(ग) संज्ञा, व्यक्तिवाचक, पुल्लिंग, एकवचन

(घ) सर्वनाम, अनिश्चयवाचक, पुल्लिंग, एकवचन

56. उफ! क्या सोचा था, क्या हो गया।

(क) विस्मयादिबोधक, प्रसन्नतासूचक

(ख) विस्मयादिबोधक, शोकसूचक

(ग) विस्मयादिबोधक, अचरजसूचक

(घ) विस्मयादिबोधक, घृणासूचक

57. मन की कोमलता अक्सर चोट खा जाती है।

(क) भाववाचक संज्ञा, स्त्रीलिंग, एकवचन, कर्ताकारक

(ख) भाववाचक संज्ञा, स्त्रीलिंग, बहुवचन, कर्ताकारक

(ग) जातिवाचक संज्ञा, स्त्रीलिंग, एकवचन, कर्ताकारक

(घ) विशेषण, गुणवाचक, स्त्रीलिंग, एकवचन, 'मन' विशेष्य

58. घर के साथ ही एक बगीचा होता था।

(क) संबंधबोधक अव्यय, घर और बगीचे के बीच संबंध दर्शा रहा है।

(ख) समुच्चयबोधक, अव्यय, घर और बगीचे को जोड़ना।

(ग) क्रियाविशेषण, स्थानवाचक, 'होता था' की विशेषता

(घ) निपात

59. निम्नलिखित वाक्यों में से किसमें अकर्मक क्रिया का प्रयोग हुआ है ?

(क) मेरी बहन एक कहानी पढ़ती है।

(ख) मेरी बहन एक उपन्यास पढ़ रही है।

(ग) मेरी बहन एक अच्छे विद्यालय में पढ़ती है।

(घ) मेरी बहन एक दिलचस्प पुस्तक पढ़ती है।

CBSE प्रतिदर्श प्रश्नपत्र, 2021–22

60. यह बालक बहुत मेधावी है।

(क) निश्चयवाचक सर्वनाम, एकवचन, पुल्लिंग, कर्ता कारक।

(ख) जातिवाचक संज्ञा, बहुवचन, पुल्लिंग, कर्ता कारक।

(ग) सार्वनामिक विशेषण, एकवचन, पुल्लिंग, विशेष्य 'बालक'।

(घ) गुणवाचक विशेषण, एकवचन, पुल्लिंग, विशेष्य 'बालक'।

61. अचानक वर्षा होने लगी।

(क) कालवाचक क्रियाविशेषण, 'होने लगी' क्रिया की विशेषता।

(ख) रीतिवाचक क्रियाविशेषण, 'होने लगी' क्रिया की विशेषता।

(ग) स्थानवाचक क्रियाविशेषण, 'होने लगी' क्रिया की विशेषता।

(घ) परिमाणवाचक क्रियाविशेषण, 'होने लगी' क्रिया की विशेषता।

62. वाह ! भारत मैच जीत गया।

(क) समुच्चयबोधक अव्यय।

(ख) विस्मयादिबोधक अव्यय, शोकसूचक भाव की अभिव्यक्ति।

(ग) संबंधबोधक अव्यय।

(घ) विस्मयादिबोधक अव्यय, प्रसन्नतासूचक भाव की अभिव्यक्ति।

63. शाबाश ! तुमने बहुत अच्छा कार्य किया।

(क) मध्यम पुरुषवाचक सर्वनाम, एकवचन, कर्ता कारक।

(ख) निजवाचक सर्वनाम, एकवचन, कर्ता कारक।

(ग) मध्यम पुरुषवाचक सर्वनाम, बहुवचन, कर्ता कारक।

(घ) उत्तम पुरुषवाचक सर्वनाम, एकवचन, कर्म कारक।

64. कबीर नीरजा के लिए मिठाई लाया।

(क) जातिवाचक संज्ञा, पुल्लिंग, एकवचन

(ख) भाववाचक संज्ञा, स्त्रीलिंग, एकवचन

(ग) व्यक्तिवाचक संज्ञा, स्त्रीलिंग, एकवचन

(घ) व्यक्तिवाचक संज्ञा, स्त्रीलिंग, करण कारक

65. जसप्रीत दसवीं कक्षा में पढ़ती है।

(क) जातिवाचक संज्ञा, एकवचन, पुल्लिग, कर्म कारक, 'पढ़ती' क्रिया से संबंध।

(ख) जातिवाचक संज्ञा, पुल्लिग, एकवचन, वर्तमान काल, 'पढ़ती' क्रिया से संबंध।

(ग) जातिवाचक संज्ञा, स्त्रीलिंग, एकवचन, अधिकरण कारक, 'पढ़ती' क्रिया से संबंध।

(घ) व्यक्तिवाचक संज्ञा, स्त्रीलिंग, एकवचन, अधिकरण कारक, 'पढ़ती' क्रिया से संबंध।

66. वह विद्यालय से अभी-अभी गया है।

(क) जातिवाचक संज्ञा, एकवचन, स्त्रीलिंग, करण कारक (ख) जातिवाचक संज्ञा, एकवचन, पुल्लिग, अपादान कारक

(ग) पुरुषवाचक सर्वनाम, पुल्लिग, एकवचन, संबंध कारक (घ) जातिवाचक संज्ञा, एकवचन, स्त्रीलिंग, अधिकरण कारक

67. लड़कियाँ विद्यालय जा रही हैं।

(क) जातिवाचक संज्ञा, बहुवचन (ख) व्यक्तिवाचक संज्ञा, बहुवचन

(ग) जातिवाचक संज्ञा, एकवचन (घ) व्यक्तिवाचक संज्ञा, एकवचन

68. हम कल दिल्ली जा रहे हैं। रेखांकित पद का परिचय है–

(क) जातिवाचक संज्ञा, एकवचन, पुल्लिग, कर्ता कारक (ख) व्यक्तिवाचक संज्ञा, एकवचन, पुल्लिग, अधिकरण कारक

(ग) व्यक्तिवाचक संज्ञा, एकवचन, पुल्लिग, कर्म कारक (घ) जातिवाचक संज्ञा, एकवचन, पुल्लिग, अपादान कारक

CBSE प्रतिदर्श प्रश्नपत्र 2022-23

69. 'चारों ओर छाई हरियाली मनमोहक लग रही थी।' रेखांकित अंश का पद-परिचय होगा–

(क) भाववाचक संज्ञा, स्त्रीलिंग, एकवचन, कर्ता कारक (ख) भाववाचक संज्ञा, स्त्रीलिंग, बहुवचन, कर्म कारक

(ग) जातिवाचक संज्ञा, स्त्रीलिंग, एकवचन, कर्ता कारक (घ) व्यक्तिवाचक संज्ञा, स्त्रीलिंग, एकवचन, कर्ता कारक

70. 'ड्राइवर ने जोर से ब्रेक मारे।' रेखांकित अंश का पद-परिचय होगा–

(क) रीतिवाचक क्रियाविशेषण, विशेष्य क्रिया–मारे (ख) स्थानवाचक क्रियाविशेषण, विशेष्य क्रिया–मारे

(ग) कालवाचक क्रियाविशेषण, विशेष्य क्रिया–मारे (घ) परिमाणवाचक क्रियाविशेषण, विशेष्य क्रिया–मारे

71. 'यह पुस्तक मैंने तब खरीदी थी, जब मैं पंद्रह वर्ष का था।' रेखांकित अंश का पद-परिचय होगा–

(क) संकेतवाचक सर्वनाम, एकवचन, पुल्लिग (ख) सार्वनामिक विशेषण, विशेष्य–पुस्तक

(ग) निपात, वाक्य के अर्थ को बल दे रहा है (घ) परिमाणवाचक विशेषण, विशेष्य–पुस्तक

72. 'हालदार साहब ने पान खाया।' रेखांकित अंश का पद-परिचय होगा–

(क) अकर्मक क्रिया, सामान्य भूतकाल, कर्तृवाच्य

(ख) सकर्मक क्रिया, कर्म–पान, सामान्य भूतकाल, कर्तृवाच्य

(ग) प्रेरणार्थक क्रिया, कर्म–पान, सामान्य भूतकाल, कर्तृवाच्य

(घ) द्विकर्मक क्रिया, कर्म–पान, हालदार साहब, सामान्य भूतकाल, कर्तृवाच्य

73. कुछ लड़के बाहर खेल रहे हैं। चाय में कुछ पड़ा है। दोनों वाक्यों के कुछ का सामान्य पद-परिचय होगा–

(क) पहला कुछ– सार्वनामिक विशेषण, दूसरा कुछ– अनिश्चित संख्यावाचक विशेषण

(ख) पहला कुछ– अनिश्चयवाचक सर्वनाम, दूसरा कुछ– अनिश्चित संख्यावाचक विशेषण

(ग) पहला कुछ– अनिश्चित संख्यावाचक विशेषण, दूसरा कुछ– अनिश्चयवाचक सर्वनाम

(घ) पहला कुछ– अनिश्चित परिमाणवाचक विशेषण, दूसरा कुछ– निश्चयवाचक सर्वनाम

CBSE प्रतिदर्श प्रश्नपत्र 2023-24

74. हम देहरादून घूमने गए।– रेखांकित पद का परिचय है ?

(क) संज्ञा, प्रथम पुरुष, पुल्लिंग, बहुवचन, कर्ता
(ख) सर्वनाम, प्रथम पुरुष, पुल्लिंग, बहुवचन, कर्ता
(ग) सर्वनाम, प्रथम पुरुष, पुल्लिंग, एकवचन, कर्ता
(घ) सर्वनामिक विशेषण, प्रथम पुरुष, पुल्लिंग, बहुवचन, कर्ता

75. शशि दसवीं कक्षा में पढ़ती है।– रेखांकित पद का परिचय है ?

(क) विशेषण, संख्यावाचक, स्त्रीलिंग, एकवचन, 'कक्षा' विशेष्य
(ख) क्रियाविशेषण, परिमाणवाचक, 'पढ़ना' क्रिया
(ग) विशेषण, गुणवाचक, स्त्रीलिंग, एकवचन, 'कक्षा' विशेष्य
(घ) विशेषण, संख्यावाचक, स्त्रीलिंग, बहुवचन, 'कक्षा' विशेष्य

76. वह स्कूल से अभी-अभी आया है।– रेखांकित पद का परिचय है ?

(क) संज्ञा, जातिवाचक, एकवचन, पुल्लिंग, करण कारक
(ख) संज्ञा, व्यक्तिवाचक, एकवचन, पुल्लिंग, अपादान कारक
(ग) संज्ञा, जातिवाचक, बहुवचन, पुल्लिंग, अपादान कारक
(घ) संज्ञा, जातिवाचक, एकवचन, पुल्लिंग, अपादान कारक

77. वह मेरी बात पर बहुत हँसा।– रेखांकित पद का परिचय है ?

(क) परिमाणवाचक क्रियाविशेषण, हँसना क्रिया का विशेषण
(ख) विशेषण, संख्यावाचक, स्त्रीलिंग, एकवचन, 'हँसना' विशेष्य
(ग) विशेषण, परिमाणवाचक, स्त्रीलिंग, एकवचन, 'हँसना' विशेष्य
(घ) विशेषण, परिमाणवाचक, पुल्लिंग, एकवचन, 'हँसना' विशेष्य

78. योग्य पिता की संतान भी योग्य होती है।– रेखांकित पद का परिचय है ?

(क) संज्ञा, जातिवाचक, स्त्रीलिंग, एकवचन
(ख) संज्ञा, व्यक्तिवाचक, स्त्रीलिंग, एकवचन
(ग) संज्ञा, जातिवाचक, पुल्लिंग, एकवचन
(घ) विशेषण, गुणवाचक, स्त्रीलिंग, एकवचन, 'पिता' विशेष्य

CBSE 2023

79. वे कुछ फूल तो हमेशा ही रोपते रहते हैं।

वे

(क) अन्य पुरुषवाचक सर्वनाम, एकवचन, स्त्रीलिंग, कर्ता कारक
(ख) उत्तम पुरुषवाचक सर्वनाम, एकवचन, पुल्लिंग, कर्ता कारक
(ग) अन्य पुरुषवाचक सर्वनाम, बहुवचन (आदरार्थी), पुल्लिंग, कर्ता कारक
(घ) उत्तम पुरुषवाचक सर्वनाम, एकवचन, पुल्लिंग, कर्म कारक

80. कुछ

(क) परिमाणवाचक विशेषण, फूल विशेष्य, पुल्लिंग, बहुवचन
(ख) अनिश्चित संख्यावाचक विशेषण, फूल विशेष्य, पुल्लिंग, बहुवचन
(ग) गुणवाचक विशेषण, फूल विशेष्य, पुल्लिंग, बहुवचन
(घ) गुणवाचक विशेषण, फूल विशेष्य, पुल्लिंग, बहुवचन

81. <u>हमेशा</u>

(क) कालवाचक क्रिया-विशेषण, 'रोपते' क्रिया का विशेषण, पुल्लिंग, एकवचन

(ख) रीतिवाचक क्रिया-विशेषण, 'रोपते' क्रिया का विशेषण, पुल्लिंग, एकवचन

(ग) रीतिवाचक क्रिया-विशेषण, 'रहते' क्रिया का विशेषण, पुल्लिंग, एकवचन

(घ) कालवाचक क्रिया-विशेषण, 'रहते' क्रिया का विशेषण, पुल्लिंग, एकवचन

82. <u>ही</u>

(क) निपात, 'हमेशा' पर बल दे रहा है

(ख) निपात, 'रहने' पर बल दे रहा है

(ग) परिमाणवाचक क्रिया-विशेषण, 'बल दे' क्रिया का विशेषण

(घ) रीतिवाचक क्रिया-विशेषण, 'बल दे' क्रिया का विशेषण

83. <u>रोपते</u>

(क) अकर्मक क्रिया, पुल्लिंग, बहुवचन, भूतकाल, कर्तृवाच्य

(ख) अकर्मक क्रिया, पुल्लिंग, एकवचन, वर्तमान काल, कर्तृवाच्य

(ग) सकर्मक क्रिया, पुल्लिंग, एकवचन, भूतकाल, कर्मवाच्य

(घ) सकर्मक क्रिया, पुल्लिंग, बहुवचन, वर्तमान काल, कर्तृवाच्य

84. <u>अपने</u> उस्ताद <u>बिस्मिल्ला खाँ</u> साहब <u>हैं</u>। उनका जन्म-स्थान <u>भी</u> डुमराँव ही है। <u>यहाँ</u> नरकट पाई जाती है।

<u>अपने</u>

(क) अन्यपुरुषवाचक सर्वनाम, पुल्लिंग, एकवचन, कर्ता कारक

(ख) निजवाचक सर्वनाम, पुल्लिंग, एकवचन, कर्ता कारक

(ग) सार्वनामिक विशेषण, 'उस्ताद' विशेष्य, पुल्लिंग, एकवचन

(घ) सार्वनामिक विशेषण, 'उस्ताद' विशेष्य, स्त्रीलिंग, बहुवचन

85. <u>बिस्मिल्ला खाँ</u>

(क) जातिवाचक संज्ञा, एकवचन, पुल्लिंग, कर्ता कारक (ख) जातिवाचक संज्ञा, बहुवचन, पुल्लिंग, कर्म कारक

(ग) व्यक्तिवाचक संज्ञा, बहुवचन, पुल्लिंग, कर्म कारक (घ) व्यक्तिवाचक संज्ञा, एकवचन, पुल्लिंग, कर्ता कारक

86. <u>हैं</u>

(क) अकर्मक क्रिया, आदरार्थ बहुवचन, पुल्लिंग, कर्तृवाच्य, वर्तमान काल

(ख) अकर्मक क्रिया, एकवचन, पुल्लिंग, कर्मवाच्य, वर्तमान काल

(ग) सकर्मक क्रिया, बहुवचन, पुल्लिंग, कर्तृवाच्य, वर्तमान काल

(घ) सकर्मक क्रिया, एकवचन, पुल्लिंग, कर्मवाच्य, वर्तमान काल

87. <u>भी</u>

(क) अव्यय, समुच्चबोधक, जन्म-स्थान पर बल दे रहा है (ख) अव्यय, संबंधबोधक, जन्म-स्थान पर बल दे रहा है

(ग) निपात, 'डुमराँव' पर बल दे रहा है (घ) निपात, जन्म-स्थान पर बल दे रहा है

88. <u>यहाँ</u>

(क) स्थानवाचक क्रिया-विशेषण, 'है' क्रिया का विशेषण

(ख) स्थानवाचक क्रिया-विशेषण, 'पाई जाती है' क्रिया का विशेषण

(ग) रीतिवाचक क्रिया-विशेषण, 'है' क्रिया का विशेषण

(घ) रीतिवाचक क्रिया-विशेषण, 'पाई जाती है' क्रिया का विशेषण

89. 'वह खिड़की से ऊपर की ओर देख रही थी।'– रेखांकित अंश का पद-परिचय होगा–

(क) रीतिवाचक क्रिया-विशेषण, विशेष्य क्रिया– देखना (ख) स्थानवाचक क्रिया-विशेषण, विशेष्य क्रिया– खिड़की

(ग) कालवाचक क्रिया-विशेषण, विशेष्य क्रिया– देखना (घ) स्थानवाचक क्रिया-विशेषण, विशेष्य क्रिया– देखना

90. थोड़ा दूध ले आओ। थोड़ा बोलो।– दोनों वाक्यों के थोड़ा का सामान्य पद-परिचय होगा–

(क) पहला थोड़ा – संख्यावाची विशेषण

दूसरा थोड़ा – रीतिवाचक क्रिया-विशेषण

(ख) पहला थोड़ा – अनिश्चित संख्यावाची विशेषण

दूसरा थोड़ा – परिमाणवाची क्रिया-विशेषण

(ग) पहला थोड़ा – निश्चित परिमाणवाची विशेषण

दूसरा थोड़ा – अनिश्चित परिमाणवाची विशेषण

(घ) पहला थोड़ा – अनिश्चित परिमाणवाची विशेषण

दूसरा थोड़ा – अनिश्चित परिमाणवाची क्रिया-विशेषण

91. वहीं बीमार पड़े और फिर पटना आए।– रेखांकित पद का पद-परिचय है–

(क) अकर्मक क्रिया, सामान्य भूतकाल, पुल्लिंग, बहुवचन (आदरार्थ), कर्तृवाच्य।

(ख) सकर्मक क्रिया, सामान्य भूतकाल, पुल्लिंग, बहुवचन (आदरार्थ), कर्तृवाच्य।

(ग) अकर्मक क्रिया, सामान्य भूतकाल, पुल्लिंग, एकवचन, कर्तृवाच्य।

(घ) अकर्मक क्रिया, सामान्य भूतकाल, पुल्लिंग, बहुवचन (आदरार्थ), कर्मवाच्य।

92. निम्नलिखित में से किस विकल्प में संज्ञा के तीनों भेद हैं ?

(क) घड़ी, हिमालय, स्वर्गीय, मैं, संसार, विष (ख) आसमान, गाय, हिमालय, उदासी, तिस्ता, नदी

(ग) नदी, मणि, सिक्किम, पहाड़, जीप, जीतेन (घ) चिकनाई, सिक्किम, डर, लायूँन, यूमथांग, खुशी

93. ओह! कैसा पहाड़ टूट गया उस दुखिया पर।– रेखांकित अंश का पद-परिचय है–

(क) विस्मयादिबोधक अव्यय, शोकसूचक (ख) विस्मयादिबोधक अव्यय, विस्मयसूचक

(ग) विस्मयादिबोधक अव्यय, घृणासूचक (घ) विस्मयादिबोधक अव्यय, आनंदसूचक

उत्तर– 55. (ख) सर्वनाम, निश्चयवाचक, पुल्लिग, एकवचन।

56. (ख) विस्मयादिबोधक, शोकसूचक।

57. (क) भाववाचक संज्ञा, स्त्रीलिंग, एकवचन, कर्ताकारक।

58. (क) संबंधबोधक अव्यय, घर और बगीचे के बीच संबंध दर्शा रहा है।

59. (ग) मेरी बहन एक अच्छे विद्यालय में पढ़ती है।

60. (ग) सार्वनामिक विशेषण, एकवचन, पुल्लिग, विशेष्य 'बालक'।

61. (ख) रीतिवाचक क्रियाविशेषण, 'होने लगी' क्रिया की विशेषता।

62. (घ) विस्मयादिबोधक अव्यय, प्रसन्नतासूचक भाव की अभिव्यक्ति।

63. (क) मध्यम पुरुषवाचक सर्वनाम, एकवचन, कर्ता कारक।

64. (ग) व्यक्तिवाचक संज्ञा, स्त्रीलिंग, एकवचन।

65. (ग) जातिवाचक संज्ञा, स्त्रीलिंग, एकवचन, अधिकरण कारक, 'पढ़ती' क्रिया से संबंध।

66. (ख) जातिवाचक संज्ञा, एकवचन, पुल्लिंग, अपादान कारक।

67. (क) जातिवाचक संज्ञा, बहुवचन।

68. (ख) व्यक्तिवाचक संज्ञा, एकवचन, पुल्लिंग, अधिकरण कारक।

69. (क) भाववाचक संज्ञा, स्त्रीलिंग, एकवचन, कर्ता कारक

70. (क) रीतिवाचक क्रियाविशेषण, विशेष्य क्रिया– ब्रेक मारे

71. (ख) सार्वनामिक विशेषण, विशेष्य 'पुस्तक'

72. (ख) सकर्मक क्रिया, कर्म–पान, सामान्य भूतकाल, कर्तृवाच्य

73. (ग) पहला कुछ– अनिश्चित संख्यावाचक विशेषण, दूसरा कुछ– निश्चयवाचक सर्वनाम

74. (ख) सर्वनाम, प्रथम पुरुष, पुल्लिंग, बहुवचन, कर्ता

75. (क) विशेषण, संख्यावाचक, स्त्रीलिंग, एकवचन, 'कक्षा' विशेष्य

76. (घ) संज्ञा, जातिवाचक, एकवचन, पुल्लिंग, अपादान कारक

77. (क) परिमाणवाचक क्रियाविशेषण, 'हँसना' क्रिया का विशेषण

78. (क) संज्ञा, जातिवाचक, स्त्रीलिंग, एकवचन

79. (ग) अन्य पुरुषवाचक सर्वनाम, बहुवचन (आदरार्थ), पुल्लिंग, कर्ता कारक

80. (ख) अनिश्चित संख्यावाचक विशेषण, 'फूल' विशेष्य, पुल्लिंग, बहुवचन

81. (क) कालवाचक क्रिया-विशेषण, 'रोपते' क्रिया का विशेषण, पुल्लिंग, एकवचन

82. (क) निपात, 'हमेशा' पर बल दे रहा है।

83. (घ) सकर्मक क्रिया, पुल्लिंग, बहुवचन, वर्तमान काल, कर्तृवाच्य

84. (ग) सार्वनामिक विशेषण, 'उस्ताद' विशेष्य, पुल्लिंग, एकवचन

85. (घ) व्यक्तिवाचक संज्ञा, एकवचन, पुल्लिंग, कर्ता कारक

86. (क) अकर्मक क्रिया, आदरार्थ बहुवचन, पुल्लिंग, कर्तृवाच्य, वर्तमान काल

87. (घ) निपात, जन्म-स्थान पर बल दे रहा है।

88. (घ) रीतिवाचक क्रिया-विशेषण, 'पाई जाती है' क्रिया का विशेषण।

89. (घ) स्थानवाचक क्रिया-विशेषण, विशेष्य क्रिया – देखना।

90. (घ) पहला थोड़ा – अनिश्चित परिमाणवाची विशेषण
    दूसरा थोड़ा – अनिश्चित परिमाणवाची क्रिया-विशेषण

91. (क) अकर्मक क्रिया, सामान्य भूतकाल, पुल्लिंग, बहुवचन (आदरार्थ), कर्तृवाच्य।

92. (ख) आसमान, गाय, हिमालय, उदासी, तिस्ता, नदी

93. (क) विस्मयादिबोधक अव्यय, शोकसूचक

3. निर्देशानुसार 'पद परिचय' पर आधारित प्रश्नों के सही उत्तर वाले विकल्प चुनकर लिखिए– [*CBSE 2024*]

Set-I

1. '*<u>शीला जी</u> ने साहित्य का दायरा ही बढ़ा दिया।*'– वाक्य में रेखांकित पद का परिचय है–

(क) व्यक्तिवाचक संज्ञा, एकवचन, स्त्रीलिंग, 'कर्ता' कारक

(ख) व्यक्तिवाचक संज्ञा, एकवचन, स्त्रीलिंग, 'कर्म' कारक

(ग) जातिवाचक संज्ञा, एकवचन, स्त्रीलिंग, 'कर्ता' कारक

(घ) व्यक्तिवाचक संज्ञा, एकवचन, स्त्रीलिंग, 'करण' कारक

2. *'लेखक ने उस घटना को पूरी ईमानदारी से लिखा।'* रेखांकित पद का परिचय होगा–

(क) पुरुषवाचक सर्वनाम, एकवचन, स्त्रीलिंग, 'कर्म' कारक

(ख) सार्वनामिक विशेषण, एकवचन, स्त्रीलिंग, विशेष्य - 'घटना'

(ग) सार्वनामिक विशेषण, एकवचन, पुल्लिंग, विशेष्य - 'घटना'

(घ) पुरुषवाचक सर्वनाम, एकवचन, पुल्लिंग, 'कर्म' कारक

3. निम्नलिखित में से किस वाक्य में स्थानवाचक क्रियाविशेषण का प्रयोग नहीं हुआ है–

(क) एक चिड़िया हमारी खिड़की पर डरी-डरी बैठी थी।

(ख) पापा की आवाज़ सुनकर मैं बाहर निकल गया।

(ग) यह खेल तो खुले में ही खेला जा सकता है।

(घ) उस ड्राइवर ने अचानक जोर से ब्रेक लगाई।

4. *'कस्बे की नगरपालिका प्रतिवर्ष कुछ नया करती थी।'* रेखांकित पद का परिचय है–

(क) स्थानवाचक क्रियाविशेषण, 'नया करना' क्रिया की विशेषता।

(ख) कालवाचक क्रियाविशेषण, 'करना' क्रिया की विशेषता।

(ग) व्यक्तिवाचक संज्ञा, एकवचन, पुल्लिंग, कर्ता कारक।

(घ) व्यक्तिवाचक संज्ञा, एकवचन, पुल्लिंग, कर्म कारक।

5. *'बचपन में मैं दुबली-पतली और साँवली थी।'* रेखांकित पद का परिचय है–

(क) मध्यमपुरुष सर्वनाम, स्त्रीलिंग, एकवचन, कर्ता कारक।

(ख) अन्यपुरुष सर्वनाम, स्त्रीलिंग, एकवचन, कर्ता कारक।

(ग) सार्वनामिक विशेषण, एकवचन, 'दुबली-पतली' विशेष्य।

(घ) उत्तम पुरुष सर्वनाम, स्त्रीलिंग, एकवचन, कर्ता कारक।

उत्तर– 1. (क) 2. (ख) 3. (घ) 4. (ख) 5. (घ)

Set-II

1. *'संपादक महोदय बधाई देने के लिए सीधे घर चले आए।'*– वाक्य में रेखांकित पद का परिचय है–

(क) व्यक्तिवाचक संज्ञा, एकवचन, स्त्रीलिंग, कर्ता कारक

(ख) व्यक्तिवाचक संज्ञा, एकवचन, पुल्लिंग, कर्ता कारक

(ग) जातिवाचक संज्ञा, एकवचन, पुल्लिंग, कर्ता कारक

(घ) जातिवाचक संज्ञा, एकवचन, स्त्रीलिंग, संप्रदान कारक

2. *'अपनी माँ को याद करके वे भावुक हो जाते थे।'*– रेखांकित पद का परिचय है–

(क) पुरुषवाचक सर्वनाम, एकवचन, स्त्रीलिंग, कर्म कारक

(ख) निश्चयवाचक सर्वनाम, एकवचन, पुल्लिंग, कर्म कारक

(ग) सार्वनामिक विशेषण, एकवचन, स्त्रीलिंग, कर्म कारक

(घ) अनिश्चयवाचक सर्वनाम, एकवचन, पुल्लिंग, कर्ता कारक

3. निम्नलिखित वाक्यों में से किस वाक्य में स्थानवाचक क्रियाविशेषण का प्रयोग नहीं हुआ है ?

(क) नागार्जुन की आरंभिक शिक्षा संस्कृत पाठशाला में हुई।

(ख) वे बौद्ध धर्म में दीक्षित होने के लिए श्रीलंका गए थे।

(ग) दो साल के प्रवास के बाद ही वे स्वदेश लौट आए।

(घ) अर्धकथानक हिंदी की पहली आत्मकथा मानी जाती है।

4. *'मैं बचपन में पिताजी से बहुत डरती थी।'* रेखांकित पद का परिचय है–

(क) मध्यमपुरुष सर्वनाम, स्त्रीलिंग, एकवचन, कर्ता कारक

(ख) सार्वनामिक विशेषण, एकवचन, स्त्रीलिंग, 'बचपन' विशेष्य

(ग) उत्तमपुरुष सर्वनाम, एकवचन, स्त्रीलिंग, कर्ता कारक

(घ) अन्य पुरुष सर्वनाम, एकवचन, स्त्रीलिंग, कर्ता कारक

5. *'वे हमारे हँसी-मज़ाक में निर्लिप्त भाव से शामिल रहते।'* रेखांकित का पद-परिचय है–

(क) स्थानवाचक क्रियाविशेषण, 'शामिल रहते' क्रिया की विशेषता

(ख) कालवाचक क्रियाविशेषण, 'शामिल रहते' क्रिया की विशेषता

(ग) रीतिवाचक क्रियाविशेषण, 'शामिल रहते' क्रिया की विशेषता

(घ) परिमाणवाचक क्रियाविशेषण, 'शामिल रहते' क्रिया की विशेषता

उत्तर– 1. (ग) 2. (ग) 3. (घ) 4. (ग) 5. (ग)

Set-III

1. *'उसकी दुकान हड़ताल के आह्वान के कारण बंद थी।'* इस वाक्य में रेखांकित का पद-परिचय है–

(क) व्यक्तिवाचक संज्ञा, एकवचन, स्त्रीलिंग, कर्ता कारक

(ख) जातिवाचक संज्ञा, एकवचन, स्त्रीलिंग, कर्ता कारक

(ग) जातिवाचक संज्ञा, एकवचन, स्त्रीलिंग, संबंध कारक

(घ) व्यक्तिवाचक संज्ञा, एकवचन, स्त्रीलिंग, संबंध कारक

2. *'उस गाँव में उनकी दरियादिली के चर्चे भी कम नहीं थे।'* में रेखांकित पद का परिचय होगा–

(क) निश्चयवाचक सर्वनाम, एकवचन, स्त्रीलिंग, अधिकरण कारक।

(ख) अनिश्चयवाचक सर्वनाम, एकवचन, पुल्लिंग, अधिकरण कारक।

(ग) सार्वनामिक विशेषण, एकवचन, स्त्रीलिंग, 'गाँव' विशेष्य।

(घ) सार्वनामिक विशेषण, एकवचन, पुल्लिंग, 'गाँव' विशेष्य।

3. निम्नलिखित में से किस वाक्य में रीतिवाचक क्रियाविशेषण का प्रयोग हुआ है ?

(क) वे अपने परिवार से मिलने भारत से बेल्जियम गए।

(ख) साहित्यिक मोर्चे पर भी उन्होंने बहुत संघर्ष किया।

(ग) सावन में बादल उमड़-घुमड़कर बारिश करते हैं।

(घ) नागार्जुन ने अनेक बार संपूर्ण भारत की यात्रा की।

4. *'जोश और उत्साह से मैं भी उन सबमें भाग ले रही थी।'* – वाक्य में रेखांकित का सही पद-परिचय है–

(क) मध्यमपुरुष सर्वनाम, स्त्रीलिंग, एकवचन, अधिकरण कारक

(ख) अन्यपुरुष सर्वनाम, स्त्रीलिंग, एकवचन, अधिकरण कारक

(ग) निश्चयवाचक सर्वनाम, स्त्रीलिंग, एकवचन, कर्ता कारक

(घ) उत्तमपुरुष सर्वनाम, स्त्रीलिंग, एकवचन, कर्ता कारक

5. *'बच्चे ने मुसकराकर अपनी माँ की ओर देखा।'* रेखांकित पद का परिचय है–

(क) स्थानवाचक क्रियाविशेषण, 'देखा' क्रिया की विशेषता

(ख) रीतिवाचक क्रियाविशेषण, 'देखा' क्रिया की विशेषता

(ग) गुणवाचक विशेषण, एकवचन, पुल्लिंग, कर्ता कारक

(घ) परिमाणवाचक क्रियाविशेषण, 'देखा' क्रिया की विशेषता

उत्तर– 1. (ख) 2. (घ) 3. (ग) 4. (घ) 5. (ख)

बहुविकल्पी प्रश्न

1. निम्नलिखित काले मोटे शब्दों का पद-परिचय दीजिए–

1. **मीरा** *घर में रहती है।*
   (क) व्यक्तिवाचक संज्ञा, एकवचन, स्त्रीलिंग, कर्ता कारक।
   (ख) व्यक्तिवाचक संज्ञा, बहुवचन, स्त्रीलिंग, कर्ता कारक।
   (ग) व्यक्तिवाचक संज्ञा, एकवचन, पुल्लिग, कर्ता कारक।
   (घ) व्यक्तिवाचक संज्ञा, एकवचन, स्त्रीलिंग, कर्म कारक।
2. **यह** *किताब मेरी है।*
   (क) सर्वनाम, निश्चयवाचक, एकवचन, पुल्लिग।
   (ख) सर्वनाम, निश्चयवाचक, एकवचन, स्त्रीलिंग।
   (ग) विशेषण, सार्वनामिक, एकवचन, स्त्रीलिंग।
   (घ) विशेषण, सार्वनामिक, एकवचन, पुल्लिग।
3. **वह** *कक्षा में बैठा रहता है।*
   (क) पुरुषवाचक सर्वनाम, अन्य पुरुषवाचक, पुल्लिग, एकवचन, कर्ता कारक।
   (ख) पुरुषवाचक सर्वनाम, उत्तम पुरुषवाचक, पुल्लिग, एकवचन, कर्ता कारक।
   (ग) पुरुषवाचक सर्वनाम, अन्य पुरुषवाचक, पुल्लिग, एकवचन, कर्म कारक।
   (घ) विशेषण, सार्वनामिक, पुल्लिग, एकवचन, कर्ता कारक।
4. *मैं* **धीरे-धीरे** *चलता हूँ।*
   (क) क्रियाविशेषण, रीतिवाचक, 'मैं' विशेष्य।
   (ख) क्रियाविशेषण, रीतिवाचक, 'चलता हूँ' विशेष्य।
   (ग) क्रियाविशेषण, परिमाणवाचक, 'चलता हूँ' विशेष्य।
   (घ) क्रियाविशेषण, परिमाणवाचक, 'मैं' विशेष्य।
5. *मैं उसे* **आगरा** *में मिलूँगा।*
   (क) व्यक्तिवाचक संज्ञा, पुल्लिग, एकवचन, अधिकरण कारक।
   (ख) जातिवाचक संज्ञा, पुल्लिग, एकवचन, अधिकरण कारक।
   (ग) व्यक्तिवाचक संज्ञा, पुल्लिग, एकवचन, कर्म कारक।
   (घ) व्यक्तिवाचक संज्ञा, पुल्लिग, एकवचन, करण कारक।

2. निम्नलिखित में रेखांकित पदों के सही परिचय पर ✓ लगाइए–

1. बहुत <u>मधुर</u> गाता है।
   (क) विशेषण (ख) संज्ञा (ग) क्रियाविशेषण (घ) क्रिया।
2. वह <u>यकायक</u> चला गया।
   (क) विशेषण (ख) भाववाचक संज्ञा (ग) क्रियाविशेषण (घ) क्रिया।
3. <u>वर्षा</u> में फूल खिल उठते हैं।
   (क) संज्ञा (ख) विशेषण (ग) क्रिया (घ) सर्वनाम।
4. वहाँ <u>सैकड़ों</u> लोग जमा थे।
   (क) विशेषण (ख) क्रियाविशेषण (ग) संज्ञा (घ) सर्वनाम।

3. निम्नलिखित मोटे काले शब्दों का पद-परिचय दें–

1. **कुछ** खाओ।
   (क) सर्वनाम (ख) विशेषण (ग) क्रियाविशेषण

2. **कुछ** लोग आ रहे हैं।

(क) सर्वनाम (ख) विशेषण (ग) क्रियाविशेषण

3. वह बहुत **कुछ** बोल चुका है।

(क) सर्वनाम (ख) विशेषण (ग) क्रियाविशेषण

4. **कौन** कहता है कि मनुष्य कमज़ोर है?

(क) सर्वनाम (ख) विशेषण (ग) क्रियाविशेषण

5. वहाँ **कौन** जाएगा।

(क) सर्वनाम (ख) विशेषण (ग) क्रियाविशेषण

4. नवीनतम शैली के प्रश्न

1. **कथन (A)–** *पद-परिचय को शब्द-परिचय नहीं कहा जा सकता।*

कारण (R)– *वाक्य में प्रयुक्त शब्द पद हो जाता है, अतः 'पद-परिचय' नाम ही ठीक है।*

विकल्प–

(क) कथन ठीक है, कारण भी ठीक है। (ख) कथन ठीक है, किंतु कारण स्पष्ट नहीं है।

(ग) कथन ठीक है किंतु कारण गलत है। (घ) कथन गलत है और कारण भी गलत है।

2. **कथन (A)–** *वह लड़की बहुत सुंदर है।*

(*i*) 'लड़की' शब्द जातिवाचक है। (*ii*) लड़की शब्द स्त्रीलिंग में है।

(*iii*) लड़की शब्द कर्म कारक में है। (*iv*) लड़की शब्द कर्ता कारक में है।

विकल्प–

(क) (*i*) तथा (*ii*) ठीक हैं। (ख) (*i*), (*ii*), (*iii*) ठीक हैं।

(ग) (*i*), (*ii*), (*iv*) ठीक हैं। (घ) (*ii*) तथा (*iii*) ठीक हैं।

3. **कथन (A)–** *<u>तुम</u> कहाँ जा रहे हो रमेश ! –रेखांकित का पद-परिचय दीजिए–*

(*i*) संज्ञा, एकवचन, पुल्लिंग, कर्ता कारक (*ii*) संज्ञा, बहुवचन, पुल्लिंग, कर्ता कारक

(*iii*) सर्वनाम, बहुवचन, पुल्लिंग, कर्ता कारक (*iv*) सर्वनाम, एकवचन, पुल्लिंग, कर्ता कारक

विकल्प–

(क) (*i*) तथा (*iv*) ठीक हैं। (ख) (*ii*) तथा (*iii*) ठीक हैं।

(ग) (*iii*) ठीक है। (घ) (*iv*) ठीक है।

5. कॉलम 1 और कॉलम 2 को सुमेलित कीजिए तथा उपयुक्त विकल्प चुनिए–

1.

कॉलम 1	कॉलम 2
1. *<u>वह</u> लड़का शरारती है।*	(*i*) *संज्ञा*
2. *<u>वह</u> लड़का नहीं लड़की है।*	(*ii*) *विशेषण*
3. *जो शोर कर रहा था, <u>वह</u> खड़ा हो जाए।*	(*iii*) *सर्वनाम*

विकल्प–

(क) 1–(*ii*), 2–(*iii*), 3–(*i*) (ख) 1–(*ii*), 2–(*iii*), 3–(*iii*)

(ग) 1–(*i*), 2–(*ii*), 3–(*iii*) (घ) 1–(*iii*), 2–(*ii*), 3–(*ii*)

2.

कॉलम 1	कॉलम 2
1. *उसकी आँख में दर्द है।*	(*i*) *सार्वनामिक विशेषण*
2. *उसे आँख में दर्द है।*	(*ii*) *सर्वनाम*
3. *उसे दर्द हो रहा है।*	(*iii*) *संबंधवाचक सर्वनाम*

विकल्प–

(क) 1–(*i*), 2–(*ii*), 3–(*iii*) (ख) 1–(*ii*), 2–(*iii*), 3–(*i*)

(ग) 1–(*iii*), 2–(*i*), 3–(*ii*) (घ) 1–(*iii*), 2–(*ii*), 3–(*i*)

3.

कॉलम 1	कॉलम 2
1. *कुछ लोग जा रहे हैं।*	(*i*) *सर्वनाम (कर्म कारक)*
2. *तुम्हें कुछ चाहिए ?*	(*ii*) *विशेषण (सार्वनामिक)*
3. *इतने लोगों में से कुछ जाएँगे भी।*	(*iii*) *सर्वनाम (कर्ता कारक)*

विकल्प–

(क) 1–(*i*), 2–(*ii*), 3–(*iii*) (ख) 1–(*ii*), 2–(*iii*), 3–(*i*)

(ग) 1–(*ii*), 2–(*i*), 3–(*iii*) (घ) 1–(*iii*), 2–(*ii*), 3–(*i*)

4.

कॉलम 1	कॉलम 2
1. *रमेश फुटबॉल खेलता है।*	(*i*) *कर्म*
2. *रमेश फुटबॉल खेलता है।*	(*ii*) *क्रिया*
3. *रमेश फुटबॉल खेलता है।*	(*iii*) *कर्ता*

विकल्प–

(क) 1–(*i*), 2–(*ii*), 3–(*iii*) (ख) 1–(*ii*), 2–(*iii*), 3–(*i*)

(ग) 1–(*iii*), 2–(*i*), 3–(*ii*) (घ) 1–(*iii*), 2–(*ii*), 3–(*i*)

5.

कॉलम 1	कॉलम 2
1. *ओह ! क्या छक्का मारा है !*	(*i*) *आश्चर्यबोधक*
2. *ओह ! बेचारा मारा गया।*	(*ii*) *प्रशंसाबोधक*
3. *ओहो ! क्या सुंदर लग रही हो ?*	(*iii*) *शोकबोधक*

विकल्प–

(क) 1–(*i*), 2–(*ii*), 3–(*iii*) (ख) 1–(*ii*), 2–(*iii*), 3–(*i*)

(ग) 1–(*i*), 2–(*iii*), 3–(*ii*) (घ) 1–(*iii*), 2–(*ii*), 3–(*i*)

4. अलंकार

पाठ्यक्रम–अर्थालंकार (उपमा, रूपक, उत्प्रेक्षा, अतिशयोक्ति, मानवीकरण)

अर्थ–अलंकार का अर्थ है–आभूषण या शृंगार। काव्य के आभूषण अर्थात् सौंदर्य-वर्द्धक गुण अलंकार कहलाते हैं। अलंकार स्वयं सौंदर्य नहीं होते, वे काव्य के सौंदर्य को बढ़ाने वाले सहायक तत्त्व होते हैं। अलंकारों के योग से काव्य मनोहारी बन जाता है।

अलंकार के भेद

काव्य में शब्द और अर्थ–दोनों की बराबर सत्ता रहती है। अतः कहीं शब्द-प्रयोग के कारण काव्य में सौंदर्य उत्पन्न होता है तो कहीं अर्थ-चमत्कार के कारण। जहाँ शब्द के कारण चमत्कार उत्पन्न होता है, वहाँ **शब्दालंकार** होते हैं। इसके विपरीत, जहाँ अर्थ के कारण काव्य में आकर्षण आता है, वहाँ **अर्थालंकार** होते हैं। *उदाहरणतया*–

1. तरनि तनूजा तट तमाल तरुवर बहु छाए।
2. काली घटा का घमंड घटा।

इन दोनों उदाहरणों में विशेष व्यंजनों के प्रयोग से काव्य में सौंदर्य उत्पन्न हुआ है। यदि पहले उदाहरण में 'तरनि' की बजाय उसका पर्यायवाची 'सूर्य'; 'तनूजा' की बजाय उसका पर्यायवाची 'पुत्री'; 'तट' की जगह उसका पर्यायवाची 'किनारा' रख दें तो काव्य का सारा चमत्कार जाता रहेगा। इसी भाँति दूसरे उदाहरण में 'घटा' की पुनरावृत्ति से ही काव्य में सौंदर्य है। यदि इनकी जगह इसका कोई अन्य पर्यायवाची रख दिया जाए तो सौंदर्य समाप्त हो जाएगा। आशय यह है कि दोनों उदाहरणों में शब्दों के कारण सौंदर्य है। अतः इनमें शब्दालंकार है। अब अन्य *उदाहरण* देखिए–

1. तब तो बहता समय शिला-सा जम जाएगा।
2. सिंधु-सा विस्तृत और अथाह।

इन दोनों उदाहरणों में 'शिला-सा' तथा 'सिंधु-सा' के अर्थ के कारण चमत्कार उत्पन्न हुआ है। यदि इनके स्थान पर क्रमशः 'चट्टान' तथा 'सागर' शब्द रख दिए जाएँ तो भी अर्थ में अधिक अंतर नहीं आएगा। इसलिए यहाँ अर्थालंकारों का प्रयोग हुआ है।

अर्थालंकार

अर्थालंकारों की लंबी सूची में से निम्नलिखित अलंकार ही दसवीं कक्षा के पाठ्यक्रम में निर्धारित हैं–

1. उपमा

जब किसी वस्तु या व्यक्ति की विशेषता दर्शाने के लिए उसकी समानता उस गुण में बढ़ी हुई किसी अन्य वस्तु या व्यक्ति से की जाती है, वहाँ उपमा अलंकार होता है। *जैसे*–

सीता का मुख चंद्रमा के समान सुंदर है।

यहाँ सीता का मुख सुंदरता में चंद्रमा के समान दिखाया गया है। अतः उपमा अलंकार है।

उपमा के अंग – *उपमा के निम्नलिखित चार अंग होते हैं*–

उपमेय – जिस व्यक्ति या वस्तु की समानता की जाती है, उसे उपमेय कहते हैं। *जैसे*–

उपर्युक्त उदाहरण में 'सीता' उपमेय है।

उपमान – जिस प्रसिद्ध वस्तु या व्यक्ति से उपमेय की समानता की जाती है, उसे उपमान कहते हैं। *जैसे*–

उपर्युक्त उदाहरण में 'चंद्रमा' उपमान है।

समान धर्म – उपमेय और उपमान में जो गुण समान पाया जाता है, या जिस सामान्य गुण की समानता की जाती है, उसे समान धर्म कहते हैं। *जैसे*–

'सुंदर' समान धर्म है।

वाचक शब्द – जिस शब्द-विशेष से समानता या उपमा का बोध होता है, उसे वाचक शब्द कहते हैं। *उदाहरणतया*–

'के समान' वाचक शब्द है।

पूर्णोपमा–जिस उपमा में चारों अंग उपस्थित रहते हैं, वहाँ पूर्णोपमा होती है। *जैसे*–

(1) *पीपर पात सरिस* मन डोला। *[CBSE 2017]*

(2) वह दीपशिखा-सी शांत भाव में लीन।

(3) वह टूटे तरु की छुटी *लता-सी* दीन।

(4) उषा-सुनहले तीर बरसती
जय-लक्ष्मी-सी उदित हुई।

(5) मुख *बाल-रवि-सम* लाल होकर
ज्वाला-सा बोधित हुआ। *[CBSE 2016]*

(6) हरिपद कोमल *कमल से*।

(7) *नीलकमल से* सुंदर नयन।

(8) *रति सम* रमणीय मूर्ति राधा की।

(9) हाय *फूल-सी* कोमल बच्ची।
हुई राख की थी ढेरी।।

(10) *सिंधु-सा* विस्तृत और अथाह
एक निर्वासित का उत्साह।

(11) तब तो बहता समय *शिला-सा* जम जाएगा।

(12) प्रातः नभ था बहुत नीला *शंख* जैसे। *[CBSE 2016]*

(13) असंख्य कीर्ति *रश्मियाँ विकीर्ण दिव्य दाह-सी*।

(14) खुले कोरे पृष्ठ जैसा
वही उज्ज्वल, वही पावन रूप।

(15) चाटत रह्यौ स्वान पातरि ज्यौं, कबहूँ न पेट भरयो।

(16) मज़बूत शिला-सी दृढ़ छाती।

(17) बरसा रहा है रवि अनल
भूतल तवा-सा जल रहा।

(18) चेहरा है मानो झील में हँसता हुआ कमल। *[CBSE 2016]*

लुप्तोपमा–जिस उपमा अलंकार में चारों अंगों में से कोई एक अंग लुप्त हो, वहाँ लुप्तोपमा अलंकार होता है। *उदाहरणतया*–

(1) यह देखिए, *अरविंद-से* शिशुवृंद कैसे सो रहे। (समान-धर्म लुप्त)

(2) पड़ी थी *बिजली-सी* विकराल। (उपमेय लुप्त)

(3) वह *नव-नलिनी से* नयन वाला कहाँ है। (उपमेय लुप्त)

(4) मखमल के झूल पड़े *हाथी-सा* टीला। (समान-धर्म लुप्त)

(5) निकल रही थी मर्म-वेदना, करुणा विकल *कहानी-सी।* (समान-धर्म लुप्त)

(6) *कमल-कोमल* कर में सप्रीत। (वाचक शब्द लुप्त)

2. रूपक

जहाँ गुण की अत्यंत समानता दर्शाने के लिए उपमेय और उपमान को 'अभिन्न' अर्थात् 'एक' कर दिया जाए; दूसरे शब्दों में उपमान को उपमेय पर आरोपित कर दिया जाए, वहाँ रूपक अलंकार होता है। *उदाहरणतया–*

जलता है यह जीवन-पतंग।

यहाँ 'जीवन' उपमेय है और 'पतंग' उपमान। परंतु रूपक अलंकार के कारण जीवन (उपमेय) पर पतंग (उपमान) का आरोप कर दिया गया है।

अन्य उदाहरण–

(1) चरण-कमल बंदौ हरिराई।

(2) बीती विभावरी जाग री!
अंबर पनघट में डुबो रही
तारा घट उषा नागरी।

(3) आए महंत बसंत। (महंत बसंत)

(4) सत्य सील दृढ़ ध्वजा-पताका। (सत्य सील ध्वजा-पताका)

(5) एक राम घनश्याम हित चातक तुलसीदास। (राम घनश्याम चातक तुलसीदास)

(6) मैया मैं तो चंद्र खिलौना लैहौं। (चंद्र खिलौना)

(7) मन का मनका फेर। (मन का मनका)

(8) संसार की समरस्थली में धीरता धारण करो। (संसार-समरस्थली)

(9) वन-शारदी चंद्रिका-चादर ओढ़े। (चंद्रिका-चादर)

(10) सब प्राणियों के मत्तमनोमयूर अहा नचा रहा। (मनोमयूर)

(11) पायो जी मैंने राम-रतन धन पायो। (राम-रतन)

(12) सुख चपला-सा दुख-घन में। (दुख-घन, मन-कुरंग)
उलझा है चंचल मन-कुरंग।

(13) खिले हजारों चाँद तुम्हारे नयनों के आकाश में। (नयन-आकाश)

(14) जसुमति उदर अगाध उदधि है, उपजी ऐसी सबनि कही री। (उदर-उदधि)

(15) उदित उदय-गिरि मंच पर रघुवर बाल पतंग। (उदयगिरि-मंच, रघुवर बाल पतंग)
विकसे संत-सरोज सब, हरषे लोचन भृंग।। (संत-सरोज, लोचन-भृंग)

3. उत्प्रेक्षा

जहाँ उपमेय और उपमान की समानता के कारण उपमेय में उपमान की संभावना या कल्पना की जाए, वहाँ उत्प्रेक्षा अलंकार होता है। इसके वाचक शब्द हैं–मनु, मानो, जनु, जनहु, जानो, मनहु आदि। एक उदाहरण देखिए–

कहती हुई यों उत्तरा के नेत्र जल से भर गए।
हिम के कणों से पूर्ण मानो हो गए पंकज नए।।

यहाँ उत्तरा के अश्रुपूरित नेत्र उपमेय हैं तथा हिम-कण से पूरित पंकज उपमान हैं। उपमेय में उपमान की संभावना 'मानो' वाचक द्वारा व्यक्त की गई है।

अन्य उदाहरण–

(1) उस काल मारे क्रोध के तनु काँपने उनका लगा।
मानो हवा के जोर से सोता हुआ सागर जगा।।

(2) सोहत ओढ़े पीत पट, स्याम सलोने गात।
मनो नीलमणि सैल पर, आतप पर्‌यौ प्रभात।।

(3) पाहुन ज्यों आए हों गाँव में शहर के।
मेघ आए बड़े बन-ठन के सँवर के।।

(4) पुलक प्रकट करती है धरती हरित तृणों की नोकों से।
मानो झूम रहे हों तरु भी मंद पवन के झोंकों से।।

(5) चमचमात चंचल नयन बिच घूँघट पट झीन।
मानहु सुरसरिता विमल जल बिछुरत जुग मीन।।

(6) बहुत काली सिल
जरा-से लाल केसर-से
कि जैसे धुल गई हो।

(7) मनु दृग फारि अनेक जमुन निरखत ब्रज सोभा।

(8) सिर फट गया उसका वहीं मानो अरुण रंग का घड़ा।

(9) ले चला साथ में तुझे कनक ज्यों भिक्षु लेकर स्वर्ण-झनक। *[CBSE 2016]*

(10) मिटा मोदु मन भए मलीने
विधि निधि दीन्हे लेत जनु छीन्हे।

4. अतिशयोक्ति

जहाँ किसी गुण या स्थिति का बढ़ा-चढ़ा कर वर्णन किया जाए, वहाँ अतिशयोक्ति अलंकार होता है। *जैसे–*

देख लो साकेत नगरी है यही।
स्वर्ग से मिलने गगन में जा रही।।

यहाँ साकेत नगरी के ऊँचे भवन को आकाश की ऊँचाई छूते हुए दिखाया गया है। अतः अतिशयोक्ति अलंकार है।

कुछ अन्य उदाहरण–

(1) हनुमान की पूँछ में लगन न पाई आग।
लंका सगरी जल गई, गए निशाचर भाग।।

*स्पष्टीकरण–*पूँछ में आग लगने से पहले लंका का जलना अतिशयोक्ति है।

(2) कढ़त साथ ही म्यान तें, असि रिपु तन ते प्रान।

*स्पष्टीकरण–*म्यान से निकलते ही शत्रुओं के प्राणों का निकलना अतिशयोक्ति है।

(3) आगे नदिया पड़ी अपार, घोड़ा कैसे उतरे पार।
राणा ने सोचा इस पार, तब तक चेतक था उस पार।।

*स्पष्टीकरण–*सोचते ही घोड़े द्वारा नदी को पार करना अतिशयोक्ति है।

(4) जिस वीरता से शत्रुओं का सामना उसने किया।
असमर्थ हो उसके कथन में मौन वाणी ने लिया।।

(5) तारा-सो तरनि धूरि धारा मैं लगत जिमि
थारा पर पारा पारावार यों हलत है।।

5. मानवीकरण

जहाँ मानवेतर प्राणियों या जड़ पदार्थों पर मानवीय भावनाओं का आरोप होता है, वहाँ मानवीकरण अलंकार होता है।

जैसे–

उषा सुनहले तीर बरसती
जय लक्ष्मी-सी उदित हुई।

यहाँ उषा को सुनहरे तीर बरसाती हुई नायिका के रूप में दिखाया गया है। अतः मानवीकरण अलंकार है।

अन्य उदाहरण–

- लो यह लतिका भी भर लाई
  मधु मुकुल नवल रस गागरी।
- दिवसावसान का समय
  मेघमय आसमान से उतर रही
  संध्या सुंदरी परी-सी धीरे-धीरे।
- मेघ आए बड़े बन-ठन के सँवर के।
- आए महंत बसंत

प्रश्न-अभ्यास

1. *निम्नलिखित पद्यांशों में प्रयुक्त अलंकार बताइए–*

1. बहुत काली सिल
   जरा-से लाल केसर से
   कि जैसे धुल गई हो।
2. नील जल में या
   किसी की गौर, झिलमिल देह जैसे
   हिल रही हो।
3. यों वीरवर अभिमन्यु तब शोभित हुआ उस काल में।
   सुंदर सुमन ज्यों पड़ गया हो कंटकों के जाल में।।
4. जुड़ गईं जैसे दिशाएँ।
5. पत्रा ही तिथि पाइए, वा घर के चहुँ पास।
   नित प्रति पून्योई रहै, आनन ओप उजास।
6. तन कर भाला यों बोल उठा–
   राणा मुझको विश्राम न दे।
7. यह शिला-सा वक्ष ये चट्टान-सी मेरी भुजाएँ।
8. मानो भास्वर भाव वही हों कविताओं के।
9. गरज कहती घटाएँ हैं
   नहीं होगा उजाला फिर।
10. वैरी दल को ललकार उठी
    वह नागिन-सी फुफकार उठी।
11. बाण नहीं पहुँचे शरीर तक
    शत्रु गिरे पहले ही भू पर।

गत परीक्षाओं में पूछे गए प्रश्नोत्तर

1. निर्देशानुसार 'अलंकार' पर आधारित पाँच प्रश्नों में से किन्हीं चार प्रश्नों की रेखांकित काव्य पंक्तियों में अलंकार पहचान कर लिखिए–
[*CBSE प्रतिदर्श प्रश्नपत्र 2024-25*]

(1) सहसबाहु सम सो रिपु मोरा।

(2) छुअत टूट रघुपतिहु न दोसू।

(3) बूढ़े पीपल ने आगे बढ़कर जुहार की।

(4) तुम्ह तौ कालु हाँक जनु लावा। बार बार मोहि लागि बोलावा।

(5) बढ़त देखि जल सम वचन बोले रघुकुलभानु।

2. निम्नलिखित पंक्तियों में अलंकार बताइए–

(6) उस काल मारे क्रोध के तनु काँपने उनका लगा।
मानो हवा के जोर से सोता हुआ सागर जगा।। [*CBSE*]

(7) ले चला साथ में तुझे कनक।
ज्यों भिक्षुक लेकर स्वर्ण-झनक।। [*CBSE 2016*]

(8) 'जरा-से लाल केसर से कि जैसे धुल गई हो।' [*CBSE 2019*]

(9) सिर फट गया उसका वहीं मानो अरुण रंग का घड़ा। [*CBSE*]

(10) नील जल में या किसी की गौर झिलमिल देह जैसे हिल रही हो। [*CBSE*]

(11) विज्ञान-यान पर चढ़ी हुई सभ्यता डूबने जाती है। [*CBSE*]

(12) मानो मिला मित्र मुझे पुराना।

(13) लंबा होता ताड़ का वृक्ष मानो छूने चला अंबर तल को।

CBSE 2014

(14) ले चला साथ में तुझे कनक
ज्यों भिक्षु लेकर स्वर्ण-झनक।

(15) हरि मुख मानो मधुर मयंक।

(16) आगे-आगे नाचती गाती बयार चली।

CBSE 2015

(17) मेघ आए बड़े बन-ठन के सँवर के। [*CBSE 2016*]

CBSE 2016

(18) हनुमान की पूँछ में लगन न पाई आग।
लंका सिगरी जल गई, गए निशाचर भाग।।

(19) बोली अकुलाई लता ओट हो किवार की।

(20) ऋतुओं की रानी कहलाती।
पहन बसंती ताज है आती।

(21) रंकन्ह राय रासि जनु लूटी।

(22) देख लो साकेत नगरी है यही
स्वर्ग से मिलने गगन में जा रही।

CBSE 2017

(23) ऊँचा होता ताड़ का वृक्ष मानो छूने अंबरतल को।

CBSE 2018

(24) और सरसों की न पूछो, हो गई सबसे सयानी।
हाथ पीले कर लिए हैं, ब्याह मंडप में पधारी।।

(25) उषा सुनहले तीर बरसती जय लक्ष्मी-सी उदित हुई।

(26) मेघमय आसमान से उतर रही
संध्या सुंदरी परी-सी धीरे-धीरे

(27) चुपचाप खड़ी थी वृक्ष-पाँत
सुनती जैसे कुछ निजी बात।

CBSE 2019

(28) पद्मावती सब सखी बुलाई। मानो फुलवारी चली आई।

(29) पानी परात को हाथ छुओ नहीं, नैनन के जल से पग धोए।

CBSE प्रतिदर्श प्रश्नपत्र 2022-23

(30) "कैसे कलुषित प्राण हो गए।
मानो मन पाषाण हो गए।।" इन काव्य-पंक्तियों में प्रयुक्त अलंकार है–

(क) उपमा (ख) उत्प्रेक्षा
(ग) मानवीकरण (घ) अतिशयोक्ति

(31) "इधर उठाया धनुष क्रोध में और चढ़ाया उस पर बाण।
धरा, सिंधु, नभ काँपे सहसा, विकल हुए जीवों के प्राण।।" इस काव्य-पंक्तियों में प्रयुक्त अलंकार है–

(क) रूपक (ख) उत्प्रेक्षा
(ग) मानवीकरण (घ) अतिशयोक्ति

(32) "एक दिवस सूरज ने सोची, छुट्टी ले लेने की बात।
सोचा कुछ पल सुकूँ मिलेगा, चलने दो धरती पर रात।।" इन काव्य-पंक्तियों में प्रयुक्त अलंकार है–

(क) रूपक (ख) उत्प्रेक्षा
(ग) मानवीकरण (घ) अतिशयोक्ति

(33) "कहती हुई यों उत्तरा के नेत्र जल से भर गए।
हिमकणों से पूर्ण मानो हो गए पंकज नए।।" इस काव्य-पंक्तियों में प्रयुक्त अलंकार है–

(क) रूपक (ख) उत्प्रेक्षा
(ग) मानवीकरण (घ) अतिशयोक्ति

CBSE प्रतिदर्श प्रश्नपत्र 2023–24

(34) 'सुनत जोग लागत है ऐसौ, ज्यौं करुई ककरी' में अलंकार है–

(क) उत्प्रेक्षा (ख) रूपक
(ग) उपमा (घ) अनुप्रास

(36) '<u>प्रीति-नदी</u> में पाँउ न बोरयो' रेखांकित में अलंकार है–

(क) उपमा (ख) रूपक
(ग) यमक (घ) अनुप्रास

(36) 'उस काल मारे क्रोध के, तन काँपने उसका लगा। <u>मानो</u> हवा के जोर से, सोता हुआ सागर जगा।' में अलंकार है–

(क) उत्प्रेक्षा (ख) रूपक
(ग) अतिशयोक्ति (घ) उपमा

(37) निम्नलिखित में उपमा अलंकार है–

(क) बादल, गरजो!- (ख) घेर घेर घोर गगन, धाराधर ओ!
(ग) ललित ललित, काले घुँघराले (घ) बाल कल्पना के-से पाले

CBSE 2023

(38) सिर फट गया उसका वहीं
मानो अरुण रंग का घड़ा।

(क) अतिशयोक्ति (ख) उपमा
(ग) उत्प्रेक्षा (घ) मानवीकरण

(39) चारु चंद्र की चंचल किरणें
खेल रही हैं जल थल में।

(क) अतिशयोक्ति (ख) उपमा
(ग) उत्प्रेक्षा (घ) मानवीकरण

(40) आगे आगे नाचती गाती बयार चली

(क) मानवीकरण (ख) अतिशयोक्ति
(ग) रूपक (घ) उत्प्रेक्षा

(41) देख लो साकेत नगरी है यही,
स्वर्ग से मिलने गगन में जा रही।

(क) उत्प्रेक्षा (ख) उपमा
(ग) अतिशयोक्ति (घ) रूपक

(42) "तुम्ह तौ कालु हाँक जनु लावा।
बार-बार मोहि लागि बुलावा।।"– प्रस्तुत पंक्तियों में अलंकार है–

(क) अतिशयोक्ति (ख) उत्प्रेक्षा
(ग) रूपक (घ) मानवीकरण

(43) "हरसाया ताल लाया पानी परात भर के"– प्रस्तुत पंक्ति में अलंकार है–

(क) अतिशयोक्ति (ख) उत्प्रेक्षा
(ग) रूपक (घ) मानवीकरण

(44) "आगे नदिया पड़ी अपार, घोड़ा कैसे उतरे पार।
राणा ने सोचा इस पार, तब तक चेतक था उस पार।"– प्रस्तुत पंक्तियों में अलंकार है–

(क) मानवीकरण (ख) अतिशयोक्ति
(ग) उत्प्रेक्षा (घ) उपमा

(45) "बहुत काली सिल
जरा-से लाल केसर-से कि जैसे धुल गई हो"
– प्रस्तुत पंक्तियों में प्रयुक्त अलंकार है–

(क) उत्प्रेक्षा अलंकार (ख) अतिशयोक्ति अलंकार
(ग) रूपक अलंकार (घ) मानवीकरण अलंकार

(46) "बाण नहीं पहुँचे शरीर तक
शत्रु गिरे पहले ही भू पर।"
– इन पंक्तियों में प्रयुक्त अलंकार है–

(क) उत्प्रेक्षा अलंकार (ख) अतिशयोक्ति अलंकार
(ग) उपमा अलंकार (घ) मानवीकरण अलंकार

(47) "उषा सुनहले तीर बरसती
जय लक्ष्मी-सी उदित हुई।"
– इन पंक्तियों में कौन-सा अलंकार है ?
(क) उपमा अलंकार (ख) मानवीकरण अलंकार
(ग) उत्प्रेक्षा अलंकार (घ) अतिशयोक्ति अलंकार

(48) "जो घनीभूत पीड़ा थी मस्तक में स्मृति सी छाई।
दुर्दिन में आँसू बनकर आज बरसने आई।।"
– प्रस्तुत पंक्तियों में प्रयुक्त अलंकार है–
(क) उत्प्रेक्षा अलंकार (ख) अतिशयोक्ति अलंकार
(ग) रूपक अलंकार (घ) मानवीकरण अलंकार

(49) निम्नलिखित में से किस काव्य-पंक्ति में उत्प्रेक्षा अलंकार है ?
(क) जिन दिन देखे वे कुसुम, गई सुबीति बहार।
(ख) कहीं साँस लेते हो, घर-घर भर देते हो।
(ग) मानो झूम रहे हों तरु भी मंद पवन के झोंकों से
(घ) ऊँचे हैं लेकिन खजूर से
मुँह है इसलिए कहते हैं।

उत्तर–
1. उपमा 2. अतिशयोक्ति 3. मानवीकरण 4. उत्प्रेक्षा
*5. रूपक 6. उत्प्रेक्षा 7. उत्प्रेक्षा 8. उत्प्रेक्षा
9. उत्प्रेक्षा 10. उत्प्रेक्षा 11. मानवीकरण 12. उत्प्रेक्षा
13. उत्प्रेक्षा 14. उत्प्रेक्षा 15. उत्प्रेक्षा 16. मानवीकरण
17. मानवीकरण 18. अतिशयोक्ति 19. मानवीकरण 20. मानवीकरण
21. उत्प्रेक्षा 22. अतिशयोक्ति 23. उत्प्रेक्षा 24. मानवीकरण
25. मानवीकरण 26. मानवीकरण 27. उत्प्रेक्षा, मानवीकरण 28. उत्प्रेक्षा
29. अतिशयोक्ति 30. (ख) उत्प्रेक्षा 31. (घ) अतिशयोक्ति 32. (ग) मानवीकरण
33. (ख) उत्प्रेक्षा 34. (क) उत्प्रेक्षा 35. (ख) रूपक 36. (क) उत्प्रेक्षा
37. (घ) बाल कल्पना के-से पाले 38. (ग) उत्प्रेक्षा
39. (घ) मानवीकरण 40. (क) मानवीकरण 41. (ग) अतिशयोक्ति 42. (ख) उत्प्रेक्षा
43. (घ) मानवीकरण 44. (ख) अतिशयोक्ति 45. (क) उत्प्रेक्षा अलंकार
46. (ख) अतिशयोक्ति अलंकार 47. (ख) मानवीकरण अलंकार 48. (घ) मानवीकरण
49. (ग) मानो झूम रहे हों तरु भी मंद पवन के झोंकों से

['रघुकुलभानु' में राम की ओर संकेत है, इसलिए यह बहुव्रीहि समास का उदाहरण है। रूपक के लिए उपमान और उपमेय दोनों की अपेक्षा रहती है। यहाँ केवल उपमान है, उपमेय नहीं।*]

☞ *'रघुकुलभानु' का विग्रह – न तो रघुकुल रूपी भानु है; न ही रघुकुल के भानु ?? है। इसका विग्रह है– रघुकुल के भानु अर्थात राम। इसलिए इसे भ्रमपूर्वक रूपक अलंकार न कहें।*

3. निर्देशानुसार 'अलंकार' पर आधारित प्रश्नों के सही उत्तर वाले विकल्प चुनकर लिखिए– [CBSE 2024]

1. 'पानी परात को हाथ छुयो नहीं, नैनन के जल सों पग धोए।' इस काव्य-पंक्ति में अलंकार है–

(क) उत्प्रेक्षा (ख) श्लेष (ग) यमक (घ) अतिशयोक्ति

2. 'धीरे-धीरे उतर क्षितिज से आ बसंती रजनी'– इस पंक्ति में प्रयुक्त अलंकार है–

(क) मानवीकरण (ख) श्लेष (ग) उत्प्रेक्षा (घ) अतिशयोक्ति

3. 'विद्या धन उद्यम बिना कहौ जु पावै कौन।
बिना डुलाए ना मिले ज्यों पंखा की पौन।।'

इन काव्य-पंक्तियों में किस अलंकार का प्रयोग हुआ है ?

(क) यमक (ख) श्लेष (ग) मानवीकरण (घ) उत्प्रेक्षा

4. 'मृदु मिट्टी के हैं बने हुए
मधु घट फूटा ही करते हैं।'

इन काव्य-पंक्तियों में प्रयुक्त अलंकार है ?

(क) मानवीकरण (ख) श्लेष (ग) उत्प्रेक्षा (घ) यमक

5. निम्नलिखित काव्य-पंक्तियों में से कौन-सी पंक्ति अतिशयोक्ति अलंकार का उदाहरण है–

(क) विश्व शलभ सिर धुन कहता मैं,
हाय न जल पाया तुझमें मिल।

(ख) अंबर के आनन को देखो,
कितने इसके तारे टूटे।

(ग) वह दौड़ रहा अरि मस्तक पर,
वह आसमान का घोड़ा था।

(घ) ज्यौं-ज्यौं बूड़े स्याम रंग,
त्यौं-त्यौं उज्जलु होई।

उत्तर– 1. (घ) 2. (क)

3. वास्तव में 'ज्यों पंखा की पौन' में उदाहरण अलंकार है, उत्प्रेक्षा नहीं।

4. (ख) 5. (ग)

गत परीक्षाओं में पूछे गए प्रश्न

केंद्रीय विद्यालय जम्मू, 2021

1. उत्प्रेक्षा अलंकार का एक उदाहरण दीजिए। [CBSE]
2. उपमा अलंकार का एक उदाहरण दीजिए। [CBSE]
3. अतिशयोक्ति अलंकार किसे कहते हैं ? उदाहरण सहित लिखिए। [CBSE 2016]
4. मानवीकरण अलंकार किसे कहते हैं ? उदाहरण सहित लिखिए। [CBSE 2016]

बहुविकल्पी प्रश्न

1. निम्नलिखित काव्य-पंक्तियों में कौन-सा अलंकार है ?

1. *तनकर भाला यों बोल उठा–*
राणा! मुझको विश्राम न दे।

(क) रूपक (ख) मानवीकरण (ग) उत्प्रेक्षा (घ) अतिशयोक्ति

2. *सात समुद्र की मसि करौं, कागद सब बनराइ।*
लेखनी करूँ करंक की, गुरु गुन लिख्या न जाइ।।
(क) उपमा (ख) मानवीकरण (ग) उत्प्रेक्षा (घ) अतिशयोक्ति

3. *बाण पहुँचा ही नहीं था*
शत्रु पहले मर गया।
(क) उपमा (ख) मानवीकरण (ग) उत्प्रेक्षा (घ) अतिशयोक्ति

4. *गरज कहती घटाएँ हैं*
नहीं होगा उजाला फिर।
(क) रूपक (ख) मानवीकरण (ग) उत्प्रेक्षा (घ) अतिशयोक्ति

5. *लटें लटकती हैं ऐसे*
ज्यों भ्रमर मस्त हो घूम रहे।
(क) रूपक (ख) मानवीकरण (ग) उत्प्रेक्षा (घ) अतिशयोक्ति

6. *तुमने फैलाए केश तो*
जग में अँधेरा छा गया।
(क) उपमा (ख) मानवीकरण (ग) उत्प्रेक्षा (घ) अतिशयोक्ति

7. *हनुमान की पूँछ में लगन न पाइ आग।*
लंका सगरी जल गई, गए निसाचर भाग।।
(क) उपमा (ख) मानवीकरण (ग) उत्प्रेक्षा (घ) अतिशयोक्ति

8. *पत्रा ही तिथि पाइए, वा घर के चहुँ पास।*
नित नित पून्यौ ही रहत, आनन ओप उजास।।
(क) रूपक (ख) मानवीकरण (ग) उत्प्रेक्षा (घ) अतिशयोक्ति

9. *आप मिले हो हमसे ऐसे*
मानो कोई कोष मिला हो।
(क) रूपक (ख) मानवीकरण (ग) उत्प्रेक्षा (घ) अतिशयोक्ति

10. *लंबा होता ताड़ यों दिखा मानो छू लेगा अंबर को।*
(क) उपमा (ख) मानवीकरण (ग) उत्प्रेक्षा (घ) अतिशयोक्ति

2. *मानवीकरण का उदाहरण खोजिए–*
(क) खग-कुल कुल-कुल-सा बोल रहा। (ख) आए महंत वसंत।
(ग) तन कर भाला यों बोल उठा। (घ) झूमने गाने लगे बच्चे।

3. *उत्प्रेक्षा ढूँढ़िए–*
(क) जरा-से लाल केसर से कि जैसे धुल गई हो। (ख) तरनि तनूजा तट तमाल तरुवर बहु छाए।
(ग) सुरभित सुंदर सुखद सुमन तुझ पर खिलते हैं। (घ) रती-रती सोभा सब रती के सरीर की।

4. नवीनतम शैली के प्रश्न

1. कॉलम 1 और कॉलम 2 को सुमेलित कीजिए तथा उपयुक्त विकल्प छाँटिए।

कॉलम 1	कॉलम 2
1. *पीपर पात सरिस मन डोला*	(*i*) उत्प्रेक्षा
2. *बहुत काली सिल जरा से लाल केसर से कि जैसे घुल गई हो।*	(*ii*) अतिशयोक्ति
3. *हनुमान की पूँछ में लगन पाई आग।* *लंका सिगरी जल गई, गए निसाचर भाग।*	(*iii*) उपमा

विकल्प–

(क) 1–(*i*), 2–(*ii*), 3–(*iii*)
(ख) 1–(*iii*), 2–(*i*), 3–(*ii*)
(ग) 1–(*iii*), 2–(*ii*), 3–(*i*)
(घ) 1–(*ii*), 2–(*iii*), 3–(*i*)

2.

कॉलम 1	कॉलम 2
1. *नीलकमल से सुंदर नयन*	(*i*) उत्प्रेक्षा
2. *मानो मुझको मिला पुराना मित्र हो।*	(*ii*) अतिशयोक्ति
3. *देख लो साकेत नगरी है यही* *स्वर्ग से मिलने गगन में जा रही।*	(*iii*) उपमा

विकल्प–

(क) 1–(*i*), 2–(*ii*), 3–(*iii*)
(ख) 1–(*iii*), 2–(*ii*), 3–(*i*)
(ग) 1–(*iii*), 2–(*i*), 3–(*ii*)
(घ) 1–(*ii*), 2–(*iii*), 3–(*i*)

3.

कॉलम 1	कॉलम 2
1. *उषा सुनहले तीर बरसती जय लक्ष्मी-सी उदित हुई।*	(*i*) उत्प्रेक्षा
2. *चरण-कमल बंदौ हरिराई।*	(*ii*) मानवीकरण
3. *ले साथ चला मैं तुझे कनक* *ज्यों भिक्षु लेकर स्वर्ण-झनक*	(*iii*) रूपक

विकल्प–

(क) 1–(*i*), 2–(*ii*), 3–(*iii*)
(ख) 1–(*ii*), 2–(*iii*), 3–(*i*)
(ग) 1–(*ii*), 2–(*i*), 3–(*iii*)
(घ) 1–(*iii*), 2–(*ii*), 3–(*i*)

4.

कॉलम 1	कॉलम 2
1. *आगे-आगे नाचती बयार चली।*	(*i*) मानवीकरण
2. *आए महंत बसंत।*	(*ii*) अतिशयोक्ति
3. *पत्रा ही तिथि पाइए वा घर के चहुँ पास।* *नित प्रति पून्यौई रहै, आनन ओप उजास।।*	(*iii*) रूपक

विकल्प–

(क) 1–(*i*), 2–(*ii*), 3–(*iii*)
(ख) 1–(*i*), 2–(*iii*), 3–(*ii*)
(ग) 1–(*ii*), 2–(*iii*), 3–(*i*)
(घ) 1–(*iii*), 2–(*ii*), 3–(*i*)

व्याकरण-अभ्यास—कक्षा X

प्रश्न-अभ्यास 1

1. किन्हीं चार के निर्देशानुसार उत्तर दीजिए— **1 × 4 = 4**

(*i*) **निम्नलिखित में से मिश्र वाक्य चुनिए—**

(क) दहाड़ते शेर ने हिरण पर हमला किया।

(ख) चूँकि उसने श्रम नहीं किया, इसलिए अनुत्तीर्ण हो गया।

(ग) शेर दहाड़ रहा था और उसने हिरण पर हमला किया।

(घ) उसने श्रम नहीं किया और परीक्षा में फेल हो गया।

(*ii*) **वाक्य का प्रकार बताइए—**

मैंने उस बच्चे को देखा था, जो पतंग उड़ा रहा था।

(क) सरल वाक्य (ख) संयुक्त वाक्य (ग) मिश्र वाक्य (घ) साधारण वाक्य।

(*iii*) तुम बुद्धिमान हो इसलिए ढंग से बात करो।

(क) सरल वाक्य (ख) संयुक्त वाक्य (ग) मिश्र वाक्य (घ) साधारण वाक्य।

(*iv*) **दो सरल वाक्यों को एक सरल वाक्य में बदलो—**

- मैं दिल्ली गया हुआ था।
- मैं शादी में न आ सका।

विकल्प—

(*i*) मैं दिल्ली में होने के कारण शादी में न आ सका।

(*ii*) मैं दिल्ली गया हुआ था इसलिए शादी में न आ सका।

(*iii*) चूँकि मैं दिल्ली गया हुआ था, इसलिए शादी में न आ सका।

(*iv*) मैं दिल्ली गया हुआ होने के कारण शादी में न आ सका।

उत्तर—

(क) (*i*) और (*ii*) (ख) (*i*) और (*iv*)

(ग) (*ii*) और (*iii*) (घ) (*iii*) और (*iv*)

(*v*) **दो सरल वाक्यों से एक संयुक्त वाक्य बनाओ—**

- घायल सैनिक उठा।
- उसने शस्त्र उठाया।

(क) घायल सैनिक ने उठकर शस्त्र उठाया।

(ख) घायल सैनिक उठा और उसने शस्त्र उठा लिया।

(ग) जैसे ही घायल सैनिक उठा, उसने शस्त्र उठा लिया।

(घ) शस्त्र उठाना था इसलिए घायल सैनिक उठा।

2. **किन्हीं चार प्रश्नों के निर्देशानुसार उत्तर दीजिए–** **1 × 4 = 4**

(*i*) **भाववाच्य में बदलिए तथा उचित विकल्प चुनिए–**

चिड़ियाँ घोंसलों में सोती हैं।

(*i*) चिड़ियों से घोंसलों में सोया जाता है। (*ii*) चिड़ियों से घोंसलों में शयन होता है।

(*iii*) चिड़िया से घोंसले में सोया जाता है। (*iv*) चिड़िया से घोंसले में सोया जाएगा।

विकल्प–

(क) (*i*) ठीक है। (ख) (*ii*) तथा (*iv*) ठीक हैं।

(ग) (*iii*) तथा (*ii*) ठीक हैं। (घ) (*ii*) ठीक है।

(*ii*) **कर्मवाच्य में बदलिए–**

निक्की ने खाना खाया।

(क) निक्की से खाना खाया गया। (ख) निक्की से खाना खाया जाता है।

(ग) निक्की द्वारा खाना खाया गया है। (घ) निक्की द्वारा खाना खाया जाएगा।

(*iii*) **कर्तृवाच्य छाँटिए–**

(क) वह दिन में फल खाता है। (ख) इस विद्यालय में बहुत पुस्तकें पढ़ाई जाती हैं।

(ग) रोज़ नहाया जाता है। (घ) सोया नहीं जाता

(*iv*) बच्चों ने मनमोहक गीत सुनाया।–**वाच्य की दृष्टि से यह किस प्रकार का वाक्य है ?**

(क) कर्तृवाच्य (ख) कर्मवाच्य (ग) भाववाच्य (घ) कोई नहीं

(*v*) **कर्तृवाच्य बनाइए–**

सरकार द्वारा शिक्षा पर बहुत खर्च किया जाता है।

(क) सरकार ने शिक्षा पर बहुत खर्च किया। (ख) सरकार शिक्षा पर बहुत खर्च किया करती है।

(ग) सरकार शिक्षा पर बहुत खर्च करती है। (घ) सरकार से शिक्षा पर बहुत खर्च किया गया है।

3. **किन्हीं चार रेखांकित पदों का पद-परिचय दीजिए–** **1 × 4 = 4**

(*i*) <u>उसकी</u> आँख में कुछ गिर गया है।

(*i*) सर्वनाम, निश्चयवाचक, स्त्रीलिंग, एकवचन

(*ii*) सार्वनामिक विशेषण, स्त्रीलिंग, एकवचन, 'आँख' विशेष्य

(*iii*) सर्वनाम, अनिश्चयवाचक, पुल्लिग, एकवचन

(*iv*) सर्वनाम, संबंधवाचक, पुल्लिग, एकवचन।

विकल्प–

(क) (*i*) तथा (*iv*) ठीक हैं। (ख) (*ii*) तथा (*iii*) ठीक हैं।

(ग) (*iv*) ठीक है। (घ) (*ii*) ठीक है।

(*ii*) तुम्हें <u>कौन-सी</u> कार चाहिए ?

(क) सार्वनामिक विशेषण, स्त्रीलिंग, एकवचन, 'कार' विशेष्य

(ख) संख्यावाचक विशेषण, पुल्लिग, एकवचन, 'कार' विशेष्य

(ग) परिमाणवाचक विशेषण, पुल्लिग, एकवचन, 'कार' विशेष्य

(घ) सार्वनामिक विशेषण, पुल्लिग, एकवचन, 'कार' विशेष्य।

(*iii*) आह ! <u>मर</u> गया

(क) भाववाचक संज्ञा (ख) विशेषण (ग) क्रियाविशेषण (घ) क्रिया।

(*iv*) <u>कुछ</u> खाओ।

(क) सर्वनाम (ख) विशेषण (ग) क्रियाविशेषण (घ) संज्ञा।

(*v*) <u>मीरा</u> घर में रहती है।

(क) व्यक्तिवाचक संज्ञा, एकवचन, स्त्रीलिंग, कर्ता कारक।

(ख) व्यक्तिवाचक संज्ञा, बहुवचन, स्त्रीलिंग, कर्ता कारक।

(ग) व्यक्तिवाचक संज्ञा, एकवचन, पुल्लिंग, कर्ता कारक।

(घ) व्यक्तिवाचक संज्ञा, एकवचन, स्त्रीलिंग, कर्म कारक।

4. किन्हीं चार काव्यांशों में अलंकार बताइए– **1 × 4 = 4**

(*i*) तारा सो तरनि धूरि धारा मैं लगत जिमि,
थारा पर पारा पारावार यों हलत है।।

(क) उत्प्रेक्षा (ख) अतिशयोक्ति (ग) मानवीकरण (घ) उपमा।

(*ii*) सिर फट गया उसका वहीं मानो अरुण रंग का घड़ा।

(क) उत्प्रेक्षा (ख) अतिशयोक्ति (ग) मानवीकरण (घ) उपमा।

(*iii*) **किस पंक्ति में उत्प्रेक्षा नहीं है–**

(क) ले चला साथ मैं तुझे कनक ज्यों भिक्षु लेकर स्वर्ण-झनक

(ख) पुलक प्रकट करती हैं धरती हरित तृणों की नोकों से।
मानो झूम रहे हों तरु भी मंद पवन के झोंकों से।

(ग) पाहुन ज्यों आए हों गाँव में शहर के।

(घ) नभ-मंडल छाया मरुस्थल-सा।

(*iv*) **उत्प्रेक्षा ढूँढ़िए–**

(क) जरा-से लाल केसर से कि जैसे धुल गई हो। (ख) तरनि तनूजा तट तमाल तरुवर बहु छाए।

(ग) सुरभित सुंदर सुखद सुमन तुझ पर खिलते हैं। (घ) रती-रती सोभा सब रती के सरीर की।

(*v*) **किस अलंकार में उपमेय में उपमान की संभावना दिखाई जाती है** ?

(क) उत्प्रेक्षा (ख) रूपक (ग) मानवीकरण (घ) अतिशयोक्ति।

प्रश्न-अभ्यास 2

1. किन्हीं चार के निर्देशानुसार उत्तर दीजिए– **1 × 4 = 4**

(*i*) **निम्नलिखित में से मिश्र वाक्य छाँटिए–**

(क) ज्यों ही पुलिस आई, चोर भाग गया।

(ख) बालक को रोते देखकर मैंने उससे रोने का कारण पूछा।

(ग) घंटी बजी और छात्र पुस्तकें उठाकर, कक्षा से निकलकर अपने घर चले गए।

(घ) मोहन के खेत में गायें चर रही थीं और उसने उन्हें खेत से बाहर निकाल दिया।

(*ii*) **दो सरल वाक्यों से एक सरल वाक्य बनाइए–**

- मयंक सुंदर है।
- मयंक हँसमुख है।

निर्मित वाक्य– (*i*) मयंक सुंदर भी है और हँसमुख भी।
(*ii*) मयंक सुंदर और हँसमुख है।
(*iii*) मयंक हँसमुख और सुंदर है।
(*iv*) मयंक सुंदर हँसमुख है।

विकल्प–

(क) (*ii*), (*iii*) ठीक हैं। (ख) (*i*), (*ii*), (*iii*) ठीक हैं।

(ग) (*i*) तथा (*iv*) ठीक हैं। (घ) (*ii*), (*iii*), (*iv*) ठीक हैं।

(*iii*) **दो सरल वाक्यों से एक संयुक्त वाक्य बनाइए–**

- सभा समाप्त हुई।
- वह घर लौटा

(क) सभा समाप्त होने पर वह घर लौटा। (ख) सभा समाप्त हुई और वह घर लौटा।

(ग) जैसे ही सभा समाप्त हुई, वह घर लौटा। (घ) सभा समाप्त होने के बाद ही वह घर लौटा।

(*iv*) **निम्नलिखित वाक्य का प्रकार बताइए–**

वह सब्जी मंडी जाकर केले, संतरे और टमाटर लाया।

(क) सरल वाक्य (ख) संयुक्त वाक्य (ग) मिश्र वाक्य (घ) जटिल वाक्य।

(*v*) **निम्नलिखित वाक्य का प्रकार बताइए–**

विवाह में चुन्नू, मुन्नू और मैं जाएँगे।

(क) सरल वाक्य (ख) संयुक्त वाक्य (ग) मिश्र वाक्य (घ) जटिल वाक्य।

2. किन्हीं चार के निर्देशानुसार उत्तर दीजिए– **$1 \times 4 = 4$**

(*i*) **कर्तृवाच्य बनाइए तथा उचित विकल्प चुनिए–**

हलवाई द्वारा मिठाइयाँ बनाई गईं।

1. हलवाई ने मिठाई बनाई।
2. हलवाई ने मिठाइयाँ बनाईं।
3. हलवाई मिठाई बनाता है।
4. हलवाई मिठाई बनाता था।

विकल्प–

(क) 1 तथा 2 ठीक हैं। (ख) 2 ठीक है।

(ग) 2 तथा 4 ठीक हैं। (घ) 4 ठीक है।

(*ii*) **निम्न वाक्य से कर्मवाच्य बनाइए–**

अशोक पुस्तक पढ़ता है।

(क) अशोक से पुस्तक पढ़ी जा रही है। (ख) अशोक से पुस्तक पढ़ी जाती है।

(ग) अशोक से पुस्तक पढ़ी जाएगी। (घ) अशोक ने पुस्तक पढ़ी है।

निम्नलिखित वाक्य का वाच्य बताइए–

(*iii*) हसीना द्वारा कल पत्र लिखा जाएगा।

(क) भाववाच्य (ख) कर्मवाच्य (ग) कर्तृवाच्य (घ) कोई नहीं।

(*iv*) **निम्नलिखित का वाच्य बताइए–**

देशवासियों को नेताजी का सम्मान करना चाहिए।

(क) कर्तृवाच्य (ख) कर्मवाच्य (ग) भाववाच्य (घ) कोई नहीं।

(*v*) **निम्नलिखित का वाच्य बताइए–**

आप बोल भी नहीं पाएँगे।

(क) कर्तृवाच्य (ख) कर्मवाच्य (ग) भाववाच्य (घ) कोई नहीं।

3. किन्हीं चार रेखांकित पदों के परिचय दीजिए– **$1 \times 4 = 4$**

(*i*) वह <u>नवीं</u> कक्षा में पढ़ता है।

1. विशेषण, गुणवाचक, पुल्लिग, एकवचन
2. विशेषण, संख्यावाचक, स्त्रीलिंग, एकवचन

3. विशेषण, परिमाणवाचक, स्त्रीलिंग, बहुवचन
4. विशेषण, सार्वनामिक, स्त्रीलिंग, एकवचन।

विकल्प–

(क) 1 तथा 2 ठीक हैं। (ख) 2 तथा 3 ठीक हैं।
(ग) 3 ठीक है। (घ) 4 ठीक है।

(*ii*) वह दिनभर पढ़ता रहा।
(क) क्रियाविशेषण, रीतिवाचक, 'पढ़ता' क्रिया की विशेषता
(ख) क्रियाविशेषण, कालवाचक, 'पढ़ता रहा' क्रिया की विशेषता
(ग) क्रियाविशेषण, परिमाणवाचक, 'पढ़ता रहा' क्रिया की विशेषता
(घ) क्रियाविशेषण, स्थानवाचक, 'पढ़ता' क्रिया की विशेषता।

(*iii*) कुछ लोग आ रहे हैं।
(क) सर्वनाम (ख) विशेषण (ग) क्रियाविशेषण (घ) संज्ञा।

(*iv*) तुम क्या करोगे ?
(क) सर्वनाम (ख) विशेषण (ग) क्रियाविशेषण (घ) विस्मयादिबोधक।

(*v*) माला पत्र लिखती है।
(क) व्यक्तिवाचक संज्ञा, एकवचन, पुल्लिंग, कर्म कारक।
(ख) व्यक्तिवाचक संज्ञा, एकवचन, स्त्रीलिंग, कर्म कारक।
(ग) व्यक्तिवाचक संज्ञा, एकवचन, स्त्रीलिंग, कर्ता कारक।
(घ) जातिवाचक संज्ञा, एकवचन, पुल्लिंग, कर्म कारक।

4. किन्हीं चार में अलंकार छाँटिए– **1 × 4 = 4**

(*i*) जिस वीरता से शत्रुओं का सामना उसने किया।
असमर्थ हो उसके कथन में मौन वाणी ने लिया।।
(क) मानवीकरण (ख) अतिशयोक्ति (ग) उत्प्रेक्षा (घ) रूपक।

(*ii*) मनु दृग फारि अनेक जमुन निरखत ब्रज सोभा।
(क) मानवीकरण (ख) अतिशयोक्ति (ग) उत्प्रेक्षा (घ) रूपक।

(*iii*) कहती हुइ यों उत्तरा के नेत्र जल से भर गए।
हिम के कणों से पूर्ण मानो हो गए पंकज नए।
(क) मानवीकरण (ख) अतिशयोक्ति (ग) उत्प्रेक्षा (घ) उपमा।

(*iv*) **निम्नलिखित में से उत्प्रेक्षा अलंकार का उदाहरण खोजिए–**
(क) यह हिमालय-सा उठा मस्तक न झुकने पाएगा।
(ख) राणा की पुतली फिरी नहीं, तब तक चेतक मुड़ जाता था।
(ग) सुबरन को ढूँढ़त फिरत, कवि, व्यभिचारी, चोर।
(घ) जान पड़ता है नेत्र ये बड़े-बड़े
हीरकों में गोल नीलम हैं जड़े।

(*v*) पद्मावती सब सखी बुलाई।
जनु फुलवारी सबै चलि आई।
–इनमें कौन-सा अलंकार है ?
(क) उत्प्रेक्षा (ख) उपमा (ग) मानवीकरण (घ) अतिशयोक्ति।

प्रश्न-अभ्यास 3

1. **किन्हीं चार के निर्देशानुसार उत्तर दीजिए–** **$1 \times 4 = 4$**

(i) **निम्नलिखित में से मिश्र वाक्य छाँटकर उचित विकल्प लिखिए–**

(i) जब अध्यापक कक्षा में आए तो सब बालक शांत हो गए।
(ii) जैसे ही रहस्य खुला, सब हक्के-बक्के रह गए।
(iii) रहस्य की बात सुनते ही सब लोट-पोट हो गए।
(iv) जब भी घर से चलो, छाता लेकर चला करो।

विकल्प–

(क) *(i)*, *(ii)*, *(iii)* ठीक हैं। (ख) *(ii)*, *(iii)*, *(iv)* ठीक हैं।
(ग) *(i)*, *(ii)* ठीक हैं। (घ) *(ii)* ठीक हैं।

(ii) **दो सरल वाक्यों से एक मिश्र वाक्य बनाइए–**

- वह बाज़ार में गया था।
- वह कार्यक्रम में न आ सका।

(क) वह बाज़ार में जाने के कारण कार्यक्रम में न आ सका।
(ख) वह बाज़ार में गया था इसलिए कार्यक्रम में न आ सका।
(ग) चूँकि वह बाज़ार में गया था, सो कार्यक्रम में न आ सका।
(घ) बाज़ार में होने के कारण वह कार्यक्रम में न आ सका।

(iii) **निम्नलिखित सरल वाक्यों को एक संयुक्त वाक्य में बदलिए–**

- रास्ते में भीड़-भाड़ थी।
- भीड़-भाड़ के कारण मैंने आने का कार्यक्रम रद्द कर दिया।

(क) रास्ते में भीड़-भाड़ होने के कारण मैंने आने का कार्यक्रम रद्द कर दिया।
(ख) रास्ते में भीड़-भाड़ थी इसलिए मैंने आने का कार्यक्रम रद्द कर दिया।
(ग) चूँकि रास्ते में भीड़-भाड़ थी इसलिए मैंने आने का कार्यक्रम रद्द कर दिया।
(घ) रास्ते की भीड़ के कारण मैं कार्यक्रम में नहीं आया।

(iv) **निम्नलिखित वाक्य किस प्रकार का है–**

आकाश में उड़ते हुए बाज़ ने चिड़िया पकड़ी।

(क) सरल वाक्य (ख) संयुक्त वाक्य (ग) मिश्र वाक्य (घ) जटिल वाक्य।

(v) **निम्नलिखित वाक्य किस प्रकार का है–**

जिनकी आय कम है, उन्हें सोच-समझकर व्यय करना चाहिए।

(क) सरल वाक्य (ख) संयुक्त वाक्य (ग) मिश्र वाक्य (घ) साधारण वाक्य।

2. **किन्हीं चार के निर्देशानुसार उत्तर दीजिए–** **$1 \times 4 = 4$**

(i) **कर्मवाच्य वाला वाक्य छाँटिए–**

(क) सौम्या सुबह को नहीं उठ सकी। (ख) सुमित द्वारा कविता पढ़ी गई।
(ग) रीमा चित्र बनाती है। (घ) मैं सैर पर जाऊँगा।

(ii) **भाववाच्य का उदाहरण छाँटिए–**

(क) लड़कों के द्वारा खूब पढ़ा गया। (ख) मालती ने खाना खाया।
(ग) लड़की से सोया नहीं गया। (घ) मैं रोता नहीं।

(*iii*) **कर्मवाच्य में बदलिए–**

मैं यह भाषा नहीं पढ़ सकूँगा।

(क) मुझ द्वारा यह भाषा नहीं पढ़ी जाएगी। (ख) मुझ द्वारा इस भाषा को नहीं पढ़ा जा सकेगा।

(ग) मुझसे यह भाषा नहीं पढ़ी जा सकेगी। (घ) मुझसे यह भाषा नहीं पढ़ी जाएगी।

(*iv*) **कर्तृवाच्य में बदलिए–**

मुझसे पत्र नहीं लिखा गया।

(क) मैंने पत्र नहीं लिखा। (ख) मैंने पत्र नहीं लिखा था।

(ग) मैं पत्र नहीं लिखता। (घ) मैं पत्र नहीं लिख सकता।

(*v*) **कॉलम 1 और कॉलम 2 को सुमेलित कीजिए तथा उचित विकल्प चुनिए।**

कॉलम 1	कॉलम 2
1. मीरा से कल पत्र लिखा जाएगा।	(*i*) कर्तृवाच्य
2. मैं कल पत्र पढ़ूँगी।	(*ii*) भाववाच्य
3. माँ से उठा नहीं गया।	(*iii*) कर्मवाच्य

विकल्प–

(क) 1–(*i*), 2–(*ii*), 3–(*iii*) (ख) 1–(*iii*), 2–(*i*), 3–(*ii*)

(ग) 1–(*iii*), 2–(*ii*), 3–(*i*) (घ) 1–(*ii*), 2–(*iii*), 3–(*i*)

3. **किन्हीं चार रेखांकित पदों के परिचय दीजिए तथा उचित विकल्प चुनिए–** **1 × 4 = 4**

(*i*) <u>हम</u> कल मैच देखने जाएँगे।

1. सर्वनाम, प्रश्नवाचक, पुल्लिंग, एकवचन
2. सर्वनाम, पुरुषवाचक, पुल्लिंग, बहुवचन
3. सर्वनाम, निश्चयवाचक, पुल्लिंग, बहुवचन
4. सर्वनाम, संबंधवाचक, स्त्रीलिंग, एकवचन।

विकल्प–

(क) 2 ठीक है। (ख) 1 ठीक है।

(ग) 3 ठीक है। (घ) 4 ठीक है।

(*ii*) यह <u>ऋतु</u> हमको अधिक लुभाती है।

(क) संज्ञा, जातिवाचक, स्त्रीलिंग, एकवचन

(ख) संज्ञा, व्यक्तिवाचक, पुल्लिंग, एकवचन

(ग) संज्ञा, भाववाचक, पुल्लिंग, बहुवचन

(घ) संज्ञा, व्यक्तिवाचक, स्त्रीलिंग, एकवचन।

(*iii*) वह बहुत <u>कुछ</u> बोल चुका है।

(क) सर्वनाम (ख) विशेषण (ग) क्रियाविशेषण (घ) प्रविशेषण।

(*iv*) <u>ऐसा</u> ! यह तो जादू हो गया।

(क) सर्वनाम (ख) विशेषण (ग) क्रियाविशेषण (घ) विस्मयादिबोधक।

(*v*) मनोहर <u>दसवीं</u> कक्षा में पढ़ता है।

(क) विशेषण, निश्चयवाचक, क्रमसूचक, स्त्रीलिंग, एकवचन, 'कक्षा' विशेष्य।

(ख) विशेषण, संख्यावाचक, क्रमसूचक, स्त्रीलिंग, एकवचन, 'कक्षा' विशेष्य।

(ग) विशेषण, परिमाणवाचक, क्रमसूचक, स्त्रीलिंग, एकवचन, 'कक्षा' विशेष्य।

(घ) विशेषण, संख्यावाचक, आवृत्तिसूचक, स्त्रीलिंग, एकवचन, 'कक्षा' विशेष्य।

4. किन्हीं चार के उत्तर निर्देशानुसार दीजिए–

अलंकार बताइए– **1 × 4 = 4**

(*i*) ले चला साथ में तुझे कनक ज्यों भिक्षु लेकर स्वर्ण-झनक।

(क) अतिशयोक्ति (ख) मानवीकरण (ग) उत्प्रेक्षा (घ) उपमा।

(*ii*) चरण-कमल बंदौ हरिराई।

(क) उत्प्रेक्षा (ख) अतिशयोक्ति (ग) रूपक (घ) मानवीकरण।

(*iii*) गरज कहती घटाएँ हैं नहीं होगा उजाला फिर।

(क) उत्प्रेक्षा (ख) अतिशयोक्ति (ग) मानवीकरण (घ) उपमा

(*iv*) नील जल में
या किसी की गौर झिलमिल
देह जैसे हिल रही हो।

(क) उत्प्रेक्षा (ख) मानवीकरण (ग) अतिशयोक्ति (घ) रूपक।

(*v*) **निम्नलिखित में से कौन-सी काव्य पंक्ति में मानवीकरण अलंकार नहीं है ?**

(क) चारु चंद्र की चंचल किरणें खेल रही हैं जल-थल में

(ख) उषा सुनहले तीर बरसती जयलक्ष्मी-सी उदित हुई।

(ग) यह देखिए अरविंद-से शिशुवृंद कैसे सो रहे।

(घ) लो यह लतिका भी भर लाई
मधु मुकुल नवल रस गागरी।

प्रश्न-अभ्यास 4

1. किन्हीं चार के निर्देशानुसार उत्तर दीजिए– **1 × 4 = 4**

(*i*) **मिश्र वाक्य छाँटिए–**

(क) माताजी ने काम समाप्त किया और घर में मेहमान आ गए।

(ख) परीक्षा में गणित का प्रश्न-पत्र कठिन था, फिर भी विद्यार्थियों ने परीक्षा दी।

(ग) जब मैंने रोते हुए बालक को देखा तो उसका नाम पूछा।

(घ) वेदव्यास द्वारा रचित गीता ज्ञानयोग और कर्मयोग सिखाती है।

(*ii*) **दो सरल वाक्यों से एक सरल वाक्य बनाइए–**

- वह व्यक्ति सड़क पार कर रहा था।
- वह बस से टकरांकर मर गया।

निर्मित वाक्य– (*i*) वह व्यक्ति सड़क पार करते हुए बस से टकराकर मर गया।

(*ii*) वह व्यक्ति जब सड़क पार कर रहा था तो बस से टकराकर मर गया।

(*iii*) वह व्यक्ति सड़क पार कर रहा था कि बस से टकराकर मर गया।

(*iv*) वह व्यक्ति बस पर चढ़ते हुए मर गया।

विकल्प–

(क) (*i*) ठीक है। (ख) (*ii*) और (*iii*) ठीक हैं।

(ग) (*iv*) ठीक है। (घ) (*i*) और (*iv*) ठीक हैं।

(*iii*) **दो वाक्यों से एक मिश्र वाक्य बनाइए–**

- बालिकाएँ मैदान में हैं।
- वे खेल रही हैं।

(क) बालिकाएँ मैदान में खेल रही हैं। (ख) बालिकाएँ मैदान में हैं और खेल रही हैं।
(ग) जो बालिकाएँ मैदान में हैं, वे खेल रही हैं। (घ) बालिकाएँ खेल के मैदान में हैं।

निम्नलिखित वाक्यों के रचना का प्रकार बताइए–

(*iv*) बात-बात में परंतु कहना मुझे अच्छा नहीं लगता।
(क) सरल वाक्य (ख) संयुक्त वाक्य (ग) मिश्र वाक्य (घ) जटिल वाक्य।

(*v*) हॉकी की कमेंटरी में जब लेकिन लगता है तो गोल नहीं हो पाता।
(क) सरल वाक्य (ख) संयुक्त वाक्य (ग) मिश्र वाक्य (घ) साधारण वाक्य।

2. किन्हीं चार के निर्देशानुसार उत्तर दीजिए– **1 × 4 = 4**

(*i*) **कर्तृवाच्य में बदलिए–**
मज़दूरों से पत्थर नहीं तोड़े जा रहे।
(क) मज़दूर पत्थर नहीं तोड़ पा रहे। (ख) मज़दूर पत्थर नहीं तोड़ रहे।
(ग) मज़दूरों ने पत्थर नहीं तोड़े। (घ) मज़दूर पत्थर नहीं तोड़ रहे हैं।

(*ii*) **निम्न वाक्य को कर्मवाच्य में बदलिए तथा उचित विकल्प चुनिए–**
ज्योति कार अच्छी तरह नहीं चलाती।

1. ज्योति से कार अच्छी तरह नहीं चलती।
2. ज्योति से कार अच्छी तरह नहीं चलाई जाती।
3. ज्योति से कार अच्छी तरह नहीं चलाई जा पाती।
4. ज्योति से कार अच्छी तरह नहीं चलाई जा सकती।

विकल्प–
(क) 1 तथा 4 ठीक हैं। (ख) 2 ठीक है।
(ग) 2 तथा 3 ठीक हैं। (घ) 3 तथा 4 ठीक हैं।

(*iii*) **भाववाच्य में बदलिए–**
हम आज रात यहीं ठहरेंगे।
(क) हमसे आज रात यहीं ठहरा जाएगा। (ख) हमें आज रात यहीं ठहरना होगा।
(ग) हम द्वारा आज रात यहीं पर ठहरना होगा। (घ) हमसे आज रात यहीं पर ठहरा जाएगा।

(*iv*) मुझसे रात भर जागा नहीं जाएगा।–**वाच्य की दृष्टि से वाच्य का प्रकार बताइए।**
(क) कर्तृवाच्य (ख) कर्मवाच्य (ग) भाववाच्य (घ) कोई नहीं।

(*v*) नेताजी द्वारा देशहित में सब कुछ त्याग दिया गया।–**वाच्य बताइए।**
(क) कर्तृवाच्य (ख) कर्मवाच्य (ग) भाववाच्य (घ) कोई नहीं।

3. निर्देशानुसार किन्हीं चार रेखांकित पदों के परिचय दीजिए– **1 × 4 = 4**

(*i*) वह <u>बहुत</u> पढ़ता है।
(क) रीतिवाचक क्रियाविशेषण, 'पढ़ता है' क्रिया की विशेषता
(ख) कालवाचक क्रियाविशेषण, 'पढ़ता है' क्रिया की विशेषता
(ग) परिमाणवाचक क्रियाविशेषण, 'पढ़ता है' क्रिया की विशेषता
(घ) स्थानवाचक क्रियाविशेषण, 'पढ़ता है' क्रिया की विशेषता।

(*ii*) हे राम! यह क्या हो गया।

(क) समुच्चयबोधक (अव्यय) हर्षसूचक (ख) विस्मयादिबोधक (अव्यय) आश्चर्यसूचक

(ग) समुच्चयबोधक (अव्यय) योजक (घ) विस्मयादिबोधक (अव्यय) व्यथासूचक।

(*iii*) यह छात्र बहुत चतुर है।

1. संज्ञा, व्यक्तिवाचक, एकवचन, पुल्लिग, कर्ता कारक।
2. संज्ञा, जातिवाचक, एकवचन, पुल्लिग, कर्ता कारक।
3. संज्ञा, जातिवाचक, बहुवचन, पुल्लिग, कर्ता कारक।
4. संज्ञा, जातिवाचक, एकवचन, पुल्लिग, कर्म कारक।

विकल्प–

(क) 1 ठीक है। (ख) 2 ठीक है।

(ग) 3 ठीक है। (घ) 4 ठीक है।

(*iv*) हम उपवन में गए।

(क) क्रिया, अकर्मक, पुल्लिग, बहुवचन, भूतकाल, कर्तृवाच्य।

(ख) क्रिया, सकर्मक, पुल्लिग, बहुवचन, भूतकाल, कर्तृवाच्य।

(ग) क्रिया, अकर्मक, पुल्लिग, एकवचन, भूतकाल, कर्तृवाच्य।

(घ) क्रिया, अकर्मक, स्त्रीलिंग, बहुवचन, भूतकाल, कर्मवाच्य।

(*v*) वह किसे देख रहा है।

(क) प्रश्नवाचक सर्वनाम, उभयलिंगी, एकवचन, कर्म कारक।

(ख) अनिश्चयवाचक सर्वनाम, उभयलिंगी, एकवचन, कर्म कारक।

(ग) प्रश्नवाचक सर्वनाम, पुल्लिग, एकवचन, कर्म कारक।

(घ) प्रश्नवाचक सर्वनाम, स्त्रीलिंग, एकवचन, कर्म कारक।

4. किन्हीं चार के उत्तर दीजिए– **1 × 4 = 4**

अलंकार बताइए–

(*i*) आगे नदिया पड़ी अपार, घोड़ा कैसे उतरे पार।
राणा ने सोचा इस पार, तब तक चेतक था उस पार।।

(क) मानवीकरण (ख) अतिशयोक्ति (ग) उपमा (घ) उत्प्रेक्षा।

(*ii*) बहुत काली सिल
जरा-से लाल केसर-से
कि जैसे धुल गई हो।

(क) मानवीकरण (ख) अतिशयोक्ति (ग) रूपक (घ) उत्प्रेक्षा।

(*iii*) **उत्प्रेक्षा ढूँढ़िए–**

(क) जरा-से लाल केसर से कि जैसे धुल गई हो। (ख) तरनि तनूजा तट तमाल तरुवर बहु छाए।

(ग) सुरभित सुंदर सुखद सुमन तुझ पर खिलते हैं। (घ) रती-रती सोभा सब रती के सरीर की।

(*iv*) मिटा मोदु मन भए मलीने।
विधि निधि दीन्ह लेत जनु छीन्हे।।

(क) मानवीकरण (ख) अतिशयोक्ति (ग) उत्प्रेक्षा (घ) उपमा।

(*v*) तर्जनी गर्जन तर्जन करके बोली–
मैं उँगली नहीं चेतावनी हूँ।

(क) मानवीकरण (ख) अतिशयोक्ति (ग) उत्प्रेक्षा (घ) रूपक।

प्रश्न-अभ्यास 5

1. **किन्हीं चार के निर्देशानुसार उत्तर दीजिए–** **1 × 4 = 4**

(*i*) 'यदि परिश्रम करोगे तो सफल हो जाओगे।' –**रचना की दृष्टि से वाक्य का प्रकार बताइए।**

(क) सरल (ख) संयुक्त (ग) साधारण (घ) मिश्र।

(*ii*) 'जब मैं बाज़ार पहुँचा तो दुकानें खुली थीं।' –**रेखांकित उपवाक्य का प्रकार बताइए।**

(क) संज्ञा उपवाक्य (ख) विशेषण उपवाक्य (ग) क्रियाविशेषण उपवाक्य (घ) प्रधान उपवाक्य।

(*iii*) 'वह स्कूल से निकला। तभी बम फट पड़ा।' –**इनसे एक संयुक्त वाक्य बनाइए–**

निर्मित वाक्य– (*i*) वह स्कूल से निकला और बम फट पड़ा।

(*ii*) वह स्कूल से निकला कि तभी एक बम फट पड़ा।

(*iii*) अभी वह स्कूल से निकला ही था कि एक बम फट पड़ा।

(*iv*) उसके स्कूल से निकलते ही एक बम फट पड़ा।

विकल्प–

(क) (*i*), (*ii*), (*iii*) ठीक हैं। (ख) (*i*) तथा (*ii*) ठीक हैं।

(ग) (*iii*), (*iv*) ठीक हैं। (घ) (*i*) तथा (*iv*) ठीक हैं।

(*iv*) **निम्नलिखित में से सरल वाक्य चुनिए–**

(क) स्वावलंबी व्यक्ति सदा खुश रहते हैं।

(ख) जो व्यक्ति स्वावलंबी होते हैं, वे सदा खुश रहते हैं।

(ग) वे स्वावलंबी हैं और सदा खुश रहते हैं।

(घ) जो स्वावलंबी रहते हैं, वे खुश रहते हैं।

(*v*) **दो सरल वाक्यों से एक सरल वाक्य बनाइए–**

- मैंने एक व्यक्ति देखा।
- वह व्यक्ति बहुत लंबा था।

(क) मैंने एक व्यक्ति देखा जो कि बहुत लंबा था। (ख) मैंने एक ऐसा व्यक्ति देखा जो कि बहुत लंबा था।

(ग) मैंने एक बहुत लंबे व्यक्ति को देखा। (घ) मैंने दिखाई देने वाले व्यक्ति को लंबा माना।

2. **किन्हीं चार के निर्देशानुसार उत्तर दीजिए–** **1 × 4 = 4**

(*i*) **कर्तृवाच्य में बदलिए तथा उचित विकल्प चुनिए–**

नानी से कहानी नहीं कही जाती।

1. नानी कहानी नहीं कहती। 2. नानी कहानी नहीं कह पाती।

3. नानी कहानी नहीं कहा करती। 4. नानी कहानी नहीं कह सकती।

विकल्प–

(क) 1 ठीक है। (ख) 1-2 ठीक हैं।

(ग) 2, 3 ठीक हैं। (घ) 2-4 ठीक हैं।

(*ii*) **भाववाच्य में बदलिए–**

उमेश हँसा।

(क) उमेश हँस नहीं सका। (ख) उमेश से हँसा नहीं गया।

(ग) उमेश से हँसा गया। (घ) उमेश से हँसा जाता है।

(*iii*) **कर्मवाच्य छाँटिए–**

(क) हलवाई द्वारा मिठाई बनाई जाती है। (ख) लता मंगेशकर मधुर गीत गाती है।

(ग) रविंद्र जडेजा से उठा नहीं गया। (घ) मुझसे हँसा नहीं गया।

(*iv*) 'मुझसे उठा नहीं गया'–**वाच्य का प्रकार बताइए।**

(क) कर्तृवाच्य (ख) कर्मवाच्य (ग) भाववाच्य (घ) कोई नहीं।

(*v*) उससे तो रोया भी नहीं जाता–**वाच्य का प्रकार बताइए–**

(क) कर्तृवाच्य (ख) कर्मवाच्य (ग) भाववाच्य (घ) कोई नहीं।

3. किन्हीं चार रेखांकित पदों के परिचय दीजिए– **1 × 4 = 4**

(*i*) वह विश्वास के योग्य नहीं है।

(क) क्रियाविशेषण, निषेधात्मक, 'है' क्रिया। (ख) क्रियाविशेषण, निषेधात्मक, 'योग्य है' क्रिया।

(ग) विशेषण, गुणवाचक, 'योग्य' विशेष्य। (घ) विशेषण, निषेधात्मक, 'है' क्रिया।

(*ii*) वाह ! कैसे सुंदर फूल हैं। **इसका उपयुक्त परिचय निम्नलिखित विकल्पों में से चुनिए–**

1. अव्यय, विस्मयादिबोधक, हर्षबोधक। 2. अव्यय, विस्मयादिबोधक, आश्चर्यबोधक।

3. अव्यय, विस्मयादिबोधक, व्यंग्यबोधक। 4. अव्यय, विस्मयादिबोधक, प्रश्नबोधक।

विकल्प–

(क) 1 ठीक है। (ख) 2 ठीक है।

(ग) 1 तथा 2 ठीक हैं। (घ) 3 ठीक है।

(*iii*) वर्षा में फूल खिल उठते हैं।

(क) संज्ञा (ख) विशेषण (ग) क्रिया (घ) सर्वनाम।

(*iv*) वे भोजन में दही अवश्य लेते हैं।

(क) सार्वनामिक विशेषण, अनिश्चयवाचक, बहुवचन, पुल्लिंग, कर्ता कारक

(ख) सर्वनाम, अन्य पुरुषवाचक, अनिश्चयवाचक, बहुवचन, पुल्लिंग, कर्ता कारक

(ग) सर्वनाम, मध्यम पुरुषवाचक, अनिश्चयवाचक, बहुवचन, पुल्लिंग, कर्ता कारक

(घ) सर्वनाम, उत्तम पुरुषवाचक, अनिश्चयवाचक, बहुवचन, पुल्लिंग, कर्ता कारक।

(*v*) मैं उसे आगरा में मिलूँगा।

(क) व्यक्तिवाचक संज्ञा, पुल्लिंग, एकवचन, अधिकरण कारक।

(ख) जातिवाचक संज्ञा, पुल्लिंग, एकवचन, अधिकरण कारक।

(ग) व्यक्तिवाचक संज्ञा, पुल्लिंग, एकवचन, कर्म कारक।

(घ) व्यक्तिवाचक संज्ञा, पुल्लिंग, एकवचन, करण कारक।

4. किन्हीं चार के निर्देशानुसार उत्तर दीजिए– **1 × 4 = 4**

(*i*) किस अलंकार में बढ़ा-चढ़ाकर वर्णन किया जाता है ?

(क) मानवीकरण (ख) अतिशयोक्ति (ग) उपमा (घ) उत्प्रेक्षा।

निम्नलिखित काव्यांशों में कौन-सा अलंकार है ?

(*ii*) उषा सुनहले तीर बरसती
जय लक्ष्मी-सी उदित हुई।

(क) मानवीकरण (ख) अतिशयोक्ति (ग) उत्प्रेक्षा (घ) रूपक।

(*iii*) मज़बूत शिला-सी दृढ़ छाती।

(क) मानवीकरण (ख) अतिशयोक्ति (ग) उत्प्रेक्षा (घ) उपमा।

(*iv*) उस काल मारे क्रोध के तनु काँपने उनका लगा।
मानो हवा के जोर से सोता हुआ सागर जगा।।
(क) मानवीकरण (ख) अतिशयोक्ति (ग) उत्प्रेक्षा (घ) श्लेष।

(*v*) देख लो साकेत नगरी है यही।
स्वर्ग से मिलने गगन में जा रही।।
(क) मानवीकरण (ख) अतिशयोक्ति (ग) उत्प्रेक्षा (घ) श्लेष।

प्रश्न-अभ्यास 6

1. किन्हीं चार के निर्देशानुसार उत्तर दीजिए– **1 × 4 = 4**

(*i*) **दो सरल वाक्यों से एक मिश्र वाक्य बनाइए तथा सही विकल्प चुनिए–**

- मैंने उसे समझाया।
- उसने अनसुना कर दिया।

निर्मित वाक्य– (*i*) मैंने उसे समझाया तो था किंतु उसने अनसुना कर दिया।
(*ii*) मेरे समझाने पर भी उसने अनसुना कर दिया।
(*iii*) यद्यपि मैंने उसे समझाया किंतु उसने अनसुना कर दिया।
(*iv*) मेरे बहुत समझाने पर उसने अनसुना कर दिया।

विकल्प–
(क) (*i*), (*ii*), (*iii*) ठीक हैं। (ख) (*i*), (*ii*) ठीक हैं।
(ग) (*i*), (*iii*) ठीक हैं। (घ) (*iii*), (*iv*) ठीक हैं।

(*ii*) **रेखांकित उपवाक्य का प्रकार बताइए–**
मैंने पूछा कि <u>क्या समय गँवाना ठीक है</u>।
(क) संज्ञा उपवाक्य (ख) विशेषण उपवाक्य (ग) क्रियाविशेषण उपवाक्य (घ) प्रधान उपवाक्य।

(*iii*) **वाक्य का प्रकार बताइए–**
मैंने उस बच्चे को देखा था, जो पतंग उड़ा रहा था।
(क) सरल वाक्य (ख) संयुक्त वाक्य (ग) मिश्र वाक्य (घ) साधारण वाक्य।

(*iv*) **सरल वाक्य छाँटिए–**
(क) वह दो दिन गाँव में रहकर सबका प्रिय हो गया।
(ख) वहाँ एक छोटा-सा गाँव स्थित था और उसके चारों ओर जंगल था।
(ग) मैंने एक व्यक्ति को देखा जोकि वह बहुत दुबला-पतला था।
(घ) वह लड़का, जो गाँव में गया था, बीमार हो गया।

(*v*) **दो सरल वाक्यों को संयुक्त वाक्य में बदलिए–**

- वह अपने घर गया।
- वह अपने काम में लग गया।

(क) वह अपने घर गया और अपने काम में लग गया।
(ख) वह अपने घर जाकर अपने काम में लग गया।
(ग) जैसे ही वह घर गया वह अपने काम में लग गया।
(घ) वह घर जाकर अपने काम में लग गया।

2. किन्हीं चार प्रश्नों के उत्तर निर्देशानुसार दीजिए– **1 × 4 = 4**

(*i*) **कर्मवाच्य में बदलिए–**

अंग्रेज़ी में लिखित यह पत्र मैं नहीं पढ़ सकूँगा।

(क) अंग्रेजी में लिखित यह पत्र मुझसे नहीं पढ़ा जाता।

(ख) अंग्रेजी में लिखित यह पत्र मुझसे नहीं पढ़ा जा सकेगा।

(ग) अंग्रेजी में लिखित यह पत्र मुझसे नहीं पढ़ा जाएगा।

(घ) अंग्रेजी में लिखित यह पत्र मुझसे नहीं पढ़ा जा सकता।

(*ii*) **कॉलम 1 को कॉलम 2 से सुमेलित कीजिए तथा उचित विकल्प चुनिए।**

कॉलम 1	कॉलम 2
1. लड़का पत्र लिखता है।	(*i*) कर्मवाच्य
2. लड़की से हँसा नहीं गया।	(*ii*) कर्तृवाच्य
3. हलवाई द्वारा मिठाई बनाई गई।	(*iii*) भाववाच्य

विकल्प–

(क) 1–(*ii*), 2–(*iii*), 3–(*i*)

(ख) 1–(*i*), 2–(*ii*), 3–(*iii*)

(ग) 1–(*iii*), 2–(*ii*), 3–(*i*)

(घ) 1–(*i*), 2–(*iii*), 3–(*ii*)

(*iii*) **कर्तृवाच्य में बदलिए–**

तुमसे यह वज़न नहीं उठाया जाएगा।

(क) तुम यह वज़न नहीं उठाओगे।

(ख) तुम यह वज़न नहीं उठा पाओगे।

(ग) तुमने यह वज़न नहीं उठाया।

(घ) तुम इस वज़न को नहीं उठाओगे।

(*iv*) 'बच्चे शांत नहीं रह सकते।'–**वाच्य की दृष्टि से वाक्य का प्रकार बताइए।**

(क) कर्तृवाच्य (ख) कर्मवाच्य (ग) भाववाच्य। (घ) कोई नहीं

(*v*) **कर्तृवाच्य में बदलिए–**

मुझसे पत्र नहीं लिखा गया।

(क) मैंने पत्र नहीं लिखा।

(ख) मैंने पत्र नहीं लिखा था।

(ग) मैं पत्र नहीं लिखता।

(घ) मैं पत्र नहीं लिख सकता।

3. किन्हीं चार रेखांकित पदों के विस्तृत परिचय दीजिए– **1 × 4 = 4**

(*i*) मैं उसे यहीं <u>मिला</u> था।

(क) क्रिया, सकर्मक, पूर्ण भूतकाल, पुल्लिग, एकवचन।

(ख) क्रिया, अकर्मक, पूर्ण भूतकाल, पुल्लिग, एकवचन।

(ग) क्रिया, अकर्मक, पूर्ण भूतकाल, स्त्रीलिंग, एकवचन।

(घ) क्रिया, सकर्मक, अपूर्ण भूतकाल, पुल्लिग, एकवचन।

(*ii*) कितने <u>सुगंधित</u> पुष्प हैं !

(क) विशेषण, गुणवाचक, एकवचन, पुल्लिग, 'पुष्प' विशेष्य।

(ख) विशेषण, गुणवाचक, बहुवचन, पुल्लिग, 'पुष्प' विशेष्य।

(ग) विशेषण, गुणवाचक, बहुवचन, स्त्रीलिंग, 'पुष्प' विशेष्य।

(घ) विशेषण, गुणवाचक, एकवचन, स्त्रीलिंग, 'पुष्प' विशेष्य।

(*iii*) विराट ने ताबड़तोड़ बल्लेबाजी की।

(क) संज्ञा, भाववाचक, एकवचन, पुल्लिग।
(ख) विशेषण, स्त्रीलिंग, एकवचन, बल्लेबाजी विशेष्य।
(ग) क्रियाविशेषण, रीतिवाचक, एकवचन, बल्लेबाजी की क्रिया।
(घ) क्रियाविशेषण, परिमाणवाचक, 'की' विशेष्य।

(*iv*) वाह! कैसे सुंदर फूल हैं।

(क) अव्यय, विस्मयादिबोधक, हर्षबोधक। (ख) अव्यय, विस्मयादिबोधक, आश्चर्यबोधक।
(ग) अव्यय, विस्मयादिबोधक, व्यंग्यबोधक। (घ) अव्यय, विस्मयादिबोधक, प्रश्नबोधक।

(*v*) मेरे दरवाजे पर कोई खड़ा है।–**इसका उपयुक्त परिचय निम्नलिखित विकल्पों में से चुनिए–**

1. संज्ञा, व्यक्तिवाचक, एकवचन, पुल्लिग, अधिकरण कारक।
2. संज्ञा, व्यक्तिवाचक, बहुवचन, पुल्लिग, अधिकरण कारक।
3. संज्ञा, जातिवाचक, बहुवचन, पुल्लिग, अधिकरण कारक।
4. संज्ञा, जातिवाचक, एकवचन, पुल्लिग, अधिकरण कारक।

विकल्प–

(क) 1 और 4 ठीक हैं। (ख) 1 और 2 ठीक हैं।
(ग) 4 ठीक है। (घ) 2 ठीक है।

4. किन्हीं चार के उत्तर दीजिए– **1 × 4 = 4**

(*i*) आए महंत बसंत।

(क) अतिशयोक्ति (ख) उत्प्रेक्षा (ग) उपमा (घ) रूपक।

(*ii*) दिवसावसान का समय
मेघमय आसमान से उतर रही
संध्या सुंदरी परी-सी धीरे-धीरे।

(क) मानवीकरण (ख) अतिशयोक्ति (ग) उत्प्रेक्षा (घ) श्लेष।

(*iii*) रति सम रमणीय मूर्ति राधा की।

(क) उपमा (ख) मानवीकरण (ग) अतिशयोक्ति (घ) उत्प्रेक्षा।

(*iv*) चमचमात चंचल नयन बिच घूँघट पट झीन।
मानहु सुरसरिता विमल जल बिछुरत जुग मीन।।

(क) रूपक (ख) उत्प्रेक्षा (ग) अतिशयोक्ति (घ) मानवीकरण।

(*v*) हनुमान की पूँछ में लगन न पाई आग।
लंका सिगरी जल गई, गए निसाचर भाग।।

(क) उपमा (ख) अतिशयोक्ति (ग) मानवीकरण (घ) उत्प्रेक्षा।

प्रश्न-अभ्यास 7

1. निर्देशानुसार किन्हीं चार के उत्तर दीजिए– **1 × 4 = 4**

(*i*) **मिश्र वाक्य छाँटिए तथा सही विकल्प पर ✓ लगाइए–**

(*i*) ज्यों ही पुलिस आई, चोर भाग गया।
(*ii*) जब मैंने बालक को रोते देखा तो उससे रोने का कारण पूछा।
(*iii*) घंटी बजी और छात्र पुस्तकें उठाकर, कक्षा से निकलकर अपने घर चले गए।
(*iv*) मोहन के खेत में गायें चर रही थीं और उसने उन्हें खेत से बाहर निकाल दिया।

विकल्प–

(क) (*i*), (*ii*) ठीक हैं। (ख) (*iii*), (*iv*) ठीक हैं।
(ग) (*ii*), (*iii*) ठीक हैं। (घ) (*i*), (*iv*) ठीक हैं।

(*ii*) **दो सरल वाक्यों से एक संयुक्त वाक्य बनाइए–**

- वह उसके घर गया।
- वह अपने काम में लग गया।

(क) वह उसके घर गया और अपने काम में लग गया।
(ख) वह अपने घर जाकर अपने काम में लग गया।
(ग) जैसे ही वह घर गया वह अपने काम में लग गया।
(घ) वह उसके घर जाकर अपने काम में लग गया।

(*iii*) **वाक्य-भेद लिखिए–**

आकाश में उड़ते हुए बाज़ ने चिड़िया पकड़ी।

(क) सरल वाक्य (ख) संयुक्त वाक्य (ग) मिश्र वाक्य (घ) कोई नहीं।

(*iv*) **रेखांकित उपवाक्य का भेद लिखिए–**

उसने कहा कि मैं शादी पर अवश्य जाऊँगा।

(क) संज्ञा उपवाक्य (ख) विशेषण उपवाक्य
(ग) क्रियाविशेषण उपवाक्य (घ) प्रधान उपवाक्य।

(*v*) **मिश्र वाक्य बनाइए (दो सरल वाक्यों से)–**

- मैंने उसे समझाया।
- उसने अनसुना कर दिया।

(क) मैंने उसे समझाया किंतु उसने अनसुना कर दिया।
(ख) मेरे समझाने पर भी उसने अनसुना कर दिया।
(ग) यद्यपि मैंने उसे समझाया किंतु उसने अनसुना कर दिया।
(घ) मेरे समझाने पर भी वह अनसुना करता रहा।

2. **किन्हीं चार के उत्तर निर्देशानुसार दीजिए–** **1 × 4 = 4**

(*i*) **कर्तृवाच्य में बदलिए–**

लड़कियों द्वारा रात-भर पढ़ा गया।

(क) लड़कियों द्वारा रात-भर पढ़ाई की गई। (ख) लड़कियों ने रात-भर पढ़ाई की।
(ग) लड़कियाँ रात-भर पढ़ाई करती हैं। (घ) लड़कियाँ रात-भर पढ़ती थीं।

(*ii*) **कर्तृवाच्य में बदलिए–**

हलवाई द्वारा मिठाइयाँ बनाई गईं।

(क) हलवाई ने मिठाई बनाई। (ख) हलवाई ने मिठाइयाँ बनाईं।
(ग) हलवाई मिठाई बनाता है। (घ) हलवाई मिठाई बनाता था।

(*iii*) **कर्मवाच्य में बदलिए–**

सुरेश नाटक खेलता है।

(क) सुरेश द्वारा नाटक खेला जाता है। (ख) सुरेश द्वारा नाटक खेला जा रहा है।
(ग) सुरेश द्वारा नाटक खेला जाएगा। (घ) सुरेश द्वारा नाटक खेला गया।

(*iv*) **भाववाच्य वाक्य बनाइए तथा उचित विकल्प चुनिए–**

जाड़ों में गर्म पानी से नहाते हैं।

1. जाड़ों में गर्म पानी से नहाया जाएगा।
2. जाड़ों में गर्म पानी से नहाया जाता है।
3. जाड़ों में गर्म पानी से नहाया जा रहा है।
4. जाड़ों में गर्म पानी से नहाया जाता था।

विकल्प–

(क) 2 तथा 3 ठीक हैं। (ख) 2 ठीक है।
(ग) 1 ठीक है। (घ) 4 ठीक है।

(*v*) **वाच्य बताइए–**

मुझसे यों चुपचाप नहीं बैठा जाता।

(क) कर्तृवाच्य (ख) कर्मवाच्य (ग) भाववाच्य (घ) कोई नहीं।

3. **किन्हीं चार के निर्देशानुसार उत्तर दीजिए–** **1 × 4 = 4**

रेखांकित का पद-परिचय दीजिए–

(*i*) मीरा घर में रहती है।

(क) व्यक्तिवाचक संज्ञा, एकवचन, स्त्रीलिंग, कर्ता कारक।
(ख) व्यक्तिवाचक संज्ञा, बहुवचन, स्त्रीलिंग, कर्ता कारक।
(ग) व्यक्तिवाचक संज्ञा, एकवचन, पुल्लिंग, कर्ता कारक।
(घ) व्यक्तिवाचक संज्ञा, एकवचन, स्त्रीलिंग, कर्म कारक।

(*ii*) यह किताब मेरी है।

(क) सर्वनाम, निश्चयवाचक, एकवचन, पुल्लिंग।
(ख) सर्वनाम, निश्चयवाचक, एकवचन, स्त्रीलिंग।
(ग) विशेषण, सार्वनामिक, एकवचन, स्त्रीलिंग।
(घ) विशेषण, सार्वनामिक, एकवचन, पुल्लिंग।

(*iii*) वह विश्वास के योग्य नहीं है।

(क) क्रियाविशेषण, निषेधात्मक, 'है' क्रिया। (ख) क्रियाविशेषण, निषेधात्मक, 'योग्य है' क्रिया।
(ग) विशेषण, गुणवाचक, 'योग्य' विशेष्य। (घ) विशेषण, निषेधात्मक, 'है' क्रिया।

(*iv*) वाह ! कैसे सुंदर फूल हैं।

(क) अव्यय, विस्मयादिबोधक, हर्षबोधक। (ख) अव्यय, विस्मयादिबोधक, आश्चर्यबोधक।
(ग) अव्यय, विस्मयादिबोधक, व्यंग्यबोधक। (घ) अव्यय, विस्मयादिबोधक, प्रश्नबोधक।

(*v*) तुम तो मेधावी छात्र हो।– **इसका पद-परिचय निम्नलिखित विकल्पों में से चुनिए–**

1. सर्वनाम, उत्तम पुरुष, एकवचन, पुल्लिग, कर्ता कारक।
2. सर्वनाम, उत्तम पुरुष, बहुवचन, पुल्लिग, कर्ता कारक।
3. सर्वनाम, मध्यम पुरुष, एकवचन, पुल्लिग, कर्ता कारक।
4. सर्वनाम, मध्यम पुरुष, बहुवचन, पुल्लिग, कर्ता कारक।

विकल्प–

(क) 1 अथवा 2 ठीक हैं। (ख) 1 और 2 ठीक हैं।
(ग) 3 और 2 ठीक हैं। (घ) 3 और 4 ठीक हैं।

4. **किन्हीं चार के उत्तर दीजिए–** **1 × 4 = 4**

(*i*) किस अलंकार में जड़ पदार्थों को मानव के समान क्रिया करते दिखाया जाता है ?

(क) अतिशयोक्ति (ख) उत्प्रेक्षा (ग) श्लेष (घ) मानवीकरण।

(*ii*) कढ़त साथ ही म्यान तें, असि रिपु तन से प्रान।

(क) मानवीकरण (ख) अतिशयोक्ति (ग) उत्प्रेक्षा (घ) श्लेष।

(*iii*) मेघ आए बड़े बन-ठन के सँवर के।

(क) मानवीकरण (ख) अतिशयोक्ति (ग) उत्प्रेक्षा (घ) श्लेष।

(*iv*) चेहरा है मानो झील में हँसता हुआ कमल।

(क) मानवीकरण (ख) अतिशयोक्ति (ग) उत्प्रेक्षा (घ) उपमा।

(*v*) पुलक प्रकट करती है धरती हरित तृणों की नोकों से।
मानो झूम रहे हों तरु भी मंद पवन के झोंकों से।।

(क) उत्प्रेक्षा (ख) अतिशयोक्ति (ग) मानवीकरण (घ) रूपक।

प्रश्न-अभ्यास 8

1. निर्देशानुसार किन्हीं चार के उत्तर दीजिए– **1 × 4 = 4**

(*i*) **रेखांकित उपवाक्य का भेद लिखिए–**

एक ऐसा पत्र लिखो जिसमें विद्यालय की सभी समस्याओं का उल्लेख हो।

(क) संज्ञा उपवाक्य (ख) विशेषण उपवाक्य

(ग) क्रियाविशेषण उपवाक्य (घ) प्रधान उपवाक्य।

(*ii*) **रचना की दृष्टि से वाक्य-भेद लिखिए–**

अगर मन में सच्चा प्रेम हो तो संबंध कभी नहीं टूटते।

(क) सरल वाक्य (ख) संयुक्त वाक्य (ग) मिश्र वाक्य (घ) कोई नहीं

(*iii*) **कॉलम 1 और कॉलम 2 को सुमेलित कीजिए तथा उपयुक्त विकल्प छाँटिए।**

कॉलम 1	कॉलम 2
1. दहाड़ते शेर ने हमला कर दिया।	(*i*) मिश्र वाक्य
2. तुम सोओ तो मैं पढ़ूँ।	(*ii*) संयुक्त वाक्य
3. मैं सोचता रहा और समय निकल गया।	(*iii*) सरल वाक्य

विकल्प–

(क) 1–(*iii*), 2–(*i*), 3–(*ii*) (ख) 1–(*iii*), 2–(*ii*), 3–(*i*)

(ग) 1–(*i*), 2–(*ii*), 3–(*iii*) (घ) 1–(*ii*), 2–(*iii*), 3–(*i*)

(*iv*) **मिश्र वाक्य छाँटिए–**

(क) वह, जो दो दिन गाँव में रहा, सबका प्रिय हो गया।

(ख) गली में शोर हुआ और सब लोग बाहर आ गए।

(ग) वहाँ स्थित एक छोटे-से गाँव के चारों ओर जंगल था।

(घ) वहाँ छोटा-सा गाँव था जिसके चारों ओर जंगल था।

(*v*) **दो सरल वाक्यों से एक सरल वाक्य बनाइए–**

- छात्रों ने परिश्रम किया।
- वे उत्तीर्ण हो गए।

(क) छात्रों ने परिश्रम किया और उत्तीर्ण हो गए।

(ख) चूँकि छात्रों ने परिश्रम किया, इसलिए उत्तीर्ण हो गए।

(ग) छात्र परिश्रम करके उत्तीर्ण हो गए।

(घ) छात्र ने उत्तीर्ण होने के लिए परिश्रम किया।

2. किन्हीं चार के निर्देशानुसार उत्तर दीजिए– **1 × 4 = 4**

(*i*) **कर्तृवाच्य में बदलिए–**

तुमसे यह वज़न नहीं उठाया जाएगा।

(क) तुम यह वज़न नहीं उठाओगे। (ख) तुम यह वज़न नहीं उठा पाओगे।

(ग) तुमने यह वज़न नहीं उठाया। (घ) तुम इस वज़न को नहीं उठाओगे।

(*ii*) **कर्मवाच्य में बदलिए–**

हामिद पतंग उड़ा रहा है।

(क) हामिद से पतंग उड़ाई गई। (ख) हामिद से पतंग उड़ाई जा रही है।

(ग) हामिद से पतंग उड़ाई जाती है। (घ) हामिद से पतंग उड़ाई जाएगी।

(*iii*) **भाववाच्य में बदलिए तथा उचित विकल्प चुनिए–**

उमेश हँसा।

1. उमेश हँस नहीं सका। 2. उमेश से हँसा नहीं गया।
3. उमेश से हँसा गया। 4. उमेश से हँसा जाता है।

विकल्प–

(क) 3 तथा 4 ठीक हैं। (ख) 1 तथा 2 ठीक हैं।
(ग) 3 ठीक है। (घ) 4 ठीक है।

वाच्य बताइए–

(*iv*) अशोक ने विश्व को शांति का संदेश दिया।
(क) कर्तृवाच्य (ख) कर्मवाच्य (ग) भाववाच्य (घ) कोई नहीं।

(*v*) वह चुपचाप नहीं बैठ सकता।
(क) कर्तृवाच्य (ख) कर्मवाच्य (ग) भाववाच्य (घ) कोई नहीं।

3. **किन्हीं चार रेखांकित पदों के परिचय दीजिए–** **1 × 4 = 4**

(*i*) हम उपवन में गए।
(क) क्रिया, अकर्मक, पुल्लिग, बहुवचन, भूतकाल, कर्तृवाच्य।
(ख) क्रिया, सकर्मक, पुल्लिग, बहुवचन, भूतकाल, कर्तृवाच्य।
(ग) क्रिया, अकर्मक, पुल्लिग, एकवचन, भूतकाल, कर्तृवाच्य।
(घ) क्रिया, अकर्मक, स्त्रीलिंग, बहुवचन, भूतकाल, कर्तृवाच्य।

(*ii*) वह विश्वास के योग्य नहीं है।
(क) क्रियाविशेषण, निषेधात्मक, 'है' क्रिया। (ख) क्रियाविशेषण, निषेधात्मक, 'योग्य है' क्रिया।
(ग) विशेषण, गुणवाचक, 'योग्य' विशेष्य। (घ) विशेषण, निषेधात्मक, 'है' क्रिया।

(*iii*) वह कक्षा में बैठा रहता है।
(क) पुरुषवाचक सर्वनाम, अन्य पुरुषवाचक, पुल्लिग, एकवचन, कर्ता कारक।
(ख) पुरुषवाचक सर्वनाम, उत्तम पुरुषवाचक, पुल्लिग, एकवचन, कर्ता कारक।
(ग) पुरुषवाचक सर्वनाम, अन्य पुरुषवाचक, पुल्लिग, एकवचन, कर्म कारक।
(घ) विशेषण, सार्वनामिक, पुल्लिग, एकवचन, कर्म कारक।

(*iv*) **कॉलम 1 और कॉलम 2 को सुमेलित कीजिए और उचित विकल्प खोजिए–**

कॉलम 1	कॉलम 2
1. मैं धीरे-धीरे चला।	(*i*) कालवाचक क्रियाविशेषण
2. वह मुझे परसों मिला।	(*ii*) परिमाणवाचक क्रियाविशेषण
3. हमने ढेर सारे फल खाए।	(*iii*) रीतिवाचक क्रियाविशेषण

विकल्प–

(क) 1–(*i*), 2–(*ii*), 3–(*iii*) (ख) 1–(*ii*), 2–(*iii*), 3–(*i*)
(ग) 1–(*iii*), 2–(*i*), 3–(*ii*) (घ) 1–(*iii*), 2–(*ii*), 3–(*i*)

(*v*) मैं धीरे-धीरे चलता हूँ।– **में क्रियाविशेषण कौन-सा है?**
(क) मैं (ख) धीरे (ग) धीरे-धीरे (घ) चलता हूँ।

4. **किन्हीं चार प्रश्नों के उत्तर दीजिए–** **1 × 4 = 4**

(i) 'मानो' वाचक शब्द किस अलंकार से संबंधित है?

(क) मानवीकरण (ख) उपमा (ग) अतिशयोक्ति (घ) उत्प्रेक्षा।

(ii) हनुमान की पूँछ में लगन न पाई आग।
लंका सगरी जल गई, गए निशाचर भाग।।

(क) अतिशयोक्ति (ख) मानवीकरण (ग) उत्प्रेक्षा (घ) उपमा।

(iii) सत्य सील दृढ़ ध्वजा-पताका।

(क) अतिशयोक्ति (ख) मानवीकरण (ग) उत्प्रेक्षा (घ) रूपक।

(iv) सोहत ओढ़े पीत पट, स्याम सलोने गात।
मनो नीलमणि सैल पर, आतप पर्यौ प्रभात।।

(क) अतिशयोक्ति (ख) मानवीकरण (ग) उत्प्रेक्षा (घ) उपमा।

(v) लो यह लतिका भी भर लाई
मधु मुकुल नवल रस गागरी।

–इस पद्यांश में कौन-सा अलंकार है, सही विकल्प चुनिए–

1. अतिशयोक्ति 2. मानवीकरण 3. उत्प्रेक्षा 4. रूपक।

विकल्प–

(क) 1 तथा 2 (ख) 2
(ग) 2 तथा 3 (घ) 3

प्रश्न-अभ्यास 9

1. **किन्हीं चार को निर्देशानुसार बदलिए–**

(क) लंबे बालों वाली उस लड़की ने करिश्मा कर दिखाया। (मिश्र वाक्य बनाइए) 1
(ख) जो जान लगाकर काम करता है वह अवश्य सफल होता है। (सरल वाक्य बनाइए) 1
(ग) रात हुई और सड़कें खाली हुईं। (मिश्र वाक्य बनाइए) 1
(घ) वह रोज पार्क जाता है। वह सैर नहीं करता। (संयुक्त वाक्य बनाइए) 1
(ङ) अगर परिश्रम करता तो प्रथम आता। (वाक्य का प्रकार बताइए) 1

2. **निर्देशानुसार किन्हीं चार के वाच्य परिवर्तन कीजिए–**

(क) बुढ़िया से चला नहीं जा रहा। (कर्तृवाच्य) 1
(ख) बूढ़े लोगों पर दया करनी चाहिए। (भाववाच्य) 1
(ग) आजकल स्वच्छता पर बहुत ध्यान दिया जा रहा है। (कर्तृवाच्य) 1
(घ) मैदान में क्रिकेट खेली जा रही है। (कर्तृवाच्य) 1
(ङ) बच्चे फुटबॉल खेलेंगे। (कर्मवाच्य) 1

3. **किन्हीं चार रेखांकित पदों का परिचय दीजिए–**

(क) रमेश हमेशा झूठ बोलता है। 1
(ख) मोहिनी बहुत सुंदर है। 1 + 1
(ग) रामचंद्र जी ने रावण का संहार लंका में जाकर किया। 1
(घ) सोने की लंका भी रावण को बचा न पाई। 1

4. किन्हीं चार में प्रयुक्त अलंकार बताइए–

(क) राणा ने देखा इस पार 1
तब तक चेतक था उस पार।

(ख) हँस रही सँखिया मटर खड़ी। 1

(ग) जरा-से लाल केसर से 1
कि जैसे धुल गई हो।

(घ) मैया मैं तो चंद्र खिलौना लेहौं। 1

(ङ) सिर फट गया उसका वहीं 1
मानो अरुण रंग का घड़ा

प्रश्न-अभ्यास 10

1. निर्देशानुसार किन्हीं चार को बदलिए–

(क) गीता में कर्म का संदेश दिया गया है। (मिश्र वाक्य बनाइए) 1

(ख) यह रामचरितमानस है। इसे तुलसीदास ने लिखा है। (सरल वाक्य बनाइए) 1

(ग) मैं बाजार से केले और संतरे लाया। (संयुक्त वाक्य बनाइए) 1

(घ) अध्यापक कक्षा में आए। सब विद्यार्थी शांत हो गए। (सरल वाक्य बनाइए) 1

(ङ) जो बच्चा बोल रहा है, वह खड़ा हो जाए। (सरल वाक्य बनाइए) 1

2. निर्देशानुसार किन्हीं चार का वाच्य परिवर्तन कीजिए–

(क) मैं यह बात कह नहीं सकता। (कर्मवाच्य) 1

(ख) मैं गिड़गिड़ा नहीं सकता। (भाववाच्य) 1

(ग) मुझसे चापलूसी नहीं हो सकती। (कर्तृवाच्य) 1

(घ) हमारी टीम कल कबड्डी का मैच खेलेगी। (कर्मवाच्य) 1

(ङ) थकावट के मारे मुझसे चला नहीं जाता। (कर्तृवाच्य) 1

3. किन्हीं चार रेखांकित पदों का परिचय दीजिए–

(क) मुझे <u>मीठा</u> दूध अच्छा नहीं लगता। 1

(ख) रात को <u>देर तक</u> जागना अच्छा नहीं होता। 1

(ग) <u>पक्षी</u> आकाश में <u>उड़ते हैं</u>। 1 + 1

(घ) समुद्र में <u>तूफ़ान</u> आते ही रहते हैं। 1

4. किन्हीं चार में प्रयुक्त अलंकार बताइए–

(क) जुड़ गई जैसे दिशाएँ। 1

(ख) सोहत ओढ़े पीत पट स्याम सलोने गात। 1
मनो नीलमणि सैल पर आतप परयौ प्रभात।। 1

(ग) पत्रा ही तिथि पाइए वा घर के चहुँ पास। 1
सदा ही पून्योई रहत, आनन आप उजास।।

(घ) प्रातः नभ था बहुत नीला शंख जैसे। 1

(ङ) एक राम घनश्याम हित चातक तुलसीदास। 1

प्रश्न-अभ्यास 11

1. किन्हीं चार को निर्देशानुसार बदलिए–

(क) मैं रात को दूध पी रहा हूँ। (संयुक्त वाक्य बनाइए) 1

(ख) सवेरा हुआ और मुर्गे ने बाँग दी। (सरल वाक्य बनाइए) 1

(ग) मैं पैसे कमाने के लिए विदेश गया। (मिश्र वाक्य बनाइए) 1

(घ) मैं लँगड़ा हूँ। मैं तेज नहीं चल सकता। (सरल वाक्य में) 1

(ङ) मुझे टोपी वाले ने धक्का दिया था। (मिश्र वाक्य में) 1

2. किन्हीं चार का निर्देशानुसार वाच्य परिवर्तन कीजिए–

(क) बूढ़ा रातभर सो न सका। (भाववाच्य) 1

(ख) लड़कों द्वारा रातभर जागा गया। (कर्तृवाच्य) 1

(ग) लड़कियाँ रात-रात भर नाच सकती हैं। (कर्मवाच्य) 1

(घ) आजकल कन्याएँ लड़कों से अधिक मेहनत करती हैं। (कर्मवाच्य) 1

(ङ) मैं दिनभर बैठ न सका। (भाववाच्य) 1

3. किन्हीं चार रेखांकित पदों का परिचय दीजिए–

(क) कल से <u>सर्दी</u> शुरू हो गई है। 1

(ख) अचानक <u>बारिश</u> शुरू हो गई। 1

(ग) आगे आगे <u>देखो</u> हालात <u>बदलेंगे</u>। 1 + 1

(घ) <u>सभी</u> प्रश्नों के उत्तर देने अनिवार्य हैं। 1

4. किन्हीं चार में प्रयुक्त अलंकार बताइए–

(क) ले चला साथ में तुझे कनक
ज्यों भिक्षुक लेकर स्वर्ण झनक। 1

(ख) कढ़त साथ ही म्यान तें, असि रिपु तन ते प्रान। 1

(ग) तारा तो तरनि धूरि धारा में लगत जिमि
पारा पर पारा पारावार यों हलत है। 1

(घ) तनकर भाला यों बोल उठा–
राणा मुझको विश्राम न दे। 1

(ङ) पीपर पात सरिस मन डोला। 1

प्रश्न-अभ्यास 12

1. किन्हीं चार को निर्देशानुसार बदलिए–

(क) आगे आने वाला कार्यक्रम नाच गाने का होगा। (मिश्र वाक्य बनाइए) 1

(ख) मैंने एक भी कार्यक्रम ऐसा नहीं देखा जो मनोरंजक हो। (सरल वाक्य बनाइए) 1

(ग) मैं उच्च शिक्षा पाने के लिए दिल्ली गया। (संयुक्त वाक्य बनाइए) 1

(घ) उसने कोशिश तो बहुत की लेकिन सफल न हो सका। (सरल वाक्य बनाइए) 1

(ङ) उसने चश्मे वाले से पूछा था। (मिश्र वाक्य बनाइए) 1

2. निर्देशानुसार किन्हीं चार का वाच्य परिवर्तन कीजिए–

(क) हमसे रात भर सोया नहीं गया। (कर्तृवाच्य) 1

(ख) बच्चे प्रतिदिन फुटबाल खेलने के लिए जाया करते थे। (कर्मवाच्य) 1

(ग) मैं ठीक से बैठ नहीं सकता। (भाववाच्य) 1

(घ) मुझसे झूठ नहीं बोला जाएगा। (कर्तृवाच्य) 1

(ङ) मैं रोज की तरह व्यायाम करूँगा। (भाववाच्य) 1

3. **किन्हीं चार रेखांकित पदों का परिचय दीजिए–**

(क) मेरे पिता जी रोज सैर करने जाते हैं। 1

(ख) वह गंदी बातें करके ध्यान खींचता है। 1

(ग) वे नाश्ते में परांठा खाते हैं। 1 + 1

(घ) धीरे बोलो। 1

4. **किन्हीं चार में प्रयुक्त अलंकार बताइए–**

(क) भीगे नयना बरसे मानो
सावन उमड़ के आया हो। 1

(ख) मानो घर घर न हो, चिड़ियाघर हो। 1

(ग) लो यह लतिका भी भर लाई
मधु मुकुल नवल रस-गागरी। 1

(घ) पायो जी मैंने राम-रतन धन पायो। 1

(ङ) वह दीपशिखा-सी शांत भाव में लीन। 1

खंड-घ

रचना-भाग

पाठ्यक्रम
I. अनुच्छेद-लेखन
II. पत्र-लेखन (औपचारिक पत्र/अनौपचारिक पत्र)
III. लघुकथा-लेखन
IV. औपचारिक ई-मेल-लेखन
V. संवाद-लेखन
VI. सूचना-लेखन
VII. स्व-वृत्त लेखन
VIII. विज्ञापन-लेखन
IX. संदेश-लेखन

I. अनुच्छेद-लेखन

विचारात्मक अनुच्छेद

1. सौर ऊर्जा : सस्ती और स्वच्छ ऊर्जा
2. कोरोना काल और ऑनलाइन पढ़ाई
3. ऑनलाइन शिक्षा और शिक्षार्थियों की मूलभूत आवश्यकताएँ
4. ऑनलाइन पढ़ाई के गुण-दोष
5. साइबर सुरक्षा : जागरूकता ही समाधान
6. मानव और प्राकृतिक आपदाएँ
7. सड़क सुरक्षा : जीवन रक्षा
8. जीवन का कठिन दौर और मानसिक मज़बूती
9. कृत्रिम बुद्धिमत्ता (आर्टिफिशियल इंटेलिजेंस) का दौर
10. ऑनलाइन खरीदारी : व्यापार का बदलता स्वरूप
11. आधुनिक जीवन-शैली और स्वास्थ्य
12. उत्तम स्वास्थ्य–निरोगी काया
13. नैतिक मूल्यों के उत्थान में शिक्षा की भूमिका
14. समय बहुमूल्य है
15. श्रम का महत्त्व
16. भाग्य और पुरुषार्थ
17. जब आवत संतोष धन, सब धन धूरि समान
18. दूर के ढोल सुहावने लगते हैं
19. बुरा जो देखन मैं चला, बुरा न मिलिया कोय
20. परहित सरिस धर्म नहीं भाई
21. अंतरराष्ट्रीय महिला दिवस
22. समाचार-पत्र के नियमित पठन का महत्त्व
23. समाज में फैलता भ्रष्टाचार

राष्ट्रीय महत्त्व के अनुच्छेद

24. स्वतंत्रता का अमृत महोत्सव
25. मेरे सपनों का देश
26. स्त्री-शिक्षा
27. चाँद पर भारत
28. भारत की अंतरिक्ष-विजय
29. महिला सशक्तीकरण
30. राष्ट्र हमारा सबको प्यारा
31. भारतीय किसान
32. लोकतंत्र और चुनाव
33. स्वच्छता अभियान
34. अनेकता में एकता–भारत की पहचान

विविध समस्याओं पर अनुच्छेद

35. बाल-मज़दूरी
36. जंक फूड और युवा पीढ़ी
37. बुजुर्गों की समस्या
38. दहेज प्रथा–एक अभिशाप
39. विज्ञापनों का प्रभाव
40. बढ़ता आतंकवाद–एक चुनौती
41. बेरोजगारी
42. बढ़ती जनसंख्या का भयावह रूप

खेल, पर्यावरण, विज्ञान, संचार आदि पर अनुच्छेद

43. वृक्षारोपण का महत्त्व
44. यमुना नदी का संरक्षण
45. 20-20 क्रिकेट
46. जल बचाओ, पृथ्वी बचाओ
47. ग्लोबल वार्मिंग के खतरे
48. प्रदूषण
49. मेट्रो रेल : महानगरीय जीवन का सुखद सपना
50. इंटरनेट : सूचनाओं की खान

विद्यार्थी जीवन पर अनुच्छेद

51. छात्र-अनुशासन

मिश्रित अनुच्छेद

52. चुनाव का दिन
53. नारी और नौकरी
54. किसी ऐतिहासिक स्थल की यात्रा
55. पर्वतीय स्थल की यात्रा
56. जब मैं नाटक के संवाद भूल गया/गई

अनुच्छेद-लेखन

पाठ्यक्रम—समसामयिक विषयों पर संकेत-बिंदुओं पर आधारित लगभग 120 शब्दों का एक अनुच्छेद (विकल्प सहित)

अनुच्छेद-लेखन गद्य की लघुतम विधा है। इसमें किसी विचार, वाक्य, सूक्ति, अनुभव या दृश्य को कम-से-कम शब्दों में व्यक्त करना होता है। छोटे-छोटे वाक्य और कसी हुई रचना—अनुच्छेद-लेखन के दो महत्त्वपूर्ण गुण हैं।

अनुच्छेद लिखने में निम्नलिखित बातें ध्यान में रखनी चाहिए—

1. विषय को 10-12 वाक्यों या लगभग 120 शब्दों में बाँधना होता है।
2. वाक्य छोटे-छोटे तथा एक-दूसरे से जुड़े हुए होते हैं।
3. विचारों का प्रवाह शृंखला जैसा होता है।
4. उदाहरणों का संकेत-भर पर्याप्त होता है, विस्तृत वर्णन नहीं।
5. विषय का आरंभ सीधे विषय से होता है, इधर-उधर की भूमिका से नहीं।
6. विषय का फैलाव करने की बजाय उसका विकास करना होता है। अनुच्छेद वटवृक्ष के समान टहनीदार न होकर तने के समान इकहरा और ठोस होता है।
7. अनुच्छेद के अंत में निष्कर्ष समझ आ जाना चाहिए। विषय खुलकर स्पष्ट हो जाना चाहिए।
8. भाषा सरल, स्पष्ट, मुहावरेदार होती है।
9. रोचकता और मन रमाने की शक्ति अनुच्छेद-लेखन की अनिवार्य विशेषताएँ हैं।
10. अनुच्छेद-लेखन की कुशलता पाने का एक ही मंत्र है—अभ्यास, अभ्यास और अभ्यास।
11. यदि अनुच्छेद-लेखन के लिए संकेत-बिंदु दिए गए हों तो पहले उन बिंदुओं को समझना चाहिए। उन्हीं के आधार पर विषय का क्रम तैयार करना चाहिए। नीचे कुछ संकेत-बिंदु और उनके आधार पर अनुच्छेद-लेखन के उदाहरण दिए जा रहे हैं।

उदाहरण—निम्नलिखित संकेत-बिंदुओं को ध्यान से पढ़िए और उनके आधार पर लगभग 120 शब्दों के अनुच्छेद लिखिए।

विचारात्मक अनुच्छेद

1. सौर ऊर्जा : सस्ती और स्वच्छ ऊर्जा

[CBSE 2024]

विचार-बिंदु—• भूमिका • स्रोत • देश के लिए क्यों आवश्यक • लाभ

सौर ऊर्जा का अर्थ है- सूर्य से प्राप्त ऊर्जा। यों तो हमें गर्मी सूरज से ही प्राप्त होती है। परंतु यहाँ जिस ऊर्जा की बात हो रही है, वह है सूर्य की किरणों से विद्युत का उत्पादन। विद्युत सीधे नहीं मिलती। इसके उन्नत तकनीक की आवश्यकता होती है। इसके लिए खुले आकाश में सौर पैनल लगाए जाते हैं। सौर ऊर्जा सबसे स्वच्छ और सस्ती ऊर्जा है। इसका निर्माण करने में न कोयला जलता है, न डीजल फुँकता है, न रेडियोधर्मी किरणें फैलती हैं। तीनों प्रकार की ऊर्जा उत्पादन करते हुए वातावरण में प्रदूषण फैलता है। सौर ऊर्जा से किसी प्रकार का प्रदूषण नहीं फैलता। इसलिए इसे सबसे स्वच्छ ऊर्जा कहा गया है। सौर ऊर्जा कभी न समाप्त होने वाली ऊर्जा है। जब तक सूरज रहेगा, सौर ऊर्जा भी रहेगी। तेल-कोयले और परमाणुओं के भंडार समाप्त हो सकते हैं; किंतु सूर्य की किरणें कभी समाप्त नहीं हो सकती। भारत का सबसे अधिक खर्च पैट्रोल और डीजल के आयात पर होता है। सौर ऊर्जा उत्पन्न होने से यह खर्चा घटेगा। देशवासियों पर पड़ने वाला महँगी बिजली का खर्च कम होगा। भारत ने सौर ऊर्जा का पर्याप्त विकास कर लिया है। हमारे अनेक हवाई अड्डे, बड़े-बड़े भवन सौर ऊर्जा से चल रहे हैं। यहाँ तक कि चंद्रमा की ओर जाने वाला चंद्रयान भी पूरी तरह सौर ऊर्जा पर निर्भर था। अभी आम देशवासियों ने इसके महत्त्व को पूरी तरह समझा नहीं है। जिस दिन वे दैनिक उपयोग में सौर ऊर्जा का प्रयोग करना शुरू करेंगे, उस दिन भारत का विकास तेज गति से होने लगेगा।

2. कोरोना काल और ऑनलाइन पढ़ाई

[*CBSE प्रतिदर्श प्रश्नपत्र 2021–22*]

विचार-बिंदु—• भूमिका • लॉकडाउन की घोषणा • ऑनलाइन कक्षाओं का आरंभ • इसके लाभ • ऑफ़लाइन कक्षाओं से तुलना • तकनीकी से जुड़ी बाधाएँ • निष्कर्ष

ऑनलाइन पढ़ाई कोरोना महामारी में से मिला हुआ वरदान है। यदि कोरोना-संकट न आता तो हमारे स्कूल-कॉलेज ऑनलाइन पढ़ाई के बारे में सोचने की भी कोशिश न करते। जब कोरोना में स्कूल-कॉलेज बंद हो गए तो ऑनलाइन पढ़ाई का विकल्प हमारे लिए वरदान सिद्ध हुआ। यद्यपि भारत जैसे गरीब देश में ऑनलाइन शिक्षा दी जानी संभव नहीं है। न ही इतने मोबाइल हैं, न स्मार्ट फोन हैं, न कनैक्टिविटी इतनी मज़बूत है। फिर भी कुछ समर्थ स्कूलों-कॉलेजों ने दबाव बनाकर और तकनीकी व्यवस्थाएँ बनाकर ऑनलाइन पढ़ाई आरंभ की। निश्चित रूप से गंभीर छात्रों ने उसका पूरा लाभ भी उठाया। किंतु जो बच्चे अधिक गंभीर नहीं थे, उन्हें हर जगह परेशानी ही नज़र आई। यही बात अध्यापकों के बारे में सच है। कुछ समर्पित अध्यापकों ने ऑनलाइन माध्यम से बहुत कुशलता से पढ़ाई करवाई। जो छात्र रुचि नहीं लेते, उन्हें नियंत्रित करने के भी उपाय किए। न केवल बच्चों को सीट पर बैठाया, उनसे काम करवाया तथा उनकी परीक्षा भी ली। अनुभव यही कहता है कि यदि अध्यापक और विद्यार्थी ठान लें तो ऑनलाइन माध्यम से भी शिक्षा-कार्य कर सकते हैं। जहाँ तक प्रत्यक्ष कक्षाओं में मिलने वाली शिक्षा की बात है, उसका मुकाबला नहीं किया जा सकता। बच्चे संस्कार तो प्रत्यक्ष कक्षा में ही लेते हैं, गतिविधियाँ भी प्रत्यक्ष कक्षा में हो सकती हैं और प्रयोग भी। निष्कर्ष यह है कि ऑनलाइन शिक्षा प्रत्यक्ष शिक्षा का पूर्ण विकल्प तो नहीं है किंतु उसका परम सहयोगी माध्यम अवश्य है।

3. ऑनलाइन शिक्षा और शिक्षार्थियों की मूलभूत आवश्यकताएँ

[*CBSE 2023*]

विचार-बिंदु—• शिक्षार्थियों की मूल आवश्यकताएँ • ऑनलाइन माध्यम : पहुँच और सीमाएँ • किन मूल आवश्यकताओं की पूर्ति ऑनलाइन से असंभव • उससे मिला सबक।

शिक्षार्थी की मूलभूत आवश्यकता है – ज्ञान, रोजगार और लोक व्यवहार अर्जित करना। इन तीनों के बिना शिक्षार्थी अधूरा रहता है। यदि रोज नया ज्ञान न मिले तो शिक्षा व्यर्थ। यदि अध्ययन के बाद रोजगार न मिले तो शिक्षा बेकार। यदि विद्यालय में रहकर शिष्टाचार का स्वभाव न बने तो शिक्षा का कोई अर्थ नहीं। ये तीनों शिक्षा के मूलभूत अंग हैं। ऑनलाइन माध्यम इन तीनों दिशाओं में कुछ सीमा तक समर्थ हैं। ज्ञान-प्राप्ति के लिए ऑनलाइन माध्यम विद्यालयी शिक्षा से भी अधिक प्रभावी है। ऑनलाइन माध्यम से योग्यतम शिक्षकों के पाठ उपलब्ध हो सकते हैं। वे पाठ वीडियो, ऑडियो या प्रत्यक्ष माध्यम के हो सकते हैं। इनमें विद्यार्थियों की रुचि अधिक हो सकती है। इसकी सीमा यह है कि विद्यार्थी सीधे-सीधे अपने शिक्षक से प्रश्न पूछकर संतुष्ट नहीं हो पाता। रोजगार की दृष्टि से ऑनलाइन शिक्षा कुछ विषयों में बहुत प्रभावी हो सकती है तो कुछ प्रयोगात्मक विषयों में अधूरी हो सकती है। जहाँ तक विद्यार्थियों और अध्यापकों के बीच रहकर लोक व्यवहार सीखने की बात है, उसमें ऑनलाइन शिक्षा बिल्कुल बेकाम है। गुरुजी के प्रति श्रद्धा, अपने सहपाठियों के साथ ईर्ष्या-द्वेष, प्रेम-स्नेह, सहयोग-तिरस्कार सीखना तो साथ-साथ रहने से ही आ सकता है। विशेष परिस्थिति में कौन-सा व्यवहार होना चाहिए, इसका ज्ञान होना अलग बात है, किंतु उसके अनुसार व्यवहार करना दूसरी बात है। व्यवहार को ढालने में वर्षों-वर्ष लगते हैं, अहंकार पिघलता है, स्नेह का विस्तार होता है। ये गुण केवल प्रत्यक्ष शिक्षा से ही आ सकते हैं। इसलिए यह निष्कर्ष सत्य है कि ऑनलाइन शिक्षा मूलभूत शिक्षा की सहयोगी तो हो सकती है, किंतु उसका स्थान नहीं ले सकती। वह चलता-फिरता रोबोट है जिससे सेवाएँ ली जा सकती हैं किंतु, उसे जीवनसाथी नहीं बनाया जा सकता। उसके लिए संवेदनाएँ चाहिए।

4. ऑनलाइन पढ़ाई के गुण-दोष

[के.वि.सं. जम्मू ; 2022]

विचार-बिंदु— • ऑनलाइन पढ़ाई का अर्थ • गुण-दोष • अनुभव

अथवा

ऑनलाइन शिक्षा : शिक्षा-जगत में नवीन क्रांति

[CBSE 2022]

विचार-बिंदु— • वर्तमान परिप्रेक्ष्य में अनिवार्यता • सकारात्मक प्रभाव • कमियाँ • सुझाव

ऑनलाइन पढ़ाई का अर्थ है– इंटरनेट के माध्यम से पढ़ाई करना। इस पढ़ाई के दो रूप प्रमुख हैं। एक, आजकल हर विषय की पढ़ाई गूगल पर उपलब्ध है। विविध विषयों के विशेषज्ञों ने अपने पाठ यूट्यूब या अन्य अनेक ऐप्स पर डाल रखे हैं। कुछ मुफ्त हैं तो कुछ समूल्य। ऑनलाइन पैसे चुकाने पर कोई भी छात्र कहीं भी बैठकर कोई भी विषय पढ़ सकता है, सीख सकता है। ऑनलाइन शिक्षा का सबसे प्रभावी और उपयोगी गुण यही है। इन पाठों को कभी भी पढ़ा जा सकता है, बार-बार पढ़ा-देखा जा सकता है, धीमे-धीमे या तेज गति से देखा जा सकता है। शिक्षार्थी विश्व भर के किसी भी अध्यापक से ज्ञान प्राप्त कर सकता है। ऐसा पहले कभी संभव नहीं था। ऑनलाइन शिक्षा का दूसरा रूप है– स्कूलों-कॉलेजों की प्रत्यक्ष शिक्षा की जगह सबकुछ ऑनलाइन सीखना। इस दूसरे रूप में बहुत संकट और बाधाएँ हैं। पहली बात, इतने मोबाइल, कनैक्शन और कनेक्टिविटी नहीं है। हो तो, अध्यापक और विद्यार्थी का एक-साथ मिलन संभव नहीं होता। विद्यार्थी ऑनलाइन शिक्षा से ऊब जाते हैं। उनका मन तभी लगता है तब उनके साथी-सहपाठी साथ हों। फिर प्रैक्टिकल विषय तो पढ़ाए ही नहीं जा सकते। छोटे बच्चों के साथ तो अभिभावकों को भी समय देना पड़ता है। अतः ऑनलाइन शिक्षा स्कूल-कॉलेज की जगह तो नहीं ले सकते; किंतु बने-बनाए पाठ्यक्रमों को समझने के लिए यह माध्यम बहुत प्रभावी है।

5. साइबर सुरक्षा : जागरूकता ही समाधान

[CBSE 2024]

विचार-बिंदु— • भूमिका • अर्थ • वर्तमान में चर्चा का कारण • जागरूकता का प्रभाव

हम साइबर-युग में जी रहे हैं। कंप्यूटर नेटवर्क और सोशल मीडिया के बिना हमारा दिन नहीं गुजरता। आजकल तो भारत में नकद लेन-देन की बजाय सब जगह ऑनलाइन भुगतान होने लगा है। ऑनलाइन खरीददारी करना; व्हाट्सअप्प, ट्विटर, फेसबुक आदि सोशल चैनलों पर व्यक्तिगत जानकारी प्रसारित करना रोजमर्रा की आदतें हो गई हैं। ये सुविधाएँ जादुई प्रतीत होती हैं किंतु इनके खतरे भी अनेक हैं। अनेक साइबर अपराधी हमारा खाता हैक कर लेते हैं। फिर वे हमारे दोस्तों-संबंधियो से पैसे माँगते हैं या उन्हें अपनी गोपनीय जानकारी लीक करने का भय दिखाकर आपसे पैसे ऐंठते हैं। हम अपने व्यक्तिगत चित्र का संदेश अपने मित्रों को भेजते हैं किंतु साइबर अपराधी इन्हें चुराकर आपका शोषण करते हैं। साइबर अपराधी कुछ जानकारियाँ चुराकर आपके बैंक खाते से पैसे निकाल लेते हैं या धनराशि में हेरफेर कर देते हैं। आपकी जानकारियाँ चुराना, उन्हें किसी अपराधी गिरोह को बेचना साइबर अपराध हैं जिनकी चर्चा समाज में खूब होती है। लोग साइबर अपराधों से भयभीत रहने लगते हैं। कई लोग तो कंप्यूटर पर लेन-देन ही छोड़ देते हैं। परंतु यह समस्या का स्थायी समाधान नहीं है। साइबर सुरक्षा के लिए अनेक कानून भी बने हैं, लेकिन उनकी प्रक्रिया बहुत जटिल है। साइबर अपराधों से बचने का सर्वोत्तम उपाय है– अपराधों के बारे में जानकारी रखना, सावधान रहना तथा अनावश्यक जानकारियाँ सोशल मीडिया पर न डालना। गलती से भी किसी अनजान काल के निवेदन पर अपना खाता नंबर, आधार कार्ड, ओटीपी आदि न भेजना। आजकल साइबर अपराधी आपके अपने हितैषी या सरकारी संस्था के प्रतिनिधि बनकर बात करते हैं। उनकी बातों में न आना साइबर सुरक्षा पाने का सर्वोत्तम उपाय है।

6. मानव और प्राकृतिक आपदाएँ

[CBSE प्रतिदर्श प्रश्नपत्र 2021–22]

विचार-बिंदु—• भूमिका • प्रकृति और मानव का नाता • मानव द्वारा बिना सोचे-विचारे प्रकृति का दोहन • कारण एवं प्रभाव • प्रकृति के रौद्र रूप के लिए दोषी कौन • निष्कर्ष

मानव प्रकृति की संतान है। प्रकृति के अनंत रूप हैं। कुछ रूप बहुत मनोरम हैं तो कुछ भयानक। प्रकृति जब अपने भयानक रूपों के साथ हमारे सामने आती है तो हम भयभीत हो उठते हैं। जबकि वह रूप प्रकृति की लीला है, खेल है। यदि मनुष्य धरती पर न होता तो भी तूफान आते, आँधियाँ चलतीं, बाढ़ें आतीं, भूकंप आते और पहाड़ गिरते। जब से मनुष्य ने प्रकृति के साथ छेड़छाड़ करनी शुरू की है तो प्रकृति के रूपरंग में बदलाव आया है। बहुत-सी प्राकृतिक आपदाएँ ऐसी हैं जिनका मूल कारण मनुष्य की छेड़छाड़ है। पहाड़ों पर बाँध बनाना, सड़कें और सुरंगें बनाना, उन्हें विस्फोटों से उड़ाना, पेट्रोल और डीजल का अत्यधिक उपयोग करके प्रदूषण फैलाना, जंगल काट डालना, वातावरण में गर्मी बढ़ाना और फिर ग्लेशियरों का पिघलना—ये ऐसी करतूतें हैं जिनके कारण प्रकृति बहुत विनाशक रूप धारण कर लेती है। कई बार समुद्री तूफानों ने, चक्रवातों ने, सूनामियों ने समुद्रतट पर रहने वालों को उजाड़ डाला है; बड़े-बड़े समुद्री जहाजों को पलट डाला है, फिर भी विकास के नशे में मनुष्य मानता नहीं है। परंतु मनुष्य कितना भी कर ले, प्रकृति को जीता नहीं जा सकता, उसके आशीष की छाया में जिया जा सकता है।

7. सड़क सुरक्षा : जीवन रक्षा

[CBSE प्रतिदर्श प्रश्नपत्र 2021–22]

विचार-बिंदु—• भूमिका • सड़क सुरक्षा से जुड़े कुछ प्रमुख नियम • सड़क सुरक्षा के नियमों की अनदेखी से होने वाली हानियाँ • इन्हें अपनाने के लाभ • निष्कर्ष

जीवन के लिए सबसे बड़ा सरोकार है— सुरक्षा। जब से मनुष्य ने आवागमन के साधन बहुत तीव्र किए हैं, तब से हमारी सुरक्षा भी खतरे में पड़ी है। हमने शानदार सड़कें बनाईं किंतु मोटरसाइकिलें और कारें उससे भी तेज गति से चलाने के प्रबंध कर दिए। परिणाम यह हुआ कि हमारा जीवन खतरे में पड़ गया। यद्यपि सड़क-सुरक्षा के नियम बने हुए हैं। सड़कों पर गति-सीमा लिखी रहती है। चौराहों पर लाल-पीली-हरी बत्तियाँ हैं। ट्रैफिक पुलिस और निगरानी-व्यवस्था भी बनी हुई है, किंतु बहुत-से लोग सड़क-सुरक्षा के उन नियमों की अनदेखी करते हैं। बाइकर्स हेलमेट नहीं पहनते, कार-ड्राइवर सीट-बेल्ट नहीं पहनते। वे गति के नशे में लाल बत्ती में भी चौराहे पार करते हैं और गति-सीमा से बहुत अधिक गति से वाहन चलाते हैं। सड़क पर चल रहे वाहनों से आगे निकलने के भी नियम हैं। अपनी लेन में चलना, दाईं ओर से ओवरटेक करना आदि। परंतु सैकड़ों वाहनचालकों में से एक भी लापरवाही करता है तो सड़क पर कोहराम मच जाता है। अधिकतर दुर्घटनाएँ सड़क-सुरक्षा के नियमों का उल्लंघन करने से होती हैं। सड़क के किनारे आकर्षक विज्ञापन लगाना या शराब पीकर गाड़ी चलाना भी सड़क-दुर्घटनाओं का एक कारण है। इनके पालन में ही बचाव है।

8. जीवन का कठिन दौर और मानसिक मज़बूती

[CBSE प्रतिदर्श प्रश्नपत्र 2022–23]

विचार-बिंदु—• मानसिक दृढ़ता से मुश्किल हालातों का सामना संभव • कठिन हालातों से दो-दो हाथ करने की शक्ति • अनेक संघर्षशील व्यक्तियों के उदाहरण • मानसिक दृढ़ता का संकल्प

अँधेरा घुप्प हो तो प्रकाश के बिना काम नहीं चलता। हाथों में कोई दीया या माचिस न हो तो फिर अपनी आँखों को तेज करना पड़ता है। आँखें भी काम न करें तो मन में संकल्प का दीया जलाना पड़ता है। अँधेरे से लड़ने का यही एक उपाय है। जब जीवन में कठिन हालात आएँ तो सबसे पहले अपनी कमर कस लेनी चाहिए, मुट्ठियाँ भींच लेनी चाहिए। मन में दृढ़ कर लेना चाहिए कि मुझे हथियार डालने नहीं हैं, हथियार उठाने हैं। लगभग सभी महापुरुषों ने यही किया, तभी वे महापुरुष कहलाए। भगवान राम ने राजमुकुट छीने जाने पर भी मुस्कान नहीं छोड़ी। वनवास में सीता का अपहरण हो गया, तो भी अपनी आन और

आस नहीं छोड़ी। निहत्थे वानर, भालुओं, कोल-भीलों को लेकर लंका पर चढ़ाई कर दी और सोने की लंका ढहा दी। कृष्ण ने बचपन में ही क्रूर राजा कंस को पटखनी दी। वीर सावरकार ने अंग्रेज़ों की राजधानी में रहकर स्वतंत्रता-संग्राम पर पुस्तक लिखी और संसार-भर में उनके विरुद्ध बिगुल बजा दिया। रानी लक्ष्मीबाई हो या वीर हकीकत राय, गुरु गोविंद सिंह हो या शिवाजी–सबने संकटों में अद्‌भुत कार्य करके दिखाए। एक खिलाड़ी दुर्घटना में टाँग गँवा बैठा, फिर भी धावक बना। एक नर्तकी ने भी एक टाँग खोने के बाद सर्वश्रेष्ठ नर्तकी होने का पुरस्कार जीता। वास्तव में बात मानसिक दृढ़ता की है। जिसका मन दृढ़ है, उसे कोई नहीं हरा सकता। सच ही कहा गया है–

मन के हारे हार है। मन के जीते जीत।

9. कृत्रिम बुद्धिमत्ता (आर्टिफिशियल इंटेलिजेंस) का दौर

[CBSE 2021]

विचार-बिंदु—• कृत्रिम बुद्धिमत्ता क्या है ? कैसे काम करती है ? • वर्तमान में इसका प्रचार-प्रसार अधिक कैसे हुआ ? • इसके लाभ और खतरे • हमारे जीवन पर प्रभाव

कृत्रिम बुद्धिमत्ता का अर्थ है– बनावटी दिमाग। मनुष्य जो काम अपने मस्तिष्क से करता है– सोचता है, सीखता है और निर्णय लेता है– वही काम अब मनुष्य की बनाई हुई मशीन करे। मशीन ही सोचे, परिस्थिति को भाँपे और उसके अनुसार सही निर्णय ले। जैसे, गूगल ऐप यात्रा की लोकेशन बताने का काम मशीन से लेता है। कंप्यूटर ही हर क्षण बदलती सड़कों, स्थितियों, जाम आदि को देखकर सही रास्ते बताता है। यह काम कृत्रिम बुद्धि का है। अनुवाद करते समय मशीन एक ही शब्द के दो अर्थों में से एक सही शब्द का चयन करती है। हमारी आवाज़ को सुनकर उसे लिखित रूप में प्रस्तुत करना, एलेक्सा के द्वारा आवाज़ सुनकर तत्काल गाने चलाना या प्रति-उत्तर देना कृत्रिम बुद्धि के ही काम हैं। इसके लिए रोबोट के मस्तिष्क में ढेर सारी सूचनाएँ और सेंसर डाले जाते हैं। आजकल उन्हें सोचने और विविध निर्णयों में से डाटा के आधार पर सही निर्णय लेने का प्रशिक्षण भी दिया जा रहा है। धीरे-धीरे ये मशीनें बहुत हद तक सही निर्णय लेने लगेंगी। वर्तमान काल में एमेजन, गूगल आदि कंपनियाँ अपने कार्य-विस्तार के लिए इसका उपयोग कर रही हैं। गूगल पर एक चीज़ खरीदनी हो तो ढेर सारे विज्ञापन पल-भर में आ जाते हैं; टिकट खरीदनी हों तो अनेक एजेंसियाँ आपके मोबाइल पर दस्तक देने लगती हैं–ये सब कृत्रिम बुद्धि के ही खेल हैं। इसके लाभ यही हैं कि मनुष्य की बहुत सारी गतिविधियाँ उसकी मुट्ठी में हो गई हैं। वह घर बैठे-बैठे लगभग सभी काम कर सकता है। खतरा यह है कि वह मशीन का गुलाम बनता जा रहा है। यदि कभी मशीनी दिमाग मनुष्य से भी अधिक शक्तिशाली हो गया और उसके विरुद्ध खड़ा हो गया–तो क्या होगा ? इसका पता किसी को नहीं है। यह सच है कि कृत्रिम बुद्धि ने हमारे जीवन को बहुत सुविधापूर्ण बना दिया है।

10. ऑनलाइन खरीदारी : व्यापार का बदलता स्वरूप

[CBSE 2021]

विचार-बिंदु—• वर्तमान में इसकी अनिवार्यता • सकारात्मक और नकारात्मक प्रभाव • सुझाव

व्यापार और खरीदारी का नाम सुनते ही हमारे सामने व्यस्त बाज़ार और चमचमाते शोरूम नज़र आते हैं। आज भी खरीदारी का यही रूप प्रचलित है। जब से कंप्यूटर और मोबाइल स्मार्ट हो गए हैं, तब से खरीदारी ऑनलाइन करने का फैशन चल पड़ा है। यदि ऑनलाइन व्यापार की लाभ-हानि सोचें तो इसमें लाभ अधिक हैं, हानियाँ कम। ऑनलाइन खरीदारी से खरीदार का समय बचता है, आने-जाने का समय, पेट्रोल और व्यय बचता है। भीड़भाड़ का सामना नहीं करना पड़ता। अधिकतर चीज़ें सस्ती मिलती हैं। यदि चीज़ पसंद न आई तो घर बैठे उसे वापस भी किया जा सकता है। इतने सारे लाभों के चलते ऑनलाइन खरीदारी एक वरदान है। कोरोना के समय में तो ऑनलाइन खरीदारी वरदान थी। बड़े-बड़े महानगरों में तो लोग सौंठ-जीरा, आलू-बैंगन तक ऑनलाइन मँगाने लगे हैं। जहाँ ऑनलाइन खरीदारी के लाभ हैं, वहाँ हानियाँ भी बहुत हैं। जो चीज़ ऑनलाइन दिखाई देती है, वह वास्तविक न होकर उसका चित्र या आभास होती है। आप देखते कुछ हैं और मिलता कुछ है। इस खरीदारी में नकली या

हल्का माल मिलने के अवसर अधिक होते हैं। कपड़े की पहचान रंगों, डिजाइनों से नहीं, कपड़े की गुणवत्ता से आँकी जाती है। इसलिए ऑनलाइन खरीदारी से धोखाधड़ी होने की आशंका बनी रहती है। ऑनलाइन खरीदारी से गैरजिम्मेदार और अपराधी किस्म के सप्लाई-ब्वायज़ की समस्या, ऑनलाइन बैंकिंग से खाते खाली होने की समस्या भी जुड़ी है। इस बारे में सच यही है कि ऑनलाइन खरीदारी में सावधानी बहुत चाहिए। जो लोग खरीदारी की लत के शिकार हो जाते हैं, उन्हें तो बहुत सँभलकर चलना चाहिए।

11. आधुनिक जीवन-शैली और स्वास्थ्य

[CBSE 2020]

विचार-बिंदु—• जीवन-शैली में आ रहे परिवर्तन • स्वास्थ्य का महत्त्व • जीवन-शैली का स्वास्थ्य पर प्रभाव

आधुनिक जीवन-शैली और परंपरागत जीवन-शैली में मूलभूत अंतर है। परंपरागत जीवन-शैली कहती है–अपने जीवन को संयम और तप से जियो ताकि मनुष्य आजीवन स्वस्थ रहे और दवाई की आवश्यकता ही न रहे। आधुनिक जीवन-शैली कहती है–जी भरकर खाओ। अपच हो जाए तो हाजमोला खाओ और जिम में जाओ। आधुनिक जीवन-शैली भोग-प्रधान है। स्वयं डॉक्टर बीमार हैं। कितने ही हृदय-विशेषज्ञ डॉक्टर खुद हृदयाघात से पीड़ित हैं। आधुनिक जीवन-शैली में लोग रात-रात भर खाते-पीते हैं, नाचते हैं और सुबह देरी से उठते हैं जिससे मोटापा, आलस्य और रक्तचाप-शुगर की बीमारी सभी को होने लगी है। खानपान के बारे में इतनी अनदेखी हो रही है कि बाज़ार में जंक फूड का साम्राज्य है। लोग रसोई का बना खाने की बजाय तले-मसालेदार व्यंजन खा-खाकर अपच के शिकार हो रहे हैं। परिणामस्वरूप युवकों को भी रक्तचाप और मधुमेह की बीमारी ग्रसने लगी है। अब नई पीढ़ी प्रात:कालीन सैर की बजाय जिम में जाना पसंद कर रही है; माँ के हाथों की पकी रोटी की बजाय बेकरी में मशीनों से बने व्यंजन खाना पसंद कर रही है। परिणामस्वरूप नई पीढ़ी दीखने में चाहे आधुनिक हो किंतु भीतर से खोखली है। जब डॉक्टर उन्हें महँगे इलाज द्वारा निर्देश देते हैं, तभी वे परंपरागत जीवनशैली का महत्त्व समझते हैं। किंतु दुर्भाग्य यह है कि वे महत्त्व समझते ही हैं, आचरण में वही करते हैं– देर से सोना, देर से उठना, जंक-फूड खाना। आधुनिक जो है। आधुनिक होने के नाम पर वे अनाप-शनाप कुछ भी खाते-पीते-पहनते हैं। यह चिंताजनक है।

12. उत्तम स्वास्थ्य–निरोगी काया

[CASE 2022–23]

विचार-बिंदु—• उत्तम स्वास्थ्य क्यों आवश्यक है ? • उत्तम स्वास्थ्य कैसे प्राप्त किया जा सकता है • व्यायाम और उत्तम स्वास्थ्य एक-दूसरे के पूरक • उपसंहार

जीवन जीने का सच्चा आनंद तभी मिलता है, जब शरीर स्वस्थ हो। अस्वस्थ शरीर का पूरा ध्यान अपने कष्ट में ही लगा रहता है। जिसके घुटनों में दर्द हो, वह भला सैरसपाटे का मजा कैसे लेगा ? जिसके पेट में अपच हो, वह स्वादिष्ट व्यंजनों का आनंद कैसे लेगा ? जिसका सिर दर्द के मारे फटा जा रहा हो, वह फ़िल्म या गाने का आनंद कैसे लेगा? जिसकी पीठ में दर्द हो, वह ध्यान, साधना और प्रार्थना कैसे करेगा ? जीवन के हर सुख के लिए उत्तम स्वास्थ्य जरूरी है। उत्तम स्वास्थ्य का संबंध अच्छा खाने-पीने से उतना नहीं है, जितना कि व्यायाम, खेल और योगासन से। नित्य प्रात: उठकर खुली हवा में साँस लेना, दौड़ लगाना, व्यायाम-योगासन करना, कोई शारीरिक खेल खेलना, तैराकी करना अच्छे स्वास्थ्य के लिए आवश्यक हैं। सौभाग्य से आज मोबाइल में योगासन के सभी तरीके उपलब्ध हैं। आजकल तो सार्वजनिक पार्कों में और व्यायाम-शालाओं में सभी सुविधाएँ उपलब्ध हैं। जरूरत है, उन्हें जीवन में अपनाने की। आज भी प्रधानमंत्री नरेंद्र मोदी अपने व्यस्ततम समय में से योगासन के लिए समय निकाल लेते हैं। यही कारण है कि पूरी तरह स्वस्थ होकर देश-कल्याण के काम में संलग्न हैं। जिसे भी जीवन का सही सुख लेना हो, उसे अपने शारीरिक स्वास्थ्य और नीरोगता का पूरा ध्यान रखना चाहिए।

13. नैतिक मूल्यों के उत्थान में शिक्षा की भूमिका

[CBSE 2020]

विचार-बिंदु—• शिक्षा का सही उद्देश्य • शिक्षा के माध्यम से नैतिक मूल्य • नैतिक मूल्यों में गिरावट

अथवा

विद्यालयों की ज़िम्मेदारी– बेहतर नागरिक-बोध

[CBSE 2020]

विचार-बिंदु—• व्यक्तित्व निर्माण में विद्यालय का स्थान • राष्ट्र और समाज के प्रति उत्तरदायित्व • नागरिक अधिकारों-कर्तव्यों का बोध

शिक्षा से शब्द बना है– सीख। शिक्षा मनुष्य को सही मनुष्यता सिखाने से ही धन्य होती है। मनुष्यता का अर्थ है– मनुष्य के नैतिक मूल्य। करुणा, प्रेम, सहयोग, दया, परिश्रम, उदारता आदि। वास्तव में शिक्षा का उद्देश्य मनुष्य को सच्चा और सच्चरित्र मनुष्य बनाना है। यदि विद्यार्थी विद्यालय से जमा-घटा और क.ख.ग. सीख गया किंतु सद्व्यवहार न सीखा तो वह शिक्षा अपूर्ण है। यही कारण है कि जहाँ किसी बैंकर, इंजीनियर या व्यापारी को काम के बदले सम्मान नहीं मिलता, किंतु अध्यापक को गुरुजी कहकर सम्मानित किया जाता है, उसके चरण छुए जाते हैं। विद्यालय में बच्चे को माता-पिता का आदर, देश-धर्म और महापुरुषों के प्रति श्रद्धा सिखाई जाती है। बच्चा अपने शिक्षक को माता-पिता से भी अधिक सम्मान देता है, इसलिए वह उनके एक-एक कथन को जीवन में अपनाता है। तभी देश शिक्षकों को राष्ट्र-निर्माता कहता है और उनसे आशा करता है कि वे बालकों को उनके अधिकार और कर्तव्य बताएँ। न केवल बताएँ, बल्कि अपने शुद्ध आचरण से उन्हें प्रभावित करें। आज, जबकि समाज में नैतिक मूल्य गिर रहे हैं; भ्रष्टाचारियों को सम्मान दिया जा रहा है, सीधे-सरल लोग धक्के खा रहे हैं, शिक्षक को तेजस्वी बनना होगा। उसे कृष्ण की भूमिका निभानी होगी ताकि भ्रमित अर्जुन को सही राह पर लाया जा सके। डॉ. अशोक बत्रा लिखते हैं–

रचना का अरमान है शिक्षक !
होता बहुत महान है शिक्षक !
अर्जुन जैसा शिष्य मिले तो
स्वयं कृष्ण भगवान है शिक्षक !!

14. समय बहुमूल्य है

विचार-बिंदु—• बीता समय लौटकर नहीं आता • सफलता के लिए ठीक समय का चुनाव अपेक्षित • एक-एक क्षण का उपयोग सफलता की कुंजी • उपसंहार।

समय बहता प्रवाह है। जैसे बहता जल लौटकर नहीं आता, वैसे ही बीता समय कभी लौटकर नहीं आता। अतः समय बहुत मूल्यवान है। उसका सदुपयोग यही है कि प्रत्येक कार्य निश्चित समय पर कर दिया जाए। उचित घड़ी बीत जाने पर किया गया कार्य निष्फल होता है। उचित समय की अग्रिम प्रतीक्षा करनी पड़ती है। उसकी अगवानी करके उसका आशीर्वाद लिया जा सकता है। उसे अपनी उपेक्षा सहन नहीं है। यदि सारी रेलगाड़ियाँ समय पर छूटें और समय से पहुँचें; सारे उत्सव-त्योहार ठीक समय पर प्रारंभ होकर ठीक समय पर समाप्त हों और सभी कार्य निश्चित समय पर हों, तो सभी मनुष्यों का समय बच सकता है। ऐसा होने पर मनुष्य एक दिन में पहले से दुगुने काम कर सकता है। गाँधी जी समय के पाबंद थे। वे कभी सभाओं में देर से नहीं पहुँचते थे। कहा भी गया है–

काल्ह करै सो आज कर, आज करै सो अब।
पल में परलै होएगी, बहुरि करेगा कब

15. श्रम का महत्त्व

विचार-बिंदु—• विकास के लिए परिश्रम आवश्यक • परिश्रम करने में बुद्धि और विवेक आवश्यक • परिश्रम के लाभ।

परिश्रम उन्नति का द्वार है। मनुष्य परिश्रम के सहारे ही जंगली अवस्था से वर्तमान विकसित अवस्था तक पहुँचा है। उसी के सहारे उसने अन्न उपजाया। वस्त्र बनाए। घर, मकान, भवन, बाँध, पुल, सड़कें बनाईं। तकनीक का विकास किया, जिसके सहारे आज यह जगमगाती सभ्यता चल रही है। परिश्रम केवल शरीर की क्रियाओं का ही नाम नहीं है। मन तथा बुद्धि से किया गया परिश्रम भी परिश्रम कहलाता है। हर श्रम में बुद्धि तथा विवेक का पूरा योग रहता है। परिश्रम का सबसे बड़ा लाभ यह है कि इससे लक्ष्य प्राप्त करने में सहायता मिलती है। परिश्रम करने वाला मनुष्य सदा सुखी रहता है। उसे मन-ही-मन प्रसन्नता रहती है कि उसने जो भी भोगा, उसके बदले उसने कुछ कर्म भी किया। परिश्रमी व्यक्ति का जीवन स्वाभिमान से पूर्ण होता है। वह स्वयं अपने भाग्य का निर्माता होता है। उसमें आत्म-विश्वास होता है। परिश्रमी व्यक्ति किसी भी संकट को बहादुरी से झेलता है तथा उससे संघर्ष करता है।

16. भाग्य और पुरुषार्थ

[प्रतिदर्श प्रश्नपत्र 2023–24]

विचार-बिंदु—• आलस्य मनुष्य का सबसे बड़ा शत्रु है • भाग्यवादी व्यक्ति उदासीन रहता है • परिश्रमी व्यक्ति अपने भाग्य को बदल देता है।

मनुष्य के शत्रु एक नहीं, अनेक हैं। उनमें सबसे बड़ा शत्रु है – आलस्य। आज का काम कल पर टालना। फिर परसों का आश्वासन देना। धीरे-धीरे टालने की आदत बना लेना। वास्तव में कामचोरी, निकम्मेपन और लापरवाही का मिश्रण है आलस्य। इसके विपरीत, जो लोग हर काम झटपट निपटा लेते हैं, आज का काम 'अभी' निपटा लेते हैं, वे स्वर्ग में सबसे पहले कदम रखते हैं। कुछ लोग ऐसे भी हैं जो अजगर की तरह पड़े रहते हैं। वे अपने पक्ष में तर्क गढ़कर कहते हैं–

अजगर करे न चाकरी, पंछी करै न काम।
दास मलूका कह गए, सबके दाता राम।।

जो लोग भाग्यवाद के समर्थन में लचर तर्क देते हैं, वे स्वयं तो डूबते ही हैं, औरों को भी ले डूबते हैं। ऐसा निकम्मा भाग्यवादी पिता भला अपने बच्चों को कर्म करने की प्रेरणा कैसे देगा ? आलसी और भाग्यवादी की संतानें भी आलस्य की अवतार होती हैं। वे कभी उत्साह और उमंग से कुलाँचें नहीं भरतीं। ऐसे लोग शराबियों, नशेड़ियों और अजगरों की तरह बिना हिले-डुले उदासीन पड़े रहते हैं। इसके विपरीत परिश्रमी व्यक्ति अपनी कर्म-शक्ति से अपने लिए स्वर्ग-सा सुख अर्जित कर लेता है। बड़े-बड़े आलीशन भवन, चकमक करती कारें, अधुनातन मोबाइल और ऐश्वर्य-भरा जीवन परिश्रमी व्यक्ति ही भोग पाते हैं।

17. जब आवत संतोष धन, सब धन धूरि समान

[CBSE 2023]

विचार-बिंदु—• मानव इच्छाओं का कोई अंत नहीं • संतोष-धन ही सच्चा धन • संतुष्टि और प्रसन्नता • लालसा नियंत्रण।

भगवान की लीला अद्‌भुत है। उसने मानव-मन में इच्छाएँ तो दीं किंतु कोई सीमा नहीं तय की। भगवान भी असीम है और मानव की इच्छाएँ भी असीम हैं। एक इच्छा पूरी होते ही अन्य कई इच्छाएँ सिर उठाने लगती हैं। भगवान ने न समुद्र के तट बनाए, न नदियों और निर्झरों के। ये मनमर्जी से बेरोकटोक चलते हैं और कभी-कभी औरों के लिए महाविनाश का कारण भी बन जाते हैं। यदि मनुष्य अपने मन के अनुसार जीता चला जाए तो वह सूरज को पकड़ लेना चाहेगा, गरुड़ से भी तेज उड़ना चाहेगा, सचिन से भी ज्यादा रन, अमिताभ से ज्यादा फिल्में और हेमा मालिनी से भी अधिक सुंदर दिखना चाहेगा। ये अनंत असीम

इच्छाएँ न उसे दिन में चैन से रहने देंगी, न रात को सोने देंगी। उसके जीवन में रह जाएगा तनाव ही तनाव। इसलिए हमारे ऋषि-मुनियों ने अनुभव-सिद्ध वाक्य कहा – 'जब आवै संतोष धन, सब धन धूरि समान।' कहीं तो रुको, कहीं तो तृप्ति की सीमा तय करो। स्वयं को अपनी मर्यादाओं में बाँधो। संतोष से रहना सीखो। जिसने संतोष को अपना लिया तो संसार के अन्य आकर्षण उसे बेचैन नहीं बना पाएँगे। शेर का भी जब पेट भरा होता है तो वह हिरण को नहीं दबोचता। मनुष्य का जब पेट भरा होता है तो वह मलाई-कुल्फी को भी मना कर देता है। वास्तव में एक सीमा के बाद मनुष्य को संतुष्ट और प्रसन्न रहना चाहिए। इसका एक ही तरीका है – स्वयं से सवाल पूछना – तुझे और क्या चाहिए ? जो तेरे पास है, क्या वह जीवन चलाने के लिए काफी नहीं है ? जिसका मन इस पर भी न रुके; जो सारा राज्य खुद हड़पने के लिए षड्यंत्र करता रहे, उसे रावण, कंस और दुर्योधन के किस्से सुनने चाहिए। ऐसे असंतुष्ट लोग सदा नष्ट होते हैं, अपमानित होते हैं और अपना जीवन नष्ट करते हैं।

18. दूर के ढोल सुहावने लगते हैं

[*CBSE 2023*]

विचार-बिंदु—• दूर से कोई वस्तु/बात आकर्षक प्रतीत होती है • अनजाने/अपरिचय का आकर्षण और जानने से उत्पन्न परेशानी • दूर का आकर्षण नजदीक की समस्या • सोच-समझकर किसी आकर्षण को अपनाना।

प्रसिद्ध कहावत है– दूर के ढोल सुहावने लगते हैं। पड़ोसी के घर की घास अच्छी लगती है। दूरी पर जाते हुए भारी वाहन भी आवाज़ नहीं करते, तैरते हुए-से लगते हैं। यह आकर्षण दूरी का है। जो ढोल दूर-से सुहावने लगते हैं, वही नज़दीक जाने पर कानफोड़ू प्रतीत होते हैं। आजकल शादियों पर जो बहरा कर देने वाला संगीत बजता है, उसे सुनकर भाग जाने का मन करता है किंतु दूर-से वह संगीत कानों को प्रिय लगता है। इसी प्रकार कोई नया-अनजान व्यक्ति मिले तो हमें अच्छा लगता है। संसार के सारे गुण उसमें दिखाई पड़ते हैं। किसी नए स्थान पर जाएँ तो हमें वह स्थान स्वर्गिक जान पड़ता है। लोग पहाड़ों पर रीझकर वहाँ घूमने जाते हैं क्योंकि पहाड़ हमसे दूर हैं। जरा पहाड़ी लोगों से पूछें– वे राजधानी में अपना मकान चाहते हैं। आकर्षण दूरी का है। जब व्यक्ति किसी व्यक्ति या स्थान के पास रहने लगता है तो उसकी परेशानियाँ, कमियाँ और कमजोरियाँ भी दीखने लगती हैं। तब हमारा मन उससे विमुख होने लगता है। आपने सुना होगा– 'घर की मुर्गी दाल बराबर।' या 'घर का जोगी जोगड़ा।' अगर कोई सुख-सुविधा या साथ आपको आसानी से उपलब्ध हो तो आप उसका मूल्य नहीं समझते। स्वामी विवेकानंद को भारत में लोगों ने खास महत्त्व नहीं दिया। जब वे अमेरिका में झंडा फहरा कर भारत आए, सब उनके दीवाने हो गए। आप दिल्ली के एक गाँव में बना हुआ माल देखकर मुँह बनाते हैं, जब उस पर 'मेड इन लुधियाना या चाइना' की मोहर लग जाती है तो उसे मूल्यवान कहने लगते हैं। हमें इस दूरी की व्यर्थता को समझना चाहिए। किसी चीज़ को दूरी के आकर्षण के कारण नहीं अपितु उसके गुणों की परख करके ही अपनाना चाहिए।

19. बुरा जो देखन मैं चला, बुरा न मिलिया कोय

[*CBSE प्रतिदर्श प्रश्नपत्र 2022–23*]

विचार-बिंदु—• दूसरों की कमियाँ देखना स्वाभाविक प्रवृत्ति • इस प्रवृत्ति का समाज पर प्रभाव • अपने अंदर झाँकना आवश्यक • आत्मनिरीक्षण का संकल्प

पानी हमेशा नीचे की ओर गिरता है। नीचे गिरना, पतित होना आसान है। उसके लिए कुछ करना नहीं पड़ता। केवल स्वयं को मन और इंद्रियों के वश में छोड़ देना पड़ता है। हम सभी यह जानते हैं कि अवसर मिलते ही हम पतन की ओर गिरने लगते हैं। साथ में यह भी सच है कि हम दूसरों को पतित होते देखकर खुश होते हैं, जबकि अपना पतन देख नहीं पाते। वास्तव में दूसरों का पतन देखना भी अपना पतन है। जो दूसरों की कमियों में रस लेता है, वह एक प्रकार का रसिक है– बुराइयों का रसिक। उसे दूसरों के घर में झाँकने की आदत पड़ जाती है और वह अपनी खिड़कियों पर परदे ढक कर रखता है। यह परनिंदा की आदत पूरे समाज में व्याप्त है। कोई अपने गिरेबान में झाँक कर नहीं देखता। वास्तव में अगर बुराई देखनी हो, तो अपनी बुराई देखनी चाहिए। अपनी बुराई देखकर हम उसे सुधार भी सकते हैं। सुधार न सकें, तो गर्दन झुकानी सीख जाते हैं, मन में या तो

अपराध-भाव आ जाता है, या डर समा जाता है, या विनय आ जाती है और दूसरों की कमियों को क्षमा करना आ जाता है। अत: अपने गिरेबान में अवश्य झाँकना चाहिए। भगवान यीशू ने पत्थर मारती भीड़ से यही कहा था– इस पतित को पत्थर वही मारे, जिसने कभी कोई पाप न किया हो। सारी भीड़ गर्दन झुका कर खड़ी हो गई। सच ही कहा है–

बुरा जो देखन मैं चला, बुरा न मिलिया कोय।
जो घर देखा अपना, मुझसे बुरा न कोय।।

आत्म-संस्कार के लिए, स्वयं को सुधारने के लिए आत्म-निरीक्षण आवश्यक है। दूसरों की जय से पहले स्वयं को जय करें।

20. परहित सरिस धर्म नहीं भाई

विचार-बिंदु—• परोपकार का महत्त्व • परोपकार के विविध रूप • परोपकार में ही जीवन की सार्थकता।

दूसरों की भलाई के बारे में सोचना तथा उसके लिए कार्य करना महान गुण है। वृक्ष अपने लिए नहीं, औरों के लिए फल धारण करते हैं। नदियाँ भी अपना जल स्वयं नहीं पीतीं। परोपकारी मनुष्य संपत्ति का संचय भी औरों के कल्याण के लिए करते हैं। मानव-जीवन भी एक-दूसरे के सहयोग पर निर्भर है। परोपकार का सुख लौकिक नहीं, अलौकिक है। जब कोई व्यक्ति निस्वार्थ भाव से किसी घायल की सेवा करता है तो उस क्षण वह मनुष्य नहीं, दीनदयालु के पद पर पहुँच जाता है। वह दिव्य सुख प्राप्त करता है। उस सुख की तुलना में धन-दौलत कुछ भी नहीं है। यहाँ दधीचि जैसे ऋषि हुए जिन्होंने अपनी मानव जाति के लिए अपने शरीर की हड्डियाँ दान में दे दीं। बुद्ध, महावीर, अशोक, गाँधी, अरविंद जैसे महापुरुषों के जीवन परोपकार के कारण ही महान बन सके हैं। परोपकारी व्यक्ति सदा प्रसन्न, निर्मल और हँसमुख रहता है। वह पूजा के योग्य हो जाता है।

□ मिलते-जुलते अनुच्छेद—

- परोपकार

[**विचार-बिंदु**—• परोपकार की आवश्यकता • लाभ • जीवन में कितना संभव]

21. अंतरराष्ट्रीय महिला दिवस

[*CBSE 2024*]

विचार-बिंदु—• भूमिका • उद्देश्य • संसार की लगभग आधी आबादी • महिलाओं की स्थिति पर प्रभाव

अंतरराष्ट्रीय महिला दिवस प्रतिवर्ष 8 मार्च को मनाया जाता है। इसका उद्देश्य है- महिलाओं को पुरुषों के समान अधिकार, सुविधाएँ और मान-सम्मान दिलवाना। इस दिवस की शुरुआत अमरीका के न्यूयार्क शहर में पंद्रह हजार महिला कामगारों की एक परेड से हुई जिसमें उनकी तीन माँगें थीं– 1. काम के घंटे कम हों। 2. तनख्वाह अच्छी हो 3. महिलाओं को वोट देने का हक मिले। 1910 में डेनमार्क में कामकाजी महिलाओं का अंतरराष्ट्रीय सम्मेलन हुआ जिसमें 17 देशों से 100 महिला प्रतिनिधि आईं। सबने अंतरराष्ट्रीय महिला दिवस मनाने का समर्थन किया। 1911 में आस्ट्रिया, जर्मनी, स्विट्ज़रलैंड और डेनमार्क में पहला अंतरराष्ट्रीय महिला दिवस मनाया गया। बाद में 1917 में रूस में महिलाओं को वोट का अधिकार दे दिया गया। सन् 1975 में संयुक्त राष्ट्र संघ ने इस दिवस को मान्यता प्रदान की। इसके अंतर्गत महिला-अधिकारों पर विचार-चिंतन और कार्यवाही करने की योजना बनती हैं। कई देश इस दिन राष्ट्रीय अवकाश रखते हैं, कई देशों में आधी छुट्टी होती है। कई देशों में इस दिन महिलाओं को सम्मानित करने के आयोजन होते हैं। आजकल हर वर्ष नया थीम रखा जाता है। 2024 का थीम है– 'महिलाओं में करें निवेश: समृद्धि में लाएँ तेजी।' महिला दिवस मनाने के परिणामस्वरूप समाज में अनेक प्रकार के परिवर्तन आए हैं। अब बच्चे के जन्म पर केवल माँ को ही प्रसूति अवकाश नहीं मिलता, अपितु पिता को भी अवकाश मिलता है ताकि वह भी बच्चों के पालन-पोषण का दायित्व निभाए। अब सरकारी और बड़े-बड़े संस्थानों में महिलाओं के प्रतिनिधित्व को महत्त्व दिया जाता है। 1922 के शीतकालीन ओलंपिक में महिलाओं का प्रतिनिधित्व 45% था। फुटबाल परिसंघ अमरीका ने फैसला किया है कि अब महिला खिलाड़ियों को पुरुष खिलाड़ियों के बराबर धनराशि मिला करेगी। उद्देश्य यह है कि 50% महिलाओं को लाभ के अवसर भी 50% मिलें।

22. समाचार-पत्र के नियमित पठन का महत्त्व

[CBSE प्रतिदर्श प्रश्नपत्र 2024–25]

विचार-बिंदु—• ज्ञान का भंडार • पढ़ने की आदत का विकास • जागरूकता

समाचार-पत्र समाज का दर्पण होता है। उसे पढ़िए, आपको अपने समाज में होने वाली अच्छी-बुरी घटनाओं का ज्ञान हो जाएगा। यहाँ ज्ञान का अर्थ है– समाज में लोगों का व्यवहार। कौन लोग क्या-क्या करतब दिखाकर विकास कर रहे हैं और कौन चोरी, डकैती, धोखाधड़ी, फ्राड और बलात्कार जैसे घिनौने कामों में लगे हैं। समाचार-पत्र सबकी खबर देता है। एक जागरूक व्यक्ति के लिए समाचार-पत्र को नियमित पढ़ना आवश्यक है। समाचार-पत्र में रोज-रोज होने वाली घटनाएँ अधिक होती हैं, इसलिए मनुष्य की इसे पढ़ने में रुचि भी अधिक होती है। अत: समाचार-पत्र पढ़ते-पढ़ते मनुष्य की पढ़ने की आदत भी विकसित हो जाती है। यह आदत उसे अच्छी ज्ञानवर्धक तथा साहित्यिक पुस्तकें पढ़ने की भी प्रेरणा देती है। परिणामस्वरूप मनुष्य जागरूक बनता है। उसे क्या करना है, क्या नहीं करना है– इसका ज्ञान होता है। आजकल हमारे देश में, प्रांत में, जिले, गली-मोहल्ले में क्या हो रहा है ? कौन-से सेवा-कार्य हो रहे हैं, जिनमें हमें भी योगदान करना चाहिए। कौन-से बुरे काम हो रहे हैं, जिनसे हमें बचकर रहना है–इसकी जागरूकता भी समाचार-पत्र से मिलती है। अत: समाचार-पत्र का नियमित पठन आवश्यक है।

23. समाज में फैलता भ्रष्टाचार

[सरस्वती विद्या मंदिर बिहार (IX) 2023-24]

विचार-बिंदु—• भूमिका • अर्थ • व्यापकता • उन्मूलन के उपाय

भ्रष्टाचार वह दीमक है जो पूरे-के-पूरे देश और समाज को खोखला कर देता है। अपने स्वार्थ के लिए देश और समाज का पैसा हड़पना भ्रष्टाचार है। भारत में भ्रष्टाचार की जड़ें बहुत गहरी हैं। एक प्रसिद्ध उक्ति है–भारत वह अमीर देश है जिसमें गरीब लोग रहते हैं। यह कैसे हो सकता है? देश अमीर हो किंतु उसके नागरिक गरीब हों। उत्तर स्पष्ट है। कुछ भ्रष्ट लोग देश का सारा पैसा अपनी तिजोरियों में कैद कर लेते हैं। अत: जनता के लिए बचती है गरीबी। कुछ दिनों पहले तक भारत के बड़े-बड़े नेताओं, उद्योगपतियों और भ्रष्टाचारियों का पैसा स्विस बैंक में जमा होता था। बाबा रामदेव के शोर मचाने पर वह पैसा वहाँ से निकल कर प्रापर्टी, शेयर बाज़ार और सोना-चाँदी के व्यापार में लग गया। कोई नहीं बताता कि जो नेता कोई व्यवसाय नहीं करता, उसके पास हजारों करोड़ रुपये कहाँ-से आए! यहाँ कोई सवाल भी नहीं पूछता। क्योंकि सवाल पूछने वाला न्यायालय खुद भ्रष्टाचार में डूबा है। एकाध ईमानदार शासक आता भी है तो सारे भ्रष्टाचारी और काले लोग चक्रव्यूह बनाकर उसे घेर लेते हैं। बेचारा अभिमन्यु क्या करे ? भ्रष्टाचार-उन्मूलन का एक ही उपाय है– अभिमन्यु केवल अकेला न हो; उसके साथ सारा पांडव दल हो। जब असंख्य लोग 'न खाऊँगा, न खाने दूँगा' के व्रत में शामिल हो जाएँगे तो भ्रष्टाचार का यह कुचक्र टूटेगा। इसके लिए चाहिए कुछ भगतसिंह, कुछ आज़ाद, कुछ क्रांतिकारी व्यक्तित्व। भारत को इनकी बहुत दिनों से प्रतीक्षा है।

राष्ट्रीय महत्त्व के अनुच्छेद

24. स्वतंत्रता का अमृत महोत्सव

[प्रतिदर्श प्रश्नपत्र 2023–24]

विचार-बिंदु—• अमृत महोत्सव का अर्थ • इस महोत्सव में होने वाले समारोह • इस महोत्सव का महत्त्व।

भारत 15 अगस्त, 1947 को अंग्रेज़ों की दासता से आज़ाद हुआ था। सन् 2022 में इस सुहाने दिन को 75 वर्ष पूरे हो गए। पूरे भारतवर्ष ने अपनी आज़ादी की इस वर्षगाँठ को महान महोत्सव के रूप में मनाया। नाम दिया गया–आज़ादी का अमृत महोत्सव। पूरा देश इस महोत्सव को मनाने में पूरी तरह डूबा हुआ है। समाज का कोई ऐसा वर्ग और क्षेत्र नहीं है, जहाँ आज़ादी के अमृत महोत्सव की धूम न दिखाई दी हो। रेलवे मंत्रालय ने इस नाम से कई गाड़ियाँ

चलाईं, सरकार के विभिन्न विभागों ने अनेक सार्वजनिक उत्सव किए। ढेरों खेल-स्पर्धाएँ हुईं, कलात्मक कार्यक्रम हुए, सांस्कृतिक महोत्सव हुए, तकनीकी आयोजन हुए। मानो पूरे भारतवर्ष ने अँगड़ाई ली हो। अब भारत सीना तानकर पूरे विश्व के सामने बैठा है और जगद्गुरु बनने की ओर चल पड़ा है। इस अवसर पर सबसे अधिक पुण्य का कार्य है–उन अनाम, विस्मृत स्वतंत्रता सेनानियों को याद करना, जिन्होंने अपना तन-मन-धन लगाकर भारत को आज़ाद कराया। दुर्भाग्य से पिछले 75 सालों से अनेक समर्पित देशभक्तों और स्वतंत्रता सेनानियों को भुला दिया गया। अब अवसर है कि उन्हें याद करें। उनके वंशजों को बताएँ कि तुम्हारे पुरखों के कारण ही हम आज़ाद हुए हैं। उन्हें सम्मानित करें ताकि वे भी भगतसिंह, सुभाष या आज़ाद की तरह देश के काम आएँ।

25. मेरे सपनों का देश

[CBSE 2023]

विचार-बिंदु—• देश और देशवासियों का अनोखा संबंध • मेरी कल्पनाओं का देश – खूबियाँ और मंज़िलें • देश-निर्माण में बतौर नागरिक मेरा योगदान • हमें किन प्रयासों की जरूरत है ?

जो जन्मभूमि हमारा पालन-पोषण करती है, वह हमारी माँ के समान होती है। उसी के अन्न-जल से हमारा जीवन चलता है। तभी तो हम भारतीय अपने देश को भारत माँ या भारतमाता कहते हैं। ऐसा नहीं कि यह संबंध केवल भारतवासी मानते हों, प्रत्येक व्यक्ति को अपने देश से अनुराग होता है। भारत मेरे लिए पूज्य है, आराध्य है। इसका सौंदर्य और वरदान देखकर मैं धन्य हो जाता हूँ। गंगा का पवित्र जल, हिमालय की बर्फीली चोटियाँ, रेगिस्तान की रेत, चेरापूँजी की वर्षा, केरल-कन्याकुमारी के समुद्र-तट, पूर्वोत्तर भारत के हरे-भरे खेत– गर्मी, सर्दी, वर्षा, वसंत, सावन की झड़ियाँ– क्या नहीं है मेरे देश में ? मैं इसे जितना-जितना निहारता हूँ, उतना-उतना उस पर रीझता चला जाता हूँ। मेरी मंजिलें-मेरे सपने इसी देश से जुड़े हैं। मुझे उन्नत करने में, मुझे योग्य बनाने में, मुझे व्यक्तित्व देने में, मेरे देश भारत का ही योगदान है। यही कारण है कि जब मैं विदेशी भारतीयों को सुनता हूँ तो वे भारत की महिमा से मंडित होते हैं। भारत ही मेरा उद्‌गम है और वही मेरी मंज़िल है। मेरा कर्तव्य है कि मैं भारत के निर्माण में अपनी ऊर्जा लगा दूँ। अपनी बौद्धिक, मानसिक और शारीरिक शक्ति से भारत को समृद्धि के रास्ते पर ले जाऊँ। इसे साफ-सुंदर और स्वच्छ रखना, इसकी तकनीक और सुविधाओं का विकास करना हर नागरिक का कर्तव्य है। केवल अभावों का रोना रोने वाले सच्चे भारतीय नहीं होते, सच्चे भारतीय वे हैं जो इस देश का गौरव बढ़ाने के लिए जी-जान लगा देते हैं। आज भारत विश्व की तीसरी बड़ी शक्ति बनने की ओर अग्रसर है। हमें चाहिए कि हम अपने दुर्बल पक्षों पर नियंत्रण रखें और सोने की चिड़िया बनने वाले सपनों को साकार करें।

26. स्त्री-शिक्षा

विचार-बिंदु—• आवश्यकता • बढ़ते आँकड़े • संतान तथा समाज पर प्रभाव

स्त्री अपने बच्चों की प्रथम गुरु होती है। वह जितनी सुशिक्षित और संस्कारित होगी उसकी संतानें उतनी ही महिमामयी होंगी। अगर संतानें महिमावान होंगी तो समाज, देश और राष्ट्र गौरवशाली होगा। इसलिए स्त्री-शिक्षा अनिवार्य है। स्त्री शिक्षित होकर चाहे नौकरी न करे किंतु वह भावी पीढ़ी को तो सुयोग्य बनाती ही है। सौभाग्य से आज भारत में स्त्री-शिक्षा की दर बढ़ती जा रही है। नगरों में लड़का-लड़की में अंतर न के बराबर रह गया है। इसलिए स्त्री को भी भरपूर शिक्षा प्रदान की जाती है। गाँवों में अब भी स्त्री को अशिक्षित रखने वाले लोग हैं। वे उसे अनपढ़ रखकर उस पर मनमाना शासन करना चाहते हैं। अनपढ़ स्त्री का शोषण आसानी से किया जा सकता है। आप ग्रामीण समाज में स्त्री-पुरुष के समूह देखें और नागरिक समाज के समूह देखें। देखने से ही समझ में आ जाएगा कि ग्रामीण स्त्री घूँघट करके गठरी के समान अपने परिजनों के पीछे-पीछे मौन होकर चलती जाएगी। शहरों में पति-पत्नी के सुसज्ज समान जोड़े दिखाई देंगे जिसमें पत्नियों की शोभा भी पतियों के बराबर की दिखाई देगी। स्वाभाविक रूप से सुशिक्षित माता-पिताओं के बच्चे अधिक शालीन, सभ्य और सुसंस्कृत दिखाई पड़ेंगे। वास्तव में समाज के समुचित विकास के लिए स्त्री-शिक्षा भी अनिवार्य है।

27. चाँद पर भारत

विचार-बिंदु—• भारत चाँद के दक्षिणी ध्रुव पर पहुँचा • रूस असफल रहा • चाँद पर कैसे उतरा चंद्रयान • सफल लैंडिंग

आखिरकार भारत ने 23 अगस्त, 2023 को सिद्ध कर ही दिया कि भारत अंतरिक्ष-तकनीक में विश्व का सबसे अग्रणी देश है। भारत चाँद के दक्षिणी ध्रुव पर पहुँचा। इस ध्रुव पर अँधेरा रहता है। विश्व का कोई भी देश इसकी सतह पर नहीं पहुँच सका। रूस ने खरगोश की तेज गति से दक्षिणी ध्रुव पर पहुँचने की कोशिश की। उसने भारी-भरकम खर्च करके अपना यान लूना-25 भेजा। वह यान नियंत्रण से चूका और चकनाचूर हो गया। तीन दिन बाद भारत के चंद्रयान को पहुँचना था। घबराहट भारत को भी हुई। किंतु हमारे अंतरिक्ष-विज्ञानी इसरो के चैयरमैन एस. सोमनाथ के नेतृत्व में विश्वास से भरपूर थे। उनके माथे पर चिंता की कोई लकीर नहीं थी। पूरे भारत ने चंद्रयान-3 की लैंडिंग को किसी मनोरंजक मैच की भाँति देखा। हमारा चंद्रयान चंद्रमा की धुरी पर चक्कर लगाते-लगाते उसके समीप आता गया। 25 किलोमीटर की दूरी पर चंद्रयान की गति कम होने लगी। अंतिम 18 मिनट बहुत मूल्यवान थे। इन मिनटों में चंद्रयान को चंद्रमा की सतह पर आना था। गति बहुत कम कर देनी थी। अंतिम पाँच मिनट तो चंद्रयान को वायुमंडल में 150 मीटर की ऊँचाई पर खड़े होकर निर्णय करना था कि कहाँ उतरे ? निर्णय भी स्वयं लेना था। सोचने वाले कंम्प्यूटर काम कर रहे थे। आखिरकार शाम को ठीक 6 बजकर चार मिनट पर चंद्रयान-3 चंद्रमा की सतह पर उतर गया। इस प्रकार भारत ने चाँद पर झंडा गाड़ दिया। भारत अमरीका, रूस और चीन के बाद चौथा देश बन गया जो चाँद पर पहुँचा। परंतु चाँद के दक्षिणी ध्रुव पर पहुँचने वाला अकेला-इकलौता और प्रथम देश बन गया।

28. भारत की अंतरिक्ष-विजय

विचार-बिंदु—• चंद्रमा के दक्षिणी ध्रुव पर सबसे पहले भारत पहुँचा • पूरा संसार आश्चर्यचकित • आगे आदित्य एल-I की पहल • अब सूर्य पर शोध जारी

सच ही कहा है किसी ने–इक्कीसवीं सदी भारत की होगी। जिस चंद्रमा पर केवल तीन देश पहुँच सके थे–अमरीका, रूस और चीन–उस पर भारत ने भी अपना तिरंगा फहरा दिया। भारत ने चाँद के उस दक्षिणी ध्रुव पर झंडा फहराया जिस पर ये तीनों देश भी नहीं पहुँच सके। रूस के चंद्रयान लूना-25 को हमसे तीन दिन पहले पहुँचना था, किंतु वह चाँद से टकराकर ध्वस्त हो गया। भारत दक्षिणी ध्रुव पर पहुँचने वाला विश्व का प्रथम देश बन गया। भारत के अंतरिक्ष संस्थान इसरो का डंका पूरे विश्व में बज उठा। अमरीका का नासा भी भारत की सफलता देखकर अब भारत का सहयोग चाहने लगा है। भारत ने जितने आत्मविश्वास से चंद्रयान-3 की लैंडिंग कराई वह प्रशंसनीय है। भारत का यह सफर इतना सस्ता था कि सारा संसार दाँतों तले अँगुली दबाए बैठा है। भारत का अंतरिक्ष यान-आदित्य-एल-I अब सूर्य का अध्ययन करने के लिए स्थापित हो चुका है। सूर्य से आँखें मिलाने का साहस कौन कर सकता है? इसरो के अध्यक्ष एस. सोमनाथ ने बताया कि आदित्य-एल-I यान सूर्य के समीप जाकर सूर्य में होने वाली गतिविधियों की जानकारियाँ लेगा। लगभग 15 लाख किलोमीटर दूर अंतरिक्ष में जाकर सूर्य का अध्ययन करता चुनौतीपूर्ण कार्य है। भारत के अंतरिक्ष वैज्ञानिक इस दिशा में आगे बढ़ चुके हैं। ये दोनों अभियान तो भारत की अंतरिक्ष-विजय के दो बड़े उदाहरण हैं। आगे-आगे देखिए, होता है क्या!

29. महिला सशक्तीकरण

विचार-बिंदु—• पुरुष-प्रधान समाज • महिलाओं की उपेक्षा • महिला की शक्ति बढ़ाना आवश्यक • उपाय–समाज और सरकार में हिस्सा बढ़ाएँ।

यह सच है कि यह दुनिया पुरुषों की बनाई हुई है। इसलिए यहाँ पुरुषों की चलती है। स्त्रियाँ पुरुषों की मनमानी झेलती हैं। यह उनके साथ अन्याय है। महिला की स्थिति सुधरनी चाहिए। उसे पुरुषों के बराबर सम्मान मिलना चाहिए।

दूसरे शब्दों में, उसे सशक्त करना चाहिए। महिला को सशक्त करना ही महिला सशक्तीकरण है। प्रश्न है कि महिला को सशक्त कैसे किया जाए? यदि वह अपने आप लड़ सकती तो अवश्य लड़ लेती और पुरुषों से अपने अधिकार ले लेती। परंतु उसके पास विध्वंस की शक्ति उतनी नहीं है जितनी कि निर्माण की। इसलिए उसे अधिकार देने होंगे। समाज के समझदार लोगों को उसके हित में कानून बनाने होंगे ताकि उसे अपनी बात कहने का अवसर मिल सके। महिला की पीड़ा को महिला ही जानती है। अतः देश की संसद में, विधानसभा में, कानून बनाने में, पुलिस में, सरकार में, न्याय व्यवस्था में उसे प्रतिनिधित्व देना होगा। उसे पुरुषों की भांति पढ़ने-लिखने के अधिकार और सुविधाएँ देनी होंगी। जब से संसद और विधानसभाओं में महिलाओं को प्रतिनिधित्व मिलने लगा है, उनकी स्थिति में सुधार आने लगा है। यह तब तक करना होगा जब तक कि समाज में पुरुष और स्त्री को बराबरी का स्थान न मिले।

□ मिलते-जुलते अनुच्छेद—

[**विचार-बिंदु—**• प्रस्तावना • महिलाओं का जीवन • महिला सशक्तीकरण • बढ़ती भूमिका • उपसंहार]

[के.वि.सं. जम्मू 2022]

30. राष्ट्र हमारा सबको प्यारा

विचार-बिंदु—• आकर्षक भौगोलिक सौंदर्य • प्राचीन संस्कृति • शांतिप्रिय राष्ट्र • चहुँमुखी विकास।

हमारा राष्ट्र भारत है। हम भारतवासी अपने देश को माँ मानकर उसकी पूजा करते हैं। भारत की सुंदरता के सभी दीवाने हैं। काश्मीर और हिमाचल की पहाड़ियाँ, राजस्थान की रेत, दक्षिण भारत के समुद्री तट, पंजाब और उत्तर प्रदेश के मैदानी भाग सबका मन मोह लेते हैं। यह राष्ट्र अत्यंत प्राचीन है। हड़प्पा और मोहन जोदड़ो की संस्कृति हमें बताती है कि हमारे पूर्वज बहुत पहले से ही सभ्य, सुसंस्कृत, उन्नत और समृद्ध थे। भारत ने विश्व को अनेक धर्म दिए। बौद्ध, जैन, सिख धर्म इसी धरती की देन हैं। यहाँ के लोगों ने भूलकर भी अन्य किसी देश पर कब्जा नहीं किया। हमने सदा यही कहा है—**जीते हैं तुमने देश तो क्या, हमने तो दिलों को जीता है।** आज भारत चहुँमुखी उन्नति की ओर बढ़ रहा है। उद्योगों में हम अमरीका, चीन और जापान को भी चुनौती दे रहे हैं। हमारी कला, फिल्में और तकनीकी क्षमता विश्व-भर में चर्चित है। अध्यात्म के क्षेत्र में हमारे साधु, बाबा और महात्मा पूरे विश्व को आज भी प्रभावित कर रहे हैं।

□ मिलते-जुलते अनुच्छेद—

• प्यारा देश न्यारा देश

[**विचार-बिंदु—**• देश के बारे में • प्यारा क्यों • न्यारा क्यों]

31. भारतीय किसान

विचार-बिंदु—• भारतीय किसान का महत्त्व • सादगी-पसंद • परिश्रमी जीवन • हृष्ट-पुष्ट • गरीबी • दुर्दशा के कारण • सुधार के उपाय।

भारत की संस्कृति कृषक-संस्कृति है। भारतीय किसान सीधा-सादा जीवनयापन करता है। सच्ची बात को सीधे-सादे शब्दों में कहना उसका स्वभाव है। भारतीय किसान बड़ा कठोर जीवन जीता है। वह शरीर से हृष्ट-पुष्ट रहता है। माँ धरती और प्रकृति की गोद में खेलने के कारण न उसे बीमारियाँ घेरती हैं, न मानसिक परेशानियाँ। भारत के अधिकतर किसान ग़रीबी में जीते हैं। उनके पास थोड़ी ज़मीन है। छोटे किसान दिन-भर मेहनत करके भी भरपेट खाना नहीं जुटा पाते। अधिकतर किसान निरक्षर हैं। अज्ञान के कारण वे अंधविश्वासों में आस्था रखते हैं। इस कारण वे परिवार को सीमित रखने का महत्त्व नहीं समझते। परिणामस्वरूप उनका परिवार बढ़ता जाता है और ज़मीन कम होती जाती है। फिर उनके जीवन में खुशहाली कैसे आए? अज्ञानता के कारण ही व्यापारी लोग उन्हें आसानी से लूट लेते हैं। आवश्यकता है कि किसानों के बच्चों को सस्ती शिक्षा दी जाए। उनके उत्पादन को ऊँचे दामों पर बेचने का प्रबंध किया जाए।

32. लोकतंत्र और चुनाव

मुख्य बिंदु– • लोकतंत्र में 'लोक' का महत्त्व • जनता की आवाज़ : चुने हुए प्रतिनिधि • प्रतिनिधि चुनने से लोकतंत्र की रक्षा • सही प्रतिनिधि कैसे चुनें।

लोकतंत्र लोगों द्वारा बनाई गई शासन-प्रणाली का नाम है। इसमें लोक-इच्छा को सर्वोच्च माना जाता है। लोग जैसा समाज चाहते हैं, जैसे नियम-कानून चाहते हैं, वैसे ही नियम-कानून बनाए जाते हैं। लोकतंत्र को चलाने वाले नेता जनता द्वारा चुने जाते हैं। जनता गुप्त मतदान करके अपने प्रतिनिधि चुनती है। ये चुने हुए विधायक या सांसद जनता के प्रतिनिधि होते हैं। उनसे आशा की जाती है कि वे जनता की आवाज़ का सम्मान करेंगे। सामान्य रूप से ये जन-प्रतिनिधि जनता की भावनाओं का ध्यान रखते हैं। वे संसद या विधानसभा में जाकर जनता के हित में काम करते हैं। यह सच है कि सबके सब लोग कभी अपनी राय नहीं दे सकते। न ही सभी को खुश किया जा सकता है। इसलिए लोकतंत्र में बहुमत का राज चलता है। आधे से अधिक मत जीतने वाले लोग सरकार चलाते हैं। जो प्रतिनिधि हार जाते हैं, वे भी लोकतंत्र में सहायक होते हैं। वे सरकार को मनमानी नहीं करने देते। वे सरकार के हर गलत कदम का विरोध करके उस पर दबाव बनाते हैं। इसलिए आवश्यक है कि हम अपने प्रतिनिधि विवेक और ईमानदारी से चुनें। हम जात-पात, अमीर-गरीब या लोभ-लालच में फँसे बिना सच्चे प्रतिनिधि चुनें। तभी लोकतंत्र सफल होगा।

33. स्वच्छता अभियान

विचार-बिंदु— • क्या है • क्यों और कैसे • सुझाव

स्वच्छता अभियान वर्तमान भारत सरकार द्वारा चलाया गया महान अभियान है। राष्ट्रपिता महात्मा गाँधी के जन्मदिवस 2 अक्तूबर, 2014 को इस अभियान का शुभ आरंभ हुआ। इसका उद्देश्य था–भारत की गलियों, सड़कों, दफ्तरों और सार्वजनिक जीवन को स्वच्छ बनाना। भारत में कहीं भी मल-त्याग करने की कुपरंपरा है, उसे समाप्त करना। इसके लिए हर गाँव में, स्कूलों में, सार्वजनिक स्थलों पर और हर घर में शौचालय का निर्माण करवाना ताकि लोग मल-त्याग शौचालयों में ही करें, खुले में नहीं। यह काम सरल नहीं है। इसके लिए करोड़ों शौचालयों का निर्माण करवाना पड़ेगा। उसके लिए सहायता राशि चाहिए। शहरों में इकट्ठा होने वाले कूड़े को निपटाने के लिए कचरा-निपटान प्रबंध चाहिए। उसमें भी अरबों की राशि खर्च होगी। उससे भी अधिक जरूरत है–लोगों को मानसिक रूप से तैयार करने की। जहाँ तक सरकारी प्रयत्नों की बात है, स्वच्छता की आदत में कुछ महत्त्वपूर्ण परिवर्तन हुए हैं। नई पीढ़ी के बच्चों और युवकों ने इस कदम का स्वागत किया है। कितने ही बच्चे ऐसे हैं जो भूलकर भी इधर-उधर कचरा नहीं फेंकते। यही हमारी राष्ट्रीय शक्ति है। परंतु पुराने लोग अभी पुरानी आदतों में ढले हैं। उन्हें गंदगी देखने और फेंकने की आदत पड़ गई है। उन्हें भी बदलना होगा। कचरा प्रतिपल फैलता ही रहता है, अतः इस अभियान को भी निरंतर लेते रहना पड़ेगा। स्वच्छता की रट लगाते रहनी पड़ेगी। स्वच्छता को प्रोत्साहन देते रहना पड़ेगा। निरंतर कर्म करने से एक-न-एक दिन भारत अवश्य स्वच्छ हो जाएगा।

34. अनेकता में एकता–भारत की पहचान

[*Common Exam (IX) 2023-24*]

विचार-बिंदु— • भूमिका • धर्म और भाषा की विविधता • देश सर्वोपरि • भारतीयता की भावना

भारत अनेकताओं का अद्भुत संगम है। यहाँ हर प्रकार की विविधता है– काले-गोरे की, गरीब-अमीर की, आस्तिक-नास्तिक की, मौसम की, जलवायु की, खान-पान और रहन-सहन की। यहाँ अनेक धर्मों के लोग रहते हैं और एक नहीं 22 राष्ट्रीय भाषाओं और सैकड़ों बोलियों वाले लोग रहते हैं। भाषाओं की विविधता इतनी है कि केरल के आदमी को हरियाणा और पंजाब की भाषा समझ नहीं आती; उत्तर भारत वालों को कन्नड़, तमिल, तेलुगु समझ नहीं आती। ऐसी स्थिति में एक दिशा में चलना कठिन हो जाता है। यदि सारी भिन्नताओं के बाद भी भारत को एक रहना है तो उसका एक ही उपाय है– सब देशवासी अपने-आप को

अपने प्रांत का ही नहीं, अपितु पूरे देश का नागरिक मानें। यदि तमिल भाषा वाला कहेगा कि तमिल ही सर्वश्रेष्ठ है। मैं किसी हिंदी-पंजाबी को नहीं मानता, तो मुश्किल हो जाएगी। इसके विपरीत यदि वह तमिल और हिंदी दोनों को एक साथ लेकर चले तो पूरे देश को अपनाना आसान हो जाएगा। आज यह सच है कि भारत के भिन्न-भिन्न भाषा वाले लोग अन्य भाषी लोगों के बीच इसलिए काम चला लेते हैं क्योंकि वे एक राष्ट्रीय भाषा में बात कर लेते हैं ऐसा करते हुए उनकी क्षेत्रीय भाषा आड़े आती है। वह कहती है– राष्ट्रभाषा अपनाओगे तो मेरा क्या होगा? वास्तव में दोनों भाषाओं को एकसाथ अपनाना बिल्कुल आसान है। ऐसे लोग भी हैं जो तीन-चार भाषाएँ एकसाथ बोल लेते हैं। वास्तव में मन में भारतीयता की भावना प्रबल हो, भारत-प्रेम और देशप्रेम प्रबल हो तो राष्ट्रीय एकता का मार्ग खुल जाता है। आज जरूरत इस बात की है कि भारत में भारतीयता की भावना कूट-कूट कर भरी जाए, तभी हमारे हृदय विशाल बन पाएँगे।

विविध समस्याओं पर अनुच्छेद

35. बाल-मज़दूरी

विचार-बिंदु—• बाल मज़दूरी क्या है • एक सामाजिक बुराई • कारण और निवारण • उपसंहार

किसी बालक का मज़दूर हो जाना बाल-मज़दूरी है। बाल-मज़दूरी एक मज़बूरी हो सकती है, खुशी नहीं। कोई बालक नहीं चाहता कि वह बचपन के खेल और सुख छोड़कर मज़दूरी करे। या तो गरीब माँ-बाप गरीबी के कारण अपने बच्चों को भी मज़दूरी में लगा देते हैं; या जिन बच्चों के माँ-बाप नहीं होते, उन्हें पेट भरने के लिए मज़दूरी करनी पड़ती है। दोनों ही स्थितियों में यह एक बुराई है। यह माँ-बाप का कर्तव्य है कि वे बच्चों को बचपन के सुख दें; उन्हें खेलने-कूदने के भरपूर अवसर दें, पढ़ने-लिखने की सुविधा दें। यदि किसी कारण माता-पिता असमर्थ हैं तो सरकार उन्हें पढ़ाने-लिखाने की सुविधा दे। विकसित देशों में बच्चों की ओर पर्याप्त ध्यान दिया जाता है। वहाँ बेरोजगारों को भी बेरोजगारी-भत्ता दिया जाता है। वहाँ बाल-मज़दूरी को अपराध माना जाता है। इसलिए बालकों के लालन-पालन का पूरा प्रबंध किया जाता है। यही एकमात्र उपाय है। दूसरा उपाय यह है कि सामाजिक संस्थाएँ या दयालु नागरिक ऐसे बाल-मज़दूरों की सहायता करें। उन्हें जीवनयापन के लिए पर्याप्त सुविधाएँ दें। भारत जैसे देश में बाल-मज़दूरी बहुत विकराल है। न तो सरकार के पास इतने साधन हैं, न गरीब माँ-बाप के पास कोई उपाय। ऐसी परिस्थिति में मानव की प्रबल इच्छा ही इस समस्या से छुटकारा दिला सकती है। मनुष्य ठान ले तो रास्ता निकल सकता है। बाल-मज़दूरी कराने वालों को दंडित किया जा सकता है और पीड़ित बच्चों को सहायता दी जा सकती है।

36. जंक फूड और युवा पीढ़ी

[CBSE प्रतिदर्श प्रश्नपत्र 2024-25]

विचार-बिंदु—• जंक फूड क्या है • जंक-फूड का बढ़ता प्रचलन • स्वास्थ्य पर दुष्प्रभाव

जंक फूड अस्वास्थ्यकारी भोजन को कहते हैं। इसमें कैलोरी बहुत अधिक होती है और पौष्टिक तत्त्व बहुत कम होते हैं। इस भोजन में चिकनाई और मीठा-नमक तेज होते हैं। चटपटे, खट्टे-तीखे मसाले बहुत होते हैं। खाने में स्वाद अधिक होता है, पोषण कम। मुख्य रूप से सफेद ब्रेड, बर्गर, पिज्जा, समोसा, चिप्स, चाकलेट, आइसक्रीम, बेकरी पदार्थ, केक, पफ्स और शीतल पेय सब जंक फूड हैं। इतनी बड़ी सूची देखकर लगता है– बाकी बचा क्या? हम जिस केक से अपने जन्मदिवस मनाते हैं, वह जंक फूड है। फिर शीतल पेय से लेकर आइसक्रीम तक पार्टियाँ करते हैं, वे सब जंक फूड हैं। हम चाय के साथ बिस्कुट और शाम को समोसा-टिक्की या पेस्ट्री-पैटीज़ खाते हैं– ये सब जंक फूड हैं। सच तो यह है कि हम जंक-फूड के चक्रव्यूह के बीच अभिमन्यु की तरह फँसे हुए हैं। इनसे निकलने का कोई रास्ता हमारे पास नहीं है। जिसकी जबान को इनका चटपटा, कुरमुरा और झुरझुर करता स्वाद लग जाए, वह फिर अंकुरित अन्न और घीया-दाल नहीं खा सकता। जंक फूड की सबसे बड़ी हानि यह है कि मनुष्य इनका गुलाम हो जाता है। वह इन्हें छोड़कर सीधे-सादे पौष्टिक भोजन की ओर ताकता भी नहीं। यदि इन्हें खाता

रहे तो बी.पी. और शुगर दोनों मिलकर उस पर हमला कर देते हैं। पहले मोटापा बढ़ता है। पेट में अपच रहती है। खाया हुआ भोजन पचता नहीं। तन शिथिल, बीमार और मन उदास रहने लगता है। छोटे-छोटे बच्चे तनाव और हृदय-आघात तथा मधुमेह के शिकार हो जाते हैं। अत: इनसे जितना बचकर रहा जाए, उतना ठीक है।

37. बुजुर्गों की समस्या

विचार-बिंदु—• समस्या क्या है • बुजुर्ग हमारे मार्गदर्शक • बुजुर्गों के प्रति हमारा कर्तव्य

बुजुर्गों की सबसे बड़ी समस्या है कि उन्हें फालतू का बोझ समझा जाता है। घर के लोग उनकी सलाह को सुनना नहीं चाहते। उनकी रोक-टोक का विरोध करते हैं। यदि वे आर्थिक दृष्टि से बच्चों पर निर्भर हुए तो फिर उनकी शामत आ जाती है। घर की कोई समस्या हो, ठीकरा उन्हीं के सिर पर फोड़ा जाता है। वे सचमुच एक समस्या बन जाते हैं। परंतु लोग भूल जाते हैं कि बुजुर्ग घर-भर के मार्गदर्शक होते हैं। उन्होंने दुनिया देखी होती है। इसलिए वे अपने अनुभवों का लाभ बच्चों को देना चाहते हैं। देखने में यही आता है कि जब बच्चों को सलाह की जरूरत होती है तो वे अपने बुजुर्गों के पास ही आते हैं। यह अलग बात है कि वे उनके सहारे का मूल्य नहीं मानते। बुजुर्ग घर-भर को मानसिक सहारा देते हैं किंतु उन्हें भी घर-भर के सहारे की जरूरत होती है। उन्हें घर-भर का आदर और स्नेह चाहिए होता है। वे चाहते हैं कि सबके बीच प्रेम और आनंद से जिएँ। अत: बच्चों, बेटियों और बहुओं का कर्तव्य बनता है कि वे उनकी सेवा करें, उनकी सुनें और जरूरत पड़ने पर उनका सहारा बनें।

38. दहेज प्रथा—एक अभिशाप

विचार-बिंदु—• सामाजिक समस्या • रोकथाम के उपाय • युवकों का कर्तव्य

दहेज-प्रथा को लोगों ने प्रथा से समस्या बना दिया है। कन्यादान करते समय एक पिता अपनी कन्या को जो उपहार देता है उसे दहेज कहते हैं। हर माता-पिता यही चाहेगा कि वह अपनी कन्या को सुख के सभी साधन उपलब्ध कराए। यदि दहेज प्रथा यहीं तक सीमित हो तो शुभ है। परंतु यदि लड़के के माता-पिता लड़की के माता-पिता से माँग करने लगें या दहेज की जाँच-परख करने लगें तो फिर दहेज समस्या का रूप धारण कर लेता है। बहुत से लालची दूल्हे और उनके माता-पिता दहेज को लेकर कन्याओं को परेशान करते हैं। इसके कारण अनेक दुल्हनें आत्महत्या कर लेती हैं। कइयों के तलाक हो जाते हैं। ऐसी समस्याओं को रोकने के लिए समाज को प्रयत्न करना चाहिए। पहला उपाय है—अपने लोभ पर नियंत्रण रखना। दूसरा उपाय है—सामाजिक दबाव। यदि दहेज की माँग की जाए तो परिवार के बड़े-बूढ़ों को आमने-सामने बैठकर बातचीत करनी चाहिए। यदि फिर भी समस्या न सुलझे तो कानून का सहारा लेना चाहिए। दहेज के कानून बहुत कठोर हैं। दहेज का आरोप लगाते ही आरोपियों की शामत आ जाती है। उन्हें जेल में बंद कर दिया जाता है। अत: इस उपाय को अंतिम मानकर बड़ी समझदारी और संयम से करना चाहिए। दहेज की माँग युवकों की ओर से कम, उनके माता-पिता की ओर से अधिक आती है। अत: युवकों का कर्तव्य बनता है कि वे अनुचित लोभ के विरुद्ध खड़े हों और इस समस्या को विकराल न बनने दें।

39. विज्ञापनों का प्रभाव

विचार-बिंदु—• विज्ञापन का आकर्षण • आवश्यकता • सावधानी

प्रसार और फैलाव के सर्वोत्तम साधन हैं—विज्ञापन। विज्ञापन को बार-बार देखने से विज्ञापित वस्तु मन में स्थान बना लेती है। अत: जब हम ग्राहक बनकर कोई वस्तु खरीदने जाते हैं तो वह विज्ञापन अपना जादू दिखलाता है और हम वही वस्तु खरीदकर घर ले आते हैं। विज्ञापन सचमुच हमारे जीवन को गहराई से प्रभावित करते हैं। आजकल

के विज्ञापन बहुत आकर्षक होते हैं। मनमोहकता के कारण वे हमारा ध्यान बरबस खींचते हैं। बड़े-बड़े फिल्मी सितारों के माध्यम से जब किसी वस्तु की महिमा दिखाई जाती है तो वह वस्तु हमें प्रिय लगने लगती है। व्यापार, शिक्षा या किसी उद्देश्य के व्यापक प्रसार के लिए विज्ञापनों का होना आवश्यक है। यदि ये विज्ञापन न हों तो न व्यापार बढ़े, न ही सामान्य लोगों को नई-नई चीजों, तकनीकों और उपयोगी बातों का पता चले। अत: विज्ञापन एकधार वाली तलवार नहीं है जो केवल व्यापारियों को लाभ पहुँचाती हो बल्कि यह दुधारी तलवार है जो ग्राहक और व्यापारी दोनों को लाभ पहुँचाती है। विज्ञापनों की आकर्षक दुनिया में खतरे भी बहुत हैं। सबसे बड़ा खतरा है—गलत चीजों का विज्ञापन। कई बार विज्ञापन का मोहजाल बहुत बड़ा होता है किंतु विज्ञापित वस्तु अनुपयोगी, गलत और हानिकारक होती है। उससे लोगों का स्वास्थ्य और जीवन खराब होता है। ऐसे विज्ञापनों को रोकने का प्रयास होना चाहिए। जागरूक जनता ऐसे विज्ञापनों का विरोध करे और सरकार उन्हें प्रभावी उपायों से रोके।

40. बढ़ता आतंकवाद—एक चुनौती

विचार-बिंदु—• आतंक से त्रस्त विश्व • विभिन्न देशों में आतंकवाद • विभिन्न आतंकी संगठन • लगाम लगाना जरूरी

आज पूरा विश्व आतंकवाद से पीड़ित है। आतंकवाद का राक्षस अपनी आँतों में समूची दुनिया को समा चुका है। पाकिस्तान में बैठा आतंकी अपने देश में ही नहीं, सात समुद्र पार अमरीका में भी मारकाट मचा रहा है। अमरीका को अपने निवासी या पड़ोसी से नहीं, हजारों मील दूर बैठे तालिबानी आतंकवादियों से खतरा है। अफगानिस्तान, पाकिस्तान, इंग्लैंड, जर्मनी, इजराइल, रूस आदि कोई देश इस समस्या से बचा नहीं है। संसार में ऐसे-ऐसे विश्वव्यापी आतंकी संगठन हैं जिनकी शक्ति अनेक देशों की हुकूमतों से भी बड़ी है। अलकायदा, लश्कर-ए-तोयबा जैसे संगठनों को पाकिस्तान की सरकार ही पाल-पोसकर बड़ा कर रही है। आई.एस.आई.एस. एक नया खतरा है जो समूचे विश्व पर मँडरा रहा है। इस कारण विश्व का कोई भी नागरिक अपने-आपको कहीं भी सुरक्षित नहीं पाता। विश्व की अधिकांश जनता इस राक्षस को कुचलना चाहती है। परंतु यह राक्षस बहुत बड़ा है। इसे काबू करने के लिए हाथ भी बहुत बड़े होने चाहिए। आज समय आ गया है कि पाकिस्तान जैसे देश भी संभलें, वर्ना वे खुद भी मरेंगे और औरों को भी जीने नहीं देंगे।

41. बेरोजगारी

विचार-बिंदु—• बेरोजगारी के प्रकार • युवाओं में बढ़ती आपराधिक प्रवृत्तियाँ • रोकने के उपाय

बेरोजगारी का अर्थ है—आजीविका के लिए साधन का न होना। भारत में बेरोजगारी अनेक प्रकार की है। यहाँ जितनी जनसंख्या है, उतनी मात्रा में नौकरियाँ नहीं हैं। नौकरियाँ भी योग्यता के अनुसार नहीं हैं। कुछ लोगों की आजीविका वर्षभर के लिए न होकर कुछ महीनों के लिए होती है। सब प्रकार की बेरोजगारी युवकों को निराश और हताश करती हैं। वे न चाहते हुए भी थक-हारकर अपराध-जगत की ओर भटक जाते हैं। उन्हें पेट भरने के लिए गलत रास्ते चुनने पड़ते हैं। नक्सलवाद हो या आतंकवाद—सबके पीछे बेरोजगारी की भूमिका अवश्य होती है। यह समस्या सब समस्याओं की जननी है। इसे रोकने को सबसे अधिक महत्त्व दिया जाना चाहिए। उन्नत देशों में लोगों को बेरोजगारी भत्ता मिलता है, जिससे उनका निर्वाह हो जाता है। भारत में ऐसे उपायों के अतिरिक्त रोजगार के अवसर बढ़ाने की ओर अधिक ध्यान देना चाहिए।

□ **मिलते-जुलते अनुच्छेद—**

• बेकारी और युवा पीढ़ी

[**विचार-बिंदु—**• बेकारी एक समस्या • युवकों में बढ़ते अपराध • कारण और निवारण]

42. बढ़ती जनसंख्या का भयावह रूप

विचार-बिंदु— • जनसंख्या-वृद्धि—एक भयावह समस्या • परिणाम • कारण और समाधान।

भारतवर्ष की सबसे बड़ी समस्या है—जनसंख्या-वृद्धि। भारत की आबादी 120 करोड़ का आँकड़ा पार कर चुकी है। तेजी से बढ़ती जनसंख्या का पहला कारण है—अनपढ़ता। दूसरा कारण है—अंधविश्वास। अधिकतर लोग बच्चों को भगवान की देन मानते हैं। इसलिए वे परिवार-नियोजन को अपनाना नहीं चाहते। लड़के-लड़की में भेदभाव करने से भी जनसंख्या बढ़ती है। तेजी से बढ़ती जनसंख्या के कारण पर्यावरण-प्रदूषण की गंभीर समस्या आज हमारे सामने खड़ी है। कृषि-योग्य भूमि का क्षय हो रहा है। वनों की अंधाधुंध कटाई हो रही है। बेकारी बढ़ रही है। परिणामस्वरूप लूट, हत्या, अपहरण जैसी वारदातें बढ़ रही हैं। लोगों को बेहतर स्वास्थ्य सेवाओं का लाभ नहीं मिल रहा। जनसंख्या-नियंत्रण के लिए सरकार को चाहिए कि वह परिवार-नियोजन कार्यक्रम को गति दे। सरकार को चाहिए कि इस दिशा में कठोरता से नियम लागू करे अन्यथा आने वाली पीढ़ी को भारी संकट का सामना करना पड़ सकता है।

खेल, पर्यावरण, विज्ञान, संचार आदि पर अनुच्छेद

43. वृक्षारोपण का महत्त्व

विचार-बिंदु— • वृक्षारोपण का अर्थ • वृक्षारोपण क्यों • हमारा दायित्व

वृक्षारोपण का आशय है–धरती पर वृक्ष उगाना। धरती के लिए वृक्ष अनिवार्य हैं। ये धरती की देह के रोएँ हैं जिनसे वह जल पीती है तथा अपनी सृष्टि का पालन-पोषण करती है। जैसे माँ अपने दूध से शिशु का पालन-पोषण-संवर्द्धन करती है, वैसे ही धरती वृक्षों के माध्यम से बादलों के जल को ग्रहण करती है तथा धरती के वक्ष में छिपे जल से संपर्क बनाए रखती है। जब धरा सूखने लगती है, सूरज गर्मी फेंकता है तो ये वृक्ष अपने संचित जल से धरती को हरा-भरा रखते हैं, और उसमें नमी बनाए रखते हैं। वृक्षों के कारण ही तापमान संतुलित रहता है। इन्हीं के कारण धरती उपजाऊ बनी रहती है। रेगिस्तानों का विस्तार रुकता है। ये वृक्ष हमें गोंद, कागज, फूल-फल, औषधियाँ आदि भी प्रदान करते हैं। हमारा दायित्व है कि हम इन्हें कटने से रोकें। नए वृक्ष लगाएँ तथा उनका पोषण करें। एक वृक्ष दस पुत्रों के समान फलदायी माना जाता है।

□ **मिलते-जुलते अनुच्छेद—**

- सिकुड़ते वन : बिगड़ता पर्यावरण *[CBSE 2020]*

[विचार-बिंदु— • सिकुड़ने के कारण • पर्यावरण संतुलन के लिए वन • समाधान]

- वृक्ष हमारे मित्र *[CBSE 2020]*

[विचार-बिंदु— • प्रस्तावना • वृक्षों से लाभ • वृक्षों पर संकट • वृक्षारोपण को बढ़ावा देना • उपसंहार]

[CBSE 2020]

□ **मिलते-जुलते अनुच्छेद—**

- भारत की वन-संपदा और उसकी सुरक्षा

[विचार-बिंदु— • भूमिका • वृक्षों से लाभ • अनेक समस्याओं का समाधान • पर्यावरण की सुरक्षा • अमूल्य संपदा]

[सरस्वती विद्या मंदिर, बिहार (IX) 2023-24]

44. यमुना नदी का संरक्षण

[Common Exam (IX) 2023-24]

विचार-बिंदु— • भूमिका • बढ़ता शहरीकरण • नाले और फैक्ट्रियों का प्रदूषित जल, प्रयास की आवश्यकता

'राम तेरी गंगा मैली हो गई– पापियों का पाप धोते-धोते'– यह गाना गंगा पर उतना सही नहीं बैठता जितना कि यमुना पर। यमुनोत्री से मसूरी तक नील-निर्मल जल वाली यमुना मैदानी इलाके में आकर इतनी बदरंग हो जाती है कि दिल्ली तक पहुँचते-पहुँचते इसका जल काला हो जाता है। इस बीच इसमें इतने नाले मिलते हैं, फैक्ट्रियों का प्रदूषित जल और कचरा मिल जाता है कि पूरी यमुना काली हो गई है। इससे भी बड़ी विसंगति यह है कि मानव ने इसकी जलधारा पर बाँध बनाए; इसकी तेज़ जलधारा को इतनी नहरों में विभक्त किया कि इसकी मूल धारा मंद और मंथर हो गई है। यमुना का सबसे बड़ा दुर्भाग्य यह है कि इसके किनारों पर मानवों ने अपनी सघन बस्ती बसा ली है। अब वे जो कूड़ा-कचरा घर से निकालते हैं, उसे यमुना के हवाले कर देते हैं। मनुष्य यों तो यमुना को मैया कहता है किंतु उसे प्रदूषित करने में कोई कसर नहीं छोड़ता। बीच के सारे नाले उसी में जाकर गिरते हैं। यमुना को स्वच्छ बनाने के उपाय सबको पता है। यदि उसमें नाले और कूड़ा-कचरा न डाला जाए तो यह स्वच्छ रहेगी। इसकी मुख्य जलधारा को बाँटा न जाए तो भी इसका स्वच्छ स्वरूप बना रहेगा। भारत सरकार ने जापान की सहायता से कुछ कदम उठाए भी; किंतु लोगों के सहयोग के बिना वे प्रयास अधूरे हैं।

45. 20-20 क्रिकेट

विचार-बिंदु— • यह क्रिकेट क्या है • इस क्रिकेट का रोमांच • भारत की उपलब्धि।

20-20 क्रिकेट जमाने की तेज़ी का सुंदर शार्टकट नमूना है। इस खेल में कुल 120 गेंदों में दोनों टीमों को अधिकाधिक रन बनाने होते हैं। उधर गेंदबाज़ों पर दबाव बढ़ जाता है। उन्हें न केवल विकटें चटखानी होती हैं बल्कि एक-एक रन बचाना होता है। बल्लेबाज चौकों-छक्कों के फेर में रहते हैं तो गेंदबाज हैट्रिक बनाने की होड़ में। 20-20 क्रिकेट में पहली गेंद से ही रोमांच शुरू हो जाता है। बल्लेबाजों का लक्ष्य रहता है कि हर गेंद पर कम-से-कम एक रन जरूर लिया जाए और एक ओवर में एक चौका भी लग जाए। उधर गेंदबाज सोचता है कि हर गेंद रन से खाली जाए और एकाध विकेट भी मिल जाए। इस गला काट संघर्ष में सबकी आँखों में टकटकी बँधी रहती हैं, साँस सधी रहती हैं। पिछले दिनों भारतीय बल्लेबाजों—विराट कोहली, रोहित शर्मा और सूर्यकुमार यादव के कारण भारत ने न केवल 20-20 क्रिकेट में अपना दबदबा कायम किया, बल्कि आस्ट्रेलिया जैसी विश्वविजयी टीम को धूल चटा दी।

46. जल बचाओ, पृथ्वी बचाओ

[CBSE प्रतिदर्श प्रश्नपत्र 2024–25]

विचार-बिंदु— • जल के बिना जीवन असंभव • जल-संरक्षण का महत्त्व • जल-संरक्षण के उपाय।

यह सूक्ति एकदम सत्य है – जल है तो कल है। मनुष्य के भीतर दो-तिहाई जल है। यह जल कम हुआ तो बीमारियाँ शुरू हो जाती हैं। जल समाप्त हुआ तो जीवन समाप्त हो जाता है। यह भी सत्य है कि मनुष्य के पास जल सीमित है। जल प्राकृतिक साधन है। इसे बनाया नहीं जा सकता। मनुष्य चाहे तो उपलब्ध जल का संरक्षण कर सकता है। उसे खराब होने से बचा सकता है। उसका संग्रह कर सकता है और अपेय जल को पेय बना सकता है। जल-संरक्षण के अनेक उपाय हैं। पहला उपाय यह है कि मनुष्य अपनी आदतें ठीक करे। जहाँ एक गिलास जल की जरूरत है, वहाँ एक बाल्टी न खर्च करे। हम लोग मुँह धोते समय, दाँतों में ब्रश करते समय, नहाते समय और कार-स्कूटर धोते समय जल का मनमाना उपयोग करते हैं। घर का फर्श धोते हैं तो सारी गली में पानी फैल जाता है। यह गलत है। इस आदत को रोकना होगा। दूसरा उपाय है – वर्षा के जल का संग्रह करना! कितना पानी बाढ़ के रूप में बहकर नदियों से होता हुआ समुद्र में बह जाता है। यदि हम वर्षा के जल का जगह-जगह

संग्रह करें और शुद्ध करें तो जल को बचाया जा सकता है। तीसरा उपाय है, अधिकाधिक वृक्ष उगाना जिससे खूब वर्षा हो। चौथा उपाय है– समुद्र के जल को पीने योग्य बनाना। अन्य भी अनेक उपाय खोजे जा सकते हैं। मनुष्य को चाहिए कि जल-संरक्षण की ओर जल्दी-से-जल्दी ध्यान दें। वरना समाजशास्त्री बताते हैं कि अगला महायुद्ध जल के लिए होगा।

47. ग्लोबल वार्मिंग के खतरे

विचार-बिंदु— • ग्लोबल वार्मिंग का अर्थ • खतरे • प्रभाव • बचाव हेतु उपाय।

ग्लोबल वार्मिंग का अर्थ है—पृथ्वी का ताप बढ़ रहा है। वातावरण में गर्मी बढ़ रही है। बढ़ते तापमान के खतरे अनेक हैं। सबसे बड़ा खतरा यह है कि सारा वायुमंडल गर्म हो जाएगा। लोग झुलसेंगे और अनेक रोगों से ग्रस्त होंगे। दूसरा खतरा प्राकृतिक साधनों को होगा। बर्फ के पहाड़ पिघलेंगे। परिणामस्वरूप बाढ़ आएगी। नदियों का जल-स्तर बढ़ेगा। समुद्र उफनेगा। धरती का व्यास कम होगा। हर तरफ विनाश और तबाही का साम्राज्य होगा। परमाणु भट्टियों तथा अत्यधिक ऊर्जा के कारण जो रेडियोधर्मी किरणें निकलेंगी, उनके कारण ओजोन परत में छेद हो जाएगा। परिणामस्वरूप त्वचा को झुलसा देने वाली खतरनाक पराबैंगनी किरणें धरती पर आएँगी और जनजीवन को ध्वस्त कर देंगी। ग्लोबल वार्मिंग के खतरे से उबरना बहुत आवश्यक है। इसके लिए ऊर्जा के अनावश्यक उपयोग से बचना होगा। हरियाली को बढ़ावा देना होगा। धरती को हरा-भरा रखना होगा।

□ **मिलते-जुलते अनुच्छेद—**

- ग्लोबल वार्मिंग और जन-जीवन [*CBSE 2020*]

[**विचार-बिंदु—** • अभिप्राय • कारण • हानियाँ • बचाव के उपाय]

48. प्रदूषण

विचार-बिंदु— • भूमिका • विकट समस्या • कारण • निवारण।

पर्यावरण-प्रदूषण का अर्थ है—वातावरण के प्राकृतिक संतुलन में गड़बड़ी पैदा होना। प्रदूषण मुख्यत: तीन प्रकार का होता है—वायु-प्रदूषण, जल-प्रदूषण तथा ध्वनि-प्रदूषण। शहरीकरण तथा वैज्ञानिक प्रगति प्रदूषण फैलने के दो बड़े कारण हैं। एक अन्य बड़ा कारण है—बढ़ती जनसंख्या। इस कारण वातावरण में इतना मल, कचरा, धुआँ और गंद जमा हो जाता है कि मनुष्य के लिए स्वस्थ वायुमंडल में साँस लेना दूभर हो जाता है। जल-प्रदूषण से सभी नदियाँ, नहरें, भूमि दूषित हो रही हैं। परिणामस्वरूप हमें प्रदूषित फसलें मिलती हैं और गंदा जल मिलता है। आजकल वाहनों, भोंपुओं, फैक्टरियों और मशीनों के सामूहिक शोर से रक्तचाप, मानसिक तनाव, बहरापन आदि बीमारियाँ बढ़ रही हैं। प्रदूषण से मुक्ति के उपाय हैं—आसपास पेड़ लगाना। हरियाली को अधिकाधिक स्थान देना। अनावश्यक शोर को कम करना। विलास की वस्तुओं की बजाय सादगीपूर्ण ढंग से जीवनयापन करना। घातक बीमारियाँ पैदा करने वाले उद्योगों को बंद करना आदि। आज यह समस्या विश्व भर में व्याप्त है। इसलिए विश्व-समुदाय को मिलकर कुछ कठोर निर्णय लेने पड़ेंगे।

49. मेट्रो रेल : महानगरीय जीवन का सुखद सपना

विचार-बिंदु— • यातायात का तीव्रतम साधन • लाभ • सुखद • भविष्य

महानगरों में जनसंख्या का दबाव इतना अधिक बढ़ गया है कि सड़कों पर आना-जाना कठिन हो गया है। इस समस्या से निपटने के लिए मेट्रो रेल परियोजना शुरू की गई। मेट्रो रेल महानगर की सबसे तेज़ तथा सुविधापूर्ण यातायात प्रणाली है। इसके लिए कहीं धरती के नीचे सुरंगें खोदकर रेल-पटरी बिछाई गई। कहीं ऊँचे-ऊँचे पुल उठाकर उस पर मेट्रो चलाई गई। मेट्रो रेल हर तीन से पाँच मिनट में अपने रूट पर चलती है। उसे निश्चित और अबाध रास्तों पर चलना होता है। न कहीं रेलवे-फाटक की समस्या, न कोई अन्य रुकावट। इसलिए यह रेल-सेवा अपने समय से और तीव्रगति से चलती है। रेल के डिब्बे इलैक्ट्रानिक

पद्धति से बंद होते हैं तथा खुलते हैं। इसलिए इसमें किसी प्रकार की मानवीय भूल नहीं होती। न ही मानवीय धूर्तता और लापरवाही के कारण मेट्रो चलने में देर होती है। सारे डिब्बे वातानुकूलित तथा साफ़-स्वच्छ रहते हैं। टिकट लेने के लिए भी अनेक काउंटर खुले रहते हैं। सुरक्षा के प्रबंधों के कारण मेट्रो रेल पर भरोसा किया जा सकता है।

□ **मिलते-जुलते अनुच्छेद—**

- महानगरीय भीड़भाड़ और मेट्रो *[CBSE 2020]*

[**विचार-बिंदु—**• यातायात और भीड़भाड़ • प्रदूषण की समस्या • मेट्रो रेल की भूमिका • मेट्रो के लाभ]

- मेट्रो रेल–एक उत्तम साधन

[**विचार-बिंदु—**• स्वरूप • प्रारंभ • उपयोगिता और महत्त्व]

50. इंटरनेट : सूचनाओं की खान

[CBSE 2023]

विचार-बिंदु—• तकनीक का अद्‌भुत वरदान • इंटरनेट क्रांति • सूचना स्रोत • प्रयोग के लिए सजगता।

ईश्वर की सबसे उन्नत रचना है– मानव। मानव की आज तक की सबसे उन्नत खोज है– इंटरनेट। यह महासमुद्र है जिसमें न केवल संसार-भर की नदियाँ मिलती हैं, बल्कि वर्षा का जल भी बरसता है। संसार के 750 करोड़ लोगों की सभी सूचनाएँ इस इंटरनेट नामक महापटल पर उपलब्ध हैं। यह मानव की उन्नत तकनीकी का सबसे उन्नत वरदान है। यह निजी कंप्यूटरों का साझा अंतर्जाल है जो अन्य सभी कंप्यूटरों से जुड़ा है। मज़ा तो यह है कि जैसे समुद्र में उठी एक लहर भी अपनी पहचान रखती है और दूसरी लहरों में से होती हुई फैलती चली जाती है, उसी तरह प्रत्येक व्यक्ति का निजी कंप्यूटर अपना अलग अस्तित्व रखता है किंतु वह चाहने पर अन्य कंप्यूटरों के सूचना जाल का उपयोग करता हुआ स्वयं को बढ़ाता चला जाता है। यह अंतर्जाल सचमुच एक क्रांति है। इसके माध्यम से देश-विदेश की, ज्ञान-विज्ञान की, उत्सवों-परंपराओं की, भाषा-संस्कृति की, संसार भर के खान-पान और परिधान की जानकारियाँ घर बैठे ली जा सकती हैं। यहाँ तक कि व्यापार, खरीदारी, बैंकिंग जैसी सुविधाएँ भी इंटरनेट के माध्यम से ली जा सकती हैं। अध्यात्म, भक्ति, संगीत, फिल्म, पर्यटन का पूरा संसार इसमें बसा है। मनोरंजन के लिए तो यह कारू का खजाना है। आपका जीवन छोटा पड़ जाता है किंतु सूचनाएँ और मनोरंजन के विविध कार्यक्रम नित नया रूप लेकर आ उपस्थित होते हैं। जैसे महासमुद्र में मोती हैं तो व्हेल मछलियाँ और मगरमच्छ भी हैं। उसी प्रकार इंटरनेट पर लूटने वाले हैकर और लुटेरे भी सक्रिय हैं। वे जरा-सी चूक करने पर आपका सारा धन हड़प कर आपको रास्ते का भिखारी बना देते हैं। अत: इंटरनेट का प्रयोग करने के लिए सावधानी रखना अत्यंत आवश्यक है। बिना खतरों को जाने भूलकर भी इस इंटरनेट के नेट में नहीं फँसना चाहिए।

विद्यार्थी जीवन पर अनुच्छेद

51. छात्र-अनुशासन

विचार-बिंदु—• अनुशासन की प्रथम पाठशाला परिवार • विद्यालयों में अनुशासनहीनता

अनुशासन का अर्थ है—नियम-व्यवस्था। अनुशासन की पहली पाठशाला है—परिवार। बच्चा अपने परिवार में जैसा देखता है, वैसा ही आचरण करता है। जो माता-पिता अपने बच्चों को अनुशासन में देखना चाहते हैं, वे पहले स्वयं अनुशासन में रहते हैं। विद्यार्थी-जीवन में अनुशासन का होना अत्यंत आवश्यक है। जो छात्र विविध आकर्षणों से भरी ज़िंदगी को अनुशासित कर लेते हैं, वे सफलता की सीढ़ियों पर चढ़ते जाते हैं। आज दुर्भाग्य से शिक्षण-संस्थाओं में अनुशासनहीनता का बोलबाला होता जा रहा है। अधिकतर सरकारी विद्यालयों में किसी प्रकार की व्यवस्था नहीं दिखाई देती। परिणामस्वरूप पढ़ाई न करना, अध्यापकों पर कीचड़ उछालना, आपस में लड़ाई-झगड़ा करना, छेड़छाड़ में रुचि लेना आदि आम बातें हो गई हैं। इनके कारण विद्या-प्राप्ति का मूल लक्ष्य ही नष्ट होता जा रहा है।

मिश्रित अनुच्छेद

52. चुनाव का दिन

विचार-बिंदु—• बस्ती में हलचल • मतदान-केंद्र का दृश्य • विशेष अनुभव।

चुनाव का दिन हलचल और हबड़-तबड़ का दिन होता है। सुबह से ही राजनीतिक दलों के नेता, समर्थक और कार्यकर्ता गलियों में फेरी लगाना शुरू कर देते हैं। वे घर-घर जाकर अपने वोटरों को वोट देने के लिए प्रेरित करते हैं। मतदान-केंद्र का दृश्य उत्सव जैसा होता है। मतदान-केंद्र के 100 मीटर दूर कई पंडाल लगे रहते हैं। उन पर बैनर सजे होते हैं। सबके भीतर कुछ उत्साही कार्यकर्ता बैठे रहते हैं जो वोटरों को जरूरी पर्चियाँ देते हैं, जिन पर उनका वोटर नं. लिखा रहता है। एक-एक वोटर को सभी पंडाल ऐसे देखते हैं मानो उनका 'दाता' सामने-से जा रहा हो। मतदान-केंद्र के अंदर लंबी लाइनें लगी रहती हैं। नंबर आने पर चुनाव-अधिकारी हस्ताक्षर करवाते हैं, अँगुली पर अमिट स्याही लगाते हैं तथा इलैक्ट्रोनिक मशीन का बटन दबाने के लिए कहते हैं। चुनाव वाले दिन सुबह से शाम तक राजनीतिक दलों के कार्यकर्ता बड़े उत्साह से मतदान पूरा कराते हैं। वे एक-दूसरे पर नज़र भी रखते हैं और सद्भावना भी बनाए रखते हैं।

53. नारी और नौकरी

विचार-बिंदु—• नौकरी क्यों • नारी और नौकरी का तालमेल • नारी की दोहरी भूमिका।

भारत की परंपरा नारी को घर-गृहस्थी तक सीमित रखना चाहती है। परंतु आज की नारी आधुनिक हो गई है। वह पुरुषों के समान कामधंधे और नौकरी को अपना चुकी है। नौकरी या कामधंधे के बिना वह आर्थिक रूप से परतंत्र थी। उसका व्यक्तित्व पुरुषों पर निर्भर था। नौकरी ने उसे व्यक्तित्व दिया, स्वाभिमान दिया। लेकिन उसे नौकरी की कीमत भी चुकानी पड़ी। समाज चाहता है कि वह पहले की तरह घर-गृहस्थी के भी सारे कार्य पूरे करे। इस कारण वह दो-दो भूमिकाएँ निभाने के लिए मज़बूर हो गई है। वह आठ घंटे ऑफिस में काम करती है तो बर्तन-चौके में भी पूरी जान लगाती है। उस पर दोहरा भार आ पड़ा है। धीरे-धीरे वह घर-गृहस्थी के कुछ कामों से मुक्ति पाने लगी है। पुरुष भी उसका साथ निभाने लगे हैं। समय के साथ समाज को सीखना होगा कि कामकाजी नारी को पुरुषों के समान घर के कार्यों से मुक्त रखा जाए या पुरुष उसके कार्यभार को बाँट लें। तभी नारी और नौकरी का अच्छा तालमेल बैठ पाएगा।

□ **मिलते-जुलते अनुच्छेद**—

- कामकाजी नारियाँ

[**विचार-बिंदु**—• दोगुना कार्य • घर और बाहर में संतुलन • काम-व्यक्तित्व-निर्माण में सहायक]

- कामकाजी नारी

[**विचार-बिंदु**—• भारत में नारी को कम महत्त्व • कामकाजी नारी का सम्मान बढ़ा, किंतु काम बढ़ा • उसका शोषण • अपना मत]

54. किसी ऐतिहासिक स्थल की यात्रा

विचार-बिंदु—• स्थल का नाम • ऐतिहासिक महत्त्व • व्यक्तिगत अनुभव

मुझे अमृतसर के जलियाँवाला बाग जाने का अवसर मिला। रेल-यात्रा में ही हम साथी जलियाँवाला बाग के हत्याकांड की चर्चा में सम्मिलित हो गए। गाड़ी से उतरने के बाद टैक्सी से जलियाँवाला बाग में पहुँचे तो मन बहुत व्याकुल हो उठा। एक ओर वह बाग देखने की उमंग थी, दूसरी ओर वह निर्मम इतिहास सामने था जब जनरल डायर ने निहत्थे बेसहारा लोगों पर अंधाधुंध गोलियाँ बरसा दी थीं। जलियाँवाला बाग की वह दीवार अब भी गवाह है जिस पर चढ़ते

हुए कितने ही नागरिक गोलियों से छलनी हो गए थे। वहाँ जाकर हृदय मौन हो जाता है। वहाँ न कोई चहल-पहल है, न उमंग। वहाँ करुणा और शांति का वातावरण है। लोग आते हैं और उँगलियों से उस स्थान की ओर इशारा करते हैं जहाँ गोलियाँ बरसाई गई थीं। लोग आकर उस स्थल पर श्रद्धांजलि अर्पित करते हैं, मौन धारण करते हैं और कुछ देर विहार करके भारी हृदय से उस बाग से बाहर निकल जाते हैं। उसके बाद पर्यटक रुख करते हैं अमृतसर के स्वर्णमंदिर की ओर।

55. पर्वतीय स्थल की यात्रा

[प्रतिदर्श प्रश्नपत्र 2023–24]

विचार-बिंदु—• प्राकृतिक सौंदर्य • यात्रा वर्णन • सांस्कृतिक महत्त्व।

सैर कर दुनिया की गाफ़िल जिंदगानी फिर कहाँ ?
जिंदगानी गर रही तो नौजवानी फिर कहाँ ?

बस, यह पढ़ा और चल दिए हम चार मित्र पर्वतों की रानी मूसरी की ओर। देहरादून के बाद जब ऊँचे-नीचे रास्ते शुरू हुए तो हम रोमांचित हो उठे। हम प्रसन्न होकर ऐसे उछल रहे थे मानो ये हरे-भरे पहाड़ और वादियाँ सब थोड़ी देर के लिए हैं। कभी दुर्गम चढ़ाइयाँ, कभी ढलानें, कभी चक्करदार मोड़, कभी खतरनाक रास्ते, कभी सामने से आते वाहन और बगल में पहाड़ी घाटी में गिरने का भय। भय, आनंद और रोमांच के मारे हमारा हाल अकथनीय था। रास्ते में एक मंदिर आया। हमारी कार रुकी। हमने मंदिर के दर्शन किए, प्रसाद पाया। पास ही चाय वाला, छल्ली वाला खड़े थे। हमने एक-एक भुट्टा लिया और खाते-खाते चल दिए आगे। शाम के 5 बजे थे। गर्मियों में भी ठंडी हवाएँ चलने लगी थीं। कहीं-कहीं वातानुकूलित-सा झोंका आकर हमें रोमांचित कर देता था। मसूरी पहुँचे तो वहाँ की चहल-पहल देखकर दंग रह गए। वहाँ पूरे भारत से पर्यटक आए थे और रास्तों पर, बाज़ारों में विविध परिधानों में विहार कर रहे थे। सब सपने जैसा लग रहा था। रात को होटल में ठहरे। सुबह चले कैंप्टी फाल की ओर। पहाड़ों की गोदी में बहता यह झरना किसी फिल्मी दृश्य-से कम न था। हम चारों मित्र खूब नहाए; नाचे-कूदे, किलके और अतृप्त भाव से वापस चले। यह यात्रा प्राकृतिक सौंदर्य के कारण तो मुझे याद रहती ही है, अपनी उदार संस्कृति के कारण भी मोहित करती है। वहाँ उत्तर-दक्षिण, पूर्व-पश्चिम, देश-विदेश के लोग जिस मस्ती के साथ एकत्र थे, वह भुलाए नहीं भूलता।

56. जब मैं नाटक के संवाद भूल गया/गई

[CBSE 2023]

विचार-बिंदु—• नाटक प्रस्तुति • पहली बार मंच पर • अध्यापिका/अध्यापक और मित्रों द्वारा उत्साहवर्धन • सफलतापूर्वक समाप्ति और सराहना।

ओह! वह दिन मैं कभी नहीं भूल सकती, जब मैंने पहली बार नाटक में भाग लिया। नाटक था – भारत माता। मुझे उसमें नायिका की भूमिका मिली थी। मैं बहुत उत्तेजित थी। कभी-कभी घबड़ा भी जाती थी कि इतने सारे लोगों के सामने कैसे बोलूँगी! डर था कि कहीं संवाद भूल न जाऊँ। जो सोचा था, वही हुआ। मैं पहला संवाद बोलने के बाद अटक गई। दर्शकों को साफ लग गया कि मैं घबड़ा गई हूँ। यह बात नाटक के निर्देशक ने भी भाँप ली। उसने तुरंत पीछे से मुझे संवाद याद कराया – 'तुम्हीं तो मेरे आराध्य हो भारत!' यह सुनते ही मेरी जान में जान आई। मेरा आत्मविश्वास लौटा। मैंने थूक निगलते हुए यह संवाद बोला। फिर पता नहीं क्या हुआ ? जैसे एक बार स्कूटर स्टार्ट हो जाए तो फिर रुकता नहीं। मैं फर्राटे से सारे संवाद बोल गई। उस एक अटकन के समय मेरी अध्यापिका और नाटक-निर्देशक ने मुझे संभाल लिया। मुझे लगा – कोई है जिसकी थपथपी और सहारा मेरी पीठ पर है। कोई है, जो मुझे लुढ़कने या रुकने नहीं देगा। इस विश्वास ने मेरी आवाज़ को आत्मविश्वास से भर दिया। मैं जमकर बोली। खुलकर अभिनय किया। दर्शकों ने तालियाँ बजाईं तो और अधिक उत्साहित हो गई। इस प्रकार वह नाटक अत्यंत सफलतापूर्वक पूरा हुआ। नाटक के बाद मेरी अध्यापिका ने मुझे गले से लगा लिया। मेरे निर्देशक ने मेरी पीठ पर थपथपी दी। दर्शकों ने प्रशंसा भरी दृष्टि से देखा। देखते-ही-देखते मैं सचमुच नायिका जैसी मूल्यवान बन गई।

प्रश्न-अभ्यास

विचारात्मक अनुच्छेद

1. मित्रता बड़ा अनमोल रत्न

विचार-बिंदु—• जीवन की सरसता के लिए मित्र की आवश्यकता • जीवन-संग्राम में मित्र महत्त्वपूर्ण • सच्चे मित्र की परख और चुनाव • सच्ची मित्रता बनाए रखने के लिए सतर्कता • सच्चा मित्र मिलना सौभाग्य की बात।

2. जब आवै संतोष धन सब धन धूरि समान

विचार-बिंदु—• अनेक प्रकार के धन हैं • सांसारिक धन तृष्णा जगाते हैं • जीवन में अशांति आती है • संतोष रूपी धन से जीवन सुखी • हलचल शांत • मन निश्चिंत • आनंद की प्राप्ति • कर्म-फल में संतोष-सुख खोजना आवश्यक।

3. धीरे-धीरे रे मना धीरे सब कुछ होय

विचार-बिंदु—• सूक्ति का आशय • संसार की गति सुनिश्चित है • दिन-रात और ऋतुओं का चक्र अपनी निश्चित गति से गतिमान • मनुष्य की अधीरता व्यर्थ • समय से पहले कोई सफलता नहीं मिलती • कर्म करके फल की प्रतीक्षा करनी चाहिए।

4. जो समय को नष्ट करता है, समय उसको नष्ट करता है

विचार-बिंदु—• समय मूल्यवान • समय अर्थात् जीवन • समय का सदुपयोग आवश्यक • इससे आत्मसंतोष की प्राप्ति और ग्लानि से मुक्ति मिलती है • प्रत्येक कार्य का निश्चित समय • सही समय व्यर्थ में बिता देना, समय नष्ट करना • कुछ उदाहरण • समय नष्ट करने से पछतावा, थकावट तथा निराशा।

5. आलस किया–सफलता गई

विचार-बिंदु—• आलस क्या है • आलस की बुराइयाँ • सफलता के लिए क्या करें ?

6. अनुशासन

विचार-बिंदु—• अनुशासन प्रगति का मूल कारण • प्रकृति-चक्र में अनुशासन • सफल व्यक्तियों के कुछ उदाहरण

7. अधिकार और कर्तव्य

विचार-बिंदु—• अधिकारों से जीवन की सुरक्षा • हमारा कर्तव्य–सबके अधिकारों की रक्षा • अधिकारों के साथ कर्तव्य-पालन अनिवार्य।

8. सब दिन रहत न एक समान

विचार-बिंदु—• परस्पर विरोधी स्थितियाँ • कभी सुख कभी दुख • न दुख में निराश हों, न सुख में इतराएँ।

9. जिंदगी जिंदादिली का नाम है

विचार-बिंदु—• हिम्मत और उत्साह का महत्त्व • संघर्षशील जीवन का आनंद • नया जोश • आत्मसंतोष

10. आत्मविश्वास और सफलता *[CBSE 2020]*

विचार-बिंदु—• आत्मविश्वास से तात्पर्य • आत्मविश्वास सफलता के लिए क्यों आवश्यक • अहंकार और आत्मविश्वास में अंतर

राष्ट्रीय महत्त्व के अनुच्छेद

11. जय जवान जय किसान

विचार-बिंदु—• जवान और किसान—दोनों का महत्त्व • जवान—देश का रक्षक • जवान का कठोर जीवन • किसान—देश का पालक • किसान का कठोर जीवन • भारत में जवानों और किसानों की भूमिका।

12. आत्मनिर्भर भारत *[CBSE 2021]*

विचार-बिंदु—• आत्मनिर्भरता आवश्यक क्यों ? • अभियान का प्रभाव • बाधाएँ और सुझाव

13. महात्मा गाँधी जी की 150वीं जयंती *[CBSE 2020]*

विचार-बिंदु—• मनाने के उद्देश्य • गाँधी जी का जीवन • आज़ादी के आंदोलन में भूमिका • प्रासंगिकता

14. स्वरोज़गार : एक कदम विकास की ओर *[CBSE 2022]*

विचार-बिंदु—• स्वरोज़गार की आवश्यकता क्यों ? • भारतीय अर्थव्यवस्था पर प्रभाव • बाधाएँ • सुझाव

15. एक भारत, श्रेष्ठ भारत *[CBSE 2022]*

विचार-बिंदु—• योजना का प्रारंभ कब ? • ऐसी योजनाओं की आवश्यकताओं क्यों ? • विद्यालयों में इसे कार्य रूप में कैसे लाया गया ? • प्रभाव

विविध समस्याओं पर अनुच्छेद

16. हमारे देश पर पड़ता विदेशी प्रभाव

विचार-बिंदु—• हमारा देश–प्राचीन रूप और संस्कृति • विदेशी प्रभाव • परिणाम

17. बेचारा बचपन

विचार-बिंदु—• सिमटते परिवार • बच्चों का एकाकीपन • माता-पिता की व्यस्तता

18. भारतीय समाज और अंधविश्वास

विचार-बिंदु—• अंधविश्वास का अर्थ • प्रगति में बाधक • जागृति की आवश्यकता

19. बचो विज्ञापनों से

विचार-बिंदु—• विज्ञापन की आवश्यकता • लुभाऊ विज्ञापन • हानियाँ

20. भ्रष्टाचार विरोधी आंदोलन–कितने सार्थक

विचार-बिंदु—• चहुँ ओर फैला भ्रष्टाचार • आंदोलनों के प्रकार • आंदोलनों का प्रभाव।

21. मातृभाषा के प्रति अभिरुचि *[CBSE 2020]*

विचार-बिंदु—• मातृभाषा से तात्पर्य • घटती रुचि के कारण • रुचि कैसे बढ़े

22. सिनेमा और युवा पीढ़ी *[CBSE 2020]*

विचार-बिंदु—• मनोरंजन के साधन • युवाओं में बढ़ता फैशन • अपराध और अश्लीलता

खेल, पर्यावरण, विज्ञान, संचार आदि पर अनुच्छेद

23. पर्यावरण संरक्षण : समय की माँग *[CBSE 2022]*

विचार-बिंदु—• मानव और पर्यावरण में अटूट संबंध • संरक्षण की आवश्यकता क्यों ? • संरक्षण की योजनाओं का प्रभाव • सुझाव

24. जैविक (ऑर्गेनिक) खेती : एक कदम प्रकृति की ओर *[CBSE 2021]*

विचार-बिंदु—• समय की माँग • सकारात्मक प्रभाव • कठिनाइयाँ, सुझाव

25. वन संरक्षण : प्राथमिकता *[CBSE 2022]*

विचार-बिंदु—• मनुष्य और वन में अटूट संबंध • संरक्षण प्रथम आवश्यकता क्यों ? • वन संरक्षण के लिए किए जा रहे प्रयासों का प्रभाव • सुझाव

26. विकास की देन–दूषित पर्यावरण *[CBSE 2020]*

विचार-बिंदु—• प्रकृति, पर्यावरण की आवश्यकता • मनुष्य की जवाबदेही • विकास की आधुनिक अवधारणा में पर्यावरण

27. विज्ञान के बढ़ते चरण

विचार-बिंदु—• विविध वैज्ञानिक आविष्कार • बढ़ता प्रभाव • सावधानियाँ

28. समाचार-पत्र का महत्त्व

विचार-बिंदु—• भूमिका • विश्व-भर को जोड़ने का साधन • लोकतंत्र का प्रहरी • जनमत बनाने का साधन • ज्ञान-वृद्धि का साधन • मनोरंजन का साधन • व्यापार के लाभ • अन्य अनेक सुविधाएँ।

29. **पर्वतीय सौंदर्य**
विचार-बिंदु—• महत्त्व • मानव-प्रेम • संरक्षण के प्रति जनता का कर्तव्य • मानव के लिए लाभप्रद।

30. **हिमालय का सौंदर्य**
विचार-बिंदु—• आकृति और स्थिति • महानता एवं सौंदर्य • लाभ।

31. **मेरा प्रिय खेल—क्रिकेट**
विचार-बिंदु—• खेलकूद का महत्त्व—शारीरिक और मानसिक • प्रिय खेल—क्रिकेट क्यों ? • भारत में बढ़ता क्रिकेट का उन्माद।

विद्यार्थी जीवन पर अनुच्छेद

32. **पुस्तकालय और उसका सदुपयोग**
विचार-बिंदु—• पुस्तकालय—ज्ञान के मंदिर • आधुनिक पुस्तकालय • उपयोग कैसे करें • सूची देखना • पुस्तकालय के नियम • मौन और शांत व्यवहार।

33. **परीक्षा से डर लगता है।**
विचार-बिंदु—• परीक्षा का भय • भय का कारण • परीक्षा की अनिवार्यता • निष्कर्ष

34. **विद्यार्थी जीवन और फैशन**
विचार-बिंदु—• फैशन क्या है • विद्यार्थियों पर बढ़ते फैशन का प्रभाव • दुष्प्रभावों से बचें कैसे ?

मिश्रित अनुच्छेद

35. **घर का जोगी जोगड़ा, आन गाँव का सिद्ध**
विचार-बिंदु—• कहावत का अर्थ • दूरी को महत्त्व • समीपता से आकर्षण समाप्त होता है • कुछ उदाहरण।

36. **मनुष्य है वही जो मनुष्य के लिए मरे**
विचार-बिंदु—• मैथिलीशरण गुप्त की पंक्ति का अर्थ • स्वार्थ सिद्ध करना पशुता • मनुष्य पशुता से ऊपर • उसके पास हृदय, बुद्धि और करुणा • सच्चा मनुष्य औरों के लिए जीता है।

37. **दुर्लभ होता है अच्छा मित्र**
विचार-बिंदु—• अच्छा मित्र कौन • क्यों होता है दुर्लभ • कैसे करें चुनाव।

38. **एकता में ही बल है**
विचार-बिंदु—• एकता का महत्त्व और आवश्यकता • संगठन ही शक्ति है • फूट विनाश का कारण • उससे हानियाँ • संदेश।

39. **पुस्तक मेले में अधूरी खरीदारी**
विचार-बिंदु—• मेले में जाना • रुचि की पुस्तकें • मूल्य अधिक बजट कम।

40. **असंतोष प्रगति का मूल मंत्र है**
विचार-बिंदु—• अनंत इच्छाओं से प्रगति संभव • सीमित इच्छाओं से ठहराव • निरंतर एक लक्ष्य आवश्यक • लक्ष्य-प्राप्ति के बाद अगला लक्ष्य आवश्यक।

41. **जल-संकट**
विचार-बिंदु—• मनुष्य जल पर निर्भर • जल बिना जीवन नहीं • जल-संकट का स्वरूप • जल-संकट के कारण • समाधान।

42. **जल-संकट के समाधान में हमारी भूमिका**
विचार-बिंदु—• जल के पवित्र स्रोतों पर संकट • धरती के गर्भ का पानी समाप्त • नदियाँ प्रदूषित • तालाब-सरोवर समाप्त • ग्लेशियरों का पिघलना • हमारी भूमिका—प्यासी धरती को पानी दें • नदियों को साफ रखें • पर्यावरण में गर्मी और प्रदूषण पैदा न करें।

43. बढ़ता तनाव

विचार-बिंदु—• शांत और स्थिर जीवन आवश्यक • खिंचाव और हलचल रोग है • आज जीवन में अनेक इच्छाएँ • पग-पग पर प्रलोभन • संसार भर की समृद्धियाँ सामने • तृष्णा के कारण भागदौड़। इससे बचना आवश्यक।

44. भ्रूण-हत्या

विचार-बिंदु—• भ्रूण-हत्या क्या • एक पाप • इसका कारण • समाधान।

45. आरक्षण का भूत

विचार-बिंदु—• आरक्षण समानता के लिए • एक आवश्यक बुराई • इसे मजबूरी में अपनाएँ • आज इसमें जातीय राजनीति का दखल • जातिवाद को बढ़ावा • देश के लिए घातक।

46. फास्ट-फूड

विचार-बिंदु—• भागदौड़ की जिंदगी • स्वास्थ्य की बजाय स्वाद पर ध्यान • बढ़ता बाज़ारवाद • विज्ञापनों की चकाचौंध • बढ़ती बीमारियाँ–मोटापा, गैस, तनाव, शुगर • समाधान।

47. मॉल-संस्कृति

विचार-बिंदु—• भोगवाद के अड्डे • मॉल संस्कृति • चकाचौंध • तृष्णा को बढ़ावा • छोटे व्यापार को समाप्त कर बड़े पूँजीपतियों को बढ़ावा • दीखने में लाभ किंतु वास्तव में लूट • एकाधिकारवाद • बचने की आवश्यकता।

48. भारत में सूखे की समस्या

विचार-बिंदु—• सूखे की समस्या • प्रभाव • बचने के उपाय।

49. आरक्षण : कितना उचित, कितना अनुचित

विचार-बिंदु—• आरक्षण क्यों • आरक्षण की सुविधाएँ • बदली परिस्थितियाँ • समान अधिकार

50. शारीरिक शिक्षा और योग

विचार-बिंदु—• शारीरिक शिक्षा क्या और क्यों • शारीरिक शिक्षा और योग • प्रभाव और अच्छे परिणाम

51. मीडिया के बढ़ते कदम

विचार-बिंदु—• मीडिया का अर्थ • मीडिया के अंग • मीडिया का दुरुपयोग।

52. मेरा प्रिय विषय

विचार-बिंदु—• आकर्षण का कारण • प्रेरणा • भावी योजना

53. गणतंत्र दिवस

विचार-बिंदु—• दिन एवं उसका महत्त्व • गणतंत्र दिवस का महत्त्व • सरकारी कार्यक्रम • राजधानी में कार्यक्रम • राष्ट्रीय भावना का संचार

54. मेरी दिनचर्या

विचार-बिंदु—• प्रातः से सायं तक के क्रियाकलाप • अध्ययन व खेलकूद का समय • संतुलन आवश्यक

55. हमारा देश

विचार-बिंदु—• भौगोलिक विस्तार • समाज और संस्कृति • आज का बदलता स्वरूप

56. आकाश की ऊँचाइयों को छूता मानव

विचार-बिंदु—• मानव का अदम्य साहस • विभिन्न क्षेत्रों में विकास • विभिन्न उपलब्धियाँ

57. मेरे नगर में भी हुआ विकास

विचार-बिंदु—• राष्ट्रीय राजमार्ग का विकास • व्यापार केंद्रों का विकास • जनता के लिए अच्छी और अधिक सुविधाएँ

58. मेरा देश महान

विचार-बिंदु—• स्वदेश का अर्थ • स्वदेश-प्रेम क्यों • देशप्रेम का महत्त्व

59. खान-पान की बदलती तस्वीर

विचार-बिंदु—• बदलती दिनचर्या • फास्टफूड का प्रचलन और दुष्प्रभाव • हमारा कर्तव्य

60. मीडिया और उसका प्रभाव

विचार-बिंदु—• मीडिया की भूमिका • सही मार्गदर्शन • समाज के प्रति दायित्व

61. लड़कियों की शिक्षा

विचार-बिंदु—• समाज में लड़कियों का स्थान • शिक्षा की अनिवार्यता और बाधाएँ • सबका सहयोग

62. सपना मेरा कितना सुंदर

विचार-बिंदु—• सपना क्या होता है • लाभ और हानि • सपने का वर्णन

63. यात्रा जिसे मैं भूल नहीं पाता

विचार-बिंदु—• कहाँ की यात्रा • विशेष घटना का वर्णन • अविस्मरणीय कैसे

64. मन की चंचलता

विचार-बिंदु—• मन की अस्थिरता • क्यों होती है? • चंचलता दूर करने के उपाय

65. स्वच्छ भारत-स्वस्थ भारत

विचार-बिंदु—• स्वच्छता का अर्थ • स्वच्छता की आवश्यकता • हमारा कर्तव्य

66. पहला सुख निरोगी काया

विचार-बिंदु—• आशय • व्यायाम और स्वास्थ्य • समाज को लाभ

67. सोशल मीडिया और किशोर [*CBSE 2020*]

विचार-बिंदु—• सोशल मीडिया : तात्पर्य और विभिन्न प्रकार • किशोरों के आकर्षण-बिंदु • वर्तमान समय में सोशल मीडिया का प्रचलन और प्रभाव

68. यात्राएँ : अनुभव के नए क्षितिज [*CBSE 2020*]

विचार-बिंदु—• यात्रा : क्या, क्यों, कैसे ? • यात्राओं से अनुभवों की व्यापकता • यात्राओं का सभ्यता के विकास में योगदान

69. 21वीं सदी का भारत [*CASE 2022-23*]

विचार-बिंदु—• 21वीं सदी से आपकी अपेक्षाएँ • भारत और 21वीं सदी • 21वीं सदी और शिक्षा • उपसंहार

II. पत्र-लेखन

पाठ्यक्रम–पत्र-लेखन (औपचारिक पत्र/अनौपचारिक पत्र) (विकल्प सहित)

I. औपचारिक पत्र

1. प्रार्थना-पत्र

1. छात्रवृत्ति प्राप्त करने हेतु
2. प्रयोगशाला में सुधार हेतु
3. अवकाश-प्राप्ति (बीमारी) हेतु
4. खेलों का सामान मँगवाने हेतु
5. प्रधानाचार्य को अकादमी खोलने हेतु धन्यवाद

2. आवेदन-पत्र

- **नौकरी हेतु**

6. कंपनी में लिपिक (क्लर्क) पद हेतु
7. बैंक में लिपिक-पद हेतु
8. प्रौढ़ शिक्षा हेतु शिक्षक

3. कार्यालयी-पत्र

9. अध्यक्षता के लिए किसी विद्वान को निमंत्रण-पत्र

4. शिकायती-पत्र एवं अन्य सार्वजनिक पत्र

10. जल-भराव की समस्या
11. यातायात पुलिस आयुक्त को पत्र
12. विधायक को एक बालिका-विद्यालय की स्थापना के लिए
13. खाद्य पदार्थों में मिलावट की समस्या
14. जल-भराव और गंदगी की समस्या
15. दमकल अधिकारी और पुलिस की लापरवाही के बारे में
16. थानाध्यक्ष को चोरी रोकने के बारे में
17. चिकित्सा अधिकारी को कर्मचारियों के दुर्व्यवहार के लिए
18. नई बस-सेवा आरंभ कराने हेतु
19. पार्क विकसित करने के बारे में
20. बिजली-संकट दूर करने के बारे में
21. पेय-जल की आपूर्ति की समस्या
22. आयुर्वेदिक कॉलेज की स्थापना के लिए
23. सड़कों की बदहाली के लिए ग्रामीण विकास मंत्री को पत्र
24. सड़की की लाइटों में खराबी
25. सिलाई-कढ़ाई प्रशिक्षण केंद्र के लिए मुख्यमंत्री को
26. राशन-डिपो मालिक की कालाबाजारी के विरुद्ध
27. मतदाता पहचान-पत्र में देरी की शिकायत करते हुए

5. संपादकीय-पत्र

28. वाई-फाई सेवा में खराबी पर
29. मुहल्ले में चल रही जुआखोरी की जानकारी
30. स्वच्छ भारत अभियान के बारे में
31. लाउडस्पीकरों का शोर
32. बिगड़ती कानून-व्यवस्था
33. बढ़ती महँगाई

34. सूखते वृक्षों पर चिंता प्रकट करते हुए
35. डॉक्टरों की बढ़ती फीस और महँगी दवाइयों पर
36. प्लास्टिक के उपयोग से हानि
37. मेनहोल खुले होने पर संपादक से समाचार लिखवाना

6. व्यावसायिक-पत्र

38. प्रकाशक से पुस्तकें मँगवाने के लिए
39. टेलीविज़न के खराब होने की शिकायत

II. अनौपचारिक–व्यक्तिगत-पत्र

7. बधाई-पत्र अनौपचारिक पत्र के रूप में

40. सखी को वीरता-सम्मान मिलने पर

8. धन्यवाद-पत्र अनौपचारिक पत्र के रूप में

41. आड़े समय में काम आने पर
42. पार्क बनवाने पर पुलिस आयुक्त को धन्यवाद पत्र
43. चिकित्सा महाविद्यालय में प्रवेश मिलने पर बधाई-पत्र

9. शुभकामना-पत्र

44. मित्र को वाद-विवाद में विजयी होने पर
45. अस्वस्थ मित्र को स्वस्थ होने की शुभकामना
46. वैवाहिक वर्षगाँठ पर
47. नए शिक्षा सत्र पर

10. निमंत्रण-पत्र

48. विवाह का निमंत्रण-पत्र

11. संवेदना-पत्र अनौपचारिक पत्र के रूप में

49. पाइलट की परीक्षा में असफल होने पर
50. मित्र की माँ के निधन पर

12. अन्य विविध पत्र

51. माँ को सांत्वना देते हुए
52. चिड़ियाघर की सैर
53. गुजरात घूमने हेतु
54. चाचा जी को पढ़ाई जारी रखने हेतु
55. बड़े भाई को पढ़ाई जारी रखने हेतु
56. मित्र को दिल्ली के प्रदूषण के बारे में
57. मॉनिटर बनने पर दुविधा
58. मित्र को पर्वत-भ्रमण का निमंत्रण
59. विद्यालय की भाषण प्रतियोगिता
60. छोटे भाई को साइबर-क्राइम के विरुद्ध
61. मित्र को ऑनलाइन शॉपिंग की लत के विरुद्ध
62. संयमित और स्वस्थ जीवनशैली
63. छात्रावास में रहने वाले छोटे भाई को पत्र
64. छोटे भाई को मीठी वाणी का संदेश
65. मित्र को आपसी मतभेद का स्पष्टीकरण
66. नकल में पकड़े गए छोटे भाई को समझाते हुए
67. छोटे भाई को मोबाइल के सदुपयोग हेतु
68. माताजी को स्वास्थ्य का ध्यान रखने के लिए

पत्र-लेखन

पत्र-लेखन एक महत्त्वपूर्ण कला है। आज के अति व्यस्त युग में इसका महत्त्व और अधिक बढ़ गया है। आज मानव के सरोकार (संबंध) बहुत अधिक बढ़ गए हैं। उसे प्रतिदिन कितने ही व्यक्तियों, संबंधियों, कार्यालयों से संपर्क साधना पड़ता है। हर स्थान पर वह व्यक्तिगत रूप से उपस्थित नहीं हो सकता। अतः उसे पत्र का सहारा लेना पड़ता है। कार्यालयी-पत्र तो कार्य-विधि का अनिवार्य अंग बन चुके हैं। प्रार्थना-पत्र के बिना कोई कार्यालयी कार्य संपन्न नहीं होता। अतः छात्र के लिए पत्र-लेखन-कला सीखना अनिवार्य है।

तिथि लिखना–तिथि को निम्न में से किसी भी प्रकार लिखा जा सकता है–

14 मार्च, 2026
मार्च 14, 2026
14-03-2026
14.03.2026

पत्रों के प्रकार–पत्र अनेक प्रकार के होते हैं। कक्षा 9 व 10 पाठ्यक्रम में जो पत्र रखे गए हैं, उन्हें दो भागों में विभाजित किया जा सकता है–

I. *औपचारिक पत्र*
II. *अनौपचारिक–व्यक्तिगत-पत्र*

I. औपचारिक पत्र

1. प्रार्थना-पत्र

विधि–प्रधानाचार्य को प्रार्थना-पत्र लिखने की एक निश्चित शैली होती है। ऐसे पत्र छात्रों द्वारा लिखे जाते हैं, इसलिए उनमें आदरपूर्वक प्रार्थना करने का भाव होता है। इन पत्रों की संरचना इस प्रकार होती है–

सेवा में
प्राचार्य महोदय
क.ख.ग. विद्यालय → *यहाँ विद्यालय का नाम लिखें।*
नगर। → *यहाँ स्थान का नाम लिखें, जहाँ विद्यालय स्थित है।*

विषय– दो दिन का अवकाश। → *यहाँ पत्र का विषय लिखें।*

श्रीमान जी

सविनय निवेदन है कि ....। (*यहाँ मुख्य विषय संक्षेप में लिखें।*)

धन्यवाद !

प्रार्थी/आपका आज्ञाकारी/आज्ञाकारी शिष्य/शिष्या

कनु	→ *यहाँ नाम लिखें।*
दसवीं 'ग'	→ *यहाँ कक्षा लिखें।*
अनुक्रमांक	→ *यहाँ प्रार्थी अपना विद्यालय-अनुक्रमांक लिखें।*
दिनांक :	13-3-2026

☞ • ध्यान रखें कि हर बात सम्मानपूर्वक कही गई हो।
• अंत में कृतज्ञता प्रकट करनी चाहिए। *जैसे–* 'आपकी अति कृपा होगी।'

1. अपने प्रधानाचार्य को आर्थिक सहायता प्राप्त करने हेतु आवेदन-पत्र लिखिए। *[CBSE]*

सेवा में

प्रधानाचार्य महोदय
केंद्रीय विद्यालय
रायपुर (म.प्र.)

विषय : छात्रवृत्ति प्राप्त करने हेतु

श्रीमान जी

सविनय निवेदन है कि मैं आपके विद्यालय में दशम 'बी' का छात्र हूँ। मेरा अब तक पढ़ाई का रिकार्ड अच्छा रहा है। गत वर्ष मैंने 80% अंक प्राप्त किए थे। पढ़ाई के साथ-साथ भाषण-प्रतियोगिता में भी अग्रणी रहा हूँ।

मान्यवर, इस वर्ष मेरे पिताजी अस्वस्थ हो गए हैं जिसके कारण उनका व्यवसाय ठप्प हो गया है। घर की आर्थिक दशा कमज़ोर हो गई है। मेरे पिताजी मेरी पढ़ाई का खर्च वहन करने में समर्थ नहीं हैं। अतः आपसे निवेदन है कि मुझे इस वर्ष 500 रु. मासिक की छात्रवृत्ति प्रदान करें ताकि मेरी पढ़ाई अबाध चलती रहे। इस सहयोग और कृपा के लिए मैं आपका कृतज्ञ रहूँगा।

धन्यवाद !

आपका आज्ञाकारी

निमिष
कक्षा–दसवीं-बी
अनु. : 235

दिनांक : मार्च 13, 2026

2. विद्यालय की विज्ञान प्रयोगशाला को अत्याधुनिक बनाने की आवश्यकता समझाते हुए अपने विद्यालय के प्रधानाचार्य को पत्र लिखिए। *[CBSE 2012]*

सेवा में

प्रधानाचार्य महोदय
सालवान पब्लिक स्कूल
राजेंद्र नगर, दिल्ली

विषय : विज्ञान प्रयोगशाला का आधुनिकीकरण

श्रीमान जी

सविनय निवेदन है कि मैं नवम कक्षा की छात्रा हूँ। मेरी विज्ञान में बहुत रुचि है। मैं विद्यालय की प्रयोगशाला में कुशल प्रशिक्षण पाना चाहती हूँ। परंतु प्रयोगशाला में हमें न तो अधिक समय रहने दिया जाता है और न ही पर्याप्त उपकरण और साधन हैं जिनके आधार पर मैं कुछ प्रयोग कर सकूँ और विज्ञान विषय में निपुणता पा सकूँ।

आपसे प्रार्थना है कि हमारी प्रयोगशाला को अत्याधुनिक बनाएँ और उत्सुक छात्र-छात्राओं को उचित प्रशिक्षण प्रदान करने की व्यवस्था करें। आपकी अति कृपा होगी।

धन्यवाद सहित !

भवदीय

सुलेखा मनोरमा

अनु. : 342

कक्षा नवम सी

दिनांक : 14.1.2026

□ मिलते-जुलते पत्र

• आपका नाम निकिता/नरेश है। आपके विद्यालय की विज्ञान प्रयोगशाला में प्रयोग करने हेतु जरूरी उपकरण नहीं हैं। समस्या-समाधान हेतु प्राचार्य को पत्र लिखिए। [*Common Exam* (*IX*) *2023-24*]

3. प्रधानाचार्य को पत्र लिखकर स्वास्थ्य-लाभ हेतु दो दिन का अवकाश प्राप्त कीजिए।

सेवा में

प्रधानाचार्य महोदय
केंद्रीय विद्यालय
भुवनेश्वर

विषय : अवकाश-प्राप्ति (बीमारी) हेतु

श्रीमान जी

निवेदन है कि कल दोपहर बाद से मुझे बुखार है। डॉक्टर ने मुझे दो दिन के लिए विश्राम करने की सलाह दी है। अतः कृपया मुझे 6-7 जुलाई, 2025 का अवकाश प्रदान करें।

सधन्यवाद !

आपका आज्ञाकारी

शरद जैन
दशम 'ब'

अनु. 243

दिनांक : 6 जुलाई, 2025

□ मिलते-जुलते पत्र

• आप बुखार से पीड़ित हैं। चिकित्सक द्वारा आपको आराम करने की सलाह दी गई है। प्राचार्य जी को एक सप्ताह के अवकाश के लिए प्रार्थना-पत्र लिखिए। [*के.वि.सं. बंगलौर 2022*]

4. अपने विद्यालय में खेल का सामान मँगवाने के लिए प्रधानाचार्य को पत्र लिखिए। [*CBSE*]

सेवा में

प्रधानाचार्य महोदय
केंद्रीय विद्यालय
जोरहाट

विषय : खेलों का सामान मँगवाने हेतु

श्रीमान जी

सविनय निवेदन है कि मैं विद्यालय की खेल-परिषद की प्रतिनिधि हूँ। मैं आपका ध्यान खेल के सामान की यथासमय आपूर्ति

की ओर दिलाना चाहती हूँ। गत वर्ष सामान देरी से आने के कारण हमारी टीमों का ठीक अभ्यास नहीं हो पाया था। इसलिए आपसे निवेदन है कि इस वर्ष शीघ्र-से-शीघ्र विद्यालय में सामान मँगा लिया जाए ताकि पिछले वर्ष जैसी कमी इस बार न रह जाए।

धन्यवाद सहित !

आपकी कृपा-पात्र

ऊषा

दशम 'ए'

अनु. 444

दिनांक : 15-3-2026

5. *आप रोहन/रोहिणी हैं। आपके विद्यालय में प्रधानाचार्य के प्रयास द्वारा युवा एवं खेल मंत्रालय की ओर से टेबल टेनिस अकादमी शुरू की गई है।* **इसके लिए प्रधानाचार्य को धन्यवाद देते हुए लगभग 100 शब्दों में एक पत्र लिखिए।**

[*CASE 2022-23*]

सेवा में

प्रधानाचार्य

डी.ए.वी. स्कूल

बिलासपुर (छत्तीसगढ़)

विषय : धन्यवाद ज्ञापन

आदरणीय महोदय

मैं रोहिणी अपने विद्यालय की टेबल टेनिस की खिलाड़ी हूँ। हमारी काफी समय से माँग थी कि हमारे विद्यालय में टेबल टेनिस की अकादमी खुले ताकि हम कुशल प्रशिक्षण प्राप्त कर सकें। आपने बहुत रुचि लेते हुए यह कार्य संपन्न किया है। हमारे विद्यालय में अकादमी खुल गई है। नए प्रशिक्षक आ गए हैं। टेनिस-कोर्ट और नया सामान भी आ गया है। हम सब टेनिस-खिलाड़ी बहुत प्रसन्न हैं।

हम सब आपके प्रति हृदय से कृतज्ञ हैं। हम आपको विश्वास दिलाते हैं कि हम प्रशिक्षण पाकर अपने विद्यालय का नाम ऊँचा करेंगे और टेनिस की हर प्रतियोगिता जीतेंगे।

आपकी प्रिय शिष्या

रोहिणी

कक्षा 9 वीं सी

अनुक्रमांक 235

23.07.2025

2. आवेदन-पत्र

नौकरी हेतु

विधि–नौकरियों के लिए आवेदन करने की प्रायः दो विधियाँ होती हैं–

1. व्यक्तिगत आवेदन शैली
2. निर्धारित प्रपत्र शैली।

• **व्यक्तिगत आवेदन शैली**–इसमें प्रार्थी अपनी योग्यता का परिचय दो-तीन अनुच्छेदों में देता है। इसमें नियोक्ता को व्यक्तिगत विश्वास दिलाया जाता है तथा नौकरी का अवसर देने की व्यक्तिगत प्रार्थना भी की जाती है। *उदाहरणतया*–

6. किसी कंपनी में क्लर्क के रिक्त-पद की पूर्ति के लिए आवेदन-पत्र लिखिए।

सेवा में

कंपनी सचिव
अ.ब.स. उद्योग
अंधेरी, मुंबई

विषय : क्लर्क-पद के लिए आवेदन

महोदय

मुझे अंग्रेज़ी के 'द हिंदुस्तान टाइम्स' में विज्ञापित विज्ञापन क्र. 6091, दिनांक 13.12.2023 को पढ़कर ज्ञात हुआ कि आपके कार्यालय में क्लर्क के दो पद रिक्त हैं। मैं इस पद के लिए स्वयं को प्रस्तुत करता हूँ। मेरा परिचय तथा शैक्षणिक-परिचय इस प्रकार है–

मैं 19 वर्षीय नवयुवक हूँ। मैंने मार्च 2023 में मुंबई के पवई स्थित केंद्रीय विद्यालय से दशम कक्षा उत्तीर्ण की है। दशम में मेरे 65% अंक हैं। इसके अतिरिक्त मैं हिंदी और अंग्रेज़ी दोनों भाषाओं में टाइपराइटिंग जानता हूँ। हिंदी में मेरी गति 40 शब्द प्रति मिनट तथा अंग्रेज़ी में 50 शब्द प्रति मिनट है। जहाँ तक टाइपिंग के अनुभव की बात है, मैं पिछले छः मास से टाइप-कॉलेज में जॉब वर्क कर रहा हूँ। किसी कार्यालय का कार्य-अनुभव मेरे पास नहीं है।

मैं अपने विद्यालय में सामान्य ज्ञान परीक्षा में प्रथम स्थान प्राप्त करता रहा हूँ। मैं आपको विश्वास दिलाता हूँ कि यदि मुझे एक बार सेवा का अवसर दिया गया तो अपनी लगन और मेहनत से आपको संतुष्ट कर सकूँगा।

मेरा नाम-पता निम्नलिखित है तथा संबद्ध प्रमाण-पत्र संलग्न हैं।

प्रार्थी :

अश्विनी
सु. श्री श्याम बिहारी
373/7, रानी झाँसी मार्ग, महिम
मुंबई।

दिनांक : 14.3.2026

• व्यक्तिगत पत्र की यह परंपरागत शैली अब लुप्त होती जा रही है। आजकल प्रपत्रात्मक शैली अपनाई जा रही है। इस शैली में सारा परिचय आँकड़े देते हैं। आवेदनकर्ता प्रायः अपनी ओर से अंत में एकाध वाक्य कहता है। *उदाहरणतया–*

7. बैंकिंग सेवा भर्ती बोर्ड, दिल्ली के सचिव को लिपिक-पद के लिए आवेदन-पत्र लिखिए।

सेवा में

सचिव
बैंकिंग सेवा भर्ती बोर्ड
चेन्नई

विषय : लिपिक-पद भर्ती हेतु

महोदय

हिंदी के 'नवभारत टाइम्स' में प्रकाशित विज्ञापन क्र. 392 के अनुसार मैं लिपिक-पद के लिए आवेदन करता हूँ। मेरा परिचय, शैक्षणिक योग्यताएँ तथा अन्य परिचय इस प्रकार है–

नाम	:	सर्वेश कुमार
पिता का नाम	:	बलवंत राय
जन्म-तिथि	:	15.7.2002
पता	:	54, सत्य निकेतन, कांचीपुरम।

शैक्षणिक योग्यता :

कक्षा	विद्यालय	वि.वि./बोर्ड	उत्तीर्ण वर्ष	प्राप्तांक	विषय
1. दशम	अ.ब.स. ऊटी	क.ख.ग. बोर्ड	मई, 2018	465/600	हिंदी, अंग्रेज़ी, विज्ञान, गणित, सामाजिक, संस्कृत
2. बारह	अ.ब.स. ऊटी	क.ख.ग. बोर्ड	मई, 2020	640/900	हिंदी, अंग्रेज़ी, विज्ञान, गणित

टंकण : हिंदी टंकण : 40 शब्द प्रति मिनट
अंग्रेज़ी टंकण : 60 शब्द प्रति मिनट
अनुभव : दो वर्ष।
संप्रति : हिल्टन टायर लि., आवडी में कार्यरत।

आशा है, आप साक्षात्कार का अवसर अवश्य देंगे ताकि मैं अपनी क्षमताओं का परिचय दे सकूँ।

धन्यवाद !

आवेदक
सर्वेश
54, सत्य निकेतन
कांचीपुरम

दिनांक : जनवरी 20, 2026

संलग्न :
1. दसवीं का प्रमाण-पत्र
2. बारहवीं का प्रमाण-पत्र
3. अनुभव प्रमाण-पत्र
4. चरित्र प्रमाण-पत्र
5. टंकण-गति का प्रमाण-पत्र

☐ मिलते-जुलते पत्र

- बेसिक शिक्षा-अधिकारी को प्राइमरी शिक्षक के पद के लिए आवेदन-पत्र लिखिए। [*CBSE*]

8. *सर्वशिक्षा अभियान के अंतर्गत चल रहे रात्रिकालीन शिक्षण केंद्रों में प्रौढ़ों को पढ़ाने के लिए अंशकालिक शिक्षकों की आवश्यकता है जो कम-से-कम सेकेंडरी तक पढ़े हों।* **इस कार्य के लिए प्रौढ़ शिक्षा, जयपुर, राजस्थान को आवेदन-पत्र लिखिए।** [*CBSE*]

सेवा में

निदेशक
प्रौढ़ शिक्षा
जयपुर (राजस्थान)

विषय : *अंशकालिक शिक्षक-पद हेतु*

महोदय

25 फरवरी, 2026 के हिंदुस्तान दैनिक से मुझे ज्ञात हुआ है कि सर्वशिक्षा अभियान के अंतर्गत प्रौढ़-शिक्षा के लिए अंशकालिक शिक्षकों की आवश्यकता है। मैं इस कार्य हेतु अपनी सेवाएँ अर्पित करता हूँ। मेरा परिचय तथा योग्यता इस प्रकार है–

नाम – कमल किशोर
पिता का नाम – श्री राघव मोहन

पत्र-व्यवहार का पता – म.न. 751, कृष्ण नगर, जयपुर।

शिक्षा – कक्षा बारह (विज्ञान) उत्तीर्ण।

अनुभव – प्राइमरी स्कूल में छः मास पढ़ाने का अनुभव।

आशा है, आप मुझे सेवा का अवसर प्रदान करेंगे।

धन्यवाद !

भवदीय

कमल किशोर

दिनांक : मार्च 1, 2026

3. कार्यालयी-पत्र

9. *आप विद्यालय की हिंदी परिषद के मंत्री हैं। परिषद ने तुलसी-जयंती मनाने का निर्णय किया है।* **उसकी अध्यक्षता के लिए मैसूर विश्वविद्यालय के हिंदी विभाग के अध्यक्ष को आमंत्रित करते हुए पत्र लिखिए।** [*CBSE*]

केंद्रीय विद्यालय
मैसूर छावनी
मैसूर

दिनांक : 13 मार्च, 2026

आदरणीय श्री नरेश गौतम जी

सादर नमस्कार !

आशा है, आप सानंद होंगे।

मैं केंद्रीय विद्यालय, मैसूर छावनी की हिंदी परिषद का मंत्री हूँ। परिषद ने आगामी 14 अप्रैल, 2024 को विद्यालय के सभागार में तुलसी-जयंती मनाने का निर्णय लिया है। परिषद चाहती है कि उस कार्यक्रम के अध्यक्ष के रूप में आप सुशोभित हों। आप तुलसी-साहित्य के मर्मज्ञ विद्वान हैं। हम चाहेंगे कि इस अवसर पर आप 25–30 मिनट का सारगर्भित वक्तव्य देते हुए तुलसी की महिमा को उजागर करें। कृपया पधारने की स्वीकृति देकर कृतार्थ करें।

विद्यालय के नियमानुसार आपके आवागमन-व्यय के साथ मानदेय भेंट किया जाएगा। कार्यक्रम प्रातः 10:30 बजे आरंभ होगा, जो दोपहर 1:00 बजे तक चलेगा। कार्यक्रम के पश्चात् आप भोजन अवश्य ग्रहण करें। स्वीकृति प्राप्त होने के बाद निमंत्रण-पत्र विधिवत भेजा जाएगा।

धन्यवाद सहित !

भवदीय

क.ख.ग.

मंत्री, हिंदी परिषद
केंद्रीय विद्यालय, मैसूर छावनी

□ मिलते-जुलते पत्र

- आपका विद्यालय 14 सितंबर, 2025 को हिंदी दिवस मनाने जा रहा है। इस अवसर पर प्रसिद्ध कवि कुँअर बेचैन को आमंत्रित करते हुए एक पत्र लिखिए। आप टैगोर स्कूल, चंडीगढ़ के प्राचार्य रोहित सक्सेना हैं।

4. शिकायती-पत्र एवं अन्य सार्वजनिक पत्र

नगर-प्रशासन में होने वाली ढिलाई या कमी के कारण विभिन्न शासकीय अधिकारियों को लिखे गए पत्र 'शिकायती पत्र' कहलाते हैं। प्रमुखतः सफाई, जल, बिजली, सड़क, यातायात आदि का न होना; बीमारी फैलना, प्रदूषण फैलना, ट्रैफिक जाम होना, चोरी-बलात्कार आदि घटनाओं का बढ़ना नगर-जीवन की मुख्य समस्याएँ हैं। इन पत्रों को लिखने की विधि इस प्रकार है–

प्रेषक :
प्रेषक का नाम
पता
दिनांक :

सेवा में
अधिकारी का पद-नाम
नगर

संबोधन

....
....
....
....
....

धन्यवाद !

भवदीय
नाम (प्रेषक)

10. अपने मोहल्ले में वर्षा के कारण उत्पन्न हुई जल-भराव की समस्या की ओर ध्यान आकृष्ट कराने के लिए नगरपालिका के बाढ़-नियंत्रण अधिकारी को पत्र लिखिए। [*CBSE 2016*]

वंदना शर्मा
343, गोपाल नगर
कानपुर

दिनांक : 12 अगस्त, 2025

सेवा में

बाढ़ अधिकारी
कानपुर नगर निगम
कानपुर

विषय : जल-भराव की निकासी

महोदय

निवेदन है कि मैं गोपाल नगर का निवासी हूँ। पिछले दो वर्षों से हमारे मोहल्ले में जल-निकासी की समस्या बहुत गंभीर बनी हुई है। जब भी बारिश आती है तो सारा जल गली-मोहल्ले की गलियों-सड़कों पर जमा हो जाता है। पानी की निकासी का स्रोत इतना सँकरा है कि प्रायः वह बंद हो जाता है। इस कारण हफ्तों-हफ्तों तक गलियाँ गंदे जल में डूबी रहती हैं।

आपसे निवेदन है कि इस समस्या की ओर ध्यान दें। जल-निकासी का कोई स्थायी हल निकालें। सड़क के नीचे बड़े पाइप डलवाएँ और सफाई की नियमित व्यवस्था करवाएँ।

धन्यवाद !

भवदीय

वंदना शर्मा

11. यातायात के नियमों का उल्लंघन करने वालों के विरुद्ध कड़ी कार्रवाई करने का सुझाव देते हुए यातायात पुलिस आयुक्त को पत्र लिखिए। [*CBSE 2015, 2020*]

आलोक गंभीर

507, मॉनटेवा

नोएडा

30.7.2025

सेवा में

यातायात पुलिस आयुक्त

गुरुग्राम

विषय : यातायात उल्लंघन पर कठोर कार्रवाई

महोदय

निवेदन है कि मैं नोएडा का स्थायी निवासी हूँ। यातायात के सैलाब ने हम नगरवासियों का जीना दूभर कर दिया है। सबसे बड़ी कठिनाई यह है कि यातायात का सैलाब इतना अंधाधुंध, तेज और नियमहीन है कि किसी भी बेकसूर व्यक्ति की कभी भी दुर्घटना में मौत हो सकती है। हमें लगता ही नहीं कि चौकों पर लगी हरी-लाल बत्तियों का कोई अर्थ है। कोई भी वाहन-सवार बेधड़क सारे नियमों को तोड़ता हुआ साफ निकल जाता है और नियम से गाड़ी चलाने वाले देखते रह जाते हैं। अनेक बार सही वाहन-चालक दुर्घटना के शिकार हो जाते हैं।

महोदय, मेरी आपसे विनती है कि आप अपनी यातायात पुलिस को सतर्क करें। वे नियम तोड़ने वालों पर सख्त कार्रवाई करें। उन पर कठोर जुर्माना लगाएँ। तीन बार गलती दोहराने पर उनके लाइसेंस जब्त करें। इतनी कठोरता करने पर ही यातायात के इस अंधड़ में कुछ व्यवस्था आएगी।

धन्यवाद !

भवदीय

आलोक गंभीर

दूरभाष : 1234567890

12. अपने क्षेत्र के विधायक को पत्र लिखकर अपने गाँव में एक बालिका-विद्यालय की स्थापना के लिए अनुरोध कीजिए। [*CBSE 2015*]

सुनीता मलिक

मकान नं. 304

गाँव तथा डाकघर ताजपुर

जिला सोनीपत।

15.4.2025

सेवा में

श्रीमती कविता जैन

विधायक, सोनीपत

विषय : गाँव में बालिका-विद्यालय की स्थापना

महोदया

निवेदन है कि मैं आपके विधानसभा क्षेत्र में पड़ने वाले ताजपुर गाँव की निवासिनी हूँ। हमारा गाँव यमुना के किनारे है और आकार में बहुत छोटा है। इस कारण हमारे यहाँ लड़कियों की पढ़ाई के लिए उच्च विद्यालय नहीं है। लड़कियों को आठवीं के बाद पढ़ाई जारी रखने के लिए पाँच किलोमीटर दूर की यात्रा करके मुरथल गाँव में जाना पड़ता है। यह हमारे लिए असुविधाजनक है। बहुत से माता-पिता लड़कियों को इतनी दूर अकेले नहीं भेजना चाहते। इस कारण वे कन्याएँ अशिक्षित रह जाती हैं।

मैं भी एक कन्या की माता हूँ। मुझे लड़की के संग रोज स्कूल तक जाना पड़ता है। कृपया एक उच्च विद्यालय हमारे गाँव में भी खोलें ताकि हम निडर होकर अपनी कन्याओं को पढ़ा सकें।

आशा है, आप इस सुझाव पर गंभीरता से विचार करेंगी और यथाशीघ्र कार्यवाही करेंगी।

धन्यवाद !

भवदीय

सुनीता मलिक

□ मिलते-जुलते पत्र

- आपके गाँव में माध्यमिक और उच्चतर माध्यमिक विद्यालय नहीं है। गाँव में विद्यालय खोले जाने का अनुरोध करते हुए राज्य शिक्षा मंत्री को लगभग 120 शब्दों में पत्र लिखिए। *[CBSE 2021]*

13. *आजकल खाद्य पदार्थों में रासायनिक रंग, दवाइयाँ, मिलावट आदि का भरपूर प्रयोग किया जा रहा है।* **इन हानिकारक पदार्थों से मुक्त खाद्यों की अधिक उपलब्धता सुनिश्चित करने के लिए खाद्य-आपूर्ति मंत्री को पत्र लिखिए।** *[CBSE 2019]*

सुरभि

3/22, प्रीत विहार

विजयवाड़ा

जुलाई 14, 2025

सेवा में

खाद्य मंत्री

आंध्र सरकार

हैदराबाद

विषय : खाद्य-वस्तुओं में बढ़ती मिलावट

महोदय

मैं आपका ध्यान विजयवाड़ा में चल रही मिलावट की समस्या की ओर खींचना चाहती हूँ। यहाँ कैमिकल्स द्वारा तैयार नकली दूध सरेआम बेचा जा रहा है। पानी में दूध मिलाने वाले दूधिया भी अब कम मिलते हैं। अब तो प्रदूषित नकली दूध बिक रहा है। चाँदनी चौक में बिकता हुआ सस्ता पनीर देखिए। सब जानते हैं कि यह नकली है, मिलावटी है। फिर भी आपके विभाग की नाक के नीचे यह काला धंधा फल-फूल रहा है।

बाज़ार में न तो शुद्ध देशी घी मिलता है, न खाने का तेल, न हल्दी। यहाँ तक कि मिर्च-मसालों में भी मिलावट का जोर है। मैं आपसे निवेदन करती हूँ कि कृपया अपने विभाग की नकेल कसें। यह मिलावट जानलेवा हो सकती है।

मेरा आपसे निवेदन है कि आप शुद्ध खाद्य पदार्थों की पैदाइश और आपूर्ति बढ़ाएँ। रासायनिक खादों से तैयार फसलों को प्रोत्साहन दें। साथ ही आवश्यकता पड़ने पर विदेशों से खाद्य पदार्थ मँगाने की व्यवस्था करें।

आशा है, आप मेरी प्रार्थना पर ध्यान देंगे।

भवदीय

सुरभि

□ मिलते-जुलते पत्र

• स्वास्थ्य विभाग के लापरवाह रवैये के कारण खाद्य-पदार्थों में मिलावट की समस्या गंभीर होती जा रही है। विभाग के निदेशक के नाम पत्र लिखकर इस समस्या की ओर उनका ध्यान आकर्षित कीजिए। [*CBSE 2016*]

14. गली-मुहल्ले की सड़कों और नालियों की समुचित सफाई न होने की शिकायत करते हुए नगर-निगम के अध्यक्ष को पत्र लिखिए। [*CBSE*]

प्रेषक :

हरीश चावला

532, गोपाल नगर

पूना

दिनांक : 2 जून, 2025

सेवा में

स्वास्थ्य अधिकारी

पूना नगर निगम

स्वास्थ्य विभाग

पूना

महोदय

मैं प्रशासन का ध्यान बढ़ते हुए मच्छरों के प्रकोप की ओर आकर्षित करना चाहता हूँ। पूरे गोपाल नगर क्षेत्र में आजकल मच्छरों का भयंकर उत्पात छाया हुआ है। दिन हो या रात, मच्छरों के झुंड सदा घूमते नज़र आ जाते हैं। रात को तो वे सोना दूभर कर देते हैं। जब सुबह उठते हैं तो बच्चों के मुँह लाल-लाल दानों से भरे होते हैं। मच्छरों के कारण घर-घर में मलेरिया फैला हुआ है। प्रायः सभी घरों में मलेरिया का कोई-न-कोई रोगी मिल जाएगा। इन मच्छरों के कारण स्वास्थ्य पर बहुत बुरा असर पड़ा है।

हमारे क्षेत्र में मच्छरों की अधिकता का सबसे बड़ा कारण है–पानी के जमे हुए तालाब और गली-मुहल्लों में फैली चौड़ी-चौड़ी नंगी नालियाँ। उन कच्ची नालियों को व्यवस्थित करने की कोई व्यवस्था नहीं हुई है। मुहल्ले के जमादार सफाई की ओर ध्यान नहीं देते। इसलिए नालियों में सदा मल जमा रहता है। लोग अपने घरों के गंदे जल को बाहर यूँ ही बिखरा देते हैं, जिससे मार्गों के गड्ढे भर जाते हैं। हमने निगम से कई बार निवेदन किया है कि हमारे क्षेत्र के तालाब को भरवा दिया जाए, जिससे मच्छरों का मुख्य अड्डा समाप्त हो जाए, किंतु इस ओर कभी ध्यान नहीं दिया गया।

मैं गोपाल नगर के निवासियों की ओर से प्रशासन से साग्रह प्रार्थना करता हूँ कि मच्छरों को समाप्त करने के लिए घरों में मच्छरनाशक दवाई छिड़कने की व्यवस्था की जाए। मलेरिया से बचने के लिए कुनीन बाँटने की व्यवस्था की जाए तथा पूरे क्षेत्र की सफाई के व्यापक प्रबंध किए जाएँ।

धन्यवाद सहित !

भवदीय

हरीश चावला

□ मिलते-जुलते पत्र

• नगर निगम के स्वास्थ्य-अधिकारी को पत्र लिखकर जल-भराव से संबंधित समस्या के समाधान की प्रार्थना कीजिए।

15. *पड़ोस में आग लगने की दुर्घटना की खबर तुरंत दिए जाने पर भी दमकल अधिकारी और पुलिस देर से पहुँचे जिससे आग ने भीषण रूप ले लिया।* **इसके बारे में विवरण सहित एक शिकायती-पत्र अपने जिला अधिकारी को लिखिए।**

[*CBSE 2019*]

आशुतोष राणा
51, रामनगर
मेरठ

जुलाई 15, 2025

सेवा में
जिला अधिकारी
मेरठ

विषय : दमकल विभाग की जानलेवा लापरवाही

महोदय

निवेदन है कि मैं बाँसवाड़ा मोहल्ला मेरठ का निवासी हूँ। कल रात हमारे मोहल्ले के तीन मंजिला मकान में आग लग गई। खबर लगते ही मैंने दमकल विभाग के कार्यालय में फोन किया। पहले तो फोन बंद मिला। दस मिनट में पच्चीस कालें कीं; बाद में एक दमकल-कर्मी ने फोन उठाया। उसे बताया गया कि हमारे मोहल्ले में आग लग गई है। परंतु दमकल कर्मी एक घंटे बाद भी नहीं पहुँचे। तब तक आग ने भीषण रूप धारण कर लिया। पहली मंजिल से उठी आग धीरे-धीरे तीसरी मंजिल तक जा पहुँची और सब कुछ जलकर राख हो गया।

महोदय, ऐसी ही लापरवाही पुलिस विभाग ने दिखलाई। पुलिस विभाग ने टेलिफोन तो तुरंत उठा लिया किंतु पहुँचे दमकल कर्मियों के साथ ही। मुझे इन दोनों विभागों की जानलेवा लापरवाही पर बेहद अफसोस है। ऐसे संवेदनहीन और लापरवाह कर्मचारियों को तुरंत बर्खास्त कर देना चाहिए। मेरा पक्का विश्वास है कि यदि दमकल कर्मी समय रहते पहुँच जाते तो आग पहली मंजिल से ऊपर न जा पाती।

आशा है, आप इन विभागों पर सख्त कार्यवाही करेंगे।

भवदीय
आशुतोष राणा

16. *गत कुछ दिनों से आपके क्षेत्र में अपराध बढ़ने लगे हैं। इससे आप चिंतित हैं।* **इन अपराधों की रोकथाम के लिए थानाध्यक्ष को पत्र लिखिए।**

[*CBSE 2019*]

प्रेषक :
अमित सेन
34, रवींद्र नगर
कोलकाता

दिनांक : मार्च 13, 2026

सेवा में
थानाध्यक्ष
रवींद्र नगर
कोलकाता

विषय : गश्त बढ़ाने हेतु

महोदय

मैं रवींद्र नगर सुधार समिति के अध्यक्ष के नाते आपका ध्यान रोज बढ़ती चोरी और छीनाझपटी की घटनाओं की ओर दिलाना चाहता हूँ। पिछले एक मास से इस नगर में चोरी की चार वारदातें और छीनाझपटी की अनेक घटनाएँ हो चुकी हैं। प्रशासन की ढिलाई से नगर की जनता परेशान है। अभी तक कोई भी चोर पकड़ा नहीं गया है। आपसे निवेदन है कि इस इलाके में पुलिस-कर्मचारियों की संख्या तथा उनकी गश्त बढ़ा दें। इससे भयभीत नागरिकों के मन में विश्वास बढ़ेगा तथा चोरों के कान खड़े होंगे।

आशा है, आप शीघ्र कार्यवाही करेंगे।

धन्यवाद !

भवदीय

अमित सेन

□ मिलते-जुलते पत्र

- आपके क्षेत्र में आपराधिक गतिविधियाँ काफी बढ़ गईं हैं और कोई पुलिस थाना भी नहीं है। क्षेत्र में पुलिस थाने की स्थापना हेतु राज्य के गृहमंत्री को लगभग 120 शब्दों में एक पत्र लिखिए। *[CBSE 2021]*
- निकट के थाना प्रभारी को पत्र लिखकर रात्रि में गश्त बढ़ाने का अनुरोध कीजिए। *[CBSE 2016]*

17. *आप एक रिश्तेदार को देखने किसी अस्पताल में गए और वहाँ रख-रखाव और सफ़ाई में बहुत सारी कमियाँ दिखीं। ध्यान दिलाने पर कर्मचारियों ने दुर्व्यवहार किया।* **इसकी शिकायत मुख्य-चिकित्सा अधिकारी से करते हुए उचित कार्रवाई करने की माँग करते हुए 80-100 शब्दों में पत्र लिखिए।** *[CBSE 2020]*

सेवा में

मुख्य चिकित्सा अधिकारी

क.ख.ग. हस्पताल

××× नगर

विषय : हस्पताल कर्मियों का दुर्व्यवहार

महोदय

मुझे अत्यंत दुखपूर्वक आपके हस्पताल के कर्मचारियों के विरुद्ध दुर्व्यवहार की शिकायत करनी पड़ रही है। मैं इसी नगर के कॉलेज में विद्यार्थी हूँ। मेरे चाचा इमरजेंसी वार्ड में दाखिल थे। मैंने वहाँ के रख-रखाव और सफ़ाई में लापरवाही देखी। जिस बिस्तर पर मेरे चाचा थे, उसके आस-पास भी सफ़ाई नहीं थी। डस्टबिन न होने के कारण गंदगी फैलना स्वाभाविक है। मैंने इस ओर आपके कर्मचारियों का ध्यान खींचा और डस्टबिन रखने को कहा। इस पर वे कर्मचारी कुछ समझने की बजाय तू-तड़ाक पर उतर आए और ऊँचे शब्दों में बोलकर मुझे चुप कराने लगे।

आदरणीय चिकित्सा अधिकारी जी ! मुझे उनका यह व्यवहार अशोभनीय लगा। न तो वे अपनी सेवा-सुविधा में सुधार करने के इच्छुक हैं और न ही सभ्यता से व्यवहार करना चाहते हैं। उनका यह व्यवहार आपके प्रतिष्ठित चिकित्सालय के अनुरूप नहीं है। कृपया इसमें सुधार करें तथा दोषी कर्मचारियों के विरुद्ध कार्यवाही अवश्य करें।

भवदीय

रोहताश वर्मा

333, मॉडल टाउन

········ नगर

मोबाइलः 1234567890

दिनांकः 12.12.2025

18. परिवहन निगम के अध्यक्ष को पत्र लिखिए जिसमें आपके गाँव/कॉलोनी तक बस चलाने का अनुरोध हो।

[*CBSE*]

प्रेषक :

कृष्णदेव
3/72, पटवा टोली
नया बाज़ार
मुजफ्फरपुर (बिहार)

दिनांक : 12-3-2026

सेवा में
अध्यक्ष
बिहार परिवहन निगम
मुजफ्फरपुर

विषय : नया बाज़ार तक बस-सेवा आरंभ कराने हेतु

महोदय

निवेदन है कि पटवा टोली, नया बाज़ार के हम निवासी परिवहन निगम की बस-सेवा के अभाव में परेशान हैं। हमें रोज बस अड्डे तक जाने के लिए अपने वाहन या रिक्शा आदि का सहारा लेना पड़ता है। यहाँ से सैकड़ों कर्मचारी दैनिक बस-अड्डे तथा रेलवे स्टेशन तक जाते हैं। आपसे निवेदन है कि नया बाज़ार तक भी एक बस-सेवा आरंभ करें। इससे आम आदमी को काफी सुविधा होगी।

धन्यवाद !

भवदीय
कृष्णदेव

□ मिलते-जुलते पत्र

- अपने गाँव/कालोनी में बस चलाने के लिए सड़क बनाने हेतु लोक-निर्माण विभाग को पत्र लिखिए। [*CBSE 2017*]

19. अपने क्षेत्र में पार्क विकसित करने एवं रख-रखाव हेतु नगर-निगम अधिकारी को पत्र लिखिए। [*CBSE 2019*]

प्रेषक :

अनुपम चौहान
गली नं. 1
सरदार एनक्लेव
जोधपुर

दिनांक : 13.3.2026

सेवा में
नगर निगम अधिकारी
जोधपुर

विषय : मोहन कॉलोनी का पार्क विकसित करने के बारे में

महोदय

निवेदन है कि हम मोहन कॉलोनी के निवासी हैं। हमारी कॉलोनी में नगर निगम के पार्क के लिए खाली भूमि पड़ी है। इस समय वह भूमि गंदगी का कारण बनी हुई है। कॉलोनी के लोग उसे कूड़ाघर समझकर इस्तेमाल करते हैं। हम चाहते हैं कि हम स्वयं इस पार्क को विकसित और व्यवस्थित करें। इसके लिए आपकी अनुमति और विभागीय सहयोग चाहिए। हमारा निवेदन है कि आप

किसी दिन हम कॉलोनीवासियों के साथ बैठक करें और पार्क को विकसित करने की योजना बनवाएँ। यह पार्क सदा हरा-भरा रहे, इसके लिए कर्मचारी रखने की व्यवस्था करें।

आशा है, आप अपना भरपूर सहयोग देंगे। हम कॉलोनीवासी हर तरह का सहयोग करने को तैयार हैं।

भवदीय

अनुपम चौहान

प्रतिनिधि, मोहन कॉलोनी

जोधपुर

20. अपने नगर के विद्युत अधिकारी को बिजली की कटौती के कारण पढ़ाई मे आने वाली कठिनाइयों की चर्चा करते हुए, इसमें सुधार के लिए पत्र लिखिए। *[CBSE]*

अथवा

बिजली विभाग को शिकायत कीजिए कि आपके क्षेत्र में बिजली आँखमिचौली करती रहती है। **इसका समाधान कराने का आग्रह करते हुए अधिकारी को पत्र लिखिए।** *[के.वि.सं. जम्मू, 2021]*

प्रेषक :

केवल कृष्ण

22, माडल टाउन

डिब्रूगढ़

दिनांक : 15 नवंबर, 2025

सेवा में

विद्युत अधिकारी

डिब्रूगढ़

महोदय

मैं आपका ध्यान बिजली-संकट की ओर दिलाना चाहता हूँ। पिछले छः मास से इस नगर की विद्युत-आपूर्ति खंडित हो गई है। जब चाहे, बिजली चली जाती है और घंटों-घंटों नहीं आती है।

महोदय, मैं एक विद्यार्थी हूँ। मेरे जैसे अन्य विद्यार्थी भी बिजली गुल होने के कारण बेहद तनाव में हैं। यदि ऐसा चलता रहा तो हमारा करियर चौपट हो जाएगा। कृपया आप कुछ कीजिए जिससे हमें नियमित बिजली मिलती रहे।

भवदीय

केवल कृष्ण

□ मिलते-जुलते पत्र

- बिजली के बार-बार गुल हो जानें और कई-कई घंटे न आने के कारण आपकी पढ़ाई में बाधा पड़ रही है। इसकी शिकायत करते हुए अधिशासी अभियंता को पत्र लिखिए। *[CBSE]*

21. अपने क्षेत्र में पेय-जल की समस्या की ओर ध्यान आकृष्ट करते हुए स्वास्थ्य-अधिकारी को एक पत्र लिखिए। *[CBSE]*

प्रेषक :

भारत भूषण

49, पटेल नगर

अहमदाबाद

दिनांक : मार्च 15, 2026

सेवा में

कार्यकारी अभियंता

जल-विभाग

अहमदाबाद

महोदय

मैं पटेल नगर का निवासी हूँ तथा पटेल नगर सुधार समिति का अध्यक्ष हूँ। मैं आपका ध्यान लगातार होने वाली पेय-जल की कमी की ओर आकृष्ट करना चाहता हूँ। पिछले कई महीनों से दिन-भर में एकाध घंटे के लिए जल आता है। जो लोग दूसरी-तीसरी मंजिलों पर रहते हैं, उन तक जल पहुँच ही नहीं पाता। आगे गर्मियाँ आने वाली हैं। मेरा आपसे निवेदन है कि शीघ्र ही जल-आपूर्ति को नियमित तथा पर्याप्त उपलब्ध कराने का प्रबंध करें।

धन्यवाद !

भवदीय

भारत भूषण

22. अपने क्षेत्र में आयुर्वेदिक औषधालय की स्थापना हेतु राज्य के स्वास्थ्य मंत्री को लगभग 120 शब्दों में पत्र लिखिए। [*CBSE 2022*]

रानी रुद्रा

35, बरतुंगा

चिरमिरी (छ.ग.)

18.08.2025

सेवा में

स्वास्थ्य मंत्री

छत्तीसगढ़ सरकार

रायपुर

विषय : आयुर्वेदिक औषधालय की स्थापना

महोदय

निवेदन है कि मैं रानी रुद्रा चिरमिरी के बरतुंगा नामक स्थान की स्थायी निवासी हूँ। मेरा आयुर्वेद में भरपूर विश्वास है। परंतु हमारे चिरमिरी में दूर-दूर तक कोई आयुर्वेदिक औषधालय नहीं है। इस कारण हमें न चाहते हुए भी एलोपैथिक उपचार लेना पड़ता है जिससे हमें संतुष्टि नहीं मिलती। स्वास्थ्य के लिए कुछ लाभदायक दवाइयाँ और युक्तियाँ जैसी आयुर्वेद में हैं, वैसी और किसी चिकित्सा-पद्धति में नहीं हैं। मेरे जैसे अन्य भी यही चाहते हैं। अतः कृपया आप चिरमिरी में एक आयुर्वेदिक औषधालय की स्थापना करवाने का कष्ट करें। हम आपके हृदय से आभारी होंगे।

भवदीया

रानी रुद्रा

23. *आपके क्षेत्र की सड़कें बदहाल अवस्था में हैं जिसके कारण आए दिन दुर्घटनाएँ होती रहती हैं।* **उसकी जानकारी देते हुए उपयुक्त कार्रवाई हेतु शहरी/ग्रामीण विकास मंत्री को लगभग 120 शब्दों में पत्र लिखिए।** [*CBSE 2022*]

कीर्ति सिंह

335, राणा प्रताप नगर

जयपुर

15 मार्च, 2026

सेवा में
ग्रामीण विकास मंत्री
राजस्थान सरकार

विषय : सड़क-निर्माण के संदर्भ में

महोदय

निवेदन है कि मैं जयपुर का स्थायी निवासी हूँ। मुझे व्यापार के सिलसिले में अनेक बार दिल्ली जाना पड़ता है। इस यात्रा के दौरान रास्ते में कुछ गाँव ऐसे आते हैं जिनमें आकर वाहन फँस जाते हैं। टूटी सड़कें, तंग मोड़, घनी बस्ती और रात का अँधेरा–इनके कारण आए दिन दुर्घटनाएँ होती रहती हैं।

मेरा आपसे निवेदन है कि इन सँकरे मार्गों की जगह उचित बाई पास निकाले जाएँ जिससे न तो गाँववासियों को कष्ट हो, और न ही यात्रियों को।

आशा है, आप शीघ्र कार्यवाही करेंगे।

धन्यवाद !

भवदीय
कीर्ति सिंह

24. *आप अनुपमा/अनुपम हैं। अपने क्षेत्र को मुख्य सड़क से जोड़ने वाली सड़क पर लाइटें खराब हो गई हैं, जिससे दुर्घटना की आशंकाएँ बढ़ गई हैं।* **इस ओर ध्यान आकर्षित कराते हुए सार्वजनिक लोक निर्माण विभाग को लगभग 100 शब्दों में पत्र लिखिए।** [*CBSE प्रतिदर्श प्रश्नपत्र 2024-25*]

अनुपम
235, सदर बाज़ार
दिल्ली।

दिनांक : 23.03.2026

सेवा में
प्रबंध निदेशक
सार्वजनिक लोक निर्माण विभाग
दिल्ली।

विषय : सड़क की लाइटों में खराबी

महोदय,

मैं सदर बाज़ार की गली नं. 4 का निवासी हूँ। हमारी गली बहुत व्यस्त रहती है। यह गली जहाँ मुख्य सड़क से मिलती है, वहाँ की सारी लाइटें खराब हैं। इस कारण साँझ होते ही यहाँ दुर्धटनाएँ होने लगती हैं। वाहनों की चमकती लाइटों के कारण आँखों में चौंध इतनी पड़ती है कि अच्छे-अच्छे लोग भी टकरा जाते हैं। पिछले एक सप्ताह में बीस दुर्घटनाएँ हो चुकी हैं।

मुझे समझ नहीं आता, अब तक ये लाइटें ठीक क्यों नहीं हुई ? आपके विभाग की जिम्मेदारी बनती है कि वह सब जगह पर निगरानी रखे। अब आपसे निवेदन है कि शीघ्र-अति-शीघ्र इन लाइटों को ठीक कराएँ।

धन्यवाद !

भवदीय

अनुपम

दूरभाष 09876543231

25. अपने क्षेत्र की महिलाओं के लिए सिलाई-कढ़ाई प्रशिक्षण केंद्र की स्थापना हेतु मुख्यमंत्री को लगभग 120 शब्दों में पत्र लिखिए। [*CBSE 2022*]

स्मिता ठाकुर
1004, भीमनगर
रेलवे रोड, गुरुग्राम
25.3.2026

सेवा में
माननीय मुख्यमंत्री जी
हरियाणा सरकार

विषय : सिलाई-कढ़ाई प्रशिक्षण केंद्र की स्थापना

आदरणीय महोदय

निवेदन है कि मैं गुरुग्राम के भीमनगर की निवासिनी हूँ। हमारे इलाके में गरीब लोगों की बस्ती है। यहाँ अनेक स्त्रियाँ और विधवाएँ बेरोजगारी के कारण बहुत दयनीय दशा में हैं। पारिवारिक कष्टों के कारण वे अपना जीवनयापन सही-से नहीं कर पातीं।

आपसे करबद्ध निवेदन है कि इस बस्ती में एक सरकारी सिलाई-कढ़ाई प्रशिक्षण केंद्र खुलवा दें और उनके बनाए माल को बाज़ार में बेचने की व्यवस्था करवा दें तो वे महिलाएँ आत्मनिर्भर हो जाएँगी।

आप एक संवेदनशील मुख्यमंत्री हैं। आशा है, आप हमारी गुहार पर शीघ्र ध्यान देंगे।

भवदीया
स्मिता ठाकुर

26. *आपके क्षेत्र में सरकारी राशन की दुकान का संचालक गरीबों के लिए आए अनाज की कालाबाज़ारी करता है और कुछ कहने पर धमकाता है।* **उसकी शिकायत करने हेतु लगभग 120 शब्दों में जिलाधिकारी को पत्र लिखिए।**

[*CBSE प्रतिदर्श प्रश्नपत्र 2021–22*]

मोहन नागर
332, चामराज नगर
बंगलौर
13.8.2025

सेवा में
जिलाधिकारी महोदय
बंगलौर

विषय : कालाबाज़ारी

महोदय

निवेदन है कि मैं बंगलौर के चामराज नगर का निवासी हूँ। मुझे देवगौड़ा एंड कंपनी नामक राशन डिपो से राशन खरीदना होता है। पिछले तीन महीनों से मुझे कभी अनाज नहीं मिला। जब भी जाओ, अनाज समाप्त होता है। यही स्थिति अधिकतर अन्य लोगों की भी है। हमें यह नहीं पता कि हमारे हिस्से का अनाज कहाँ जाता है ?

जिलाधिकारी महोदय, हमें सुनने में आया है कि इसका मालिक देवगौड़ा कालाबाज़ारी करता है। वह हमारे हिस्से का सस्ता राशन ऊँचे दाम पर खुले बाज़ार में बेच देता है। हम लोग वंचित रह जाते हैं।

आपसे निवेदन है कि आप उसकी जाँच करें। जरूरत पड़ने पर हम गवाही देने को तैयार हैं।

धन्यवाद !

भवदीय
मोहन नागर
दूरभाषः 1234567890

27. *आपका नाम दिशा/दक्ष है। आपकी आयु मतदान करने योग्य हो गई है। आपने मतदाता पहचान-पत्र बनवाने के लिए गरुड़ ऐप के द्वारा आवेदन कर दिया है। किंतु काफी समय के बाद भी आपका मतदाता पहचान-पत्र आपको नहीं मिला।* **मतदाता पहचान-पत्र के वितरण में देरी की शिकायत करते हुए अपने क्षेत्र के बी.एल.ओ. (ब्लॉक लेवल ऑफिसर) को लगभग 100 शब्दों में पत्र लिखिए।**

[*प्रतिदर्श प्रश्नपत्र 2023–24*]

दिशा
533, कृष्ण नगर
इंदौर

15.3.2026

सेवा में

ब्लॉक लेवल ऑफिसर
इंदौर

विषय : मतदाता पहचान-पत्र की प्रतीक्षा

महोदय

निवेदन है कि मैंने 2 मास पहले मतदाता पहचान-पत्र बनवाने हेतु गरुड़ ऐप पर निवेदन किया था। वह आवेदन पूरी तरह सफल रहा था। दस दिनों में मतदाता पहचान-पत्र आ जाना चाहिए था।

आज दो मास बीत गए हैं किंतु अभी तक पहचान-पत्र मिला नहीं है। मेरा आवेदन क्रमांक × × × × है। कृपया देखें कि वह कहाँ अटका है। मुझे शीघ्रातिशीघ्र सूचित करने का कष्ट करें।

धन्यवाद !

भवदीय

दिशा

5. संपादकीय-पत्र

किसी विषय पर ध्यान आकर्षित करने के लिए अथवा अपनी अच्छी या बुरी प्रतिक्रिया व्यक्त करने के लिए समाचार-पत्र के संपादक को लिखे गए पत्र संपादकीय पत्र कहलाते हैं।

लेखन विधि–संपादकीय पत्र लिखने की विधि इस प्रकार है–

संपादक को संबोधन–सबसे पहले समाचार-पत्र या पत्रिका के संपादक को संबोधन करना चाहिए। *जैसे*–

सेवा में
संपादक
नवभारत टाइम्स
बहादुरशाह ज़फ़र मार्ग
नई दिल्ली।

अभिवादन–अभिवादन में 'महोदय' या 'प्रिय महोदय' लिखना चाहिए। *जैसे*–

प्रिय महोदय

संपादक को निवेदन

संपादक को दो-तीन वाक्यों में निवेदन करना चाहिए कि वह आपके पत्र के विषय के महत्त्व को समझते हुए उसे छाप दे। *जैसे–*

मैं आपके लोकप्रिय पत्र के 'पाठकनामा' स्तंभ के अंतर्गत अपने विचार व्यक्त करना चाहता हूँ। कृपया इन्हें छापकर कृतार्थ करें।

मुख्य विषय

- कोशिश करें कि संपादक को काट-छाँट न करनी पड़े। वह आपके विचारों को ज्यों का त्यों छाप दे।
- पत्र छोटा तथा टू-द-प्वाइंट यानि सटीक हो।
- उसमें किसी प्रकार का संबोधन न हो।
- पत्र सामान्य जनता की ओर उन्मुख होना चाहिए, संपादक या किसी खास वर्ग को नहीं।

प्रेषक–पत्र के अंत में पृष्ठ के बाईं ओर नीचे प्रेषक के हस्ताक्षर होने चाहिए। यदि हस्ताक्षर स्पष्ट हों तो नाम लिखने की जरूरत नहीं। परंतु यदि प्रेषक के हस्ताक्षर कठिन हैं और दुर्बोध हैं तो उनके नीचे नाम भी लिखना चाहिए। *जैसे–*

भवदीय
विजयेंद्र जैन
अथवा
भवदीय
विजयेंद्र जैन

पता–नाम के नीचे प्रेषक अपना पता स्पष्ट शब्दों में लिखें। *जैसे–*

353, रेलवे कॉलोनी
कोटा

दिनांक–सबसे अंत में पत्र लिखने का दिनांक लिखें। *जैसे–*

13.2.2026

28. *आप मानव कुमार/मानसी कुमारी हैं। आपने अपने घर में 'नूतन टेलीकॉम' का 'वाई-फाई' लगवाया है। आए दिन वह खराब होता है। उस कंपनी के 'ग्राहक सेवा' से भी आपको मदद नहीं मिल रही है और आप रोज़ परेशान हो रहे/रही हैं।* **स्थानीय अख़बार के संपादक को लगभग 100 शब्दों में पत्र लिखकर अपनी समस्या पर कंपनी का ध्यान आकर्षित कीजिए।**

[CBSE 2023]

मानसी कुमारी
35, शिव नगर
उज्जैन

13.07.2025

संपादक
उज्जैन समाचार

उज्जैन

विषय : नूतन टेलीकॉम की नक्कारा सेवा

महोदय

मैं आपके प्रतिष्ठित समाचार-पत्र के माध्यम से सभी उज्जैन-निवासियों का ध्यान 'नूतन टेलीकॉम' की नक्कारा सेवा की ओर खींचना चाहती हूँ।

मैंने गत मास 'नूतन टेलीकॉम' कंपनी की वाई-फाई सेवा ली थी। यह सेवा पहले दिन से ही बीच-बीच में बाधित होती रही है। मैंने कंपनी की ग्राहक सेवा को कई बार शिकायत की। उन्होंने कई बार सेवाएँ दुरुस्त भी कीं किंतु बार-बार बाधित होने की आशंका नित्य बनी रहती है। उनके मूल ढाँचे में ही कमियाँ हैं जिनके चलते ये सेवाएँ अबाधित नहीं चल सकतीं। मेरा कंपनी से आग्रह है कि पहले अपनी सेवाएँ और ढाँचा ठीक करें, तभी ग्राहकों को सेवाएँ दें। अन्यथा अपनी सेवाएँ बंद कर दें।

भवदीय

मानसी कुमारी

29. समाचार-पत्र के संपादक को पत्र लिखकर मोहल्ले में चल रही जुआखोरी की जानकारी दीजिए।

[*सरस्वती विद्या मंदिर, बिहार (IX) 2023-24*]

बिमलेश सिंह

125, सुभाष नगर
पटना।

15.08.2025

सेवा में
संपादक
दैनिक भास्कर
पटना

विषय : सुभाष नगर में सरेआम जुआखोरी

महोदय !

मैं सुभाष नगर पटना का निवासी आपके पत्र के माध्यम से जुआखोरी की समस्या का समाधान खोजना चाहता हूँ। कृपया इसे अपने पत्र में 'पाठकपन्ना' के अंतर्गत छापकर अनुगृहीत करें।

सुभाष नगर, पटना के निवासी आजकल जुआखोरी के व्यसन से बहुत परेशान हैं। यहाँ मोहल्ले के बीचोंबीच खड़े नीम के पेड़ के नीचे जुआखोरों का अड्डा जमा रहता है। पहले यहाँ खाली बुजुर्गों ने ताश की बाजी खेलना शुरू की। उनकी देखादेखी कुछ खाली युवक भी टाइम पास करने के लिए ताश खेलने लगे। धीरे-धीरे उन्हें पैसा लगाने की लत पड़ गई। अब अधिकतर युवक इस लत के शिकार हैं। वे सुबह 9:00 बजे ही जम जाते हैं और देर शाम तक हो-हुल्लड़ करते हुए जमे रहते हैं।

जुआखोरी का यह नशा नए बालकों को भी लुभाने लगा है। वे भी उनका खेल खेलने के लिए जमा हो जाते हैं। यह व्यसन किसी नशाखोरी से कम नहीं है। मेरा समाज से और प्रशासन से अनुरोध है कि सरेआम होने वाली जुआखोरी पर लगाम लगाएँ।

धन्यवाद !

भवदीय

बिमलेश सिंह

30. *स्वच्छ भारत अभियान से समाज के सोच और व्यवहार में क्या अंतर आया है?* **अपने विचार किसी समाचार-पत्र के संपादक को पत्र लिखकर व्यक्त कीजिए।**

[*CBSE 2019, 2020*]

सेवा में

मुख्य संपादक
दैनिक भास्कर
ग्वालियर

महोदय

मैं आपके लोकप्रिय समाचार पत्र के माध्यम से निम्नलिखित विचार जनता तक पहुँचाना चाहता हूँ। कृपया छापकर अनुगृहीत करें।

स्वच्छ भारत अभियान देश का वह अभियान है जिसने भारत की शक्ल-सूरत बदल कर रख दी है। पाँच साल पहले का भारत देखें और आज का भारत देखें। आज छोटे-छोटे शहरों की भी सड़कें साफ-सुथरी हो गई हैं। दूर-दूर तक राजमार्गों पर गंदगी का नामोनिशान नहीं मिलता। स्कूलों-कॉलेजों में साफ-सुथरे शौचालय हैं। हर पैट्रोल पंप और महत्त्वपूर्ण चौक पर सार्वजनिक शौचालय बने हैं। परिणामस्वरूप अब लोग कहीं भी बैठकर खुले में मलमूत्र त्याग नहीं करते। यदि किसी को मज़बूरी में करना भी पड़ जाए तो वह शर्म से गढ़ जाता है।

सबसे अच्छी बात यह है कि आज लोग खा-पीकर जूठन कहीं भी फेंकने की बजाय कूड़ादान खोजते हैं। कूड़ादान न मिले तो उसे अपने वाहन में सँभाल कर रखते हैं ताकि उचित जगह पर उसे फेंका जाए। सोच में आया यह परिवर्तन बहुत बड़ी बात है। आजकल के बच्चे भी सजग-सावधान हो गए हैं। वे गलती करने पर अपने माँ-बाप को भी टोकते हैं और उन्हें 'गंदी बात' कहकर शर्मिंदा करते हैं। मुझे विश्वास है कि भारत की भावी पीढ़ी स्वच्छता-प्रेमी होगी। आने वाले वर्षों में भारत की गिनती स्वच्छ और स्वस्थ देशों में होगी।

धन्यवाद!

भवदीय

साहिल अरोड़ा

5/74, अर्जुन नगर

ग्वालियर

दिनांक : 15.7.2025

31. *आप 87, नानक नगर, लुधियाना के राघव रमन हैं।* **आप लाउडस्पीकरों के मनमाने उपयोग की शिकायत करते हुए 'दैनिक ट्रिब्यून' चंडीगढ़ के संपादक को पत्र लिखिए।**

सेवा में

संपादक महोदय

दैनिक ट्रिब्यून

चंडीगढ़

महोदय

मैं आपके समाचार-पत्र के माध्यम से अपनी आवाज़ जनता तक पहुँचाना चाहता हूँ। कृपया मेरे निम्न विचार पाठकों के लिए निर्धारित स्तंभ 'आपने लिखा' में प्रकाशित करें–

''आजकल नागरिक जीवन में लाउडस्पीकर का मनमाना उपयोग एक आम बात हो गई है। यद्यपि लाउडस्पीकर के संबंध में कुछ नियम हैं। उन पर रोक और छूट की नियमपूर्वक व्यवस्था की गई है। लेकिन जनता इन नियमों के बारे में कुछ नहीं जानती। परिणामस्वरूप लोग अपनी सुविधानुसार जब चाहे लाउडस्पीकर लगाकर रात भर गाते-बजाते हैं, भगवान का भजन करते हैं, सांस्कृतिक संध्याओं का आयोजन करते हैं, माँ भगवती का गुणगान करते हैं, मंदिरों में कथा-कीर्तन करते हैं, मसजिद में नमाज अदा करते हैं, गुरुद्वारों में पूजा-पाठ करते हैं, विवाह-शादियों पर आनंद-उत्सव मनाते हैं। अपने कार्यक्रम के नशे में दूसरों के दुख-सुख की कोई परवाह नहीं करता। रामलीला के दिनों में रामलीला-स्थल के नजदीक रहने वाले छात्रों की क्या दुर्दशा होती है, यह तो वे ही बता सकते हैं जिन घरों के चारों ओर मंदिर, मसजिद, गुरुद्वारे होते हैं। वहाँ के निवासियों को क्रम से सबकी रामकहानी सुननी पड़ती है। सच बात तो यह है कि वहाँ के निवासी बहरे हो जाते हैं। वे तनावग्रस्त जीवन जीते हैं।

प्रशासन का कर्तव्य है कि वह हर सामाजिक, राजनैतिक, धार्मिक और व्यक्तिगत उत्सव पर होने वाली आवाज़ को काबू में रखें। जरूरत पड़े तो नियम का उल्लंघन करने वालों पर दंड लगाया जाए।

शोर के दबाव को कम करने में सबसे बड़ी भूमिका स्वयं जनता की है। जनता को चाहिए कि वह बेकाबू आवाज़ के विरुद्ध आवाज़ उठाए। यह काम धैर्य, कुशलता और कोमलता का है। अतः जनता ही सविनय आग्रह से शोर के दबाव को कम कर सकती है। भाई-चारे की नीति से लाउडस्पीकरों के शोर पर काबू किया जा सकता है।"

भवदीय

राघव रमन

87, नानक नगर

लुधियाना

दिनांक : 12-3-2026

32. अपने क्षेत्र में कानून और व्यवस्था की बिगड़ती हुई स्थिति पर किसी दैनिक पत्र के संपादक को पत्र लिखिए।

सेवा में

मुख्य संपादक

दैनिक भास्कर

भोपाल

महोदय

बड़े खेद के साथ मुझे यह शिकायती-पत्र लिखना पड़ रहा है। आशा है, इसकी उपयोगिता को समझते हुए आप इसे अपने पत्र में स्थान देंगे।

आजकल गुड़गाँव अपराध, चोरी, बलात्कार, उठाई-गिरी जैसी समस्याओं का केंद्र बनता जा रहा है। जैसे-जैसे नगर की प्रगति हो रही है, लूटपाट, डकैती, चोरी और अपराधों में भी वृद्धि हो रही है। किसी भी मुहल्ले में कार खड़ी करना सुरक्षित नहीं है। गत मास न्यू कॉलोनी से तीन कारें दिन-दहाड़े चोरी हुईं जिनका अब तक पता नहीं चल सका है। पिछले हफ्ते चार महिलाओं की सोने की चेनें और बालियाँ भरे बाजारों से उड़ा ली गईं। अभी तक अपराधी पकड़े नहीं जा सके। कल रात को एक बरात में रिवाल्वर की नोक पर महिलाओं के आभूषण उतार लिए गए। लगता है, यहाँ पुलिस का नहीं, किसी तीसरे संसार का साम्राज्य है। यह स्थिति देखकर फ़िल्मी खलनायकों के आतंक याद आने लगते हैं। नगर-प्रशासन से निवेदन है कि 'कुछ करें' ताकि हम नगरवासी चैन से घर के बाहर निकल सकें।

भवदीय

अ.ब.स.

पता

दिनांक : 25 मार्च, 2026

□ मिलते-जुलते पत्र

- पुलिस द्वारा उठाए गए विविध कदमों से शहर में अपराध कम तो हुआ है पर अभी और सुधार की आवश्यकता है। अपने क्षेत्र के दैनिक समाचार पत्र के संपादक को लगभग 100 शब्दों में पत्र लिखकर जन सामान्य का ध्यान इस ओर दिलाइए कि अपराध पर अंकुश सिर्फ पुलिस की ही नहीं बल्कि समाज की सामूहिक जिम्मेदारी है।

[*CBSE 2024*]

33. हिंदू के मुख्य संपादक को बढ़ती महँगाई के प्रति चिंता जताते हुए पत्र लिखिए।

सेवा में

प्रधान संपादक

हिंदू

चेन्नई

महोदय

मैं आपके लोकप्रिय समाचार-पत्र में बढ़ती हुई महँगाई पर अपने विचार व्यक्त करना चाहता हूँ। आशा है, आप इसका महत्त्व समझते हुए पाठकों के स्तंभ में अवश्य स्थान देंगे।

आज भारतवर्ष में दो खतरे ऐसे हैं, जो हमें पग-पग पर दिखाई पड़ते हैं–जनसंख्या-वृद्धि और दामों में वृद्धि। जनसंख्या-विस्फोट का झटका तब लगता है, जब हम भीड़ में जाते हैं। महँगाई का झटका घर बैठे भी लग जाता है। जब पता चलता है कि आलू-प्याज के भाव 50-60 रु. किलो हो गए हैं। आम 200 रु., अंगूर 400 रुपये, केला 100 रु. दर्जन, गेहूँ 50 रु. किलो, पेट्रोल 100 रु. लीटर, ट्यूशन-फीस सैकड़ों रुपए और कंप्यूटर फीस हजारों रुपये हो गई है तो साँस उखड़ जाती है। भगवान न करे, कभी डॉक्टर के पास जाना पड़े। छोटे-मोटे इलाज पर ही हजारों रुपये खर्च हो जाते हैं। सच कहें तो आज जीना दूभर हो गया है। महँगाई का खर्च अमीर लोग तो पूरा कर लेते हैं, लेकिन मजदूरों की बुरी बन आती है।

मेरी सरकार से प्रार्थना है कि इस मुँहजोर महँगाई को लगाम दे, वरना इसके कारण अनेक गरीब बेमौत मारे जाएँगे।

भवदीय

सलिल

502/टी॰ नगर

चेन्नई

दिनांक : मार्च 12, 2026

34. *वन विभाग द्वारा लगाए गए वृक्ष सूखते जा रहे हैं।* **इस समस्या की ओर ध्यान आकृष्ट करते हुए किसी प्रसिद्ध दैनिक पत्र के संपादक को आनंद कुंज निवासी अनिमेष की ओर से पत्र लिखिए।** [*CBSE*]

अथवा

वन महोत्सव पर लगाए गए वृक्ष सूखने लगे हैं। **इस पर अपनी प्रतिक्रिया व्यक्त करते हुए किसी समाचार पत्र के संपादक को पत्र लिखिए।** [*CBSE*]

सेवा में

संपादक

दैनिक जागरण

राँची

महोदय

कृपया मेरे निम्नलिखित विचार अपने समाचार-पत्र में छापकर अनुगृहीत करें–

'आगे दौड़ पीछे चौड़' की कहावत भारत के वन-विभाग पर पूरी तरह लागू हो रही है। वन-विभाग हर वर्ष लाखों की संख्या में नए पौधे लगाता है। इसके लिए एन.एस.एस. के छात्रों का भी सहयोग लिया जाता है। परंतु दुर्भाग्य से उनके रखरखाव की ओर कोई ध्यान नहीं देता। जो पौधे पिछले साल लगाए गए थे, वे सुरक्षा और पानी के अभाव में सूखकर नष्ट हो गए हैं। इसमें वन-विभाग के कर्मचारियों की लापरवाही है। मेरा विचार है कि दोषी कर्मचारियों को दंडित किया जाना चाहिए। आगे उन्हें सँभालने-सहेजने की भी व्यवस्था होनी चाहिए।

भवदीय

अनिमेष

म.न. 472

हीनू, राँची।

दिनांक : मार्च 12, 2026

□ मिलते-जुलते पत्र

- आपकी बस्ती में वन-महोत्सव के अवसर पर वन-विभाग की ओर से बहुत-से वृक्ष लगाए गए थे, किंतु उपेक्षा-भाव के कारण वे अब सूख रहे हैं। समाचार-पत्र के संपादक के नाम पत्र लिखकर इस समस्या के प्रति अधिकारियों का ध्यान आकृष्ट कीजिए। [*CBSE*]

35. डाक्टरों की बढ़ती फीस और महँगी दवाइयों पर चिंता प्रकट करते हुए किसी दैनिक समाचार-पत्र के प्रधान संपादक को पत्र लिखिए। [*CBSE 2017*]

सेवा में
दैनिक भास्कर
भोपाल

विषय : महँगा इलाज

महोदय

मैं आपके प्रतिष्ठित समाचार-पत्र के माध्यम से अपने निम्नलिखित विचार पाठकों तक पहुँचाना चाहता हूँ। आशा है आप इसे अपने पत्र में स्थान देंगे–

भगवान न करे, कोई बीमार हो जाए। लोगों को बीमारी से उतना डर नहीं लगता जितना कि उसके महँगे इलाज पर। किसी को जुकाम भी हो जाए तो हज़ारों रुपये ले लेता है, फिर भी पीछा नहीं छोड़ता। आजकल चिकित्सा जगत में इतनी अँधेरगर्दी है कि डॉक्टर, दवाई-विक्रेता और टेस्टिंग सेंटर्स मिलकर बीमार व्यक्ति पर टूट पड़ते हैं। पहले डॉक्टर को दिखाने के पैसे दो। फिर टेस्ट कराओ। उस टेस्ट में डाक्टरों का भी अच्छा-खासा हिस्सा होता है। फिर दवाइयाँ खरीदो जो एक-दो नहीं चार से पाँच प्रकार की होती हैं। इनमें से काम की तो एकाध होती है, बाकी दुल्हिन के साथ आए भाई जैसी फालतू होती हैं। समझ नहीं आता कि ये डॉक्टर भगवान के दूत होते हैं या यमराज के? जब लोग मुसीबत के समय उन्हें भगवान का अवतार मानकर पूजा करते हैं तो इनका उस सम्मान से पेट क्यों नहीं भरता? वे धन की बोरियाँ भरने की चूहा-दौड़ में क्यों लग गए हैं?

किसी अज्ञानी को समझाया जा सकता है किंतु किसी ज्ञानी को समझाना बहुत कठिन है। चिकित्सा-क्षेत्र में लगे महानुभावों के बारे में तो ईश्वर से प्रार्थना की जा सकती है कि वह उन्हें सद्बुद्धि दे, कुछ अपना करुणामय रूप उन्हें प्रदान करे।

धन्यवाद!

भवदीय
स्नेह बत्रा
452, डॉ. हेडगेवार मार्ग
नई दिल्ली
15 अगस्त, 2025

36. प्लास्टिक की चीज़ों से हो रही हानि के बारे में किसी समाचार-पत्र के संपादक को पत्र लिखकर अपने सुझाव दीजिए।

[CBSE 2016, 2020]

सेवा में
संपादक
दैनिक जागरण
कानपुर

विषय : प्लास्टिक के उपयोग के बारे में

महोदय

मैं आपके प्रतिष्ठित पत्र के माध्यम से अपने विचार जनता और अधिकारियों तक पहुँचाना चाहता हूँ। कृपया इसे पाठकों के पत्र कॉलम में स्थान दें।

आजकल प्लास्टिक का उपयोग बहुत अधिक मात्रा में हो रहा है। इसके कारण होने वाली हानियाँ भी अनंत हैं। सबसे बड़ी हानि यह है कि जिस प्लास्टिक को हम भोजन पैक करने में प्रयोग करते हैं, वह हमारे लिए विष का काम करता है। आम आदमी इस बात को नहीं जानता कि रंगीन प्लास्टिक ऐसे विषैले रसायनों से तैयार होते हैं जो भोजन में अपना विषैला रसायन छोड़ देते हैं और भोजन विषाक्त हो जाता है। कई रसायन तो कैंसर जैसी जानलेवा बीमारियों को जन्म देते हैं।

प्लास्टिक की दूसरी बड़ी हानि यह है कि यह घुलनशील नहीं है। इसलिए यह जहाँ हमारी सीवर प्रणाली को रोकता है और नाली-नाले जाम करता है, वहीं धरती में पड़ा-पड़ा जल के स्रोतों में बाधा डालता है। इससे हर प्रकार का प्रदूषण पैदा होता है।

तीसरी हानि रोंगटे खड़े करने वाली है। कई गायें और अन्य पशु भोजन के साथ प्लास्टिक खाकर मृत्यु के कगार पर पहुँच जाते हैं। प्लास्टिक उनके शरीर में पहुँचकर उनके रक्त-संचार और पाचन-तंत्र को रोक देता है।

मेरा सुझाव है कि इन हानियों से बचने के लिए प्लास्टिक के नए विकल्प खोजने चाहिए। जूट और कागज़ के थैलों को लोकप्रिय बनाना चाहिए। विषैले रसायनों से युक्त प्लास्टिक पर पूरी तरह रोक लगानी चाहिए। बहुत पतले और सस्ते प्लास्टिक पर प्रतिबंध लगाना चाहिए जिससे लोग अन्य साधनों का उपयोग करने के लिए तैयार हों। सबसे बड़ी बात है जनता के मन को प्रेरित और तैयार करना। यदि हमारी सरकार और प्रेरणादायी शक्तियाँ लोगों को प्रेरित करने के लिए तैयार हो जाएँ तो प्लास्टिक की हानियों से बचा जा सकता है।

धन्यवाद!

भवदीय

वरुण सान्याल

35, टैगोर मार्ग, कोलकाता

13 मार्च, 2026

37. *आप मनस्वी मौर्य/मनस्विता मालवीय हैं।* **बरसात के दिनों में दुर्घटना को दावत देते खुले पड़े सीवर लाइन के मेनहोलों के संदर्भ में दैनिक जागरण, अ ब स नगर के संपादक को एक समाचार प्रकाशित करने का अनुरोध करते हुए लगभग 100 शब्दों में पत्र लिखिए।** [*CBSE प्रतिदर्श प्रश्नपत्र, 2022–23*]

सेवा में

मुख्य संपादक

दैनिक जागरण

पटना

विषय : खुले मेनहोलों पर ध्यानाकर्षण

महोदय

मैं पटना की संवेदनशील नागरिक हूँ। आपके समक्ष एक निवेदन करना चाहती हूँ।

आजकल बरसात जोरों पर है। सड़कें तालाब बन गई हैं और सीवर के मेनहोल खुले पड़े हैं। ऐसे में सबके साथ दुर्घटना हो सकती है। चलती कारें, स्कूटरें, साइकिलें उनमें फँस सकती हैं। यदि गलती से किसी पैदल का पैर उसमें पड़ जाए तो फिर भगवान भी उसे नहीं बचा सकते।

मेरा निवेदन है कि इस प्राणांतक संकट की ओर प्रशासन का ध्यान दिलाने हेतु आप कुछ करें। ऐसी दुर्घटनाओं को मुख्य पृष्ठ पर छापें। उससे भी पहले, अपने संपादकीय में मेनहोलों को बंद कराने या उससे सुरक्षा के उपाय अपनाने के लिए सरकार को जगाएँ। आखिर आप जनता की आवाज़ उठाने वाले हैं।

आशा है, आप अवश्य कार्यवाही करेंगे।

धन्यवाद!

भवदीया

मनस्विता मालवीय

332, गाँधी नगर

पटना

15.07.2025

6. व्यावसायिक-पत्र

लेखन विधि—व्यावसायिक पत्रों को निम्नलिखित चरणों में लिखा जाता है–

1. पत्र के ऊपर बाईं ओर पत्र-लेखक का नाम तथा पता आना चाहिए।
2. उसके नीचे पत्र-लेखन का दिनांक होना चाहिए।

3. उसके नीचे पृष्ठ के बाईं ओर 'सेवा में' लिखा जाता था। अब 'सेवा में' लिखने की परंपरा समाप्त हो गई है। अतः अब सीधे पत्र प्राप्त करने वाले का नाम तथा पता अलग-अलग पंक्ति बनाकर लिखना चाहिए। यहाँ 'पता' का आशय है–उसके व्यवसाय का पता। दुकान, कंपनी, फर्म का पता।
4. तत्पश्चात शीर्षक के आकार में पत्र का विषय आना चाहिए।
5. इन पत्रों में 'महोदय' या 'प्रिय महोदय' संबोधन लिखा जाता है।
6. विषय को सुस्पष्ट, संक्षिप्त तथा 'टू द प्वाइंट' लिखना चाहिए। व्यावसायिक पत्रों में किसी प्रकार की भावना, अनुभूति या संवेदना का स्थान नहीं होता। इसलिए आवश्यक संदेश देकर विषय समाप्त कर देना चाहिए।
7. यदि आपके संदेश एक-से-अधिक हों तो उन्हें क्रम से अलग-अलग अनुच्छेदों में लिखना चाहिए।
8. पत्र के अंत में 'भवदीय' के साथ पत्र-लेखक के हस्ताक्षर तथा पूरा नाम आना चाहिए।

38. किसी प्रकाशक से पुस्तकें मँगवाने के लिए एक व्यावसायिक पत्र लिखो।

राजकीय उच्च विद्यालय
रेलवे मार्ग
जोधपुर

दिनांक : 6.3.2026

प्रबंधक
लक्ष्मी पब्लिकेशंज़ प्रा. लि.
दरियागंज
नई दिल्ली

विषय : पुस्तकों की खरीद

महोदय

कृपया निम्नलिखित पुस्तकें वी.पी.पी. द्वारा यथाशीघ्र भेजें। 500 रु. का अग्रिम ड्राफ्ट प्राप्त करें। ध्यान रखें, पुस्तकों पर छूट की राशि पहले तय की गई शर्तों के अनुसार काटें। सभी पुस्तकें नवीन संस्करण की होनी चाहिए। कटी-फटी या पुरानी पुस्तकें आपके खर्चे पर वापस भेज दी जाएँगी।

पुस्तक-सूची

क्रम-सं.	*पुस्तक का नाम*	*लेखक का नाम*	*प्रतियाँ*
1.	नवयुग हिंदी व्याकरण	अशोक बत्रा	20
2.	101 श्रेष्ठ निबंध	अशोक बत्रा	25
3.	आधुनिक हिंदी व्याकरण	अशोक बत्रा	15
4.	रामचरितमानस	तुलसीदास	5
5.	गोदान	मुंशी प्रेमचंद	12
6.	अजातशत्रु	जयशंकर प्रसाद	5
7.	सारा आकाश	राजेंद्र यादव	6

धन्यवाद !

भवदीय
महेंद्र भटनागर
(प्राचार्य)

39. *कुछ समय पूर्व आपने एक टेलीविज़न खरीदा है, जो अनेक कमियों के कारण आपके लिए समस्या बना हुआ है।* **अपनी इस समस्या की जानकारी देते हुए विक्रेता के नाम पत्र लिखिए, जहाँ से आपने वह खरीदा था।** *[CBSE]*

राजेंद्र व्यास
332, आदर्श नगर
जयपुर

दिनांक : मार्च 16, 2026

सेवा में
श्रीमंत शर्मा इलैक्ट्रोनिक्स
बड़ा बाजार
जयपुर

महोदय

मैंने आपकी दुकान से गत वर्ष 15.11.2025 को ओनिडा का रंगीन टेलीविजन खरीदा था, जिसके बिल की प्रति साथ में संलग्न है। यह टेलीविजन शुरू से ही खराब होता रहा है। इसका संचालन रिमोट से नहीं हो पाता। इसलिए हमें बटनों से काम लेना पड़ता है। एकाध चैनल को छोड़कर शेष सभी चैनल धुँधले या गड़बड़ नज़र आते हैं। यह बीच-बीच में झपकियाँ मारता है। हम आपको दो बार पहले भी शिकायत कर चुके हैं। आपका मैकेनिक दो-तीन दिन का जुगाड़ कर जाता है। उसके बाद यह फिर से अपनी आदतें दोहराने लगता है।

मेरा आपसे निवेदन है कि इस टेलीविजन सेट को बदल कर दूसरा ठीक सेट दे दें। अन्यथा इसकी स्थायी मरम्मत करें।

धन्यवाद !

भवदीय
राजेंद्र व्यास

प्रश्न-अभ्यास

विद्यालय में प्रार्थना-पत्र

- विद्यालय में दसवीं और बारहवीं कक्षा के अच्छे परिणामों पर प्रधानाचार्य को पत्र लिखकर सुझाइए कि उन्हें और अच्छा कैसे बनाया जा सकता है? *[CBSE 2016]*
- विद्यालय के प्रधानाचार्य को पुस्तकालय में भारतीय संस्कृति से संबंधित पुस्तकें उपलब्ध कराने के लिए पत्र लिखिए। *[CBSE 2015]*
- अपने प्रधानाचार्य को आवेदन-पत्र लिखिए जिसमें उच्चतर माध्यमिक स्तर पर हिंदी विषय पढ़ाने के लिए निवेदन किया गया हो। *[CBSE]*
- आपके पुस्तकालय में पर्याप्त हिंदी पत्र-पत्रिकाएँ नहीं मँगाई जातीं और घर पर पढ़ने के लिए पुस्तकें नहीं दी जातीं। इसकी शिकायत करते हुए प्रधानाचार्य को एक पत्र लिखिए। *[CBSE]*
- अपने प्रधानाचार्य को एक अनुरोध-पत्र लिखिए जिसमें विद्यालय की हर कक्षा में कम-से-कम बीस प्रतिशत गरीब बच्चों को प्रवेश देने की व्यवस्था करने का निवेदन हो। *[CBSE]*
- अपने विद्यालय के प्रधानाचार्य को पत्र लिखिए जिसमें आपके सहपाठी के प्रशंसनीय और साहसिक व्यवहार के लिए उसे सम्मानित करने का अनुरोध हो।
- आपको अपनी कक्षा के लिए जिन-जिन वस्तुओं की आवश्यकता है, उन्हें प्रार्थना-पत्र में निवेदित कीजिए।
- आपके विद्यालय में खेल सुविधाएँ बहुत कम हैं। अपने विद्यालय के प्राचार्य को पत्र लिखिए जिसमें खेल सुविधाएँ उपलब्ध कराने की प्रार्थना की गई हो। *[CBSE 2012]*

- बाढ़ग्रस्त लोगों की सहायता के लिए विद्यालय के छात्रों से धन एवं कपड़े एकत्रित करने की अनुमति के लिए विद्यालय के प्राचार्य को पत्र लिखिए। *[CBSE 2012]*
- आपके विद्यालय के एक छात्र ने आग लगने पर एक विद्यार्थी की जान बचाई। उस विद्यार्थी को विशिष्ट पुरस्कार से सम्मानित करने की सिफारिश करते हुए प्राचार्य को पत्र लिखिए। *[CBSE 2012]*
- उत्तराखंड की तबाही को देखते हुए आप सहयोग देने के लिए अपनी सेवाएँ देना चाहते हैं। इस विषय में अपने प्राचार्य को एक पत्र लिखिए।
- विद्यालय में रक्तदान शिविर लग रहा है। आप भी अपना रक्त देने के अतिरिक्त कुछ सहयोग देना चाहते हैं। प्रधानाचार्य को पत्र लिखिए। *[CBSE 2012]*
- विद्यालय में दसवीं कक्षा की परीक्षा से पूर्व विभिन्न विषयों के अध्यापन की अच्छी व्यवस्था करने के लिए प्रधानाचार्य एवं अध्यापकों के प्रति कृतज्ञता ज्ञापन का एक पत्र लिखिए। *[CBSE 2013]*
- बाढ़ग्रस्त लोगों की सहायता के लिए विद्यालय के छात्रों से धन एवं कपड़े एकत्र करने की अनुमति प्राप्त करने के लिए विद्यालय के प्राचार्य को एक प्रार्थना-पत्र 80-100 शब्दों में लिखिए। *[CBSE 2020]*

धन्यवाद-पत्र

- खोई हुई चैक-बुक लौटाने पर आभार प्रकट करते हुए प्रशांत नाम के किसी अपरिचित को पत्र लिखिए। *[CBSE]*
- सैफ का सर्टिफिकेट का बैग कहीं छूट गया था जो 55, पंत नगर, जयपुर निवासी नीलम को मिला। यह बैग उन्होंने सैफ तक पहुँचाया। अब आप सैफ की तरफ से उस अपरिचिता को पत्र लिखिए। *[CBSE]*

बधाई-पत्र

- वाद-विवाद प्रतियोगिता में प्रथम स्थान प्राप्त करने पर छोटी बहन को बधाई देते हुए पत्र लिखिए। *[CBSE]*
- वसुंधरा (गाज़ियाबाद) निवासी निखिल गुप्ता की ओर से एक पत्र उनके मित्र अभिनव शर्मा को लिखिए, जिनमें दिल्ली कॉलेज ऑफ इंजीनियरिंग में प्रवेश पाने में मिली सफलता पर उसे बधाई दी गई हो। *[CBSE]*

नौकरी के लिए आवेदन-पत्र

- पटना-स्थित 'चेतना' नामक संस्था को महिला-साक्षरता के आँकड़े जानने के लिए कुछ सर्वेक्षण-कर्ताओं की आवश्यकता है, जो सैकेंडरी उत्तीर्ण हों और सर्वेक्षण-कार्य में रुचि रखते हों। संस्था के सचिव को उक्त पद के लिए आवेदन-पत्र लिखिए। *[CBSE]*
- उदयपुर स्थित 'सहेली' संस्था को घर-घर जाकर आँकड़े एकत्र करने के लिए कुछ सहायकों की आवश्यकता है। संस्था-अध्यक्ष को पत्र लिखो। *[CBSE]*
- 'दीपायन' संस्था को पुस्तकालय-सहायक चाहिए। संस्था-अध्यक्ष को पत्र लिखिए। *[CBSE]*
- एन.सी.ई.आर.टी. में लिपिक पद के रिक्त स्थानों को भरने के लिए 'रोजगार समाचार' में विज्ञापन आया है। उसका हवाला देते हुए निदेशक के नाम एक आवेदन-पत्र लिखिए। *[CBSE]*
- बिजली का वितरण करने वाली कंपनी 'यमुना विद्युत' को मीटर पढ़ने के लिए कुछ सहायकों की आवश्यकता है, जो दसवीं पास हों और जिनके पास अपनी साइकिल हो। कंपनी के प्रबंधक को अपना विवरण देते हुए आवेदन-पत्र लिखिए। *[CBSE]*
- नगर-निगम में कार्यालय सहायक के पद के लिए एक आवेदन-पत्र लिखिए। *[CBSE]*

व्यापारिक-पत्र

- आपने किसी पुस्तक-विक्रेता से पुस्तकें मँगवाई थीं, किंतु अभी तक आपको पुस्तकें नहीं मिलीं। पुस्तक-विक्रेता को एक शिकायती-पत्र लिखिए। *[CBSE]*
- कुछ नव-प्रकाशित पुस्तकें मँगाने के लिए नेशनल बुक ट्रस्ट, ग्रीन पार्क, नई दिल्ली के व्यापार-प्रबंधक को एक पत्र लिखिए। *[CBSE]*
- अपने बैंक के प्रबंधक को पत्र लिखकर बैंक की कार्य-व्यवस्था के बारे में कुछ सुझाव दीजिए।

शिकायती-पत्र एवं अन्य सार्वजनिक पत्र

- बिजली विभाग के अधिकारी को बिजली के अधिक बिल आने की शिकायत करते हुए पत्र लिखिए। *[CBSE 2016, 2020]*
- गत कुछ दिनों से आपके मुहल्ले में अपराध बढ़ने लगे हैं। उनकी रोकथाम के लिए थानाध्यक्ष को पत्र लिखिए। *[CBSE 2016]*
- राज्य परिवहन निगम के मुख्य प्रबंधक को पत्र लिखकर एक बस-चालक के प्रशंसनीय व्यवहार की प्रशंसा करते हुए उसे विभाग की ओर से सम्मानित करने का आग्रह कीजिए। *[CBSE]*
- सार्वजनिक पार्कों की समुचित सफाई न होने पर सफाई-कर्मचारियों की शिकायत करते हुए नगर-निगम के स्वास्थ्य अधिकारी को एक पत्र लिखिए। *[CBSE]*
- आपका नवयुवक-मंडल अपने मुहल्ले के पार्क की देखभाल स्वयं करना चाहता है। इसकी अनुमति के लिए उद्यान-विभाग के निदेशक को एक पत्र लिखिए। *[CBSE]*
- नगर में बढ़ती भीड़-भाड़ के कारण परिवहन की जटिल समस्या के हल के लिए सड़कों को और अधिक चौड़ा किए जाने की आवश्यकता पर बल देते हुए अपने राज्य के मुख्यमंत्री को पत्र लिखिए। *[CBSE 2020]*
- उत्तर रेलवे चंडीगढ़ के महाप्रबंधक को एक पत्र लिखिए जिसमें टिकट-निरीक्षक के अभद्र व्यवहार की शिकायत की गई हो। *[CBSE]*
- आपके इलाके में कुछ असामाजिक तत्त्व महिलाओं पर फब्तियाँ कसते हैं और चेन खींचने जैसी घटनाओं में लिप्त रहते हैं। उनकी शिकायत करते हुए थानाध्यक्ष को पत्र लिखिए। *[CBSE 2012]*
- बरसात के दिनों में जल-जमाव के कारण होने वाली कठिनाइयों को दूर करने के लिए नगर निगम अधिकारी को पत्र लिखिए। *[CBSE 2013]*
- आपके क्षेत्र में पिछले एक महीने से गंदा पानी आ रहा है। इस समस्या की ओर ध्यान दिलाते हुए बोर्ड-अधिकारी को पत्र लिखिए। *[CBSE 2018]*
- आपके क्षेत्र में डेंगू फैल रहा है। स्वास्थ्य अधिकारी को पत्र लिखकर उपयुक्त चिकित्सा व्यवस्था उपलब्ध कराने के लिए प्रार्थना-पत्र लिखिए।
- आप जयपुर में रहने वाले चंद्रप्रकाश/चाँदनी हैं और हाल में ही आपने नया घर बनवाया है। उसके लिए बिजली का कनेक्शन लेने के लिए बिजली विभाग के अधिकारी को एक अनुरोध-पत्र लगभग 120 शब्दों में लिखिए। *[CBSE 2021]*
- गत दो वर्षों में आपकी पढ़ाई के स्तर में गिरावट नज़र आ रही है। आप दसवीं में पढ़ने वाले सारिका/संवेद हैं। अपने पिताजी को लगभग 120 शब्दों में पत्र लिखकर इस स्थिति की जानकारी दीजिए और इसे बेहतर करने के लिए सुझाव देने एवं सहायता करने का अनुरोध कीजिए। *[CBSE 2021]*
- आप पटना निवासी रोहन/रीना हैं। आपने कोलकाता के अपने मित्र को एक पार्सल भिजवाया। पर वह पंद्रह दिन बाद भी उनको नहीं मिला। संबंधित डाकघर के अधिकारी को इस विषय में शिकायत पत्र लगभग 120 शब्दों में लिखिए। *[CBSE 2021]*
- अपने क्षेत्र के युवाओं को प्रशिक्षित करने के लिए कौशल विकास प्रशिक्षण-केंद्र की स्थापना हेतु मुख्यमंत्री को लगभग 120 शब्दों में पत्र लिखिए। *[CBSE 2022]*

संपादकीय-पत्र

- चुनाव के दिनों में आपके शहर की दीवारें नारे लिखने और पोस्टर चिपकाने से गंदी हो गई हैं। इस समस्या की ओर ध्यान आकृष्ट करते हुए किसी समाचार-पत्र के संपादक को पत्र लिखिए। *[CBSE]*
- आपका टेलीफोन कई दिनों से खराब पड़ा है। आपने कई बार एक्सचेंज में शिकायत की है, किंतु उसका कोई असर नहीं हुआ। इसका उल्लेख करते हुए 'नवभारत टाइम्स' नई दिल्ली के संपादक को पत्र लिखिए। *[CBSE]*
- विद्युत विभाग द्वारा अपने क्षेत्र की उपेक्षा किए जाने पर किसी दैनिक पत्र के संपादक को एक पत्र लिखिए। *[CBSE]*

- शिक्षा-विभाग द्वारा अपने विद्यालय के भवन की उपेक्षा किए जाने पर किसी दैनिक पत्र के संपादक को एक पत्र लिखिए। [CBSE]
- 'नवभारत टाइम्स' नई दिल्ली के संपादक को दीक्षा की ओर से पत्र लिखिए जिसमें सड़क परिवहन के नियमों की उपेक्षा करने वालों के प्रति पुलिस के ढीले-ढाले रवैये पर चिंता व्यक्त की गई हो। [CBSE]
- सांप्रदायिकता और जातिवाद के विरोध में जन-जागृति पैदा करने के लिए समाचार-पत्र के प्रधान संपादक को एक पत्र लिखिए। [CBSE]
- अपने नगर के समाचार-पत्र संपादक को पत्र लिखकर मोहल्ले में चल रही जुआखोरी की जानकारी दीजिए।
- नई दिल्ली मेट्रो स्टेशन की जाँच मशीन पर एक यात्री के भूलवश छूटे एक लाख बीस हजार रुपए को मेट्रो पुलिस ने उसे लौटा दिया। इस समाचार को पढ़कर जो विचार आपके मन में आते हैं, उन्हें किसी समाचार-पत्र के संपादक को पत्र के रूप में लिखिए। [CBSE 2016]
- किसी दैनिक समाचारपत्र के संपादक को पत्र लिखकर अपने क्षेत्र में चल रही बिजली कटौती में सुधार के लिए अधिकारियों का ध्यान आकर्षित कीजिए। [CBSE 2015]
- सार्वजनिक स्थलों पर बढ़ते हुए धूम्रपान तथा उसके कारण संभावित रोगों की ओर संकेत करते हुए किसी दैनिक समाचार पत्र के संपादक को 80-100 शब्दों में पत्र लिखिए। [CBSE 2020]
- स्वरचित कविता प्रकाशित करवाने हेतु अनुरोध करते हुए किसी समाचार-पत्र के संपादक को पत्र लिखिए। [CBSE 2020]

II. अनौपचारिक–व्यक्तिगत-पत्र

व्यक्तिगत-पत्र–व्यक्तिगत रूप से अपने पिता-माता, पुत्र-पुत्री, मित्र, संबंधी को लिखे गए पत्र व्यक्तिगत पत्र कहलाते हैं। ये पत्र अनौपचारिक तथा विविधतापूर्ण होते हैं। इनमें सूचनाओं के साथ भावनाओं का भी आदान-प्रदान होता है। अतः जैसे भावनाएँ निजी होती हैं, वैसे ही इन पत्रों की लेखन-शैली में भी निजता होती है। इनमें संबोधन, अभिवादन, औपचारिकता, शिष्टाचार आदि का विशेष ध्यान रखा जाता है। व्यक्तिगत पत्रों में निम्नलिखित गुण होने चाहिए–

1. व्यक्तिगत पत्र स्वाभाविक बातचीत की शैली में लिखा होना चाहिए। ऐसा लगे मानो लेखक पत्र-प्राप्तकर्ता से संवाद कर रहा हो।

2. इसमें सामान्य शिष्टाचार का पालन होना चाहिए। संबोधन और अभिवादन में शिष्टाचार अवश्य झलकना चाहिए। यदि पत्र क्रोध या नाराज़गी में लिखा गया हो तो भी 'नमस्कार' और 'संबोधन' लिखते समय संयम से काम लेना चाहिए। बड़ों को लिखते हुए सम्मान और छोटों को लिखते हुए प्रेम झलकना चाहिए।

3. पत्र में किसी प्रकार के अपशब्द नहीं होने चाहिए।

4. पत्र-लेखन को विद्वता दिखाने के लिए बड़े-बड़े आडंबरपूर्ण शब्दों का प्रयोग नहीं करना चाहिए।

☞ 5. अब नई पद्धति के अनुसार पत्र-लेखक से लेकर संबोधन-अभिवादन आदि पृष्ठ के बाईं ओर लिखा जाता है।

व्यक्तिगत पत्र-लेखन की विधि

व्यक्तिगत पत्रों का ढाँचा निम्न प्रकार से होना चाहिए–

प्रेषक का पता तथा दिनांक–पत्र के ऊपर बाईं ओर पत्र-लेखक को अपना नाम तथा पता लिखना चाहिए। कुछ व्यक्ति, व्यवसायी तथा पदाधिकारी, जिन्हें अधिक पत्र लिखने पड़ते हैं, अपने 'लैटर पैड' छपवा लेते हैं। उन पैडों पर उनका नाम, व्यवसाय, पता, दूरभाष नं. आदि दाईं ओर ऊपर छपा रहता है।

नाम तथा पते के ठीक नीचे पत्र लिखने की तिथि लिखी रहनी चाहिए। नाम, पते तथा दिनांक का आरंभ एक सीधी रेखा से होना चाहिए।

दिव्यांशु अरोड़ा,
107, एम.एस.
हरिनगर, सेलम
मार्च 3, 2026

☞ छात्र को परीक्षा-भवन से पत्र लिखते समय पते की जगह परीक्षा-भवन तथा केंद्र का नाम लिखना चाहिए। यदि परीक्षा में कोई पता दिया गया हो तो और बात है। वरना यही लिखना चाहिए–

क.ख.ग.
परीक्षा भवन
अ.ब. केंद्र

दिनांक

यदि पत्र की भाषा में कोई पता दिया हुआ हो तो उसे पृष्ठ के ऊपर बाएँ कोने में लिखना चाहिए। एक उदाहरण देखिए–

उमेश रंजन, निवासी 535, सैक्टर-12, पानीपत की ओर से उसके भाई रितिक रंजन, 35, मॉडल टाउन, बिजनौर को पत्र लिखिए जिसमें उन्हें दीवाली पर अपने घर बुलाने का निमंत्रण हो।

उमेश रंजन
535, सैक्टर-12
पानीपत
दिनांक : 12 मार्च, 2026

संबोधन तथा अभिवादन

संबोधन तथा अभिवादन दोनों महत्त्वपूर्ण होते हैं। इनमें पत्र-लेखक को सावधानी, कुशलता और सहृदयता का परिचय देना चाहिए। संबोधनों में विशेषण भी महत्त्वपूर्ण होते हैं। उदाहरणतया कुछ संबोधन तथा अभिवादन नीचे की तालिका में दिए जा रहे हैं–

संबंध	संबोधन	अभिवादन
1. दादा, पिता	श्रद्धेय दादाजी	सादर चरण स्पर्श !
	पूजनीय/पूज्य दादाजी	सश्रद्ध प्रणाम !
		सादर नमस्कार !
		चरण वंदना !
2. मामा, चाचा	आदरणीय……जी	सादर नमस्कार !
फूफा, मौसा	पूज्य……जी	सादर प्रणाम !
3. माता, दादी, नानी	पूज्य……जी	चरण स्पर्श !
	पूजनीया……जी	सादर प्रणाम !
	आदरणीया……जी	सश्रद्ध नमस्कार !
4. बड़ा भाई, बहन	आदरणीय भाई साहब	सादर प्रणाम !
	आदरणीया बहन जी	सादर प्रणाम !
5. मित्र	मित्रवर, प्रियवर/प्रिय क.ख.ग.	सस्नेह नमस्कार !
	स्नेही मित्र अ.ब.स.	मधुर स्मृति !
		प्रेम ! स्नेह !
6. छोटा भाई, छोटी बहन	प्यारे/प्रिय क.ख.ग.	सस्नेह नमस्कार !
	स्नेहमयी क.ख.ग.	स्नेह ! प्रेम !
7. पुत्र, पुत्री	चिरंजीव/प्रिय पुत्र	सुखी रहो !
	आयुष्मती क.ख.ग.	सुखी रहो !

मुख्य विषय

पत्र का मुख्य विषय सहज-स्वाभाविक होना चाहिए। उसमें रिश्तों की मधुर सुगंध होनी चाहिए। विषय में औपचारिकता की बजाय हृदय की सच्चाई प्रकट होनी चाहिए। विषय के आरंभ में परिवारजनों का हाल-चाल पूछना चाहिए तथा अंत में उनके लिए उचित आदर या स्नेह प्रकट करना चाहिए। *यथा–*

विषय का आरंभ – तुम्हारा पत्र मिला। पढ़कर हाल मालूम हुआ। आशा है तुम स्वस्थ और प्रसन्न होगे।

विषय का अंत – माता-पिता को मेरी ओर से सादर नमस्कार कहना। अनुज को स्नेह ! स्मिता को प्यार ! चाची को प्रणाम कहें।

सभी परिवारजनों को यथायोग्य प्रणाम कहें। शेष शुभ ! शेष मिलने पर ! आज इतना ही ! अच्छा, फिर मिलेंगे !

उपसंहार – पत्र के अंत में पत्र-लेखक बाईं ओर नीचे आत्मीयता जतलाता हुआ अपना नाम लिखता है। जैसे–आपका सुपुत्र, भवदीय, आपका अनुज, तुम्हारा प्रिय, तुम्हारा अपना, तुम्हारा अभिन्न मित्र, आपका ही, तुम्हारा ही।

व्यक्तिगत पत्रों के प्रमुख प्रकार ये हैं–

- बधाई-पत्र
- शुभकामना-पत्र
- निमंत्रण-पत्र
- संवेदना-पत्र

नीचे इनके कुछ उदाहरण दिए जा रहे हैं।

7. बधाई-पत्र *(अनौपचारिक पत्र के रूप में)*

अपने किसी मित्र, संबंधी या परिचित की किसी खुशी या सफलता पर बधाई-पत्र लिखे जाते हैं। इनमें ये बातें ध्यान रखनी चाहिए–

- बधाई-पत्र बधाई की खुशी से शुरू होने चाहिए तथा शाबाशी और शुभकामना से समाप्त होने चाहिए।
- पूरे पत्र में प्रशंसात्मक भाव होना चाहिए।
- पत्र-लेखक को अपनी व्यक्तिगत खुशी का अहसास कराना चाहिए।
- पत्र के मध्य भाग में सफलता के विषय को महत्त्व देना चाहिए।

40. *आपकी प्रिय मित्र स्मिता को बहादुरी के लिए 26 जनवरी को राष्ट्रपति द्वारा सम्मानित किया गया है।* **अपनी खुशी प्रकट करते हुए उसे बधाई पत्र लिखिए।** *[CBSE 2016]*

सुनीता रंजन
18-इ, विजय नगर
दिल्ली

दिनांकः 15 सितंबर, 2025

प्रिय स्मिता

बधाई हो!

मुझे तुम्हें पत्र लिखते हुए बहुत रोमांच हो रहा है। तुमने ऐसा कमाल कर दिखाया है जिसे याद करके मेरे भयभीत मन में भी वीरता का जोश पैदा हो जाता है। पहले तो उस वीरता के कारनामे के लिए बधाई कि तुमने एक पीड़ित लड़की को गुंडों के चंगुल से बचाया। तुम चाहती तो औरों की तरह अपनी सुरक्षा के लिए भाग सकती थी। परंतु तुमने साहस दिखाया। मैं तुम्हारे साहस को प्रणाम करती हूँ। भगवान यह साहस सब कन्याओं के मन में दे।

दूसरी बधाई इस सम्मान के लिए जो तुम्हें राष्ट्रपति के हाथों से पुरस्कार लेते हुए प्राप्त हुआ। सब लोग ऐसे क्षणों के लिए तरसते हैं किंतु किसी सौभाग्यशाली के जीवन में यह अवसर आता है। मेरे माता-पिता भी तुम्हें आशीर्वाद भेज रहे हैं। भगवान तुम्हें और शक्ति तथा यश प्रदान करें।

स्मिता, अब मिठाई तो बनती है। बताओ कब बुलाती हो?

तुम्हारी सखी
सुनीता रंजन

□ मिलते-जुलते पत्र

- पी.वी. सिंधू ने वर्ल्ड बैडमिंटन चैंपियनशिप में स्वर्णपदक प्राप्त कर देश का नाम रोशन किया। उसे एक बधाई-पत्र लगभग 80-100 शब्दों में लिखिए। *[CBSE 2020]*

8. धन्यवाद-पत्र *(अनौपचारिक पत्र के रूप में)*

किसी के सहयोग देने पर, उपहार देने पर या किसी प्रकार का प्रसन्नतादायक उपकार करने पर धन्यवाद-पत्र लिखने की आवश्यकता पड़ती है। ऐसे पत्रों में निम्नलिखित विशेषताएँ होती हैं–

- *ये बहुत संक्षिप्त होते हैं।*
- *ये धन्यवाद या कृतज्ञता से शुरू होते हैं और धन्यवाद पर समाप्त होते हैं।*
- *पत्र के मध्य में किए गए उपकार या सहयोग का महत्त्व बताया जाता है।*
- *पत्र में ऊपरी शिष्टाचार न होकर गहरी आत्मीयता और सच्चाई झलकती है।*

41. अपने मित्र को पत्र लिखकर धन्यवाद दीजिए कि उसने किस तरह आड़े वक्त में आपका साथ दिया था।

[*CBSE 2019*]

नीलिमा धीमान
133, इंदिरा नगर
कानपुर

14 मार्च, 2026

प्रिय प्रिषा

मधुर स्नेह!

आशा है, तुम हमेशा की तरह प्रसन्न होगी। मैं भी यहाँ प्रसन्न हूँ। तुम्हारे स्नेह और सहयोग से मैं कुशल हूँ।

प्रिषा! मुझे तुम्हारा स्नेह-सहयोग हमेशा याद आता है। तुम्हारी रह-रहकर याद आती है। जब कोई व्यक्ति दुख के समय हमारा साथ देता है, तो दिल के बहुत करीब हो जाता है। प्रिषा! तुमने मेरी बीमारी के दिनों में मेरा दिन-रात ख्याल रखा। मेरे पास बैठी रही। मुझे दवाई दी। मेरे लिए विशेष भोजन बनवाया। फल मँगवाए। मेरी ऐसे चिंता की, जैसे मेरी सहेली न होकर मेरी माँ हो। मैं तुम्हारा यह अहसान जीवन-भर नहीं भूल सकती।

तुम्हारा किन शब्दों में धन्यवाद करूँ?
शब्दों में तो इतनी ताकत है नहीं कि वे कृतज्ञता प्रकट कर सकें।
मेरी ओर से बहुत-बहुत धन्यवाद! शुभकामना!

तुम्हारी सखी
नीलिमा धीमान

42. *आपके क्षेत्र के पार्क को कूड़ादान बना दिया गया था। अब पुलिस की पहल और मदद से पुनः बच्चों के लिए खेल का मैदान बन गया है।* **अतः आप पुलिस आयुक्त को धन्यवाद-पत्र लिखिए।** [*CBSE 2018*]

ब्रजेश कोहली
335, मोहन नगर
आगरा

दिनांक : 17 मार्च, 2026

सेवा में
पुलिस आयुक्त
आगरा
महोदय

हम मोहन नगर के निवासी आपके प्रति कृतज्ञता व्यक्त करना चाहते हैं। हमारे नगर का पार्क कूड़ादान बना हुआ था। वहाँ मोटे-मोटे सूअर दिन-रात घुर्र-घुर्र की आवाज़ें करते फिरते थे। पूरा पार्क गंदगी का अड्डा बन गया था। लोगों ने अपने टूटे-फूटे वाहन वहाँ इकट्ठे कर रखे थे। कुछ लोग मौका देखते ही वहाँ मल-मूत्र करते थे। वहाँ से गुजरते हुए घिन आती थी।

महोदय, आपने हमारी शिकायत पर ध्यान दिया। आपने सारी गंदगी हटवाई। जानवर हटवाए। वहाँ हरा-भरा पार्क बनवा दिया। अब वहाँ बच्चे खेलते हैं और बड़े-बूढ़े घूमते हैं। इस कारण नगर के सभी वासी बहुत प्रसन्न हैं तथा आपको बहुत याद करते हैं। हम आपकी इस पहल के प्रति हृदय से कृतज्ञ हैं। आशा है, आप आगे भी हमारे साथ ऐसा-ही सहयोग बनाए रखेंगे।

भवदीय
ब्रजेश कोहली
प्रधान, नगर सुधार समिति
मोहन नगर

43. *आपकी बड़ी बहन को चिकित्सा महाविद्यालय में प्रवेश प्राप्त हो गया है।* **इस सफलता के लिए बधाई-पत्र लगभग 80-100 शब्दों में लिखिए।** *[CBSE 2020]*

सुषमा सेठ
535, ऊधम नगर
जम्मू

18.06.2025

प्रिय सुस्मिता !

हार्दिक बधाई !!

ढेरों ढेरों बधाइयाँ !!!

वाह ! तुमने सरकारी मेडिकल कॉलेज में प्रवेश पाकर हमारी प्रतिष्ठा के झंडे गाड़ दिए हैं। मुझे सुबह से बधाइयाँ मिल रही हैं। सुस्मिता जिंदाबाद ! सुस्मिता जिंदाबाद ! के नारे गूँज रहे हैं सब जगह !

डॉक्टर सुस्मिता ! मैं तुम्हें प्रणाम करती हूँ। तुम्हें बहुत-बहुत बधाइयाँ ! तुम इतनी योग्य और संवेदनशील डॉक्टर बनो कि जम्मू के लोग तुम्हें अपने हृदय में बसा लें।

तुम्हारे साथ घूमना है, मूवी देखनी है, पार्टी लेनी है।

कब आओगी ?

तुम्हें मिलने को आतुर !
सुषमा सेठ

9. शुभकामना-पत्र

44. *आप रोहन/राधिका हैं।* **संभाग स्तरीय वाद-विवाद प्रतियोगिता में विजयी रहने पर शुभकामनाएँ देते हुए अपने मित्र दीपांशु/दीपिका को पत्र लिखिए।** *[CBSE 2019]*

रोहन
5, मोहन नगर
त्रिशूर
16 अगस्त, 2025

प्रिय दीपांशु

स्नेह!

भाई, बहुत बधाई हो! समाचार मिला कि तुम संभाग की वाद-विवाद प्रतियोगिता में प्रथम आए हो। यह सुनकर मैं बहुत प्रसन्न हूँ। मुझे लगता है, तुम नहीं मैं जीता हूँ।

प्रिय दीपांशु! तुम पर भगवान की कृपा है। तुम बहुत प्रभावी बोलते हो। तुम्हारे एक-एक शब्द में सच्चाई होती है। तुम्हारी वाणी इतनी मधुर है कि सीधे श्रोता के हृदय में उतर जाती है। इसलिए तुम्हें एक-न-एक दिन ऊँचाइयाँ छूनी ही हैं। तुमने इतनी छोटी वय में पूरे संभाग में अपना दबदबा बना लिया, यह तुम्हारी प्रतिभा का ही सुफल है।

मेरी ओर से तुम्हें बहुत-बहुत बधाई!

आदरणीय माता-पिता को मेरी ओर से चरण-वंदना।

शुभम को स्नेह!

तुम्हारा मित्र
रोहन

□ **मिलते-जुलते पत्र**

- अपने मित्र को परीक्षा में प्रथम आने पर 80-100 शब्दों में बधाई पत्र लिखिए। [*CBSE 2020*]

45. अपने अस्वस्थ मित्र को अच्छे स्वास्थ्य की शुभकामना देते हुए एक पत्र लिखिए। [*CBSE 2018*]

जयेश
3/52, कान्हा कुंज
मेन बाजार, गली नं. 8

मथुरा

13.2.2026

प्रिय अरुण

स्नेह!

कैसे हो? आशा है, धीरे-धीरे स्वस्थ हो रहे होगे। पीलिया की बीमारी शरीर को चूस लेती है। सारा शरीर रक्तहीन हो जाता है। शक्ति जाती रहती है। इसका इलाज लंबा चलता है। तुम्हें दवाई लेते हुए दस दिन हो गए हैं। कुछ दिनों की और बात है। तुम जल्दी ही बिल्कुल स्वस्थ और फिट हो जाओगे।

प्रिय अरुण, दवाई निरंतर लेते रहना और धैर्य बनाए रखना। काश, मैं तुम्हारे पास होता! मज़बूरी है। मैं प्रभु से कामना करता हूँ कि वह तुम्हें शीघ्र स्वस्थ करे।

तुम्हारा
जयेश

46. *तुम 39, रेलवे कॉलोनी, भटिंडा की मनीषा हो।* **अपनी दीदी किरण और जीजा प्रकाश की वैवाहिक वर्षगाँठ पर शुभकामनाएँ प्रेषित करो।**

मनीषा
39, रेलवे कॉलोनी
भटिंडा

दिनांक : 24 मार्च, 2026

आदरणीया दीदी एवं जीजा जी !

सादर नमस्ते !

आपके विवाह की दसवीं वर्षगाँठ आपको बहुत-बहुत मुबारक हो। भगवान करे, आपकी यह प्रसन्न जोड़ी सदा हँसती-खेलती रहे। मेरी शुभकामनाएँ स्वीकार करें।

भवदीया
मनीषा

47. *आप लक्ष्मी पब्लिकेशंज प्रा.लि., 7/21, अंसारी रोड, दरियागंज के मालिक राजेंद्र कुमार गुप्ता हैं।* **सभी विद्यालयों के प्राचार्यों और पुस्तक-विक्रेताओं को नए शिक्षा-सत्र की शुभकामनाएँ देने के लिए एक शुभकामना-पत्र (*Greeting*) लिखिए।**

लक्ष्मी पब्लिकेशंज़ प्रा.लि.,
7/21, अंसारी रोड,
दरियागंज, नई दिल्ली।

2025-26 का यह शिक्षा-सत्र
आप सबके लिए मंगलकारी हो।
ईश्वर आपको सफलता दे,
खुशियाँ दे
उन्नति दे।

–सौरभ कुमार गुप्ता

10. निमंत्रण-पत्र

विवाह, जन्म-दिन, मुंडन, गृह-प्रवेश, उद्घाटन, रामायण-पाठ, भगवती-जागरण आदि अनेक मांगलिक अवसरों पर अपने एक मित्र, किसी संबंधी या अनेक परिजनों को आमंत्रित करने के लिए निमंत्रण-पत्र लिखे जाते हैं। इनकी दो शैलियाँ होती हैं–

- व्यक्तिगत पत्र शैली
- सामाजिक पत्र शैली।

सामाजिक पत्र छपवाए जाते हैं। उनकी लेखन-विधि भी अलग होती है। व्यक्तिगत निमंत्रण-पत्र आम निमंत्रण-पत्रों की भाँति होते हैं।

दोनों शैलियों में मुख्य बात यह याद रखनी चाहिए कि कार्यक्रम का स्वरूप, समय, स्थान, दिनांक, पता अवश्य स्पष्ट होना चाहिए।

48. नीचे दिए गए विवरण के आधार पर विवाह का निमंत्रण-पत्र तैयार कीजिए।

535, रामनगर, दिल्ली के निवासी
अभय (सुपुत्र श्री लक्ष्मण सिंह एवं श्रीमती लक्ष्मीदेवी) और
सीमा (सुपुत्री श्रीमती एवं श्री रामेश्वरदयाल, मेरठ वासी) का
विवाह-कार्यक्रम–13 अप्रैल, रविवार
घुड़चढ़ी शाम 4 बजे तथा बरात 6 बजे चलेगी।
14-4-2025 सोमवार को 7:00 बजे शाम स्वागत-भोज होगा।

मान्यवर !

मेरे सुपुत्र

चि. **अभय**

एवं

आयु. **सीमा**

(सुपुत्री श्रीमती एवं श्री रामेश्वरदयाल, मेरठ)

के शुभ **विवाहोत्सव** पर

आप मेरे निवास–535, रामनगर, दिल्ली पर कार्यक्रमानुसार सादर आमंत्रित हैं।

–: *कार्यक्रम* :–

दिनांक, 13 अप्रैल, 2025, रविवार

घुड़चढ़ी : 4:00 बजे सायं

बरात-प्रस्थान : 6:00 बजे सायं

दिनांक, 14 अप्रैल, 2025, सोमवार

स्वागत भोज : 7:00 बजे सायं

स्वागतोत्सुक :
सर्व मित्र एवं संबंधी

विनीत :
लक्ष्मण सिंह
लक्ष्मी देवी

11. संवेदना-पत्र *(अनौपचारिक पत्र के रूप में)*

अपने मित्र, संबंधी या परिचित की किसी हानि पर जो पत्र लिखे जाते हैं, उन्हें संवेदना-पत्र कहते हैं। ऐसे पत्रों में निम्नलिखित बातें ध्यान रखनी चाहिए–

- इस प्रकार के पत्र की भाषा सहानुभूति से भरी हुई होती है।
- पहले ही वाक्य में दुख की अनुभूति प्रकट करनी चाहिए। *जैसे–*
  'मुझे यह जानकर दुख हुआ ······' आदि।
- दुख के कारण पर टिप्पणी करने के बाद हमदर्दी जतानी चाहिए। *जैसे–*
  'यह सचमुच बहुत बड़ी मुसीबत है' या *'इस दुर्घटना से तुम्हें जो नुकसान हुआ, उससे मैं विचलित हूँ।'* आदि
- इसके बाद सांत्वना देनी चाहिए। *जैसे–*
  'चलो, केवल आर्थिक नुकसान ही हुआ है, किसी आदमी को नुकसान नहीं पहुँचा।' या *'चलो, कार का बीमा हुआ था।'* या *'शुक्र है, बहुत अधिक नुकसान नहीं हुआ।'* या *'भगवान के आगे किसी की कुछ नहीं चलती।'* या *'होनी तो होकर रहती है।'* आदि।
- इसके बाद हिम्मत देनी चाहिए। *जैसे–*
  'इस मुसीबत में घबराना मत।' आदि।
- अंत में अपनी सेवा या सहयोग की पेशकश करनी चाहिए। *जैसे–*
  'मेरे लिए कोई सहयोग या सेवा हो तो लिखना।'

49. भारतीय वायुसेना में 'पाइलट' के पद के लिए आयोजित प्रतियोगिता परीक्षा में असफल मित्र को ढाढ़स बँधाते हुए पुनः प्रयास के लिए प्रेरणा-पत्र लिखिए। *[CBSE]*

नरेश
13, भागीरथी छात्रावास
नवज्योति विद्यालय
दिसपुर

27 मार्च, 2026

प्रिय मित्र संजय

मधुर स्मृति !

कल मैंने इंटरनेट पर 'पाइलट' पद के लिए चुने हुए प्रतिभागियों के नाम पढ़े। मुझे यह जानकर बहुत दुःख हुआ कि इस बार पाइलट पद के लिए तुम्हारा चयन नहीं हो सका। सच कहूँ, मुझे अपनी आँखों पर विश्वास नहीं हुआ। इसलिए मैंने पूरी सूची को तीन बार पढ़ा। फिर फोन करके अरुणेश से पता किया। तब जाकर मैं मुश्किल से विश्वास कर सका कि तुम्हें एक साल और प्रतीक्षा करनी होगी।

प्रिय संजय, मुझे पक्का विश्वास है कि तुम अपने लक्ष्य तक अवश्य पहुँचोगे। जाने कहाँ चूक रह गई। अंक-तालिका मिलने पर ही तुम्हें अपनी कमी के बारे में पता चलेगा। मुझे पूरा भरोसा है कि तुम अपनी कमी के बारे में जानकर उस पर विजय प्राप्त करोगे और अगली बार सफलता प्राप्त करोगे।

सदा तुम्हारे साथ
तुम्हारा मित्र
नरेश

50. मित्र की माता के आकस्मिक निधन पर एक संवेदना-पत्र लिखो।

विवेक व्यास
बाल भवन
तेजपुर

15 मार्च, 2026

प्रिय मित्र जॉन

सप्रेम नमस्कार !

कल मुंझे दुखद समाचार मिला कि तुम्हारी माताजी का अचानक देहांत हो गया है। सुनकर हृदय को गहरा आघात लगा। अभी परसों ही तो मैं उनके दर्शन करके लौटा हूँ। वे पूर्णतया स्वस्थ और प्रसन्न थीं। फिर न जाने, यह अनहोनी कैसे हो गई !

जॉन ! इस गहरे दुख की घड़ी में अपने-आप को सँभालना। मैं तुम्हारे कष्ट को समझ सकता हूँ। माँ के शीतल आँचल की कमी को अनुभव कर सकता हूँ। परंतु उस परमात्मा के सामने सब विवश हैं। ऐसा मान लेना, जिसने उन्हें दुनिया में भेजा था, उसी ने वापस अपने पास बुला लिया। परमात्मा ने माँ को अपनी शरण में ले लिया है। वह माँ की आत्मा को शांति दे तथा तुम्हें इस दुख को सहन करने की शक्ति दे।

तुम्हारा शोकाकुल मित्र
विवेक व्यास

12. अन्य विविध पत्र

51. *आप लक्षिता/लक्ष्य हैं। आप उच्च शिक्षा के लिए विदेश जाने वाली/वाले हैं। इस बात से आपकी माँ भावनात्मक रूप से बेहद परेशान हैं।* **उनको समझाते हुए और अपने भविष्य के सपनों के बारे में बताते हुए लगभग 100 शब्दों में एक पत्र लिखिए।** [*CBSE 2023*]

लक्षिता
35, निवेदिता छात्रावास
दिल्ली प्रौद्योगिकी विश्वविद्यालय
दिल्ली

15.05.2025

प्रिय माँ!

तुम्हारी बहुत याद आ रही है माँ! तुम्हारा उदास चेहरा मुझसे देखा नहीं जाता। कभी-कभी दिल में आता है, फ्रांस से एम.बी.ए. करने का विचार ही छोड़ दूँ! पर इससे भी तुम परेशान हो जाती हो।

माँ! तुम ऐसा करो; मेरे साथ ही चली चलो। तुम्हारी यहाँ कोई नौकरी तो है नहीं।

पर माँ ! तुम कहाँ-कहाँ मेरे साथ चलोगी ? नौकरी के लिए विदेश जाऊँगी, तो भी साथ चलेगी ? अच्छा ! अब भी तो तुम देहरादून और मैं दिल्ली।

माँ ! विदेश के नाम से क्यों डरती हो ? जब कहोगी तुम्हारे पास चली आऊँगी। अब तो पूरा संसार ही कुटुंब बन गया है। माँ! मुझे एम.बी.ए. करके बहुराष्ट्रीय कंपनी का सी.ई.ओ. बनना है। तुम्हें भी मेरे साथ सारा संसार घूमना है। अपना चेहरा उदास न बनाओ, प्लीज़।

तुम्हारी प्रिय
लक्षिता

52. छोटी बहन को पत्र लिखिए जिसमें चिड़ियाघर की सैर से प्राप्त अनुभवों की जानकारी दी गई हो।

[*सरस्वती विद्या मंदिर, बिहार 2023-24*]

स्नेहा

35, दिनकर नगर
बेगूसराय (बिहार)
25.05.2025

प्रिय स्निग्धा !

कैसी हो ? आशा है, आनंद में होगी।

स्निग्धा ! कल मुझे मैसूर के चिड़ियाघर में विहार करने का अवसर मिला। मैं यह अनुभव कभी भुला नहीं सकती। जितने सजीव पशु-पक्षी मुझे यहाँ मिले, उतने अन्य किसी चिड़ियाघर में नहीं मिले।

चिड़ियाघर में प्रवेश करते ही हमारा ध्यान बड़े-बड़े जिराफों ने खींच लिया। बहुत लंबी और लचकीली गर्दन वाले तीन जिराफ ऐसे सुंदर थे कि उन पर से किसी की आँखें नहीं हटती थीं। उन पर चितकबरे रंग ऐसे चमकीले थे कि मानो अभी वे चित्र हों और उन पर अभी-अभी रंग किया गया हो। मैसूर चिड़ियाघर के शेर बहुत सजीव थे। उन्हें बहुत पास से देखने का अवसर मिला। पक्षियों की बात करूँ तो सैकड़ों ऐसे नए पक्षी देखे, जिन्हें न कभी देखा, न उनकी कल्पना की थी। चिड़िया इतने प्रकार की और इतने रंगों वाली थीं कि सभी चित्रकार उस परमात्मा रूपी चित्रकार के सामने फीके जान पड़ते थे।

स्निग्धा! मेरा मन करता है कि तू भी एकबार मैसूर के चिड़ियाघर को देखकर आ। तुझे बहुत अच्छा लगेगा।

अच्छा, बंद करती हूँ।

तेरी बहन

स्नेहा

53. *आप पवन/पावनी हैं। आप छुट्टियों में गुजरात घूमने का कार्यक्रम बना रहे/रही हैं। सरदार पटेल की प्रतिमा भी देखना चाहते/चाहती हैं। आपने जो कार्यक्रम बनाया है उसमें क्या सुधार हो सकता है,* **अपने चचेरे भाई को लगभग 100 शब्दों में पत्र लिखकर पूछिए।**

[*CBSE 2023*]

पवन
5/22, मॉडल टाउन
करनाल

दिनांक : 13-05-2025

प्रिय राकेश

स्नेह!

कैसे हो ? आशा है स्वस्थ होगे। गुजरात-भ्रमण की तैयारी कर ली होगी। मैंने गुजरात-भ्रमण का एक कार्यक्रम बनाया है। मैं 18 मई की शाम को तुम्हारे पास दिल्ली आ जाऊँगा। वहाँ से 19 की दोपहर 2:00 बजे दो ट्रेनें गुजरात जाती हैं। उनमें से किसी एक ट्रेन से चलेंगे। वहाँ पहुँच कर गुजरात की टूरिस्ट एजेंसी से कार-सेवा लेंगे। वह कार हमें सारे दर्शनीय स्थलों पर घुमाकर वापस रेलवे स्टेशन छोड़ देगी। घर-वापसी उसी तरह होगी। पहले दिल्ली; वहाँ से मैं करनाल जाऊँगा।

अभी न टिकट खरीदी है, न कुछ निश्चय हुआ है। तुम अपना विचार लिखो ताकि यह कार्यक्रम तय हो सके और टिकटें बनवा सकें। यह बताने की जरूरत नहीं है कि सरदार पटेल की भव्यतम प्रतिमा देखना हमारा प्रमुख लक्ष्य होगा।

भवदीय
पवन

54. *आपकी चचेरी दीदी कॉलेज में दाखिला लेना चाहती है, किंतु चाचा जी आगे की पढ़ाई न करवाकर उनकी शादी करवाना चाहते हैं।* **इस बारे में अपने चाचा जी को समझाते हुए लगभग 120 शब्दों में पत्र लिखिए।**

[*CBSE प्रतिदर्श प्रश्नपत्र 2021–22*]

ऋतिका
332, बड़ा बाजार
हमीरपुर (हि. प्र.)

15.03.2026

आदरणीय चाचा जी !

सादर चरण-स्पर्श !

आशा है, आप स्वस्थ और प्रसन्न होंगे। स्मृति और चाची जी से बात होती रहती है। कल मुझे स्मृति ने बताया कि वह आगे कॉलेज में प्रवेश नहीं ले रही है। मैं तो सुनकर बुझक्क रह गई।

इतनी होनहार लड़की। बारहवीं में उसने 94% अंक लिए हैं। वह पूरे स्कूल में प्रथम है। उसने आपका नाम रोशन किया है और आप उसकी शादी करना चाह रहे हैं !

चाचा जी ! स्मृति बहुत होनहार है। आजकल पढ़ाई का जमाना है। स्मृति पढ़ लिख कर डॉक्टर, वकील, इंजीनियर, प्रोफेसर कुछ भी बन सकती है। उसकी प्रोफेसर बनने की इच्छा है। आप उसके पिता हैं। उसकी इस इच्छा को मारिए मत। उसे पढ़ाइए। अगर वह घर बैठ गई तो हमारे सामने सिर उठाकर बात नहीं कर पाएगी। और अब ! अब तो वह अपनी योग्यता के कारण सबके सामने सिर ऊँचा करके चलती है। आप उसका सिर नीचा क्यों करना चाहते हैं।

चाचा जी ! मैं आपके खतरे समझती हूँ। परंतु स्मृति पर विश्वास रखिए। वह आपकी शान पर बट्टा नहीं लगने देगी।

मैं कुछ अधिक कह गई हूँ तो क्षमा कर देना।

आपकी लाडली
ऋतिका

55. *दसवीं की परीक्षा उत्तीर्ण करने के बाद आप व्यावसायिक विषय लेना चाहते हैं, जबकि आपके माता-पिता विज्ञान के लिए उत्सुक हैं।* **अपने विषय-चयन के पीछे अपनी रुचि आदि का उचित कारण बताते हुए पिता को लगभग 80-100 शब्दों में पत्र लिखिए।**

[*CBSE 2020*]

प्रताप मलिक
म. न. 135
.... सोसाइटी
.... नगर

15.08.2025

पूज्य पिताजी

सादर चरण-स्पर्श !

आशा है, आप स्वस्थ एवं प्रसन्न होंगे। मैं भी यहाँ सकुशल हूँ।

पिता जी! मेरी दसवीं की परीक्षाएँ अच्छी हो गई हैं। मुझे भरोसा है कि मैं प्रथम श्रेणी प्राप्त करूँगा। आपने मुझे कहा था कि मैं आगे विज्ञान की पढ़ाई करूँ। मैंने इस बारे में खूब सोचा भी, मन भी बनाया; किंतु बार-बार मन में यही आता है कि मुझे मोबाइल की तकनीकी शिक्षा लेनी चाहिए।

मैं सोचता हूँ कि आने वाला जमाना मोबाइल का है। हर काम मोबाइल से ही होना है। नई-से-नई सुविधा मोबाइल से ही आनी है। अतः क्यों न, इसी का विशेषज्ञ बना जाए। मैंने देखा है कि विज्ञान की पढ़ाई के बाद भी भविष्य अनिश्चित है। परंतु मेरे सामने सुस्पष्ट लक्ष्य है। आशा है, आप मेरी इच्छा को समझेंगे और मुझे व्यावसायिक ज्ञान प्राप्त करने हेतु अनुमति प्रदान करेंगे।

आपका सुपुत्र
प्रताप मलिक

56. दिल्ली में प्रदूषण की भयावह स्थिति पर चर्चा करते हुए अपने मित्र को एक पत्र लिखिए। [*CBSE 2018*]

रूपतरंगा

535, गाँधीनगर

रायपुर

16 मार्च, 2026

प्रिय तरंगिता

मधुर स्नेह!

कैसी हो? आशा है, तुम प्रसन्न होगी।

मैं कल ही दिल्ली से होकर आई हूँ। दिल्ली में चकाचौंध बहुत है। नई दिल्ली रेलवे स्टेशन और इंदिरा गाँधी हवाई अड्डा देखने योग्य हैं। परंतु तरंगिता! यह चकाचौंध तब काफूर हो जाती है, जब हम यहाँ के भीड़-भरे बाज़ारों और गली-मोहल्लों में से गुजरते हैं। मैंने चाँदनी चौक, करौल बाग और कमला नगर बाज़ार के दर्शन किए। वहाँ इतनी भीड़ थी कि पैदल चलना भी कठिन था। आसपास रेंगते हुए वाहन, तिपहिया वाहन, स्कूटर, रिक्शा और उनके हार्नों की आवाज़ें। घने बाज़ारों में धुआँ, आवाज़ें, शोर और भीड़ से दम घुटने को हो जाता है।

तरंगिता! इस बार दुर्भाग्य से मुझे दिल्ली विश्वविद्यालय के साथ सटे विजय नगर में जाने का अवसर मिला। ओह! बदबू, सड़न और गंदगी के मारे मैं साँस न ले सकी। पता नहीं, स्वच्छता का नारा दिल्ली की गलियों में कब पहुँचेगा। वास्तव में जब तक जनसंख्या का दबाव बना रहेगा, तब तक प्रदूषण की समस्या समाप्त नहीं हो सकती।

मैं तो तुम्हें भाषण ही देने बैठ गई। तुम कभी दिल्ली जाओ तो वहाँ के प्रदूषण से बचकर रहना।

तुम्हारी सखी

रूपतरंगा

***57.** आप गौरव/गौरवी हैं। आपको अपनी कक्षा का मॉनिटर चुना गया है। आप प्रसन्न हैं। परंतु चिंतित भी हैं कि नए दायित्व को कैसे निभाएँगे।* **अपने मित्र को मन के भाव बताते हुए 100 शब्दों में पत्र लिखकर अपनी दुविधा प्रकट कीजिए।**

[*CASE 2022-23*]

गौरव

35, विश्वविद्यालय परिसर

डॉ. हरिसिंह गौर वि.वि. सागर

15.04.2025

प्रिय मित्र सोमेश !

कैसे हो ?

आशा है, आनंद में होगे। मैं भी यहाँ सकुशल हूँ। बस आजकल एक दुविधा से गुजर रहा हूँ। मुझे मेरे अध्यापक ने कक्षा का मॉनिटर नियुक्त किया है। वैसे तो, यह मेरे लिए बहुत प्रसन्नता की बात है। मुझे खुशी भी है कि मेरे अध्यापक ने मुझ पर विश्वास किया। मुझे अपनी कक्षा का नेतृत्व दिया। परंतु तुम जानते हो सोमेश ! कक्षा में हर तरह के बच्चे होते हैं। कुछ बच्चे बहुत शरारती हैं। कुछ ईर्ष्या से जलकर ऊटपटांग हरकत करते हैं और बिना कारण विरोध करने लगते हैं। ऐसी स्थिति में कहीं मैं उनसे उलझ न पड़ूँ– यह डर लगता है। कभी-कभी लगता है कि यह अवसर भी एक संकट है। क्यों न, अपने अध्यापक को कहकर यह दायित्व वापस कर दूँ।

मुझे तुम्हारी सलाह चाहिए। तुम क्या कहते हो ?

तुम्हारे पत्र की प्रतीक्षा करूँगा।

तुम्हारा

गौरव

58. अपने मित्र को पत्र लिखकर ग्रीष्मावकाश में शहरों के प्रदूषित वातावरण से दूर रहने के लिए पर्वत-यात्रा पर साथ-साथ चलने के लिए आमंत्रित कीजिए। [*CBSE 2017*]

अथवा

चेन्नई-निवासी मित्र श्रीधरन को ग्रीष्मावकाश में रानीखेत-नैनीताल की यात्रा के लिए आमंत्रित कीजिए। [*CBSE 2016*]

सौम्य गुप्ता
535, मंगल पांडेय नगर
मेरठ
दिनांकः 25-5-2025

प्रिय श्रीधरन

सस्नेह नमस्कार!

कैसे हो? आशा है आनंदपूर्वक होगे।

यहाँ मेरठ में तो गर्मी बहुत है। गर्मी के साथ-साथ प्रदूषण के मारे जीना कठिन हो रहा है। एक-एक दिन काटना पड़ रहा है। पिछली सर्दियों में तुम्हारे साथ मैंने चेन्नई के समुद्र-तट पर जो दिन गुजारे थे, उनकी याद फिर-से आ रही है। मन कर रहा है कि इन गर्मियों की छुट्टियों में नैनीताल और रानीखेत की मनमोहक यात्रा करें।

इस सुहानी पहाड़ी यात्रा की कल्पना करते ही मुझे तुम्हारी याद आई। अच्छा मित्र साथ हो तो यात्रा का आनंद दोगुना हो जाता है। मेरी ओर से तुम्हें साग्रह निमंत्रण है। तुम जून के पहले या दूसरे सप्ताह में मेरठ आने का कार्यक्रम बनाओ। आगे की यात्रा का प्रबंध मैं कर लूँगा। तुम्हारी प्रतीक्षा करूँगा।

तुम्हारा मित्र
सौम्य

□ मिलते-जुलते पत्र

- आपका नाम निकिता/नरेश है। आप अपने चचेरे भाई को गर्मियों की छुट्टियों में दिल्ली दर्शन कराना चाहती/चाहते हैं। उसे दिल्ली आमंत्रित करने के लिए पत्र लिखिए। [*Common Exam (IX) 2023-24*]

59. *आप अनुपम/अनुपमा हैं। आपने विद्यालय की भाषण प्रतियोगिता में प्रथम स्थान प्राप्त किया है।* **अपने दादाजी को विद्यालय की भाषण प्रतियोगिता की संपूर्ण जानकारी देते हुए लगभग 100 शब्दों में पत्र लिखिए।**

[*CBSE प्रतिदर्श प्रश्नपत्र 2024-25*]

अनुपमा
35, सरस्वती छात्रावास
दिल्ली पब्लिक स्कूल
ग्वालियर (म. प्र.)
14.08.2025

पूज्य दादाजी !
चरण स्पर्श !

आप कैसे हैं ? आशा है, आपका स्वास्थ्य अच्छा होगा।

आपको एक शुभ समाचार सुनाती हूँ। मैंने विद्यालय की भाषण प्रतियोगिता में भाग लिया था। विद्यालय के 22 वक्ताओं ने उसमें भाग लिया था।

विषय था – क्या युद्ध के बिना शांति संभव नहीं है ?

दादाजी ! इस प्रतियोगिता में सभी वक्ता एक-से-बढ़कर एक थे। सभी को घनघोर तालियाँ मिलीं। मुझे भी बहुत तालियाँ मिलीं। भाषण देकर मैं फूली नहीं समाई; किंतु जब औरों का भाषण सुनती थी तो लगता था मेरी कहीं जगह नहीं बनेगी।

परंतु ! परंतु दादाजी ! आपकी पौत्री ने प्रथम स्थान प्राप्त किया। मुझे अब तक विश्वास नहीं होता कि मैं ही प्रथम आई हूँ। दादाजी ! यह आपके आशीर्वाद का परिणाम है। आपने बचपन से मेरे सिर पर आशीर्वाद का हाथ रखा है।

आपको बहुत-बहुत बधाइयाँ !

आपकी लाडली

अनुपमा

60. *इंटरनेट के बढ़ते उपयोग के साथ ही ऑनलाइन धोखाधड़ी और साइबर-क्राइम में भी बहुत वृद्धि हुई है।* **इस बारे में छोटी बहन/भाई को सतर्क करने के लिए लगभग 120 शब्दों में पत्र लिखिए।** [*CBSE 2022*]

ओमप्रकाश

535, कृष्णा नगर

आगरा

15.09.2025

प्रिय स्नेहा !

कैसी हो ?

आशा है, तुम सदा की तरह प्रसन्न और स्वस्थ होगी।

तुम्हारा मोबाइल पर ऑनलाइन वार्तालाप कैसा चल रहा है? जानता हूँ कि तुम्हें ऑनलाइन मित्रता बनाने का बड़ा शौक है। तुम्हारे अनेक मित्र हैं। अब तुम्हें ऑनलाइन बैंकिंग, शॉपिंग और पढ़ाई का भी शौक लग गया है। तुम्हारे पास अनेक लुभावने विज्ञापन और ऑफर भी आते होंगे।

स्नेहा ! इन दिनों इतने लोग ऑनलाइन आकर्षणों के कारण बर्बाद हुए हैं कि डर लगता है। कई लड़कियाँ आवारा लड़कों के मोहक जाल में फँस जाती हैं। साइबर क्राइम करने वाले लोग बड़े शातिर होते हैं। वे इतनी मीठी बातें करते हैं कि हम बड़ी आसानी से उनकी बातों में आ जाते हैं। ऐसे समय में बस एक बात ध्यान रखना कि संसार का कोई भी आदमी बिना लालच के तुम्हारे घर में तुम्हें कुछ देने के लिए आने वाला नहीं है। सभी को तुमसे कुछ-न-कुछ चाहिए ही। वे शिकारी हैं, शिकार नहीं हैं। इस बात को ध्यान रखोगी तो सावधान रहोगी। कभी गलती से भी किसी को अपना फोटो, बैंक का खाता, पासवर्ड आदि न देना। वरना बहुत बड़ा धोखा हो सकता है। धोखेबाज बड़े छलिया होते हैं, यह बात ध्यान में रखना।

अरे, मैं तो उपदेश ही देने लगा। अभी-अभी साइबर क्राइम में फँसे कुछ मित्रों को देखा तो इतना कह गया। सदा खुश रहो।

तुम्हारा भाई

ओमप्रकाश

61. *आपके मित्र को ऑनलाइन शॉपिंग की लत लग गई है।* **इससे होने वाली हानियों से सावधान करते हुए उसे लगभग 120 शब्दों में पत्र लिखिए।** [*CBSE 2022*]

हनी सिंह

125, मुख्य बाज़ार

जालंधर

22 अक्तूबर, 2025

प्रिय मनीसिंह !

कैसे हो दोस्त !

आजकल क्या कर रहे हो ? क्या-क्या खरीद डाला ? जब मैं इस बार तुम्हारे घर आया था तो तुमने मेरे सामने ही ऑनलाइन कितनी चीजें खरीद डाली थीं। चार कमीजें, हॉफ पेंटें, जींस, जूते, चश्मे, सेंट आदि-आदि। मुझे यों लगता है जैसे तुम हर आधे घंटे में एक आर्डर जरूर कर देते होगे।

अच्छा मनीसिंह ! यह बताओ, तुम उन सारी चीज़ों का प्रयोग भी करते हो या यूँ ही पड़ी रहती हैं इंतज़ार में। मुझे पता है, तुम्हारे पास पहले से चार जोड़ी जूते थे और तुमने दो स्पोर्ट्स शूज़ और खरीदे थे।

प्रिय मनी ! तुम्हें चस्का लग गया है खरीदारी का। वह भी घर बैठे-बैठे। पैसे भी मोबाइल में क्लिक करते ही चले जाते हैं तो जेब से पैसे निकलने का दर्द भी नहीं होता। यह बहुत खर्चीली और बेकार की लत है। इससे जितनी जल्दी बचोगे, उतना अच्छा !

मेरा एक मित्र और है टिंकू। वह तो पाँच चीज़ें मँगवाता है और उनमें से तीन वापस भेज देता है। उसे इस रिजेक्शन में मज़ा आने लगा है। वास्तव में उसे नहीं पता कि वह अपना, कंपनी का, देश का और साधनों का नुकसान कर रहा है। भगवान उसे सद्बुद्धि दे।

आशा है, तुम मेरी बात समझ गए होगे।

तुम्हारा प्रिय

हनी

□ **मिलते-जुलते पत्र**

- छोटे भाई को ऑनलाइन खेलों से होने वाली हानियों और मनोरंजन के उपयुक्त साधनों का महत्त्व बताते हुए 120 शब्दों में पत्र लिखिए। [CBSE 2021]

62. *आप चंदा/चंदन हैं। खराब जीवनशैली के कारण आपके मित्र का स्वास्थ्य प्रभावित हो रहा है।* **संयमित और स्वस्थ जीवनशैली का महत्त्व बताते हुए लगभग 100 शब्दों में उसे एक पत्र लिखिए।** [CBSE 2024]

चंदा

एच-1004. माइक्रोटेक ग्रीनबर्ग

सैक्टर-86, गुरुग्राम।

दिनांक : 15.07.2025

प्रिय दिव्या !

बहुत स्नेह ! कैसी हो तुम ? आशा है, स्वस्थ होगी।

प्रिय दिव्या ! मैं तुम्हारे पास एक सप्ताह रही हूँ। मैंने देखा कि तुमने कुछ खराब आदतें पाल ली हैं। तुम सुबह देर से उठती हो। उठते ही चाय पीती हो। फिर बिना सैर या व्यायाम किए किताबें उठाकर पढ़ने लगती हो। न तो कुर्सी-मेज पर बैठती हो, न पलंग पर सीधे बैठकर पढ़ती हो। तुम लेटे-लेटे या अधलेटे हुए किताब पढ़ती हो। मुझे डर है कि इससे न केवल तुम्हारा स्वास्थ्य खराब होगा, अपितु तुम्हारा शरीर भी बेडौल हो जाएगा।

तुम्हारा दोपहर को नहाना और रात को देर तक जागना भी अच्छी आदतें नहीं हैं। छात्रा होकर भी तुम ब्रेड-पकौड़े, छोले-भठूरे और चायपान की आदती हो गई हो। ये सब आदतें तुम्हें परेशान करेंगी।

मित्र होने के नाते मेरी सलाह है कि सुबह जल्दी उठा करो। नहा-धोकर कुर्सी-मेज पर पढ़ा करो। भोजन में फल-सलाद की मात्रा बढ़ाओ और रोज आधा घंटा सैर या व्यायाम जरूर किया करो। यह मेरा उपदेश नहीं, सलाह है।

तुम्हारी चंदा

□ **मिलते-जुलते पत्र**

- आपका मित्र पढ़ाई में बहुत अच्छा है, लेकिन किताबी कीड़ा बनकर रह गया है। उसे अन्य गतिविधियों में भी सक्रिय होने की आवश्यकता और लाभों के विषय में बताते हुए लगभग 120 शब्दों में एक पत्र लिखिए। [CBSE 2022]
- नित्य प्रातःकाल उठकर खुली हवा में घूमने और व्यायाम करने की सलाह देते हुए छोटे भाई को पत्र लिखिए। [CBSE]

63. *आपके छोटे भाई ने एक आवासीय विद्यालय में एक मास पूर्व ही प्रवेश लिया है।* **उसको मित्रों के चुनाव में सावधानी बरतने के लिए समझाते हुए एक पत्र लिखिए।** [*CBSE 2020*]

नीरज चौधरी
456, सैक्टर 14
करनाल

दिनांक 14 मई, 2025

प्रिय सोमेश
स्नेह !

आशा है छात्रावास में बड़े आनंद से होगे। तुमने पिछले पत्र में लिखा भी था कि तुम्हारा मन छात्रावास में लग गया है। तुम्हें जाते ही अच्छे मित्र मिल गए हैं। मैं तुम्हारी व्यवहार-कुशलता को जानता हूँ। इसलिए कभी-कभी डर भी लगता है कि कहीं तुम जरूरत से ज्यादा मित्र न बना लो। बाहर जाकर मित्रों की जरूरत तो होती है परंतु वे ही मित्र कभी-कभी हमारी प्रगति में बाधा भी बन जाते हैं।

प्रिय सोमेश, यह हमेशा याद रखना कि तुम छात्रावास में पढ़ने के उद्देश्य से गए हो। इसलिए जो मित्र पढ़ाई में साधक बने, उसे ही अपना मित्र बनाना। ऐसा मित्र हमेशा पढ़ने-लिखने की बातें करेगा। इससे तुम्हें भी अधिक-से-अधिक पढ़ने की प्रेरणा मिलेगी। यदि मित्र ऐसा मिल गया, जिसे सैर-सपाटे का चस्का होगा तो वह तुम्हें भी पूरा शहर कई बार घुमा देगा। ऐसे में तुम लक्ष्य से भटक जाओगे।

मुझे तुम पर पूरा विश्वास है कि तुमने अपने-आप ही ऐसे मित्रों का चयन किया होगा। अगर कहीं कोई भूल-चूक हो गई हो तो कुशलता से उसे यथाशीघ्र सँवार लेना।

तुम्हारा भाई
नीरज

64. *आजकल आपका छोटा भाई छोटी-छोटी बातों पर क्रोध करता है और वह किसी से भी सही ढंग से बात नहीं करता।* **उसे आत्म-संयम और मीठी वाणी का महत्त्व बताते हुए लगभग 120 शब्दों में पत्र लिखिए।** [*CBSE 2022*]

मनोरम चावला
322, नई कॉलोनी
कोटा (राजस्थान)
15.09.2025

प्रिय मनोज !
कैसे हो ?

आशा है तुम छात्रावास में कुशलता से होगे। तुम्हारी मित्र-मंडली तुम्हारे साथ प्रसन्न होगी। तुम्हारे यहाँ के मित्र मुझसे आते-जाते तुम्हारी बात करते हैं। वे बता रहे थे कि तुम्हारा अपने मित्रों के साथ एक दिन मनमुटाव हो गया था।

प्रिय मनोज ! तुम स्वभाव से जोशीले हो। यह एक अच्छा गुण है। परंतु अधिक जोश के कारण कभी-कभी आदमी कुछ-का-कुछ कह जाता है। अगर किसी बात पर क्रोध आ जाए तो अनिष्ट हो जाता है। बड़ा होने के नाते मेरी तुम्हें सलाह है कि अपने जोश पर नियंत्रण रखना। जब कभी गुस्से में उत्तेजक शब्द मुँह से निकलने लगे तो उसे वहीं रोक लेना। उसके बदले मुस्करा कर कोई मीठा शब्द ही बोलना। न बोला जाए तो चुप रह जाना। तुम्हारे लिए यह काम तपस्या से भी बढ़कर है, किंतु है फलदायी। अतः मीठे वचन बोलने की आदत डालना।

तुम्हारा अपना
मनोरम

65. *किसी मुद्दे पर आपका अपने मित्र से मतभेद हो गया है।* **उसे 80-100 शब्दों में पत्र लिखकर अपना पक्ष स्पष्ट करते हुए बताइए कि यह मित्रता आपके लिए क्या महत्त्व रखती है।** [*CBSE 2020*]

अविनाश अवस्थी
225, चिंतपूर्णी कॉलोनी
शिमला (हि.प्र.)

23.10.2025

प्रिय मित्र अविकल !
स्नेह !

आशा है, तुम स्वस्थ और प्रसन्न होगे।

पिछले सप्ताह से मैं तुम्हारे बारे में सोच-सोच कर खिन्न रहने लगा हूँ। मुझे लगता है, हमें सोमेश के बारे में अधिक उलझना नहीं चाहिए था। हम दोनों अपनी-अपनी जगह सही थे किंतु न चाहते हुए भी हम अपनी-अपनी राय पर अड़े रहे। इससे हमारे मनों में दरार आ गई। मैं उस विषय में अब मौन हूँ। मानता हूँ कि सोमेश तुम्हारा परम मित्र है किंतु उसने मेरे घर आकर आपत्तिजनक व्यवहार किया है। उस व्यवहार को मैं अपने ही तरीके से निपटूँगा।

बहस के दौरान मैंने जो शब्द तुम्हारे लिए कहे, उसके लिए मैं क्षमा चाहता हूँ। मैं तुम्हें खोना नहीं चाहता। आशा है, तुम मेरी भावनाओं को समझोगे। हम हर मतभेद को शांति और धैर्य से निपटाएँगे किंतु मन में मैल नहीं लाएँगे।

मेरे लिए तुम्हारी मित्रता अनमोल है अविकल !

पत्र लिखते रहना। बात करते रहना।

तुम्हारा मित्र
अविनाश

66. *आपका छोटा भाई अनुराग परीक्षा में नकल करता पकड़ा गया, जिसके लिए उसे दंडित किया गया।* **उसे समझाते हुए 80-100 शब्दों में पत्र लिखिए।** [*CBSE 2020*]

नरेश तोमर
डाक तथा गाँव खरखौदा
जिला

30.09.2025

प्रिय अनुराग !
शुभाशीष !
कैसे हो ? आशा है तुम स्वस्थ होगे।

माँ बता रही थी कि तुम बहुत उदास और निराश हो। अकेले-अकेले रहते हो। किसी से बात नहीं करते हो। तुम्हारा इस तरह अकेले-एकांत में रहना मुझे समझ में आ रहा है।

प्रिय अनुराग ! तुम्हें भी समझ में आ गया होगा कि परीक्षा में नकल करना अच्छी बात नहीं है। परंतु नकल तो औरों ने भी की। वे पकड़े नहीं गए। तुम पकड़े गए तो तुम्हारे मन को झटका लगा। तुम्हें ग्लानि हो रही है। लोगों के सामने सिर उठाकर चलना कठिन हो रहा है। यही बात समझने की है। तुम्हारे जैसी ग्लानि भी किसी-किसी को होती है। अधिकतर लोग तो निर्लज्ज होकर पाप करते हैं और अकड़ कर चलते हैं। परंतु अनुराग ! तुम्हारे संस्कार ऐसे नहीं हैं। तुम बहुत सम्माननीय घर से हो। जरा-सी आँच आते ही सिकुड़ जाओगे। अतः तुम्हें बहुत सावधान होकर जीना है। आगे-से ऐसी कोई भी गलती न करना जिससे तुम्हारा सिर झुके।

तुम मेरे प्रिय भाई हो। मेरा स्नेह सदा तुम्हारे साथ है। तुम अपनी उस गलती से उबरो और फिर से अपने स्वभाव में खुलकर जियो। बीती ताहि बिसारि दे, आगे की सुधि लेय।।

तुम्हारा भाई
नरेश

67. अपने छोटे भाई को छात्रावास में रहते हुए मोबाइल के सदुपयोग के लिए आग्रह कीजिए। [*CBSE 2012*]

सलोनी नारंग

135, हनुमान नगर

इंदौर

15 अप्रैल, 2025

प्रिय संजीव

स्नेह!

आशा है तुम छात्रावास में प्रसन्न होगे। तुम्हारी पढ़ाई भी ठीक चल रही होगी।

तुम्हें छात्रावास में देखकर मुझे अपने छात्रावास के दिन याद आ रहे हैं। मुझे याद है कि मेरी कुछ सहेलियाँ घंटों-घंटों मोबाइल पर बातें करने में लगी रहती थीं। यह उनके टाइम पास करने का एक रोचक उपाय था। इस कारण न तो वे अपनी अन्य सहेलियों से बातें कर सकतीं थीं और न ही ठीक से पढ़ पातीं थीं। बाद में उन्हें महसूस होता था कि उनका काफी समय मोबाइल ने ही खा लिया है। मैंने शुरू से ही अपनी इस आदत पर नियंत्रण पा लिया था।

मैं तुम्हें यह बात इसलिए लिख रही हूँ क्योंकि मैंने ऐसे लोगों को बाद में पछताते हुए देखा है। मैंने सोचा कि अपना यह अनुभव तुम्हें दे दूँ। बाकी तुम खुद बहुत समझदार हो। इसलिए तुम स्वयं अपने पर संयम रख लोगे। कुछ भी परेशानी और ज़रूरत हो तो मुझे लिखने में देर न लगाना।

तुम्हारी बहन

सलोनी

68. *आप श्रेयस राजपूत/श्रेयसी सिंह हैं। आप छात्रावास में रहते हैं। आपको पिता जी से पता चला है कि आपकी माताजी पूरे परिवार का तो ध्यान रखती हैं, किंतु अपने स्वास्थ्य की अक्सर अनदेखी करती हैं।* **माता जी को समझाते हुए लगभग 100 शब्दों में एक पत्र लिखिए।**

[*CBSE प्रतिदर्श प्रश्न-पत्र 2022–23*]

श्रेयसी सिंह

कक्ष 32, भागीरथी छात्रावास

सरस्वती विद्यालय

जोधपुर

13.06.2025

पूजनीय माता जी !

चरण-स्पर्श !

आशा है, आप सानंद होंगी। आपके स्नेहाशीष से मैं भी यहाँ कुशल हूँ। आपका स्वास्थ्य कैसा है ? मुझे पिताजी से बातों-बातों में पता चला कि आप दिन-रात औरों की चिंता करती रहती हैं किंतु अपने स्वास्थ्य की चिंता बिल्कुल नहीं करतीं।

माता जी ! मुझे यह सुनकर बिल्कुल अच्छा नहीं लगा। आपको अपने स्वास्थ्य का ख्याल रखना चाहिए। सच तो यह है कि मैंने भी आपको कभी सैर जाते या व्यायाम करते हुए कभी नहीं देखा। हमेशा घर के काम करते हुए या हमारी सुविधा का सामान जुटाते देखा है। मुझे यह सोचकर स्वयं अपने पर शर्म आ रही है। मैंने आपकी ओर ध्यान क्यों नहीं दिया।

माँ ! कृपा करना। अपने स्वास्थ्य का ध्यान रखेंगी तो हम पर ही कृपा करेंगी। आपकी कुशलता से ही हम कुशल रहते हैं।

आशा है, आप ध्यान रखेंगी अपना!

आपकी लाड़ली

श्रेयसी

प्रश्न-अभ्यास

- विदेश यात्रा में सभी प्रकार की व्यवस्था करने वाले मित्र के प्रति आभार की अभिव्यक्ति करते हुए एक पत्र लिखिए। *[CBSE 2013]*
- विदेश में रहने वाले अपने पत्र-मित्र को पत्र लिखकर बताइए कि हमारे देश में ईद कैसे मनाई जाती है। *[CBSE]*
- विद्यालय में नियमित उपस्थित रहने और परीक्षा की तैयारी भली-भाँति करते रहने की सलाह देते हुए छोटे भाई को पत्र लिखिए। *[CBSE 2016]*
- आपका एक मित्र विदेश में रहता है। उसे ग्रीष्मावकाश के दौरान भारत के किसी पर्वतीय क्षेत्र में भ्रमण हेतु आमंत्रित करते हुए पत्र लिखिए। *[CBSE 2017]*
- आपके छोटे भाई ने बोर्ड की परीक्षा में महत्त्वपूर्ण स्थान प्राप्त किया है। पुरस्कार में वह एक मोटरसाइकिल चाहता है। उसे पत्र लिखकर समझाइए कि वयस्क होने से पहले वाहन चलाना ठीक नहीं है। *[CBSE]*
- छात्रावास में रहने वाले अपने छोटे भाई को पत्र लिखकर प्रातःकाल नियमित रूप से योग एवं प्राणायाम का अभ्यास करने के लिए प्रेरित कीजिए। *[CBSE 2012]*
- आप पहली बार स्कूल कैप्टन चुने गए हैं। आप प्रसन्न तो बहुत हैं परंतु चिंताग्रस्त हैं कि इस नए दायित्व को कैसे निभाएँगे। एक मित्र को पत्र लिखकर अपनी दुविधा प्रकट कीजिए। *[CBSE 2012]*
- अपने भोपाल वाले मित्र को पत्र लिखिए कि आपके नगर में डेंगू फैला हुआ है। अतः आपके घर न आए। *[CBSE 2012]*
- विद्यालय में आयोजित सामाजिक विज्ञान प्रदर्शनी में अपनी सहभागिता के बारे में मित्र को पत्र लिखिए। *[CBSE 2013]*
- आपके प्रिय मित्र का किसी से झगड़ा हो गया। आपको लगता है कि गलती आपके मित्र की ही थी। अतः उसका मार्गदर्शन करते हुए पत्र लिखकर उसे उचित सलाह दीजिए। *[CBSE 2015]*
- आपकी अपने प्रिय मित्र से किसी बात पर अनबन हो गई थी किंतु अब आपको अपनी गलती का अहसास हो गया है। अतः उसे मनाने के लिए पत्र लिखिए। *[CBSE 2016]*
- अनजाने में हुई भूल के लिए क्षमा माँगते हुए पिताजी को पत्र लिखिए। *[CBSE 2016]*
- आपके मित्र के पिता के सीमा पर शहीद हो जाने का समाचार प्राप्त होने पर अपनी भावनाएँ व्यक्त करते हुए मित्र को संवेदना पत्र लिखिए। *[CBSE 2016]*
- बदलते मौसम की जानकारी देते हुए अपने मित्र को पत्र लिखिए। *[CBSE 2016]*
- विद्यालय में दसवीं और बारहवीं कक्षा के अच्छे परिणामों पर प्रधानाचार्य को पत्र लिखकर सुझाइए कि उन्हें और अच्छा कैसे बनाया जा सकता है ? *[CBSE 2016]*
- विदेश में रहने वाले अपने पत्र-मित्र को किसी भारतीय त्योहार के बारे में पत्र लिखिए। *[CBSE 2016]*
- तेजस्विन आपका मित्र है। उसने नेशनल स्तर पर ऊँची कूद में स्वर्ण पदक प्राप्त कर देश का नाम रोशन किया है, उसे बधाई देते हुए पत्र लिखिए। *[CBSE 2016]*
- विदेश में रहने वाले मित्र को रामलीला की विशेषताओं के बारे में बताते हुए पत्र लिखिए। *[CBSE 2018]*
- आप छात्रावास में रहते हैं। कुछ दिनों से आपकी तबीयत ठीक नहीं है। अपनी माता जी को अपनी वर्तमान स्थिति से अवगत कराते हुए एक पत्र लिखिए। *[CBSE 2018]*
- अपने जीवन का लक्ष्य, उसे चुनने के कारणों से अवगत कराते हुए पिता को पत्र लिखिए। *[CBSE 2018]*
- हाल ही में आपने पढ़ाई में किसी बच्चे की मदद की थी। वह बच्ची परीक्षा में अच्छे अंकों से उत्तीर्ण हो गई। अपने इस सुखद अहसास को पत्र लिखकर अपने मित्र को बताइए। *[CBSE 2019]*
- अपने भविष्य के बारे में आपके क्या विचार हैं और उस दिशा में क्या कर रहे हैं? यह स्पष्ट करते हुए अपने पिता जी को पत्र लिखिए। *[CBSE 2019]*

- अपने जन्मदिन पर आयोजित कार्यक्रम में किसी संगीतकार को बुलवाने का आग्रह करते हुए अपने बड़े भाई को पत्र लिखिए। [*के.वि.सं. जम्मू, 2021*]
- पुस्तकालय में हिंदी के प्रसिद्ध लेखकों की पुस्तकें मँगवाने के लिए प्राचार्य को 80-100 शब्दों में प्रार्थना-पत्र लिखिए। [*CBSE 2020*]
- आपके मित्र के पिता सीमा पर शहीद हो गए। अपनी भावनाएँ व्यक्त करते हुए 80-100 शब्दों में पत्र लिखिए। [*CBSE 2020*]
- वाद-विवाद प्रतियोगिता में पहली बार भाग लेकर पुरस्कार पाने का अनुभव बताते हुए अपने मित्र को 80-100 शब्दों में पत्र लिखिए। [*CBSE 2020*]
- आप अंतर्विद्यालयी क्रिकेट के लिए अपने विद्यालय की टीम के कप्तान चुने गए हैं। यह सूचना देते हुए पिताजी को पत्र लिखिए। [*CBSE 2020*]
- मित्रों की गलत संगति के प्रभाव से आपके छोटे भाई को झूठ बोलने और दिखावा करने की आदत पड़ गई है। जीवन में सत्य, सरलता और सादगी का महत्त्व बताते हुए तथा मित्रों की बुरी संगति से दूर रहने की सलाह देते हुए लगभग 120 शब्दों में उसे पत्र लिखिए। [*CBSE 2021*]
- आपका नाम सना/सोहम है और आपने बीते दो वर्षों में ऑनलाइन कक्षाओं के माध्यम से पढ़ाई की है। अपने मित्र को इस अनुभव की अच्छाइयों और सीमाओं से अवगत कराते हुए लगभग 120 शब्दों में एक पत्र लिखिए। [*CBSE 2021*]
- अपने मित्र रमेश को उसके जन्मदिन पर बधाई देते हुए एक पत्र लिखिए। [*के.वि.सं. बंगलौर 2022*]

III. लघुकथा-लेखन

लघुकथा और कथा-लेखन में आकार का अंतर है। लघुकथा भी कथा ही होती है। उसके ठीक वही तत्त्व होते हैं जो कथा के। यहाँ कथा और कहानी का अंतर भी समझ लेना चाहिए। दिखने में ये दोनों विधाएँ पर्यायवाची लगती हैं, किंतु इनमें अंतर होता है। कथा के अंतर्गत पुरानी कथाएँ और नई मौलिक कहानियाँ-दोनों का समावेश होता है, किंतु कहानी केवल मौलिक होती है।

जब हम यहाँ लघुकथा की बात करते हैं तो हम लघुकथा और लघु कहानी दोनों की बात करना चाहते हैं। यदि परीक्षा में कोई पहले से प्रसिद्ध कथा पूछ ली जाती है तो हमें उसे अपनी कल्पना-शक्ति से पूरा करना होता है। उसमें मूल कल्पना पहले से होती है। हमें अपने शब्द देने होते हैं। हम चाहें तो उस प्रसिद्ध कथा का कलेवर भी बदल सकते हैं। यदि ऐसा करते हैं तो परीक्षक को उसमें गलती न मानकर मौलिकता माननी चाहिए। हाँ, यह अवश्य देखना चाहिए कि वह नई कहानी किसी निष्कर्ष तक पहुँची या नहीं।

मौलिक कहानी में भी सबसे बड़ी बात यह देखी जाती है कि वह कहानी कुछ कह पाती है या नहीं। यदि कहानी में कोई संदेश, भाव, प्रभाव नहीं है तो वह कहानी नहीं कहलाती। कहने का आशय है कि कहानी का मूल भाव ही प्रमुख होता है। शेष गुण या तत्त्व मूल आशय का पोषण करते हैं।

लघुकथा और कथा/कहानी में अंतर–

लघुकथा का सबसे प्रभावी गुण है–संक्षिप्तता। वह केवल एक भावबिंदु पर केंद्रित होती है और अपना प्रभाव अंकित करके पूर्ण हो जाती है। जबकि कथा या कहानी में वातावरण, संवाद, चरित्र-चित्रण के पर्याप्त अवसर होते हैं। जितना कसाव लघुकथा में अपेक्षित होता है, उतना कहानी में नहीं। लघुकथा में एक भी वाक्य क्या, एक शब्द भी फालतू हो तो अखरता है। उसमें एक-एक वाक्य सधा हुआ होता है।

लघुकथा के तत्त्व–

कहानी के तत्त्वों की तरह लघुकथा के भी निम्नलिखित छह तत्त्व होते हैं–

1. कथानक या कथावस्तु

लघुकथा में किसी घटना का होना आवश्यक है। बिना घटना के लघुकथा नहीं हो सकती। घटना आवश्यक नहीं कि स्थूल हो। मानसिक घटना भी घटना होती है। संवेदनशील व्यक्ति के लिए अपने साथी, शत्रु, मालिक, अधिकारी या किसी छोटे व्यक्ति द्वारा अपमान या उपेक्षा करना ही बहुत बड़ी घटना हो सकती है।

लघुकथा में कहानी की तरह अधिक विस्तार की जगह नहीं होती। उसमें एक ही घटना होती है और आतिशबाजी की फुलझड़ी या अनार की तरह उसमें थोड़े ही शब्दों में अपनी आभा बिखेरनी होती है। इसलिए संवाद बहुत ही कसे हुए और चुस्त होते हैं। वातावरण बहुत कम शब्दों में व्यक्त होता है। घटना बहुत तेजी से अपने लक्ष्य की ओर बढ़ती है। हर वाक्य नई सूचना या गति का सूचक होता है।

यह भी ध्यान रखें कि लघुकथा समाचार पत्र के लिए लिखी गई रिपोर्टिंग नहीं है। उसका काम सूचना देना नहीं, भाव जगाना होता है। वह मूल रूप से भावनात्मक साहित्य है।

2. पात्र तथा चरित्र-चित्रण

लघुकथा में पात्र दो या तीन होते हैं। लेखक का काम उनका चरित्र-चित्रण करना नहीं, कथा को गति देना होता है। इसलिए पात्र का जो गुण कहानी के लिए अनिवार्य है, केवल उसका संक्षिप्त वर्णन करना होता है। कुशल कथाकार पात्र की चालढाल और व्यवहार से ही पात्र का चरित्र-चित्रण कर देते हैं। पात्र के चरित्र-विकास के लिए अलग-से कुछ वाक्यों का प्रयोग फ़िज़ूलखर्ची मानी जाती है।

3. संवाद

लघुकथा के संवाद बहुत चुस्त, मार्मिक और बेधक होते हैं। बिना संवाद के भी कहानी हो सकती है किंतु उसमें पाठक की रुचि नहीं रमती। इसलिए जहाँ भी वर्णन की जगह संवाद संभव हों, वहाँ संवादों को स्थान देना चाहिए। यदि एक शब्द, दो शब्द या तीन-चार शब्दों से ही काम चल सकता हो तो बहुत अच्छा होगा। जैसे–

तुम यहाँ ?

क्यों ? बुरा लगा ?

नहीं, नहीं। घर है तुम्हारा !

कोई माने तो !

4. देशकाल तथा वातावरण

लघुकथा में भी देशकाल तथा वातावरण आवश्यक है। उसके बिना पाठक कहानी को आत्मसात नहीं कर पाता। परंतु लघुकथा के संक्षिप्त कलेवर के अनुसार उसका वर्णन भी बहुत संक्षिप्त होना चाहिए। जैसे–

आधी रात !

सुबह के छह बजे।

मूसलाधार बारिश।

घुप्प अँधेरा।

सुनसान गली। कुत्तों के भौंकने की आवाज़।

5. भाषा-शैली

लघुकथा की भाषा विशेष सजग और लक्ष्यबद्ध होनी चाहिए। कम शब्दों में अधिक कहने की कला का उपयोग करना चाहिए। रहीम और बिहारी को यहाँ याद कर लेना आवश्यक है। बिहारी ने भरे घर में नायक-नायिका के छह संवादों और अपनी दो टिप्पणियों को एक ही दोहे में कह दिया था। देखिए–

कहत, नटत, रीझत, खिजत, मिलत, खिलत, लजियात।
भरे भौन में करत हैं नैनन ही सौं बात।।

लघुकथा में एक शब्द से पूरा वाक्य कहने की कला सीखनी चाहिए। रहीम ने दोहे की भाषा के बारे में यही बात कही है–

दीरघ दोहा अरथ के आखर थोरे आहिं।
ज्यों रहीम नट कुंडली सिमटि कूदि कढ़ि जाहिं।।

6. उद्देश्य

लघुकथा का उद्देश्य न तो जीवन की व्याख्या करना होता है, न ही उसकी विशालता या विराटता का वर्णन करना। उसका उद्देश्य मानव-हित के लिए किसी एक स्थिति का वर्णन करना होता है जिससे पाठकों के चित्त में कोई भाव जग जाए, कोई अनुभूति उसे संवेदित कर दे या कोई तथ्य या सत्य उनकी आँखें खोल दे।

महत्त्वपूर्ण लघुकथाएँ

नीचे लिखे शीर्षकों के आधार पर लगभग 100 शब्दों में एक लघुकथा लिखिए–

1. *अमीरों की गरीबी*

उस दिन सुरेश अपने मित्रों के साथ घूमने निकला। अचानक देखा कि एक साइकिल सवार सड़क पर अपनी गठरी समेत लुढ़क गया है। सामने से कारें आ रही हैं। किसी कार वाले ने रुक कर उसे उठाने की कृपा नहीं की। उसके पास से भी अनेक कारें निकल गईं परंतु कौन कष्ट उठाए उस बेचारे साइकिल वाले की गठरी उठाने के लिए !

सुरेश ने अपने साथी विनीत के साथ मिलकर साइकिल वाले को उठाया। उसकी गठरी ठीक कराई और फिर चल पड़े अपनी राह पर। थोड़ी दूर जाकर क्या देखा कि एक कार वाला सड़क के किनारे एक पेड़ के साथ टकरा गया है। वहाँ से एक नहीं, अनेक गाड़ियाँ गुजर गईं। एकाध कार ने ब्रेक लगाई और साइकिल स्कूटर वाले तो अनेक खड़े होकर उसकी सहायता करने लगे। कोई कार में से घायलों को निकाल रहा था तो कोई कार को सीधा कर रहा था।

सुरेश सोचने लगा–क्या कार में बैठते ही करुणा मर जाती है ? हे भगवान ! मुझे चाहे कुछ भी न देना, मगर आदमी से बुत न बनाना।

2. *पहली-पहली चोरी*

आज माँ ने महसूस किया कि स्वीटी स्कूल से आते ही काम पर बैठ गई है। रोटी भी नहीं खाई। माँ खुश हुई। बेटी समझदार हो गई है। स्वीटी अपना बैग लेकर बैठ गई। उसने कापी निकाली और पेन से लिखना शुरू कर दिया। वह लिखने से ज्यादा उस पेन को निहार रही है। माँ खाना देने आई तो उसकी नज़र उस खूबसूरत पेन पर पड़ी। उसने पूछा–"स्वीटी बेटे! यह पेन कहाँ से लाई हो ?"

स्वीटी ने झिझकते हुए कहा–"यह मेरी सहेली रोमाली का है। मुझे बहुत अच्छा लगता था। आज मैंने उसके बैग से ले लिया। कल वापस दे दूँगी।" माँ को इस तरह सहेली के पेन को लेना या कि चुराना बुरा लगा। उसने सोचा कि स्वीटी को चोरी न करने का उपदेश दे। परंतु उपदेश के शब्द गले से निकलते ही न थे। कल ही तो वह खुद अपने ऑफिस से कागजों का एक पुलिंदा और पेन चुरा कर लाई थी। अतः शब्द अंदर-ही-अंदर रह गए।

स्वीटी ने माँ की प्रतिक्रिया को देखा। उसे माँ की चुप्पी में मानो चोरी की स्वीकृति मिल गई।

3. *नशा हवा पर सवार होने का*

दिल्ली-फरीदाबाद बहुत व्यस्त रहने वाला मार्ग है। इस पर कारें, ट्रक, बसें बहुत तेज़ गति से चलते हैं। दोपहिया वाहन तो इक्का-दुक्का दिखाई देते हैं। जगमोहन स्कूटी पर था। जैसे ही वह इस राजमार्ग पर आया, उसे मानो पंख लग गए। उसने गति बढ़ाई तो लगा जैसे हवा पर सवार हो। कोई कार फर्र से उसके पास से निकलती तो वह और गति बढ़ा देता। उसे मज़ा आने लगा था।

उसने देखा कुछ आगे एक साइकिल जा रही है। उस पर दो युवक सवार हैं। उसने सोचा–मैं भी उसके पास से ऐसे फर्राटे से निकल जाऊँ जैसे मेरे पास से कारें निकली हैं। उसने गति बढ़ाई। किंतु पीछे से ट्रक ने हॉर्न दिया। जगमोहन घबरा गया। उसने स्कूटी बाईं ओर की। बाईं ओर साइकिल थी। ब्रेक लगाना खतरनाक था। इसलिए न चाहते हुए भी उसकी स्कूटी साइकिल से टकरा गई। टकराते ही साइकिल, सवार और जगमोहन तीनों सड़क पर लोटपोट हो गए। शुक्र यह था कि वे सड़क के बाईं ओर थे। तीनों दूर तक घिसटते चले गए। ट्रक ने तुरंत ब्रेक मारी। ड्राइवर और क्लीनर ने तीनों को उठाया। तीनों को चोट लगी थी। ट्रक-ड्राइवर ने पुलिस को फोन किया। पुलिस तुरंत आ गई। उसने सहायता से पहले जगमोहन से पूछा–तुम्हारा ड्राइविंग लाइसेंस कहाँ है ?

जगमोहन चोट भूलकर बगलें झाँकने लगा।

4. किसान की सीख

एक किसान के अंतिम दिन आए तो चिंतित हो उठा। उसके मन में यह चिंता हुई कि मेरे मरने के बाद मेरे निकम्मे लड़के अपना पेट कैसे भरेंगे ? क्या ये भीख माँगेंगे या चोरी करेंगे ? वह परेशान हो उठा। अचानक उसके मन में एक युक्ति आई। उसने अपने लड़कों को बुलाया और कहा कि मेरी तो सारी पूँजी इसी खेत में गढ़ी है। मेरे मरने के बाद तुम उसे खोद कर ले लेना। यह कहकर वृद्ध इस दुनिया से चला गया।

पिता के मरने के बाद तीनों लड़के उस संपत्ति की तलाश में खेत में चले गए। उन्होंने कस्सी-फावड़े उठाए और खेत खोदने लगे। तीन-चार दिन बीत गए किंतु कोई धन न मिला। वे बहुत निराश हो गए। वे सारा खेत खोदकर बैठे ही थे कि एक बुजुर्ग वहाँ से गुजरा। उसने उन निराश लड़कों से निराशा का कारण पूछा। एक लड़का बोला–"कुछ न ताऊ ! हम तो अपनी किस्मत को रो रहे हैं।"

बुजुर्ग ने उनकी पीड़ा सुनी। फिर कहा–"देखो, खेत तो तुमने खोद ही दिया है। अब इनमें बीज और डाल दो।" लड़के मरते क्या न करते ! उन्होंने मेहनत करके खेत में बीज डाल दिए और पानी भी दे दिया। कुछ समय बाद उसमें फसलें उग आईं। वे खुशी के मारे कूदने लगे। उन्होंने उस बुजुर्ग को अपने घर दावत पर बुलाया और धन्यवाद दिया।

बुजुर्ग बोला–"तुम्हारे पिता ने सच ही कहा था। किसान की धन-संपत्ति तो यही फसलें हैं। ये खेतों में ही छिपी हैं। जब चाहे, निकाल लिया करना।"

5. कछुआ और खरगोश

जंगल में खरगोश को इस बात का बहुत घमंड था कि उसकी गति सबसे तेज़ है। दौड़ने में वह सबको हरा सकता है। इसी घमंड में वह कछुए की बहुत मज़ाक उड़ाया करता था। उसने कछुए का नाम रखा था–फिसड्डी। एक दिन उसने कछुए को इतना चिढ़ाया कि कछुए ने उसे दौड़ की चुनौती दे दी। खरगोश ने उसकी खिल्ली उड़ाते हुए कहा–"तू दौड़ेगा मेरे साथ? वाह रे फिसड्डी !"

कछुआ बोला–"तो कल दोपहर जब सूरज आसमान पर हो तो नदी किनारे आ जाना।"

खरगोश बोला–"मैं वहीं मिलूँगा। और तेरी औकात बता दूँगा तुझे।"

अगले दिन सूरज आसमान पर आया तो दोनों पहुँच गए तालाब के किनारे। तय हुआ कि दो मील दूर दूसरे तालाब तक जो पहले पहुँचेगा, वह जीता माना जाएगा।

दौड़ शुरू हुई। खरगोश फर्राटे से आधा मील दौड़ गया। उसने पीछे मुड़कर देखा तो कछुआ अभी दस ही कदम चला था। खरगोश ने सोचा इसके साथ-साथ चलूँ तो मज़ा आए। इसे चिढ़ाता भी चलूँगा। पर वह तो अभी बहुत दूर है। यों करता हूँ–थोड़ा सुस्ता लेता हूँ। यह कहकर वह एक झाड़ी की छाँव में सुस्ताने लगा।

हवा ठंडी थी। उसे नींद का झोंका आ गया। इधर कछुआ लगातार चलता रहा। उसने कछुए को सोते हुए देखा, परंतु बिना रुके चलता चला गया। जब खरगोश की नींद खुली तो वह फिर से भागा। परंतु क्या देखा कि कछुआ गर्दन उठा-उठाकर नाच रहा है।

कछुए ने कहा–अरे ! तू तो महाफिसड्डी निकला। और लगातार कह रहा है– मैं फिसड्डी हूँ !

6. डाकू उँगलीमाल

उँगलीमाल एक डाकू था। वह जंगल में हर यात्री को लूट कर मार डालता था। फिर उसके शरीर की एक उंगली काटकर अपनी माला में पिरो लेता था। इसलिए उसका नाम पड़ गया उँगलीमाल। सब लोग उस जंगल में जाने से डरते थे। सारे इलाके में उँगलीमाल का डर बैठ गया था। कोई दिन में भी जंगल में नहीं जाता था।

महात्मा बुद्ध उस इलाके में पहुँचे। उनके शिष्यों ने उन्हें उँगलीमाल की कहानी सुनाई। बुद्ध ने सबकी बात ध्यान से सुनी। फिर कहा–"अच्छा, मैं जाता हूँ उँगलीमाल के पास। उससे बात करता हूँ।"

शिष्य घबराए। बोले–"नहीं गुरुदेव! वहाँ मौत का खतरा है। हम आपको नहीं जाने देंगे।"

बुद्ध बोले–"अपनी मौत से पहले कोई नहीं मर सकता। तुम हिम्मत रखो। मुझे कुछ नहीं होगा।"

यह कहकर बुद्ध जंगल की ओर चल पड़े। उँगलीमाल को किसी के आने की आहट सुनाई दी। उसने वहीं से दहाड़कर कहा–"ठहरो।"

बुद्ध ठहर गए। उँगलीमाल सामने आया तो बुद्ध ने उसे कहा–"मैं तो ठहर गया। पर तू कब ठहरेगा उँगलीमाल !" उँगलीमाल ठिठक गया। यह पहला आदमी था जो दहाड़ सुनकर भी निडर था। बाकी सब तो उसकी दहाड़ सुनकर काँपने लगते थे। वह बुद्ध के चरणों में आ गिरा। बोला–"आप मुझे अपनी शरण में ले लें। मैंने बहुत हत्याएँ की हैं। मैं यह सब छोड़ दूँगा।" बुद्ध ने उसे अभयदान दिया और अपना शिष्य बना लिया।

7. *मैं भी*

कोरोना संकट के दिनों की बात है। घर के सब सदस्य घर पर थे। किसी को बाहर नहीं जाना था। पिता जी ने घर के सब काम बाँट दिए। सभी को कोई-न-कोई काम मिला। 5 साल के सुधीर को कोई काम नहीं दिया गया। वह अभी छोटा था। परंतु सुधीर को यह अच्छा नहीं लगा। सोचने लगा क्या मैं किसी काम का नहीं हूँ।

वह हर सदस्य के साथ हाथ बँटाने की कोशिश करता, किंतु सभी टोका-टाकी करते। उसे मज़ा बिल्कुल नहीं आया। आखिरकार उसने पिता जी से पूछा–"पिता जी! पौधों को पानी कौन देगा ?"

पिता बोले–"हाँ, यह तो रह गया। चलो इन्हें पानी मैं दे दूँगा ?"

सुधीर बोला–"नहीं, पौधों में पानी मैं दूँगा।"

"तुम ऊपर के पौधों में कैसे दोगे ?"

सुधीर बोला–"अच्छा मैं नीचे के पौधों में पानी दे दूँगा।"

"ठीक है।" कहकर वह भी काम में लग गया। जितना उत्साह उसमें था, उतना और किसी में नहीं।

8. *डर का साया*

बारिश का दिन था। घनघोर बारिश थी। वह घर में अकेली थी। अचानक किसी ने दरवाजा खटखटाया। उसने पूछा–कौन ? जवाब कुछ नहीं। थोड़ी देर बाद फिर वही खटखट। वह घबरा गई। उसने फिर पूछा–कौन ? कोई बोलता ही नहीं था। उसे डर लगा। वह चुपचाप अपने कमरे में चली गई। परंतु ध्यान दरवाजे की खटखट पर रहा। उसे डर लगा। रात का समय। वह घर में अकेली है। क्या किसी को फोन करे ?

वह सोच ही रही थी कि फिर से दरवाजे पर खटखट हुई। इस बार वह पूरी तरह डर गई। उसने जोर से पूछा–"कौन हो ? बोलते क्यों नहीं ?" पर आवाज़ थी कि आती ही नहीं थी। उसने अपने पड़ोस वाली सहेली को फोन किया–"सरोज! कोई मेरे घर का दरवाजा खटखटा रहा है। पर बोल नहीं रहा है। जरा भाई साहब हैं तो उन्हें कहिए कि देखें कौन है ?"

सरोज भी एकबार तो सकपका गई। फिर उसे स्थिति समझ आई। बोली–"चिंता न करो। मैं इन्हें उठाती हूँ।" अब उसे जान में जान आई। अबकी बार बेल बजी। उसने दरवाजा खोला। खोलते ही एक कलेंडर ऊपर से नीचे गिरा। वह घबड़ाकर चीख पड़ी। जैसे कोई भूत हो। सरोज और उनके पति ने वहीं से आवाज़ दी–आप मेन गेट खोलिए।

वह घबड़ाई-सी,जैसे रात को मुर्दाघर में हो, बाहर आई। उसके हाथ-पैर काँप रहे थे। आवाज़ नहीं निकल रही थी। पड़ोसी हाथ में डंडा और टॉर्च लिए हुए थे। उन्होंने जोर से ललकारा। कौन है ? परंतु कोई हो तो आए। अब वे तीनों दरवाजे के पास आए। वह अभी भी पीछे दुबकी हुई थी।

सहसा उनकी नज़र कलेंडर पर पड़ी। उसका डंडा टूटा हुआ था। हो न हो, यही टूटा हुआ डंडा हवा से झूलकर दरवाजे पर खटखट की आवाज़ करता होगा। जैसे ही दरवाजा खुला, कलेंडर नीचे आ गिरा।

अब उसकी साँस में साँस आई। उसने सरोज और भाईसाहब का धन्यवाद किया। डर उसे अब भी लग रहा था।

9. ज़रा-सी असावधानी

बारिश का दिन था। घनघोर बारिश थी। वह घर में अकेली थी। अचानक किसी ने दरवाजा खटखटाया।

उसने पूछा–कौन ?

जवाब कुछ नहीं। थोड़ी देर बाद फिर वही खटखट। इस बार उसने जोर से पूछा–कौन हो ? बोलते क्यों नहीं ? परन्तु आवाज़ नहीं आई।

उसने हल्के से दरवाजा खोला। परंतु दरवाजा फटाक से पूरा खुल गया। दो नकाबपोश अंदर घुसे। एक के हाथ में खुला चाकू था और दूसरे के हाथ में रिवाल्वर।

डर के मारे उसकी चीख निकल गई। एक ने उसके मुँह में कपड़ा ठूँस दिया। दूसरे ने दरवाजा बंद कर दिया। बोले–"चुपचाप अपनी अलमारी की चाबी ला। वरना खोपड़ी उड़ा दूँगा। तू चीखी और गोली चली।"

उसकी जबान बंद हो गई। गले में घिग्घी बँध गई। उसने चाबियों का गुच्छा दराज़ से निकाला। एक नकाबपोश को दिया।

दूसरा बोला–"अब तू इसे बाँध दे।"

दूसरा नकाबपोश उसे स्टोर में ले जाकर बाँधने लगा तो उसने हाथों से नकाबपोश को धक्का देकर दरवाज़ा पीटना शुरू कर दिया। तभी बाहर से घंटी बजी। घंटी सुनकर दोनों लुटेरे बिजली की तेजी से फरार हो गए। अब उसे समझ आया कि बिना आवाज़ सुने उसने दरवाजा खोलकर क्या गलती की थी।

10. अचानक

मेरे भाई की शादी थी। बरात चलने को तैयार खड़ी थी। तभी अचानक समाचार मिला कि लड़की की दादी का देहांत हो गया है। यह सुनते ही सारा उत्साह ठंडा पड़ गया। जो जहाँ था, वहीं रुक गया। किसी की समझ में न आया कि क्या करें। सब बराती बस से नीचे उतरे और घर में इकट्ठे हो गए। जो लोग थोड़ी देर पहले चहल-पहल के कारण घर-भर को उठाए हुए थे, वे घर के बाहर और अंदर ऐसे सिमट कर खड़े हो गए जैसे किसी की मृत्यु पर लोग सहमकर खड़े हो जाते हैं।

तभी मेरे पिता ने सबको हाथ जोड़ते हुए कहा–"मुझे माफ़ करें। लड़की की दादी की अभी एक घंटा पहले मौत हो गई है। इस सूरत में शादी टालना ही सही कदम होगा। आपको हमारे कारण कष्ट हुआ।"

मेरे फूफा बोले–"भगवान को जो मंजूर है, उसमें क्या कर सकते हैं। आप दाह-संस्कार पर चलने की तैयारी करो। बाकी बातें वहीं चलकर करेंगे।"

पिता सबको हाथ जोड़कर बोले–"आप अपने-अपने घर चलें।"

इस तरह खुशी की चहल-पहल पल भर में शोक में बदल गई।

11. बदहवास

मुकेश को ऑफिस पहुँचना था। वह बहुत जल्दी में घर से निकला। सड़क पर आया और अंधाधुंध भागने लगा। उसकी बस निकलने वाली थी। यह बस निकली तो फिर छुट्टी ही करनी पड़ेगी। वह कभी बसस्टैंड पर बस को देखता तो कभी मुड़-मुड़ कर पीछे देखता कि बस पीछे तो नहीं आ रही।

इसी हबड़-तबड़ में वह सामने से आते एक दूधिया से टकरा गया। दूधिया साइकिल समेत सड़क पर गिर गया। उसका दूध सड़क पर बिखर गया। चोट तो मुकेश को भी लगी। परंतु यहाँ रुकना खतरे से खाली नहीं था। अतः वह भागता रहा। बस पास से गुजर कर स्टैंड पर रुकी। मुकेश लँगड़ाते-लँगड़ाते बस पर चढ़ने लगा तो दूधिया ने उसका

कालर पकड़ लिया। बोला–"यह दूध तेरा बाप देगा ? उतर।"

मुकेश ने उसे कहा–यार, गलती हो गई। जानबूझकर थोड़ी किया है। चोट तो मुझे भी लगी है।

दूधिया बोला–"मैं नहीं जानता। पहले दूध के पैसे दे।"

मुकेश ने कहा–मैं आकर तेरा नुकसान भर दूँगा। तू मुझे अब जाने दे।

जैसे-तैसे पिंड छुटा। मन में यही सोचा कि दो मिनट पहले घर से निकलता तो यह दूधिया यों न लुढ़कता।

12. *सच की हमेशा जीत होती है* [*Common Exam (IX) 2023-24*]

अथवा

नेकी का फल [*सरस्वती विद्या मंदिर, बिहार (IX) 2023-24*]

कक्षा के सभी छात्र प्रथम श्रेणी में उत्तीर्ण हो गए। केवल निनाद के 45 अंक आए थे। हैडमास्टर ने स्कूल के प्रबंधक के सामने अपनी पीठ ठोंकी। बोले–इतना अच्छा परिणाम यों ही नहीं आया। हम सभी अध्यापकों ने बहुत मेहनत की है। छात्रों की हर प्रकार से सहायता की है।

'हर प्रकार से सहायता' का मतलब – प्रबंधक ने जानबूझ कर सवाल पूछा।

हैडमास्टर बोले– प्रबंधक साहब ! आप अच्छी तरह-से जानते हैं, बिना बच्चों को सहायता पहुँचाए, सब बच्चे पास भी नहीं होते।

'ओ ! तो यह बात है !

'जी !'– हैडमास्टर ने मानो किला जीत लिया हो।

प्रबंधक बोले– यह बताओ ! फिर निनाद 45 अंक पर कैसे सिमट गया ?

हैडमास्टर कड़वा-सा मुँह बनाकर बोले – क्या करें प्रबंधक जी ! यह लड़का इतना अड़ियल है कि नकल की ओर देखता भी नहीं। केवल अपने काम-से काम रखता है।

'अच्छा !'– कुछ सोचते हुए प्रबंधक बोले – जरा उस लड़के को बुलाओ।

हैडमास्टर निनाद कमरे में आया तो शांत था। प्रबंधक ने ही पूछा–बेटे निनाद ! तुम्हारे नंबर सारी कक्षा में सबसे कम हैं। तुम इस बारे में क्या कहते हो ?

निनाद शांत रहा ! बोला–'मुझे इतना ही आता था'। मैं इन्हीं नंबरों से संतुष्ट हूँ। आगे ज्यादा मेहनत करूँगा।

प्रबंधक की आँखों में प्रशंसा थी। बोले–'बेटे निनाद ! अगले साल नौकरी के लिए निकलोगे न ! सबसे पहले मेरे पास आना। तुम्हारे लिए मैंने काम सोच रखा है।' हैडमास्टर साहब सन्न रह गए।

13. *हिम्मत*

नरेंद्र अपने घर जा रहा था कि सामने से बंदरों का झुंड आता दिखाई दिया। नरेंद्र ने पीठ फेरी और वापस मुड़ गया। बंदरों को जाने क्या सूझी! वे उसके पीछे हो लिए। वह आगे-आगे, बंदर पीछे-पीछे। उसे डर लगा। वह और तेज़ हो गया। बंदर भी तेज गति से पीछा करने लगे।

अब वह भागने लगा। बंदर खों-खों करके उस पर झपट पड़े। सामने से आते एक संन्यासी ने यह दृश्य देखा। उसने युवक को कहा–"भागो मत! सामना करो।"

युवक नरेंद्र ने ऐसा ही किया। वह बंदरों की ओर मुँह करके खड़ा हो गया और उनकी आँखों में घूरने लगा। आश्चर्य ! बंदर भाग खड़े हुए।

नरेंद्र को सीख मिल गई। जब संकट सामने आए तो भागो नहीं। सामना करो।

14. *लोभ-लुभावन*

एक लकड़हारे की कुल्हाड़ी एक कुएँ में गिर गई। वह रोने लगा। तभी एक अदृश्य देवता प्रकट हुए। उन्होंने उसे सोने की कुल्हाड़ी देते हुए पूछा–क्या तुम्हारी कुल्हाड़ी यही है ?

लकड़हारा पहले तो बहुत हैरान हुआ। फिर देवता के हाथ में सोने की कुल्हाड़ी देखकर बोला–"नहीं, यह मेरी कुल्हाड़ी नहीं है।"

देवता ने दूसरी कुल्हाड़ी निकाली। यह चाँदी की थी। लकड़हारे ने इसे भी इनकार कर दिया।

अब लोहे की कुल्हाड़ी निकाली। उसे देखकर लकड़हारा खुश हो गया। देवता लकड़हारे की ईमानदारी देखकर प्रसन्न हो गए। उसने खुश होकर वे तीनों कुल्हाड़ियाँ उसे दे दीं।

लकड़हारा घर पहुँचा तो उसकी पत्नी सोने-चाँदी की कुल्हाड़ी देखकर बहुत खुश हुई। लकड़हारे ने सारी घटना सुनाई तो पत्नी बोली–"तो मुझे भी उस देवता के पास ले चलो।"

मरता क्या न करता! उसे ले गया कुएँ के पास। पत्नी बोली–"कहाँ हैं देवता ? मुझे तो दिखाई नहीं दे रहे।"

लकड़हारा बोला–"देवता तभी प्रकट होते हैं, जब कोई कुएँ में गिरे।"

पत्नी ने लोभ में आकर कुएँ में छलाँग लगा दी।

देवता फिर-से प्रकट हुए। उन्होंने पहले अप्सरा कुएँ से निकाली। लकड़हारा बोला–"हाँ देवता जी, यही है मेरी पत्नी।"

देवता हैरान! बोले–"एक सुंदर स्त्री पर लट्टू हो गया।"

लकड़हारा बोला–"देवता जी! यह बात नहीं है। बात यह है कि अगर आप मुझे कल की तरह तीन-तीन पत्नियाँ दे देंगे तो सँभालूँगा कैसे ?"

15. *मन के हारे हार है, मन के जीते जीत* [*सरस्वती विद्या मंदिर, (9 वी) 2023-24*]

सरस और नीरस दोनों के गणित की छमाही परीक्षा में 20-20 अंक आए। सरस को शर्म आई। सोचा–'कुछ भी करूँ, अगली बार शत प्रतिशत अंक लाऊँगा।' नीरस मन से हार गया। बोला–'कुछ भी हो, मुझे गणित नहीं आ सकता।'

सरस ने निरंतर परिश्रम किया। ट्युशन भी रखी। बार-बार परीक्षा दी। जहाँ समस्या आई। अपने शिक्षक से पूछा और अभ्यास किया। परिणामस्वरूप उधर नीरस ने गणित की पुस्तक उठाकर रख दी। भगवान के भरोसे बैठ गया। सोचा, जो उसे जितना याद था, वह भी भूल गया।

परीक्षा आई–सरस खुश था। उसे सारे प्रश्न आते थे। नीरस को कुछ भी नहीं आता था। दोनों के परीक्षा-परिणामों में एक ही समानता थी–दोनों के प्राप्त अंकों में शून्य था। सरस को दो शून्य मिले, किंतु उनसे पहले 1 भी लिखा था। नीरस को कोई फर्क नहीं पड़ता था–शून्य एक लगाओ, दो लगाओ या तीन।

16. *लगभग 100-120 शब्दों में एक मौलिक कथा लिखिए जिसका अंतिम वाक्य हो– "मैं अपने जीवन में कई बार विफल रहा हूँ और यही कारण है कि मैं सफल हुआ हूँ।"* [*के.वि.सं. जम्मू 2022*]

मुझे मंच पर बोलने से डर लगता था। बचपन से ही। जब कभी दस-बीस लोगों के बीच मेरा नाम बोला गया–मेरा सीना धक-धक करने लगता। गले में घिग्घी बँध जाती। मैं बड़ी मुश्किल से उठता और खड़े होकर पहले गले में अटकी थूक निगलता। फिर मरी हुई आवाज़ में बस अपना नाम लेता और बैठ जाता। मीटिंग खत्म होते ही फिर-से चहकना शुरू। अब तो मैं रुकने का नाम ही नहीं लेता था।

मेरी बातूनी आदत को देखकर मेरे सर ने मुझे सैकड़ों की भीड़ में बोलने के लिए बुलाया। पर मैं डरपोक! बोलने की बजाय सभा से भाग खड़ा हुआ। बच्चों ने मज़ाक भी बनाया।

पर जब मैं अध्यापक बना तो बोलना जरूरी था। सामने बच्चे थे और मैं उनका शिक्षक। अब मैं खुलकर बोलने लगा। बच्चे मुझे बेहद पसंद करने लगे। मैं लोकप्रिय होता चला गया। परंतु खुले मंच पर फिर से टाँय-टाँय फिस्स।

भला हो एक निर्णायक कलाकार का। जैसे ही मैंने कविता की दो लाइनें सुनाई, वह झूम उठा। उसकी प्रशंसा में नशा था। वह मेरी कविता-अदायगी का कायल था। यह देखकर मैंने कुछ और कविताएँ सुनाईं। फिर तो रंग जम गया। मैंने सोचा ऐसी-ऐसी तो मुझे कितनी ही कविताएँ याद हैं। बस मैं बोलता गया और लोग लट्टू होते गए। कई बार सोचता हूँ–मैं अच्छा क्यों बोलता हूँ ? क्योंकि पराजय से डरता हूँ। विफल होने से डरता हूँ। मैं अपने जीवन में कई बार विफल रहा हूँ, यही कारण है कि मैं सफल हुआ हूँ।

17. *अहिंसा परम धर्म है*

–इस उक्ति को आधार बनाकर 100-120 शब्दों में एक मौलिक कथा लिखिए। [*के.वि.सं. जम्मू 2022*]

मैंने पड़ोसी ताऊ भीम के घर का शीशा तोड़ डाला था। अपने बल्ले से उनके बेटे की धुनाई भी कर दी थी। कारण यह था कि वे मेरे खेल में बाधक थे। खेलने की जगह मुहल्ले में एक ही थी और अकसर गेंद उनके घर आ जाती थी।

उस दिन मेरी नई गेंद उनके घर के बगीचे में चली गई तो वे लगे डाँट मारने। मैंने आव देखा न ताव। मैंने अधिकार जताते हुए गेंद वापस माँगी और ऊँचे-ऊँचे बोलने लगा। परंतु ! उनका बेटा भी कम न था। अभी मैं घर में ही था कि छड़ें और डंडे लेकर उसके दस-पंद्रह साथी हो-हुल्लड़ करते हुए आ धमके। उनमें से एक ने ऊँची-ऊँची गालियाँ बकते हुए मेरे बाल पकड़ लिए। मैं कुछ भी न कर पाया। एक युवक ने मेरे पेट में लात मारी ही थी कि ताऊ भीम ने बीच में आकर मुझे बचा लिया।

वे क्रुद्ध बच्चे अब भी आ-आकर मुझे कूटना चाह रहे थे, किंतु ताऊ भीम अड़े खड़े थे। उन्होंने न तो मुझे डाँटा, न पीटा, बल्कि बचाते रहे। उन्होंने धमकी दी–यह मेरा बेटा है। किसी ने हाथ लगाया तो हाथ तोड़ दूँगा। चाहे मेरा पम्मी ही क्यों न हो !

मुझे वह दिन नहीं भूलता ! तब से मैं ताऊ भीम का सबसे चहेता भक्त हो गया हूँ। उन्होंने थप्पड़ की बजाय प्यार से मुझे जीत लिया।

18. *दूसरों के हित के लिए किए गए कार्य ही व्यक्ति को महान बनाते हैं। सज्जन लोग हमेशा परोपकारिता के कार्य करते हैं।* **इस आधार पर एक लघुकथा लगभग 100 शब्दों में लिखिए।** [*CASE 2022-23*]

रास्ते में दो ईंटें पड़ी थीं। आता-जाता हर वाहन उससे बचने की कोशिश में बाएँ-दाएँ हो जाता था। एक साइकिल-सवार लड़की उस ईंट पर चढ़ गई जिससे उसकी साइकिल डगमगा गई। वह गिरते-गिरते संभल गई। सामने से एक स्कूटी-सवार दूसरी ईंट से बचने के चक्कर में उस लड़की की साइकिल से टकरा गया। दोनों गिरे पड़े थे।

शुक्र है, दोनों झेंपे। उन्होंने एक-दूसरे को बुरा-भला नहीं कहा। वे उठे। अपना-अपना वाहन उठाया और फिर-से अपने रास्ते चल दिए।

एक फक्कड़ साधु खड़ा-खड़ा देख रहा था। वह उनसे कुछ कहना चाहता था, किंतु दोनों चल दिए। इतने में एक कार वाला ईंट से बचने के लिए साधु की तरफ मुड़ गया। साधु कार के नीचे आते-आते बचा।

साधु की आँखों में कोई शिकायत नहीं थी। उसने कार वाले से कहा– तुम्हारा कोई कसूर नहीं है। मैं इस ईंट को रास्ते से हटा देता हूँ। वह ईंट तक आया और उसे उठाने लगा। इतने में कार चालक कार से उतर कर साधु के पास आया। उसने साधु से ईंट ली और सड़क के किनारे ठिकाने लगा दी। वह बोला– आप सचमुच साधु हैं ! मैं कितनी-ही ईंटों से बचता हुआ गाड़ी चला रहा हूँ, किंतु ईंट वहीं की वहीं है। आपने मुझे रास्ता दिखाया। आप सचमुच महात्मा हैं।

प्रश्न-अभ्यास

निम्नलिखित शीर्षकों के आधार पर लगभग 100 शब्दों में लघुकथा लिखिए–

1. पहाड़ों का मनोरम आवास !
2. भयानक चढ़ाई पहाड़ों की !
3. जब गाड़ी छूट गई !
4. भूत बंगले में निवास !
5. क्रिकेट का भूत !
6. कुत्तों की दावत
7. अँधेरी रात में अकेले सफर
8. कुआँ और प्यास
9. स्विमिंग पूल में अनाड़ी
10. कोरोना और घरेलू कामकाज में भागीदारी
11. कोरोना के संकट
12. कोरोना और घर से कामकाज
13. कोरोना संकट में गरीब मज़दूर
14. कोरोना में पुलिस का संकट
15. ढीठ युवक
16. महिला होने का लाइसेंस
17. कोरोना : घर और बाहर का धर्म
18. डॉक्टर होने की मज़बूरी
19. मगरमच्छ की पीठ पर बंदर
20. दया विदेश चली गईं
21. **दिए गए संकेत बिंदुओं के आधार पर लगभग 120 शब्दों में कोई एक "लघुकथा" लिखिए।** [*के.वि.सं. बंगलौर, 2022*]

(क) एक परिवार द्वारा नेवले की देखभाल .... परिवार के लोगों का बाहर जाना .... साँप का मरना .... नेवले के मुँह पर खून .... नेवले को डंडे से मारना .... अंत में परिवार का पछताना।

अथवा

(ख) एक किसान के चार पुत्र थे .... वे आपस में लड़ते-झगड़ते .... किसान ने अपने अंत समय में .... एक लकड़ी मँगवाई .... फिर लकड़ियों का एक गट्ठड़ मँगवाया .... संगठन में शक्ति होती है।

IV. औपचारिक ई-मेल-लेखन

आज इलैक्ट्रोनिक्स का युग है। अतः पत्र-लेखन भी इलैक्ट्रोनिक माध्यम से होने लगा है। कभी पत्र कागज़ पर लिखे जाते थे। उन्हें कबूतर देकर आते थे या संदेशवाहक देने जाते थे। अब भी डाकिए या कुरियर वाले लिखित पत्र घरों-कार्यालयों में देकर आते हैं।

ई-मेल ऐसा पत्र है जो इंटरनेट के माध्यम से लिखा जाता है। इसमें न कागज़ खर्च होता है, न स्याही। न पत्र देने के लिए कोई डाकिया जाता है, न इतना समय लगता है। अब इंटरनेट और कंप्यूटर के सहारे पत्र पलक झपकते ही लिख दिए जाते हैं और पढ़ भी लिए जाते हैं। यदि उत्तर बहुत आवश्यक हो तो साथ-साथ उत्तर भी आ जाता है। इस सबमें समय न के बराबर खर्च होता है।

ई-मेल लिखने के लिए आवश्यक साधन

ई-मेल लिखने के लिए निम्नलिखित चीजें अनिवार्य हैं–

- इंटरनेट कनैक्शन (भेजने तथा पाने वाले–दोनों के पास)
- कंप्यूटर, मोबाइल या अन्य संबंधित उपकरण
- पत्र पाने वाले का ई-मेल पता
- अपना ई-मेल आई-डी या पता

ई-मेल लिखने की विधि

यह विधि बहुत सरल है। आप अपने मोबाइल या लेपटॉप/कंप्यूटर पर जाएँ। ई-मेल खोलें। मोबाइल पर ई-मेल खोलते ही निम्नलिखित कॉलम आएँगे–

From
To
Subject
Compose email

लेपटॉप या कंप्यूटर पर निम्नलिखित कॉलम आएँगे–

To
Subject
खाली जगह (लिखने के लिए)

From में पत्र लेखक का अपना ई-मेल पता या ई-मेल आईडी आएगा। जैसे–

From : mallikarudra@gmail.com

यह आपका ई-मेल पता मोबाइल में स्वयमेव भरा हुआ आता है। इसलिए आपको लिखने की जरूरत नहीं होती। आप जानते हैं कि यदि इस पते में जरा-सी भी चूक हो जाए, बिंदु छूट जाए, अंग्रेज़ी के छोटे अक्षरों की जगह बड़े (capital) अक्षर आ जाएँ या बीच में जगह छूट जाए तो पत्र नहीं जाता। कंप्यूटर आपका ठीक वही पता माँगता है, जो आपने बनाया हुआ है। अतः ध्यान रखें कि आप ई-मेल पते में मक्खी पर मक्खी मारने वाली विधि अपनाएँ। जरा भी डगमग न करें।

☞ प्रायः ई-मेल पता अंग्रेज़ी के छोटे अक्षरों में होता है।

अभी तक हिंदी में ई-मेल पतों का प्रचलन नहीं हो पाया। शुरुआत तो हो चुकी है किंतु व्यवहार में उसे लाने में थोड़ी और देर लगेगी। आप अभी काम चलाने के लिए अंग्रेज़ी के ही शीर्षकों और अंग्रेज़ी के ही पतों को चलने दें।

To

इस कॉलम में पत्र पाने वाले का ई-मेल पता लिखें।

To के दाईं ओर कोने में ∨ होगा। आप उसे दबाएँ। तब दो और कॉलम आ जाएँगे।

Cc तथा Bcc

Cc का अर्थ है–कार्बन कापी। यदि आप पत्र एक से अधिक लोगों को भेजना चाहते हैं और सबको इसकी जानकारी भी देना चाहते हैं तो उन सबके ई-मेल पते इस कॉलम में लिख दें। जैसे–

Cc | **mallikarudra@gmail.com** | **jbatra@gu.ed.in** | **kishorepareek@gmail.com** |

इससे आपका एक ही पत्र एक ही क्लिक में इन तीनों पतों पर चला जाएगा और तीनों को पता भी चल जाएगा कि किन-किनको पत्र गया है।

Bcc का अर्थ है–ब्लाइंड कार्बन कापी। इस कॉलम का उपयोग आप तभी करें जब आप संबंधित पत्र-प्राप्तकर्ता के अतिरिक्त अन्य सभी को इस बारे में कोई जानकारी नहीं देना चाहते। तब यह पत्र जाएगा सभी के पास; किंतु औरों के पास भी यह पत्र गया है, उन्हें इसकी जानकारी नहीं होगी।

☞ विद्यार्थियों को Cc और Bcc का उपयोग नहीं करना, जब तक कि परीक्षक स्वयं न पूछे।

Subject

औपचारिक पत्रों में पत्र के विषय का उल्लेख रहता है। जैसे–

- फुटबॉल मैच की अनुमति
- सीवर-समस्या का समाधान
- पुस्तकालय से पुस्तकों की प्राप्ति
- वृक्षों की रक्षा
- प्रदूषण से बचाव आदि-आदि।

☞ प्रश्न यह है कि अनौपचारिक या व्यक्तिगत पत्रों में Subject में क्या लिखा जाए ? लिखित पत्रों में पिता-पुत्र, दो-मित्र, भाई-बहन या अन्य निजी पत्रों के बीच अलग-से विषय का उल्लेख नहीं होता। न ही इसकी आवश्यकता होती है। अतः ई-मेल में भी Subject का कॉलम खाली छोड़ देना चाहिए।

यदि Subject कॉलम को भरने का दुराग्रह किया जाए तो लिखना चाहिए–

बेटी सुरभि के नाम या सुरभि के लिए या प्रिय सुरभि के नाम

पुत्र पार्थ के नाम या पार्थ के नाम या प्रिय पार्थ के लिए

चुलबुली प्रिषा के नाम

Compose Mail (पत्र लिखिए)

इस कॉलम में ठीक वही सामग्री लिखें, जो लिखित पत्र में होती है। जैसे–

- संबोधन
- अभिवादन (निजी पत्रों में)
- मुख्य विषय
- धन्यवाद ज्ञापन
- स्व-उल्लेख
- संलग्नक (Attachments)
- भेजें (Send)

संबोधन और अभिवादन में क्या लिखें ?

औपचारिक पत्रों में संबोधन होता है, अभिवादन नहीं। जैसे–

- आदरणीय प्राचार्या जी

- प्रबंधक
  पंजाब नेशनल बैंक
- कंपनी सचिव
  यस बैंक, दिल्ली

निजी पत्रों में संबोधन के साथ अभिवादन भी होना चाहिए। जैसे–

- पूज्य पिता जी !
  सादर चरण-स्पर्श !
- प्रिय अनुज !
  बहुत-बहुत स्नेह !
- प्रिय बहना !
  ढेर सारा प्यार !
- श्रद्धेय गुरुजी !
  चरण-वंदना !

मुख्य विषय का आरंभ

निजी/अनौपचारिक पत्र का आरंभ

निजी या अनौपचारिक पत्रों में निजता होती है। उसमें संबंधों की सुगंध होती है। बड़ों के साथ सम्मान और श्रद्धा का भाव होता है। बराबर वालों के साथ आत्मीयता और खुलापन होता है तथा छोटों के साथ वात्सल्य, स्नेह और ममता होती है। अतः पत्र आरंभ करते समय इन संबंधों की महक होनी चाहिए। जैसे–

बड़ों को लिखते हुए

- आशा है आप स्वस्थ और आनंदित होंगे। आपकी कृपा से मैं भी सकुशल हूँ।

मित्रों और बराबर वालों को लिखते हुए

- कैसे हो बंधु ! कितने दिन हो गए, बात ही नहीं करते हो !

छोटों को लिखते हुए

- कैसी हो बिटिया ? तुम्हारी बहुत याद आती है। तुम प्रसन्न तो हो न !

औपचारिक पत्रों का आरंभ

औपचारिक पत्रों में किसी प्रकार की निजता या खुलेपन की जगह नहीं होती। वहाँ मर्यादित शब्दों में सीधे-सीधे अपनी बात कहनी होती है। वहाँ पत्रों का आरंभ **विनय** से और **निवेदन से** करना होता है। शिकायत भी हो तो उसमें सीधे प्रहार करने की बजाय शांति, सम्मान और विनय से बात आरंभ करनी चाहिए। जैसे–

- सविनय निवेदन है कि मैं अस्वस्थ हूँ।
- एक जागरूक नागरिक होने के नाते मैं अपने नगर की एक समस्या आपके ध्यान में लाना चाहता हूँ।
- मैं क-ख-ग मुहल्ले का निवासी आपसे निवेदन करना चाहता हूँ कि हमारी गली में सदा अँधेरा छाया रहता है।

धन्यवाद-ज्ञापन और आत्मीयता ज्ञापन

धन्यवाद ज्ञापन औपचारिक पत्रों में होता है। जैसे–

- हार्दिक धन्यवाद !
- धन्यवाद-सहित !
- सधन्यवाद !
- ससम्मान !

निजी पत्रों में आत्मीयता की अभिव्यक्ति होती है। जैसे–

- तुम्हारी प्रतीक्षा करूँगा !
- असीम स्नेह !

स्व-उल्लेख

औपचारिक पत्रों में स्व-उल्लेख भी औपचारिक होता है। जैसे–

- भवदीय
  गौरव गोयल
  कक्षा-10
  अनु. 332
- निवेदक/प्रार्थी
  क.ख.ग
  पता

निजी पत्रों में स्व-उल्लेख भी संबंधों के अनुसार भावनापूर्ण होता है। जैसे–

- तुम्हारा अपना
  सोमेश ठाकुर
- सिर्फ तुम्हारी
  मल्लिका
- आपका प्रिय पुत्र
  सक्षम
- तेरा मित्र
  अंकुर

संलग्नक (Attachments)

यदि आप पत्र के साथ कोई कागज, चित्र या अन्य विवरण जोड़ना चाहते हैं; और वह विवरण आपके कंप्यूटर या मोबाइल में संगृहीत है, तो उसे पत्र के साथ संलग्न करें। संलग्न करने के लिए Compose के दाईं ओर दिए गए पिन 📎 को दबाएँ। सामने लिखा आएगा–Attach file. उसे दबाकर मनवाँछित फाइल को चुनें (select करें)।

भेजें (Send)

अंत में Compose के दाईं ओर लगे ➤ निशान पर क्लिक करें। आपका पत्र निर्धारित पते पर पहुँच जाएगा। नीचे लिखा आ जाएगा–sent.

कुछ उदाहरण

1. ***आप मेधावी/माधव हैं। ए.टी.एम. कार्ड न मिलने की सूचना देते हुए संबंधित बैंक शाखा प्रबंधक को लगभग 80 शब्दों में एक ई-मेल लिखिए।***

[*CBSE प्रतिदर्श प्रश्नपत्र 2024–25*]

From: madhav17@gmail.com

To: manageryesbank.co.in

Subject: *ए.टी.एम. कार्ड खोना*

Compose email:

प्रबंधक
यस बैंक
सैक्टर-82, गुरुग्राम
महोदय !
मेरा ए.टी.एम. कार्ड × × × × × × × 789 पिछले 2 दिनों से लापता है। अभी तक उसमें से किसी निकासी की सूचना नहीं मिली। लगता है, वह कहीं खो गया है।
आपसे निवेदन है कि इस कार्ड की सेवाएँ बंद कर दें। मैं कुछ दिनों तक उसके मिलने की प्रतिक्षा करूँगा। बाद में नया कार्ड बनवाने के लिए आवेदन करूँगा।
धन्यवाद !
भवदीय
माधव
H-1004
माइक्रोटेक ग्रीनबर्ग
गुरुग्राम, सैक्टर-86
दिनांकः 14.03.2026

2. *आपका नाम सुनीता/सुरेश है। आप राजेंद्र नगर के निवासी हैं। पिछले कुछ दिनों से आपके क्षेत्र में विद्युत आपूर्ति अव्यवस्थित है।* **अपने क्षेत्र में अनियमित विद्युत आपूर्ति की ओर ध्यान आकर्षित करते हुए राज्य विद्युत आपूर्ति निगम के महानिदेशक के नाम लगभग 80 शब्दों में एक शिकायती ई-मेल लिखिए।** [*प्रतिदर्श प्रश्नपत्र 2023-24*]

From: suresh89@gmail.com
To: ashoksingh@gmail.com

Subject: *विद्युत-आपूर्ति-समस्या*

Compose mail:
महानिदेशक
विद्युत आपूर्ति निगम
जयपुर
आदरणीय महोदय !
मैं जयपुर के राजेंद्र नगर का निवासी हूँ। पिछले दस दिनों से हमारे क्षेत्र की विद्युत-आपूर्ति बाधित है। बीच-बीच में बड़े-बड़े कट लगते हैं। कभी-कभी बिजली बहुत मंद तथा तेज हो जाती है। इससे बिजली के उपकरणों के खराब होने का खतरा बना रहता है। कल करंट के एकाएक तेज होने के कारण टेलीविजन और फ्रिज खराब हो गए।
कृपया इस ओर ध्यान दें। हमारी विद्युत-आपूर्ति नियमित, व्यवस्थित तथा सुचारु करें।
धन्यवाद !
भवदीय
सुरेश
35/04, राजेंद्र नगर
जयपुर
दिनांक : 17.07.2025

3. *आप दीपाली/दीपक हैं। आपकी कॉलोनी की सड़कें नगर-पालिका द्वारा नई बनवा दी गई हैं।* **ई-मेल द्वारा नगर-पालिका को नई सड़कें बनवाने के लिए लगभग 80 शब्दों में धन्यवाद ज्ञापन कीजिए।** [*CBSE 2023*]

From: deepali1999@gmail.com
To: bhopalmunicipal.com

Subject: *धन्यवाद-पत्र*

Compose email:

श्रीमती मालती राय

मेयर, भोपाल महानगर निगम

भोपाल

आदरणीया !

मैं भोपाल के कृष्ण नगर की निवासी हूँ। आपने हमारी कॉलोनी की माँग पर नई सड़कें बनवा दी हैं। हम सभी कॉलोनीवासी आपके इस सहयोग और आशीर्वाद के लिए कृतज्ञ हैं।

आपके प्रति हार्दिक धन्यवाद !

यह सहयोग और स्नेह सदा बनाए रखिएगा।

भवदीय

दीपाली

335, कृष्ण नगर

भोपाल

15.03.2026

4. *आपका नाम शाश्वत/शाश्वती है। आपने ऑनलाइन खरीदारी में 'मनोकाम' वेबसाइट से एक घड़ी मँगवाई थी। दो महीने में ही घड़ी ने काम करना बंद कर दिया।* **कंपनी के 'ग्राहक सेवा' को लगभग 80 शब्दों में ई-मेल लिखकर शिकायत कीजिए और उचित मुआवज़े की माँग भी कीजिए।** *[CBSE 2023]*

From: shashwat123@gmail.com

To: manokam.com

Subject: *घड़ी की खराबी*

Compose mail:

प्रबंधक

मनोकाम

महोदय

मैंने आपके वेबसाइट से हथघड़ी मँगाई थी, जिसका बिल साथ ही संलग्न कर रहा हूँ। मेरा ग्राहक पहचान अंक है– ××××. यह घड़ी दो महीने में ही चलना बंद हो गई है। मुझे इसका कारण ज्ञात नहीं है। ₹ 15000 की इस महँगी घड़ी को इस तरह बंद देखकर मैं निराश हूँ। कृपया इस घड़ी को वापस लें तथा मुझे मेरी घड़ी की मूल कीमत के साथ मुआवजे के रूप में ₹ 5000 की अतिरिक्त राशि और भेजें। मेरा आपकी इस घड़ी से विश्वास उठ गया है।

भवदीय

शाश्वत

451, शाम नगर

राँची (झारखंड)

18.03.2026

5. *आप प्रियंक/प्रियंका हैं।* **अपने विद्यालय के पुस्तकालय के लिए कक्षा 8-10 तक के सभी विषयों की पुस्तकें प्रकाशन-विभाग, एन.सी.ई.आर.टी. से मँगवाने हेतु लगभग 80 शब्दों में ई-मेल लिखिए।** *[CBSE 2023]*

From: priyanka321@gmail.com

To: ncertprakashan.com

Subject: *8-10 कक्षाएँ की पुस्तकें*

Compose mail:

प्रबंधक
प्रकाशन विभाग
एन.सी.ई.आर.टी.
दिल्ली

महोदय

मैं ××× विद्यालय का पुस्तकालय-अध्यक्ष हूँ। मेरे विद्यालय के कक्षा 8-10 के विद्यार्थियों के लिए हर विषय की पाठ्य-पुस्तकें चाहिए। कृपया निम्नलिखित संख्या में यथाशीघ्र पुस्तकें भेजने का कष्ट करें–

कक्षा 8 : 200 पुस्तकें प्रति विषय
कक्षा 9 : 150 पुस्तकें प्रति विषय
कक्षा 10 : 150 पुस्तकें प्रति विषय

हिंदी, अँग्रेजी, सामाजिक, विज्ञान, संस्कृत, कंप्यूटर, गणित की पुस्तकें अवश्य भेजें।
इनका बिल तैयार करके मेल कीजिए। तुरंत राशि आपके खाते में भेज दी जाएगी।
शीघ्र कार्यवाही के लिए निवेदन है।

भवदीया
प्रियंका
××× विद्यालय
दिनांक: 12.3.2026

6. *आप रॉबर्ट पॉल/डॉली डिसूजा हैं। आपने अ ब स प्रकाशन, क ख नगर से ऑनलाइन कुछ पुस्तकें मँगवाई थीं। प्रकाशन द्वारा उनमें से दो पुस्तकें किसी अन्य लेखक की भेज दी गई हैं और एक पुस्तक के पहले कुछ पेज फटे हुए हैं।* **इसकी शिकायत करते हुए तथा इन पुस्तकों को शीघ्र लौटाने और नई पुस्तकें भिजवाने के लिए प्रकाशन के वरिष्ठ प्रबंधक को लगभग 80 शब्दों में एक ई-मेल लिखिए।** [*CBSE प्रतिदर्श प्रश्नपत्र 2022–23*]

From: dollydisuza12@gmail.com
To: abcpublications.com.in
Subject: *भेजी गई पुस्तकों में सुधार*
Compose email:

वरिष्ठ प्रबंधक
ए.बी.सी. पब्लिकेशंस
नई दिल्ली

मैं चेन्नई-निवासी डॉली डिसूजा हूँ। मैंने आपसे आठ पुस्तकें ऑनलाइन मँगवाई थीं। उनमें निम्नलिखित दो पुस्तकें किसी अन्य लेखक की आ गई हैं। फिर-से ध्यान करें कि मुझे डॉ. अशोक बत्रा द्वारा रचित पुस्तकें ही चाहिए। ये पुस्तकें हैं–

1. नवयुग हिंदी व्याकरण : लेखक डॉ. अशोक बत्रा
2. आधुनिक हिंदी व्याकरण : लेखक डॉ. अशोक बत्रा

इनके अतिरिक्त मनमोहन शर्मा द्वारा रचित 'राजनीतिशास्त्र' नामक पुस्तक भी कटी-फटी है। इसे बदलने की कृपा करें। कृपया ये तीन पुस्तकें प्राप्त करें और लौटती डाक से उपर्युक्त सही पुस्तकें भेजने का कष्ट करें। आपकी यह लापरवाही अपेक्षित नहीं थी।

भवदीय
डॉली डिसूजा
125, विश्वकर्मा रोड
चेन्नई
17.05.2025

7. *आप भोपाल के निवासी shamgupta210@gmail.com श्याम गुप्त हैं। आपके मुहल्ले का सीवर रुका हुआ है।* **अपने नगर निगम आयुक्त nagarnigambhopal@yahoo.com को पत्र लिखकर सीवर-समस्या का समाधान करवाने की प्रार्थना कीजिए।**

From: shamgupta210@gmail.com
To: nagarnigambhopal@yahoo.com
Subject: *कृष्ण नगर के सीवर की मरम्मत*
Compose email:
आदरणीय निगम आयुक्त
भोपाल नगर निगम
भोपाल
मैं भोपाल के कृष्णनगर का निवासी हूँ और नगर सुधार-मंडल का अध्यक्ष हूँ। हमारे मुहल्ले के सभी सीवर रुके हुए हैं। सफाई न होने के कारण तथा पाइपों का आकार छोटा होने के कारण सीवर सदा रुके रहते हैं। आजकल बरसातों के कारण बुरा हाल है।
आपसे निवेदन है कि इन सीवर-पाइपों को बदलवाकर बड़े पाइप बिछवाएँ और उनकी नियमित सफाई की व्यवस्था करें। आपसे अतिशीघ्र कार्यवाही का निवेदन है।
भवदीय
श्याम गुप्ता
333, गली नं. 4
कृष्ण नगर, भोपाल
दिनांक : 17.08.2025

8. *आप राजन/रजनी हैं।* **अपने बैंक खाते में नेट बैंकिंग की सुविधा प्राप्त करने के लिए संबंधित शाखा प्रबंधक को लगभग 80 शब्दों में एक ई-मेल लिखिए।**
[*CBSE 2024*]

From: rajni1838@gmail.com
To: hdfcnetbank.co.in

Subject: *नेट बैंकिंग शुरू करवाना*

Compose mail:
शाखा प्रबंधक
मैं आपकी ब्रांच में खाताधारक हूँ। मैं नेट बैंकिंग सुविधा लेना चाहती हूँ। कृपया मुझे बतलाएँ कि इसके लिए मुझे क्या करना होगा ? मैं कौन-कौन-से कागज लेकर बैंक में आऊँ। कृपया मेरे ई-मेल पर उत्तर दें।
धन्यवाद !
भवदीया
रजनी
खाता क्र. 0123456789

9. *आपका नाम शबाना/रहमान है।* **नया एटीएम कार्ड बनवाने हेतु बैंक-मैनेजर को 100 शब्दों में एक ई-मेल लिखिए।**
[*Common Exam (IX) 2023-24*]

From: rahman135@gmail.com
To: sbinetbank.co.in

Subject: *ए.टी.एम. प्राप्त करना*

Compose mail:
शाखा प्रबंधक

मैं आपकी शाखा में खाताधारक हूँ। मेरे पास ए.टी.एम. कार्ड नहीं है। आपसे निवेदन है कि मुझे अपने खाते में लेनदेन के लिए नया ए.टी.एम. जारी करें।

धन्यवाद !

भवदीय

रहमान

खाता क्र. 9876543210

10. बैंक में खाता खोलने के लिए बैंक-मैनेजर को ई-मेल लिखिए। [*सरस्वती विद्या मंदिर (IX) 2023-24*]

From: prisha2018@gmail.com
To: canara12345.co.in

Subject: *नया बचत खाता खुलवाना*

Compose mail:

बैंक मैनेजर !

मैं इस नगर की स्थायी निवासी हूँ। आपका बैंक मेरे घर के पास है। मैं इसमें अपना बचत खाता खुलवाना चाहती हूँ। कृपया बतलाएँ कि मैं कब, किस दिन, क्या-क्या कागज़ लेकर बैंक में आऊँ।

धन्यवाद !

भवदीया

प्रिषा

535, सैक्टर 10

कुरुक्षेत्र (हरि.)

11. *आप पार्थ बत्रा (paarth@gmail.com) हैं।* **दैनिक भास्कर करनाल के चीफ ब्यूरो (dainikbhaskarkrnl.com) को ई-मेल लिखकर बस अड्डे के पास पार्किंग व्यवस्था करवाने के लिए आग्रह कीजिए।**

From: paarth@gmail.com
To: dainikbhaskarkrnl.com

Subject: *पार्किंग-व्यवस्था।*

Compose email:

सेवा में

ब्यूरो चीफ

दैनिक भास्कर

करनाल

आदरणीय महोदय

मैं आपके प्रतिष्ठित पत्र के माध्यम से करनाल बस अड्डे के पास पार्किंग बनवाने के लिए अधिकारियों का ध्यान खींचना चाहता हूँ। कृपया इसे अपने पत्र में छापने का कष्ट करें।

करनाल नगर अपने खुलेपन और साफ-सफाई के लिए विख्यात है। परंतु इसके मुख्य बस अड्डे के पास पार्किंग का अभाव है। इस कारण वाहनचालकों को बहुत परेशानी होती है। कई बार इधर-उधर खड़े वाहनों के कारण वहाँ यातायात जाम हो जाता है। अनेक बार दुर्घटनाएँ भी हो जाती हैं। अतः करनाल नगर निगम और परिवहन मंत्रालय दोनों से निवेदन है कि वे इस विषय में गंभीरता दिखाएँ। आसपास कोई जमीन देखकर विशाल पार्किंग का निर्माण कराएँ।

धन्यवाद !

भवदीय

पार्थ बत्रा

847, सेक्टर-13

करनाल

14.04.2025

12. *आप रजनी/रजनीश हैं। आपने हिंदी दैनिक पत्रिका 'जागृति' में कविता प्रकाशित करवाने के लिए भेजी थी। परंतु कविता प्रकाशित नहीं हुई।* **कविता प्रकाशित न करने के कारण जानने के लिए संपादक महोदय को 100 शब्दों में एक ई-मेल लिखिए।** [*CASE 2022-23*]

From: rajni123@gmail.com
To: Jagriti.co.in
Subject: *कविता-प्रकाशन*
Compose email:

आदरणीय संपादक
'जागृति' पत्रिका
सादर नमस्कार !
मैं आपकी पत्रिका 'जागृति' की नियमित पाठिका हूँ। मैं कवयित्री भी हूँ। आपने पंद्रह दिन पहले स्वतंत्रता दिवस के उपलक्ष्य में कविताएँ मँगवाई थीं। मैंने समय-से अपनी कविता 'मेरा भारत' भेज दी थी। किंतु वह कविता पत्रिका में छपी नहीं है। मेरे मन में तब-से जिज्ञासा है कि वह कविता क्यों नहीं छपी ? क्या कविता छपने योग्य नहीं थी ? क्या उसके शब्द कम या अधिक थे ? क्या उसमें कोई आपत्तिजनक अंश था ? या अनजाने या अनदेखी में वह कविता छपने से रह गई ? यदि कविता न छप पाने का कोई उचित कारण हो तो मुझे बताने का कष्ट करें ताकि मैं अपने लेखन में सुधार कर सकूँ।
आशा है, आप उत्तर अवश्य देंगे।
भवदीया
रजनी
निराला नगर
गाजियाबाद

प्रश्न-अभ्यास

1. विद्यालय की छात्रा नीलिमा (neelima24@yahoo.com) की ओर से विद्यालय के प्राचार्य श्री वेद प्रकाश शर्मा (vpsharmadps.co.in) को ई-मेल द्वारा सूचित कीजिए कि आप माता जी की अस्वस्थता के कारण दिनांक 13.10.2023 को विद्यालय में नहीं आ सकेंगी।
2. आप मार्डन स्कूल के हिंदी अध्यापक मुकेश धीमान (mdhiman28@gmail.com) हैं। अपने प्राचार्य श्री ओ.पी.गर्ग (opgarg@gmail.com) को अपना त्यागपत्र भेजिए। आपको सरकारी विद्यालय में नियुक्ति मिल गई है।
3. आप (swatisingh@gmail.com) स्वाति सिंह हैं। आपको विद्यालय के वार्षिक उत्सव में देशभक्ति गीत के लिए चुना गया है। परंतु घर में गणेश-पूजा का उत्सव होने के कारण आप उपस्थित नहीं रह सकेंगी। इसकी सूचना अपनी सांस्कृतिक सचिव श्रीमती महिमा चौधरी (mahima223@gmail.com) को ई-मेल द्वारा दीजिए।
4. उज्जैन के मनमोहन जैन (mmjain@yahoo.com) ने लक्ष्मी पब्लिकेशंज़ दिल्ली (laxmipublications.com) से पूछा है कि आधुनिक हिंदी व्याकरण कैसे प्राप्त की जा सकती है। आप राजेश शर्मा, विक्रय प्रबंधक हैं। ई-मेल द्वारा सूचित कीजिए कि यह पुस्तक फ्लिपकार्ट पर उपलब्ध है।
5. आप मोहित (mohit1998@yahoo.com) की ओर से नगर-निगम अधिकारी (nnigamchandigarh.com) को ई-मेल लिखकर तेजगति से मोटर साईकिल चलाने वालों पर पाबंदी लगाने का आग्रह कीजिए।
6. आप सुषमा (sushma28@gmail.com) की ओर से केनरा बैंक के प्रबंधक श्री धीरज कुमार (dkumarcanara.com) को ई-मेल द्वारा चैकबुक खोने की प्राथमिक सूचना दीजिए तथा उस पर लेन-देन न करने की प्रार्थना कीजिए।

7. आप डी.ए.वी. स्कूल जालंधर के प्राचार्य प्रभाकर चौधरी (pchaudharydav@gmail.com) की ओर से हिंदी अध्यापिका मोहिनी अग्रवाल (magarwal@gmail.com) को आदेश जारी कीजिए कि वे रविवार को प्रातः 10:00 बजे आगामी वार्षिक-उत्सव की योजना बनाने के लिए उनके कार्यालय में पहुँचें।

8. आप रमेश धमीजा (rdhamija@gmail.com) सालवान स्कूल में पुस्तकालयाध्यक्ष हैं। आप हिंदी अध्यापिका श्रीमती सोनिया (sonia1999@gmail.com) को ई-मेल से आदेश दीजिए कि वे प्रेमचंद के दो उपन्यास पुस्तकालय में वापस लौटाएँ।

9. आप विनोद चहल (vchahal18@gmail.com) हैं। अपने विद्यालय के प्राचार्य (principalmod@gmail.com) को ई-मेल लिखकर छात्रवृत्ति पाने के लिए निवेदन कीजिए।

10. आप विद्युत-अधिकारी (electricitymd.co.in) को ई-मेल द्वारा चेतावनी दीजिए कि आपके (ashok1960@gmail.com) घर के बाहर बिजली के खंभे की तारें खतरनाक ढंग से उलझी हुई हैं। वे शीघ्र कार्यवाही करें।

11. सड़क परिवहन निगम कानपुर (Info@roadwayskanpur.com) को कृष्ण कुमार शर्मा, 35, गोपाल नगर कानपुर (krishan02@gmail.com) की ओर से पत्र लिखिए जिसमें मोहल्ले के बाहर बस का शेल्टर बनवाने का निवेदन हो जिससे प्रतीक्षा कर रहे यात्री आराम अनुभव करें।

12. आप रानी रुद्रा (ranirudra22@gmail.com) बंगलौर की निवासी हैं। आप स्थानीय समाचार-पत्र (jagriti.co.in) की मुख्य संपादक श्रीमती वसुंधरा को ई-मेल लिखिए जिसमें फुटपाथ पर खड़े रेहड़ी वालों को हटाने और उन्हें कोई निश्चित जगह उपलब्ध कराने का आग्रह हो।

13. आप बचपन स्कूल चंडीगढ़ (bachpanchd.com) के प्राचार्य की ओर से (laxmipublications.com) लक्ष्मी पब्लिकेशंज़ के विक्रय प्रबंधक श्री राजेश शर्मा (rajesh37@gmail.com) को ई-मेल से पुस्तकें शीघ्रातिशीघ्र भेजने का आग्रह कीजिए। पुस्तकों का आर्डर पहले ही भेजा जा चुका है।

V. संवाद-लेखन

पाठ्यक्रम—संवाद-लेखन

'संवाद-लेखन' का आशय है—बातचीत करते हुए दिखाना। संवाद-लेखन एक कला है। बातचीत या संवाद को एक ही मानना चाहिए। बातचीत बिल्कुल स्वाभाविक होती है। उसमें अपनी बात को अपने स्वभाव और मूड के अनुसार कहने पर बल दिया जाता है। उसमें न तो बनावट होती है और न किसी को प्रभावित करने की इच्छा। एक अच्छे संवाद में निम्नलिखित गुण होने चाहिए—

- बातचीत दिल खोल कर होनी चाहिए। इसमें दुराव-छिपाव नहीं होता। सीधी सच्ची बात सीधे-सादे अंदाज़ में कह देनी चाहिए।
- बातचीत दिल से होनी चाहिए, दिमाग से नहीं। सोच-समझ कर और फूँक-फूँक कर की गई बात बनावटी होती है, नीरस होती है, ढोंग होती है और अवास्तविक होती है। सच्चे दोस्तों में दिमागी बातचीत नहीं चलती। हाँ, जहाँ नया माहौल हो, औपचारिकता हो, संबंधों की दूरी हो, दूसरे को प्रभावित करने का उद्देश्य हो, वहाँ रुक-रुक कर सँभल-सँभल कर संवाद कहना अच्छा रहता है।
- बातचीत में रिश्तों की महक बनी रहनी चाहिए। दोस्त के साथ दोस्ती, दुश्मन के साथ दुश्मनी, बड़ों के साथ पूज्य भाव, छोटों के साथ स्नेह व्यक्त होना चाहिए।
- बातचीत में संबोधन बहुत महत्त्वपूर्ण होते हैं। कई बार तो अकेले संबोधन ही संवाद की दिशा बदल देते हैं। यदि किसी प्रिय को भी अपमानपूर्ण ढंग से बुलाया जाए तो वह चिढ़कर सारा स्वाद बिगाड़ देता है। दूसरी ओर, प्यारा-सा संबोधन पाकर दुश्मन की दुश्मनी भी पिघल सकती है।
- बातचीत में एक प्रकार की बेतकल्लुफी या खुलापन होता है। वह एक साँचे में ढली हुई या बिल्कुल अनुशासित नहीं होती। उसमें कुशल-क्षेम, हँसी-मज़ाक या मूड सैट करने के अवसर भी होते हैं और होने चाहिए। इनका भी बातचीत में महत्त्व होता है।
- बातचीत अवसर के अनुकूल होनी चाहिए। सुख में खुशी, गम में गमी और क्रोध में उग्रता होनी ही चाहिए। उसके बिना बातचीत किस काम की?

नीचे विभिन्न लोगों से हुई बातचीत के कुछ नमूने दिए जा रहे हैं—

1 **दुकानदार एवं ग्राहक के बीच किसी सामान की खरीददारी के विषय में हुई बातचीत को संवाद रूप में लिखिए।**

[*CBSE 2019*]

ग्राहक — लालाजी! पनीर का क्या भाव है?

दुकानदार — 300 रु. किलो।

ग्राहक — क्या इससे भी बढ़िया क्वालिटी का पनीर है?

दुकानदार — हमारे पास एक ही पनीर है। वह भी हम खुद तैयार करते हैं।

ग्राहक — आजकल कुछ भरोसा नहीं। बाज़ार में घटिया और नकली पनीर भी खूब बिक रहा है।

दुकानदार — हम तो अपने पनीर की बात करते हैं। इसमें मिलावट हो तो हमारी गारंटी है।

ग्राहक — तो लाओ, आधा किलो दे दो।

2 दो मित्रों के बीच विद्यालय में आयोजित होने वाले वार्षिकोत्सव की तैयारी को लेकर बातचीत को संवाद रूप में लिखिए। [*CBSE 2019*]

रोहित – और सचिन, सुना ड्रामा कैसा चल रहा है?

सचिन – फाइन! दिन-रात संवाद याद करने में लगा हूँ। और तू बता! तू तो मंच-सज्जा में लगा है न!

रोहित – हाँ, इस बार की सज्जा देखना।

सचिन – अच्छा! कोई रहस्य है क्या?

रोहित – बस देखता जा।

सचिन – और तूने भी ऐसा नाटक पहले कभी नहीं देखा होगा।

रोहित – तब तो मज़ा आ जाएगा।

3 दिल्ली में प्रदूषण की भयावह स्थिति पर दो मित्रों के बीच होने वाला संवाद लिखिए। [*CBSE 2019*]

नीलिमा – ओह! सड़क पर तो साँस लेना भी मुश्किल है!

सुरभि – हमारा तो घर ही सड़क के किनारे है। हमारी सोच न!

नीलिमा – सचमुच दिल्ली में रहना अपने फेफड़े खराब करना है।

सुरभि – मेरे पिताजी का गुर्दा खराब है। माँ को दमा है। समझ नहीं आता, कहाँ जाएँ?

नीलिमा – इससे तो अच्छा, किसी छोटे शहर में रह लें।

सुरभि – मेरे दादाजी इसीलिए वापस सोलन चले गए।

नीलिमा – यह अच्छा फैसला है। दिल्ली का प्रदूषण बढ़ेगा ही। घट तो सकता नहीं।

सुरभि – सच कहती हो तुम!

4 दो महिलाओं के मध्य बच्चों की मोबाइल के प्रति बढ़ती रुचि को लेकर हुई बातचीत को संवाद-लेखन के रूप में लिखिए। [*CBSE 2019*]

अथवा

मोबाइल से बच्चों पर पड़ने वाले दुष्प्रभाव पर दो मित्रों के बीच हुई बातचीत को संवाद के रूप में लिखिए। [*के.वि.सं. बंगलौर, 2022*]

श्वेता – हाय राम! ये बच्चे मोबाइल छोड़ते ही नहीं।

महाश्वेता – हाँ, मोबाइल के कारण ये हमसे बात भी नहीं करते।

श्वेता – न जाने, ये इसमें कहाँ खोए रहते हैं?

महश्वेता – मुझे तो डर लगता है, कहीं ये भटक न जाएँ।

श्वेता – भटकने का भी डर है और समय कितना बर्बाद होता है?

महाश्वेता – अब तो वे खेल भी इसी पर खेलते हैं।

श्वेता – मैदान में जाना तो बिल्कुल छूट गया है इनका।

महाश्वेता – मैं तो अपने शिवम को सुबह 6 बजे उठाकर पार्क में ले जाती हूँ।

5 दो यात्रियों के मध्य गाड़ी के देर से आने पर होने वाली बातचीत को संवाद रूप में लिखिए। [*CBSE 2019; के.वि.सं. बंगलौर, 2022*]

सुनील – आज तो गाड़ी बहुत लेट हो गई है।

अंकुर – हाँ, अक्सर यह गाड़ी समय पर आती है। कुछ गड़बड़ हो गई होगी।

सुनील – लगता तो यही है। पर हमारी तो मुसीबत हो गई।

अंकुर – मैंने भी अपने मित्र को स्टेशन पर आने का समय दिया हुआ है। दोनों का समय खराब होगा।

सुनील – गाड़ियाँ जो पश्चिमी देशों में चलती हैं। एक सेकंड की भी देर नहीं होती।

अंकुर – भारत में भी अब पहले-से बहुत सुधार है।

सुनील – तू ठीक कह रहा है। यहाँ भी ठीक समय पर गाड़ियाँ आनी चाहिए।

6 *'मज़हब नहीं सिखाता आपस में बैर रखना'* **– इस विषय पर दो मित्रों के मध्य संवादों की रचना करें।** [*CBSE 2018, 2021*]

मल्लिका – सोनम! लोग मज़हब के नाम पर लड़ते क्यों हैं?

सोनम – मज़हब तो लड़ना नहीं सिखाता।

मल्लिका – जरूर मज़हब में ही कोई खराबी है, वरना लोग क्यूँ लड़ते?

सोनम – बताओ, किस मज़हब ने कहा कि दूसरों को मारो।

मल्लिका – मारने के लिए नहीं कहा, किंतु कोई मज़हब यह तो सिखाता है कि जो तुम्हारे मज़हब को नहीं मानता, वह पापी है। वह नरक में जाएगा।

सोनम – कह देने भर से क्या होता है?

मल्लिका – इसी से सब होता है। इतनी बात का सहारा लेकर अंधभक्त पापियों का संहार करने चल पड़ते हैं।

सोनम – तो क्या मज़हब गलत और ठीक का भेद भी न करे।

मल्लिका – अगर किसी बात का प्रभाव विनाशकारी हो तो उसे नहीं कहना चाहिए। फिर बताओ, अपने समर्थकों को श्रेष्ठ और दूसरों को पापी कहना पाप नहीं तो क्या है? यह सर्वनाश का मार्ग है।

7 **आने वाले रविवार को दो मित्रों के बीच पिकनिक पर जाने की योजना बनाने के लिए हो रही बातचीत को संवाद के रूप में लिखिए।** [*CBSE 2018*]

विनीत – ओए विमल! बड़े दिन हो गए नदी में नहाए। चलें यमुना-किनारे।

विमल – नेकी और पूछ-पूछ!

विनीत – तो कल सुबह निकलते हैं अपनी साइकिलों पर।

विमल – और क्या? साइकिलों पर जो मज़ा है, वो स्कूटी पर कहाँ?

विनीत – तो फिर सुबह 5:00 बजे मिलते हैं गीता भवन चौक पर।

विमल – बंदा 5 मिनट पहले ही तुम्हारा इंतजार करेगा।

विनीत – पर देख, साइकिल में हवा भरवा लियो।

विमल – अरे, हर बार मेरी हवा निकली रहेगी क्या? पहुँच जाऊँगा।

8 **गृहकार्य में शिथिलता देखकर पिता-पुत्र के बीच हुए संवाद को लगभग 50 शब्दों में लिखिए।**

पिता – रोहित! स्कूल का काम हो गया?

पुत्र – पिताजी, अभी करता हूँ।

पिता – रात के 8:00 बज गए हैं। अभी तक काम नहीं किया।

पुत्र – बस पिताजी, यही सीरियल देखकर करता हूँ।

पिता – *(टेलीविजन बंद करते हुए)*–बेटे, ये सीरियल तो तुझे कहीं का नहीं छोड़ेंगे।

पुत्र – ऊँऽ ऽ पिताजी!

पिता – नहीं बेटे! पहले स्कूल का काम, फिर सीरियल। तुम्हें यह भूल गया कि पहले कौन-सा काम जरूरी है?

पुत्र – सॉरी पिताजी! आगे-से पहले काम किया करूँगा।

पिता – देखता हूँ, क्या करते हो?

9 आजकल स्कूली वाहनों द्वारा हो रही असावधानियों पर माँ-बेटे के बीच हुए संवाद को लगभग 50 शब्दों में लिखिए।

माँ – बेटे, वापसी पर बस पकड़ने में देर न करना।

बेटा – हाँ माँ जी! मुझे तो स्कूल-बस के ड्राइवर से डर लगता है। हर हफ्ते किसी-न-किसी को स्कूल में ही छोड़ आता है।

माँ – अच्छा! तो तुम उसकी शिकायत नहीं करते।

बेटा – प्रिंसिपल साहब को पता है। उन्होंने डाँटा भी।

माँ – बेटे, उतरते समय भी ध्यान रखा करो।

बेटा – पर माँ! यह ड्राइवर चौक पर ही ब्रेक लगाकर कहता है–उतर जाओ। परसों एक लड़की को स्कूटर वाले ने टक्कर मार दी।

माँ – फिर तुम प्रिंसिपल साहब से कहा करो न! और अपना ख्याल खुद किया करो।

बेटा – जी माँ जी!

10 खाद्य पदार्थों में होने वाली मिलावट के बारे में मित्र के साथ हुए संवाद को लगभग 50 शब्दों में लिखिए।

अमित – यार आजकल कोई भी चीज बाज़ार में शुद्ध नहीं मिलती।

सुरेश – क्यों क्या हुआ?

अमित – कल बाज़ार से शहद लाया, उसके नीचे खांड जमी मिली।

सुरेश – और मुझे काली मिर्च में पपीते के बीज मिले।

अमित – सुनते हैं, पैट्रोल पंप वाले पैट्रोल में मिट्टी का तेल मिला देते हैं।

सुरेश – यहाँ लोग दूध में पानी, हल्दी में पीला रंग, मेंहदी में रेत और पिसे धनिए में गोबर–जाने क्या-क्या मिला देते हैं?

अमित – यार इन्हें कोई रोकता नहीं।

सुरेश – रोकने वालों के खून में भी रिश्वत, बेहयाई और बेईमानी की मिलावट है। किस-किस को रोकेंगे।

[सरस्वती विद्या मंदिर, बिहार (IX) 2023-24]

11 चिकित्सक और रोगी के मध्य का संवाद लिखिए।

रोगी – डॉ. साहब, नमस्कार !

चिकित्सक – आओ।

रोगी – डॉक्टर साहब ! मुझे खाँसी और जुकाम है।

चिकित्सक – कब-से है ?

रोगी – पिछले तीन दिनों से।

चिकित्सक – कोई दवाई ली ?

रोगी – दवाई तो नहीं ली। परंतु अदरक, शहद का इस्तेमाल किया। गरारे भी किए।

चिकित्सक – अच्छा ! मुँह खोलो।

रोगी – आऽऽऽ आ ! (मुँह खोलता है।)

चिकित्सक – (टार्च मारकर) अरे, तुम्हारे गले में इन्फैक्शन है। तुम्हें पाँच दिन की दवाई देता हूँ। ठंडी, खट्टी और मसालेदार चीजें न खाना। दिन में तीन बार दवाई लो। गर्म पानी पिया करो।

रोगी – जी डॉक्टर साहब !

12 **परीक्षा-परिणाम पर चर्चा करते दो विद्यार्थियों के बीच 80 शब्दों का संवाद लिखिए।**

[*Common Exam (IX) 2023-24*]

नीलम – हाय नेहा ! कितने नंबर आए ?

नेहा – मेरे 85% और तुम सुनाओ।

नीलम – मेरे 94% हैं।

नेहा – वाह ! तुमने तो क्लास में टॉप किया होगा।

नीलम – (उदासी से) नहीं रे ! मीनाक्षी के 97% हैं।

नेहा – वाह ! उसने तो मोर्चा मार लिया।

नीलम – हाँ यार ! मैंने जोर तो बहुत लगाया, पर! .... शायद मेहनत में कमी रह गई।

नेहा – मेरे ख्याल से हम तुलना न करें तो अच्छा है। वरना मैं तो मायूस होकर रोने लगूँगी (हँसते हुए) है न !

नीलम – सच कहती हो ! हमारे से नीचे भी बहुत दुनिया है।

नेहा – सच तो यह है कि हम तीनों ऊपर के 1% में आती हैं। फिर भी उदास हैं। उधर देखो, भीमसेन बैंड बजाता आ रहा है, जैसे बराती हो। पूछना इसके कितने नंबर आए हैं ?

नीलम – जरूर फेल होते-होते बचा होगा। (हिं हिं हिं हिं हँसी का स्वर)

13 **मोबाइल फोन से होने वाले लाभ और हानि के संबंध में मित्र से हुए वार्तालाप का एक संवाद 50 शब्दों में तैयार कीजिए।**

कोमल – हाय ज्योति! इस इतवार को तो तू घर गई होगी।

ज्योति – नहीं। घर में मोबाइल से बात कर ली थी। इसलिए नहीं गई।

कोमल – हाँ, मोबाइल का यह तो लाभ है। अपनों से कभी भी बात करा देता है।

ज्योति – परंतु मैं सोच रही हूँ कि माँ तुझसे मिलने के लिए कितना तरस रही होगी। मोबाइल ने यह मौका तो छीन लिया।

कोमल – सुख के साथ दुख तो होते ही हैं।

14 **यातायात नियमों के पालन के संबंध में मित्र से हुए संवाद को लगभग 50 शब्दों में लिखिए।**

सुरेश – मनन! हेलमेट कहाँ है ?

मनन – आगे कोई ट्रैफिक वाला नहीं है। घबरा मत।

सुरेश – अच्छा, तू ट्रैफिक वालों से डर के लिए हेलमेट पहनता है। तुझे अपनी और यातायात के नियमों की परवाह नहीं है।

मनन – यातायात के नियमों की परवाह कौन करता है ?

सुरेश – पर तुझे तो करनी चाहिए।

मनन – जब सारे बेपरवाह हों तो फिर मैं परवाह क्यों करूँ।

सुरेश – अपने सुख के लिए और गलत काम से बचने के लिए।

मनन – बात तो तू ठीक कर रहा है। ले, मैं लाल बत्ती पर खड़ा हो जाता हूँ।

सुरेश – यह हुई न बात !

15 ***आपके प्रिय अध्यापक का स्थानांतरण हो गया है, उनके जाने से विषय की पढ़ाई पर उसका क्या असर पड़ेगा,* उसके बारे में दो छात्रों के संवाद को लगभग 50 शब्दों में लिखिए।**

मधुर – सुनील, तुझे पता है हमारे मिश्रा सर का स्थानांतरण हो गया है?

सुनील – हाँ, दो दिन बाद उन्हें यहाँ से चले जाना है।

मधुर – यह बुरा हुआ। उनका पढ़ाया ठीक समझ आ रहा था।

सुनील – हाँ, मैं भी उनसे पूरी तरह संतुष्ट था। अब पता नहीं, कोर्स भी पूरा होगा या नहीं।

मधुर – नए अध्यापक के आने में समय लगेगा। कुछ दिन आपसी तालमेल में लगेंगे।

सुनील – तू बात ठीक कर रहा है। चलो, आज मिश्रा सर से मिलने चलते हैं।

मधुर – चल, अभी चलते हैं।

16 **अपने मित्र के क्रिकेट टीम में चुने जाने पर बधाई देते हुए संवाद लिखिए।** *[के. वि. सं. जम्मू, 2021]*

राकेश – बधाई सुनील, बधाई !

सुनील – धन्यवाद राकेश !

राकेश – यार तूने मोर्चा मार लिया। अब आएँगे मज़े।

सुनील – तुझे बड़ी खुशी हो रही है।

राकेश – और क्या ! तू मारेगा चौक्के-छक्के ! और मैं कॉलर खड़े करके कहूँगा – यह मेरा यार है सुनील।

सुनील – तो यह बात है !

राकेश – और क्या ? मैं तुझसे बहुत प्यार करता हूँ, सुनील ! तुझ पर लट्टू हूँ।

सुनील – तब तो मुझे कई छक्के तेरे लिए ही मारने पड़ेंगे।

राकेश – और क्या ? भई बहुत-बहुत बधाई !

सुनील – यार धन्यवाद कैसे करूँ ?

17 **नौकर और मालिक के मध्य वेतन-वृद्धि के लिए हुए संवाद को लगभग 50 शब्दों में लिखिए।**

नौकर – मालिक महँगाई बढ़ गई है। अब 7000 में हमारा गुज़ारा नहीं चलता।

मालिक – अरे, अभी तो 500 रु. बढ़ाए थे।

नौकर – मालिक 500 रु. बढ़ाए हुए एक साल हो गया है और सब्जियाँ तब से कई गुना बढ़ गई हैं।

मालिक – यह महँगाई तो सबके लिए बढ़ी है रामू !

नौकर – पर मालिक ! हमारे अन्नदाता तो आप हैं।

मालिक – अच्छा ठीक है। अगले महीने से 500 रु. और बढ़ा देंगे।

नौकर – 500 रु. से क्या होगा मालिक।

मालिक – अच्छा, देखते हैं। यह 500 रु. की बढ़त तो ले।

नौकर – धन्यवाद मालिक।

18 **स्वच्छता अभियान के बारे में दो छात्रों का संवाद लिखिए।**

अमित – यार जूठा पत्ता कहाँ फेंकूँ, कहीं कोई डस्टबिन ही नहीं दीख रहा।

सुमित – तो फिर फेंक दे सड़क पर।

अमित – नहीं यार, सफाई रखने की जिम्मेदारी अकेले प्रधानमंत्री की थोड़े ही है।

सुमित – तो फिर उनसे पूछो कि डस्टबिन क्यों नहीं रखवाते।

अमित – तू भी यार, बहकी-बहकी बातें कर रहा है। क्या सारी सड़कों पर जगह-जगह डस्टबिन रखवाए जाएँगे। कुछ हमें भी संयम रखना चाहिए।

अमित – अच्छा तू बता, कहाँ फेंकूँ।

सुमित – ला मुझे दे। मैं तब तक इसे अपने पास रखूँगा जब तक कि कोई डस्टबिन न दिख जाए। ला, मुझे दे।

अमित – यार तू तो मोदी जी का भक्त हो गया। ले, मैं ही इसे अपने पास रख लेता हूँ।

19 *प्रतीक और पार्थ दसवीं के छात्र हैं। दिसंबर की परीक्षाएँ चल रही हैं। इधर भारत-इंग्लैंड की एकदिवसीय क्रिकेट मैच-शृंखला का अंतिम मैच है। दोनों मैच देखना चाहते हैं, परंतु पढ़ाई के दबाव से भी डरते हैं।* **उनमें हुई बातचीत की कल्पना कीजिए।**

पार्थ – ओए प्रतीक ! आज शृंखला का आखिरी मैच है। देखेगा ?

प्रतीक – और छोड़ूँगा क्या ? पूरा देखूँगा।

पार्थ – तेरे पापा दिन भर देखने देंगे ?

प्रतीक – मेरे पापा तो खुद बड़े शौकीन हैं। और मैंने होम-वर्क करके पापा को पूरी तरह खुश कर रखा है।

पार्थ – यार तू बड़ा उस्ताद है। पर मेरे पापा तो डाँट कर सुला देंगे।

प्रतीक – तो फिर तू सोकर सपने में देखियो ! और मैं देखूँगा विराट के छक्के और चौके।

पार्थ – यार टीमें तो दोनों धुआँधार हैं। मज़ा बहुत आएगा।

प्रतीक – हाँ, आजकल तो रोहित भी पूरी फार्म में है और बुमराह भी। उसकी एक बार फिरकी चल जाए तो पाँच-छः खिलाड़ी गए समझो।

पार्थ – वैसे, इस बार भारत की टीम काफी संतुलित और मज़बूत है।

प्रतीक – क्या ख़ाक मज़बूत है। दक्षिणी अफ्रीका के सामने तो विराट को छोड़कर बाकी सबने घुटने ही टेक दिए थे। पर इंग्लैंड के सामने हमारी टीम सचमुच मज़बूत नज़र आती है।

पार्थ – हाँ यार, आएगा बहुत मज़ा। मुझे तो बड़ी थ्रिल हो रही है। मेरा आधा ध्यान तो मैच की ओर लगा रहेगा।

प्रतीक – अच्छा, चलूँ यार। घंटा-दो-घंटा और पढ़ लूँ तो मैच देखने का रास्ता पूरी तरह साफ हो जाएगा।

पार्थ – अच्छा, मैं भी पापा को खुश करके देखता हूँ पढ़ के।

20 **सब्जी बेचने वाले एवं महिला के मध्य हुई बातचीत को संवाद के रूप में लिखिए।** *[के.वि.सं. जम्मू, 2022]*

महिला – भैया ! आलू क्या भाव हैं ?

सब्जीवाला – आओ बहन जी ! ले लो आलू।

महिला – मैंने आलू का भाव पूछा है ?

सब्जीवाला – (इशारा करते हुए) ये 25 रु. किलो।

महिला – और पहाड़ी आलू ?

सब्जीवाला – वे 40 रु. किलो हैं ?

महिला – इतने महँगे ?

सब्जीवाला – बहन जी ! आप 25 वाले ले लो।

महिला – नहीं, मुझे पहाड़ी आलू चाहिए। 30 रु. लगा लो।

सब्जीवाला – बहन जी ! रोटी तो हमने भी खानी है। आप 35 रु. दे देना।

महिला – अच्छा तोल दे भैया एक किलो।

21 **दो मित्रों के मध्य हिंदी अध्यापक के व्यवहार के विषय में होने वाला संवाद लिखिए।** *[के. वि. सं. जम्मू, 2021]*

जतिन – प्रिया ! हिंदी वाले सर है न ! लाजवाब हैं !

प्रिया – हाँ ! मानना पड़ेगा।

जतिन – उन्हें सुनने से मन ही नहीं भरता।

प्रिया – वे बातें ही ऐसी करते हैं। जैसे हमारे मन की बात कह रहे हों।

जतिन – और हिंदी कितनी अच्छी बोलते हैं।

प्रिय – जब वे फ्रेंड्स की जगह 'मित्र' कहते हैं और सिस्टर की जगह बहन कहते हैं तो मुझे बहुत अच्छा लगता है।

जतिन – उन्हें कितनी कविताएँ याद हैं ?

प्रिया – वे कभी डाँटते भी नहीं।

जतिन – डाँटें क्यों ? उनके पीरियड में सब बच्चे उन्हें ही टुकुर-टुकुर देखते रहते हैं।

प्रिया – सचमुच सभी बच्चे उन्हें आदर देते हैं।

जतिन – भई, वैसे तो मुझे अध्यापक बनना नहीं। परंतु कभी-कभी मन में आता है कि हिंदी वाले सर जैसा शिक्षक बनूँ।

प्रिया – हाँ, मैं भी यही चाहती हूँ।

22 *आप राघव/राधिका हैं। आगामी मार्च महीने में आपकी वार्षिक परीक्षा होने वाली है।* **परीक्षा के लिए हिंदी के पाठ्यक्रम पर चर्चा करते हुए मित्र से किए संवाद को लगभग 80 शब्दों में लिखिए।** *[CASE 2022-23]*

राघव – हलो राधिका, कैसी हो ?

राधिका – तुम सुनाओ, तुम तो पढ़ाई में लगे होगे ?

राघव – मैं तुम्हारी तरह किताबी-कीड़ा नहीं हूँ।

राधिका – अच्छा, यह बताओ, तुमने 'सुमेलन' वाले प्रश्न तैयार किए ?

राघव – अरे, कुछ नहीं। उसमें बस ध्यान से देखना भर है।

राधिका – हाँ, हाँ, तुम तो बहुत होशियार हो।

राघव – परंतु राधिका ! ये तर्क-विश्लेषण वाले प्रश्न बहुत कठिन होते हैं।

राधिका – हाँ, इनमें कुछ समझ ही नहीं आता।

राघव – मुझे तो लगता है, प्रश्न बनाने वाले को भी ज्यादा समझ नहीं है। मुझे तो कई बार चार में से तीन उत्तर सही लगते हैं।

राधिका – तुम ठीक कह रहे हो। इनमें बहुत भ्रम रहता है।

राघव – इसे करने का भी एक ही फार्मूला है। पूरे ध्यान से पढ़ो, समझो और जो सर्वाधिक ठीक जँचे, उस पर टिक लगा दो।

राधिका – परंतु टिक ठीक उत्तर की बजाय दिए गए विकल्प पर लगाना होता है। इसमें भी भ्रम हो जाता है।

राघव – ठीक कह रही हो। इसमें कुछ अधिक सावधान रहना पड़ता है।

राधिका – धीरे-धीरे प्रश्न बहुत कठिन होते जा रहे हैं।

राघव – सच में !

23 *आरक्षण की माँग के कारण देश का चक्का जाम है। स्कूलों की छुट्टी कर दी गई।* **इस पर दो बच्चों की वार्ता लिखिए।**

सीनू – मोनू! आज तो छुट्टी है। खूब क्रिकेट खेलेंगे।

मोनू – हूँ ऽ ऽ! खेलने के लिए बाहर कौन निकलने देगा ?

सीनू – अरे, यह तो मैंने सोचा ही नहीं। स्कूल तक कैसे आएँगे ? बसें तो चलेंगी नहीं।

मोनू – बसें तो चलेंगी। चक्का जाम करने वाले उन्हें रोककर खड़े होंगे।

सीनू – क्या यार ! सारे मज़े पर पानी फेर दिया।

मोनू – मुझे तो समझ नहीं आती। यह चक्का जाम करने का तुक क्या है ? कहीं बम फूट जाए। कहीं किसी का मर्डर हो जाए ! कोई पानी-बिजली की माँग हो, सबका एक ही इलाज हो गया है–चक्का जाम।

सीनू – वैसे हैदराबाद में जाम कम लगते हैं क्या ?

मोनू – हमें भी घर में पड़े-पड़े मक्खियाँ मारनी पड़ेंगी।

सीनू – वैसे आज का चक्का-जाम तो अच्छा ही है। जब तक आरक्षण का कलंक देश की छाती पर बना रहेगा, तब तक देश का सत्यानाश होता रहेगा।

मोनू – यह तू सच कहता है। ये सब नेताओं की राजनीतिक चालें हैं और कुछ नहीं।

सीनू – और नहीं हो तो क्या ! वरना गरीबों और पिछड़ों को सचमुच सहायता देनी हो तो उनके लिए मुफ्त स्कूल खुलवा दो। उन्हें किताबें दे दो। अन्य सहायता दे दो। जाति के नाम पर आरक्षण करना तो आपसी घृणा फैलाने वाला कुकर्म है।

24 **बढ़ती हुई महँगाई पर दो स्त्रियों का संवाद लिखिए।**

मालिनी – हाय राम ! चीनी 50 रु. किलो हो गई है।

गायत्री – और सब्जियों के दाम देखे हैं। घीया तक 80 रु. किलो हो गया है। खाएँ क्या ?

मालिनी – और बहन, हमने फल तो खाने ही छोड़ दिए हैं। कल मैंने 50 रु. देकर मोनू को सेब लेने भेजा। दो सेब लाया और 10 रु. उधार देना छोड़ आया।

गायत्री – सचमुच आग लगी है आग।

मालिनी – पर अखबार तो लिखते हैं कि महँगाई कम होते-होते खत्म हो गई है।

गायत्री – मक्कार हैं मक्कार ! चुनाव जीतने थे। सो टी.वी. पर महँगाई खत्म कर दी। नेताजी के हाथ में सब्जी का झोला दें तो पता चले।

मालिनी – अरी रहने दे। झोला भी नया खरीदना पड़ेगा। नेताओं के सहारे न घर चलता है, न देश। जनता को तो मरना ही है।

प्रश्न-अभ्यास

1. पाकिस्तान और भारत के संबंधों पर दो मित्रों का संवाद लिखिए।
2. मोबाइल फोन के दुरुपयोग पर दो छात्रों का संवाद लिखिए।
3. अपने विज्ञान-अध्यापक की खूबियों पर एक संवाद लिखिए।
4. कक्षा बारह के बाद अपने भविष्य की योजना पर संवाद लिखिए।
5. नए फैशन और पुराने पहनावे पर दो सहेलियों का संवाद लिखिए।
6. किसी नई फिल्म पर दो मित्रों का संवाद लिखिए।
7. किसी प्रेरणादायी पुस्तक के दो पाठकों का आपसी संवाद लिखिए।
8. महानगरों में ट्रैफिक जाम की समस्या पर दो सहेलियों का संवाद लिखिए।
9. लड़कों की छेड़ा-छाड़ी और गुंडागर्दी पर दो सखियों का संवाद लिखिए।
10. पुलिस-इंस्पैक्टर को अपना बैग चोरी होने के सिलसिले में शिकायत करते हुए संवाद लिखिए।
11. सुबह योगाभ्यास से होने वाले लाभों पर दो मित्रों का संवाद लिखिए।
12. पढ़ाई में बढ़ते तनाव पर दो अध्यापकों के बीच संवाद लिखिए।
13. किसी राजनेता के भ्रष्टाचार में जेल जाने पर दो मित्रों में संवाद लिखिए।
14. पाकिस्तान की गंदी हरकतों से तंग दो मित्रों का संवाद लिखिए।
15. आप नई दिल्ली रेलवे पूछताछ कार्यालय से पता कीजिए कि चेन्नई एक्सप्रैस कब और किस प्लेटफार्म पर आ रही है।
16. हैदराबाद के बस अड्डे से पता कीजिए कि कड़प्पा के लिए पहली बस कब चलती है और किस प्लेटफार्म से?
17. धूम-3 फिल्म पर दो मित्रों के परस्पर संवाद को लगभग 50 शब्दों में लिखिए।
18. दिनोंदिन बढ़ रहे प्रदूषण की समस्या पर मित्र से हुए संवाद को लगभग 50 शब्दों में प्रस्तुत कीजिए।
19. आपका मित्र अनूप बोर्ड की परीक्षा में प्रथम आया है। उसकी प्रतिभा के बारे में अपनी माँ से हुए संवाद को लगभग 50 शब्दों में लिखिए।
20. 'समाज में नारी की भूमिका' विषय पर शिक्षक और छात्र के बीच संवाद को लगभग 50 शब्दों में लिखिए।
21. शिक्षक एवं शिष्य के बीच 'स्वच्छ भारत अभियान' को लेकर हुई बात को संवाद-रूप में लिखिए। *[CBSE 2018]*
22. परीक्षा का समय निकट आने पर समय का सदुपयोग करने के लिए अपने मित्र से संवाद कीजिए। *[CBSE 2018]*

VI. सूचना-लेखन

सूचना का संबंध किसी संस्था या समूह से होता है। यह समूह कोई सरकारी या गैर-सरकारी संस्थान हो सकता है। अपने संस्थान के सभी या कुछ सदस्यों के लिए कोई जानकारी देना सूचना-लेखन कहलाता है। ये सूचनाएँ अनेक प्रकार की हो सकती हैं। जैसे–

- किसी कार्यक्रम की सूचना
- किसी नियुक्ति की सूचना
- किसी नए परिवर्तन की सूचना
- छुट्टी, परीक्षा, पिकनिक, सांस्कृतिक कार्यक्रम, खेल-दिवस आदि की सूचना
- किसी नए नियम की सूचना आदि।

लिखने की विधि

सूचना-लेखन संस्था के आधिकारिक पत्र पर होता है। उसमें संस्था का नाम सबसे ऊपर लिखा होता है। यदि खाली कागज़ पर सूचना लिखनी पड़े तो उसमें सबसे ऊपर संस्था के कार्यालय या संस्था का नाम लिखा जाता है। इससे सबको पता चलता है कि वह सूचना किस विभाग से संबंधित है। जैसे–

सरस्वती पब्लिक स्कूल, हरि नगर, दिल्ली

इसके बाद पृष्ठ के बीचोंबीच सूचना का कोई शीर्षक देना होता है। यह शीर्षक अनेक प्रकार का हो सकता है। जैसे–

- खेल उत्सव
- क्रिकेट मैच
- गीत समारोह
- स्वतंत्रता दिवस
- विदाई समारोह
- स्काउट्स
- होम गार्ड
- विद्यालय पत्रिका 'बाल-स्वर'

इसके बाद नीचे मोटे अक्षरों में लिखा होता है–

सूचना

इसके बाद मुख्य सूचना एक अनुच्छेद में लिखी जाती है।

सूचना में न तो किसी प्रकार का संबोधन होता है और न ही अभिवादन। सूचना सभी के लिए होती है। इसलिए लिखने वाला भी उस सूचना को अपनी ओर से नहीं, बल्कि किसी संस्था, समाज या क्लब के पदाधिकारी की ओर से लिखता है।

प्रायः सूचना सीधे ही शुरू कर दी जाती है। इस कारण सूचना की भाषा में निम्नलिखित गुण होते हैं–

- सूचना अन्यपुरुष में लिखी जाती है। सर्वनामों या नामों का प्रयोग न तो लिखने वाला करता है, न ही सूचना पाने वालों के लिए होता है।
- सूचना में अधिक विस्तार नहीं होता। लगभग 80 शब्दों में स्पष्ट सूचना दी जाती है।
- अंत में सूचना लिखने वाले पदाधिकारी के हस्ताक्षर और नाम-पद आदि का उल्लेख होता है। नाम सूचना के नीचे दाएँ कोने में होता है तथा तिथि बाएँ कोने में होती है।

☞ गत वर्षों तक सूचना लेखन की शब्द-संख्या 25-30 या 50 होती थी। अब इसकी संख्या 80 निर्धारित की गई है। हमने उसके अनुसार नए सूचना-लेखन में शब्द-संख्या बढ़ा दी है।

कुछ उदाहरण देखिए–

1. *आप विनीत/विनीता हैं। आप 'निवासी कल्याण संघ' के सचिव हैं। सोसायटी के निवासियों की सुरक्षा हेतु कैमरे लगवाए गए हैं।* **इसकी सूचना देते हुए लगभग 50 शब्दों में सूचना लिखिए।** [*CBSE 2022*]

उत्तर–

निवासी कल्याण संघ

दिनांक : 18.07.2025

सुरक्षा कैमरे

निवासी कल्याण संघ के सभी निवासियों को सहर्ष सूचित किया जाता है कि सभी निवासियों की सुरक्षा हेतु पूरी सोसाइटी में 12 कैमरे लगाए गए हैं। मुख्य द्वार से सभी टावरों तक आने-जाने के सभी रास्तों में कैमरे लग चुके हैं। अब सभी आने-जाने वालों की गतिविधियाँ इसमें कैद होंगी। अब आप सुरक्षा अनुभव कर सकते हैं। आवश्यकता पड़ने पर इन कैमरों का उपयोग कर सकते हैं। आपसे निवेदन है कि आप भी सावधान रहें।

विनीता

सचिव, निवासी कल्याण संघ

2. *आप विनय/विनम्रता हैं। आप विद्यार्थी परिषद के सचिव हैं।* **अंतर्कक्षा कविता पाठ प्रतियोगिता की जानकारी देते हुए लगभग 50 शब्दों में सूचना लिखिए।** [*CBSE 2022*]

उत्तर–

कवितापाठ प्रतियोगिता

विद्यालय के सभी विद्यार्थियों को सूचित किया जाता है कि विद्यार्थी परिषद अपने विद्यालय में एक अंतर्कक्षा कवितापाठ प्रतियोगिता आयोजित करने जा रही है। इसमें कक्षा 8 से 12 तक के छात्र-छात्राएँ भाग ले सकेंगे। 'अमृत महोत्सव' के उपलक्ष्य में आयोजित इस कवितापाठ में देशभक्ति, बलिदान और स्वतंत्रता से संबंधित कविताओं को महत्त्व दिया जाएगा।

समय : 3 से 4 मिनट

भाषा : हिंदी

इच्छुक विद्यार्थी अपने नाम 15 जुलाई तक कार्यालय में जमा कराने का कष्ट करें।

विनय

सचिव, विद्यार्थी परिषद

□ **मिलती-जुलती सूचनाएँ—**

- आप वल्लरी/तुषार हैं। आपके विद्यालय में हिंदी-दिवस मनाया जाने वाला है। इसकी सूचना लगभग 50 शब्दों में लिखिए। *[CBSE 2022]*
- विद्यालय में आयोजित होने वाली कथा प्रस्तुति के लिए हिंदी विभाग के संयोजक की ओर से 40-50 शब्दों में सूचना तैयार कीजिए। *[CBSE 2020]*
- आप अपने विद्यालय में विद्यार्थी परिषद के सचिव हैं। विद्यालय में होने वाली चित्रकला प्रतियोगिता के लिए 40-50 शब्दों में सूचना तैयार कीजिए। *[CBSE 2020]*
- आप अपने विद्यालय में सांस्कृतिक सचिव हैं। विद्यालय में होने वाली 'कविता प्रतियोगिता' में भाग लेने के लिए आमंत्रण हेतु 25-30 शब्दों में एक सूचना तैयार कीजिए। *[CBSE 2019]*

3. विद्यालय में हो रहे 'हिंदी दिवस' के आयोजन के लिए विद्यार्थियों से विभिन्न गतिविधियों में भाग लेने हेतु नाम आमंत्रित करते हुए लगभग 30-40 शब्दों में एक सूचना तैयार कीजिए। *[CBSE 2021, 2022]*

☞ आजकल शब्द-संख्या 80 कर दी गई है। अतः हम इसकी शब्द-संख्या बढ़ाकर लिख रहे हैं।

उत्तर—

डी.ए.वी. विद्यालय, जालंधर

हिंदी दिवस आयोजन

अपने विद्यालय में 14 सितंबर, 2025 को हिंदी दिवस का भव्य आयोजन होगा। इस दिन विद्यार्थी हिंदी भाषा में निम्नलिखित कार्यक्रम प्रस्तुत करेंगे—

- भाषण
- कविता-पाठ
- गीत/भजन-गायन
- एकल नृत्य (हिंदी भाषा में)
- ललित परिधान (फेन्सी ड्रैस)
- चुटकले

जो विद्यार्थी किसी भी विधा में प्रस्तुति देना चाहते हैं, वे छात्र-सचिव से सपर्क करें। जिन्हें अपने अध्यापकों से मार्गदर्शन और सहयोग चाहिए, वे भी बात कर सकते हैं।

इच्छुक विद्यार्थी 1 सितंबर तक अपने नाम दे दें। 4 सितंबर को उनकी प्रस्तुति का चयन होगा।

सभी का स्वागत है।

दिनांक—21 अगस्त, 2025

शेफाली कपूर
छात्र-सचिव

4. मुहल्ले के पास पार्क में योग-कक्षाएँ लगाने और उससे लाभ उठाने की सूचना लगभग 30-40 शब्दों में तैयार कीजिए। *[CBSE 2021]*

☞ **80 शब्दों में प्रस्तुत!**

उत्तर—

योग-कक्षाएँ—बिल्कुल निःशुल्क

मुहल्ले के सभी निवासियों के स्वास्थ्य-लाभ के लिए 15 सितंबर से 15 अक्तूबर, 2025 तक योग-शिविर लगाया जाएगा। यह एकदम निःशुल्क होगा। योग का प्रशिक्षण कुशल योगी देंगे।

मुख्य योग-प्रशिक्षक : योगानंद शास्त्री
सहायक : कृष्णदेव अमर
सहायिका : स्मिता अर्जुन
समय : प्रातः 5 से 7 प्रतिदिन

सभी इच्छुक प्रशिक्षुओं को अपने घर से दरी-चादर लानी होगी। समय से 10 मिनट पूर्व उपस्थित रहेंगे तो सुविधा होगी।

* जिन प्रशिक्षुओं के नाम 12 सितंबर, 2025 तक अधोहस्ताक्षरी तक आ जाएँगे, उन्हीं को योग-शिविर में प्रवेश दिया जाएगा।

दिनांक—31 अगस्त, 2025

आयोजक
रमेश कृष्ण
मोबाइल—1234567890

व्हाट्सअप पर भी पंजीकरण करा सकते हैं।

□ मिलती-जुलती सूचनाएँ—

- आप परमजीत/सिमरन हैं। आप 'साहित्य अकादमी' के सचिव हैं। गर्मी की छुट्टियों में अकादमी द्वारा नाट्य-शिविर का आयोजन किया जा रहा है। इसकी जानकारी देते हुए एक सूचना लगभग 50 शब्दों में तैयार कीजिए। *[CBSE 2022]*
- आप सृष्टि/विपुल हैं। आप 'निवासी कल्याण संघ' के सचिव हैं। आपकी सोसायटी में कोरोना-रोधी टीकाकरण का शिविर लगाया जाएगा, उसकी जानकारी देते हुए लगभग 50 शब्दों में सूचना तैयार कीजिए। *[CBSE 2022]*

5. *आप जॉनसन/जानकी हैं। विद्यालय की कैंटीन में आपको एक घड़ी मिली है।* **'खोया पाया' विभाग को जानकारी देने के लिए उसकी सूचना लगभग 50 शब्दों में तैयार कीजिए।** *[CBSE 2022]*

उत्तर—

क.ख.ग. विद्यालय

खोया-पाया विभाग

सूचना

दिनांक—17.08.2025

प्रिय विद्यार्थियो!

मुझे विद्यालय की कैंटीन से एक हथघड़ी मिलती है। जिस भी विद्यार्थी की हो, वह छुट्टी के बाद स्टाफ रूम में आकर मुझसे संपर्क करे। उसे अपने कक्षा-अध्यापक के सामने यह सिद्ध करना होगा कि वह घड़ी उसी की है। मैं घड़ी-सहित 15 मिनट तक वहाँ प्रतीक्षा करूँगा।

आपका सहयोगी मित्र
जॉनसन/जानकी
235, कक्षा दसवीं

□ मिलती-जुलती सूचनाएँ—

- आप मैरी/ज़ैफ़ हैं। आपको विद्यालय के खेल के मैदान में कुछ पैसे मिले हैं। इससे संबंधित जानकारी विद्यालय के सूचनापट्ट पर लगाने के लिए एक सूचना लगभग 50 शब्दों में तैयार कीजिए। *[CBSE 2022]*
- आप कक्षा दसवीं के लिओनार्ड/बर्नडैट हैं। विद्यालय के बॉस्केटबॉल मैदान में आपको एक घड़ी मिली है। इससे संबंधित सूचना विद्यालय के सूचनापट्ट के लिए तैयार कीजिए जिससे घड़ी खोने वाला छात्र उसे प्राप्त कर सके। यह सूचना लगभग 50 शब्दों में तैयार कीजिए। *[CBSE प्रतिदर्श प्रश्नपत्र 2022]*

- आपको विद्यालय में एक बटुआ मिला है जिसमें कुछ रुपयों के साथ कुछ जरूरी कार्ड भी हैं। छात्रों से इसके मालिक की पूछताछ और वापस पाने की प्रक्रिया बताते हुए 25-30 शब्दों में एक सूचना तैयार कीजिए। *[CBSE 2019]*

6. **सागर अपार्टमेंट के सचिव की ओर से अपार्टमेंट में रहने वाले लोगों को जल की बर्बादी रोकने हेतु 50 शब्दों में एक सूचना लिखिए।** *[CBSE 2022]*

उत्तर–

सागर अपार्टमेंट

18.08.2025

आवश्यक सूचना

जल की बर्बादी को रोकने के लिए सभी अपार्टमेंट-निवासियों से निम्नलिखित आग्रह है–

- कृपया जल की एक बूँद भी बेकार न जाने दें।
- यदि आपकी टूटी या फ्लश में से बूँद-बूँद पानी रिसता रहता है तो कार्यालय में तुरंत सूचना दें। अपार्टमेंट उसकी तुरंत मरम्मत करेगा।
- यदि आपकी दीवारों में सीलन आ गई है, तो तुरंत कार्यालय में सूचना देकर लीकेज को रोकें। इससे पानी बचेगा।
- कृपया आप दंत-मंजन या शेव करते समय टूटी को खुला न छोड़ें। पानी को मग में लेकर प्रयोग करें।
- वाटर प्योरिफायर से निकले जल को गमलों में डालें, व्यर्थ न बहने दें।

सचिव

7. *आप यूनुस/अमीना हैं। कल मध्यांतर में विद्यालय की दसवीं कक्षा का फुटबॉल मैच है। जिसे देखने के लिए दसवीं से बारहवीं कक्षा तक के छात्र आमंत्रित हैं।* **इसके लिए एक सूचना लगभग 50 शब्दों में तैयार कीजिए।** *[CBSE 2022]*

उत्तर–

क.ख.ग. विद्यालय

13.08.2025

फुटबॉल मैच

कल दिनांक 14 अगस्त, 2025 को विद्यालय के प्रांगण में फुटबॉल मैच है। यह मैच हमारी टीम तथा दिल्ली पब्लिक स्कूल, दिल्ली की टीम के मध्य में होगा। दसवीं तथा बारहवीं कक्षा के सभी विद्यार्थी मैच देखने के लिए मैदान में आमंत्रित हैं। मैच के दौरान कक्षाएँ नहीं चलेंगी। सभी की उपस्थिति अनिवार्य है।

स्थान : विद्यालय का मैदान

समय : प्रातः 11:00 से 12:30

आप सभी आमंत्रित हैं।

अमीना

सचिव, खेल परिषद

8. *'समाज-सेवा' क्लब किसी वृद्धाश्रम के लिए चादर, कंबल और गर्म कपड़े एकत्र करना चाहता है।* **उसके लिए 40-50 शब्दों में सूचना लिखिए।** *[CBSE 2020]*

उत्तर–

समाज-सेवा क्लब

सूचना

दिनांक 22.08.2025

अपना क्लब वृद्धाश्रम में रहने वाले जरूरतमंद वृद्धों के लिए चादरें, कंबल तथा गर्म कपड़े वितरित करना चाहता है। इसमें आप सभी सदस्यों का सहयोग अपेक्षित है।

आपसे निवेदन है कि आप स्वयं अपने घर से, अपने आसपड़ोस से अथवा समाज के दानी वर्ग से सहायता एकत्र करें। यह सहायता धनराशि या सामान रूप में हो सकती है। यह संग्रह 30.08.2025 तक करना अपेक्षित है, ताकि समय पर उन्हें वितरित किया जा सके।

किसी सहयोग के लिए संपर्क करें–

विनीत सागर

सचिव, समाज सेवा क्लब

1234567890

9. अपनी बस्ती को स्वच्छ रखने हेतु कल्याण समिति के सचिव होने के नाते इससे संबंधित सूचना 40-50 शब्दों में दीजिए। *[CBSE 2020]*

उत्तर–

स्वच्छता-अभियान

अपनी बस्ती की कल्याण समिति बस्ती को स्वच्छ रखने के लिए व्यापक अभियान शुरू करने जा रही है। इस बारे में आपका सहयोग अपेक्षित है। हम स्वयं स्वच्छ रहें तथा बस्ती को स्वच्छ रखने के लिए जागरूकता अभियान चलाएँ। इस विषय में एक आवश्यक बैठक 14 अगस्त, 2025 को सायं 5 बजे कल्याण समिति के भवन में रखी गई है। आपसे उपस्थित रहने और सहयोग देने का निवेदन है।

सचिव

कल्याण समिति

10. विद्यालय में आयोजित होने वाली वाद-विवाद प्रतियोगिता के लिए एक सूचना लगभग 30 शब्दों में साहित्यिक क्लब के सचिव की ओर से विद्यालय सूचना-पट के लिए लिखिए। *[CBSE 2016, 2019, 2020]*

अथवा

आप साहित्य संघ की सचिव सुपोरना चक्रवर्ती हैं। आपके क.ख.ग. विद्यालय में वाद-विवाद प्रतियोगिता आयोजित होने वाली है। **इसके लिए एक सूचना लगभग 50 शब्दों में तैयार कीजिए।** *[CBSE प्रतिदर्श प्रश्नपत्र, 2021-22]*

उत्तर–

क.ख.ग. विद्यालय, ...नगर

वाद-विवाद प्रतियोगिता

दिनांक 18.03.2025

अपने विद्यालय का साहित्य-संघ 15 अगस्त, 2025 को एक वाद-विवाद प्रतियोगिता आयोजित कराने जा रहा है। इसमें विद्यालय का आठवीं से दसवीं कक्षा का कोई भी विद्यार्थी भाग ले सकता है।

नाम देने की अंतिम तिथि–11 अगस्त, 2025

नाम किसे दें–साहित्य-संघ के सचिव के नाम (कार्यालय में)

प्रतियोगिता का विषय : भारत की आज़ादी–कितनी सफल ?

समय : 3 से 4 मिनट

भाषा : हिंदी

अन्य जानकारियों के लिए भोजनावकाश के दौरान सभागार में संपर्क करें–

सुपोरना चक्रवती

सचिव, साहित्य संघ

11. *सांस्कृतिक कार्यक्रम किसी भी विद्यालय के आकर्षण-केंद्र होते हैं। आप अनुज/अनुजा अपने स्कूल में सांस्कृतिक समूह के अध्यक्ष हैं। विद्यालय में लाइब्रेरी सप्ताह का आयोजन होता है।* **अध्यक्ष होने के नाते विद्यार्थियों को सूचित करते हुए लगभग 80 शब्दों में सूचना लिखिए।** [*CASE 2022-23*]

उत्तर–

सांस्कृतिक कार्यक्रम

हमारा विद्यालय **लाइब्रेरी सप्ताह** के अंतर्गत एक भव्य **सांस्कृतिक कार्यक्रम** का आयोजन करने जा रहा है। उसमें भाषण, वाद-विवाद प्रतियोगिता, पुस्तकालय से पुस्तक निकलवाने की विधि पर नाटक, शब्दकोश में से शब्द खोजने पर रोचक हास्य-नाटिका, पुस्तकालय-अध्यक्ष का भाषण तथा प्राचार्य महोदय के उद्‌बोधन होंगे। ये सभी कार्यक्रम बहुत उपयोगी हैं। आयोजन के दौरान पुस्तकालय से संबंधित एक प्रश्नोत्तरी भी होगी। जो विद्यार्थी अपने पुस्तकालय के बारे में सही जानकारी देंगे, उन्हें तत्काल पुरस्कार दिया जाएगा।

आप सभी सादर आमंत्रित हैं।

स्थान : पुस्तकालय-कक्ष

समय : दोपहर 12:00 बजे

दिनांक : 15 सितंबर, 2025

निवेदक

अनुज

अध्यक्ष, सांस्कृतिक समूह

क.ख.ग. विद्यालय

12.09.2025

25-30 शब्दों में सूचना लेखन : गत परीक्षाओं में पूछे गए प्रश्नोत्तर

12. *आप विद्यालय की छात्र कल्याण परिषद के सचिव हैं।* **विद्यालय में होने वाले वार्षिकोत्सव में भाग लेने के इच्छुक छात्रों के नाम आमंत्रित करने के लिए 25-30 शब्दों में सूचना तैयार कीजिए।** [*CBSE 2019*]

उत्तर–

वार्षिकोत्सव

सूचना

20 मार्च, 2026 को अपने विद्यालय का वार्षिकोत्सव होने जा रहा है। जो विद्यार्थी इस अवसर पर कोई सांस्कृतिक कार्यक्रम प्रस्तुत करना चाहते हैं, वे संगीत-शिक्षिका श्रीमती अलका साहनी से संपर्क करें।

प्राचार्य

13. *आपके विद्यालय में एक सप्ताह के लिए 'नेत्र-चिकित्सा शिविर' लगाया जा रहा है, जिसमें निःशुल्क नेत्र-परीक्षण किया जाएगा।* **स्थानीय जनता की सूचना के लिए 30 शब्दों में एक सूचना-पत्र लिखिए।** [*CBSE 2015*]

उत्तर–

नेत्र चिकित्सा-शिविर

सूचना

इस क्षेत्र के निवासियों के लिए 20 अगस्त, 2025 से 26 अगस्त, 2025 तक निःशुल्क नेत्र-परीक्षण शिविर लगाया जा रहा है जिसमें नगर के प्रसिद्ध नेत्र-चिकित्सक अपनी सेवाएँ प्रदान करेंगे। नेत्र-परीक्षण के इच्छुक लोग दिन में सुबह 9:00 बजे से 10:00 बजे के बीच अपना पंजीकरण करा लें।

प्राचार्य

14. *आप जसप्रीत/मनीषा हैं। खेल के कालांश में कबड्डी खेलने के दौरान आपको नीले रंग का एक स्वेटर मिला है।* **विद्यालय के छात्रों को इसकी सूचना देते हुए 80 शब्दों में सूचना तैयार कीजिए।** [*Common Exam (IX) 2023-24*]

उत्तर–

सूचना
गुमशुदा स्वेटर

आज 10:30 से 11:00 बजे के कालांश में मुझे कबड्डी के मैदान में एक नीले रंग का स्वेटर मिला है। जिस किसी छात्र/छात्रा का हो, वह छुट्टी के बाद स्कूल के ऑफिस में आकर मुझसे मिले और अपना स्वेटर ले जाए।

15.09.2025

जसप्रीत

अनु. 343, नौवीं सी

15. लगभग 80 शब्दों में एक सूचना तैयार कीजिए जिसमें सभी विद्यार्थियों से निर्धन बच्चों के लिए 'पुस्तक कोष' में अपनी पुरानी पाठ्य-पुस्तकों का उदारतापूर्वक योगदान देने हेतु अनुरोध किया गया हो।

[*सरस्वती विद्या मंदिर, बिहार(IX) 2023-24*]

उत्तर–

सूचना
पुस्तक-कोष

विद्यालय के निर्धन बच्चों की सहायता के लिए एक 'पुस्तक-कोष' तैयार किया जा रहा है। आपके पास अपनी पुरानी पाठ्य-पुस्तकें होंगी, जिन्हें आप पढ़ चुके हैं। यदि वे पुस्तकें आप इस पुस्तक-कोष में जमा कर दें तो ये कुछ निर्धन और जरूरतमंद बच्चों के कम आ जाएँगी।

कृपया अपनी पुरानी पुस्तकें लेकर प्रातः 7 से 7:30 बजे या छुट्टी के बाद 1:30 से 2:00 बजे तक पुस्तक-कोष के कमरा न. 73 में पहुँचें। यह सुविधा 12 अप्रैल से 15 अप्रैल तक है।

10 अप्रैल, 2025

आशुतोष

पुस्तक-कोष अध्यक्ष

16. *विद्यालय की व्यायामशाला विद्यार्थियों के लिए विद्यालय समय के बाद संध्या समय दो-तीन घंटे खुली रहेगी।* **इसकी सूचना विद्यार्थियों को दीजिए।** [CBSE 2014]

उत्तर–

सूचना

विद्यालय की व्यायामशाला हर रोज सायं 3 से 6 बजे तक खुली रहेगी। इच्छुक विद्यार्थी इस सुविधा का लाभ उठा सकते हैं।

प्राचार्य

17. **विद्यालय के सभी विद्यार्थियों को ग्रीष्मावकाश के आरंभ और विद्यालय पुनः खुलने संबंधी सूचना तिथियों के विवरण सहित लिखिए।** [CBSE 2014]

उत्तर–

सूचना

10 मई से 30 जून तक विद्यालय में ग्रीष्म-अवकाश रहेगा। विद्यालय 1 जुलाई, 2025 को पुनः यथासमय खुलेगा।

प्राचार्य

18. *एक सूचना लिखिए कि विद्यालय में आ जाने के बाद किसी विद्यार्थी को पूरी छुट्टी होने तक विद्यालय से बाहर नहीं जाने दिया जाएगा।* **इस कदम के पीछे निहित कारण भी बताइए।** [CBSE 2014]

उत्तर–

सूचना

छात्र-छात्राओं की सुरक्षा और अनुशासन को ध्यान में रखते हुए आज से कोई भी विद्यार्थी विद्यालय में आने के बाद छुट्टी होने से पहले विद्यालय से बाहर नहीं जा सकेगा। इस नियम का कड़ाई से पालन करना अपेक्षित है।

19. *आप विद्यालय की खेल परिषद के अंकित मलिक हैं। आपके विद्यालय की फुटबॉल टीम चुनी जानी हैं। जो खिलाड़ी इच्छुक हैं, वे 11 सितंबर, 2025 को शाम 5 बजे खेल के मैदान में टी-शर्ट और नेकर में पहुँचें। चयन के लिए कार्यवाही होगी।* **एक सूचना तैयार कीजिए।**

उत्तर–

केंद्रीय विद्यालय, दिल्ली

खेल परिषद

फुटबॉल टीम का चयन

हमारे विद्यालय की फुटबॉल टीम का चयन 11 सितंबर, 2025 को शाम 5 बजे खेल के मैदान में होगा। जो खिलाड़ी टीम में सम्मिलित होना चाहते हैं, वे चयन के लिए टी शर्ट और नेकर में ठीक समय पर पहुँचें।

अंकित मलिक

दिनांक : 10 सितंबर, 2025

सचिव, खेल परिषद

20. *आप नवोदय विद्यालय, हजारीबाग की समाज सेवा परिषद के अध्यक्ष हैं। आपने नगर के अनाथ बच्चों के आवास 'बाल ग्राम' में जाकर उनकी स्थिति को देखने और समझने के लिए एक कार्यक्रम रखा है।* **इच्छुक विद्यार्थियों के लिए एक सूचना लिखिए।**

उत्तर–

नवोदय विद्यालय, हजारीबाग

समाज सेवा परिषद

हमारे विद्यालय की समाज सेवा परिषद नगर के अनाथ बच्चों के आवास 'बाल ग्राम' में जाकर उनकी स्थिति और आवश्यकता को समझने के लिए एक कार्यक्रम बनाने जा रही है। इच्छुक सेवाभावी विद्यार्थी अपने नाम समाज सेवा परिषद के कार्यालय में 13 अगस्त तक दे दें।

दिनांक : अगस्त 5, 2025

अन्ना भावे

अध्यक्ष, समाज सेवा समिति

21. *आप विद्यालय की नाटक परिषद के सचिव श्रीहरि हैं।* **आप कालीकट की नाटक मंडली श्रीराम थियेटर की ओर से दिखाए जाने वाले नाटक 'भगतसिंह' को देखने के लिए छात्र-छात्राओं को सूचना देते हुए निमंत्रण दीजिए। समय-स्थान की जानकारी भी दीजिए।**

उत्तर–

विवेकानंद वरिष्ठ माध्यमिक विद्यालय, कोट्टयम

नाटक परिषद

सूचना

हमारे विद्यालय में 15 नवंबर, 2025 को शाम 6 बजे कालीकट की प्रसिद्ध नाटक-मंडली श्रीराम थियेटर की ओर से 'भगतसिंह' नाटक का आयोजन होने जा रहा है। यह नाटक देश के सभी बड़े मंचों पर खेला जा चुका है। सभी विद्यार्थी इसे देखने के लिए नि:शुल्क आमंत्रित हैं। नाटक को देखने के लिए नगर के अनेक गणमान्य व्यक्ति भी पधारेंगे। अत: विद्यार्थी समय पर पहुँचे तथा अंत तक अनुशासन का परिचय दें।

अभ्यास कीजिए

1. आप कक्षा दस की छात्रा सुरभि हैं। आपका मोबाइल खो गया है। आप अपना रोल न. बताते हुए स्कूल के नोटिस बोर्ड पर एक सूचना लिखिए।
2. आप नवोदय विद्यालय, बीदर की खेल परिषद के अध्यक्ष जसवंत हैं। आपने अपने विद्यालय में बैडमिंटन मैच का आयोजन किया है। सभी विद्यार्थियों को मैच देखने का निमंत्रण दीजिए।
3. आप रोटरी क्लब, कानपुर की महिला प्रमुख मुग्धा कात्याल हैं। आप गाँव की प्रौढ़ाओं के लिए साक्षरता सप्ताह आयोजित करने जा रही हैं। अन्य सदस्यों का सहयोग आमंत्रित करते हुए एक सूचना लिखिए।
4. आप सेंट जोन्स स्कूल, राँची के मुख्य कुल सचिव हैं। आप नव वर्ष के स्वागत में 31 दिसंबर की शाम को एक सांस्कृतिक कार्यक्रम करना चाहते हैं। इसके लिए विद्यार्थियों के नाम आमंत्रित करते हुए एक सूचना लिखिए।
5. आप केंद्रीय विद्यालय, जयपुर की 'पर्यावरण परिषद' के सचिव सुमित मिश्र हैं। आप गर्मियों में नगर के महत्त्वपूर्ण स्थलों पर एक हज़ार पौधे लगाना चाहते हैं। छात्रों का सहयोग आमंत्रित करते हुए एक सूचना लिखिए।

6. आप विद्यालय की इतिहास परिषद के सदस्य हैं। विद्यार्थियों का ऐतिहासिक ज्ञान बढ़ाने के लिए आपने एक ऐतिहासिक स्थल भ्रमण यात्रा का आयोजन किया है। इच्छुक विद्यार्थियों के नाम अपने पास मँगाने के लिए एक सूचना लिखिए।
7. आप वनवासी कल्याण परिषद, सोनीपत के अध्यक्ष डॉ. रमेश बत्रा हैं। वार्षिक उत्सव की तैयारी के लिए एक बैठक का आयोजन है। एक सूचना लिखिए।
8. आप लायन क्लब, अलवर के अध्यक्ष हमेश सिंह हैं। आप गरीब बच्चों की पढ़ाई के लिए पुस्तकें और कापियाँ वितरित करना चाहते हैं। उसके लिए एक बैठक की सूचना लिखिए।
9. आप इन्नर व्हील क्लब की सभापति रश्मि नंदा हैं। आप गरीब कन्याओं के विवाह के लिए एक कार्यक्रम का आयोजन करना चाहते हैं। इसके लिए क्लब के सदस्यों की एक बैठक आयोजित करने की सूचना लिखिए।
10. आप समाज सेवा परिषद के अध्यक्ष श्वेतांबु रेड्डी हैं। आप बाढ़पीड़ितों के लिए चंदा इकट्ठा करना चाहते हैं। इसके लिए परिषद के सभी सदस्यों के नाम सूचना लिखिए कि वे अपना योगदान उन तक पहुँचाएँ।
11. सूचना-पट के लिए सूचना बनाइए कि कक्षा 10वीं तथा 12वीं के सभी विद्यार्थी 20 दिसंबर तक पुस्तकाल7य की पुस्तकें लौटा देंगे, तभी उन्हें वार्षिक परीक्षा के लिए अनुक्रमांक व प्रवेश-पत्र मिलेगा।
12. आपका अपना एक 'खेल क्लब' है। 'क्लब सचिव' की नई सदस्यता संबंधी सूचना सूचना-पट पर लिखिए। (20-30 शब्दों में) *[CBSE 2015]*
13. अमुक दिन सातवें व आठवें कालांश में 'विद्यालय पुस्तकालय' में 'आशुभाषण' प्रतियोगिता होगी। विषय वहीं दिया जाएगा। छात्र सचिव की ओर से सूचना लिखिए कि इच्छुक विद्यार्थी श्रीमती वीणा से संपर्क करें। (20-30 शब्दों में) *[CBSE 2015]*
14. विद्यालय के सूचना-पट के लिए सूचना तैयार कीजिए कि 'क्रीड़ा-दिवस' पर विद्यार्थी किस समय और कैसे गणवेश में आएँ। 'क्रीड़ा अधिकारी' की ओर से सूचना लिखें। (20-30 शब्दों में) *[CBSE 2015]*
15. प्राचार्य की ओर से सूचना लिखिए कि दिनांक 14 अगस्त, 2025 को विद्यालय में स्वच्छता-अभियान चलाया जाएगा। सभी विद्यार्थी अपने कक्षा-अध्यापक से मिलकर अपनी भूमिका पूछ लें।
16. विद्यालय में छुट्टी के दिनों में भी प्रातःकाल में योग की अभ्यास कक्षाएँ चलने की सूचना देते हुए इच्छुक विद्यार्थियों द्वारा अपने नाम देने हेतु, सूचना-पट के लिए एक सूचना लगभग 30 शब्दों में लिखिए। *[CBSE 2017]*
17. आप अपने विद्यालय की छात्र सभा के सचिव हैं और विद्यालय में दीवाली मेला आयोजित करवाना चाहते हैं। उससे संबंधित, एक सूचना 40-50 शब्दों में लिखिए। *[CBSE 2020]*
18. आप अपने विद्यालय की छात्र संस्था के सचिव हैं तथा विद्यालय में 'चित्रकला प्रतियोगिता' आयोजित करवाना चाहते हैं। इससे संबंधित सूचना 40-50 शब्दों में लिखिए। *[CBSE 2020]*
19. विद्यालय में नवीं-दसवीं कक्षा के बीच कबड्डी का मैच आयोजित किया जाएगा। खेल सचिव की ओर से 40-50 शब्दों में सूचना लिखिए। *[CBSE 2020]*
20. विद्यालय में कठपुतली नृत्य नाटिका की प्रस्तुति की जाएगी, उसके लिए 40-50 शब्दों में सूचना लिखिए। *[CBSE 2020]*
21. आपके विद्यालय में मोबाइल लाना निषिद्ध किया गया है। प्रधानाचार्य की ओर से इससे संबंधित सूचना 40-50 शब्दों में लिखिए। *[CBSE 2020]*
22. आप अपनी कॉलोनी की कल्याण परिषद के अध्यक्ष हैं। अपने क्षेत्र के पार्कों की साफ़-सफ़ाई के प्रति जागरूकता लाने हेतु कॉलोनी वासियों के लिए 40-50 शब्दों में सूचना तैयार कीजिए। *[CBSE 2020]*
23. विद्यालय की सचिव की ओर से 'समय-प्रबंधन' विषय पर आयोजित होने वाली कार्यशाला के लिए 40-50 शब्दों में एक सूचना तैयार कीजिए। *[CBSE 2020]*

24. आप पावनी/विपुल हैं। आप 'निवासी कल्याण संघ' के सचिव हैं। आप सोसायटी में पेड़-पौधे लगाकर उसे हरा-भरा रखना चाहते हैं। इसके लिए आगामी रविवार को वृक्षारोपण समारोह का आयोजन सोसायटी में किया जा रहा है। इसकी जानकारी देते हुए लगभग 50 शब्दों में सूचना लिखिए। [*के.वि. बिहार, 2022*]

25. आप रूपाली/निष्काम हैं। आप 'निवासी कल्याण संघ' के सचिव हैं। आपने सोसायटी में बच्चों के लिए झूलों की व्यवस्था की है। इसकी जानकारी के लिए लगभग 50 शब्दों में सूचना लिखिए। [*CBSE 2022*]

26. आप गरिमा/पंकज हैं। कोरोना के चलते सोसायटी में गणतंत्र दिवस पर केवल आभासी (वर्चुअल) ध्वजारोहण होगा। सभी अपने घरों से इस कार्यक्रम में भाग लेंगे। इसकी जानकारी देने के लिए लगभग 50 शब्दों में सूचना लिखिए। [*CBSE 2022*]

27. आप विद्यालय के प्रमुख छात्र, मानव हैं। आपके विद्यालय में आपदा-प्रबंधन की ओर से एक कार्यशाला का आयोजन होने वाला है। छठी से लेकर बारहवीं कक्षा तक के विद्यार्थियों को सूचित करने हेतु 50 शब्दों में एक सूचना तैयार कीजिए। [*CBSE 2022*]

28. आप सुमिरन/परमजीत हैं। विद्यालय में कहानी लेखन प्रतियोगिता का आयोजन किया जा रहा है। इसके लिए लगभग 50 शब्दों में सूचना तैयार कीजिए। [*केंद्रीय विद्यालय बिहार, 2022*]

29. आप केंद्रीय विद्यालय की सुचेता हैं। आप दसवीं कक्षा की छात्रा हैं। विद्यालय में आपका परीक्षा प्रवेश-पत्र खो गया है। विद्यालय सूचना-पट के लिए लगभग 50 शब्दों में एक सूचना लिखिए। [*CBSE 2022*]

VII. स्व-वृत्त लेखन

(Bio-data)

स्व-वृत्त का अर्थ है–अपना परिचय देना। जब किसी नौकरी या अन्य किसी उपयोगी कार्य-हेतु आवेदन करना होता है तो नियोक्ता या आयोजक को अपना पूरा परिचय देना होता है। जिस पत्र पर यह विस्तृत परिचय लिखा जाता है, उसे **स्व-वृत्त पत्र** कहते हैं।

स्व-वृत्त में ये जानकारियाँ अवश्य होनी चाहिए–

- आवेदक का नाम
- माता-पिता का नाम
- जन्म-तिथि
- स्थायी पता
- पत्र-व्यवहार का पता
- दूरभाष या मोबाइल का नंबर
- ई-मेल पता
- शैक्षणिक योग्यता
- अनुभव
- विशेष उपलब्धि या पुरस्कार आदि।

कुछ महत्त्वपूर्ण बातें

- आवेदक का नाम वही होना चाहिए, जो कि दसवीं तथा अन्य कक्षाओं के प्रमाण-पत्र में है। माना आपका नाम लोकेन कुमार रूद्रा है तो आप पूरा ही नाम लिखें। उसे संक्षिप्त करके लोकेन रूद्रा न लिखें। वरना बाद में कुछ कठिनाइयाँ आ सकती हैं।
- शैक्षणिक योग्यता का विवरण तालिका बनाकर सुस्पष्ट ढंग से देना चाहिए। जैसे–

परीक्षा	विद्यालय	बोर्ड/वि.वि.	वर्ष	प्राप्तांक	प्रतिशत	विषय
मैट्रिक						
बारहवीं						
स्नातक						
परा-स्नातक						
बी.एड.						

अन्य योग्यताएँ

आपको अपनी अन्य तकनीकी योग्यताओं का परिचय अलग-से शैक्षणिक योग्यता की सारिणी के बाद देना चाहिए। जैसे–

- कंप्यूटर में डिप्लोमा
- जर्मन भाषा का एक वर्षीय कोर्स।

उपलब्धियाँ

- विद्यालय की हॉकी टीम का कप्तान रहा।
- अनेक काव्यपाठ प्रतियोगिताएँ जीतीं।
- बी.ए. में अपने कॉलेज में प्रथम रहा।

अभिरुचियाँ

- समारोह के प्रबंधन का अनुभव
- शतरंज और कैरम बोर्ड में रुचि
- नाम, माता-पिता का नाम आदि विशेषताएँ भी बिंदुवार आनी चाहिए। अलग पंक्ति में अलग बिंदु होना चाहिए। सभी परिचय एक ही अनुच्छेद में देने से नियोक्ता को खोजने में परिश्रम करना पड़ता है। उससे बचना चाहिए।
- स्व-वृत्त में दी गई जानकारियाँ, विशेष रूप से अपनी शैक्षणिक योग्यताएँ ठोस तथ्य होनी चाहिए। उसमें बढ़ा चढ़ाकर कुछ नहीं लिखना चाहिए, वरना साक्षात्कार में पोल खुल गई तो आप झूठे सिद्ध हो सकते हैं। इस कारण आपकी नियुक्ति होते-होते रुक भी सकती है।
- स्व-वृत्त टंकित (typed) होना चाहिए। यदि कुछ नियुक्तियों में नियोक्ता हस्तलिखित स्व-वृत्त माँगे, तो इसे एक सुनहरा अवसर मानना चाहिए।

आपको बहुत सुंदर लेख में अत्यंत व्यवस्थित रूप से सारी जानकारियाँ लिखनी चाहिए। आप अपनी लेखनी के प्रभाव से नियोक्ता का दिल जीत सकते हैं।

स्व-वृत्त और आवेदन-पत्र

स्व-वृत्त का संबंध आवेदक की जानकारियों से है।

आवेदन-पत्र में नियोक्ता को संबोधित करके अपने आप को प्रस्तुत करना होता है। उसी में अपना **स्व-वृत्त** भी देना होता है। आशय यह है कि स्व-वृत्त 'आवेदन पत्र' का एक अंश है।

☞ आपके पाठ्यक्रम में **स्व-वृत्त लेखन** है; **आवेदन-पत्र लेखन नहीं**। अतः स्व-वृत्त से पूर्व एक आवेदन पत्र लिखने की आवश्यकता नहीं है। वह आपसे पूछा नहीं गया है। यदि परीक्षक गलती से पूछ ले तो उसकी तैयारी रखें ताकि आपको परीक्षा में कोई हानि न हो। संक्षेप में आवेदन-पत्र का प्रारूप समझिए–

सेवा में

प्रबंधक

डी.ए.वी. प्रबंधन समिति

चित्रगुप्त रोड

नई दिल्ली।

विषयः हिंदी अध्यापिका पद के लिए आवेदन

महोदय

25 फरवरी, 2026 के नवभारत टाइम्स में प्रकाशित रिक्ति क्र. C-435 के अनुसार मैं स्वयं को इस पद हेतु प्रस्तुत करती हूँ। मेरा स्व-वृत्त साथ संलग्न है।

मैं आपको विश्वास दिलाती हूँ कि अपनी निष्ठापूर्ण सेवाओं से मैं आपकी आशाओं पर खरी उतरूँगी।

कृपया मुझे साक्षात्कार का अवसर प्रदान करें।

भवदीया
सुनयना चौधरी
233, भगतसिंह मार्ग
अमृतसर
दिनांक: 03.10.2026

स्व-वृत्त के कुछ उदाहरण

1. *आप मेधावी/माधव हैं। आपने पत्रकारिता में अपना अध्ययन पूरा कर लिया है। किसी प्रसिद्ध दैनिक समाचार पत्र में पत्रकार का पद रिक्त है। आप उक्त पद की योग्यता (पत्रकारिता में स्नातक) को धारण करते हैं।* **उक्त रिक्त पद हेतु समाचार पत्र के प्रमुख को आवेदन भेजने के लिए लगभग 80 शब्दों में अपना एक स्व-वृत्त तैयार कीजिए।**

[*CBSE प्रतिदर्श प्रश्नपत्र 2024–25*]

सेवा में
प्रबंधक
क.ख.ग. समाचार-पत्र
कानपुर

विषय: पत्रकार के पद हेतु स्व-वृत्त।

महोदय

आप द्वारा प्रकाशित रिक्ति संख्या C329 दिनांक 24-8-2025 के अनुसार मैं आपके विचारार्थ अपना स्व-वृत्त भेज रही हूँ।

नाम	:	मेधावी
पिता का नाम	:	श्री रमेश मोहन
माता का नाम	:	श्रीमती सरोज
जन्मतिथि	:	25 मार्च, 2007
पत्र-व्यवहार का पता	:	मेधावी, 125, सैक्टर-15, चंडीगढ़
मोबाइल नं.	:	0123456789
ई-मेल	:	Medhavi18@gmail.com

शैक्षणिक योग्यताएँ :

कक्षा	विद्यालय	बोर्ड/वि.वि.	प्राप्तांक	विषय
मैट्रिक	डी.ए.वी. स्कूल, चंडीगढ़	पंजाब बोर्ड	87%	हिंदी, अंग्रेजी, संस्कृत, विज्ञान, गणित, सामाजिक अध्ययन
बारह	डी.ए.वी. स्कूल, चंडीगढ़	पंजाब बोर्ड	88%	हिंदी, अंग्रेजी, अर्थशास्त्र, राजनीतिकशास्त्र
स्नातक	डी.ए.वी. कॉलेज, चंडीगढ़	पंजाब वि.वि.	82%	पत्रकारिता हिंदी

मैं एकदम नया स्नातक हूँ। अनुभव से तो नहीं, उत्साह से भरपूर हूँ। मैंने अनेक समाचार पत्रों में पत्र लिखे हैं। जीवन में कुछ करके दिखाना चाहता हूँ। आशा है, आप मुझे सेवा करने का एक अवसर अवश्य देंगे।

आवेदक

मेधावी

125, सैक्टर 15, चंडीगढ़

17.06.2025

2. *आपका नाम सुनीता/सुरेश है। आप राजेंद्र नगर के निवासी हैं। दैनिक समाचार पत्र से पता चला है कि स्थानीय राजकीय माध्यमिक विद्यालय में पुस्तकालय अध्यक्ष का पद रिक्त है। आप उक्त पद की योग्यता (बी.लिब./पुस्तकालय विज्ञान में स्नातक) को धारण करते हैं।* **उक्त रिक्त पद हेतु राजकीय माध्यमिक विद्यालय के विद्यालय प्रमुख को भेजने हेतु लगभग 80 शब्दों में अपना एक संक्षिप्त स्व-वृत्त लिखिए।** [प्रतिदर्श प्रश्नपत्र *2023–24*]

स्व-वृत्त

नाम	:	सुनीता
पिता का नाम	:	श्री तुलाराम
माता का नाम	:	श्रीमती रामदेवी
जन्मतिथि	:	16.03.1995
पत्र-व्यवहार का पता	:	18/47, राजेंद्र नगर ग्वालियर (म.प्र.)
मोबाइल नंबर	:	123456××××
ई-मेल	:	sunita1995@gmail.com

शैक्षणिक योग्यताएँ :

क्र.स.	परीक्षा	वर्ष	प्राप्तांक	बोर्ड/वि.वि.	विषय
1.	मैट्रिक	2010	65%	मध्यप्रदेश बोर्ड	हिंदी, अंग्रेजी, विज्ञान, सामाजिक, संस्कृत, गणित
2.	बारहवीं	2012	68%	मध्यप्रदेश बोर्ड	हिंदी, अंग्रेजी, रसायनशास्त्र, गणित, भौतिकी
3.	बी.लिब	2015	74%	सागर वि.वि.	पुस्तकालय-विज्ञान

अनुभव–

पिछले 8 वर्षों से डी.ए.वी. स्कूल, जालंधर में पुस्तकालयाध्यक्ष। आशा है, मेरी योग्यता के आधार पर मुझे अपने संस्थान में सेवा का अवसर अवश्य प्रदान करेंगे। मैं आपको संतुष्ट करने का भरपूर प्रयास करूँगी।

भवदीया

सुनीता

18.03.2026

3. *आप विधू/निखिल हैं। अ.ब.स. डेरी फार्म में सुपरवाइज़र की आवश्यकता है। आपने इसी वर्ष 12वीं की परीक्षा विज्ञान विषयों के साथ प्रथम श्रेणी में उत्तीर्ण की है।* **अपनी शैक्षणिक योग्यता और रुचि का वर्णन करते हुए इस पद के लिए लगभग 80 शब्दों में अपना स्व-वृत्त तैयार कीजिए।** [*CBSE 2023*]

स्व-वृत्त

नाम	:	निखिल
पिता का नाम	:	श्री मनोहर लाल
माता का नाम	:	श्रीमती यमुना देवी
जन्मतिथि	:	15.08.1995
पत्र-व्यवहार का पता	:	330, रानी नगर झाँसी (उत्तर प्रदेश)
मोबाइल नंबर	:	××××8679
ई-मेल	:	nikhil103@gmail.com

शैक्षणिक योग्यताएँ :

क्र.स.	परीक्षा	वर्ष	प्राप्तांक	बोर्ड/वि.वि.	विषय
1.	मैट्रिक	2011	75%	मध्यप्रदेश बोर्ड	हिंदी, अंग्रेजी, संस्कृत, विज्ञान, गणित, सा.अध्ययन
2.	बारहवीं	2013	76%	मध्यप्रदेश बोर्ड	अंग्रेजी, रसायनशास्त्र, भौतिकी, गणित

4. *आप रजनी/राजन हैं। आपके विद्यालय की पत्रिका 'प्रखर' के लिए छात्र संपादक की नियुक्ति होनी है। आप उक्त पद के योग्य हैं।* **इस पद के लिए प्रधानाचार्य को संबोधित कर लगभग 80 शब्दों में अपना एक संक्षिप्त स्व-वृत्त तैयार कीजिए।** [*CBSE 2024*]

उत्तर–

आदरणीय प्रधानाचार्य जी !

अपने विद्यालय की पत्रिका 'प्रखर' के छात्र-संपादक के लिए मैं अपनी सेवाएँ अर्पित करता हूँ। मैंने सब अपेक्षाएँ और योग्यताएँ पढ़ ली हैं। यदि आप मुझे अवसर देंगे तो मुझे विश्वास है कि मैं आपको संतुष्ट कर पाऊँगा।

मेरा परिचय तथा शैक्षणिक योग्यता इस प्रकार है–

नाम	:	श्रीनिवासन
कक्षा	:	दशम बी
अनुक्रमांक	:	555

शैक्षणिक योग्यता :

क्र.स.	कक्षा	विद्यालय	प्राप्तांक	भाषा में प्राप्तांक	
				हिंदी	अंग्रेजी
1.	आठ	क.ख.ग. विद्यालय	555/600	94	92
2.	नवम	क.ख.ग. विद्यालय	564/600	97	94

अनुभव–

मैं हिंदी भाषा में अनेक कविताएँ तथा लेख लिख चुका हूँ। मेरी एक कविता तथा दो लेख गत वर्ष की पत्रिका 'प्रखर' में छपे थे। इनकी प्रति साथ संलग्न है।

धन्यवाद-सहित !

भवदीय

राजन

कक्षा दशम बी

अनु. 555

दिनांक : 15.09.2025

5. *आप तरुण वैश्य/तरुणा वैश्य हैं। आप बी. एड. कर चुके हैं। आपको विवेक इंटरनेशनल स्कूल अ.ब.स. नगर में हिंदी अध्यापक/अध्यापिका पद के लिए आवेदन करना है।* **इसके लिए आप अपना एक संक्षिप्त स्व-वृत्त (बायोडाटा) लगभग 80 शब्दों में लिखिए।** [*CBSE* प्रतिदर्श प्रश्नपत्र *2022–23*]

स्व-वृत्त

अभ्यर्थी का नाम	:	तरुणा वैश्य
पिता का नाम	:	श्री हरिचंद वैश्य
माता का नाम	:	श्रीमती सत्यवती वैश्य
जन्मतिथि	:	02.02.2002
घर का पता	:	सरस्वती सदन, 35 गाँधी नगर, जबलपुर
स्थायी पता	:	उपरोक्त
मोबाइल नं.	:	8989898988
ई-मेल	:	taruna232@gmail.com

शैक्षणिक योग्यताएँ :

क्र.स.	परीक्षा	वर्ष	प्रतिशत	विद्यालय	बोर्ड/वि.वि.	विषय
1.	मैट्रिक	2017	85%	राजकीय विद्यालय, जबलपुर	मध्य प्रदेश	हिंदी, अंग्रेजी, विज्ञान गणित, सामाजिक, संस्कृत
2.	बारहवीं	2019	80%	राजकीय विद्यालय, जबलपुर	मध्य प्रदेश	कॉमर्स
3.	बी.कॉम	2022	81%	राजकीय महाविद्यालय, जबलपुर	रानी दुर्गावती विश्वविद्यालय, जबलपुर	कॉमर्स
4.	बी.एड.	2023	84%	राजकीय महाविद्यालय, जबलपुर	रानी दुर्गावती विश्वविद्यालय, जबलपुर	कॉमर्स

अन्य योग्यताएँ–

1. टाइपराइटिंग और कंप्यूटर मे डिप्लोमा।
2. पीपीटी में विशेषज्ञता।

अनुभव–

वाणिज्य और गणित में क्विज़ कराने का अनुभव।

अभिरुचियाँ–

नृत्य, चित्रकला एवं पाककला।

6. लिपिक (क्लर्क) के पद हेतु स्व-वृत्त-लेखन

स्व-वृत्त

नाम	:	नीहारिका मंगला
पिता का नाम	:	श्री विकास मंगला
माता का नाम	:	श्रीमती बिंदु मंगला
जन्मतिथि	:	03.03.2001
पत्र-व्यवहार का पता	:	87, सैक्टर-20, गुमला (झारखंड)
मोबाइल नं.	:	8685848382
ई-मेल	:	niharikamangla0123@gmail.com

शैक्षणिक योग्यताएँ :

क्र.स.	परीक्षा	वर्ष	प्रतिशत	विद्यालय	बोर्ड/वि.वि.	विषय
1.	मैट्रिक	2016	74%	सरस्वती विद्या मंदिर, गुमला	झारखंड	हिंदी, संस्कृत, विज्ञान विज्ञान, गणित, सामाजिक
2.	बारहवीं	2018	72%	सरस्वती विद्या मंदिर, गुमला	झारखंड	हिंदी, अंग्रेजी, अर्थशास्त्र, गणित, कॉमर्स
3.	बी.ए	2021	68%	राजकीय महाविद्यालय, गुमला	श्रीकृष्ण विश्वविद्यालय, छतरपुर	हिंदी, अंग्रेजी, अर्थशास्त्र, गणित, कॉमर्स

अन्य योग्यताएँ–

1. हिंदी और अंग्रेजी में टाइपराइटिंग का डिप्लोमा।
2. शार्टहैंड का एक वर्षीय डिप्लोमा।

□ **मिलते-जुलते स्ववृत्त**

- आप मानव/मानवी हैं। आपने बी.ए. की परीक्षा पास की है। साथ ही हिंदी और अंग्रेजी भाषा में टाइप करने का डिप्लोमा भी किया है। अपनी शैक्षणिक योग्यता और टंकण गति (टाइपिंग स्पीड) का उल्लेख करते हुए अ ब स विद्यालय में लिपिक (टाइपिस्ट) के रिक्त पद के लिए लगभग 80 शब्दों में स्व-वृत्त तैयार कीजिए।

[*CBSE 2023*]

7. प्राथमिक शिक्षक के लिए स्व-वृत्त-लेखन।

स्व-वृत्त

नाम	:	स्नेहा वधवा
पिता का नाम	:	श्री ओमप्रकाश वधवा
माता का नाम	:	श्रीमती अंजना वधवा
जन्मतिथि	:	03.02.2001
पत्र-व्यवहार का पता	:	सीमा चौधरी, कृष्णा नगर गली न. 4, म.न. 235, जयपुर
मोबाइल नं.	:	9899933322
ई-मेल	:	sneha22@gmail.com

शैक्षणिक योग्यताएँ :

क्र.स.	परीक्षा	वर्ष	प्राप्तांक	बोर्ड/वि.वि.	विषय
1.	मैट्रिक	2017	85%	राजस्थान	हिंदी, अंग्रेजी, गणित, विज्ञान, संस्कृत, सामाजिक
2.	बारहवीं	2018	84%	राजस्थान	हिंदी, अंग्रेजी, गणित, भूगोल
3.	बी.ए	2021	78%	जयपुर नेशनल	हिंदी, अंग्रेजी, अर्थशास्त्र, राजनीतिशास्त्र
4.	पी.ई.टी.	2022	88%	जयपुर नेशनल	हिंदी, अंग्रेजी, गणित, शिक्षा, बालमनोविज्ञान

अन्य योग्यताएँ–

1. बी.ए. में विश्वविद्यालय में प्रथम स्थान
2. शास्त्रीय संगीत में उत्कृष्टता

अनुभव–

डी.ए.वी. प्राइमरी स्कूल में छह मास पढ़ाने का अनुभव

आवेदन-पत्र तथा स्व-वृत्त लेखन

8. *लक्ष्मी पब्लिकेशंज़, नई दिल्ली को शैक्षणिक पुस्तकों के प्रचार-प्रसार के लिए विक्रय-कर्मियों की आवश्यकता है।* **आप आवेदन-पत्र लिखते हुए स्व-वृत्त लिखिए।**

सेवा में

प्रबंधक

लक्ष्मी पब्लिकेशंज़

नई दिल्ली

विषय: विक्रय-कर्मी के लिए आवेदन

महोदय

विश्वस्त सूत्रों से पता चला है कि आपको अपने प्रकाशन हेतु विक्रय-कर्मियों की आवश्यकता है। इस कार्य के लिए मैं अपनी सेवाएँ प्रस्तुत करता हूँ। मेरा व्यक्तिगत परिचय, शैक्षणिक योग्यताएँ तथा अनुभव इस प्रकार हैं–

व्यक्तिगत परिचय

नाम	:	नीरज गुप्ता
पिता का नाम	:	श्री शशिकरण गुप्ता
माता का नाम	:	श्रीमती कौशल्या गुप्ता
जन्मतिथि	:	02.02.1982
घर का पता	:	335, बड़ा बाज़ार, कानपुर
मोबाइल नं.	:	9765432105
ई-मेल	:	nirajgupta01@gmail.com

शैक्षणिक योग्यताएँ :

क्र.स.	परीक्षा	वर्ष	प्राप्तांक	बोर्ड/वि.वि.	विषय
1.	मैट्रिक	1998	62%	उत्तर प्रदेश बोर्ड	अंग्रेजी, हिंदी, संस्कृत, सामाजिक, विज्ञान, गणित
2.	बारहवीं	2000	67%	उत्तर प्रदेश बोर्ड	अंग्रेजी, हिंदी, सामाजिक, अर्थशास्त्र, भूगोल
3.	बी.ए	2003	64%	छत्रपति शाहू जी महाराज वि. वि., कानपुर	अंग्रेजी, हिंदी, अर्थशास्त्र, मनोविज्ञान

अन्य योग्यताएँ–

1. एक वर्षीय मार्किटिंग डिप्लोमा, कानपुर वि.वि।
2. भाषण-प्रतियोगिता में अनेक पुरस्कार।

अनुभव :

- न्यू एज पब्लिशर्स, दिल्ली में 10 वर्ष तक विक्रय-प्रबंधक।
- वर्तमान सुल्तान सिंह एंड संस फर्म में विक्रय-अधिकारी।

प्रिय महोदय !

मैं आपके प्रकाशन की गुणवत्ता, साख और कार्य-शैली से प्रभावित हूँ। आपके संग काम करना मेरा सौभाग्य होगा। मुझे विश्वास है कि आप यदि मुझे विक्रय-प्रबंधक के रूप में काम करने का अवसर देंगे तो मैं आपको संतुष्ट कर पाऊँगा और स्वयं भी संतुष्ट रहूँगा।

प्रार्थी

नीरज गुप्ता

335, बड़ा बाजार

कानपुर

□ मिलते-जुलते स्ववृत्त

- सौंदर्य उत्पाद बनाने वाली कंपनी 'सौंदर्या' को अपने उत्पाद के प्रचार-प्रसार और बिक्री बढ़ाने हेतु कुछ नवयुवक-नवयुवतियों की आवश्यकता है जो घर-घर जाकर लोगों से संपर्क कर सकें। अपनी योग्यता, रुचि और अनुभव का परिचय देते हुए लगभग 80 शब्दों में एक स्व-वृत्त तैयार कीजिए। *[CBSE 2023]*

प्रश्न-अभ्यास

- मथुरा-स्थित 'स्वावलंबी' नामक संस्था को घर-घर जाकर सर्वेक्षण करने वाली सुशिक्षित युवतियों की आवश्यकता है। दैनिक भास्कर के 25 जून, 2025 अंक में विज्ञापन छपा है। आप स्व-वृत्त प्रस्तुत करते हुए इस कार्य के लिए आवेदन कीजिए।
- वाशिंग पाउडर बनाने वाली कंपनी 'स्वच्छ लिमिटेड' को घर-घर जाकर पाउडर का प्रचार-प्रसार करने वाले युवक-युवतियों की आवश्यकता है। 25 मई, 2025 के नवभारत टाइम्स में विज्ञापन छपा है। आप स्व-वृत्त लिखते हुए आवेदन कीजिए।

- राजस्थान पत्रिका, भोपाल के 15 नवंबर, 2025 के अंक में विज्ञापन छपा है। तद्नुसार बैंकिंग सेवा भर्ती बोर्ड, भोपाल के सचिव को लिपिक पद के लिए आवेदन करते हुए स्व-वृत्त लिखिए।
- अपने शिक्षा बोर्ड, बिहार द्वारा विज्ञापित विज्ञापन क्र. 235, दिनांक 24 जून, 2025 के अनुसार हिंदी अध्यापक पद के लिए आवेदनं करते हुए स्व-वृत्त लिखिए।
- आप महिमा गुप्ता, 235, सुदामा नगर, पटना की निवासी हैं। दैनिक भास्कर में दिनांक 12.04.2025 को विज्ञापन छपा है जिसमें जनसंख्या-गणना के लिए बारहवीं पास युवक-युवतियों के आवेदन माँगे गए हैं। आप स्व-वृत्त लिखते हुए आवेदन कीजिए।
- विज्ञापन क्र. 435, दिनांक 15.06.2025 के अनुसार हिमाचल बैंकिंग बोर्ड को ए.टी.एम. की सुरक्षा के लिए सुरक्षा-गार्डों की आवश्यकता है। आप दसवीं उत्तीर्ण हैं और सुरक्षा-गार्ड का कोर्स किए हुए हैं। स्व-वृत्त लिखते हुए आवेदन कीजिए।
- नगर की स्वच्छता के लिए सफाई-कर्मचारियों की आवश्यकता है। 15 जून, 2025 को दैनिक हिंदुस्तान में छपे विज्ञापन क्र. 412 के अनुसार आप अपना स्व-वृत्त प्रस्तुत करते हुए आवेदन कीजिए। आठवीं पास और अनुभव की आवश्यकता है।
- सर्वोच्च विद्यालय, गाँधी नगर, जोधपुर में हिंदी के स्नातक अध्यापक पद (TGT) हेतु दो पद रिक्त हैं। आप सुमित्र सक्सेना, 35 राणा प्रताप नगर, जयपुर के निवासी हैं। अपना संक्षिप्त स्व-वृत्त लिखिए।
- राजस्थान के समाचार-पत्र राजस्थान पत्रिका के प्रबंधक संपादक को संवाददाता पद के लिए अपना स्व-वृत्त भेजिए। आप बी.ए. तक पढ़े हैं। आपने स्थानीय 'उजाला' पत्रिका में दो वर्ष संवाददाता के रूप में कार्य किया है।
- आप निदान हस्पताल, आगरा के निदेशक को स्व-वृत्त भेजकर स्टाफ नर्स के रूप में आवेदन कीजिए। आप नीलिमा सरोहा हैं। आपने सीकर के सरकारी हस्पताल में दो वर्ष नर्स का कार्य किया है और मेडिकल कॉलेज, आगरा से स्टाफ नर्स का कोर्स किया है।
- आप रुचि सक्सेना हैं। आपने छत्तीसगढ़ के रायपुर से बी.ए. किया है तथा दो वर्ष लक्ष्मी पब्लिकेशंज़ में हिंदी के प्रूफ रीडर के रूप में कार्य किया है। आप वाणी प्रकाशन, दिल्ली के निदेशक को अपना स्व-वृत्त भेजिए।
- आप महेंद्र सिंह पहलवान हैं। आपने जाट कॉलेज, रोहतक से बी.ए किया है। आप टाटा मोटर्स, दिल्ली में सुरक्षा-गार्ड की नौकरी चाहते हैं। आपको कोई अनुभव नहीं है। अपनी स्व-वृत्त लिखिए तथा दो उपलब्धियाँ भी गिनाइए।
- आप समयसिंह डागर हैं। आपने फगवाड़ा के सरस्वती स्कूल से 12वीं उत्तीर्ण की है। आप 'ईज़ी डे' फगवाड़ा के मॉल में विक्रय-कर्मी के रूप में कार्य करना चाहते हैं। आप फुटबाल के खिलाड़ी रहे हैं। अपना स्व-वृत्त तैयार कीजिए।

VIII. विज्ञापन-लेखन

विज्ञापन का अर्थ है—सूचना का प्रचार-प्रसार करना। सरकार या अन्य सामाजिक संस्थाएँ अपनी सूचनाएँ विज्ञापनों के माध्यम से प्रसारित करती हैं। व्यापार और उद्योग जगत विज्ञापनों के सहारे रातों-रात फैल जाता है। समाचार-पत्र, दूरदर्शन या इंटरनेट सब जगह विज्ञापनों का बोलबाला है। गलियों, बाज़ारों और दीवारों पर विज्ञापन ही विज्ञापन दिखाई देते हैं। इससे इनके महत्त्व का बोध होता है।

श्रेष्ठ विज्ञापन के लक्षण—श्रेष्ठ विज्ञापन में निम्नलिखित गुण होने चाहिए—

- उसमें मूल विषय-वस्तु का ही प्रचार-प्रसार होना चाहिए।
- संदेश बहुत स्पष्ट होना चाहिए।
- भाषा बहुत रोचक, संक्षिप्त तथा ध्यानाकर्षक होनी चाहिए।
- उसका प्रारूप भीड़ में से अलग दिखने वाला होना चाहिए।
- उसमें किसी प्रकार का भटकाव या आपत्तिजनक अंश नहीं होना चाहिए।
- जिस वस्तु का विज्ञापन किया जा रहा है, उसका नाम बार-बार आना चाहिए ताकि वह नाम लोगों के मन में बस जाए।
- विज्ञापन में एकाध प्रेरक वाक्य अवश्य होना चाहिए। जैसे—

— आज ही खरीदिए !	— सोचिए मत !	— जल्दी कीजिए !
— मौका मत चूकिए !	— सुनहरा मौका !	— ऐसा मौका बार-बार नहीं आता !
— धमाका !	— सफलता की गारंटी !	— स्टाक सीमित है !
— पहले आओ, पहले पाओ !	— देखो, कहीं पछताना न पड़े !	

उदाहरण—1

प्रदूषण से बचने के लिए पर्यावरण विभाग की ओर से जनहित में जारी एक आकर्षक विज्ञापन **लगभग 40 शब्दों में तैयार कीजिए।** [*CBSE प्रतिदर्श प्रश्नपत्र 2024–25*]

स्वच्छ वातावरण में साँस लीजिए !

पर्यावरण को स्वच्छ रखिए !

पैट्रोल-डीजल का कम-से-कम प्रयोग कीजिए।

शोर कम कीजिए ! वृक्ष लगाइए!

नदियों को निर्मल रखने में अपना दायित्व निभाइए!

इलैक्ट्रिक वाहनों के उपयोग को महत्त्व दीजिए!

जनहित में जारी

पर्यावरण विभाग, भारत सरकार

उदाहरण–2

स्वच्छता के प्रचार-प्रसार के लिए एक जनहितकारी विज्ञापन प्रदेश सरकार की ओर से **लगभग 60 शब्दों में तैयार कीजिए।**

[*CBSE 2023*]

स्वच्छ रहें – स्वस्थ रहें !

अपने आसपास स्वच्छता रखें।

न गंदगी करें, न सहें !!

कूड़ा तब तक अपने पास रखें, जब तक कूड़ादान न दिखाई दे !

सार्वजनिक सड़क, मार्ग या पार्क में थूकना अपने व्यक्तित्व पर थूकना है।

घर या आफिस का कूड़ा सही जगह पर फेंकना आपकी जिम्मेदारी है, न कि सरकार की।

सरकार को बाध्य कीजिए कि वह आपके निवास के आसपास कूड़ेदानों का उचित प्रबंध करे !

मध्यप्रदेश सरकार

– जनहित में जारी।

उदाहरण–3

आपके विद्यालय के माली ने फूलों की पौध तैयार की है, **उनके निःशुल्क वितरण के लिए लगभग 60 शब्दों में विज्ञापन तैयार कीजिए।**

[*CBSE 2023*]

फूलों के पौधे घर ले जाइए !

बिलकुल मुफ्त !!

यह विद्यालय के माली का आपको प्रेम भरा उपहार है। विद्यालय के माली ने आपके घरों को सुंदर और सुगंधित बनाने के लिए गेंदा, गुलाब, चमेली, गुलदाउदी के फूलों की पौध तैयार की है। यह आपके लिए है – निःशुल्क।

आप विद्यालय पधारें ! अपना परिचय-पत्र साथ लाएँ !

दो-दो पौधे सहर्ष ले जा सकते हैं।

आनंद मोहन

18.10.2025

प्राचार्य, सरस्वती विद्यालय

नेहरू विहार, दिल्ली

उदाहरण–4

आप अपना पुराना स्मार्टफोन बेचना चाहते हैं, **उससे संबंधित एक आकर्षक विज्ञापन लगभग 40 शब्दों में लिखिए।**

[*प्रतिदर्श प्रश्नपत्र 2023–24*]

पुराना स्मार्टफोन खरीदें।

केवल चार मास पुराना

सैमसंग गेलेक्सी S23 5G/8GB

स्टोरेज – 256 जीबी

मेमोरी – 8 जीबी

कैमरा – उच्चतम मैगापिक्सल युक्त

बाज़ार से आधे रेट पर उपलब्ध

चलने में नए मोबाइल से भी अधिक कुशल

संपर्क करें – 9876598765

उदाहरण–5

आपके चाचा जी ने रेडीमेड कपड़ों की एक दुकान खोली है। वे प्रचार-प्रसार के लिए स्थानीय समाचारपत्र में उसका विज्ञापन देना चाहते हैं। **आप उनके लिए लगभग 60 शब्दों में एक आकर्षक विज्ञापन तैयार कीजिए।**

[*CBSE प्रतिदर्श प्रश्नपत्र 2022–23*]

खुल गया ! **खुल गया !** **खुल गया !**

परिधान

आधुनिक फैशन, रंगों, डिजाइनों से भरपूर

नन्हे बच्चों, युवक-युवतियों तथा बुजुर्गों – सभी के लिए

सूती तथा सिंथेटिक सभी प्रकार के परिधानों का विशाल भंडार !

एक बार सेवा का मौका अवश्य दें।

31 दिसंबर तक 10% की विशेष छूट !

रविवार सहित सातों दिन खुला है।

सुबह 9 से रात 9 तक

पधारें – 335, मेन मार्किट, कानपुर। मोबाइल– 2345678901

उदाहरण–6

आपको अपना फ्लैट किराए पर देना है। **इसके लिए लगभग 50 शब्दों में एक आकर्षक विज्ञापन लिखिए।**

[*CBSE प्रतिदर्श प्रश्नपत्र 2021–22*]

सुविधा फ्लैट

किराए के लिए खाली है !

अगर आप सभी सुविधाओं से सुसज्जित

वास्तव में आरामदायक आवास की तलाश में हैं

तो संपर्क करें – 5678910234

तीन बड़े बैडरूम, एक ड्राइंगरूम-कम-लॉबी

खुली रसोई, चार वाशरूम, एक स्टोर

हर कमरे में ए.सी., टी.वी. फिट

गीजर, फ्रिज़, सोफा, डबलबैड, डाइनिंग, सेंट्रल मेज सहित !

आप देखेंगे तो और कहीं जा नहीं पाएँगे!

उदाहरण–7

सामाजिक संस्था 'सवेरा' के नशा-मुक्ति अभियान के लिए लगभग 50 शब्दों में एक आकर्षक विज्ञापन लिखिए।

[*CBSE प्रतिदर्श प्रश्नपत्र 2021–22*]

आप नशे के जाल में फँस गए हैं ?

नशा छूट नहीं रहा है ?

आइए !

'सवेरा' के नशा-मुक्ति केंद्र

235, कनॉट प्लेस, दिल्ली में !

नशा आपके स्वाभाविक जीवन को खोखला कर डालता है !

नशे से बचिए !

प्रभु के दिए इस जीवन के आनंद लीजिए !

कोई ग्लानि नहीं, कोई पछतावा नहीं !

सिर्फ आपका विश्वास और संकल्प चाहिए।

उदाहरण–8

आपकी दीदी ने एक संगीत केंद्र खोला है। **उसके प्रचार-प्रसार हेतु 50 शब्दों में एक आकर्षक विज्ञापन लिखिए।**

[*CBSE प्रतिदर्श प्रश्नपत्र 2021–22*]

सुरसंगम संगीत केंद्र

ढोलक, तबला, बाँसुरी, हारमोनियम

वीणा, सितार, ढपली या सिंथेसाइज़र सीखिए !

गायकी सीखिए !

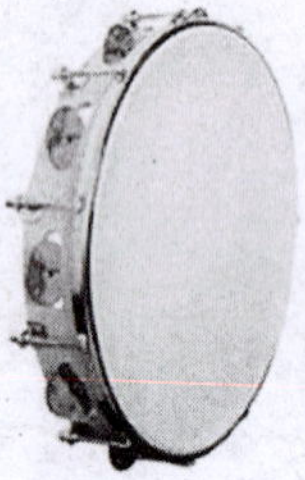

शास्त्रीय गायन, गजल गायन या सुगम संगीत

सभी के लिए कुशल प्रशिक्षक उपलब्ध हैं।

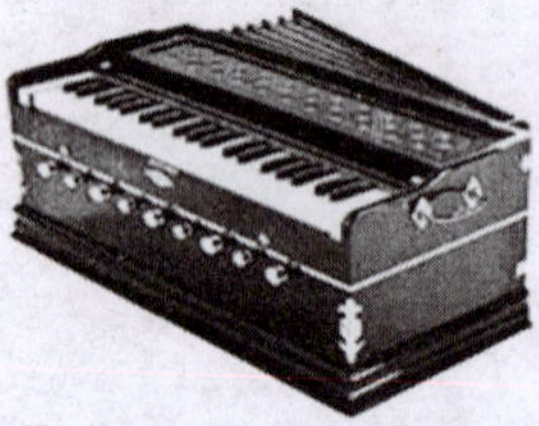

समय : प्रातः 8 से 12 और सायं 4 से 7

सपंर्क : सुरसंगम संगीत केंद्र, मॉडल टाउन भोपाल

दूरभाष : 4680213579

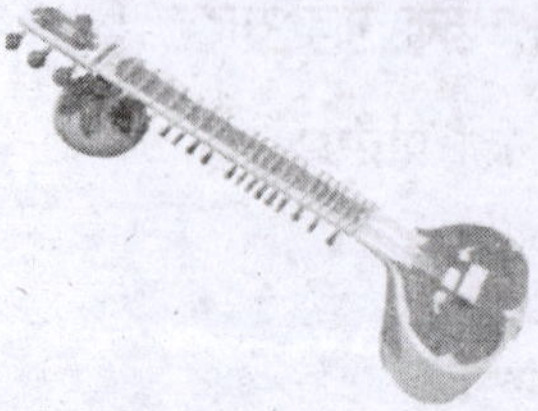

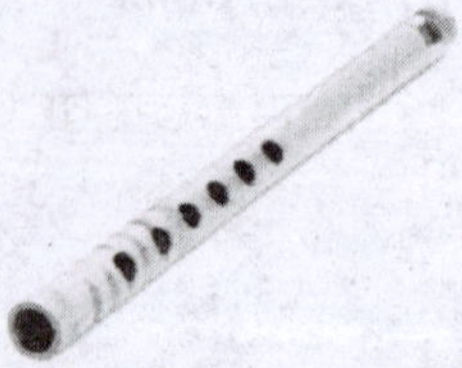

उदाहरण–9

अंगदान के प्रति लोगों में जागरूकता लाने के लिए स्वास्थ्य मंत्रालय की ओर से लगभग 50 शब्दों में एक विज्ञापन।

[*CBSE 2021*]

जीते जी रक्तदान !

जाते-जाते अंगदान !!

मृत्यु के बाद आपके शरीर के अंग किसी के काम आ सकते हैं !

जाते-जाते पुण्य कमाइए !

किसी के नेत्रों का उजाला बनिए !

किसी के शरीर में दिल बनकर बसिए !

और नहीं तो चिकित्साशास्त्र के विकास के लिए

समर्पित हो जाइए !

अंगदान के लिए जीते-जी संकल्प जरूरी है। संपर्क कीजिए—नजदीक के सरकारी हस्पताल में !

—जनचेतना हेतु

स्वास्थ्य मंत्रालय

□ **मिलते-जुलते विज्ञापन**

- नेत्रदान के लिए प्रोत्साहित करने हेतु स्वास्थ्य मंत्रालय के लिए 50 शब्दों में एक आकर्षक विज्ञापन लिखिए।

[*CBSE 2022*]

उदाहरण–10

सोलर बल्ब और लाइट बनाने वाली कंपनी 'रोशनी' के लिए लगभग 50 शब्दों में एक आकर्षक विज्ञापन तैयार कीजिए।

[*CBSE 2021*]

रोशनी

सीधे सूर्य से !

अब घर-घर जलेंगे

सोलर बल्ब और लाइटें

बहुत-ही कर्म खर्च में

प्रदूषण से मुक्ति !

बिजली के बिल से भी मुक्ति !!

यदि आपको पर्यावरण से प्यार है

तो **रोशनी अपनाइए !**

बिजली की हर दुकान पर आसानी से उपलब्ध

—जनहित में जारी

सौर-ऊर्जा विभाग

□ **मिलते-जुलते विज्ञापन**

- सोलर कुकर बनाने वाली कंपनी 'रविरश्मि' के लिए लगभग 50 शब्दों में एक आकर्षक विज्ञापन तैयार कीजिए। *[CBSE 2022]*
- सोलर पंखे बनाने वाली कंपनी 'मुक्ति' के लिए लगभग 50 शब्दों में एक आकर्षक विज्ञापन तैयार कीजिए। *[CBSE 2022]*

उदाहरण–11

हस्तनिर्मित वस्तुओं का निर्माण करने वाले शिल्पकारों की संस्था 'कलाकौशल' के प्रचार-प्रसार के लिए एक आकर्षक विज्ञापन लगभग 50 शब्दों में तैयार कीजिए। *[CBSE 2021]*

हस्तशिल्प के अद्भुत उत्पाद

सिद्धहस्त शिल्पियों द्वारा

तरह-तरह के सूती धागों से निर्मित सुंदर कृतियाँ

पेंटिंग्स, लटकनें, स्टूल, कुर्सियाँ, मेजें, फर्नीचर

झोले, थैले, शालें, परिधान, जूते, दीवारघड़ियाँ तथा

अन्य सजावटी सामान !

जो देखते ही मन को भा जाएँ !

मनुष्यों की उँगलियों का कमाल अपने घर ले आइए !

उपयोग का उपयोग और हस्तशिल्पियों का सम्मान।

दिल्ली हाट और सभी मेलों-प्रदर्शनियों में सदा उपलब्ध।

□ **मिलते-जुलते विज्ञापन**

- लॉकडाउन के दौरान आर्थिक संकट से गुजर रहे मूर्तिकारों की सहायता हेतु स्थापित संस्था 'शिल्पी' के प्रचार-प्रसार हेतु 50 शब्दों में एक आकर्षक विज्ञापन लिखिए। *[CBSE 2022]*

उदाहरण–12

प्रदूषण से बचने के लिए जनहित में जारी एक विज्ञापन पर्यावरण विभाग की ओर से 25-50 शब्दों में लिखिए। *[CBSE 2020]*

प्रदूषण-मुक्त साँसें लीजिए !

घर-घर में पेड़-पौधे लगाइए !

भौंपू और लाउडस्पीकर खुले में न बजाइए !

जहाँ तक हो सके

डीजल-पेट्रोल वाले वाहनों का कम-से-कम प्रयोग कीजिए !

आखिर पर्यावरण में आपने भी साँस लेनी है !

–जनहित में जारी

पर्यावरण-विभाग, भारत सरकार

उदाहरण—13

आपके शहर में विराट हास्य कवि सम्मेलन होने जा रहा है। इसमें देश के प्रसिद्ध हास्यकवि आमंत्रित हैं। **इसके प्रचार के लिए एक विज्ञापन 25-50 शब्दों में तैयार कीजिए।** [*CBSE 2020*]

विराट हास्य कवि सम्मेलन

हँसने और गुदगुदाने का अनमोल अवसर

15 अगस्त, 2025

रात्रि 9 बजे आरंभ

आमंत्रित कवि – सुरेंद्र शर्मा, सुनील जोगी, दीपक सैनी, महेश दुबे

कीर्ति काले और अशोक बत्रा

आप सादर आमंत्रित हैं।

संपर्क : 2345678901

□ **मिलते-जुलते विज्ञापन**

- आपके मुहल्ले में एक संगीत-संध्या का आयोजन होने जा रहा है। लगभग 25-50 शब्दों में एक विज्ञापन तैयार कीजिए। [*CBSE 2020*]

उदाहरण—14

हेलमेट बनाने वाली एक कंपनी के लिए एक विज्ञापन लगभग 25-50 शब्दों में तैयार कीजिए। [*CBSE 2020*]

सुरक्षा हेलमेट

अब आपके शहर में उपलब्ध

अपने सिर की सुरक्षा के लिए

फौलाद-सा मज़बूत

और फूल-सा हल्का

पहनने में सुविधाजनक

दीखने में सुंदर !

सुरक्षा हेलमेट

प्राप्ति-स्थल : समीर हेलमेट हाउस, 3098 मेन बाजार, जयपुर।

उदाहरण–15

धूम्रपान को रोकने के लिए उसकी हानियाँ बताते हुए एक विज्ञापन लगभग 25-50 शब्दों में तैयार कीजिए।

[*CBSE 2020*]

न-न-न-ना ! **न-न-न-ना !**

धूम्रपान बिल्कुल नहीं !

अपने फेफड़े खराब !

पास वालों को परेशानी !!

ज़रा-से नशे के लिए धूम्रपान क्यों करें ??

धूम्रपान छोड़िए !

स्वस्थ रहिए !

और

सभी को स्वस्थ रखिए !

जनहित में जारी – स्वास्थ्य मंत्रालय, भारत सरकार

उदाहरण–16

विद्यालय के वार्षिकोत्सव के अवसर पर विद्यार्थियों द्वारा निर्मित हस्तकला की वस्तुओं की एक प्रदर्शनी के प्रचार हेतु लगभग 50 शब्दों में एक विज्ञापन लिखिए।

[*CBSE 2018, 2020*]

क.ख.ग. विद्यालय
वार्षिकोत्सव
पर आयोजित

हस्तकला प्रदर्शनी

अपने ही विद्यार्थियों द्वारा तैयार

अभिनंदन-पत्र, लिफाफे, थैले, पुष्पगुच्छ, मोमबत्तियाँ, फूलदान

और सुंदर कशीदाकारी

विक्रय के लिए उपलब्ध !

अवश्य खरीदें

और अपने ही शिल्पकार विद्यार्थियों को प्रोत्साहन दें।

उदाहरण–17

राज्य परिवहन निगम की ओर से सड़क-सुरक्षा के प्रति जागरूकता के लिए लगभग 40 शब्दों में एक विज्ञापन तैयार कीजिए। [*CBSE 2024*]

सुरक्षित यात्रा करें !

सड़क के नियमों का पालन करें !!

सड़क के बाईं ओर चलें। लाल बत्ती पर रुकें।
सड़क पार करनी हो जैबरा क्रासिंग पर ही करें।
गति-सीमा का ध्यान रखें।
सीट-बैल्ट और हेलमेट जरूर लगाएँ !
सुरक्षा में ही सुरक्षा है।

–जनहित में जारी

निदेशक : ... राज्य परिवहन निगम

उदाहरण–18

सार्वजनिक रूप से आयोजित दावतों में अन्न की बर्बादी के प्रति जागरूकता फैलाने के लिए 'अन्नदान-महादान' विषय पर लगभग 40 शब्दों में एक आकर्षक विज्ञापन तैयार कीजिए। [*CBSE 2024*]

अन्न खाने के लिए है, बर्बाद करने के लिए नहीं !

उतना पकाएँ, जितना लगे।
थाली में उतना लें, जितना खा सकें।
अन्न धरती माँ का प्रसाद है। इसे व्यर्थ न बर्बाद करें।
दावतों में उतना ही पकाएँ जितना आवश्यक हो।
अन्न की बर्बादी को बचाना भी महादान है।

अन्नदान-महादान।

संकल्प लें–एक भी दाना व्यर्थ न जाने देंगे।

उदाहरण–19

जल-संरक्षण के प्रति जागरूकता बढ़ाने के लिए लगभग 40 शब्दों में एक आकर्षक विज्ञापन तैयार कीजिए। [*CBSE 2024*]

जल है तो कल है !

जल अमृत की बूँद है।

जल की एक-एक बूँद बचाएँ !
जल दुर्लभ होता जा रहा है। उसे यथासंभव बचाएँ।
जहाँ बाल्टी से काम चलता है, उसे एक जग से ही पूरा करें।
कार, स्कूटर, साइकिल, घर-आँगन खुले पानी से नहीं धोएँ।
कम-से-कम पानी का प्रयोग करके जल बचाएँ !
जल के बिना जीवन संभव नहीं है।

जानिए, जल ही जीवन है।

उदाहरण–20

इंजीनियरिंग और मेडिकल की परीक्षा की तैयारी के लिए नया कोचिंग संस्थान खुला है– 'विकास'। **छात्रों को आकर्षित करने के लिए विज्ञापन तैयार कीजिए।**

इंजीनियर बनना चाहते हैं ?
या डॉक्टर ?

अपने सपनों को हकीकत में बदलिए !

'विकास'

कोचिंग-संस्थान

कोटा

में प्रवेश लीजिए।

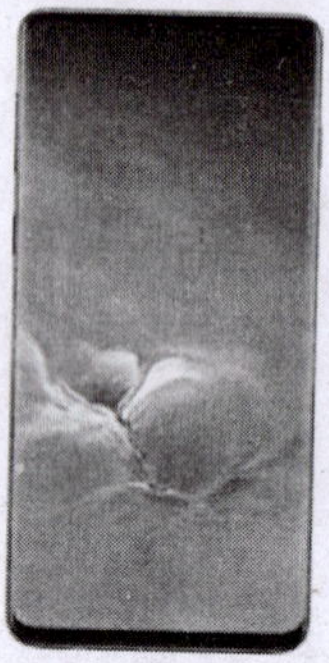

- छोटे-छोटे समूह
- संवाद और चर्चा पर बल
- योग्यतम प्रशिक्षकों द्वारा मार्गदर्शन
- नियमित परीक्षाओं का आयोजन

• **दिल्ली** • **अजमेर** • **आगरा** • **चंडीगढ़** • **भोपाल** • **जालंधर** • **हिसार**

संपर्क : दूरभाष–09994499999

उदाहरण–21

अपने पुराने मकान का विवरण देते हुए उसकी बिक्री के लिए लगभग 60 शब्दों में एक विज्ञापन लिखिए।

मकान बिकाऊ

इंदौर के रामनगर में स्थित 250 गज पर बना दोमंजिला मकान बिकाऊ है।
नीचे चार कमरे, ऊपर तीन कमरे। पार्क के सामने 30 साल पुराना निर्माण।
साफ-सुथरे फर्श, टाइलों से युक्त 4 वाशरूम, दीवारें और छतें सुसज्जित।
धूप और हवा से युक्त, खुले आँगन वाला सुरक्षित मकान !

संपर्क करें–7890123456

उदाहरण–22

'राजा' फ़िल्म के लिए लड़के व लड़कियों की प्रतिभा को परखने हेतु 20-25 शब्दों में एक विज्ञापन तैयार कीजिए।

फ़िल्म-स्टार बनिए !

'राजा' फ़िल्म के लिए प्रतिभाशाली लड़के-लड़कियों की आवश्यकता है। अभिनय में रुचि रखने वाले और अनुभवी कलाकार राजा फ़िल्म्स, 35, अँधेरी ईस्ट के कार्यालय में संपर्क करें।

उदाहरण–23

बच्चों की ड्रैस से संबंधित दुकान की जानकारी देते हुए किसी प्रतिष्ठित समाचार पत्र में लगभग 60 शब्दों में विज्ञापन दीजिए।

स्कूल ड्रैस

हर प्रकार की स्कूल-ड्रेस–कमीज़, नेकर, फ्रॉक, बेल्ट, जूते, जुराब, जर्सी, कोट, पैंट, टाई के लिए स्कूल के मापदंडों के अनुसार उत्तम क्वालिटी के कपड़े से निर्मित ड्रेस खरीदने के लिए संपर्क करें। परिधान स्कूल-ड्रेस, गाँधी बाज़ार, देहरादून। रोज प्रातः 9 से रात्रि 8 बजे तक उपलब्ध। कपड़े आर्डर पर भी बनाए जाते हैं। एक बार सेवा का अवसर अवश्य दें।

संपर्क करें–9898989897

□ **मिलते-जुलते विज्ञापन**

- गाजियाबाद नगर विद्यालय में सिले कपड़ों के विक्रय के लिए एक विज्ञापन तैयार कीजिए। (लगभग 60 शब्दों में)।
- 'पहनावा' कंपनी की ओर से विज्ञापन लगभग 60 शब्दों में बनाइए कि स्कूल यूनिफ़ार्म पर 20% की छूट दी जाएगी।

उदाहरण–24

अपने पिताजी की पुरानी कार की बिक्री हेतु विवरण देते हुए लगभग 25 शब्दों में एक विज्ञापन लिखिए। [*CBSE 2019*]

कार बिकाऊ है

स्विफ्ट डिज़ायर, मॉडल 2009, कुल 51000 किलोमीटर चली हुई, बिना किसी दुर्घटना के, डीजल से चालित, खपत 25 किलोमीटर प्रति लीटर, नए टायर, ए.सी. म्युज़िक सिस्टम, पावर ब्रेक से लैस, नए टायर। एक भी निशान नहीं। एक ही सरकारी अफसर द्वारा संचालित, नई जैसी दीखने वाली गाड़ी खरीदने के लिए संपर्क करें–9999488889

□ **मिलते-जुलते विज्ञापन**

- पिताजी की पुरानी मोटर साइकिल की बिक्री के लिए उसकी दशा, माइलेज आदि का उल्लेख करते हुए लगभग 25 शब्दों में एक विज्ञापन तैयार कीजिए।

उदाहरण–25

टी.वी. शोरूम 32, कंकड़बाग रोड, पटना में रिसेप्शनिस्ट की आवश्यकता के लिए एक विज्ञापन तैयार कीजिए। (लगभग 60 शब्दों में)

रिसेप्शनिस्ट चाहिए

पटना के 32, कंकड़बाग रोड स्थित सनराइज़ टी.वी. शोरूम के लिए कुशल, मृदुभाषी, अनुभवी, युवा, 30 वर्ष से कम आयु के युवक/युवती रिसेप्शनिस्ट की आवश्यकता है। वेतन सम्मानजनक। पहले अपना आवेदन-पत्र निम्नलिखित व्हाट्सअप नंबर पर भेजें। बुलाने पर निम्नलिखित पते पर स्थित कार्यालय में साक्षात्कार पर पधारें–

32, कंकड़बाग रोड, पटना

संपर्कः 9696969695

उदाहरण–26

हिंदी की पुस्तकों की प्रदर्शनी में आधे मूल्यों पर बिक रही महत्त्वपूर्ण पुस्तकों को खरीदकर लाभ उठाने के लिए लगभग 60 शब्दों में एक विज्ञापन तैयार कीजिए।

50% छूट

पुस्तक-प्रदर्शनी

लाभ उठाने का दुर्लभ अवसर

12 से 15 अगस्त 2024 तक

हिंदी भाषा, कविता, साहित्य, तकनीकी, विज्ञान और अन्य विषयों पर अमूल्य पुस्तकें आधे मूल्य पर उपलब्ध।

संपर्क करें–सुचेता मेमोरियल स्कूल, गुड़गाँव (9595959594)

☐ **मिलते-जुलते विज्ञापन**

- आपके शहर में 'विश्व पुस्तक मेला' का आयोजन होने जा रहा है। इसके लिए लगभग 60 शब्दों में विज्ञापन तैयार कीजिए।

उदाहरण–27

जालंधर में गर्मियों की छुट्टियों में नृत्य सिखाने का संस्थान 'कत्थक-केंद्र' खुला है। **उसका एक विज्ञापन तैयार कीजिए। (लगभग 60 शब्दों में)**

शर्मिष्ठा कत्थक केंद्र

122, मॉडलटाउन, जालंधर

गर्मियों की छुट्टियों में सीखिए

कत्थक नृत्य

देश की प्रसिद्ध नृत्यांगना सुरेखा शमी और उर्वशी मातंडकर के निर्देशन में।

1 जून से 20 जून तक

स्थान सीमित–चार बैच एक साथ आरंभ।

अपनी सुविधानुसार, पहले आओ, पहले पाओ के आधार पर ज्वाइन करें।

संपर्क: 9494969798

☐ **मिलते-जुलते विज्ञापन**

- 'ललित कला केंद्र' कत्थक और भरतनाट्यम नृत्यकला का प्रशिक्षण आरंभ कर रहा है। इसके प्रचार-प्रसार हेतु 50 शब्दों का एक आकर्षक विज्ञापन तैयार कीजिए। *[CBSE 2021]*

अन्य उपयोगी विज्ञापन

नौकरी, विवाह, सूचना, निविदा, नाम बदलना, गुमशुदा की तलाश, रस्म पगड़ी आदि के लिए अखबार में रोज विज्ञापन छपते रहते हैं। उनकी शैली इस प्रकार होती है–

रिक्त-स्थान

- *सरस्वती पब्लिक स्कूल, गुड़गाँव को हिंदी अध्यापक चाहिए। एक विज्ञापन तैयार कीजिए।*

उत्तर–चाहिए हिंदी अध्यापक, बी.ए., बी.एड., अनुभवी शिक्षक को प्राथमिकता, स्थायी पद, वेतनमान सरकारी नियमानुसार। प्रमाणपत्रों और परिचय-पत्र के साथ सात दिनों में आवेदन करें–प्रबंधक, सरस्वती पब्लिक स्कूल गुड़गाँव।

गुमशुदा की तलाश

- *सीमा ग्रोवर के सर्टिफिकेट खो गए हैं। विज्ञापन तैयार करें।*

उत्तर–मैं सीमा ग्रोवर सुपुत्री रमेश ग्रोवर 333, सेक्टर-14, आगरा बयान करती हूँ कि मेरे दसवीं, बारहवीं और बी.ए. के सर्टिफिकेट उ.प्र. की बस में खो गए हैं। उनका अन्यत्र कहीं उपयोग अवैध है। मिलने पर उपरोक्त पते पर भेजने की कृपा करें। C–3851 (D)

नाम बदलना

- *संतरो देवी ने अपना नाम बदलकर सावित्री रख लिया है। विज्ञापन तैयार कीजिए।*

उत्तर–मैं संतरो देवी सुपुत्री फूल कुमार गाँव खरखौदा (गाजियाबाद) ने अपना नाम बदलकर सावित्री रख लिया है। भविष्य में मुझे इसी नाम से जाना जाए। एसी–12859 (C)

प्रश्न-अभ्यास

1. बाज़ार में नया उत्पाद आया है–नवीन अचार। नवीन एग्रो, 135, हलवाई हट्टा, रोहतक की ओर से विज्ञापन बनाइए।
2. गोपाल पब्लिक स्कूल में 9वीं और दसवीं के दाखिले शुरू हैं। विज्ञापन लिखिए।
3. 'उज्ज्वल' नाम से नया इन्वर्टर आया है जिसकी गारंटी 5 साल है। विज्ञापन तैयार कीजिए।
4. अध्यापक और क्लर्क की परीक्षाओं की तैयारी के लिए 'मेधा शिक्षण' नाम से संस्थान खुला है। विज्ञापन तैयार कीजिए।
5. जी.टी. रोड कोलकाता पर हीरो होंडा का शो-रूम खुला है। मोटरसाइकिल के लिए विज्ञापन तैयार कीजिए।
6. बाज़ार में नई सुविधाओं वाला मोबाइल आया है। विज्ञापन तैयार कीजिए।
7. एड़ियों के दर्द से मुक्ति दिलाने वाली हवाई चप्पल बाज़ार में आई है–सुविधा। विज्ञापन तैयार कीजिए।
8. सिरदर्द और बदनदर्द से मुक्ति दिलाने वाली 'दर्द-गो' दवाई आई है। विज्ञापन तैयार कीजिए।
9. शहर में एक नृत्य-विद्यालय खुला है। एक विज्ञापन तैयार कीजिए।
10. छुट्टियों में अंग्रेजी सीखने के लिए कक्षाएँ आयोजित करनी है। संस्थान का नाम है–'लर्निंग स्कूल'। विज्ञापन तैयार कीजिए।
11. बाज़ार में लेडीज सूटों की सिलाई के लिए दर्जी की दुकान खुली है। सलीम लेडीज़ टेलर्स। विज्ञापन तैयार कीजिए।
12. बाज़ार में 'सुगंधित' नाम से नया साबुन आया है। विज्ञापन तैयार कीजिए।
13. बाज़ार में नया पेय आया है–अहा! विज्ञापन तैयार कीजिए।
14. स्पोर्ट्स शूज़ की नई शृंखला Again का विज्ञापन तैयार कीजिए।
15. ड्रामा सिखाने के लिए ड्रामा सेंटर खुला है। एक विज्ञापन तैयार कीजिए।
16. विद्यार्थियों की जरूरत के हर सामान के लिए उपलब्ध 'क-ख-ग भंडार' का विज्ञापन बनाइए।
17. किसी साबुन कंपनी की ओर से त्वचा के लिए कोमल व सस्ते साबुन का विज्ञापन बनाइए।
18. वार्षिकोत्सव के अवसर पर आपकी कक्षा द्वारा अभिनीत होने वाले एक हिंदी नाटक के लिए विज्ञापन का आलेख लगभग 25 शब्दों में प्रस्तुत कीजिए।
19. आपके चाचाजी ने एक आइसक्रीम फैक्ट्री लगाई है। उसके प्रचार के लिए विज्ञापन तैयार कीजिए।
20. आधुनिक सुविधाओं से सुसज्जित घर किराए पर देने के लिए विज्ञापन तैयार कीजिए।
21. 'वाह-वाह मोबाइल' पर एक विज्ञापन लगभग 60 शब्दों में तैयार कीजिए।
22. खेल अकादमी में क्रिकेट के प्रशिक्षण के लिए आवेदनपत्र आमंत्रित करते हुए एक विज्ञापन तैयार कीजिए।

23. 'हवेली' नामक रेस्टोरेंट्स के लिए विज्ञापन तैयार कीजिए। (लगभग 60 शब्दों में)।

24. अमरलोक बिल्डर्ज़ नई हाउसिंग सोसाइटी विकसित करने जा रहे हैं। आवासत्र्रण की सुविधा उपलब्ध है। दो से चार बैडरूम वाले फ्लेट उपलब्ध। एक विज्ञापन तैयार कीजिए। (लगभग 60 शब्दों में)।

25. मोबाइल-चार्जर वीनस बाज़ार में आया है जो 10 मिनट में बैटरी फुल कर देता है। विज्ञापन लिखिए।

***26.** आपके नगर में मिठाई की नई दुकान खुली है। इसके प्रचार के लिए एक विज्ञापन 25-50 शब्दों में तैयार कीजिए। *[CBSE 2020]*

27. रजिस्टर एवं कापियाँ बनाने वाली 'रचना कंपनी' के लिए उत्पाद प्रचार हेतु एक विज्ञापन 25-50 शब्दों में लिखिए। *[CBSE 2020]*

28. टूथपेस्ट बनाने वाली कंपनी के लिए एक विज्ञापन 25-50 शब्दों में लिखिए। *[CBSE 2020]*

29. नगर में आयोजित होने वाली भारत की सांस्कृतिक एकता प्रदर्शनी को देखने के लिए लोगों को आंमत्रित करते हुए 25-50 शब्दों में एक विज्ञापन तैयार कीजिए। *[CBSE 2020]*

30. कार ड्राइविंग सिखाने वाले नए स्कूल 'सार्थक क़ार ड्राइविंग सेंटर' के लिए एक विज्ञापन लगभग 25-50 शब्दों में तैयार कीजिए। *[CBSE 2020]*

31. 'गणपति पुस्तक भंडार' में पुस्तकों की बिक्री बढ़ाने हेतु एक विज्ञापन लगभग 25-50 शब्दों में तैयार कीजिए। *[CBSE 2020]*

32. पल्स पोलियो अभियान के लिए 25-50 शब्दों में एक विज्ञापन तैयार कीजिए। *[CBSE 2020]*

33. पर्यावरण की शुद्धता के लिए सरकार की ओर से सार्वजनिक वाहनों के उपयोग की अपील करते हुए लगभग 25-50 शब्दों में एक विज्ञापन तैयार कीजिए। *[CBSE 2020]*

34. सर्व शिक्षा अभियान के तहत 'वयस्क साक्षरता मिशन 2020' के लिए एक विज्ञापन 25-50 शब्दों में तैयार कीजिए। *[CBSE 2020]*

35. आपकी पुरानी साइकिल अब आपके लिए छोटी पड़ रही है। उसे बेचने के लिए कोई आकर्षक विज्ञापन 25-50 शब्दों में तैयार कीजिए। *[CBSE 2020]*

36. आपके बड़े भाई ने बेकरी की दुकान खोली है। उसके लिए लगभग 50 शब्दों में एक आकर्षक विज्ञापन तैयार कीजिए।

37. आपकी बहन का एक थिएटर-समूह है। वे इस शहर में अपने नए नाटक का मंचन करने जा रही हैं। उसके प्रचार-प्रसार के लिए लगभग 50 शब्दों में एक आकर्षक विज्ञापन तैयार कीजिए।

38. मुख्य चुनाव आयुक्त की ओर से 50 शब्दों का एक विज्ञापन तैयार कीजिए जिसका विषय है–"मतदान : प्रत्येक नागरिक का अधिकार और कर्तव्य"।

39. आपकी सोसायटी के पास ठेले लगाने वाले व्यक्ति का 10 वर्षीय बच्चा गुम हो गया है। उसके लिए अखबार में 'खोया-पाया' कॉलम के अंतर्गत एक विज्ञापन 50 शब्दों में तैयार कीजिए।

40. योग प्रशिक्षण केंद्र 'आरोग्य' के प्रचार-प्रसार के लिए लगभग 50 शब्दों में एक आकर्षक विज्ञापन तैयार कीजिए। *[CBSE 2020]*

41. महिलाओं की सहायता हेतु स्थापित संस्था 'सहयोगिनी' के प्रचार-प्रसार के लिए लगभग 50 शब्दों में एक आकर्षक विज्ञापन तैयार कीजिए। *[CBSE 2020]*

---

* नवीनतम पाठ्यक्रम के अनुसार लगभग 40 शब्दों में विज्ञापन तैयार करना है।

IX. संदेश-लेखन

आज सामाजिक संबंधों का युग है। लोग अपने घर से अधिक बाहर रहते हैं–समाज में, अपने कार्यालयों में, व्यवसाय में या गोष्ठियों-सभाओं में। सभी चाहते हैं कि उनके संबंध अधिक-से-अधिक लोगों से बढ़ें, प्रगाढ़ हों। इस प्रक्रिया में संदेश-प्रेषण एक बहुत बड़ा माध्यम बन गया है। यह सामाजिक संबंधों को बनाए रखने का एक सशक्त साधन है। बिना कहीं गए, उन्हें याद करने और अपनी याद कराने का सरल और सुलभ साधन है–संदेश-लेखन।

जब से मोबाइल आ गए हैं और व्हाट्सएप जैसे तीव्रतम साधन आ गए हैं, हम प्रत्येक संदेश को व्हाट्सएप संदेश मानने की भूल कर बैठते हैं। माना कि व्हाट्सएप संदेश सबसे आसान, तीव्रतम और सस्ता साधन है लेकिन वह पलक झपकते ही संदेशों के अंबार में खो जाता है। आप उसे तरसती निगाहों से देख सकते हैं किंतु छू नहीं सकते। हर समय अपनी आँखों के सामने नहीं रख सकते। यहाँ यह स्पष्ट कर देना जरूरी है कि हमारे पाठ्यक्रम में लिखित संदेश की बात हो रही है, न कि मोबाइल-संदेश की।

आजकल विभिन्न संस्थाएँ और सामाजिक व्यक्ति अपने प्रसार के लिए विविध अवसरों पर शुभकामना संदेश भेजते हैं। ये संदेश अनेक अवसरों पर भेजे जा सकते हैं। जैसे–

जन्मदिन पर

विवाह या वैवाहिक वर्षगाँठ पर

परीक्षा या किसी खेल-प्रतियोगिता पर

सफलता, नौकरी या प्रोन्नति पर

गृह-प्रवेश, उद्घाटन या मुहूर्त पर

किसी यात्रा, पिकनिक या उत्सव पर

बीमारी या दुर्घटना से बचने के लिए

हानि, मृत्यु या अन्य दुखद अवसरों पर

होली, दीवाली, ईद, क्रिसमस जैसे उत्सवों पर।

अच्छे शुभकामना-संदेश के लक्षण–

एक अच्छे संदेश में निम्नलिखित गुण होने चाहिए–

- संदेश संक्षिप्त और मार्मिक होना चाहिए।
- उसकी शब्द-संख्या 30 से 40 शब्दों तक सीमित होनी चाहिए।
- उसमें नयापन, मौलिकता और संबंधों-भावनाओं की ताजगी झलकनी चाहिए।
- रटे-रटाए संदेश या सोशल मीडिया से चुराए हुए संदेश मूर्तियों की तरह बेजान होते हैं। यदि संदेश में निजता का स्पर्श होता है तो उसे सम्मान से पढ़ा जाता है।
- संदेश में प्राप्त-कर्ता और प्रेषक दोनों का उल्लेख होना चाहिए। प्राप्त-कर्ता और प्रेषक दोनों का ठीक और संक्षिप्त पता होना चाहिए।
- पहले प्राप्तकर्ता का नाम और संबोधन होना चाहिए।

- यदि संदेश प्राप्तकर्ता आपका प्रिय मित्र या रिश्तेदार है तो आप उसे उसके नाम या संबंध से संबोधित करें; जैसे–

  प्रिय अनिल!

  आदरणीय चाचा जी!

यदि संदेश पाने वाला कोई निजी मित्र न होकर आपके कार्यालय, किसी संस्था या आपके व्यवसाय का कोई सदस्य है तो उसे भी दो प्रकार से संबोधित कर सकते हैं। एक व्यक्ति के रूप में या सामूहिक रूप में। दोनों के उदाहरण नीचे दिए जा रहे हैं–

प्रिय बंधु !	प्रिय बंधुओ !
प्रिय मित्र !	प्रिय मित्रो !
प्रिय सदस्य !	प्रिय सदस्यगण !
प्रिय विद्यार्थी !	प्रिय विद्यार्थी गण !
आदरणीय गुरु जी !	आदरणीय गुरुजन !
प्रिय नागरिक !	प्रिय नगरवासियो !

- संदेश-लेखन के पश्चात संदेश-प्रेषक का संक्षिप्ततम नाम और पहचान आनी चाहिए। वह पहचान अकेले नाम से भी हो सकती है और जातिगत नाम या दूरभाष आदि के उल्लेख के साथ भी हो सकती है। यदि अकेले नाम से प्रेषक के बारे में भ्रम होने की गुंजाइश हो तो नाम के साथ कोई पहचान देने वाला शब्द जरूर होना चाहिए। उदाहरण के लिए, आपका नाम प्रिशा है; परंतु इस नाम की तो अनेक और लड़कियाँ भी हो सकती हैं। अतः नाम के साथ नगर, जाति, मोबाइल नंबर या अन्य कोई उल्लेख भी हो तो पहचान सुनिश्चित हो जाती है। उदाहरण के लिए–
- प्रिशा पार्थ

  प्रिशा जोधपुर

  प्रिशा 1234567890
- यदि संदेश-प्रेषक निजी हैसियत से नहीं, अपितु किसी संस्था के सदस्य के नाते संदेश भेज रहा है तो उसके नाम के नीचे उसके पद तथा संस्था का नाम भी आना चाहिए। उदाहरणतया–

  जगदीश मित्तल

  अध्यक्ष, राष्ट्रीय कवि संगम।
- यह सुनिश्चित है कि शुभकामना-संदेश में अवसर के अनुसार संदेश प्राप्त करने वाले की कुशलता, सफलता, प्रसन्नता और उनके कल्याण की मंगलकामना व्यक्त की जाती है। यह शुभकामना विभिन्न पर्वों-त्योहारों पर हो सकती है; सुखद अवसरों पर भी और दुखद क्षणों में भी। तीनों में शुभकामना का स्वरूप बदल जाता है।
- पर्व-त्योहारों पर संदेश का रूप पर्व की भावना के अनुसार बदल जाता है। जैसे;
  - होली में रंगों का उल्लेख आवश्यक है।
  - दीवाली में प्रकाश का उल्लेख आवश्यक है।
  - ईद में भाईचारे का उल्लेख आवश्यक है।
  - रामनवमी में राम के प्रति श्रद्धा आवश्यक है।
  - रक्षाबंधन में भाई-बहन के संबंधों का उल्लेख आवश्यक है।
  - इसी प्रकार उन्नति पर सफलता की कामना आवश्यक है।
  - नई नियुक्ति पर सफलता की कामना आवश्यक है।
  - शादी-विवाह के अवसर पर जीवन में आनंद और मंगल की कामना आवश्यक है।
  - किसी परीक्षा या खेल-प्रतियोगिता में विजय की कामना आवश्यक है।

– जन्मदिन या वर्षगाँठ पर सुखद जीवन की कामना आवश्यक है।
– बीमारी में कुशलता की कामना आवश्यक है।
– मृत्यु पर सांत्वना और आगे की आशा का उल्लेख होना आवश्यक है।
– संदेश गद्य में भी हो सकता है और पद्य में भी। दोनों स्थितियों में शब्द-संख्या 30 से 40 के बीच होनी चाहिए।

संदेश-लेखन का आदर्श प्रारूप

1. संबोधन
2. मुख्य संदेश
3. संदेश प्रेषक का नाम।

कुछ महत्त्वपूर्ण संदेश

1. *आपके कक्षा-अध्यापक को 'राष्ट्रीय शिक्षक पुरस्कार' से सम्मानित किया गया है।* उन्हें बधाई देते हुए लगभग 40 शब्दों में संदेश लिखिए। *[CBSE प्रतिदर्श प्रश्नपत्र 2024–25]*

आदरणीय गुरु जी !

आपके चरणों में सादर प्रणाम ! आप सचमुच श्रेष्ठ और आदर्श अध्यापक हैं। आपको राष्ट्रीय शिक्षक पुरस्कार के लिए चुना गया है। यह सुनकर हमारा सीना गर्व से चौड़ा हो जाता है। आपको शत-शत बधाइयाँ ! आपका यश और अधिक बढ़े। हमारी ओर से हार्दिक शुभकामनाएँ !

भवदीय

क.ख.ग.

2. *आपका नाम सीमा पटेल/महेश कुलकर्णी है। आपके चाचा अपने पैतृक-गाँव में जाकर बच्चों के लिए एक विद्यालय शुरू कर रहे हैं।* उनके इस कार्य की सफलता हेतु लगभग 60 शब्दों में शुभकामना संदेश लिखिए। [CBSE 2023]

पूजनीय चाचा जी !

अपने पैतृक गाँव में जाकर बच्चों के लिए विद्यालय चलाना पुण्य का कार्य है। आप अपने उद्देश्य में सफल हों, यशस्वी बनें। गाँव के बच्चे पढ़ लिखकर देश के सच्चे नागरिक बनें।

मेरी ओर से शुभकामनाएँ ! मैं भी इस पुण्य कार्य में किसी काम आ सकूँ।

मुझे याद कीजिएगा।

आपकी भतीजी

सीमा पटेल

3. रक्षा-बंधन के अवसर पर भाई/बहन को लगभग 60 शब्दों में बधाई-संदेश लिखिए। [CBSE 2023]

प्रिय भैया !

आपको रक्षा-बंधन की ढेरों बधाइयाँ !

राखी का यह कोमल धागा मुझे आपके स्नेह में बाँधे रखे। आप सदा सुखी, समृद्ध और समर्थ बने रहें। मैं इस बार आपसे दूर हूँ। घर आ न सकी। राखी का यह बंधन आपको मेरी याद कराए। पुनः रक्षा-बंधन की शुभकामनाएँ !

आपकी अनुजा

स्मिता

4. राजस्थान निवासी अपने मित्र को 'गणगौर' पर्व के अवसर पर लगभग 40 शब्दों में एक शुभकामना संदेश लिखिए।

[*CBSE 2022*]

प्रिय कमलकिशोरी !

गणगौर की शुभकामनाएँ !

माँ पार्वती और भगवान शिव तुम पर असीम कृपा करें !

तुम जीवन में हर आनंद और सुख प्राप्त करो।

तुम्हारी सारी मनोकामनाएँ पूरी हों।

मेरी ओर से

गणगौर की शुभकामनाएँ !

तुम्हारी

स्नेहा

5. 'गुड़ी पड़वा' के अवसर पर महाराष्ट्र निवासी अपने मित्र को लगभग 40 शब्दों में शुभकामना-संदेश लिखिए।

[*CBSE 2022*]

प्रिय प्रभाकर!

'गुड़ी पड़वा' की ढेरों शुभकामनाएँ !

जैसे गुड़ी पड़वा पर सूर्य की पहली किरण उदित हुई थीं

वैसे ही तुम्हारे जीवन में प्रकाश और नव-विकास का शुभागमन हो !

जैसे इस दिन ब्रह्म जी ने सृष्टि की रचना की थी।

तुम भी ब्रह्म की तरह रचनाशील बनो !

नए-नए सृजन करो, काम करो, व्यवसाय करो, प्रयत्न करो।

गुड़ी पड़वा की शुभकामनाएँ !

तुम्हारा

अमित

6. भैया-भाभी की पहली वर्षगाँठ पर लगभग 40 शब्दों में एक शुभकामना-संदेश लिखिए।

[*CBSE प्रतिदर्श प्रश्नपत्र 2021–22*]

अथवा

आप सौम्य गर्ग/सौम्या गर्ग हैं। आपके भैया-भाभी की पहली वैवाहिक वर्षगाँठ (एनिवर्सरी) है। **इस अवसर पर उनके लिए 60 शब्दों में शुभकामना एवं बधाई-संदेश लिखिए।**

[*CBSE प्रतिदर्श प्रश्नपत्र 2022–23*]

आदरणीय भैया-भाभी !

विवाह की पहली वर्षगाँठ पर

आपको ढेरों शुभकामनाएँ !!

आप नव-विवाहित युगल की तरह

सदा उमंग, प्रेम और रसमय जीवन जिएँ।

आप सदा हँसते-खिलखिलाते रहें।

आपका दाम्पत्य जीवन हमेशा

रस-रंग और आनंद से भरा रहे !

आप एक-दूसरे के पूरक बनें

सहयोगी बनें और जीवन के सारे
सुख प्राप्त करें।
आपका अनुज
सौम्य गर्ग

7. *आपके मित्र ने नीट की परीक्षा में राज्य में तीसरा स्थान प्राप्त किया है।* **उसे बधाई देते हुए लगभग 40 शब्दों में एक संदेश लिखिए।** [*CBSE 2021, 22*]

प्रिय समर्पिता !
तुम्हें अनगिनत बधाइयाँ !!
नीट की परीक्षा में
पूरे देश में तीसरा स्थान प्राप्त करना
हिमालय की चोटी को छूना है !
तुमने सिद्ध कर दिया है कि
तुम कुछ हो !
मैं बहुत खुश हूँ।
ढेरों शुभकामनाएँ !
तुम्हारी
अर्पिता

□ मिलते-जुलते संदेश

- आप वीणा/विकास हैं। आपकी छोटी बहन ने विद्यालय की वार्षिक परीक्षा में पूरे विद्यालय में प्रथम स्थान प्राप्त किया है। उसे बधाई देते हुए 40 शब्दों में एक संदेश लिखिए। [*प्रतिदर्श प्रश्नपत्र 2023-24*]
- संघ लोक सेवा आयोग की प्रशासनिक प्रतियोगिता परीक्षा में चयन हो जाने पर बड़ी बहन को लगभग 40 शब्दों में बधाई-संदेश लिखिए। [*CBSE 2021*]
- राष्ट्रीय प्रतिभा खोज परीक्षा (एनटीएसई) में पहला स्थान प्राप्त करने पर अपने मित्र को लगभग 40 शब्दों में बधाई संदेश लिखिए। [*CBSE प्रतिदर्श प्रश्नपत्र 2021-22*]
- मित्र/सखी को नृत्य प्रतियोगिता में सफल होने तथा प्रथम स्थान पाने के लिए लगभग 40 शब्दों में एक शुभकामना संदेश लिखिए। [*CBSE 2021*]
- आपकी बहन का चयन राष्ट्रीय रक्षा अकादमी (एन.डी.ए.) में हो गया है। उनके लिए लगभग 40 शब्दों में बधाई-संदेश लिखिए। [*CBSE 2021 22*]

8. केरल के निवासी अपने मित्र को ओणम के अवसर पर लगभग 40 शब्दों में एक बधाई-संदेश लिखिए। [*CBSE प्रतिदर्श प्रश्नपत्र 2021–22*]

प्रिय विजयन !
तुम्हें ओणम की ढेरों शुभकामनाएँ !
तुम्हारे जीवन में कथकली नृत्य जैसा सम्मोहन हो !
नौका-दौड़ जैसी तीव्र गतिशीलता हो !
तुम सुशील बनो, सौम्य बनो
जीवन का हर रंग तुम्हारे जीवन को
आनंदमय कर दे।
शुभ-शुभकामनाएं !
तुम्हारा
मनोहर लाल

9. *आपके बड़े भाई का चयन विद्यालय की फुटबॉल टीम के कप्तान के रूप में हो गया है।* **उसके लिए लगभग 40 शब्दों में बधाई-संदेश लिखिए।** [*CBSE 2021*]

आदरणीय भैया !

आपका फुटबॉल टीम के कप्तान के रूप में चुना जाना

मेरे लिए सिर उठाकर चलने वाला अनुभव है।

आपका यह समाचार सुनाते हुए

मेरा सीना चौड़ा हो जाता है।

भैया ! ढेरों शुभकामनाएँ !!

मुझे पूरा विश्वास है कि

आपके नेतृत्व में आपकी फुटबॉल टीम

सदा विजयी रहेगी।

आपका अनुज

शेखर

10. अपनी कक्षा के प्रतिनिधि के रूप में सभी सहपाठियों को आगामी बोर्ड की परीक्षा के लिए शुभकामना का संदेश लगभग 40 शब्दों में दीजिए। [*CBSE 2021*]

प्रिय सहपाठियो !

आगामी बोर्ड परीक्षाएँ सिर पर हैं।

आप इसमें सफल हों

यशस्वी हों

मनवाँछित अंक प्राप्त करें !

मेरी ओर से हार्दिक शुभकामनाएँ !

आप सभी घोर परिश्रम करें

ईश्वर आपको परिश्रम का सुफल प्रदान करे।

आपका अपना

चिरंजीव

11. अपने मित्र को 'लोहड़ी' पर लगभग 40 शब्दों में एक शुभकामना संदेश लिखिए। [*CBSE 2021*]

प्रिय स्निग्धा !

लोहड़ी का यह पर्व

तुम्हारे जीवन में अपार खुशियाँ लाए !

तुम्हारे जीवन में आनंद हो, नृत्य हो, संगीत हो !

अपार उत्साह हो, जोश हो और सुख हो।

तुम अपनी खुशियाँ मिल-बाँटकर रहो।

तुम्हें लोहड़ी की

अनंत शुभकामनाएँ !

तुम्हारी

सौम्या

12. चेन्नई निवासी अपने मित्र को पोंगल के अवसर पर लगभग 40 शब्दों में एक बधाई-संदेश लिखिए। [CBSE 2021]

प्रिय रघुराजन !
तुम्हें पोंगल की ढेर सारी शुभकामनाएँ !
तुम्हारा जीवन नई फसल-सा उत्साहजनक हो !
चावल और गुड़ के मेल-सा मनोरम स्वाद हो !
तुम उत्साह, उमंग और ताज़गी से भरपूर जीवन जियो।
मेरी ओर से
पोंगल की अनंत शुभकामनाएँ !
तुम्हारा
श्रीकांत

13. 'बाल दिवस' के सफल आयोजन के लिए छात्रों को प्राचार्य की ओर से लगभग 40 शब्दों में एक साधुवाद बधाई संदेश लिखिए। [CBSE 2021]

प्रिय छात्र-छात्राओ !

आपने 'बाल दिवस' का अत्यंत उत्साह, आनंद और कुशलता से संयोजन किया। इतनी छोटी उम्र में बड़े-बड़े कार्यक्रम कर लेना, उसकी योजना बनाना, सबमें तालमेल बैठाना सचमुच प्रशंसनीय है। मुझे विश्वास है कि तुम्हारी यह सीख जीवन-भर तुम्हारे साथ रहेगी और पग-पग पर तुम्हें व्यवस्थित करती चलेगी। हार्दिक साधुवाद और ढेरों बधाइयाँ !

भवदीय
सुनील व्यास

□ मिलते-जुलते संदेश

- 'शिक्षक दिवस' के सफल आयोजन के लिए विद्यालय के छात्रों को प्राचार्य की ओर से लगभग 40 शब्दों में एक बधाई संदेश लिखिए। [CBSE 2021]
- 'हिंदी दिवस' के सफल आयोजन के लिए विद्यालय के छात्रों को प्राचार्य की ओर से लगभग 40 शब्दों में एक बधाई संदेश लिखिए [CBSE 2022]

14. होली की शुभकामनाएँ

प्रिय तरंगिता !
होली के ये लाल-पीले, नीले-हरे रंग
तुम्हारे तन-मन और जीवन में
छा जाएँ !
तुम्हें रंगों से सराबोर कर दें !!
होली की रंगबिरंगी शुभकामनाएँ !!
तुम्हारा
रंगनाथ

15. अपने मित्र को दीपावली की शुभकामनाएँ दीजिए।

अथवा

दीपावली पर अपनी मौसी के परिवार को लगभग 60 शब्दों में बधाई-संदेश भेजिए। [CBSE 2023]

प्रिय रूपमोहन !

तुम्हारा जीवन फुलझड़ियों की तरह सदा मुस्कराता

फूटते अनार की तरह उमंग और ऊर्जा से भरपूर

अनंत दीपों की तरह प्रकाशमय हो।

तुम्हें दीपावली की ढेरों शुभकामनाएँ।

तुम्हारा

आनंदसागर

16. नए वर्ष की शुभकामनाएँ

अथवा

विदेश में रहने वाले अपने चाचा-चाची को नव वर्ष की शुभकामना का संदेश लगभग 40 शब्दों में लिखिए।

[*CBSE 2021*]

प्रिय रूपतरंगा !

नया रंग हो, नई उमंगें, आँखों में उल्लास नया

नए गगन को छू लेने का मन में हो विश्वास नया

नए वर्ष में चलो पुराने मौसम का हम बदले रंग

नई बहारें लेकर आए जीवन में मधुमास नया।।

नए वर्ष 2023 की हार्दिक शुभकामनाएँ !

यह साल आपको उन्नति, प्रसन्नता और आनंद से सराबोर कर दे !

तुम्हारा

आशीष

17. गणतंत्र दिवस की शुभकामनाएँ

प्रिय मित्र !

अकेले चलना और बात है !

समूह में चलना और बात !

गण (समूह) में चलना एक संस्कार है।

आओ, हम स्वयं को मर्यादित करें !

संविधान के अनुसार चलें !

अर्थात गणतंत्र के अनुसार चलें !

हार्दिक शुभकामनाएँ !

आपका

विनय

18. जन्माष्टमी की शुभकामनाएँ

प्रिय मनीषा !

बाँसुरी का सम्मोहन

यमुनातट की नटखट क्रीड़ाएँ

गीता का उपदेश
पांचजन्य का शंखनाद
जीवन का हर मोड़
वह सुदर्शन चक्र हो या रणछोड़
सभी तुम्हारे पथ को आलोकित करें।
तुम्हें श्रीकृष्ण जन्माष्टमी की ढेरों शुभकामनाएँ !!
तुम्हारी
सुनीता

19. अपने मित्र को रामनवमी की शुभकामनाएँ लिखें।

प्रिय मंगल !
आपको रामनवमी की ढेर सारी शुभकामनाएँ।
हर अँधेरे से लड़ो राम की तरह !
मर्यादा में रहो राम की तरह !!
यशस्वी बनो राम की तरह !!!
मेरी ओर से अनंत शुभकामनाएँ !
तुम्हारा
पवन

20. संत रविदास जी के जन्मदिवस पर शुभकामना-संदेश लिखिए।

प्रिय सुरेश !
मन चंगा तो कठौती में गंगा।
संत शिरोमणि रविदास जी का यह अमर संदेश
हमें पवित्रता, सत्य और न्याय के लिए
जीने की शक्ति प्रदान करे।
संत रविदास जी के जन्मदिवस पर
अनेकानेक शुभकामनाएँ !
तुम्हारा
अशोक

21. बाबा अंबेडकर के जन्मदिवस पर शुभकामना-संदेश लिखिए।

भारत के संविधान-निर्माता
सामाजिक न्याय के रक्षक
तथा संघर्षशील नेता
डॉक्टर भीमराव अंबेडकर के
जन्मदिवस की ढेर सारी शुभकामनाएँ !!
हम भी बाबा साहेब की तरह
अँधेरे में प्रकाश की किरण बनकर जीना सीखें।
तुम्हारा
हरेंद्र

22. ईद के अवसर पर अपने मित्र असलम को शुभकामना-संदेश भेजिए।

प्रिय असलम !
ईद मुबारक !!
तुम्हारा जीवन इत्र की तरह सुगंधित
सेवई की तरह मृदु
और चाँदनी की तरह उज्ज्वल हो !
तुम्हें तथा पूरे परिवार को
ईद की शुभकामनाएँ !!
तुम्हारा
इंदु

23. क्रिसमस की शुभकामनाएँ

प्रिय रोज़ी
तुम्हें क्रिसमस की ढेरों शुभकामनाएँ !!
तुम्हारे जीवन में आनंद, मंगल और सुख-समृद्धि की वर्षा हो।
तुम्हारा जीवन बगिया के फूलों-सा महके !!
तुम्हारी
नीलिमा

24. महाशिवरात्रि के अवसर पर अपने मित्र को शुभकामना-संदेश लिखिए।

प्रिय अश्विनी !
महाशिवरात्रि का यह पर्व
आपके जीवन को अनंत ऊर्जा
मंगल, करुणा और उदारता से परिपूर्ण कर दे !
आप भगवान शिव-से यशस्वी और सर्वशक्तिमान बनें।
आपको महाशिवरात्रि की अनंत शुभकामनाएँ !!
तुम्हारी
अनंता।

25. महावीर जयंती के अवसर पर अपने मित्र को शुभकामना-संदेश लिखें।

प्रिय जैनेंद्र !
भगवान महावीर की साधना
सत्यनिष्ठा, अहिंसा और संपूर्ण त्याग
हम सबको अपरिग्रह, करुणा और उदारता के पथ पर गतिशील करे।
आपको भगवान महावीर जयंती की ढेरों शुभकामनाएँ !!
तुम्हारा
सुरेश

26. मित्र को स्वतंत्रता दिवस की शुभकामनाएँ लिखें।

प्रिय अरविंद !

हम लाए हैं तूफान से किश्ती निकाल के
मेरे देश को रखना मेरे बच्चो सँभाल के !
तुम्हें स्वतंत्रता दिवस की ढेरों शुभकामनाएँ !!
स्वतंत्र रहें और दूसरों को भी स्वतंत्र रखें।

तुम्हारा
अखिलेश

27. गाँधी-जयंती की शुभकामनाएँ

प्रिय महावीर !

एक हल्का-सा हवा का झोंका
ठान ले तो आँधी बन सकता है !
एक सामान्य-सा बालक संकल्प कर ले
तो गाँधी बन सकता है !
आओ, हम भी गाँधी से कुछ सीखें।
आपको महात्मा गाँधी के जन्म दिवस की ढेरों शुभकामनाएँ !!

तुम्हारा
सुनील

28. महाराणा प्रताप के जन्मदिवस की शुभकामनाएँ

प्रिय विजय !

टूट सकते हैं मगर हम झुक नहीं सकते
आओ महाराणा प्रताप से सीखें–
वीरता, देशभक्ति और स्वाभिमान से कैसे जिया जाता है !
आपको महाराणा प्रताप के जन्म दिवस की
ढेरों शुभकामनाएँ !!

तुम्हारा
सूर्य मीणा

29. मकर-संक्रांति की शुभकामनाएँ

प्रिय सरोज !

लो सूरज ने अपनी दिशा बदल ली !
अपना मुख दक्षिण से उत्तर की ओर कर लिया !
आप भी निराशा से आशा की ओर
अंधकार से प्रकाश की ओर
और अकर्म से कर्म की ओर गति करें।
आपको मकर-संक्रांति की शुभकामनाएँ !!

आपका
तेजस्वी

30. *आप कुमुद/कुमुदिनी हैं। बड़े प्रयासों और प्रतीक्षा के बाद आपकी बहन का स्थानांतरण अपने गृह-नगर में हो गया है।* **इसके लिए उन्हें बधाई देते हुए लगभग 40 शब्दों में एक संदेश लिखिए।** [*CBSE 2024*]

आदरणीय अस्मिता दीदी !

ढेर सारी बधाइयाँ ! आपका स्थानांतरण केरल से वापस मेरठ में हो गया है।

अब आपका जीवन अधिक सरल और सुखद हो जाएगा। हमारे जीजाजी को बार-बार आपके पास आना नहीं पड़ेगा। आप परिवार में रहेंगी तो मज़ा आ जाएगा। अब हम भी हर सप्ताह आपके पास चाय-पकौड़े के लिए आ धमकेंगी।

आपकी प्रिय

कुमुदिनी

31. *आपके कक्षाध्यापक का चयन उप प्रधानाध्यापक के पद पर हुआ है।* **उन्हें बधाई देते हुए लगभग 40 शब्दों में संदेश लिखिए।** [*CBSE 2024*]

सम्माननीय गुरु जी !

आपको शत-शत बधाइयाँ। आपका चयन हमारे विद्यालय के प्रधानाध्यापक के रूप में हो गया है। यह हमारे लिए बहुत गर्व और प्रसन्नता की बात है। हमें विश्वास है कि आप जिस तरह हमारी कक्षा को बहुत कुशलता से पढ़ाते हैं, पूरे विद्यालय को भी उसी कुशलता से चलाएँगे। हमारी ओर से अनेक शुभकामनाएँ।

भवदीय

दशम बी के सब छात्र

अथवा

मोहित/मोहिनी

32. *आप रीतेश/रीतिका हैं। दो वर्ष के कठिन परिश्रम के बाद अंततः आपकी बहन का चयन संयुक्त विधि प्रवेश परीक्षा के माध्यम से विधि स्नातक (एल.एल.बी.) पाठ्यक्रम में हो गया है।* **उन्हें बधाई देते हुए लगभग 40 शब्दों में एक संदेश लिखिए।** [*CBSE 2024*]

प्रिय दीदी !

बहुत-बहुत बधाइयाँ !

आपका चयन एल.एल.बी. के लिए हो गया है। खुशी की बात यह है कि आपने संयुक्त विधि प्रवेश परीक्षा में ऊपर से 5 वाँ स्थान प्राप्त किया है। आपकी दो वर्षों की कठोर मेहनत रंग लाई है। हम बहुत प्रसन्न हैं। आकर मिठाई कब खिलाओगी।

आपका भाई

रीतेश

33. *तुम्हारे बड़े भाई अपने नए घर में प्रवेश करने जा रहे हैं।* **एक शुभकामना-संदेश लिखिए।**

आदरणीय भैया !

आपका यह नया निवास 'मनोरम'

केवल नाम से ही 'मनोरम' न हो

अपितु सच में आपके मन को रमाए।

आपके और परिवार के सभी सदस्यों को

जीवन के सब सुख और आनंद प्रदान करे।

गृह-प्रवेश पर मेरी शुभकामनाएँ।

आपका

संदीप

34. नौकरी लगने पर शुभकामना संदेश

प्रिय मित्र प्रवेश !

नौकरी लगने की अनेकानेक शुभकामनाएँ !

यह तुम्हारी सफलता का पहला चरण है !

ईश्वर करे, तुम जीवन में और भी उन्नति करो !

और जीवन के सभी सुख-आनंद प्राप्त करो।

मेरी ओर से मंगलकामनाएँ।

तुम्हारा

अशेष

35. *तुम्हारे पिता बीमार हैं* एक शुभकामना-पत्र लिखिए।

पूज्य पिताजी !

सादर चरण स्पर्श !

आपकी अस्वस्थता का समाचार मुझे हिला देता है।

मेरी प्रभु से प्रार्थना है कि आप शीघ्र स्वस्थ हों।

आप अपना ख्याल रखें।

मेरी हार्दिक शुभकामनाएँ !!

आपका

मनोरम

36. मित्र के जन्मदिवस पर शुभकामना-संदेश लिखें।

प्रिय मुकेश !

तुम्हें 18वाँ जन्मदिवस मुबारक हो !

तुम्हें जीवन के सभी सुख और आनंद प्राप्त हों।

तुम्हारी सभी इच्छाएँ ईश्वर पूरी करे।

जन्मदिवस की शुभकामनाएँ।

तुम्हारा

आनंद

37. *तुम्हारा मित्र समाज-सेवा के लिए रोज 4 घंटे कोरोना-पीड़ित लोगों की सेवा के लिए अर्पित करता है।* आप शुभकामनाएँ भेजिए।

प्रिय सर्वमित्र!

तुम्हारा कोरोना-पीड़ितों के लिए

रोज 4 घंटे अपनी सेवाएँ देना

बहुत महान कार्य है।

ईश्वर करे

तुम स्वस्थ, प्रसन्न और उमंग से भरपूर बने रहो।

मेरी उम्र भी तुम्हें लग जाए।

यशस्वी जीवन की शुभकामनाएँ।।

तुम्हारा

अभिनंदन

प्रश्न-अभ्यास

निम्नलिखित विषयों पर लगभग 60 शब्दों में शुभकामना-संदेश लिखिए।

1. अपनी बहन को कोरोना वायरस से बचे रहने के लिए शुभकामना-संदेश लिखिए।
2. आपके भाई गोवा-भ्रमण के लिए जा रहे हैं। उन्हें शुभकामना-संदेश लिखिए।
3. सभी मित्रों और परिचितों के लिए कोरोना वायरस के भय से बचने के लिए संदेश लिखें।
4. आपके मित्र पहली बार हवाईयात्रा पर जा रहे हैं। एक शुभकामना-संदेश लिखिए।
5. आपके भाई के घर लड़की ने जन्म लिया है। एक शुभकामना-संदेश लिखिए।
6. अपने मित्र को नौकरी में उन्नति मिलने पर शुभकामना-संदेश लिखें।
7. आपके मित्र के पिताजी ने नई कार खरीदी है। एक शुभकामना-संदेश लिखें।
8. आपकी बहन ने नया मोबाइल खरीदा है। शुभकामना-संदेश लिखिए।
9. आपके मित्र फुटबॉल की टीम के कप्तान बने हैं। शुभकामना-संदेश लिखिए।
10. आपके मित्र की 5 लाख की लॉटरी लगी है। शुभकामना-संदेश लिखिए।
11. आपके मामा के विवाह पर शुभकामना-संदेश लिखिए।
12. आपकी बहन के ससुर का देहांत हो गया है। सांत्वना संदेश लिखिए।
13. तुम्हारा मित्र क्रिकेट टीम में चुना गया है। शुभकामना-संदेश लिखिए।
14. तुम्हारा मित्र पहली बार छात्रावास में जा रहा है। शुभकामना-संदेश लिखिए।
15. तुम्हारे मित्र को मेडिकल कॉलेज में प्रवेश मिल गया है। शुभकामना-संदेश लिखिए।
16. तुम्हारे मित्र ने नई मोटरसाइकिल खरीदी है। शुभकामना-संदेश लिखिए।
17. तुम्हारे मित्र ने इंजीनियरिंग की नौकरी छोड़कर समाज-सेवा करने का संकल्प किया है। शुभकामना-संदेश लिखिए।
18. तुम्हारा मित्र गरीब बच्चों को पढ़ाने के लिए हर रोज 2 घंटे का समय निकालता है। उसे शुभकामना-संदेश लिखिए।
19. आपके मित्र ने भारत सरकार के गृह मंत्रालय में क्लर्क की नौकरी प्राप्त की है, उसे शुभकामना-संदेश दीजिए।
20. आपका मित्र पुलिस-सेवा में चुन लिया गया है, उसे शुभकामना-संदेश लिखिए।
21. तुम्हारी सखी मिस इंडिया चुनी गई है, उसके लिए शुभकामना-संदेश भेजें।
22. मित्र का चयन भारत की फुटबॉल टीम में हो गया है, उसे शुभकामना-संदेश दीजिए।
23. आप के अध्यापक रिटायर होने जा रहे हैं। उन्हें शुभकामना-संदेश लिखिए।

24. अपने हिंदी के अध्यापक को हिंदी दिवस पर शुभकामनाएँ दीजिए।

25. अपने प्रिय अध्यापक को अध्यापक-दिवस की शुभकामनाएँ दीजिए।

26. निम्नलिखित पर्वों-त्योहारों पर शुभकामना-संदेश लिखिए–

- हनुमान जयंती
- परशुराम जयंती
- कबीर जयंती
- सूरदास जयंती
- अखंडता दिवस
- एकता दिवस
- योग दिवस
- मित्र दिवस
- हास्य दिवस
- गुरु गोबिंद सिंह जयंती
- बाल्मीकि जयंती

खंड 'ङ'

रचनात्मक परीक्षण

(कक्षा–IX एवं X)

रचनात्मक परीक्षण

रचनात्मक कौशल का अर्थ है—छात्रों को स्वयं रचना करने में निपुण बनाना। उन्हें कार्य करने के अवसर देना। स्वयं रचना करना या उसे अपनी वाणी तथा कला से प्रकट करना इसी के अंतर्गत आता है। इसके लिए विविध गतिविधियों की आवश्यकता होगी। अध्यापकों तथा विद्यार्थियों को इसके लिए तैयार होना होगा कि वे एक समूह के रूप में केवल पढ़ें-पढ़ाएँ ही नहीं, बल्कि किसी काम में लगें। एक प्रकार से कक्षा कार्यशाला बन जाए।

भाषा और साहित्य का काम वाणी-कौशल से संबंधित है। अतः लिखित सामग्री की रचना करने में कुशल होना; विभिन्न विधाओं और प्रारूपों का संयोजन करना तथा लोगों से अकेले या सामूहिक संवाद करना रचनात्मक कौशल के अंग हैं। रचनात्मक गतिविधियाँ अनेक हो सकती हैं। अध्यापक जिस कला में कुशल है या जिस क्षेत्र में रुचि रखता है, उसी के अनुसार विविध गतिविधियाँ आयोजित की जा सकती हैं। यहाँ कुछ प्रमुख गतिविधियाँ दी जा रही हैं। साथ में उनके कुछ उदाहरण तथा संबंधित अभ्यास-सामग्री दी जा रही है। यह सामग्री तालाब में कंकड़ मारने जैसी है। अध्यापकों तथा विद्यार्थियों से निवेदन है कि इन्हें केवल सहारा या संकेत मानकर नई-नई गतिविधियों की तलाश करें। साहित्य पठन-पाठन का वास्तविक लक्ष्य इन्हीं गतिविधियों से पूरा होगा।

1. भाषण देना

भाषण देना एक कला है। यह सामाजिक कला है। बिना समाज के यह फल-फूल नहीं सकती। जब तक सामने श्रोता-समाज न हो, तब तक भाषणकर्ता को जोश नहीं आता। अपने सामने विशाल जनसभा देखकर भाषणकर्ता की आवाज़ में शेर की-सी दहाड़ और बिजली-सी गति आ जाती है। एक अच्छे भाषण में निम्नलिखित गुण होने चाहिए—

- भाषण रोचक होना चाहिए। उसमें जोश, उमंग और उत्साह होना चाहिए।
- भाषणकर्ता की आवाज़ ऊँची, स्पष्ट और उत्साह-भरी होनी चाहिए।
- भाषण की भाषा जनता की भाषा के अनुसार होनी चाहिए। सफल भाषणकर्ता जनता के मुहावरों, लोकोक्तियों और विशेष शब्द-प्रयोगों का व्यवहार करना नहीं भूलते।
- विषय कैसा भी हो, उसे जन-जीवन से जोड़कर रखना चाहिए। अच्छा होगा, अगर उसे उसी दिन की घटनाओं और समाचारों से जोड़ दिया जाए।
- विषय का आरंभ नई तरह का होना चाहिए ताकि श्रोता उसकी बात को सुनने के लिए बाध्य हो।
- भाषणकर्ता की आवाज़ एक-जैसी न होकर उतार-चढ़ाव से भरपूर होनी चाहिए। कभी उसमें जोश का उफान हो तो कभी निराशा की ठंडी साँस।
- यदि भाषणकर्ता बीच-बीच में कोई घटना, चुटकला, मज़ाक, मार्मिक प्रसंग या कविता-शेर आदि सुना सके तो सोने पर सुहागा हो जाता है। परंतु ये प्रसंग विषय के एकदम अनुकूल फिट होने चाहिए।
- कविता की पंक्तियाँ या शेर या सूक्ति आदि तभी कही जाए, जबकि अवसर की माँग हो और भाषणकर्ता को पूरी तरह याद हो। आधी-अधूरी पंक्ति प्रभाव जमाने की बजाय प्रभाव कम करती है।
- भाषण में विषय को सजीव बनाने की शक्ति होनी चाहिए। इसके लिए भाषणकर्ता को वर्णन की बजाय चित्रण करने चाहिए। यह कहने की बजाय कि 'युद्ध में इतने लोग मर गए'—यह कहना चाहिए—'कितनी गोदें सूनी हो गईं', 'कितनी माँगें उजड़ गईं' आदि।
- जिस विषय पर भाषण देना हो उसके विचार-बिंदु पहले सोच लेने चाहिए।

- विषय की प्रस्तुति इतनी सरल, स्पष्ट और सिलसिलेवार होनी चाहिए कि विषय एक शृंखला की तरह अपने-आप खुलता और बढ़ता चला जाए। एक बात दूसरी बात से निकलती हुई-सी लगे।
- भाषण में कोई भी बात विषय से हटकर यानि फालतू नहीं होनी चाहिए। पूरा भाषण कसा हुआ होना चाहिए।
- भाषण में अधूरापन नहीं होना चाहिए। वह किसी निष्कर्ष पर अवश्य पहुँचना चाहिए। ऐसा भाषण प्रभावित करता है।
- भाषण दिमाग और दिल–दोनों से निकलना चाहिए। हर सोची हुई बात भावना के रस में डुबाकर कहनी चाहिए और हर भावना सोच-समझकर व्यक्त करनी चाहिए।
- भाषण में समय-समय पर संबोधन करना होता है। यह संबोधन श्रोताओं की स्थिति के अनुसार होना चाहिए। भाषण के आरंभ में सभी श्रोताओं को संबोधित करना होता है, केवल सभापति और मंच पर उपस्थित महानुभावों को नहीं। इसके लिए वक्ता को श्रोताओं की ओर ध्यान करना चाहिए कि वहाँ कौन लोग बैठे हैं और उनके लिए कौन-सा विशेषण ठीक रहेगा।
- मुख्य अतिथि के लिए 'समादरणीय', 'सम्माननीय', 'आदरणीय', 'आदर के योग्य', 'पूज्य', 'माननीय' आदि विशेषण के साथ उनका नाम लिया जाना चाहिए। बड़ों-बुजुर्गों के लिए भी ये विशेषण होने चाहिए। संतों-महात्माओं के लिए पूज्य, श्रद्धेय आदि विशेषण होने चाहिए। पुरुषों, युवकों, महिलाओं, बच्चों, बच्चियों के लिए भी उपयुक्त विशेषण होने चाहिए। संबोधन श्रोताओं में रुचि उत्पन्न करता है। यह बराबर ध्यान रखें।
- बीच-बीच में भी अगर श्रोताओं को उनकी उपस्थिति का अहसास कराया जाए तो भाषण सफल रहता है। *जैसे–* *मेरे सामने ये जो बच्चे बैठे हैं ; आदरणीय सभापति जी ! सम्मान के योग्य माताओ-बहनो ! आदि।*

2. भाषण तैयार कैसे कराएँ

विद्यार्थियों को भाषण के लिए तैयार करना बहुत सरल है। उन्हें ऐसा विषय दें, जो उन्हें स्पष्ट हो। जिस पर उन्हें दुविधा न हो। जैसे–

- **क्या भ्रष्टाचार होना चाहिए?**
- **भ्रष्टाचार से कैसे बचा जा सकता है?**
- **भ्रष्टाचार की क्या हानियाँ हैं?**
- **भ्रष्टाचारी के लिए भी भ्रष्टाचार बुरा है।**

भाषण दो-तीन मिनट का ही रखें। छोटा भाषण देने के लिए विद्यार्थी जल्दी तैयार हो जाते हैं। अच्छी बात यह है कि उन्हें भाषण के सूत्र लिखकर दें जिन्हें वे स्वयं अपनी भाषा में पूरा करें। उदाहरणतया–

1. भ्रष्टाचार–एक अभिशाप है।

भ्रष्टचार का अर्थ है–पतित आचरण, बुरा व्यवहार। जब नाम ही बुरा तो काम कैसे अच्छा हो सकता है? भ्रष्टाचार केवल व्यापार या मिलावट या रिश्वतखोरी तक ही सीमित नहीं–अध्यापक, छात्र, स्कूल के प्रबंधक, सिपाही, ड्राइवर, कंडक्टर, डॉक्टर, दुकानदार, नेता, मंत्री, सभी भ्रष्टाचार करते हैं। (छात्र किन्हीं दो के उदाहरण ढूँढ़ें।) भ्रष्टाचार करने वाले का चरित्र, सम्मान, छवि खराब–आदतें खराब होती हैं। भ्रष्टाचार के चंगुल में फँसने वाले क्रोध, हिंसा, तनाव, दुख, ग्लानि या निराशा के शिकार होते हैं। परिणाम–सब पर शाप की छाया मँडराती है।

2. गुरु–एक मशाल

कबीर वे नर अंध हैं, गुरु को कहते और।
हरि रूठे गुरु ठौर है, गुरु रूठे नहीं ठौर।।

गुरु प्रकाश के समान–वह अँधेरे में दीपक के समान। दुनिया में आने पर बच्चा सब कुछ जानना चाहता है–उसे बताने वाले की जरूरत होती है। कोई गलत बता दे तो कैसा परिणाम होगा (कोई उदाहरण खोजें)। सही मार्ग बताने पर जीवन सरल और सफल। भटकन नहीं, अज्ञान नहीं, परेशानी नहीं। केवल अध्यापक ही गुरु नहीं–जो भी कुछ सिखाए, वही गुरु। सबसे पहली गुरु माँ होती है। गुरु सफलता का द्वार है। उसे प्रणाम!

भाषणों के विषय

- आजादी मिलती नहीं छीनी जाती है।
- नर हो न निराश करो मन को।
- सच्चा सुख भोग में नहीं, सेवा में है।
- विज्ञापन भटकाने के सिवा कुछ नहीं करते।
- मनुष्य वही है जो किसी के काम आए।
- महानता कर्म से मिलती है, जुबान से नहीं।
- एक दिन भी जी मगर तू ताज बनकर जी।
- लालच बुरी बला है।
- कर्म ही भगवान है।

उदाहरण

विषय—*क्या भारत को पाकिस्तान से युद्ध छेड़ देना चाहिए ?*

उत्तर—आदरणीय अध्यक्ष महोदय, सुयोग्य निर्णायक मंडल, श्रद्धेय गुरुजन एवं प्रिय सहपाठियो ! आज मैं आपके सामने एक ज्वलंत विषय पर अपने विचार रखना चाहता हूँ। विषय है—'क्या भारत को पाकिस्तान से युद्ध छेड़ देना चाहिए ?'

अध्यक्ष महोदय ! युद्ध करना जहर पीना है। और जहर पीना पाप है। परंतु जब जहर ही दवा बन जाए तो उससे बढ़कर कोई अमृत नहीं। आज हिंदुस्तान और पाकिस्तान के संबंध इतने जहरीले हो गए हैं कि यदि एक निर्णायक युद्ध न किया गया तो और पचासों वर्षों तक लोग रोज मरते रहेंगे। भारत के और कई राज्य कश्मीर के समान हमारी छाती के फफोले बन जाएँगे। पाकिस्तान का रोग भारत की धरती पर कैंसर के रोगाणु के समान बढ़ता जा रहा है, जिसका एक ही इलाज है—निर्मम आपरेशन—यानि युद्ध।

भारत ने पाकिस्तान को सबक सिखाने के अनेक उपाय किए—आधा कश्मीर दिया .... शिमला समझौता .... बंगलादेश में 90000 कैदी छोड़े .... कारगिल में हराया .... विमान-अपहरणकर्ताओं को छोड़ा .... समझौते के लिए बुलाया .... दोस्ती का हाथ बढ़ाते हुए लाहौर यात्रा .... फिर आगरा बुलाया .... परंतु पाकिस्तान के धार्मिक आका हमेशा राजनेताओं को कठपुतली की तरह नचाते रहे। .... पाक ने आई.एस.आई., जैश-ए-मोहम्मद, लश्कर-ए-तोइबा, तालिबान जैसे लड़ाकुओं को प्रशिक्षण दिया .... घर-घर में प्रशिक्षण-केंद्र खोले .... जिन्होंने देश में घुसकर संसद-भवन तक जाकर आतंकी कार्रवाई की .... बाद में कभी अक्षरधाम मंदिर पर हमला किया .... कभी मुंबई की रेलों में विस्फोट किए .... कभी मालेगाँव में विस्फोट किए ... कभी पठानकोट पर हमला किया तो कभी उड़ी के सैन्य कैंप पर। यह अंतिम कील थी।

इन सब घटनाओं को देखते हुए स्पष्ट लगता है कि अब युद्ध ही एकमात्र इलाज है। सुलह-समझौते के सब रास्ते बंद हो चुके हैं। अतः मैं डंके की चोट पर कहना चाहूँगा—

हो जाओ तैयार साथियो, हो जाओ तैयार।
सोचने का समय गया
उठो लिखो इतिहास नया
वंशी फेंको और उठा लो हाथों में तलवार।
हाथों में तलवार साथियो ! हाथों में तलवार।
हो जाओ तैयार साथियो ! हो जाओ तैयार।।

3. वाद-विवाद

वाद-विवाद (Debate) किसी विषय के पक्ष-विपक्ष में विचार करने का साधन है। प्रायः विद्यालय, विश्वविद्यालय या अन्य शैक्षिक-सामाजिक संस्थाएँ वाद-प्रतियोगिताएँ आयोजित करती हैं। इनका उद्देश्य किसी विवादास्पद मसले पर लोगों का ध्यान खींचना होता है। इस प्रतियोगिता में भाग लेने वाले एक दल में कम-से-कम दो छात्र होते हैं। एक छात्र विषय के समर्थन में बोलता है और

दूसरा विरोध में। पहले समर्थन वाला छात्र बोलता है, बाद में विरोध वाला। ये वक्ता भरी सभा में बोलते हैं, इसलिए उन्हें आपस में संबोधन करने की बजाय पूरे सदन को संबोधित करना होता है और उन्हीं को प्रभावित करना होता है।

वाद-विवाद में एक निर्णायक-मंडल तथा सभापति भी होता है। पक्ष-विपक्ष के सभी वक्ता सदन को, सदन के सभापति को या निर्णायक-मंडल को संबोधित करते हैं। दोनों वक्ताओं का उद्देश्य पूरे सदन को अपने विचारों से सहमत करना होता है, इसलिए ये अपने-अपने पक्ष की बात करते हैं। वे ऐसी कोई बात नहीं कहते जिससे दूसरे का पक्ष मज़बूत होता हो। वाद-विवाद का लक्ष्य वकील की भाँति दूसरे के तर्क काटना और अपनी बात रखना होता है। इसमें 'सत्य की खोज' नहीं, एक पक्ष के सत्य को पुष्ट करना होता है।

वाद-विवाद में भाग लेने वाले प्रतियोगी को निम्नलिखित बातें ध्यान में रखनी चाहिए–

- उसे अपने-आपको अपने विषय का वकील समझना चाहिए।
- पक्ष में बोलने वाला वक्ता सामान्यतः शांत आवाज़ में अपनी बात रखता है। वह अपने विषय को एक-एक तर्क से तथा विविध उदाहरणों से पुष्ट करता है। वह विषय का कोई पक्ष अछूता नहीं छोड़ता।
- वह अपने विपक्ष के विचारों को भी जानता है। इसलिए जानबूझकर उन बिंदुओं को भी उठाता है, जो अकसर विरोध में कहे जाते हैं। फिर वह अपनी युक्ति से उन्हें काटता है। सामान्य रूप से उसे इस प्रकार कहना पड़ता है–

  "मेरे विपक्षी वक्ताओं का विचार है कि ··· परंतु वे भूल जाते हैं कि ···"
- विपक्ष में बोलने वाला वक्ता कुछ आक्रामक होता है। उसकी टोन विरोधी दलों द्वारा दिए गए धुआँधार भाषणों जैसी मारक होती है। वह प्रायः पक्ष में कहे गए एक-एक तर्क को काटकर अपनी बात कहता है। अतः उसे काटने के लिए कैंची जैसी भाषा चाहिए ही।
- यह नहीं समझना चाहिए कि विपक्ष हमेशा आक्रामक होता है। कई बार पक्ष अधिक आक्रामक होता है। *जैसे–*

  'सदन की राय में युद्ध ही कश्मीर समस्या का समाधान है।'

  इस विषय का पक्ष अधिक उत्तेजक है, जबकि विपक्ष शांत।
- वाद-विवाद की अपनी मर्यादाएँ होती हैं। भूलकर भी किसी वक्ता को उनका उल्लंघन नहीं करना चाहिए। उत्तेजना में आकर किसी वक्ता पर व्यक्तिगत टिप्पणी, मज़ाक, कटाक्ष या अभद्र बात नहीं कहनी चाहिए। यदि मज़ाक उड़ाना हो या कटाक्ष करना हो तो किसी बात पर करें, वक्ता पर नहीं। वक्ता के प्रति तो सम्मान ही व्यक्त होना चाहिए। *जैसे–*

  "पाकिस्तान से शांति की बात करना साँप की आरती उतारना है। यह निहायत मूर्खतापूर्ण उपाय है। इसलिए मैं अपने विपक्षी साथी से अनुरोध करूँगा कि वे अपनी नीति पर पुनर्विचार करें।"
- विपक्षी वक्ता को बार-बार यह वाक्य दोहराना होता है–

  "मेरे प्रतिपक्षी साथी कह रहे थे ···"। "अभी-अभी मेरे विपक्षी वक्ता ने कहा ··· परंतु अध्यक्ष महोदय ! ···"
- पक्ष-विपक्ष के दोनों वक्ताओं को बार-बार 'अध्यक्ष महोदय', 'सभापति महोदय' कहना पड़ता है। यह जरूरी नहीं है कि वे अपनी बात भी इनकी ओर देखकर कहें। इन्हें श्रोताओं की ओर देखकर भाषण देना चाहिए। परंतु 'अध्यक्ष महोदय' कहते समय कम-से-कम इनकी ओर जरूर देखना चाहिए।
- दोनों वक्ताओं को सबसे पहले सदन को संबोधित करके विषय बताना होता है। यद्यपि पक्ष के लिए अलग माइक तथा विपक्ष के लिए अलग माइक होता है, फिर भी वक्ता को बताना चाहिए कि वह पक्ष में बोल रहा है या विपक्ष में।
- प्रायः वाद-विवाद का आरंभ इस प्रकार होता है–

  आदरणीय अध्यक्ष महोदय, निर्णायकमंडल तथा उपस्थित विद्वत्समाज ! आज की वाद-विवाद प्रतियोगिता का विषय है–

  "सदन की राय में, केबल संस्कृति सांस्कृतिक प्रदूषण फैला रही है।" मैं विषय के पक्ष/विपक्ष में अपने विचार प्रस्तुत करने जा रहा हूँ।
- वाद-विवाद में बोलते समय भाषण-कला के सभी गुणों का उपयोग करना चाहिए।

4. गति, लय, आरोह-अवरोह सहित सस्वर कविता-वाचन

कविता सुनाना शुद्ध रूप से कला है। यह कला भगवान की देन है। परंतु इसे लगातार अभ्यास से सँवारा जा सकता है। कविता सुनाने की कला तीन तरह से आ सकती है–

- भगवान की कृपा से। यह जन्मजात होती है।
- लगातार अभ्यास से।
- कवियों और कवि-सम्मेलनों के संपर्क में रहने से।

अभ्यास करना और कविता कहने वालों को रुचिपूर्वक सुनना सभी के हाथों में है। अतः यदि आप कविता को प्रभावपूर्ण ढंग से कहना चाहते हैं तो श्रेष्ठ कवियों को कविता कहते हुए सुनिए और आप भी उनके अनुसार कहने का अभ्यास कीजिए।

कविता कहने की कला में काम आने वाली कुछ महत्त्वपूर्ण बातें इस प्रकार हैं–

- कविता सुनाने से पहले स्वयं उस कविता का आनंद लें। यदि आप उससे प्रभावित हैं, तभी आप उसे सुनाकर किसी को प्रभावित कर सकते हैं।
- सुनाने से पहले उस कविता को पूरी तरह याद करें। उसे एक नहीं पच्चीस-पचास बार मन-ही-मन बोलकर देखें। पाँच-दस बार एकांत कमरे में खुली आवाज़ में बोलकर देखें। एकाध बार किसी दोस्त या घर के सदस्य के सामने बोलकर देखें जिससे आपकी हिचक भी खुल जाए और आपको ठीक-सा सुझाव मिल जाए।
- जिस शब्द पर आप अटकते हों, उसे बार-बार अभ्यास से ठीक करें या बदल डालें।
- कविता सुनाते हुए अपनी आवाज़ ऊँची रखें।
- श्रोताओं को भी आराम से सैट होकर बैठने दें। यह न हो कि वे हलचल में हों और आप शुरू हो जाएँ।
- आपकी आवाज़ में उतार-चढ़ाव होना चाहिए। कभी आवाज़ तेज तो कभी धीमी; कभी तीखी तो कभी करुणा से भीगी होनी चाहिए। यह बदलाव कविता के भावों के अनुसार होना चाहिए।
- जरूरी नहीं कि आप कविता की प्रत्येक पंक्ति को एक साँस में बोलें। आप हर उस शब्द पर रुकें, जहाँ से आप स्वर को उठाना या गिराना चाहते हैं।
- जहाँ श्रोता तालियाँ बजाएँ, वहाँ कविता की पंक्तियाँ दोबारा सुनाएँ। कविता के भावपूर्ण स्थलों को दोहराना ठीक रहता है।
- कविता का अंतिम भाग भी दोहराया जाता है। इससे श्रोताओं को तालियों द्वारा आपका अभिनंदन करने का मौका मिल जाता है।
- कविता सुनाना या कहना अलग बात है और कविता गाना अलग बात। गाने में आप लय और छंद के साथ बँध जाते हैं। गायन-कला प्रतिभा पर अधिक निर्भर है। उसमें लय, उतार-चढ़ाव, आलाप की अनुकूलता देखनी चाहिए।
- कविता सुनाते समय आप अपने चेहरे पर अनुकूल भाव आने दें। आप डूबकर सुनाएँ, खुलकर कहें। अपने-आपको खो दें। तल्लीनता में से श्रेष्ठ अभिव्यक्ति प्रकट होती है। जब आप डूबकर बोलते हैं तो फिर उतार-चढ़ाव आदि अपने-आप आ जाते हैं।

अभ्यास कीजिए

हरिवंश राय 'बच्चन' की निम्नलिखित कविता का प्रभावी ढंग से वाचन कीजिए।

1. मैंने देखा–एक बड़ा बरगद का पेड़ खड़ा है।
उसके नीचे कुछ छोटे-छोटे पौधे
बड़े सुशील विनम्र
देखकर मुझको यों बोले–
हम भी कितने खुशकिस्मत हैं !
आसमान से पानी बरसे, आँधी बरसे, आगी बरसे
हमको कोई फिक्र नहीं है।
एक बड़े की वरद छत्रछाया के नीचे
हम अपने दिन बिता रहे हैं
बड़े सुखी हैं।

2. सैर कर दुनिया की गाफिल
ज़िंदगानी फिर कहाँ?
ज़िंदगानी गर रही तो
नौजवानी फिर कहाँ?

3. भरा नहीं जो भावों से
बहती जिसमें रसधार नहीं।
वह हृदय नहीं है, पत्थर है
जिसमें स्वदेश का प्यार नहीं।

4. सज्जन का सत्कार है कविता
दुर्जन को दुत्कार है कविता
इतना भी जो लिख न पाए
तो बिल्कुल बेकार है कविता

5. वो रेत को चट्टान बना देता है।
पुतले को इंसान बना देता है।
किसी मिट्टी को बना देता है दिया
और किसी को भगवान बना देता है।

6. न चाहूँ मान दुनिया में
न चाहूँ स्वर्ग को जाना
यही वर दो मुझे दाता
रहूँ भारत का दीवाना।।

7. बदतमीजी कर रहे हैं आज फिर भँवरे चमन में।
साथियो! आँधी उठाने का जमाना आ गया है।–नीरज

8. हो जाओ तैयार साथियो! हो जाओ तैयार!
सोचने का समय गया
उठो लिखो इतिहास नया
वंशी फेंको और उठा लो
हाथों में तलवार। हो जाओ तैयार ....

9. जब नाव जल में छोड़ दी
तूफान में ही मोड़ दी
दे दी चुनौती सिंधु को
फिर पार क्या मँझधार क्या!–रामेश्वर दयाल खंडेलवाल

10. इस पथ का उद्देश्य नहीं है
श्रांत भवन में टिक रहना।
किंतु पहुँचना उस सीमा पर
जिसके आगे राह नहीं। – प्रसाद

5. कथा-कहानी तथा घटना सुनाना

कहानी कहना एक कला है। जैसे सब लोग कवि, साहित्यकार या भाषणकर्ता नहीं हो सकते, उसी प्रकार कहानी कहने वाले भी दुर्लभ होते हैं। एक श्रेष्ठ कहानी कहने में निम्न गुण होने चाहिए–

- कहानी कहने वाले को कहानी पूरी तरह स्पष्ट होनी चाहिए। उसे सारी घटनाएँ याद होनी चाहिए। यदि कहानी में एक-से अधिक घटनाएँ हों तो उनका क्रम भी याद होना चाहिए। उलझ-पुलझ कहानी का सारा रस समाप्त हो जाता है।
- कहानी में आने वाले पात्रों और स्थानों के नाम भी याद होने चाहिए। यह न हो कि आप इन नामों की बजाय–'वो बोला', 'तुम वहाँ पहुँचो' आदि कहते रहो।
- कहानी को प्रभावशाली बनाने में सबसे बड़ी भूमिका होती है–भाषा और संवाद की। आप जिन्हें कहानी सुना रहे हैं, भाषा का स्तर भी उन्हीं के अनुसार होना चाहिए। यदि सामने बच्चे बैठे हैं तो भाषा बहुत सरल होनी चाहिए। तब संवादों में कहीं-कहीं बच्चों जैसा तुतलाता या कच्चा स्वर हो तो बच्चों को अच्छा लगेगा। अगर श्रोता बड़े हों तो संवाद मार्मिक होने चाहिए।
- कहानी में वर्णन और संवाद का मिश्रण होना चाहिए। केवल वर्णन बोर करता है और कोरे संवाद भी उबाने लगते हैं। इसलिए दोनों का बीच-बीच में प्रयोग होना चाहिए।
- कहानी को रोचक बनाने के लिए आवाज़ में उतार-चढ़ाव होना चाहिए। एक-सी आवाज़ से श्रोता ऊबने लगता है। परंतु अवसर के अनुसार ऊँची-नीची आवाज़ श्रोता को बाँधे रखती है। जोश और उत्साह के समय आवाज़ ऊँची हो। निराशा, दुख तथा सहानुभूति में आवाज़ नीची हो। परंतु नीची आवाज़ में भी यह ध्यान रखना चाहिए कि वह सभी श्रोताओं तक पहुँचे जरूर। यह न हो कि दुख के स्वर पात्र के मुँह में ही रह जाएँ।
- कहानी को रोचक बनाने के लिए जिज्ञासा का बना रहना जरूरी है। 'आगे क्या हुआ' यह जिज्ञासा अंत तक बनाकर रखनी चाहिए।

कहानी सुनाने के कुछ उदाहरण–

प्रश्न–आपके सामने दसवीं कक्षा के बच्चे बैठे हैं। उन्हें महाभारत से कोई ऐसी कहानी सुनाइए जिससे गुरु-भक्ति का पाठ सीखने को मिलता हो।

उत्तर–प्रिय साथियो ! आज मैं आपको गुरु द्रोणाचार्य और एकलव्य की कहानी सुनाने जा रहा हूँ। द्रोणाचार्य धनुर्विद्या सिखाते थे। कौरव और पांडव–दोनों ही राज-परिवारों के राजकुमार उनसे धनुष-बाण चलाना सीखते थे। जिस जंगल में वे धनुर्विद्या सीख रहे थे, वहीं एकलव्य नाम का एक भील बच्चा रहता था। उसमें भी धनुष-बाण चलाने की प्रतिभा थी। उसकी इच्छा हुई कि वह भी योग्य गुरु से यह विद्या सीखे।

उसने गुरु द्रोणाचार्य से प्रार्थना की कि मैं आपके मार्गदर्शन में धनुर्विद्या सीखना चाहता हूँ। द्रोणाचार्य ने उसकी विनती सुनी। परंतु वे राजकुल से बँधे हुए थे। वे राजकुमारों को छोड़कर और किसी को यह विद्या नहीं सिखा सकते थे। अतः वे बोले–"वत्स! मैं विवश हूँ। मैं तुम्हें यह विद्या सिखाने में असमर्थ हूँ।"

एकलव्य ने हिम्मत न हारी। उसने मन-ही-मन गुरु द्रोणाचार्य को अपना गुरु मान लिया। उसने जंगल में गुरु की एक मूर्ति बनाई। उस मूर्ति को प्रणाम किया और धनुष चलाने का अभ्यास करना शुरू कर दिया।

एकलव्य में प्रतिभा तो थी ही। साथ ही उसने घोर परिश्रम किया। वह नित्य गुरु-मूर्ति को प्रणाम करके साधना करता। परिणाम यह हुआ कि वह योग्य धनुर्धारी बन गया।

इधर द्रोणाचार्य अर्जुन को धनुष चलाने की पूरी विद्या दे चुके थे। अर्जुन भी योग्य शिष्य था। द्रोणाचार्य ने घोषणा की थी कि अर्जुन भारत का सर्वश्रेष्ठ धनुर्धारी है।

एक दिन द्रोणाचार्य जंगल से गुजरे। उनके शिष्य साथ थे। इतने बड़े दल-बल को देखकर एक कुत्ता दूर से भौंकने लगा। गुरु और शिष्यों–दोनों को बुरा लगा। परंतु वे क्या देखते हैं कि एक तीर कहीं से आया और कुत्ते के मुँह के अंदर गढ़ गया। फिर भी कुत्ता भौंकता रहा तो एक और तीर आकर मुँह के अंदर गढ़ गया। इस प्रकार एक पर एक अनेक तीर इस तरह मुँह में गढ़ गए कि कुत्ते का भौंकना बंद हो गया और मुँह को अधिक चोट भी न लगी। यह देखकर द्रोणाचार्य भौंचक्के रह गए। उन्होंने तो ऐसी धनुर्विद्या की कल्पना भी न की थी।

खोजने पर उनके सामने जंगल का एक काला-कलूटा भील सामने आया। उसके हाथों में एक जंगली धनुष और तरकश था। वह भील गुरु द्रोणाचार्य के चरणों में गिर पड़ा और उनका आशीर्वाद चाहने लगा।

द्रोणाचार्य ने पूछा–'तुम कौन हो ?' उसने बताया कि, 'मैं एकलव्य हूँ।' गुरु ने पूछा–'तुमने यह धनुर्विद्या कहाँ से सीखी ?' एकलव्य ने चरण छूते हुए कहा–'गुरु जी, आपसे।' 'परंतु मैंने तो तुम्हें कभी सिखाया नहीं।'–द्रोणाचार्य ने कहा। तब एकलव्य ने बताया–'गुरुजी ! मैंने तो आपको उसी दिन से मन-ही-मन गुरु मान लिया था और धनुर्विद्या का अभ्यास भी आपको साक्षी मानकर किया है।'

अब द्रोणाचार्य सोच में पड़ गए। उन्हें लगा कि एकलव्य के रहते अर्जुन सर्वश्रेष्ठ धनुर्धारी नहीं हो सकता। अतः वे बोले–"अगर तुमने मुझे अपना गुरु माना है तो मुझे गुरु-दक्षिणा में क्या दोगे ?" एकलव्य ने चरण छूकर कहा–"गुरु जी के चरणों में मेरा सब कुछ अर्पित है।" द्रोणाचार्य ने कहा–"मुझे दक्षिणा में तुम्हारे दाएँ हाथ का अँगूठा चाहिए। दोगे ?"

यह सुनते ही एकलव्य ने तेज धार वाले हथियार से अपना अँगूठा काटा और द्रोणाचार्य के चरणों में अर्पित कर दिया। द्रोणाचार्य के नेत्रों से झरझर आँसू बहने लगे। बोले–"वत्स ! आज मैं तुम्हारे दर्शन करके धन्य हो गया। यद्यपि आज तुम्हारा अँगूठा नहीं रहा, फिर भी मुझे तुम्हारी धनुर्विद्या पर नाज़ है। तुम एक दिन संसार के सर्वश्रेष्ठ धनुर्धर बनोगे। इतिहास तुम्हारी निष्ठा और गुरु-भक्ति के लिए युगों-युगों तक तुम्हें याद करेगा।" ऐसा था–एकलव्य।

अभ्यास कीजिए

- अपने पाठ्यक्रम की कोई कहानी सुनाइए।
- शिवाजी, राणा प्रताप, बुद्ध, गाँधी, दयानंद, सुभाष के जीवन से संबंधित कोई कहानी सुनाइए।

6. सामूहिक चर्चा

सामूहिक चर्चा विद्यार्थियों की भाषा-क्षमता बढ़ाने का सर्वोत्तम साधन है। विद्यार्थियों को ऐसे विषय देने चाहिए जिस पर वे बोल सकें। ऐसे विषय उनके रोजमर्रा के जीवन से संबंधित होने चाहिए। विषय को गहराई तक ले जाने के लिए तथा विद्यार्थियों को सोचकर बुलवाने के लिए सामूहिक चर्चा का संयोजक बहुत कुशल होना चाहिए। उसे प्रश्न बनाने की, नए प्रश्न उछालने की, विद्यार्थियों की बात को उनके मन से बाहर निकालने की कला आनी चाहिए।

सामूहिक चर्चा कक्षा में आयोजित की जा सकती है। 6-7 के समूह में भी आयोजित की जा सकती है। संयोजक की भूमिका कोई विद्यार्थी भी निभा सकता है और अध्यापक भी।

उदाहरण–

1. देशभक्त नागरिक कौन?

संयोजक–
- आप किसे देशभक्त नागरिक कहेंगे?
- देशभक्ति की क्या आवश्यकता है?
- छात्र देशभक्ति कैसे दिखा सकता है?
- एक अध्यापक, विद्यालय-प्रबंधक कैसे देशभक्त हो सकता है?
- देशभक्त व्यापारी, पुलिस अधिकारी, सरकारी कर्मचारी से क्या अपेक्षा है?
- देशभक्त उद्योगपति क्या करेगा? क्या नहीं करेगा?
- देशभक्ति के लिए किस काम से बचना आवश्यक है?

2. जीवन में संघर्ष चाहिए या शांति

- किसका जीवन सफल मानते हैं? भोगी का? त्यागी का? संघर्ष का? शांति का?
- भोगी जीवन के तर्क → आनंद ही जीवन का लक्ष्य है। संघर्ष का क्या लक्ष्य है–आनंद
- त्यागी जीवन के तर्क → त्याग में ही आनंद → आत्मिक आनंद
- संघर्षमय जीवन के तर्क → कुछ करना, अपनी शक्ति से कार्य करना जीवन-लक्ष्य
- शांति के तर्क → कर्म भी शांति के लिए → शांति जीवन का ध्येय।

3. पर्यटन के लाभ-हानियाँ

- लाभ → घूमना → आनंद → व्यापार → मेलजोल → उन्नति
- हानियाँ → पर्यटन-स्थल में भीड़, प्रदूषण, चमक-दमक → विदेशी सैलानियों के कारण संस्कृति को नुकसान → धन का अपव्यय
- पर्यटन उद्योग द्वारा शोषण।

अभ्यास कीजिए

- 'उपभोक्तावाद की संस्कृति' पाठ के आधार पर भोगवाद की संस्कृति पर परिचर्चा कीजिए।
- विज्ञापनों के लाभ तथा हानियों पर परिचर्चा कीजिए।
- मोबाइल और दूरदर्शन के लाभ-हानियों की चर्चा कीजिए।
- इंटरनेट के लाभ-हानियों पर परिचर्चा कीजिए।
- 'प्रेमचंद के फटे जूते' के आधार पर एक साहित्यकार के जीवन पर परिचर्चा कीजिए।
- 'नेताजी का चश्मा' के आधार पर देशभक्तिपूर्ण कार्यों और व्यवहार की चर्चा कीजिए।

7. टिप्पणी करना

किसी कार्यक्रम, फिल्म, कहानी, कार्य पर अपने विचार प्रकट करना टिप्पणी करना कहलाता है। विद्यार्थियों से अपेक्षा की जाती है कि वे 4 से 6 वाक्यों में अपनी प्रतिक्रिया प्रकट करें। उदाहरणतया–

'दो बैलों की कथा' पर टिप्पणी

मुझे यह कहानी बहुत अच्छी लगी। इसके पात्र पशु होते हुए भी मनुष्य-से जान पड़ते हैं। दोनों की दोस्ती और संघर्षशीलता को पढ़कर मन गद्‌गद हो जाता है। जब वे बैल किसी शत्रु से लड़ते हैं तो आनंद आ जाता है। वे अपने मालिक का स्नेह पाकर धन्य हो उठते हैं। पूरी कहानी आनंदपूर्ण है।

'जॉर्ज पंचम की नाक' पर टिप्पणी

यह पाठ व्यंग्य से भरपूर है। हम भारतीय अंग्रेज़ों के गुलाम थे। लोग तो गुलामी से उबर गए हैं। परंतु हमारी सरकारें और सरकारी कर्मचारी अभी भी अंग्रेज़ों की गुलामी करने में लगे हुए हैं। सरकारी बाबू से लेकर मूर्तिकार–सभी देशवासियों को कैसे उल्लू बनाने में लगे हुए हैं। यह पाठ पढ़कर सरकारी भ्रष्टाचार का पता चलता है।

अभ्यास कीजिए

- 'प्रेमचंद के फटे जूते' के आधार पर सच्चे लेखक के संघर्ष पर टिप्पणी कीजिए।
- 'एही ठैयाँ झुलनी हेरानी हो रामा' पाठ के आधार पर वेश्या के चरित्र की प्रशंसा करते हुए टिप्पणी कीजिए।
- उपर्युक्त पाठ के आधार पर आज़ादी के संघर्ष में आम आदमी के योगदान पर प्रकाश डालिए।
- आज मोबाइल के अत्यधिक उपयोग पर टिप्पणी कीजिए।
- मुहल्ले में गंदगी होने तथा जिम्मेदारी की भावना के न होने पर टिप्पणी कीजिए।

8. आँखों देखा हाल कहना

आँखों देखा हाल कहने के लिए विशेष शैली चाहिए। सामने दर्शकों के बैठे होने की कल्पना होनी चाहिए। वक्ता उन्हें संबोधित न करते हुए भी सारी बात उन्हें सुनाएगा। इसलिए वह कहेगा–

मैं देख रहा हूँ। आसमान साफ है। धूप निकली हुई है। दर्शक मैदान में आँखें बिछाए बैठे हैं। सभी को खेल शुरू होने की प्रतीक्षा है।

आपने देखा–संबोधन नहीं है। फिर भी सारी बातें श्रोताओं को सुनानी हैं। वक्ता को केवल वही बात कहनी है जो दीख सके, जिसके चित्र आँखों के सामने आ सकें। जितनी गतिशीलता होगी, जितनी सरलता होगी और जितनी सजीवता होगी, आँखों देखा हाल उतना ही प्रभावी होगा।

उदाहरण–

वार्षिकोत्सव वाले दिन की विद्यालय की चहल-पहल का आँखों देखा हाल सुनाइए–

आज हमारे विद्यालय का वार्षिकोत्सव है। सारा विद्यालय दुल्हन की तरह सजा हुआ है। रास्तों पर सफेद चूने के निशान लगे हैं। मुख्य द्वार पर फूलों की सज्जा है। लॉन के बीचोंबीच पंडाल लगा है। सभी बच्चे आज विशेष रूप से सज-धजकर आए हैं। उनके चेहरों पर उल्लास है। पढ़ाई से मुक्त होकर कुछ करने और देखने की उमंग उनके चेहरों पर साफ दिखाई दे रही है। हमारी मैडमें और अध्यापक भी आज तेज गति से आते-जाते नज़र आ रहे हैं।

अभ्यास कीजिए

- खेल-दिवस पर मैदान के दृश्य का आँखों देखा हाल सुनाइए।
- बैडमिंटन के मैच का आँखों देखा हाल सुनाइए।
- 'नाना साहब की पुत्री देवी मैना को भस्म कर दिया गया'—पाठ के आधार पर मैना के बलिदान का आँखों देखा हाल सुनाइए।
- 'एक कुत्ता और एक मैना' के आधार पर मैना के फुदकने और लंगड़ाने का हाल सुनाइए।
- बालगोबिन भगत द्वारा भोरकाल में गायन करने का हाल सुनाइए।
- 'माता का अँचल' पाठ के आधार पर साँप के निकल आने पर बच्चों में मची भगदड़ का आँखों देखा हाल सुनाइए।
- 'लखनवी अंदाज' के आधार पर नवाब साहब के खीरा छीलने, सूँघने और फेंकने का हाल सुनाइए।
- दिल्ली के रामलीला मैदान में हुई रैली का आँखों देखा हाल सुनाइए।
- किसी सभा में पुलिस द्वारा लाठियाँ चलाने का आँखों देखा हाल सुनाइए।
- किसी गाड़ी के दुर्घटनाग्रस्त होने का आँखों देखा हाल सुनाइए।
- किसी दुर्घटना में घायल लोगों की सहायता करने का आँखों देखा हाल सुनाइए।

9. पत्र-वाचन करना

मौखिक भाषण की बजाय लिखित पत्र का वाचन करना भी एक कला है। इसमें यह देखा जाता है कि वाचक विषय, भाव और श्रोताओं के अनुसार शब्दों को ऊँचा-नीचा, धीमा-तेज और स्पष्ट बोले। पत्र-वाचन के दो प्रकार हैं–

1. किसी विचारपूर्ण अनुच्छेद को पढ़ना।
2. समाचार-पत्र पढ़ना

विचारपूर्ण अनुच्छेद का वाचन

विचारपूर्ण अनुच्छेद का वाचन धीरे-धीरे किंतु ऊँची आवाज़ में करना चाहिए। विचार को दिल तक पहुँचने में समय लगता है। इसलिए वक्ता की गति में ठहराव होना चाहिए। साथ ही शब्दों पर भाव के अनुसार बलाघात होना चाहिए। जहाँ कोई प्रेरणा देने की बात हो, वहाँ उठान होना चाहिए। कुछ उदाहरण देखिए–

पढ़ाई में या काम के दौरान ऐसे कई अवसर आते हैं, जब आप उपेक्षित और खिन्न महसूस करते हैं। न चाहते हुए भी कई बार दिन की शुरुआत अनचाही समस्याओं से होती है। ऐसे समय में खुद पर आपका भरोसा कम हो जाता है। संभवतः उस समय आप भगवान की शरण में जाकर सवाल करने लगते हैं कि ऐसा हमेशा मेरे साथ ही क्यों होता है? मैं क्या करूँ? आप प्रार्थना करते हैं। मंदिर, मसजिद, चर्च और गुरुद्वारे जाते हैं। यहाँ तक कि ज्योतिषियों व तांत्रिकों तक के चक्कर काटते हैं। कहने का मतलब यह है कि आप इस स्थिति से उबरने के लिए हर तरह के उपाय आजमाते हैं। लेकिन इतना सब करने के दौरान इस बात का विश्लेषण नहीं करते कि आखिर इस तरह की परिस्थितियों से निकलने के लिए क्या प्रयास किए जाएँ और यह संकट आया क्यों?

अभ्यास कीजिए

निम्नलिखित पाठों में से विचारपूर्ण अनुच्छेद खोजिए तथा कक्षा में उनका वाचन कीजिए–

- उपभोक्तावाद की संस्कृति
- मेरे बचपन के दिन
- मैं क्यों लिखता हूँ
- मेरे संग की औरतें
- संस्कृति

10. समाचार-वाचन

- समाचार-वाचन की आवाज़ अत्यंत स्पष्ट तथा ठहरी हुई होनी चाहिए।
- समाचार सुनाने में सूचना देने का भाव होना चाहिए, हर्ष या विषाद का नहीं।

- समाचार सुनाते समय बीच-बीच में श्रोताओं की ओर देखना चाहिए।
- अभ्यास के लिए कोई ताजा समाचार पढ़कर सुनाएँ।

उपयोगी लेखन

कुछ रचनात्मक गतिविधियाँ ऐसी होती हैं जो पाठ्यक्रम के अध्ययन के अतिरिक्त होती हैं। उनमें रचनात्मक कौशल की आवश्यकता होती है। कक्षा में ऐसे कौशल के विकास के लिए कुछ विद्यार्थियों का समूह भी बनाया जा सकता है और एकल विद्यार्थी को भी काम सौंपा जा सकता है। कुछ रचनात्मक गतिविधियाँ निम्नलिखित हैं–

- पोस्टर बनाना
- निमंत्रण-पत्र बनाना
- (पैम्फ्लेट बनाना) पत्रक बनाना
- बैनर बनाना
- विज्ञापन बनाना

11. यात्रा-संस्मरण सुनाना

यात्रा-संस्मरण सुनाना ऐसी विधा है जिसके लिए कुछ याद करने की आवश्यकता नहीं। केवल अपने अनुभवों को ज्यों-का-त्यों कहने की आवश्यकता है। इसके लिए निम्नलिखित बातें जरूरी हैं–

- जो बातें सबसे अधिक महत्त्वपूर्ण हैं, जो स्थान सबसे अधिक प्रसिद्ध हैं, उन्हें सबसे पहले कहना।
- स्थानों, व्यक्तियों या वस्तुओं के नामों को याद रखना।
- अनोखी बातों को कहना ताकि लोगों की रुचि जाग्रत हो।
- बात संबोधन से शुरू करना तथा बीच-बीच में श्रोताओं को संबोधित करते रहना। इससे श्रोताओं का ध्यान संस्मरण की ओर लगा रहता है।

उदाहरण–

आप हाल ही में नेपाल यात्रा से लौटे हैं, उसका संस्मरण अपने दोस्तों को सुनाइए।

प्यारे मित्रो!

एक सप्ताह पहले मुझे अपने माता-पिता के साथ नेपाल-यात्रा का अवसर मिला। हमें हवाई-टिकट आसानी से मिल गया। हमारा हवाई जहाज़ नई दिल्ली से काठमांडु की ओर चला तो आसमान बादलों से घिरा हुआ था। लगभग सवा घंटे की हवाई यात्रा के बाद हम काठमांडु के हवाई अड्डे पर पहुँचे। बाहर निकले तो चारों ओर हरी-भरी पहाड़ियाँ थीं। हम रोमांचित हो उठे। एक मारुति टैक्सी द्वारा हम अपने होटल पहुँचे। हमारा होटल थामेल नामक स्थान पर था। टैक्सी ड्राइवर विष्णु बहादुर नेपाली हिंदी जानता था। उसने हमें बताया कि उनके यहाँ मारुति 800 लगभग 16 लाख रुपये में मिलती है। मैं यह सुनकर चौंक गया क्योंकि भारत में इसकी कीमत केवल 2½ लाख रुपये है।

पहले दिन हम भक्तपुर घूमने निकले। यहाँ नेपाली मंदिरों का अनोखा शिल्प देखने को मिला। ये मंदिर अत्यंत प्राचीन थे। पत्थर और लकड़ी की शानदार नक्काशी वाले ये मंदिर हमें प्राचीन काल में ले जाते हैं।

अभ्यास कीजिए

- किसी पर्वतीय यात्रा का संस्मरण सुनाइए।
- स्कूल की पिकनिक-यात्रा का संस्मरण सुनाइए।
- किसी धार्मिक-यात्रा का संस्मरण सुनाइए।
- किसी पैदल/साइकिल/स्कूटर-यात्रा का संस्मरण सुनाइए।

बहुविकल्पी प्रश्नों के उत्तर

व्याकरण—IX

1. शब्द-निर्माण (उपसर्ग और प्रत्यय)

I. उपसर्ग

1.	1. (ख)	2. (ख)	3. (ख)	4. (ग)	5. (घ)	6. (ग)
	7. (ख)	8. (ग)	9. (ख)	10. (क)	11. (ख)	12. (ख)
	13. (क)	14. (ग)	15. (घ)			
2.	1. (ग)	2. (ग)	3. (घ)	4. (घ)	5. (क)	
3.	1. (ख)	2. (क)	3. (ग)	4. (ग)		
4.	1. (क)	2. (ख)	3. (क)	4. (क)	5. (क)	
5.	1. (घ)	2. (ग)	3. (क)	4. (क)	5. (क)	6. (क)
6.	1. (क)	2. (घ)	3. (ग)	4. (क)	5. (क)	6. (ग)
7.	1. (ख)	2. (क)	3. (क)	4. (क)		
8.	1. (ग)	2. (ख)	3. (ख)	4. (घ)	5. (ख)	

II. प्रत्यय

1.	1. (घ)	2. (क)	3. (घ)	4. (ख)	5. (क)	6. (ग)
	7. (ख)	8. (घ)	9. (ग)	10. (ख)	11. (ग)	12. (ख)
	13. (ग)	14. (ख)	15. (ग)	16. (ख)	17. (ग)	18. (ग)
	19. (क)	20. (ख)				
2.	1. (ख)	2. (क)	3. (ख)	4. (घ)	5. (ग)	6. (क)
	7. (ग)	8. (क)	9. (ग)	10. (घ)		
3.	1. (ख)	2. (ख)	3. (ग)	4. (ख)	5. (ख)	6. (ग)
4.	1. (ख)	2. (ख)	3. (ग)	4. (ग)	5. (घ)	6. (ख)
5.	1. (ग)	2. (ख)	3. (क)			

2. समास

1.	1. (ख)	2. (ग)	3. (क)	4. (ख)	5. (क)	6. (क)
2.	1. (क)	2. (ख)	3. (क)	4. (ग)	5. (ख)	6. (ख)
	7. (ख)	8. (घ)	9. (घ)	10. (ख)		
3.	1. (ग)	2. (क)	3. (घ)			

4.	1. (ग)	2. (क)	3. (क)	4. (ख)	5. (क)	6. (घ)
	7. (क)	8. (ग)	9. (घ)	10. (घ)		

3. अर्थ की दृष्टि से वाक्य भेद

1.	1. (ग)	2. (घ)	3. (घ)	4. (ग)	5. (क)	6. (ग)
	7. (क)	8. (क)	9. (ग)	10. (घ)		
2.	1. (घ)	2. (ग)	3. (ख)	4. (क)		
3.	1. (क)	2. (ग)	3. (घ)	4. (ख)	5. (ख)	6. (घ)
	7. (घ)	8. (ग)	9. (क)	10. (ख)		

4. अलंकार

1.	1. (ग)	2. (ख)				
2.	(क)	3. (ग)				
4.	1. (क)	2. (क)	3. (ग)	4. (ग)	5. (ग)	6. (घ)
5.	1. (ख)	2. (क)	3. (ख)	4. (क)	5. (क)	
6.	1. (ख)	2. (घ)	3. (ख)			

व्याकरण—X

1. रचना के आधार पर वाक्य-भेद

1.	(क)	2. (ख)	3. (ख)			
4.	1. (घ)	2. (घ)				
5.	1. (क)	2. (ख)				
6.	1. (ख)	2. (क)				
7.	1. (क)	2. (ग)	3. (ग)			
8.	1. (ग)	2. (ग)				
9.	1. (ख)	2. (क)				
10.	1. (ग)	2. (ग)				
11.	1. (क)	2. (ग)				
12.	1. (घ)	2. (ख)	3. (ग)	4. (ख)	5. (क)	6. (घ)
	7. (ग)	8. (घ)	9. (ख)			

2. वाच्य

1.	1. (क)	2. (ग)
2.	1. (ग)	2. (ख)
3.	1. (ख)	2. (घ)
4.	1. (क)	2. (ख)
5.	1. (ख)	2. (क)

6.	1. (ग)	2. (ग)				
7.	1. (ख)	2. (ख)				
8.	1. (क)	2. (क)	3. (ख)	4. (ग)	5. (ख)	6. (ख)
	7. (ख)	8. (ग)				

3. पद-परिचय

1.	1. (क)	2. (ग)	3. (क)	4. (ख)	5. (क)
2.	1. (ग)	2. (ग)	3. (क)	4. (क)	
3.	1. (क)	2. (ख)	3. (ग)	4. (क)	5. (क)
4.	1. (क)	2. (ग)	3. (घ)		
5.	1. (ख)	2. (ग)	3. (ग)	4. (ग)	5. (ग)

4. अलंकार

1.	1. (ख)	2. (घ)	3. (घ)	4. (ख)	5. (ग)	6. (घ)
	7. (घ)	8. (घ)	9. (ग)	10. (ग)		
2.	(ग)		3. (क)			
4.	1. (ख)	2. (ग)	3. (ख)	4. (ख)		

CBSE प्रतिदर्श प्रश्नपत्र 2024-25

विषय–हिंदी

कोर्स–'अ' (कोड-002)

कक्षा–10

निर्धारित समय : 3 घंटे **अधिकतम अंक : 80**

सामान्य निर्देश :

निम्नलिखित निर्देशों को बहुत सावधानी से पढ़िए और उनका सख्ती से अनुपालन कीजिए :

1. इस प्रश्नपत्र में कुल 15 प्रश्न हैं। सभी प्रश्न अनिवार्य हैं।
2. इस प्रश्नपत्र में कुल चार खंड हैं– क, ख, ग, घ।
3. खंड-क में कुल 2 प्रश्न हैं, जिनमें उपप्रश्नों की संख्या 10 है।
4. खंड-ख में कुल 4 प्रश्न हैं, जिनमें उपप्रश्नों की संख्या 20 है। दिए गए निर्देशों का पालन करते हुए 16 उपप्रश्नों के उत्तर देना अनिवार्य है।
5. खंड-ग में कुल 5 प्रश्न हैं, जिनमें उपप्रश्नों की संख्या 20 है।
6. खंड-घ में कुल 4 प्रश्न हैं, सभी प्रश्नों के साथ उनके विकल्प भी दिए गए हैं।
7. प्रश्नों के उत्तर दिए गए निर्देशों का पालन करते हुए लिखिए।

खंड–क (अपठित बोध) अंक 14

1. निम्नलिखित गद्यांश को ध्यानपूर्वक पढ़कर उस पर आधारित पूछे गए प्रश्नों के उत्तर लिखिए : 7

आज विश्व के कई देशों में अदरक वाली भारतीय चाय का चस्का लोगों को ऐसा लग गया है कि वहाँ हर कोई भारतीय चाय का शौकीन हो गया है। इसके अलावा भारत में कुल्हड़ वाली चाय भी काफी लोकप्रिय है। मिट्टी के कुल्हड़ में परोसी गई चाय का अपना विशेष महत्त्व है क्योंकि इसकी सौंधी खुशबू और लाजवाब स्वाद को इसके बिना अनुभव नहीं कर सकते हैं। भारत की सिफारिश पर संयुक्त राष्ट्र महासभा ने 21 मई को अंतर्राष्ट्रीय चाय दिवस घोषित किया है। भारत ने मिलान में हुई अंतर्राष्ट्रीय खाद्य और कृषि संगठन की बैठक में यह प्रस्ताव पेश किया था। संयुक्त राष्ट्र महासभा ने अपनी अधिसूचना में कहा कि हम विश्व की ग्रामीण अर्थव्यवस्था में चाय के योगदान को लेकर दुनिया को जागरूक करना चाहते हैं, ताकि वर्ष 2030 के सतत विकास से जुड़े लक्ष्यों को पूरा किया जा सके। संयुक्त राष्ट्र को विश्वास है कि 21 मई को अंतर्राष्ट्रीय चाय दिवस घोषित करने से इसके उत्पादन और खपत बढ़ाने में मदद मिलेगी। अंतर्राष्ट्रीय चाय दिवस का उद्देश्य दुनिया भर में चाय के लंबे इतिहास और गहरे सांस्कृतिक और आर्थिक महत्त्व के बारे में जागरूकता बढ़ाना है। इस दिन का लक्ष्य चाय के स्थायी उत्पादन और खपत के पक्ष में गतिविधियों को लागू करने के लिए सामूहिक कार्यों को बढ़ावा देना और भूख और गरीबी से लड़ने में इसके महत्त्व के बारे में जागरूकता बढ़ाना है। साथ ही संयुक्त राष्ट्र महासभा ने चाय के औषधीय गुणों के साथ सांस्कृतिक महत्त्व को भी मान्यता दी है।

विश्व में चाय के प्रमुख उत्पादकों में एशिया, अफ्रीका, दक्षिणी अमेरिका शामिल हैं। जबकि विश्व के चार बड़े उत्पादक देशों में क्रमशः चीन, भारत, कीनिया और श्रीलंका शामिल हैं। विश्व के कुल चाय उत्पादन में इन देशों की हिस्सेदारी 75 प्रतिशत है। भारत विश्व में चाय उत्पादन का एक बड़ा केंद्र है। भारत में चाय का उत्पादन करने वाले राज्यों में असम, पश्चिमी बंगाल, केरल, कर्नाटक और तमिलनाडु शामिल हैं। असम भारत का सर्वाधिक चाय उत्पादन करने वाला राज्य है। भारत में लगभग 13 हज़ार चाय बागान हैं, जो 60 लाख से अधिक श्रमिकों की आजीविका का प्रमुख साधन भी हैं। चाय एक श्रम आधारित उद्योग है इसलिए भारत जैसे देश में इसके विकास की अपार संभावनाएँ हैं। चाय की चुनाई के लिए अधिक मात्रा में श्रमिकों की आवश्यकता पड़ती है, क्योंकि चाय की पत्तियाँ एक-एक कर तोड़ी जाती हैं, जिनसे कोमल पत्तियाँ नष्ट ना हों। अपनी कोमल अंगुलियों के कारण ही चाय के उद्यानों में स्त्री मज़दूर द्वारा पत्तियाँ तोड़ी जाती हैं। चाय की पत्ती तोड़ने के काम के लिए श्रमिकों को पूरे दिन खड़े रहना पड़ता है– चाहे वह चिलचिलाती धूप में हो या बारिश में। वे आम तौर पर उस हिस्से तक पहुँचने के लिए चार से पांच किलोमीटर पैदल चलते हैं जहाँ वे चाय की पत्तियां चुनते हैं।

(क) कथन (A) और कारण (R) को पढ़कर उपयुक्त विकल्प चुनिए : 1

कथन (A): संयुक्त राष्ट्र महासभा ने 21 मई को 'अंतर्राष्ट्रीय चाय दिवस' घोषित किया है।

कारण (R): विश्व की ग्रामीण अर्थव्यवस्था को मजबूत बनाने में चाय की अहमियत को समझाना।

(*i*) कथन (A) गलत है, किंतु कारण (R) सही है।

(*ii*) कथन (A) और कारण (R) दोनों ही गलत हैं।

(*iii*) कथन (A) सही है और कारण (R) कथन (A) की सही व्याख्या है।

(*iv*) कथन (A) सही है किंतु कारण (R) कथन (A) की सही व्याख्या नहीं है।

(ख) भारत में कुल्हड़ वाली चाय काफी लोकप्रिय है क्योंकि– कथन के लिए उचित विकल्प का चयन कीजिए– 1

I. सौंधी खुशबू होती है। II. लाजवाब स्वाद होता है।

III. बहुत मँहगी होती है। IV. आसानी से उपलब्ध है।

विकल्प–

(*i*) कथन I और II सही हैं। (*ii*) कथन I, III और IV सही हैं।

(*iii*) केवल कथन III सही है। (*iv*) कथन I, II और IV सही हैं।

(ग) नीचे दिए हुए कॉलम 1 को कॉलम 2 से सुमेलित कर सही विकल्प का चयन कीजिए– 1

कॉलम 1	**कॉलम 2**
I. विश्व में चाय का सबसे बड़ा उत्पादक देश	1 – भारत
II. भारत में चाय का सबसे बड़ा उत्पादक राज्य	2 – चीन
III. विश्व में चाय का दूसरा बड़ा उत्पादक देश	3 – असम

(*i*) I. – (1), II. – (2), III. – (3) (*ii*) I. – (2), II. – (3), III. – (1)

(*iii*) I. – (3), II. – (1), III. – (2) (*iv*) I. – (1), II. – (3), III. – (2)

(घ) चाय के उत्पादन और खपत बढ़ाने में 'अंतर्राष्ट्रीय चाय दिवस' की क्या भूमिका है? 2

(ङ) चाय एक श्रम आधारित उद्योग है – कैसे? 2

2. निम्नलिखित काव्यांश को ध्यानपूर्वक पढ़कर उस पर आधारित पूछे गए प्रश्नों के उत्तर लिखिए : 7

अर्जुन! देखो, किस तरह कर्ण सारी सेना पर टूट रहा,
किस तरह पांडवों का पौरुष होकर अशंक वह लूट रहा,

देखो जिस तरफ़, उधर उसके ही बाण दिखायी पड़ते हैं,
बस, जिधर सुनो, केवल उसके हुंकार सुनायी पड़ते हैं।

कैसी करालता! क्या लाघव! कितना पौरुष! कैसा प्रहार!
किस गौरव से यह वीर द्विरद कर रहा समर-वन में विहार!
व्यूहों पर व्यूह फटे जाते, संग्राम उजड़ता जाता है,
ऐसी तो नहीं कमल वन में भी कुंजर धूम मचाता है।

इस पुरुष-सिंह का समर देख मेरे तो हुए निहाल नयन,
कुछ बुरा न मानो, कहता हूँ, मैं आज एक चिर-गूढ़ वचन।
कर्ण के साथ तेरा बल भी मैं खूब जानता आया हूँ,
मन-ही-मन तुझसे बड़ा वीर, पर इसे मानता आया हूँ।

"औ" देख चरम वीरता आज तो यही सोचता हूँ मन में,
है भी कोई, जो जीत सके, इस अतुल धनुर्धर को रण में?

– रामधारी सिंह दिनकर (रश्मिरथी सप्तम सर्ग भाग-3)

(क) इस काव्यांश में कौन किसकी प्रशंसा कर रहा है? 1

(*i*) कृष्ण अर्जुन की। (*ii*) कृष्ण कर्ण की।
(*iii*) कर्ण कृष्ण की। (*iv*) अर्जुन कर्ण की।

(ख) कवि ने कर्ण के युद्ध-कौशल की प्रशंसा में क्या कहा है? उचित विकल्प का चयन कीजिए– 1

I. पांडव सेना के पुरुषार्थ को चुनौती दे रहा था।
II. पांडव सेना ने उसे चारों ओर से घेर लिया था।
III. समर क्षेत्र में केवल उसके बाण दिखाई दे रहे थे।
IV. समर क्षेत्र में केवल उसकी हुंकार सुनाई दे रही थी।

विकल्प–

(*i*) कथन I और II सही हैं। (*ii*) कथन I, II और IV सही हैं।
(*iii*) केवल कथन III सही है। (*iv*) कथन I, III और IV सही हैं।

(ग) कथन (A) और कारण (R) को पढ़कर उपयुक्त विकल्प चुनिए : 1

कथन (A): कर्ण की गर्जना से पाण्डव सेना में भगदड़ मच गई।

कारण (R): कर्ण ने पाण्डवों की सेना पर भीषण आक्रमण कर दिया था।

(*i*) कथन (A) गलत है, किंतु कारण (R) सही है।
(*ii*) कथन (A) और कारण (R) दोनों ही गलत हैं।
(*iii*) कथन (A) सही है और कारण (R) कथन (A) की सही व्याख्या है।
(*iv*) कथन (A) सही है किंतु कारण (R) कथन (A) की सही व्याख्या नहीं है।

(घ) श्रीकृष्ण ने अर्जुन को कौन सा गूढ़ वचन बताया? 2

(ङ) कर्ण के युद्ध-कौशल को देखकर कृष्ण उसके बारे में क्या सोच रहे थे? 2

खंड–ख (व्यावहारिक व्याकरण)

3. निर्देशानुसार 'रचना के आधार पर वाक्य भेद' पर आधारित पाँच प्रश्नों में से किन्हीं चार प्रश्नों के उत्तर लिखिए :
(4 × 1 = 4)

(क) हालदार साहब चौराहे पर रुकते थे और मूर्ति को देखते थे। (सरल वाक्य में बदलिए) 1

(ख) जब जाड़ा आता तब बालगोबिन भगत एक काली कमली ऊपर से ओढ़े रहते। (संयुक्त वाक्य में बदलिए) 1

(ग) रीड नरकट से बनाई जाती है जो डुमराँव में मुख्यत: सोन नदी के किनारों पर पाई जाती है।
(आश्रित उपवाक्य छाँटकर उसका भेद भी लिखिए) 1

(घ) खीरे के स्वाद के आनंद में नवाब साहब की पलकें मुँद गईं। (मिश्र वाक्य में बदलिए) 1

(ङ) काशी आज भी संगीत के स्वर पर जगती है और उसी की थापों पर सोती है।
(रचना की दृष्टि से वाक्य का भेद लिखिए) 1

4. निर्देशानुसार 'वाच्य' पर आधारित पाँच प्रश्नों में से किन्हीं चार प्रश्नों के उत्तर लिखिए : (4 × 1 = 4)

(क) वह गिने-चुने फ्रेमों को नेताजी की मूर्ति पर फिट कर देता है। (कर्म वाच्य में बदलिए) 1

(ख) नवाब साहब द्वारा जेब से चाकू निकाला गया और खीरे छिलने शुरु कर दिए गए।
(कर्तृवाच्य में बदलिए) 1

(ग) बिना सहारे दादाजी अब चल नहीं पाते हैं। (भाववाच्य में बदलिए) 1

(घ) स्वयं प्रकाश जी ने 'नेताजी का चश्मा' कहानी की रचना की। (वाच्य पहचानकर भेद बताइए) 1

(ङ) कर्म की प्रधानता वाले वाक्य में कौन-सा वाच्य होता है? 1

5. निर्देशानुसार 'पद परिचय' पर आधारित पाँच प्रश्नों में से किन्हीं चार प्रश्नों के रेखांकित पदों का पद-परिचय लिखिए :
(4 × 1 = 4)

(क) पानवाला नया पान खा रहा था। 1

(ख) वक्त काटने के लिए खीरे खरीदे होंगे। 1

(ग) विद्यालय के साथ ही एक डाकघर है। 1

(घ) वाह! भई खूब! क्या आइडिया है। 1

(ङ) वे बहुत कोमल और संवेदनशील व्यक्ति थे। 1

6. निर्देशानुसार 'अलंकार' पर आधारित पाँच प्रश्नों में से किन्हीं चार प्रश्नों की रेखांकित काव्य पंक्तियों में अलंकार पहचान कर लिखिए :
(4 × 1 = 4)

(क) सहसबाहु सम सो रिपु मोरा। 1

(ख) छुअत टूट रघुपतिहु न दोसू। 1

(ग) बूढ़े पीपल ने आगे बढ़कर जुहार की। 1

(घ) तुम्ह तौ कालु हाँक जनु लावा। बार बार मोहि लागि बोलावा। 1

(ङ) बढ़त देखि जल सम वचन बोले रघुकुलभानु। 1

नोट : *प्रश्नसंख्या 7 से 11 तक पाठ्यपुस्तक एवं पूरक पाठ्यपुस्तक के प्रश्न हैं।*

खंड–घ (रचनात्मक लेखन)

12. निम्नलिखित तीन विषयों में से किसी एक विषय पर संकेत बिंदुओं के आधार पर लगभग 120 शब्दों में एक अनुच्छेद लिखिए : (1 × 6 = 6)

(क) जल बचाओ, पृथ्वी बचाओ
- जल के बिना जीवन असंभव
- जल संरक्षण का महत्त्व
- जल संरक्षण के उपाय

(ख) जंक फूड और युवा पीढ़ी
- जंक फूड क्या है?
- जंक फूड का बढ़ता चलन
- स्वास्थ्य पर दुष्प्रभाव

(ग) समाचार पत्र के नियमित पठन का महत्त्व
- ज्ञान का भंडार
- पढ़ने की आदत का विकास
- जागरूकता

13. (क) आप अनुपमा/अनुपम हैं। आपके क्षेत्र को मुख्य सड़क से जोड़ने वाली सड़क पर लाइटें ख़राब हो गईं हैं, जिससे दुर्घटना की आशंका बढ़ गई है। इस ओर ध्यान आकर्षित कराते हुए सार्वजनिक लोक निर्माण विभाग को लगभग 100 शब्दों में पत्र लिखिए। (1 × 5 = 5)

अथवा

(ख) आप अनुपमा/अनुपम हैं। आपने विद्यालय की भाषण प्रतियोगिता में प्रथम स्थान प्राप्त किया है। अपने दादाजी को विद्यालय की भाषण प्रतियोगिता की संपूर्ण जानकारी देते हुए लगभग 100 शब्दों में पत्र लिखिए।

14. (क) आप मेधावी/माधव हैं। आपने पत्रकारिता में अपना अध्ययन पूरा कर लिया है। किसी प्रसिद्ध दैनिक समाचार पत्र में पत्रकार का पद रिक्त है। आप उक्त पद की योग्यता (पत्रकारिता में स्नातक) को धारण करते हैं। उक्त रिक्त पद हेतु समाचार पत्र के प्रमुख को आवेदन भेजने के लिए लगभग 80 शब्दों में अपना एक स्ववृत्त तैयार कीजिए। (1 × 5 = 5)

अथवा

(ख) आप मेधावी/माधव हैं। ए.टी.एम. कार्ड न मिलने की सूचना देते हुए संबंधित बैंक शाखा प्रबंधक को लगभग 80 शब्दों में एक ई-मेल लिखिए।

15. (क) प्रदूषण से बचने के लिए पर्यावरण विभाग की ओर से जनहित में जारी एक आकर्षक विज्ञापन लगभग 40 शब्दों में तैयार कीजिए। (1 × 4 = 4)

अथवा

(ख) आपके कक्षा अध्यापक को 'राष्ट्रीय शिक्षक पुरस्कार' से सम्मानित किया गया है। उन्हें बधाई देते हुए लगभग 40 शब्दों में संदेश लिखिए।

अंक योजना
CBSE प्रतिदर्श प्रश्नपत्र 2024–25

विषय–हिंदी 'अ' (कोड-002)
कक्षा– दसवीं

निर्धारित समय : 3 घंटे **पूर्णांक : 80**

सामान्य निर्देश :

1. अंक योजना का उद्देश्य मूल्यांकन को अधिकाधिक वस्तुनिष्ठ बनाना है।
2. प्रश्नपत्र में बहुविकल्पीय एवं वर्णनात्मक प्रश्न हैं।
3. अंक योजना में दिए गए वर्णनात्मक प्रश्नों के उत्तर बिंदु अंतिम नहीं हैं। ये सुझावात्मक एवं सांकेतिक हैं।
4. यदि परीक्षार्थी इन उत्तर बिंदुओं से भिन्न, किंतु उपयुक्त उत्तर दें तो उसे उपयुक्त अंक दिए जाएँ।
5. मूल्यांकन-कार्य अपनी निजी व्याख्या के अनुसार नहीं, बल्कि अंक योजना में निर्दिष्ट निर्देशानुसार ही किया जाए।
6. एक ही प्रकार की अशुद्धि पर अंक न काटा जाए।
7. मूल्यांकन में संपूर्ण अंक पैमाने – 0 से 80 का प्रयोग अभीष्ट है।

	खंड-क	
	(अपठित बोध)	**14**
1.	**निम्नलिखित गद्यांश को ध्यानपूर्वक पढ़कर उस पर आधारित पूछे गए प्रश्नों के उत्तर लिखिए :** **आज विश्व के कई देशों में .... श्रमिक उपलब्ध हैं।**	**7**
(क)	*(iii)* कथन (A) सही है और कारण (R) कथन (A) की सही व्याख्या है।	1
(ख)	*(i)* कथन I और II सही हैं।	1
(ग)	*(ii)* I. – (2), II. – (3), III. – (1)	1
(घ)	क़रोड़ों लोग चाय के व्यापार से जुड़े हुए हैं। उनके हितों की रक्षा और जागरूकता जरूरी है। इसी के चलते चायपत्ती की खपत और माँग बढ़ाने पर जोर डालने में 'अंतरराष्ट्रीय चाय दिवस' की महत्त्वपूर्ण भूमिका है।	2
(ङ)	चाय एक श्रम-आधारित उद्योग है। इसमें अधिक मात्रा में श्रमिकों की आवश्यकता पड़ती है, बहुत सावधानी से चाय की पत्तियाँ एक-एक कर तोड़ी जाती हैं। श्रमिकों को पूरे दिन खड़े रहना पड़ता है। अतः यह श्रमसाध्य कार्य है।	2

2.	**निम्नलिखित काव्यांश को ध्यानपूर्वक पढ़कर उस पर आधारित पूछे गए प्रश्नों के उत्तर लिखिए :** **अर्जुन! देखो, ... अतुल धनुर्धर को रण में?**	7
(क) (ख) (ग) (घ) (ङ)	(*ii*) कृष्ण कर्ण की। (*iv*) कथन I, III और IV सही हैं। (*iii*) कथन (A) सही है और कारण (R) कथन (A) की सही व्याख्या है। श्रीकृष्ण ने अर्जुन को यह गूढ़ वचन बताया कि वे अर्जुन तथा कर्ण दोनों की वीरता को जानते हैं। वे दोनों के बल से परिचित हैं परंतु मन ही मन वे कर्ण को अर्जुन से भी बड़ा वीर मानते रहे हैं। कृष्ण सोच रहे थे कि संसार में क्या कोई और ऐसा वीर है जो कर्ण की बराबरी कर सके? उसे युद्ध में पराजित कर सके?	1 1 1 2 2
	खंड-ख **(व्यावहारिक व्याकरण)**	**16**
3.	**निर्देशानुसार 'रचना के आधार पर वाक्य भेद' पर आधारित पाँच प्रश्नों में से किन्हीं चार प्रश्नों के उत्तर लिखिए :**	(4 × 1 = 4)
(क) (ख) (ग) (घ) (ङ)	हालदार साहब चौराहे पर रुककर मूर्ति को देखते थे। (सरल वाक्य) जाड़ा आता और बालगोबिन भगत एक काली कमली ऊपर से ओढ़े रहते। (सयुक्त वाक्य) आश्रित उपवाक्य- जो डुमराँव में मुख्यत: सोन नदी के किनारों पर पाई जाती है। आश्रित उपवाक्य का भेद - विशेषण आश्रित उपवाक्य जैसे ही नवाब साहब ने खीरे का आनंद लिया वैसे ही उनकी पलकें मुँद गईं। (मिश्र वाक्य) संयुक्त वाक्य	1 1 1 1 1
4.	**निर्देशानुसार 'वाच्य' पर आधारित पाँच प्रश्नों में से किन्हीं चार प्रश्नों के उत्तर लिखिए :**	(4 × 1 = 4)
(क) (ख) (ग) (घ) (ङ)	उसके द्वारा गिने-चुने फ्रेम नेताजी की मूर्ति पर फिट कर दिए जाते हैं। (कर्मवाच्य) नवाब साहब ने जेब से चाकू निकाला और खीरे छीलने शुरू कर दिए। (कर्तृवाच्य) बिना सहारे दादाजी से अब चला नहीं जाता है। (भाववाच्य) कर्तृवाच्य कर्मवाच्य	1 1 1 1 1

5.	**निर्देशानुसार 'पद परिचय' पर आधारित पाँच प्रश्नों में से किन्हीं चार प्रश्नों के रेखांकित पदों का पद-परिचय लिखिए :**	**(4 × 1 = 4)**
(क) (ख) (ग) (घ) (ङ)	नया – विशेषण, गुणवाचक, पुल्लिंग, एकवचन, 'पान' विशेष्य। खरीदे होंगे – क्रिया, सकर्मक, पुल्लिंग, बहुवचन, भूतकाल। के साथ – संबंधबोधक अव्यय, घर और डाकखाने के बीच संबंध दर्शा रहा है। वाह! – विस्मयादिबोधक अव्यय, प्रशंसासूचक वे – सर्वनाम, अन्यपुरुषवाचक सर्वनाम, आदरार्थक बहुवचन, कर्ता कारक।	1 1 1 1 1
6.	**निर्देशानुसार 'अलंकार' पर आधारित पाँच प्रश्नों में से किन्हीं चार प्रश्नों की रेखांकित काव्य पंक्तियों में अलंकार पहचान कर लिखिए :**	**(4 × 1 = 4)**
(क) (ख) (ग) (घ) (ङ)	सहसबाहु सम सो रिपु मोरा। – उपमा अलंकार छुअत टूट रघुपतिहु न दोसू। – अतिशयोक्ति अलंकार बूढ़े पीपल ने आगे बढ़कर जुहार की। – मानवीकरण अलंकार। तुम्ह तौ कालु हाँक जनु लावा। बार बार मोहि लागि बोलावा। – उत्प्रेक्षा अलंकार। बढ़त देखि जल सम वचन बोले रघुकुलभानु। – रूपक अलंकार।	1 1 1 1 1
	खंड-घ **(रचनात्मक लेखन)**	**20**
12.	**निम्नलिखित तीन विषयों में से किसी एक विषय पर संकेत बिंदुओं के आधार पर लगभग 120 शब्दों में एक अनुच्छेद लिखिए :**	**(1 × 6 = 6)**
	अनुच्छेद लेखन • भूमिका — 1 अंक • विषयवस्तु — 3 अंक • निष्कर्ष — 1 अंक • भाषा शुद्धता — 1 अंक	
13.	**किसी एक विषय पर लगभग 100 शब्दों में पत्र लिखिए :**	**(1 × 5 = 5)**
	पत्र-लेखन • प्रारूप (प्रारंभ और अंत की औपचारिकताएँ) — 1 अंक • विषयवस्तु — 3 अंक • भाषा शुद्धता — 1 अंक	

नोट : प्रश्नसंख्या 7 से 11 तक पाठ्यपुस्तक एवं पूरक पाठ्यपुस्तक के उत्तर संकेत हैं।

14.	**किसी एक विषय पर लगभग 80 शब्दों में स्ववृत्त/ई-मेल लिखिए :**	(1 × 5 = 5)
	स्ववृत्त लेखन • प्रारूप — 1 अंक • विषयवस्तु — 3 अंक • भाषा शुद्धता — 1 अंक अथवा **ई-मेल** • प्रारूप — 1 अंक • विषयवस्तु — 3 अंक • भाषा शुद्धता — 1 अंक	
15.	**किसी एक विषय पर लगभग 40 शब्दों में विज्ञापन/संदेश लेखन :**	(1 × 4 = 4)
	विज्ञापन लेखन • रचनात्मक प्रस्तुति — 1 अंक • विषयवस्तु — 3 अंक • भाषा शुद्धता — 1 अंक अथवा **संदेश-लेखन** • रचनात्मक प्रस्तुति — 1 अंक • विषयवस्तु — 3 अंक • भाषा शुद्धता — 1 अंक	